8° Z 743 (4)

CORRESPONDANCE

LITTÉRAIRE, PHILOSOPHIQUE ET CRITIQUE

PAR

GRIMM, DIDEROT

RAYNAL, MEISTER, ETC.

PARIS. — IMPRIMERIE A. QUANTIN ET Cie
ANCIENNE MAISON J. CLAYE
RUE SAINT-BENOIT

CORRESPONDANCE

LITTÉRAIRE, PHILOSOPHIQUE ET CRITIQUE

PAR

GRIMM, DIDEROT

RAYNAL, MEISTER, Etc.

REVUE SUR LES TEXTES ORIGINAUX

COMPRENANT

outre ce qui a été publié à diverses époques

LES FRAGMENTS SUPPRIMÉS EN 1813 PAR LA CENSURE

LES PARTIES INÉDITES

CONSERVÉES A LA BIBLIOTHÈQUE DUCALE DE GOTHA ET A L'ARSENAL A PARIS

NOTICES, NOTES, TABLE GÉNÉRALE

PAR

MAURICE TOURNEUX

TOME QUATRIÈME

PARIS

GARNIER FRÈRES, LIBRAIRES-ÉDITEURS

6, RUE DES SAINTS-PÈRES, 6

1878

CORRESPONDANCE LITTÉRAIRE

PHILOSOPHIQUE ET CRITIQUE

(1753-1793

CORRESPONDANCE LITTÉRAIRE

PHILOSOPHIQUE ET CRITIQUE

JUIN

1ᵉʳ juin 1758.

La question des toiles peintes, débattue, il y a quelques années, entre M. de Forbonnais et M. de Gournay, intendant du commerce, devient aujourd'hui une matière d'État. Tout ce qu'on a pu faire pour empêcher l'introduction et l'usage de cette marchandise n'ayant pas produit l'effet qu'on en attendait, le ministère s'est enfin déterminé, dit-on, à en permettre la fabrication et l'entrée dans le royaume. Aussitôt que cette nouvelle s'est répandue, tous les manufacturiers de Lyon, de Tours, de Rouen, et même le corps des marchands de Paris, ont fait ensemble un commun et général effort pour détourner nos ministres de ce projet, et s'en rapporter aux mémoires qu'ils ont présentés pour cet effet, et dans lesquels ils n'ont oublié aucun artifice de la rhétorique la plus subtile et la plus touchante; celui qui signera la permission des toiles peintes aura signé la ruine totale de la France. Si l'État n'avait à craindre du mal que de ce côté-là, il me semble que nos ministres pourraient dormir en paix. Cependant ces exagérations si ridicules, ces cris opposés au sens commun n'ont pas laissé que de faire de l'impression sur eux; et s'ils n'ont pas produit une nouvelle proscription des toiles peintes, s'il est vrai même que les députés de Lyon s'en sont retournés depuis peu assez mécontents du succès de leur négociation, il est certain aussi que le ministère n'a pas encore osé prononcer dans une affaire aussi claire : tant le bien général est difficile à procurer; tant une loi utile trouve d'obstacles de tous les côtés, pendant que les mauvaises continuent à travailler sourdement à la véritable ruine du bien public ! Il n'y a point de question qui soit plus évidente et plus démontrée que celle de la liberté de commerce. Le sens commun et l'expérience générale plaident en sa faveur. Dans tous les temps, les peuples libres s'étaient déjà enrichis par le commerce quand les autres avaient à peine les premières notions du trafic. La république de Venise, les villes hanséatiques, la Hollande, l'Angleterre, nous ont fourni successivement les exemples les plus frappants. On prétend aujourd'hui que notre ministère en est pénétré, et qu'il incline singulièrement vers la liberté absolue et générale. Mais cette bonne disposition n'a encore été suivie d'aucun règlement favorable, et notre commerce, dans toutes ses parties, est embarrassé de mille lois absurdes qui enchaînent l'industrie et rebutent le citoyen utile. Ce n'est point des lois qu'il faut donner pour faire fleurir le commerce. Il faut le dégager de toutes entraves, il faut abolir tous les règlements qui le concernent, il faut favoriser toute entreprise également, et non pas l'une aux dépens de l'autre, et le commerce sera bientôt florissant sans que la puissance s'en mêle. Il en est comme de la santé du corps. C'est une mauvaise méthode que de vouloir la conserver à force de remèdes. Les remèdes ne sont nécessaires qu'aux santés délabrées, et lorsqu'on se porte bien, ils deviennent pernicieux.

Dans cette suspension actuelle du gouvernement à l'égard des toiles peintes, M. l'abbé Morellet a cru devoir plaider en faveur de la liberté et du sens commun, contre l'absurdité des fabricants d'étoffes de soie et de coton, et de leurs fauteurs. Sa brochure est intitulée *Réflexions sur les avantages de la libre fabrication et de l'usage des toiles peintes en France.* Deux cent vingt-huit pages in-12. Quoiqu'elle paraisse faite avec beaucoup de précipitation et qu'elle soit fort négligée, on la lit avec plaisir parce qu'elle soutient une bonne cause. Si l'auteur s'était élevé aux grands principes de commerce, et qu'il les eût traités à l'occasion de sa cause, il aurait fait un ouvrage plus généralement utile, et qui serait resté longtemps après la dispute sur les toiles peintes. Voyons quelques-unes de ces questions qu'on pourrait soumettre avec respect à la décision de ceux qui nous gouvernent. A l'égard de la fabrication des toiles, comme de toute autre entreprise nouvelle, il paraît qu'il ne peut y avoir jamais de raison de la part de l'autorité à s'y opposer, car si les anciens établissements sont réellement bons, ils n'auront rien à redouter des nouveaux. Jamais on ne me persuadera qu'un édifice qu'il faut étayer de tous côtés avec beaucoup de frais et de soins soit bien merveilleux; encore moins qu'il ne faille pas bâtir à côté, de peur de l'ébranler. Si chaque propriétaire d'une maison caduque pouvait obtenir un pareil privilége, on peut croire que nos villes seraient fort belles et fort peuplées. Lorsqu'une entreprise nouvelle est mauvaise, on n'a que faire d'employer contre elle l'autorité des lois, elle tombera d'elle-même. Si au contraire elle est bonne, de quel droit lui refuser la protection que toute entreprise utile doit obtenir sous un gouvernement éclairé et sage? Si elle nuit à tel établissement particulier, de quel droit le gouvernement en affectionne-il aucuns par préférence aux autres? Ne doit-il pas sa protection à tous? Et le droit naturel ne veut-il pas qu'un citoyen puisse faire de ses talents un libre usage, celui qu'il jugera le plus convenable à ses intérêts particuliers? L'intérêt particulier d'un tel doit-il être plus cher au gouvernement que l'intérêt particulier d'un tel autre? et ne sommes-nous pas tous enfants de la même famille? Est-il permis, est-il possible de gêner le goût, les modes, les usages, les fantaisies du public et du peuple? Et s'il aime mieux porter des toiles que d'autres étoffes, de quel droit le lui défend-on? Le chez soi, comme M. l'abbé Morellet le remarque très-bien, n'est-il pas une chose sacrée? Et, dans un gouvernement policé, est-il permis d'envoyer des commis visiter les maisons des particuliers, et porter ainsi une atteinte odieuse à la liberté publique? Si l'on me répond qu'on observe pareille chose pour les cartes, pour les vins, pour le sel, etc., je ne verrai dans ces usages qu'un reste de barbarie qu'il faudrait bannir au plus vite, et qui est d'autant plus odieux que la loi n'est exercée que contre les petits et le particulier obscur qui est sans protection, c'est-à-dire la sorte de citoyens que le gouvernement devrait singulièrement favoriser. Il faut convenir que si nos

---

1. Ce passage, assez peu clair, est très-certainement ironique.

discours sont bien sages, notre conduite est en revanche bien extraordinaire et bien ridicule. Quand je vois la guerre de nos manufacturiers contre les toiles peintes, je suppose une ville maritime où l'on n'ait point de boucheries, où le peuple, accoutumé à vivre de poisson, ignore la nourriture des viandes. Quels éloquents mémoires la compagnie des pêcheurs pourrait présenter contre l'établissement des bouchers! Combien on pourrait rendre le métier de ces derniers horrible, cruel, infâme même, également contraire à la bonne police, à la santé publique, aux mœurs, au salut de l'État! Les pêcheurs n'oublieraient pas d'observer que Jésus-Christ n'a pas choisi ses disciples parmi les bouchers. Tout cela serait sans réplique. Cependant il y aurait eu de tous les temps des bouchers dans tous les autres États voisins sans qu'il en fût résulté leur ruine.

— On vient de faire une nouvelle édition des œuvres de M. de Fontenelle. Par tout ce qu'on y a ajouté, le nombre des volumes s'est accru jusqu'à dix. On donne les derniers volumes séparément en faveur de la première édition.

— On vient de publier les *Mémoires* de l'abbé Arnaud en trois volumes in-12, dans lesquels vous ne trouverez rien de beau, excepté l'impression. Parmi un grand nombre de détails plats et communs, il n'y a pas trois faits qui méritent d'être conservés. M. l'abbé Arnaud était neveu du grand Arnaud de Port-Royal, par conséquent fils de M. Arnaud d'Andilly, et frère de M. de Pomponne, ministre et secrétaire d'État. C'était, à en juger par ses Mémoires, ce qu'on appelle un plat sujet. Je ne sais d'où nous vient ce présent qui n'aurait jamais dû voir le jour.

— On a fait un recueil[1] de tous les ouvrages du président de Montesquieu, en trois volumes in-4°. Cette édition est assez belle. Elle est même augmentée de plusieurs morceaux, entre autres quelques *lettres persanes* qui n'avaient pas encore paru. On a mis à la tête le buste du président en profil gravé d'après la belle médaille que M. Dassier, de Genève, en a faite en bronze du vivant de cet illustre philosophe. C'est le seul monument

---

1. Publié à Paris, chez Pissot, sous la rubrique d'Amsterdam. Cette édition, dit Louis Vian, a été revue par Richard, avocat au Parlement, d'après les manuscrits communiqués par la famille et les changements laissés par l'auteur lui-même et imprimés par Moreau, ancien secrétaire de Montesquieu, qui corrigea les épreuves. La médaille de Dassier est le seul portrait authentique de Montesquieu.

qui nous reste de sa personne. La simplicité de ses mœurs ne lui a jamais permis de faire faire son portrait.

— M. de La Curne de Sainte-Palaye vient d'être nommé, par l'Académie française, pour remplir la place vacante par la mort de M. de Boissy.

— *Réflexions diverses* de M. le chevalier de Bruix[1]. C'est encore un recueil de maximes dont la plupart sont entortillées et fort louches. Il n'y en a pas quatre qui vaillent la peine d'être regardées. Ce qui rend ces sortes de lectures fort désagréables, c'est cette variété dont les auteurs ont la sottise de se féliciter. Comme il y a peu de termes qui n'aient plus d'une signification, suivant la matière qu'on traite, il arrive qu'il faut toujours reconnaître le terrain où l'on est avant de pouvoir entendre, et puis quand on a pris tous ces soins, on trouve que cela n'en vaut point la peine.

— Comme Mme la duchessse d'Orléans s'amuse quelquefois à deviner des énigmes, on lui en avait envoyé une qui n'avait point de mot. Ce secret ne fut découvert qu'après qu'on eut consulté tous les grands connaisseurs en ce genre. Cette énigme a été envoyée à M. de Voltaire, à Genève, qui y a répondu par les vers suivants :

> Votre énigme n'est pas un mot;
> Expliquer chose inexplicable
> Est d'un docteur ou bien d'un sot:
> L'un à l'autre est assez semblable.
> Mais si l'on donne à deviner
> Quelle est la princesse adorable
> Qui sur les cœurs sait dominer
> Sans chercher cet empire aimable,
> Pleine de goût sans raisonner,
> Et d'esprit sans faire l'habile,
> Cette énigme peut étonner,
> Mais le mot n'est pas difficile.

— M. l'abbé Velly vient de donner le cinquième et le sixième volume de son *Histoire de France*. Ces deux nouveaux volumes finissent avec le règne de Philippe le Hardi.

---

1. Londres (Paris), 1758, in-12.

— On propose par souscription une nouvelle édition de la compilation connue sous le nom de *Dictionnaire de Moréri*. On y refondra les suppléments de l'abbé Goujet, et on fera des augmentations considérables. L'éditeur s'appelle M. Drouet. Le prix de la souscription en différents termes reste de cent quatre-vingts livres.

— On propose aussi par souscription un nouveau *Théâtre Italien*, en quinze volumes in-12 qui coûteront trente livres. Les huit premiers volumes contiendront des tragédies, les sept autres des comédies. Le traducteur s'appelle M. de Cédors.

— *Questions sur la tolérance, où l'on examine si les maximes de la persécution ne sont pas contraires au droit des gens, à la religion, à la morale, à l'intérêt des souverains et du clergé*[1], brochure in-8°. Tout ce qui paraît en faveur de la tolérance mérite l'acclamation publique. C'est dommage que l'auteur de ce nouvel écrit n'ait pas un peu plus de chaleur et d'éloquence. Car dans des questions aussi claires que celle de la tolérance, c'est avec ces armes principalement qu'il faut combattre, et l'on prend une peine assez inutile de démontrer que l'intolérance est contraire à la justice, à la raison et au sens commun.

— *Encyclopédie portative, ou Science universelle à la portée de tout le monde*, par un citoyen prussien[2]. Cette brochure nous vient de Berlin. Elle est de M. Formey. C'est une espèce de nomenclature pour toutes les sciences. Je ne sais si elle pourra servir à aider la mémoire des enfants.

15 juin 1758.

Je reviens à *la Morale d'Épicure*, par M. l'abbé Batteux. Quoique cet ouvrage n'ait eu nul succès ici, il ne sera pas inutile de relever quelques raisonnements de son auteur. Ce qui a le plus nui à M. l'abbé Batteux, c'est une espèce d'incertitude qui règne dans tout son livre. On ne sait trop quel est son but: il ne voudrait se brouiller ni avec les dévots ni avec les philosophes; les uns persécutent et font du mal, les autres font

---

1. (Par l'abbé J. Tailhé et G.-M. Maultrot.) Genève, 1758, deux parties in-8°. Barbier consacre une note intéressante à ce livre, mis à l'index le 5 mars 1759.

2. Berlin, 1758, in-12. Nous ne savons sur quelle autorité Barbier s'appuie pour mettre en doute l'attribution de ce livre à Formey.

passer pour imbécile : le choix est embarrassant. M. l'abbé Batteux n'aurait voulu ni louer Épicure ni le blâmer sans réserve. Au reste, si vous êtes curieux de voir la manière dont un homme de génie traite de pareils sujets, en comparaison d'un auteur ordinaire et didactique, vous lirez l'article *Épicurien* par M. Diderot, dans l'*Encyclopédie*, et vous le mettrez en parallèle avec la brochure dont nous parlons. Revenons maintenant à nos discussions.

Je remarque en général que ceux qui manquent de délicatesse dans le sentiment et d'une certaine élévation dans l'âme ne devraient jamais se mêler d'écrire sur la philosophie; leurs petites idées rétrécies ne peuvent que nuire aux opinions dont ils embrassent la cause, et faire de la peine à ceux du parti desquels ils se rangent. Épicure croyait l'âme matérielle et mortelle; c'était assez l'opinion des anciens. Socrate et ses sectateurs ne disaient sur l'immortalité que des choses probables. On a imprimé en Angleterre, de nos jours, un livre qui a pour titre : *Que l'âme n'est et ne peut être immortelle.* Les arguments que M. l'abbé Batteux oppose à cette doctrine, et la façon dont il les énonce, tout cela est également pitoyable. « Quelle raison, demande-t-il, Épicure a-t-il eue pour ôter aux gens de bien leur récompense? Ils vont donc se plonger dans le néant, avec le regret inutile d'avoir été justes, modérés, patients, tempérants, lorsqu'ils pouvaient ne pas l'être, et que, ne l'étant pas, ils pouvaient jouir de satisfactions sans nombre, et se délivrer d'autant de combats qu'il leur en a fallu pour résister à toutes les invitations de la nature, de la volupté et de l'exemple. » Voilà donc un philosophe qui croit que tout est perdu pour le sage et pour le juste, s'il ne peut s'attendre à l'immortalité de son âme et à la récompense d'une meilleure vie! Aussi ajoute-t-il : « Dans le système d'Épicure tout est pour les méchants, et contre les gens de bien. Les méchants ont profité de la vie; ils ont été riches, puissants, encensés du grand nombre, et ils gagnent encore, en mourant, le repos de leurs passions et l'assurance de l'impunité. Les gens de bien n'ont point joui de la vie, et ils perdent en la quittant le seul bien qu'ils ont eu, leur vertu qui n'a été pour eux qu'un mot : s'ils avaient bien pris les leçons d'Épicure, ils auraient su que vivre c'est jouir, et que l'homme est d'autant plus parfait dans sa nature qu'il a plus de goûts, et d'autant plus heureux qu'il a plus de moyens de les satisfaire. » Quelle pitoyable philosophie qui rend notre vertu mercenaire et qui établit notre bonheur sur un intérêt bas et sordide ! L'homme de bien trouve dans l'exercice de sa vertu la récompense la plus solide et la plus délicieuse. Est-ce la richesse, est-ce la puissance, est-ce le vil encens des autres, qui procurent le bonheur ? et le sage n'est-il pas, comme dit Cicéron, heureux même dans le taureau de Pisistrate ? Voilà ce que des âmes vulgaires ne peuvent ni sentir ni concevoir. Jouir de la vie, c'est pour eux satisfaire ses passions, avancer des intérêts aussi vils que leur façon de penser, et fouler aux pieds toute considération de justice, d'équité, de générosité, de délicatesse, pour parvenir à la fortune et à la puissance. Ils n'ont pas vu que le méchant, au milieu de ses succès, vit d'une vie misérable, et que l'homme de bien, pauvre, ignoré, malheureux, persécuté si vous voulez, trouve dans la pureté et la sérénité de son âme, dans la paix, dans la conscience d'une vie innocente et honnête, la source des plaisirs les plus doux et les plus délicieux. Qu'y a-t-il à comparer au calme de l'homme de bien au milieu des traverses de la vie, des maux qui l'environnent, des dangers qui le menacent ? Ceux qui fondent la vertu et ses avantages sur la récompense d'une vie à venir n'ont vu ni l'homme de bien ni le sage ; ils ne connaissent que l'imbécile ou l'enthousiaste. Mais ceux qui font consister le bonheur de l'homme dans la richesse, dans la puissance et d'autres futilités, et qui croient que ces choses valent la peine d'être regrettées ou ne peuvent être sacrifiées qu'à une vie éternelle, ne sont pas même dignes d'entrer dans le royaume des cieux de Jésus-Christ ; car lui et ses apôtres nous en ont donné des idées trop pures et trop élevées pour qu'il puisse jamais être la récompense des âmes sordides. Vous trouverez dans le livre de M. l'abbé Batteux une infinité de pareils raisonnements.

Dans un autre endroit, il tire d'une maxime d'Épicure le résultat que voici : « D'où il suit que le sublime de l'école d'Épicure serait de ramener l'homme, par un effort de raison, au bonheur dont la nature a fait présent aux bêtes. Cette conséquence absurde est une des plus fortes démonstrations d'une providence divine et d'une autre vie pour les hommes. » Voilà vraiment une bonne philosophie ; et si c'est là de ses démonstrations les plus fortes, on peut se dispenser d'écouter les autres. Les petits philosophes rangent toute la nature par échelons. Les animaux marchent avant les végétaux; ceux-ci avant la matière brute; l'homme est à la tête de tout. Une philosophie plus épurée nous apprend que, dans l'ordre des êtres, aucun n'est au-dessus ni au-dessous de l'autre. Qu'ont de commun un arbre et un cheval, une plante et un poisson? Quelle raison de préférence pourrait-on trouver entre la branche et l'oiseau qui s'y perche, entre l'herbe et le mouton qui la broute? Il n'y a nulle subordination dans la nature : le vrai philosophe peut distinguer la différence des espèces, les comparer ensemble; mais assigner des rangs n'appartient qu'aux docteurs de la science absurde. En comparant ainsi l'homme aux différentes espèces d'animaux et de végétaux que nous avons sous les yeux, je ne serais pas étonné qu'on le trouvât moins parfait dans son genre que les autres ne le sont dans le leur. Si les animaux ne peuvent s'élever à ces connaissances sublimes qui font l'orgueil et la vanité de l'homme, s'ils n'ont ni le génie, ni la pénétration, ni le coup d'œil dont nous nous vantons, il faut convenir que nous payons bien cher ces avantages.

Ce que je trouve de plus fâcheux pour M. l'abbé Batteux, c'est que les seules choses qu'on désirerait retenir de son livre appartiennent à cet Épicure qu'il voudrait écraser sans cependant rompre tout à fait avec la philosophie.

— Mlle de Lussan, connue par plusieurs romans qui ont eu du succès dans leur temps, et par quelques ouvrages historiques, vient de mourir dans un âge assez avancé.

— M. de Forbonnais vient de faire imprimer à Genève un grand et important ouvrage en deux volumes in-4°. Il a pour titre : *Recherches et Considérations sur les finances de France depuis 1595 jusqu'en 1721*, c'est-à-dire depuis l'administration admirable de M. de Sully jusqu'après le système de M. Law. Il est aisé de découvrir dans le cours de l'ouvrage les sentiments de l'auteur sur les opérations de finance depuis Law. Cet ouvrage a eu un grand succès d'estime. Je ne manquerai pas d'y revenir en temps et lieu, et d'entrer en discussion sur quelques objets particuliers et intéressants qui font la base des principes de M. de Forbonnais.

— J'ai oublié de vous parler du spectacle de décorations

que le chevalier Servandoni a donné cette année. Il a été si mauvais qu'il est tombé sans ressource dès la première représentation. Il avait choisi pour sujet la chute des anges rebelles du paradis, de Milton.

— M. Goguet, conseiller au Parlement, qui a publié cet hiver un ouvrage sur l'origine des lois, des arts et des sciences, en trois volumes in-8°, vient de mourir de la petite vérole. C'était un homme fort suffisant, à ce qu'on prétend, et singulièrement pénétré de son mérite. Son livre a eu le sort de tous les ouvrages de recherches, que tout le monde approuve et que personne ne lit.

— On vient de faire une nouvelle édition de l'*Histoire universelle*, de Diodore de Sicile, traduite par feu M. l'abbé Terrasson.

— *Mémoire instructif sur la manière de rassembler, de préparer, de conserver et d'envoyer les diverses curiosités d'histoire naturelle*, brochure grand in-8° assez considérable et enrichie de beaucoup de planches [1]. Elle est de M. le chevalier Turgot, et a été très-favorablement reçue par tous les curieux et par tous les connaisseurs de ce genre. On y a joint un mémoire de M. Duhamel sur le transport par mer des arbres, des plantes vivaces, des semences, etc. Le goût pour l'étude de l'histoire naturelle s'étendant de plus en plus, nous ne manquerons point de livres qui en traitent.

— Il paraît une *Histoire de la Louisiane, ou Description de ce pays et de sa colonie* [2]. Cet ouvrage est instructif. L'auteur s'appelle M. de Page du Pratz.

CHANSON

DANS LE GOUT DE LA ROMANCE

PAR M. DIDEROT [3].

Je veux, en prenant ta chaîne,
La porter jusqu'au trépas,

---

1. Lyon, 1758, in-8°, avec 25 planches. L'auteur, Étienne-François Turgot, marquis de Cousmont, frère du ministre de Louis XVI, était connu sous le titre de chevalier.

2. Paris, 1758, 3 vol. in-12.

3. Cette chanson, publiée d'abord dans le supplément de l'édition Belin, et ensuite tome IX, page 60 de l'édition Garnier frères, figure ici parce que, dans le

Et tu serais inhumaine,
Que je ne changerais pas;
Je veux, en prenant ta chaîne,
La porter jusqu'au trépas.

D'une voix faible et mourante
C'est toi que j'appellerai,
Et d'une main défaillante
C'est toi que je chercherai;
D'une voix faible et mourante
C'est toi que j'appellerai.

S'il arrive que je tienne
Ta main au dernier instant,
Et que tu serres la mienne,
Je puis expirer content,
S'il arrive que je tienne
Ta main au dernier instant.

Quand à la Parque inflexible
Un jour tu me céderas,
Ton cœur n'est pas insensible,
Je crois que tu pleureras,
Aux lois du sort inflexible
Lorsque tu me céderas.

Ne pleure pas, ma Sophie,
Voile ce que tu ressens;
Puis-je payer de ma vie
La larme que tu répands!
Ne pleure pas, ma Sophie,
Voile ce que tu ressens.

Ou, si ma plainte te touche,
Penche tes lèvres sur moi,
Et qu'au sortir de ma bouche
Mon âme repasse en toi;
Et qu'au sortir de ma bouche
Mon âme repasse en toi.

manuscrit de Gotha, le fragment de musique reproduit page 15, et tout entier de la main de Grimm, s'y trouve joint. Il nous a paru curieux de placer en regard des vers du philosophe un exemple du talent de compositeur du critique, sans nous porter garant de la notation qu'il a suivie.

Je meurs du trait qui me blesse,
O regrets trop superflus!
Quand tu sauras ma tendresse,
Hélas! je ne serai plus;
Quand tu sauras ma tendresse,
Hélas! je ne serai plus.

De pleurs arrosant ma cendre
Et d'un accent douloureux
Tu diras : Il fut si tendre!
Pourquoi fut-il malheureux?
Tu diras : Il fut si tendre!
Pourquoi fut-il malheureux?

Plus je lui fus inhumaine,
Plus il chérit son tourment
Et voulut, malgré sa peine,
Vivre et mourir mon amant;
Plus je lui fus inhumaine,
Plus il chérit son tourment.

Celui dont j'ai dit la peine
Aima jusques au trépas.
Aima-t-il une inhumaine?
Ma chanson ne le dit pas;
Celui dont j'ai dit la peine
Aima jusques au trépas.

Et pour prix d'une constance
Qu'aucun ne garda si bien,
N'eut-il que de la souffrance?
Je n'en assurerai rien;
N'eut-il que de la souffrance?
Je n'en assurerai rien.

Je sais que pour sa Sophie
Souvent ses larmes coulaient;
Mais quelquefois attendrie,
Ses lèvres les recueillaient;
Je sais que pour sa Sophie
Souvent ses larmes coulaient.

Celui dont j'ai dit la peine
Aima jusques au trépas.

Aima-t-il une inhumaine?
Ma chanson ne le dit pas;
Celui dont j'ai dit la peine
Aima jusques au trépas.

JUILLET

1er juillet 1758.

L'article suivant est de M. Diderot.

M. Cochin, secrétaire perpétuel de l'Académie royale de peinture et de sculpture, garde des dessins du roi, grand dessinateur, graveur de la première classe, et homme d'esprit, vient de publier son *Voyage d'Italie,* en trois petits volumes. C'est une suite de jugements rapides, courts et sévères, de presque tous les morceaux de peinture, de sculpture et d'architecture, tant anciens que modernes, qui ont quelque réputation dans les principales villes d'Italie, excepté Rome. Juge partout ailleurs, il fut écolier à Rome; c'est dans cette ville qu'il remplit ses portefeuilles des copies de ce qu'il y remarquait de plus important pour la perfection de ses talents. Cet ouvrage, fait avec connaissance et impartialité, réduit à rien beaucoup de morceaux fameux, et en fait sortir de l'obscurité un grand nombre d'autres qui étaient ignorés. On en sera fort mécontent en Italie, et je ne serais pas étonné que les cabinets des particuliers en devinssent moins accessibles aux étrangers; on en a été fort mécontent en France, parce que les peintres y sont aussi jaloux de la réputation de Raphaël que les littérateurs de la réputation d'Homère. En accordant à Raphaël la noblesse et la pureté du dessin, la grandeur et la vérité de la composition, et quelques autres grandes parties, M. Cochin lui refuse l'intelligence des lumières et le coloris.

Il semble au premier coup d'œil que cet ouvrage ne puisse être lu que sur les lieux et devant les tableaux dont l'auteur parle; cependant, soit prestige de l'art ou talent de l'auteur, l'imagination se réveille, et on lit; ses jugements sont plus ou moins étendus, selon que les ouvrages sont plus ou moins importants. M. Cochin pense qu'un peintre qui réunit dans un grand degré toutes les parties de la peinture, dont il ne possède aucune dans un degré éminent, est préférable à celui qui excelle dans une ou deux, et qui est médiocre dans les autres; d'où il s'ensuit que le Titien est le premier des peintres pour lui. Je ne me connais pas assez en peinture pour décider si ce titre doit être accordé au concours de toutes les qualités de la peinture, réunies dans un grand degré, sans aucun côté excellent; mais je jugerais autrement en littérature. Je n'estime que les originaux et les hommes sublimes, ce qui caractérise presque toujours le point suprême en une chose, et l'infériorité dans toutes les autres.

Il y a des repos dans cet ouvrage, qui le rendent intéressant. Là l'auteur traite de quelque partie de l'art; les principes qu'il établit sont toujours vrais et quelquefois nouveaux. Il y a un morceau sur le clair-obscur, qu'il faut apprendre par cœur ou se taire devant un tableau. Il ne faut pas aller en Italie sans avoir mis ce voyageur dans son porte-manteau, broché avec des feuillets blancs, soit pour ratifier les jugements de l'auteur, soit pour les confirmer par de nouvelles raisons, soit pour les étendre, ou y en ajouter des morceaux sur lesquels il passe légèrement. La peinture italienne est, comme vous savez, distribuée en différentes écoles, qui ont chacune leur mérite particulier. M. Cochin discute à fond ce point important, dont tout amateur doit être instruit. Si l'on est à portée d'avoir le tableau sous les yeux en même temps que son livre, outre la connaissance des principales productions de l'art, on acquerra encore celle de la langue et des termes qui lui sont propres, et dont on aurait peut-être bien de la peine à se faire des idées justes par une autre voie.

Je ne connais guère d'ouvrage plus propre à rendre nos simples littérateurs circonspects lorsqu'ils parlent de peinture. La chose dont ils peuvent apprécier le mérite et dont ils soient juges, comme tout le monde, ce sont les passions, le mouvement, les caractères, le sujet, l'effet général; mais ils ne s'entendent ni au dessin, ni aux lumières, ni au coloris, ni à l'harmonie du tout, ni à la touche, etc. A tout moment ils sont exposés à élever aux nues une production médiocre, et à passer dédaigneusement devant un chef-d'œuvre de l'art; à s'attacher dans un tableau, bon ou mauvais, à un endroit commun, et à n'y pas voir une qualité surprenante; en sorte que leurs critiques et leurs éloges feraient rire celui qui broie les couleurs dans l'atelier. Si l'on compare la préface de cet ouvrage, où l'auteur n'avait que des choses communes à dire, et plusieurs endroits où il a parlé de son art avec quelque étendue, on concevra tout à coup que le point important pour bien écrire, c'est de posséder profondément son sujet. Il y a certains morceaux répandus par-ci par-là qui ne le cèdent en rien pour le style à ce que nos meilleurs auteurs ont de mieux écrit. Enfin j'estime cet ouvrage, et je souhaiterais que M. Cochin eût le courage d'en faire un pareil sur ce que nous avons de peinture, sculpture et architecture à Paris. J'imagine que s'il en avait le dessein, et que ce dessein fût connu, il n'y a presque aucun de nos amateurs qui osât lui ouvrir son cabinet. Quelle misère! Il semble qu'on aime mieux posséder une laide chose et la croire belle que de s'instruire sur ce qu'elle est. M. Cochin finit, je crois, par inviter tous les gens qui se mêlent de peinture, sculpture et architecture, de faire le voyage d'Italie. Il est certain qu'il ne lui a pas été inutile à lui-même ; il y a pris une manière plus grande, plus noble et plus vraie, mais qu'il ne gardera pas : cela se perd ; témoin notre Boucher qui a peint, à son retour d'Italie, quelques tableaux qui sont d'une vérité, d'une sévérité de coloris et d'un caractère tout à fait admirables : aujourd'hui on ne croirait pas qu'ils sont de lui ; c'est devenu un peintre d'éventail. Il n'a plus que deux couleurs, du blanc et du rouge ; et il ne peint pas une femme nue qu'elle n'ait les fesses aussi fardées que le visage. Il faut être soutenu par la présence des grands modèles, sans quoi le goût se dégrade. Il y aurait un remède, ce serait l'observation continuelle de la nature ; mais ce moyen est pénible. On le laisse là, et l'on devient maniéré ; je dis maniéré, et ce mot s'étend au dessin, à la couleur, et à toutes les parties de la peinture. Tout ce qui est d'après la fantaisie particulière du peintre, et non d'après la vérité de la nature, est maniéré. Faux ou maniéré, c'est la même chose.

S'il m'est permis d'ajouter un mot à ce que M. Diderot vient d'observer sur Raphaël, je dirai que je ne trouve pas l'admiration de nos peintres pour cet homme immortel aussi grande que M. Diderot paraît le croire. S'ils en osaient dire leur sentiment de bonne foi, ils décideraient volontiers qu'il est froid. En effet, maniérés comme ils sont tous, il est impossible qu'ils sentent tout le sublime de la grande manière de Raphaël. Ce que M. Cochin observe sur le coloris de ce peintre n'est pas nouveau ; on sait que l'école romaine n'est pas, dans cette partie, la première d'Italie.

15 juillet 1758.

Il Congresso di Citera est une brochure assez connue de M. le comte Algarotti. On vient de la traduire en français, sous le titre : *l'Assemblée de Cythère* ; et voici l'idée que M. Diderot en a tracée. La traduction est, à ce qu'on prétend, d'une jeune femme qui ne veut point être connue [1].

---

1. La jeune femme, ou plutôt la jeune demoiselle qui a traduit de l'italien d'Algarotti *l'Assemblée de Cythère*, se nommait Mlle Menon. (B.)

On ne savait ce qu'était devenu l'Amour; il s'était renfermé dans son temple; il y méditait sur le discrédit où son empire commençait à tomber. Il avait à ses côtés la Volupté qui languissait, les Jeux et les Ris qui ne battaient que d'une aile, les Grâces qui commençaient à s'attrister : il ne savait quel parti prendre. La Volupté lui conseilla de s'éclaircir sur toute l'étendue du mal avant que de songer à y remédier. L'Amour y consentit; et à l'instant trois jeunes Amours furent dépêchés, l'un en France, où il fut en un moment; un second en Angleterre, où le pauvre petit pensa périr de la migraine et être suffoqué de la fumée; et un troisième en Italie, qui s'arrêtait à chaque pas, tant il trouvait de belles choses à voir. Ils arrivèrent pourtant, et revinrent avec trois femmes fort instruites de l'état des affaires amoureuses dans les trois royaumes. Le voyage de la Française fut court : les Françaises vont vite; l'Anglaise eut des accès de spleen qui la retinrent un peu sur la route; l'Italienne ne voulait aller que de nuit, tant elle craignait les surveillants. L'Amour les attendait avec impatience : les voilà. On les introduit : on leur apprend le sujet de leur voyage; elles veulent parler toutes trois à la fois. On prend le carquois d'un Amour, on y met trois billets : la plus jeune des Grâces en tire un, ce fut celui de l'Anglaise; un second, ce fut celui de la Française; le billet de l'Italienne resta au fond du carquois : elles parlèrent dans cet ordre. L'Anglaise dit en quatre mots que l'Amour était inconnu dans sa patrie; que les hommes, brutaux et farouches, y passaient la vie sous trois différents états de stupidité : dans le vin, avec les prostituées, et dans la politique. La Française dit que son pays était le plus joli pays du monde, qu'on y aimait depuis le matin jusqu'au soir, qu'on y faisait à l'Amour, en un jour, plus de sacrifices nouveaux qu'on ne lui en offrait en un an dans toutes les contrées du monde; que, dans cette heureuse contrée, on avait réduit la tendresse à sa juste valeur, qu'on y avait du plaisir sans peine, et des amants sans conséquence; qu'ils ne passaient pas pour les plus discrets du monde, qu'ils parlaient un peu, mais qu'on n'en rougissait plus; que cela était fort bien comme cela, et qu'on pouvait l'en croire, parce qu'elle avait du goût, et que franchement elle ne connaissait personne qui en eût autant; que l'Amour n'avait rien de mieux à faire que d'établir la galanterie française par toute la terre, et que de la proposer, elle, pour modèle à toutes les femmes, parce que, sans vanité, il trouverait plus facilement à en proposer de plus mauvais que de meilleurs. L'Italienne se plaignait d'une bizarrerie des peuples de son pays, qui n'étaient pas cependant sans ressources à ce qu'elle croyait; ensuite elle se déchaîna contre les plaisirs des sens, et se mit à prêcher de toute son éloquence l'amour platonique. Quoiqu'elle parlât comme un ange, et qu'elle citât souvent Pétrarque, qui avait aimé et chanté pendant vingt ans madame Laure en tout bien et en tout honneur, et qui l'avait pleurée en chantant pendant vingt autres, l'Amour ne put s'empêcher de bâiller, et la Française d'éclater de rire. Alors l'Italienne comprit qu'elle en avait assez dit, et l'Amour se leva de dessus son trône. Il dit un mot à l'oreille de la Volupté, et voici le jugement que la Volupté prononça : Qu'il fallait qu'incessamment on commençât à Londres d'aimer, sans faire toutefois de la tendresse une affaire trop sérieuse ; qu'on ferait bien d'y mettre un peu plus d'importance en France ; et qu'en Italie on ferait encore mieux de le spiritualiser un peu moins. Elle ajouta beaucoup d'autres belles choses au milieu desquelles l'Amour disparut, et les trois femmes sortirent du temple. Elles trouvèrent des amants sous le vestibule : l'Anglaise avait l'air assez gaie, et ne paraissait plus menacée de vapeurs ; on remarquait une empreinte de langueur et de mélancolie dans les regards de la Française ; l'Italienne laissait apercevoir à travers un air passionné des désirs assez vifs et peu platoniques. On servit une collation où l'Anglaise but des liqueurs d'Italie qui lui parurent fort bonnes ; la Française, de la bière d'Angleterre qui lui parut admirable, et l'Italienne quelques verres d'un vin de Champagne mousseux qui lui donnèrent beaucoup de vivacité... Et ce fut la fin de l'ouvrage, que je trouvai mauvais, parce qu'il ne faisait ni sentir ni penser.

— La permission des toiles peintes est devenue une affaire d'État. J'ai eu l'honneur de vous rendre compte d'une brochure de M. l'abbé Morellet en faveur des toiles peintes. M. l'abbé Morellet ne devait pas réussir dans une chose que M. de Gournay avait entreprise sans succès ; aussi son ouvrage ne produisit rien. Depuis la religion jusqu'aux toiles peintes inclusivement, on a bien de la peine à persuader aux hommes d'être tolérants.

Il faut dire ici ce qui s'est passé depuis dans cette affaire épineuse. D'abord on publia un projet de quatre arrêts du conseil, tous différents les uns des autres, concernant l'impression sur différentes sortes de toiles et d'étoffes, et l'on y joignit les observations et avis des députés du commerce. Ensuite les ennemis des toiles peintes opposèrent une brochure à celle de M. l'abbé Morellet. Ils choisirent pour leur athlète un homme qui s'était déjà déshonoré par plusieurs ouvrages. C'était l'auteur du libelle connu sous le titre de *l'Observateur hollandais*, aussi plat dans ses raisonnements qu'indécent par ses expressions; c'était l'auteur de cet autre libelle contre l'*Encyclopédie*, connu sous le titre des *Cacouacs*, libelle lourd et pesant, où il n'y a rien de plaisant, excepté le titre, qui n'est pas de lui. Cet illustre écrivain s'appelle l'avocat Moreau, avocat pour et contre, suivant qu'il est payé. Il faut croire que les marchands opposés aux toiles peintes le payèrent bien, car il publia un gros volume intitulé *Examen des effets que doivent produire, dans le commerce de France, l'usage et la fabrication des toiles peintes, ou Réponse à l'ouvrage intitulé* Réflexions sur les avantages de la libre fabrication et de l'usage des toiles peintes. Cet examen est rempli de sophismes trop grossiers pour qu'on daigne s'y arrêter; mais comme un écrivain de cette espèce ne peut guère rien écrire sans se démasquer, et sans découvrir les motifs lâches qui le font agir, M. Moreau n'a pas manqué l'occasion de se jeter dans les généralités, de faire remarquer au gouvernement que cet esprit philosophique, cette envie de raisonner et d'examiner qui s'est emparée de la nation, est un esprit pernicieux qui tend à diminuer l'autorité du roi et de ses ministres. Il faut être bien vil pour combattre avec de pareilles armes. Si nos ministres étaient assez vils eux-mêmes pour croire qu'il vaut mieux maîtriser une troupe d'esclaves que de commander à une nation qui pense, M. Moreau pourrait se flatter de faire sa cour par de pareilles bassesses. Son ouvrage vient d'être réfuté par un autre, qui a pour titre : *Réflexions sur différents objets du commerce, et en particulier sur la libre fabrication des toiles peintes*, brochure de cent quarante-six pages in-12. M. le contrôleur général vient de terminer ce procès. La tolérance des toiles peintes, moyennant un droit de quinze pour cent, est l'objet d'un des édits bursaux de cette année. On ne peut qu'approuver M. de Silhouette, dans le besoin d'argent où est la cour, d'avoir cherché dans cette permission une ressource pour l'État. Il vaut assurément bien mieux que nous payions au roi un droit pour cette marchandise que d'être rançonnés par des contrebandiers qui, de leur côté, dans l'espérance de gagner, s'exposaient au danger de perdre leur liberté et d'être envoyés aux galères.

— *Les Pensées errantes, avec quelques lettres d'un Indien*, par Mme de ***, un petit volume[1]. Je ne connais pas l'auteur de cet ouvrage, dont la forme est singulière, et le fond détestable.

— On a publié in-4° et in-12 une table générale des matières contenues dans les trente-six volumes de l'*Histoire ecclésiastique* de M. Fleury et du P. Fabre, avec les dates des principaux événements.

— *Œuvres diverses* de M. l'abbé Oliva, bibliothécaire de M. le prince de Soubise; un volume in-8°. C'est un recueil qui contient plusieurs discussions de littérature ancienne.

— M. Marcandier, conseiller en l'élection de Bourges, vient de publier un *Traité du chanvre* en un volume in-12. On ne saurait trop louer les écrivains qui s'occupent de pareilles matières. M. Dodart, intendant de la province de Berry, fit répandre, il y a quelques années, un mémoire sur les préparations du chanvre, pour en encourager la culture dans cette partie du royaume. Le traité de M. Marcandier est proprement la suite et le supplément de ce premier mémoire.

— *Lettres sur la Goutte*, par M. Loubet, chirurgien-major de l'hôpital d'Ostende[2]. Ces lettres feront plaisir aux goutteux. M. Loubet ne leur défend pas le vin, et il prétend que l'abus immodéré des femmes n'est pas une des causes de cette maladie.

1. (Par Mme de Benouville.) Paris, 1758, in-12.
2. Paris, 1757, in-12.

AOUT

1er août 1758.

Avant que de nous occuper de plusieurs ouvrages importants qui vont se succéder, nous allons passer en revue une multitude de brochures ou de livres nouveaux, qui se sont imprimés depuis quelque temps, la plupart à l'insu du public, et qui ne méritent pas de fixer votre attention. Tournons d'abord nos regards sur le théâtre. Il m'arrive peu de vous parler du théâtre de la Comédie-Italienne; les pièces qui y ont eu le plus de succès en méritent si peu, sont si peu estimées, malgré un nombre prodigieux de représentations, qu'un examen sérieux en serait tout à fait déplacé. *La Nouvelle École des Femmes*[1], comédie en trois actes et en prose, par M. de Moissy, a fait plus de bruit que les pièces de ce théâtre n'en font ordinairement; cependant elle a été bientôt appréciée, et on a été étonné que si peu de chose ait pu avoir une espèce de réputation. Le jugement le moins sévère qu'on puisse porter de *la Nouvelle École des Femmes*, c'est qu'elle manque de fond et que l'intrigue en est absurde; en la lisant, vous observerez vous-même qu'elle est froide et mal écrite. Mélite est une femme raisonnable et sensée, c'est du moins l'intention de l'auteur; elle a perdu le cœur de son mari, qui, par parenthèse, est un homme sans caractère : on ne sait ce que c'est. Il s'est pris de passion pour une courtisane; c'est ce que nous appelons une fille en termes vulgaires. Voyons un peu la conduite de cette femme sensée, et ce que fait Mélite pour ramener son mari. Premièrement, un certain chevalier des Usages voudrait bien l'engager à se venger de Saint-Fard, c'est le nom du mari, dont il est l'ami. Ce chevalier est bien le plus insipide personnage qu'on puisse voir; Mélite ne peut le souffrir; malgré cela il a avec elle des scènes fort longues, et il prépare pendant la pièce un divertissement qu'il compte donner à Mélite le soir même et dans sa propre maison. Cette femme sensée et intéressante imagine ensuite d'aller trou-

---

1. Représentée le 6 avril précédent.

ver Laure, c'est le nom de la courtisane. Sur le portrait avantageux que le chevalier, juge et connaisseur en mérite, lui en a fait, elle ne doute pas qu'en se confiant à cette fille, en lui faisant connaître tout l'excès de sa passion pour un mari infidèle, qui avait d'ailleurs caché son mariage à Laure, celle-ci n'entre dans ses intérêts et ne s'emploie de toutes ses forces pour lui rendre le cœur de son mari. Si ce plan n'a pas le sens commun, le succès n'en est pas moins heureux; le poëte l'a voulu ainsi. Laure conseille à Mélite, premièrement, d'être plus gaie et de songer à amuser son mari pour lui rendre sa maison plus agréable; ensuite elle lui promet de congédier Saint-Fard le soir même. En effet, après avoir été renvoyé par Laure, il revient chez lui pour souper tristement avec sa femme: il est étonné de la trouver si parée; il ne veut jamais se persuader que ce soit pour lui. Mélite fait exécuter pour son mari la fête que le chevalier a préparée pour elle; elle y danse elle-même. Toute cette conduite est très-intéressante, comme vous voyez; aussi Saint-Fard n'y tient-il pas: son amour pour sa femme renaît à l'instant, et les pas séduisants de Mélite, secondés par le congé expédié à Saint-Fard à l'hôtel de Laure, assurent pour jamais à une femme si touchante le cœur d'un mari si estimable. Avec le goût un peu sévère, on ne peut qu'avoir mauvaise opinion d'une assemblée qui applaudit de pareilles platitudes; mais il faut dire aussi que le public revient ordinairement bien vite de ces sortes d'engouements, et que telle pièce, applaudie pendant deux mois de suite à la Comédie-Italienne, ne soutiendrait pas peut-être une représentation sur le théâtre de la Comédie-Française. Au reste, *la Nouvelle École des Femmes* n'est pas le coup d'essai de M. de Moissy; il a déjà eu quelques succès passagers sur le Théâtre-Italien; et, si j'ai la mémoire fidèle, *le Provincial à Paris*, joué il y a cinq ou six ans, était son ouvrage, et valait mieux que la pièce dont je viens de vous entretenir.

— M. l'abbé Prévost vient enfin de publier la suite et la fin de l'*Histoire de Charles Grandisson*, traduite de l'anglais, de l'auteur de *Paméla* et de *Clarisse*. Après nous avoir fait attendre la fin de ce roman pendant trois ou quatre ans de suite, le public devait, ce me semble, être dédommagé de ce délai par les soins du traducteur; point du tout. M. l'abbé Prévost, qui avait déjà fort tronqué les derniers volumes de *Clarisse* dont il n'y avait pas un mot à perdre, a absolument estropié le roman de *Grandisson*; il a osé abréger et gâter jusqu'au morceau de Clémentine, qui est un chef-d'œuvre de génie d'un bout à l'autre. Tous les gens de goût préféreront à la traduction de M. l'abbé Prévost celle qu'on a faite en Hollande du roman de *Grandisson*, et qui, quoique barbare en beaucoup d'endroits, a le mérite de la fidélité d'une traduction littérale[1]. Il me reste à vous parler du fond de ce roman et du génie de M. Richardson, auteur de tous ces ouvrages prodigieux, et ce sera la matière d'une de mes feuilles suivantes. Il y a peu d'ouvrages modernes où il y ait autant de génie que dans *Paméla*, *Clarisse* et *Grandisson*.

IMITATION D'UN SONNET DE ZAPPI, CÉLÈBRE POÈTE ITALIEN.

STANCES.

Dans les temps fortunés de ma première enfance,
Où je domptais à peine un timide chevreau,
Chloris eut sur mes vœux une entière puissance;
Pour voler dans ses bras je quittais mon troupeau.

Je l'aimais, et mon cœur se faisait mieux entendre
Qu'un vain son que ma bouche avait peine à former;
Un jour, en me donnant le baiser le plus tendre :
« A ton âge, dit-elle, on ne sait pas aimer. »

J'ai grandi : je t'aimais, bergère, et je t'adore;
Mes feux, nés avec moi, croissent avec mes ans;
Tu ne te souviens plus de mes premiers accents :
Hélas! de ton baiser je me souviens encore.

— *Histoire et Commerce des Antilles anglaises*, ouvrage instructif et utile[2].

---

1. La traduction du roman de *Grandisson*, publiée à Gœttingue ou à Leyde en 1756, 7 vol. in-12, est de Gabriel-Joel Monod, ministre protestant, connu par d'autres traductions d'ouvrages anglais. (B.)

2. L'*Histoire et Commerce des Antilles anglaises*, 1 vol. in-12, est l'ouvrage de M. Butel-Dumont. On peut encore aujourd'hui le lire avec fruit (B.). Cet auteur avait déjà donné *Histoire et Commerce des Colonies anglaises;* voir la lettre du 15 mars 1755. (T.)

— M. Le Beau, secrétaire perpétuel de l'Académie des inscriptions et belles-lettres, vient de publier le second volume de son *Histoire du Bas-Empire.*

— M. le comte de Caylus donna, il y a quelque temps, un gros volume intitulé *Tableaux tirés de l'Iliade et de l'Odyssée.* Il vient de donner une suite à cet ouvrage, par un volume de 338 pages in-8°, intitulé *Histoire d'Hercule le Thébain, avec la description des tableaux qu'elle peut fournir*[1]. Le sujet de ces ouvrages est excellent, l'exécution en est médiocre. Il faudrait plus de goût, plus de chaleur, plus d'imagination, plus de coloris dans le style que n'en a M. le comte de Caylus pour exécuter un pareil ouvrage avec tout le charme dont il est susceptible.

— On vient de nous donner le *Génie de Montesquieu*[2] comme on nous a affublés de *l'Esprit de Montaigne*, de *l'Analyse de Bayle*, et d'autres extraits de cette espèce. J'aurais bien mauvaise opinion d'un homme qui ne connaîtrait de pareils hommes que par les extraits qu'en ont faits quelques auteurs obscurs et ignorés.

— La *Règle des devoirs que la nature inspire à tous les hommes* est un ouvrage moral en quatre volumes in-12. Il faut bien du courage et de la patience pour entreprendre de pareilles lectures. Un moraliste qui n'a point de chaleur ni d'éloquence est ordinairement un écrivain ennuyeux. Le but de la morale n'est pas tant de nous faire connaître nos devoirs (qui est-ce qui les ignore?) que de nous les rendre agréables et doux; et cela ne peut être que l'ouvrage d'un homme éloquent qui sache parler au cœur. L'auteur du livre dont je viens de vous parler s'appelle M. l'abbé de Bonnaire. Il vient de mourir de la mort des justes, car s'étant promené au Luxembourg, il s'y trouva mal. Il pria un de ses amis qui était avec lui de l'appuyer contre un arbre, et expira sur-le-champ sans aucune douleur. M. l'abbé de Bonnaire a fait quelques autres ouvrages moraux et pieux dont je ne me rappelle pas les titres.

— On vient de publier une nouvelle traduction des fables de Phèdre[3]. Elle m'a paru mauvaise, et peu française dans beau-

1. Paris, 1758, in-8°.
2. (Par Alex. Deleyre.) Amsterdam, 1758, in-12.
3. Rouen, 1758, petit in-8°. Le traducteur, l'abbé Lallemand de Maupas, qui avait

coup d'endroits. La pureté est cependant une des qualités les plus indispensables dans un traducteur. Le nôtre, qui m'est inconnu, a dédié son ouvrage à M. le duc de Bourgogne.

— La vacance du Saint-Siége par la mort de Benoît XIV a donné occasion à une brochure in-4° de 25 pages intitulée *Description historique de la tenue du Conclave et de toutes les cérémonies qui s'observent à Rome depuis la mort du pape jusqu'à l'exaltation de son successeur, avec la liste des cardinaux qui composent le sacré collége*[1]. Benoît XIV était un fort bon homme. Un homme d'esprit a dit de lui et du Grand-Seigneur, décédé en dernier lieu et fort bon homme aussi, que si on les eût fait troquer de place, personne ne s'en serait aperçu, parce que Benoît sultan et Achmet pape se seraient conduits l'un sur les principes de l'autre.

— On vient de publier les œuvres posthumes de M. Vadé, qui font le quatrième volume du recueil de ses ouvrages. J'ai eu l'honneur de vous parler quelquefois en passant du talent médiocre de cet auteur en un genre bien mauvais. Ce Téniers de la poésie ne vaut pas celui de la peinture.

— *Traité juridico-politique sur les prises maritimes et sur les moyens qui doivent concourir pour rendre ces prises légitimes*, ouvrage traduit de l'espagnol de M. le chevalier d'Abreu, ministre du roi d'Espagne en Angleterre, deux volumes in-12[2]. Vous voyez l'objet de ce traité et vous en avez pu lire un extrait dans le *Journal étranger* longtemps avant qu'on l'ait traduit.

— Les *Ruines des plus beaux monuments de la Grèce* viennent d'être achevées. Cet ouvrage de M. Le Roy, entrepris sur le modèle des *Ruines de Palmyre*, publiées en Angleterre, avait été proposé par souscription en 1756, et il se vend trois louis, en feuilles, à ceux qui n'ont point souscrit. Au jugement de tout le monde, ce magnifique ouvrage est très-supérieur à tout ce que les Anglais ont publié en ce genre. Nous en parlerons plus au long dans une des feuilles suivantes.

— Le *Guide du voyageur ou Dialogues en français et en*

publié l'année précédente une édition à l'usage des classes, a joint à celle-ci un travail bibliographique sur Phèdre.

1. (Par P.-A. Alletz.) Paris, 1758, in-4°. Nouvelle édition, 1769, in-4°, et 1774, in-8°.

2. Par Poncet de La Grave.

latin vous paraîtront bien plats; mais ils peuvent servir pour apprendre aux jeunes gens les mots les plus usités de ces deux langues.

— *Des hommes tels qu'ils sont et doivent être*[1], ouvrage de sentiment à ce que dit l'auteur, et je prends la liberté d'ajouter d'une grande platitude. Cela a cependant plus de 200 pages.

— *Mémoires et Lettres de Henri, duc de Rohan, sur la guerre de la Valteline*, publiés pour la première fois et accompagnés de notes par M. le baron de Zurlauben[2]. Cet ouvrage doit trouver sa place dans un cabinet d'histoire. Le duc de Rohan était un homme de beaucoup de talent, et en différents genres. On trouve la vie de ce grand homme dans les deux derniers volumes des *Hommes illustres de la France*. L'auteur de cette compilation (M. l'abbé Pérau) ne pouvait s'étendre beaucoup sur la guerre de la Valteline, le présent ouvrage n'ayant pas encore paru.

— M. de La Curne de Sainte-Palaye, nommé par l'Académie française pour succéder à feu M. de Boissy, y prononça son discours de réception le 26 juin dernier, et M. l'abbé Alary répondit à ce discours au nom de l'Académie.

— M. Vernet, célèbre peintre de marine, est occupé depuis plusieurs années à peindre, par ordre du roi, les différents ports du royaume. Nous avons vu ceux de la Méditerranée exposés aux deux derniers Salons, et j'ai eu l'honneur de vous en parler en leur temps. M. Cochin et un autre graveur de réputation, M. Le Bas, proposent de graver ces tableaux, et l'on doit s'attendre à de très-belles estampes de la part de deux artistes aussi habiles. Les conditions de la souscription se trouvent dans le prospectus publié par les auteurs.

— La *Topographie de l'univers*, publiée par l'infatigable abbé Expilly, tome second. Voilà déjà deux volumes de cette géographie, et l'auteur n'est pas encore sorti du cercle de Westphalie.

— En parlant des *Ruines de la Grèce* par M. Le Roy, j'ai oublié de remarquer que les auteurs anglais des *Ruines de Palmyre* venaient de publier un nouvel ouvrage de ce genre

---

1. (Par Jean Blondel.) Londres et Paris, 1758, in-12.
2. Genève (Paris), 1758, 3 vol. in-12.

intitulé *les Ruines de Balbek, autrement dit Héliopolis*, un grand in-folio contenant 46 planches.

— M. le marquis de Mirabeau vient de donner un quatrième volume de *l'Ami des hommes*. Il a rassemblé dans ce volume plusieurs morceaux détachés qu'il avait dans son portefeuille et dont quelques-uns avaient déjà vu le jour. Du nombre des derniers est un mémoire sur les états provinciaux dont on ignorait l'auteur dans le temps, et qu'il a fait reparaître ici sous le titre singulier de *Précis de l'organisation*.

— La fureur des dictionnaires est devenue si grande parmi nous qu'on vient d'imprimer un *Dictionnaire des dictionnaires*. Il contient une liste de tous les dictionnaires publiés en toutes sortes de langues. Je doute qu'on y trouve la liste des dictionnaires d'Allemagne, qui est cependant le pays où il s'en est fait plus que dans aucun autre.

— J'ai oublié de vous parler d'une petite comédie qui est tombée le mois dernier à la Comédie-Française. Elle était intitulée *le Père désabusé*. L'auteur s'appelle M. Seroux. Outre l'absurdité et la platitude de l'intrigue, cette pièce avait encore le malheur de ressembler à tout. Elle fut sifflée à la première représentation, et retirée après la seconde.

— On vient de faire une nouvelle édition du *Dictionnaire militaire portatif* [1], en trois volumes in-8°. Il a été considérablement augmenté, et l'on y a mis à profit les additions que M. Egger a faites à ce dictionnaire, il y a quelques années, dans une édition publiée à Dresde.

15 août 1758.

— M. Helvétius, fils du premier médecin de la reine, qui n'était pas un homme sans réputation, vient de donner un volume in-4° fort considérable sur *l'Esprit*. Cet ouvrage a causé dans le public un soulèvement général ; les dévots et les gens du monde se sont également déchaînés contre lui : le livre a été supprimé par arrêt du conseil d'État du roi, comme scandaleux, licencieux, dangereux. On a obligé l'auteur, qui possède à la cour une charge de maître d'hôtel de la reine, de se ré-

---

1. (Par La Chesnaye-des-Bois.) La première édition est de 1743.

tracter publiquement; il l'a fait dans une lettre adressée à un jésuite, et cette rétraction n'ayant pas paru suffisante, on lui en a fait signer une seconde si humiliante qu'on ne serait point étonné de voir un homme se sauver plutôt chez les Hottentots que de souscrire à de pareils aveux. Voilà bien du bruit. Je ne sais si la gloire littéraire sera assez considérable pour dédommager l'auteur de tous les désagréments qu'il a essuyés; il me semble que ceux qui jugent le plus favorablement, quelque mérite qu'ils accordent à cet ouvrage, lui refusent la qualité la plus précieuse, qui est le génie. En attendant que je puisse vous rendre compte de mes propres sentiments à l'égard du livre de *l'Esprit*, je placerai ici le jugement d'un homme qui vaut beaucoup mieux que moi. Si par hasard il était un peu trop à l'avantage de l'auteur, vous serez à même de le rectifier à mesure que vous lirez l'ouvrage; et moi-même je ne manquerai pas d'y revenir par la suite [1].

CHANSON SUR LE LIVRE DE L'ESPRIT.

Admirez tous cet auteur-là
Qui de *l'Esprit* intitula
Un livre qui n'est que matière.
Laire, lanlaire, etc.

Le censeur qui l'examina,
Par habitude imagina
Que c'était affaire étrangère,
Laire, lanlaire.

Pour entendre le second couplet, il faut savoir que M. Tercier, censeur du livre de *l'Esprit*, a une place dans le bureau des affaires étrangères [2].

---

1. Nos prédécesseurs de 1813 et de 1829 renvoient le lecteur, comme nous le renvoyons nous-même, aux Œuvres de Diderot, pour y lire la critique qu'il a faite de *l'Esprit* et que sa longueur nous empêche de reproduire. Elle figure tome II, p. 267 et suivantes de l'édition Garnier frères.

2. Tercier (né en 1704, mort en 1767), d'abord secrétaire de l'ambassade de France en Pologne, concourut puissamment à l'évasion du roi Stanislas de Dantzick, assiégé. Son dévouement à la cause du malheur lui valut une longue et pénible détention de la part des Russes. L'autorisation donnée au livre de *l'Esprit* lui fit

SEPTEMBRE

1ᵉʳ septembre 1758.

La famille des Danaïdes est une de ces familles tragiques dont les malheurs et les crimes ont été exposés sur le théâtre des Grecs avec tant de force et de génie, et ont fourni à Eschyle, à Sophocle et à Euripide le sujet de ces chefs-d'œuvre qui font encore aujourd'hui l'admiration de la terre. Parmi ces sujets, celui d'Hypermnestre est un des plus beaux, des plus touchants, des plus terribles, des plus pathétiques. La haine entre Danaüs, roi d'Argos, et son frère Égyptus est aussi célèbre dans l'histoire de ces temps que celle d'Atrée et de Thyeste. Après une trêve conclue avec autant de rage que de fausseté entre les deux frères, Danaüs consent à donner ses filles, au nombre de cinquante, si je m'en souviens bien, aux cinquante fils d'Égyptus; mais, épouvanté par un oracle qui lui prédit la perte de sa vie par la main d'un de ses gendres, il persuade à ses filles d'immoler, la nuit même de leurs noces, leurs époux à sa sûreté. Toutes obéissent à cet ordre cruel, excepté Hypermnestre qui, partagée entre son amour pour Lyncée son époux et sa piété envers un père barbare, se trouve exposée aux plus affreuses extrémités; situation vraiment tragique et digne d'exercer le génie des plus grands poëtes. Après les tragiques grecs qui ont traité l'histoire des Danaïdes en plusieurs pièces, les modernes s'y sont pareillement essayés; nous avons un opéra d'*Ipermnestra*, par le célèbre Métastasio, que je ne compterai pas parmi ses beaux ouvrages. Il est bien étonnant qu'on n'ait pas songé à traiter ce sujet en France, et qu'il ait échappé au grand Racine, qui se plaisait tant à remettre sur notre scène les pro-

---

perdre la place de premier commis des affaires étrangères, qu'il avait obtenue depuis son retour en France. Mais Louis XV, gendre de Stanislas, l'en dédommagea par des pensions, et lui conserva la confiance intime qu'il lui avait accordée. Enfin la crainte que la correspondance secrète du roi avec le chevalier d'Éon, correspondance qui passait par ses mains, ne vînt à être connue du duc de Choiseul, qui en ignorait l'existence, le surcroît de travail que ces mystérieuses dépêches lui causèrent, abrégèrent les jours de cet homme estimable. (T.)

diges du théâtre grec ; sans doute qu'il lui paraissait trop simple, et qu'il ne trouvait pas jour à le gâter par quelque épisode adroitement entrelacé, comme il a fait dans la plupart de ses autres pièces ; en effet, ici tout épisode devenait absolument impraticable. Il existe cependant une tragédie de ce nom, mais qui n'a pu se conserver au théâtre. Un jeune poëte, M. Lemierre, vient de traiter ce sujet avec beaucoup de succès. La tragédie d'*Hypermnestre* a été jouée pour la première fois, le 31 août, avec des applaudissements universels.

VERS SUR LE ROI DE PRUSSE.

(On les attribue à M. d'Alembert.)

Sage et vaillant, monarque et père,
Il sait vaincre et penser, il sait régner et plaire
Héros dans ses malheurs, prompt à les réparer,
Au plus affreux orage opposant son génie,
  Il voit l'Europe réunie
  Pour le combattre et l'admirer [1].

VERS SUR LA MORT DE Mme ***.

La mort seule nous sépara.
Notre amitié tendre et fidèle
Aux amants un jour servira
Ou de reproche ou de modèle.

— M. Bouguer, de l'Académie royale des sciences, vient de mourir âgé de plus de soixante ans [2]. Cet académicien, qui passait pour un homme du premier mérite, était jadis du nombre de ceux qui allèrent, par ordre du roi, aux deux extrémités du globe pour en mesurer quelques degrés : entreprise qui a été

---

1. Ces vers, qui n'ont pas plus été compris dans les éditions des OEuvres de d'Alembert que le compliment rapporté par Grimm, tome II, p. 256, sont cependant bien de lui ; mais il en existe une autre version qui nous semble préférable :

Modeste sur un trône orné par la victoire,
Il sut apprécier et mériter la gloire ;
Héros, etc.

2. Il mourut le 15 août 1758 ; il était né en 1698.

célébrée par toute sorte de bouches, et qui n'était au reste de nulle utilité. M. Bouguer fit le voyage méridional avec M. de La Condamine, et d'autres avec lesquels il eut ensuite de longues querelles.

— Le ministère vient de publier le *Parallèle de la conduite du roi avec celle du roi d'Angleterre, électeur de Hanovre*[1]. On s'est servi de la plume de M. de Bussy, employé depuis longtemps dans les affaires étrangères, pour rédiger ce parallèle. Son principal défaut est, ce me semble, de manquer de dignité. Quand on marche pour le roi de France on peut être battu, mais lorsqu'on parle en son nom, on ne doit jamais oublier que c'est le premier roi de la chrétienté qui parle. Ce qui soutient singulièrement la dignité, c'est, en premier lieu, la considération et les égards avec lesquels on traite ses ennemis. Affecter de désigner partout le roi de Prusse sous le titre d'infracteur de la paix publique, c'est une petitesse pardonnable tout au plus à M. l'évêque de Bamberg, quand il le peut sans s'exposer à une seconde visite du grand Meyer[2]. Ensuite, il faut de la bonne foi sans réserve. Aussi longtemps que vous laissez une réplique valable à vos ennemis, vous n'avez pas répondu. On sait que la convention de Closter-Seven était dans les commencements aussi peu du goût de la cour de Versailles que de celle de Londres. Elle était vague, mal conçue, mal énoncée. On a tergiversé des deux côtés pendant plus d'un mois, et la révolution des affaires en Allemagne est survenue. Quant au landgrave de Hesse-Cassel, tous les raisonnements contre lui paraissent sans réplique. Cependant, un seul mot répond à tout. C'est que dans le cas d'une résolution de la Diète contre le roi de Prusse, la pluralité des voix ne décidait rien; il fallait les *Eminenter majora*, suivant les constitutions de l'empire. Comme il n'y a eu que la pluralité, les décisions de la Diète ne peuvent avoir nulle validité et aucun prince n'est tenu par la loi de fournir ni contingent, ni mois romain, etc. Il s'en faut bien que ce parallèle vaille, en aucun point, le précis des faits publié par le gouvernement, il y a quelques années, contre la conduite de la cour d'Angleterre.

---

1. Paris, Imprimerie royale, 1758, in-8°.
2. Allusion dont, malgré nos recherches, le sens nous échappe.

15 septembre 1758.

ÉPITRE A Mme LA MARQUISE DE P***

PAR M. DE MARGENCY[1].

Vous dont le cœur sensible et dont l'esprit orné
  Nous offre l'union légère
  Du sentiment de Deshoulière
  Et des grâces de Sévigné;
  Vous qui joignez à l'art suprême,
Au don charmant que posséda Ninon,
De penser finement et de parler de même,
  Un tour d'imagination
  Toujours vif et jamais extrême;
Vous qui m'aimez enfin autant que je vous aime,
Permettez qu'aujourd'hui, cédant aux mouvements
D'une amitié pour moi si touchante et si belle,
Je présente à vos yeux la peinture fidèle
De ma reconnaissance et de mes sentiments.
  Oui, près de vous, pour jamais enchanté,
J'ai rompu les liens de tant de bagatelles
Qui m'avaient jusqu'ici trop longtemps arrêté
  Loin de l'amour et près des belles.
Occupé, désormais, à sentir, à penser,
Votre esprit éclairé par la philosophie
Éclairera le mien sur l'emploi de la vie,
Et vous m'enseignerez l'art heureux d'en user.
  Qu'avec plaisir je me rappelle
  La douceur de cet entretien,
Où je pensais tout haut, où vous parliez si bien,
Où, plein d'une amitié solide et mutuelle,
Votre sensible cœur daigna sourire au mien!
Nous jouirons encor de ces heures si chères
Quand Zéphyr, dans nos bois ramenant les beaux jours,
Avec eux conduira sur ses ailes légères
  La troupe aimable des amours.
  Là cet élève de Molière
Qui démasqua le vice et qui peint la vertu,
  Quelquefois, changeant de manière,
  Pourra nous vanter sa chimère,

---

1. Nous ne savons si le copiste qui a écrit *la Marquise de P**** n'a point commis une erreur, et si cette pièce d'un des familiers de Mme d'Épinay ne lui est point adressée; il y a, ce nous semble, à la fin de l'épître, une allusion assez claire à deux commensaux de la Chevrette, le chevalier de Valory et l'abbé Galiani.

Le rare objet qu'il cherche et qu'il n'a jamais vu.
    L'aimable et vive D.....ere,
Avec cet esprit vif et pourtant si discret,
    Aura le cœur d'une bergère,
Et joindra chaque jour au désir de nous plaire
La gaîté qu'on inspire et qu'on a quand on plaît.
    Toujours vive et toujours fleurie,
    Du chevalier l'imagination,
Contre le sentiment animant son génie,
    Entre le vin et la chanson,
    Lui lâchera quelque aiguillon
    De la bonne plaisanterie
    Dont il connaît si bien le ton.
Pour vous, aimable abbé, ce charmant badinage
    Qu'on a nommé causticité,
    Plein de grâce et d'aménité,
A nos yeux ne sera que le simple langage
    Du plaisir et de la gaîté.
Ainsi, tous rassemblés dans cet heureux empire,
Nous n'aurons pas besoin, pour parler et pour rire,
    D'user d'aucun déguisement :
On peut bien entre soi tout entendre et tout dire,
Lorsqu'on n'a qu'un secret et qu'un seul sentiment.
O solide amitié, digne vertu du sage,
    Vous m'offrirez un prix bien doux :
Mais, quand je vous promets un éternel hommage,
Mon cœur ne répond pas de ne suivre que vous.
    Car si jamais quelque beauté discrète
    Vient me parler, comme on parle au Lignon,
Je reprends à ses yeux le chapeau, la houlette
    Et les rubans de Céladon.

— *Élémens de tactique, ouvrage dans lequel on traite de l'arrangement et de la formation des troupes, des évolutions de l'infanterie et de la cavalerie, des principaux ordres de bataille, de la marche des armées, et de la castramétation ou de la manière de marquer les camps par règles et par principes* (avec figures), par M. Le Blond, un volume in-4°. Le nom de cet auteur est connu. Nous avons de lui plusieurs traités de mathématiques militaires dont celui-ci est une suite. Il sera suivi d'autres ouvrages relatifs à cet objet.

— On a gravé les plan, élévation, coupe et profil du théâtre de la ville de Metz. Ce théâtre a été élevé en petit sur le modèle de celui de Manheim.

— On vient de publier une nouvelle édition de la *Vie du pape Sixte-Quint*, traduite de l'italien de Gregorio Leti. Tout le monde connaît cet ouvrage.

— Comme c'est la mode depuis quelque temps de mettre tout en dictionnaire, on vient de faire imprimer un *Dictionnaire portatif des Conciles*, en un volume in-8º de plus de sept cent cinquante pages.

— *L'Histoire du Japon*, par Kœmpfer, traduite de l'allemand en anglais, par Scheuchzer, vient d'être traduite en français sur la version anglaise, en trois volumes in-12.

— *L'Ami des hommes*, publié il y a un an par M. de Mirabeau, devait nécessairement faire faire à un de nos écrivailleurs *l'Ami des femmes*[1]. Quand le titre d'une brochure est une fois trouvé, le reste n'est plus rien. Aussi les lecteurs sensés ne lisent que les titres de ces sortes d'ouvrages, et laissent là le reste. Attaquer et défendre les femmes, l'un est ordinairement aussi plat que l'autre. Ce sont deux choses également contraires à la bonne philosophie. Parmi les femmes comme parmi les hommes, il y a un petit nombre d'estimables, un grand nombre qui ne le sont guère, et un plus grand nombre encore qui n'ont ni vice ni vertu, et qui, par conséquent, ne méritent ni estime ni mépris. Après cela, messieurs les barbouilleurs de papier, barbouillez-en vingt ans de suite. Toute votre rhétorique froide ou chaude se réduira à cela.

— Outre *l'Ami des femmes*, il a paru un *Partisan des femmes*[2]. Ce dernier s'appelle M. de La Rivière. Son style est riche en comparaisons. Au reste, c'est une réparation. Il prétend avoir outragé les femmes dans une brochure intitulée *Utilité de l'éducation des armes*[3], qui a bien su garder l'incognito. Je crois que la satisfaction ne sera guère plus éclatante que l'offense. M. de La Rivière est maître en fait d'armes.

— *L'Oie enlevée*, poëme héroïque et détestable, en six chants, dont j'ignore l'auteur, et qui n'a été regardé par personne.

1. (Par Boudier de Villemert.) 1758, in-12. Plusieurs fois réimprimé.
2. *Le Partisan des femmes, ou la Source du mérite de l'homme.* 1758, in-12.
3. Paris, 1758, in-12.

OCTOBRE

1er octobre 1758.

Après vous avoir donné une idée de la tragédie d'*Hypermnestre*, il me reste à vous parler du mérite de cette pièce et du talent de son auteur. M. Lemierre me paraît, dans la foule des jeunes gens dont on nous a représenté les essais, le seul qui ait une vocation véritable pour le théâtre. La machine de sa pièce est belle et simple, et tout à fait dans le goût des anciens. Cette simplicité de conduite a touché peu de personnes parce que malgré notre finesse et nos prétentions nous sommes bien loin de ce grand goût des anciens, qui sera éternellement le modèle pour juger tout ce qui est beau et vrai dans les arts et dans la nature. La marche de la tragédie d'*Hypermnestre* m'a paru absolument semblable à la marche des tragédies grecques, et c'est en quoi elle me paraît mériter les plus grands éloges. Disons hardiment qu'*Hypermnestre* a en cela quelque supériorité sur la plupart des pièces de Racine, qui, quoique conduites avec un art extrême, n'ont pas cette simplicité que nous admirons tant dans les pièces anciennes. Un épisode, avec quelle habileté qu'il soit entrelacé, les gâte toujours.

L'auteur d'*Hypermnestre* n'a pas songé à gâter un des plus beaux sujets tragiques par quelque épisode postiche, et cette sagesse me paraît digne de beaucoup d'éloges dans un jeune homme; il a d'ailleurs montré de l'art et de l'adresse dans le cours de sa tragédie. Lorsqu'au quatrième acte le tyran a fait courir après Lyncée, dont il a appris la fuite, on vient lui annoncer que toutes les recherches ont été inutiles, et que ce prince a su se dérober à la vigilance de ses ennemis; déjà le spectateur partage la joie que cette nouvelle fait éprouver à Hypermnestre, lorsqu'un autre détachement, plus heureux que les autres, amène Lyncée dans les fers. Ce sont de petites choses, mais qui font un grand effet au théâtre, et dans lesquelles un poëte montre du talent. Un autre mérite de cette tragédie, c'est de nous offrir plusieurs tableaux très-beaux. On a applaudi avec transport celui du cinquième acte, où Danaüs a le poignard levé sur sa fille, prêt à la frapper si Lyncée est assez hardi pour faire avancer ses soldats. La fureur d'un père dénaturé, le désespoir, les craintes, les incertitudes d'un amant, la résignation, le sort touchant d'Hypermnestre, font un tableau très-pathétique; ce tableau change un moment après. Danaüs, détournant la tête à l'arrivée d'un de ses confidents, perd son avantage. Lyncée, adroit à saisir cet instant, se jette entre lui et sa fille. Vous voyez Hypermnestre à demi évanouie dans les bras de son amant, et son père sur le côté dans le désespoir d'avoir laissé échapper sa victime, et avec elle le seul moyen de se sauver. Ce tableau, tout aussi fortement applaudi que le précédent, ne m'a pas séduit; il est fondé sur un escamotage qui est trop puéril et trop contraire à la majesté de la scène tragique. Que devenait la princesse sans le hasard qui fait que Danaüs détourne la tête, et sans le tour de passe-passe de Lyncée, qui saisit l'instant pour se jeter entre ce père barbare et sa fille, et pour lui escamoter sa proie? Voilà un dénoûment absolument puéril. Mais un tableau qui m'a fait grand plaisir est celui du troisième acte, où l'on voit, sur le devant du théâtre, Lyncée instruit du meurtre de ses frères, et Hypermnestre qui paraît dans le fond, le poignard et la lampe à la main : cela est très-effrayant et très-beau. Un autre tableau très-touchant se trouve dans la même scène, lorsque Lyncée, saisi de rage et de désespoir, veut aller immoler le tyran à sa juste fureur, et que la princesse se jette tout à travers son chemin, à ses pieds, pour sauver les jours d'un père peu digne d'une telle fille. Mlle Clairon est bien touchante dans ce moment; si M. Lemierre avait montré autant de goût et de simplicité dans ses discours que dans la contexture et dans les tableaux de sa pièce, il eût fait un chef-d'œuvre. C'est là la partie faible de sa tragédie; elle ne gagnera pas à être lue. Sans presque toucher à la marche, si un homme de génie voulait se donner la peine d'écrire cette pièce dans le goût grec, d'y conformer les caractères, les mœurs et les discours, il ferait, à mon gré, une des plus belles choses qu'on puisse voir. Il faut conseiller à M. Lemierre de lire jour et nuit les modèles anciens, et espérer que son coloris, cette partie si essentielle dans un poëte, se fortifiera et acquerra cette magie sans laquelle rien ne séduit ni en poésie, ni en peinture, ni en musique.

Sans compter cette faiblesse de coloris, les discours de cette pièce n'ont pu réussir auprès des gens d'un vrai goût, pour deux raisons : premièrement, ils sont presque partout trop longs. Lorsqu'une situation est très-pressante, on n'a pas le temps de parler, il faut agir : ce sont les actions et les mouvements qui produisent alors les grands effets. Il est bien question de discourir, lorsque Danaüs a le poignard levé sur sa fille. Je ne sais pas ce que peut faire un amant dans un moment aussi effroyable. Il peut s'arracher les cheveux, déchirer ses vêtements, pousser des cris et des accents douloureux; mais sûrement il ne parle pas. Il y a quelques scènes absolument inutiles; celle qui commence le second acte est de ce nombre. Hypermnestre rassure sa confidente sur les sinistres augures des victimes. La princesse a vraiment bien le temps, au sortir du temple, de prêcher la tranquillité à une de ses femmes! Tout le monde a blâmé, dans le troisième acte, le récit qu'un confident fait à Lyncée sur l'assassinat de ses frères; il lui montre presque la grimace que chacun a faite en expirant. Lorsqu'on a le malheur d'être témoin d'un spectacle aussi affreux, on perd la parole et la force de le peindre, du moins dans le premier moment; d'ailleurs, Lyncée peut-il entendre un pareil récit, lorsqu'un mot lui apprend que ses frères sont trahis? peut-il écouter autre chose, et ne doit-il pas tomber dans la frénésie la plus profonde? Mais ce qui a surtout nui aux discours de cette pièce, c'est que l'auteur n'a pas conservé le goût antique dans les caractères. Il fait de Danaüs un monstre de nature également cruel et fourbe, qui suppose gratuitement un oracle pour faire égorger, par ses filles, les cinquante fils d'Égyptus. Il n'a nul sentiment humain; il fait jeter sa fille dans les fers; il est barbare et cruel sans intérêt; un tel homme n'a jamais existé. La fable nous représente Danaüs comme un homme faible et atroce; effrayé par un oracle qui lui prédit la mort par la main d'un de ses gendres, il se résout à les faire périr tous; tout devient fondé alors, et les discours en deviennent plus tragiques. M. Lemierre a fait d'Hypermnestre une espèce d'esprit fort qui se récrie sur la fausseté des oracles et sur la fourberie des prêtres. Ces déclamations contre les oracles, ces impiétés tant de fois répétées dans nos pièces modernes, sont bien puériles et bien fastidieuses. Combien Hypermnestre serait plus touchante, si je la voyais partagée entre sa passion pour Lyncée et sa piété envers les dieux de son père; telle, enfin, que les anciens nous ont représenté toutes les jeunes personnes de son état, dont l'innocence, la candeur, et la simplicité des mœurs, ont un charme si puissant sur les âmes sensibles !

— Le Théâtre-Italien a perdu, il y a un mois, une actrice célèbre, connue sous le nom de Silvia. On disait qu'elle jouait avec une grande finesse et beaucoup de naïveté, deux qualités qui, surtout réunies, sont bien rares; pour moi, j'avoue que je n'ai jamais bien senti le mérite de cette actrice; elle était d'une figure désagréable; elle avait la voix fausse et un jeu à prétentions tout à fait fatigant. Je n'ai jamais compris comment on pouvait vanter sa naïveté quand on connaissait le jeu de Mlle Gaussin, ni sa finesse quand on savait sentir celui de Mlle Dangeville. Le Théâtre-Français vient aussi de perdre une jeune actrice d'une figure charmante; Mlle Guéant a été enlevée par la petite vérole, à l'âge de vingt-quatre ans; elle remplissait les rôles de Mlle Gaussin, et, sans avoir un talent bien sublime, elle s'était rendue nécessaire par un travail assidu et par une grande envie de bien faire qui réussit toujours aux personnes qui ont de la beauté et de la grâce.

— Il paraît un gros volume, aussi monstrueux par le fond que par la forme, sous le titre d'*Apologie de Louis XIV et de son conseil sur la révocation de l'Édit de Nantes, pour servir de réponse à la lettre sur la tolérance civile des protestants, avec une dissertation sur la journée de la Saint-Barthélemy* [1]. J'ignore le nom de l'écrivain odieux et atroce qui ose s'avouer l'apologiste d'une pareille cause. C'est le même qui, il y a quelques années, fit un mémoire catholico-critico-politico-historique pour prouver qu'il fallait persécuter les protestants sans relâche. Puisse la mémoire d'un auteur aussi barbare dans son goût que dans ses sentiments être à jamais couverte de ténèbres! Quand on lit cette infâme dissertation sur le massacre de la Saint-Barthélemy, on s'aperçoit avec horreur que son but est d'établir,

---

1. L'auteur, dont les écrits soulevaient la légitime indignation de Grimm, est Jean de Novi, abbé de Caveirac, qui, en 1756, avait publié un *Mémoire politico-critique où l'on examine s'il est de l'intérêt de l'État d'établir une nouvelle forme pour marier les calvinistes.*

avec beaucoup d'artifice, que c'est moins la religion que la politique qui a rendu les crimes de cette journée nécessaires à la sûreté de l'État.

— Lorsqu'une pièce a quelque succès au théâtre, il paraît sur-le-champ une foule de brochures pour ou contre. La tragédie d'*Hypermnestre* n'a pas manqué de ces compagnes. Entre autres feuilles, il a paru la critique d'un Suisse sur la première représentation [1]. Vous trouverez tout au commencement l'exposition du sujet par un petit-maître des plus à la mode. C'est une des plus exécrables choses qu'on puisse lire. Le reste est moins ridicule et plus sensé. Les éloges qu'il donne à l'*Ipermnestra* du Métastase sont bien exagérés. Ce grand poëte a traité ce sujet d'une manière bien mesquine : aux noms des personnages et à la situation d'Hypermnestre près, il n'a même rien conservé de la fable. Ce n'est plus l'histoire des Danaïdes. Je pense qu'un poëte qui traiterait ce sujet avec génie ne manquerait pas de tirer quelque parti du massacre des quarante-neuf frères pour le fond de son tableau. Quelle vraisemblance que dans un palais où quarante-neuf frères sont égorgés par leurs épouses, tout se passe tranquillement, sans mouvement, sans tumulte, sans cris, etc.! On n'aperçoit jamais que Lyncée et Hypermnestre. Pourquoi ne verrait-on pas, dans ces horribles moments, le fond du théâtre quelquefois traversé par des personnages qui ne seraient pas de la pièce, mais dont on devinerait aisément les desseins et qui ajouteraient infiniment à l'effet? Nous isolons trop nos personnages, et dans nos pièces, et dans nos romans. On dirait que la famille que nous y représentons n'a aucune liaison avec le reste des vivants. Cela est bien contraire à la vérité. Nous laissons le fond du tableau toujours nu, et tout notre génie s'épuise à en bien dessiner les principales figures, sans songer à les placer de la manière la plus conforme à la vérité et à la nature. Quels effets ne produirait-on pas sur un théâtre convenablement décoré! Quel spectacle si, pendant que Lyncée et Hypermnestre, saisis d'effroi et d'horreur, se conjurent et crient à la fois vengeance et pitié, on voyait dans le fond du théâtre les barbares filles de Danaüs, après avoir

---

1. *Hypermnestre vue et jugée par un Suisse, le 51 août 1758, sur sa première représentation.* S. l. n. d. in-12.

immolé leurs époux, courir çà et là, dans le désordre où plongent les grands crimes! Qui pourrait soutenir ce spectacle muet et terrible? Et voilà la véritable tragédie.

— Quelque compilateur qui a eu besoin d'argent a recueilli plusieurs pièces de poésie, dispersées dans quelques portefeuilles et dont la plupart n'avaient jamais été imprimées. La compilation dont j'ai l'honneur de vous parler est intitulée l'*Ami des Muses*[1]. Elle est faite sans ordre, sans goût, sans choix, et sans correction.

15 octobre 1758.

L'ennuyeuse et futile dispute sur la noblesse commerçante n'est pas si bien finie qu'il ne paraisse encore de temps en temps quelque brochure sur cette question. *La Noblesse telle qu'elle doit être, ou Moyen de l'employer utilement pour la patrie et pour elle-même*[2], vient d'en augmenter le nombre. L'auteur, dont j'ignore le nom, me paraît très-digne d'une place parmi les sots qui ont discuté cette matière. Son expédient est merveilleux. Il veut faire des gentilshommes oisifs des capitaines de vaisseaux marchands. Outre l'absurdité et l'impossibilité de son système pour lequel il a barbouillé deux cent quarante pages, il faut convenir qu'il prend bien son temps. Il faudrait avoir des navires marchands avant que de songer à y mettre la noblesse. Il faudrait n'avoir pas laissé écraser notre marine par les Anglais. Il faudrait que notre ministère eût senti à temps qu'il était important de soutenir et de protéger notre marine marchande par la marine royale; qu'il valait mieux faire des vaisseaux que de dépenser nos trésors dans les cabarets de Westphalie et que de porter nos forces en Allemagne pour aider une maison, de tous temps ennemie de la France, à écraser notre allié naturel. Ceux qui se déclarent pour le nouveau système ne ressemblent pas mal au médecin malgré lui de Molière, qui, sur les difficultés qu'on lui fait d'avoir placé le cœur du côté droit, tandis qu'il est du côté gauche, dit pour toute réponse : « Nous avons changé tout cela. »

— *Conseil d'un vieil auteur à un jeune, ou l'Art de parvenir*

---

1. (Par Boudier de Villemert.) Avignon, 1758, in-12.
2. (Par de La Haussa.) Amsterdam et Paris, 1758, in-8°.

dans la république des lettres[1]. C'est une plaisanterie commune et triviale.

— *La Journée de Crevelt*, poëme par M. l'abbé Desjardins. Voilà un poëte qui, en attendant nos victoires, prend le parti de chanter nos défaites. Son poëme peut trouver place parmi les choses qui amusent à force d'être ridicules.

— M. l'abbé de La Porte vient de commencer un nouveau journal sous le titre d'*Observateur littéraire*[2]. Ce sont des feuilles pareilles à celles qu'il a publiées il y a quelques années. Comme j'ai une idée fort médiocre de la nécessité et de l'utilité des journaux, rien ne me paraît plus absurde que la multiplicité de ces sortes d'ouvrages.

NOVEMBRE

1er novembre 1758.

On a donné, il y a quelques jours, à la Comédie-Française la première représentation des *Noms changés*, comédie en trois actes et en vers. L'auteur s'appelle M. Brunet, et c'est son coup d'essai sur le théâtre de la Comédie-Française. Il vient de donner sur le théâtre de l'Opéra un acte intitulé *le Rival favorable*, qui a été mis en musique par M. Dauvergne. Il a été jugé détestable. La comédie des *Noms changés* aura quelques représentations, grâce au jeu de M. Grandval, chargé du rôle de Léandre, et à celui de Mlle Gaussin, qui joue celui d'Araminte.

— Je ne sais de qui peut être l'ode que vous allez lire[3]. Elle a fait courir le bruit que M. de Voltaire était dans la plus haute dévotion. C'est lui faire beaucoup d'honneur assurément, car, dans sa résidence, on lui reproche de ne chômer ni Calvin ni

---

1. (Par A.-H. Sabatier.) 1758, in-8.
2. *L'Observateur littéraire*, fondé par La Porte pour faire pièce à Fréron, avec qui il s'était brouillé, a duré jusqu'en 1761 et forme 17 volumes in-12.
3. Nous ne le savons pas davantage, et si nous reproduisons cette ode, où a bonne volonté remplace le talent, c'est que, selon M. G. Desnoiresterres, qui l'a rencontrée dans des sottisiers manuscrits, elle est inédite.

le pape. Ce bon apôtre du lac de Genève n'a guère d'autre conversion à alléguer en faveur de sa mission que celle du roi de Prusse. Il prétend d'athée qu'il était en avoir fait un très-bon déiste. Encore n'est-il pas bien sûr des succès de son apostolat. Vous pouvez juger par le prosélyte combien l'apôtre doit être tourmenté par les opérations de la grâce. Ceux qui ont cru cette ode de M. de Voltaire ne doivent jamais se mêler de juger des vers.

VOLTAIRE PÉNITENT.

Précieux effets de la grâce,
Trouble heureux, salutaire erreur ;
Toi par qui le péché s'efface,
Repentir, viens briser mon cœur.
De mes constants remords redouble l'amertume,
Et joins de nouveaux feux au feu qui me consume.
Mes sens en seront abattus ;
Mais je connaîtrai mieux toute l'horreur du vice,
Et par des actes de justice
Je m'approcherai des vertus.

Qui suis-je ? Où tend mon espérance ?
Tiré des ombres du néant,
A qui dois-je mon existence ?
Qui m'a fait un être vivant ?
Vil limon qu'anima l'auteur de la nature,
Oses-tu bien, rebelle créature,
Transgresser sa divine loi,
Et par un délire funeste,
Ingrat à sa faveur céleste,
Trahir ton devoir et ta foi ?

Le jour qu'une onde salutaire
M'imprima dans mes jeunes ans
L'ineffaçable caractère
Qui désigne tes vrais enfants,
Je te jurai, Seigneur, un éternel hommage,
Un cœur vraiment sincère, un amour sans partage...
Ce serment fut fait en mon nom ;
Mais bientôt, ô forfait, j'en perdis la mémoire,
Et l'injure faite à ta gloire
Fut l'ouvrage de ma raison.

NOVEMBRE 1758.

  Le temps fuit, et bientôt, sans doute,
  La mort d'un pas précipité
  Ouvrira devant moi la route
  Qui conduit à l'éternité.
A mes yeux, chaque instant, le passé se retrace,
Aveugles passions, source de ma disgrâce!
   O désespérant souvenir!
Quoi! je touche au moment où se borne mon être,
  Et je commence à me connaître
  Quand je sens que je vais finir.

  Du ciel l'arrêt irrévocable
  M'appelle au sacré tribunal,
  Où devant un juge équitable
  Sont posés le bien et le mal.
Des célestes bienfaits dispensateur fidèle,
Il donne à ses élus une palme immortelle.
   Qu'ai-je fait pour la mériter?
Il tient les réprouvés sous de pesantes chaînes;
  Ils souffrent d'éternelles peines;
  Qu'ai-je fait pour les éviter?

  Quelle horreur au fond de mon âme
  Vient tout à coup de s'élever!
  Ah! quel objet et quelle flamme
  Viennent à l'instant s'y graver?
Quels terribles accents, quelle voix menaçante
Porte dans mon esprit le trouble et l'épouvante?
   Je crois voir le livre éternel,
Et, gémissant du sort des coupables victimes,
  Avec le nombre de mes crimes
  Je lis l'arrêt du criminel.

  Arrête, Dieu vengeur, arrête!
  Sous tes traits dois-je succomber?
  Suspens celui qui sur ma tête
  De tes mains est prêt à tomber.
En ta bonté suprême est-ce en vain que j'espère?
Des rigoureux effets de ta juste colère
   Rien ne peut-il me garantir?
Ai-je par mes forfaits épuisé ta clémence?
  Ah! ta miséricorde immense
  Pardonne tout au repentir.

  Oui, puisqu'il en est temps encore,
  Je briserai d'indignes fers;

Pour fléchir le Dieu que j'implore
De sûrs moyens me sont offerts.
Il rend déjà le calme à mon cœur alarmé,
Son courroux est éteint, son bras est désarmé,
Et tout mon crime est effacé.
Je sens que jusqu'à lui mon faible esprit s'élève
Et que mon repentir achève
Ce que sa grâce a commencé.

Mais, Seigneur, soutiens ma faiblesse
Contre un ennemi furieux;
Des piéges qu'il me tend sans cesse
Fais-moi sortir victorieux.
Dans mon âme à jamais fais renaître la crainte.
Qu'en y voyant briller cette divine empreinte
Le noir tyran soit confondu.
Brise, détruis l'autel, anéantis l'idole
A qui, par un attrait frivole,
J'offrais un encens qui t'est dû.

— *Delphinie*[1] est un nouveau roman de cinquante pages, bien absurde et bien insipide. C'est sans doute le coup d'essai d'un jeune homme qui peut renoncer en toute sûreté au métier d'écrire.

— Un autre roman plus long, et aussi froid et insipide que *Delphinie*, a pour titre *l'Univers perdu et reconquis par l'Amour, suivi d'Iphis et Amarante, ou l'Amour vengé*[2].

— Un moine bénédictin vient de faire trois gros volumes intitulés *l'Art de peindre à l'esprit*[3]. C'est une rhétorique sans goût et sans esprit, où l'on a compilé les bons morceaux tirés de nos meilleurs écrivains. L'auteur a partagé ses peintures en images morales, physiques et mixtes. Le tout est dédié à M. le duc de Bourgogne. Si l'on ne forme le goût du prince que d'après de tels ouvrages, il ne sera pas un jour le meilleur juge de son royaume en fait de littérature.

— M. du Radier vient de publier une brochure pour la défense de M. Crevier et de M. d'Alembert, contre les feuilles de Fréron. Elle a pour titre *le Censeur impartial*[4]. M. Crevier

---

1. Akiansi, 1758, in-8°, 52 pages.
2. (Par de Carné.) Amsterdam, 1758, in-8°.
3. (Par dom Sensaric.) Paris, 1758, in-8°.
4. Paris, 1758, in-12.

et M. d'Alembert ont été attaqués sans ménagement, l'un sur la continuation de l'*Histoire romaine*, l'autre sur sa traduction de quelques morceaux de Tacite. M. du Radier fait voir l'injustice et l'impertinence de la critique. Quand je regarde les feuilles de nos aristarques modernes comme ce qu'il y a de plus inutile pour le progrès des lettres, j'ai tort, les réponses qu'on leur fait sont bien plus inutiles encore.

15 novembre 1758.

Je n'entreprendrai point de vous donner une idée détaillée du *Père de famille*, comédie en prose et en cinq actes, par M. Diderot. Cet ouvrage sera sans doute placé parmi le petit nombre de livres qu'on reprend sans cesse avec un nouveau plaisir et qu'on ne quitte jamais sans en avoir tiré quelque fruit. Il réunit dans un haut point plusieurs qualités dont, ordinairement, une seule suffit pour faire la fortune d'une pièce. La machine en est grande et belle; elle est compliquée et toujours claire. La rapidité des mouvements s'accroît à mesure qu'elle avance vers le dénoûment. La diction est pure, noble, forte, douce, tout ce qu'il plaît à l'auteur et ce qu'il convient à la chose qu'elle soit. Les caractères sont d'un dessin et d'un arrangement dignes des plus grands maîtres. Sans parler de celui du père de famille, que tous les gens de goût ont d'abord saisi, Saint-Albin me paraît un modèle pour les amants, et lorsqu'on voit la violence de sa passion, ses agitations, ses transports, ses fureurs, on est bien tenté de s'écrier comme M. Diderot, dans sa Poétique : « Ah! que nos rôles d'amants sont froids! » Le caractère de Germeuil, son ton laconique, sa froide fermeté, sont très-piquants. Celui de Cécile, quoique l'ordonnance du tableau ait exigé de le faire d'un ton affaibli et en demi-teinte à cause de l'extrême danger qu'il y avait de rendre, en le fortifiant, le sujet double, ne laisse pas d'intéresser, et la seconde scène du second acte entre le père et sa fille a paru un chef-d'œuvre d'éloquence et de goût. Le caractère du Commandeur est original et absolument neuf sur notre théâtre. Mais celui qui me séduit, qui me touche, qui m'emchante, c'est le caractère de Sophie. C'est, à mon gré, une des plus belles choses qu'il y ait. Toutes les scènes de cet enfant charmant me paraissent délicieuses, et répandent dans mon âme cet enchantement doux, si difficile à exprimer, que j'éprouve vis-à-vis d'un tableau de Raphaël ou en écoutant un morceau de Pergolèse.

Le Père de famille se trouve entre deux morceaux dont l'un est une épître dédicatoire à une princesse digne de l'hommage de tous les cœurs élevés et sensibles [1]. Cette épître, pour la force et le coloris, pourrait servir de pendant aux *Pensées philosophiques*. Le discours sur la poésie dramatique, que M. Diderot m'a fait l'honneur de m'adresser, est rempli de vues et d'idées neuves et de morceaux de philosophie, de morale et de poésie. Parmi ces derniers, la mort de Socrate, la scène d'Oreste et de Pylade, le sujet du juge, les digressions sur le contraste du style, ne vous auront pas échappé. Ce qu'il y a de sûr, c'est que M. Diderot a étendu le système dramatique; et tandis que M. de Voltaire voulait nous persuader que les hommes de génie qui nous avaient précédés ne nous avaient plus rien laissé à faire, M. Diderot nous a ouvert tout à coup trois carrières entre celle de la comédie et celle de la tragédie que nous connaissions. Son idée de traiter les conditions préférablement aux caractères est une idée riche et féconde dont il sortirait trois genres ignorés sur notre théâtre, et qui seraient sans doute pour la vérité et pour l'importance supérieurs aux genres établis. Le premier serait la comédie térentienne, mais convenable à nos mœurs sans Dave et sans courtisanes. Tel est *le Père de famille*. Il est tout à fait dans le goût de Térence, excepté que ce poëte inimitable a ordinairement moins de mouvement et moins de chaleur dans ses pièces. Le second genre serait plus sérieux et plus pathétique que la comédie de Térence. Tel est *le Fils naturel*. Tel est le genre que La Chaussée a essayé d'introduire, mais qu'il a défiguré par un coloris mesquin et par le mélange des scènes de valets, de suivantes, d'un goût très-mauvais. C'est dans ce genre qu'on pourrait faire l'Épouse ou l'Honnête femme, en imaginant une femme charmante, mariée à un homme sans mœurs et sans vertu, et qui supporterait les malheurs de sa situation avec une décence, une fermeté et un courage héroïques. Telle serait la crainte du

---

1. La princesse de Nassau-Saarbruck.

blâme en supposant une personne qui sacrifierait sans cesse les choses les plus innocentes et les plus essentielles pour son bonheur à la crainte d'être blâmée par le public, et qui encourrait le blâme public précisément par les moyens qu'elle aurait pris pour l'éviter. Telle serait l'Étourdie, que sa légèreté de tête exposerait aux plus grands malheurs malgré sa vertu, malgré l'honnêteté et la sensibilité de son âme. On trouverait encore cinquante sujets tout aussi beaux, tout aussi touchants, tout aussi neufs. Le troisième genre serait celui de la tragédie domestique. C'est à M. Diderot, après nous avoir montré des modèles des deux genres précédents, de nous en fournir un pour le troisième et j'espère l'obtenir de lui par l'importunité de mes sollicitations.

C'est une réflexion bien triste, pour ceux qui aiment les arts et qui s'intéressent à leur progrès, qu'une des nations modernes qui les a cultivés avec le plus de succès apporte si peu de soin à les perfectionner et à rapprocher ses imitations de la vérité. La France a produit des chefs-d'œuvre dramatiques de toute espèce, et elle n'a pas un théâtre où ils puissent être représentés avec quelque vérité. Le jeu de nos acteurs devient tous les jours plus maniéré, et pour en montrer tout le faux et tout le ridicule on n'aurait qu'à leur voir jouer dans leur manière une pièce comme *le Père de famille*. C'est que nous n'aimons rien avec force, et que nous portons notre indolence jusque dans nos amusements. Il y a deux avis dans le public sur *le Père de famille*. Les uns ont regardé cette pièce, sans parler de la nouveauté et du mérite du genre, comme une des plus belles choses qui soient au théâtre. D'autres, et c'est le plus grand nombre, lui ont préféré *le Fils naturel*, parce que le sujet leur a paru plus pathétique. Ils n'ont pas saisi la nuance qui sépare *le Père de famille*, d'un côté, de la comédie de Molière, et, de l'autre, du genre sérieux et pathétique. D'ailleurs, peu de personnes sont en état de sentir le mérite et le charme de la simplicité qui est si heureusement conservée dans *le Père de famille*. Cela m'a confirmé dans une opinion que j'avais déjà, c'est que la plupart de nos prétendus gens de goût ne louent les anciens que sur leur réputation, et, incapables d'en discerner les beautés, exaltent leurs divins écrits sans les aimer et sans les connaître.

— *Réponse de milord Maréchal à Mme ***, qui lui avait écrit de Paris à l'occasion de la mort du maréchal Keith, son frère.* Pour entendre cette réponse, il faut savoir que Mme ***[1] appelait milord Maréchal *le bon Abraham* à cause de l'extrême simplicité de ses mœurs.

J'aime autant cette oraison funèbre du maréchal Keith qu'aucune de celles de Bossuet.

« Le bon Abraham perdit un frère qu'il aimait tendrement, et il pensait souvent à ce frère, et tâcha de se consoler. Il se disait : « Ce frère a vécu en honnête homme, il est mort en « faisant son devoir. »

« Il avait été commandant à Leipzig, ville marchande et opulente; il était entré l'année passée en Bohême commandant une armée, et s'était avancé jusqu'à quatre milles de Prague, levant des contributions, et il n'était pas devenu riche.

« Il ne jouait pas. Sa table était servie abondamment de viandes communes. Il n'avait ni vaisselle, ni bijoux. Tous ses effets, vendus à l'armée, ont fait la somme de mille neuf cent quatre-vingts thalers. Il a laissé en argent cent cinquante ducats.

« Le bon Abraham disait : « Voilà un bon héritage qui fait « honneur au frère. Loué soit le Seigneur! » Et une amie de bon Abraham, qui aurait pu gouverner Israël si elle avait été du temps de Débora, disait : « Bon Abraham a raison; la pauvreté « de son frère est honorable à sa mémoire, » et bon Abraham se réjouissait en pensant à l'approbation de cette dame dont le sens et les sentiments sont si respectables. »

— Le P. Charles, jésuite, a fait imprimer l'oraison funèbre de M. le comte de Gisors tué à la bataille de Crevelt. Ce panégyrique a été prononcé dans l'église cathédrale de Metz. C'est un ouvrage médiocre et, suivant la mode, un recueil d'antithèses. M. de Gisors était un jeune homme d'une grande espérance. Sans être doué d'un génie supérieur, il réunissait toutes les qualités estimables et il jouissait d'une considération au-dessus de son âge.

— *Essai sur l'éducation militaire, ou Instruction de belles-*

---

1. Mme d'Épinay.

lettres et de tactique françaises, avec des Réflexions et des Notes pour faciliter le cours de ces études et les rendre utiles et agréables. Ce titre promet beaucoup, mais l'auteur ne tient rien. Il n'a encore publié qu'un cahier de son ouvrage, qui consiste dans une compilation de plusieurs fables de La Fontaine et de La Motte, accompagnées de beaucoup d'observations plates. La suite de cet ouvrage ne sera qu'une compilation continue de toutes sortes de livres.

— On vend ici depuis quelque temps le *Journal du siége de Breslau, avec la capitulation et la liste des prisonniers*, imprimé d'après l'original qui a été délivré par le commandant de Breslau, le général Sprecher.

— *Histoire des navigations aux terres australes, contenant ce que l'on sait des mœurs et des reproductions des contrées découvertes jusqu'à ce jour, et où il est traité de l'utilité d'y faire de nouvelles découvertes et des moyens d'y former un établissement*[1]. Deux volumes in-4°.

— Un jeune homme appelé M. Lévêque vient de faire imprimer en vers français une imitation de la quatorzième héroïde d'Ovide, *Hypermnestre à Lyncée*. Cette imitation m'a paru faible.

— *Système de la splendeur des empires en forme de spectacle.* Sous ce titre on a publié une brochure à laquelle je n'ai absolument rien compris. C'est un chef-d'œuvre de platitude et d'absurdité.

— M. de Guignes vient de publier les deux derniers volumes de son *Histoire générale des Huns, des Turcs, des Mogols et des autres Tartares occidentaux.* Cela fait en tout cinq volumes in-4°.

— Une autre histoire, c'est celle des *Grecs ou de ceux qui corrigent la fortune au jeu*[2]. C'est un panégyrique des filous en trois petits volumes in-12.

— *L'Histoire naturelle, civile et géographique de l'Orénoque*, traduite de l'espagnol[3], nous paraîtra plus curieuse, plus utile et plus instructive.

---

1. Par le président de Brosses.
2. (Par Ange Goudar.) La Haye, 1757, 3 vol. in-12.
3. (Traduit par Eidous.) Avignon, 1758, 3 vol. in-8.

— *Essai sur l'amélioration des terres*, par M. Patullo[1]. C'est un ouvrage très-utile par son objet, et rempli d'excellentes observations.

— Le jour de la Toussaint, on a découvert la chaire de la paroisse de Saint-Roch, inventée et exécutée par M. Challe, sculpteur, de l'Académie royale. La tribune est ornée de bas-reliefs et soutenue par les quatre Vertus cardinales. Elle est surmontée d'une figure qui représente l'Ange de la lumière tenant d'une main la trompette et de l'autre des palmes. Il lève le voile qui est censé couvrir la vérité. Ce morceau n'a pas eu le suffrage des gens de goût. Un défaut a choqué tout le monde, c'est le lourd qu'on y remarque. On craint toujours que le prédicateur ne soit écrasé par l'ange qui est sur sa tête.

— Je ne sais de qui est un recueil de poésies intitulées *Philosophiques*[2]. Ce titre est doublement faux, car vous ne trouverez dans ce livre ni poésie, ni philosophie.

— *Mémoire sur l'utilité, la nature et l'exploitation du charbon minéral*, par M. de Tilly[3], ouvrage utile.

DÉCEMBRE

1er décembre 1758.

M. d'Alembert a inséré dans le septième volume de l'*Encyclopédie* un article sur la république de Genève, qui a fait beaucoup de bruit. Au milieu des louanges qu'il donne avec raison à beaucoup d'institutions de ce petit État, il accuse les ministres de Genève de socinianisme. Ce n'est pas dans la vue de leur faire de la peine ou d'en dire du mal que M. d'Alembert a avancé cette assertion extraordinaire; tant s'en faut : au contraire, on voit aisément qu'il veut faire honneur aux parti-

---

1. Avec une épître dédicatoire, rédigée par Marmontel, à Mme de Pompadour. Paris, 1758, in-12.

2. (Par Gouges de Cessières.) S. l. (Paris), 1758, in-8°.

3. Paris, 1758, in-12.

sans de la religion naturelle de ce qu'un corps rempli de sagesse et de lumière a rapproché sa doctrine des dogmes d'une religion raisonnable et épurée. Ce zèle est bien singulier. On n'est pas accoutumé à voir aux philosophes une ferveur aussi apostolique; et les philosophes intolérants ne méritent pas plus d'indulgence que les dévots qui persécutent. Les ministres de Genève se sont conduits dans cette occasion avec beaucoup de prudence; ils ont opposé à l'article *Genève* une déclaration faite avec beaucoup de sagesse, de modération et de dignité. Je remarquerai en passant qu'on ne peut et qu'on ne doit juger un corps quelconque que sur ses statuts, sur ses règlements, en fait de religion sur ses livres symboliques, et jamais sur un résultat des différentes opinions des particularités; que quand je dis qu'un tel est protestant, cela ne veut pas dire qu'il adhère de toute sa force aux opinions de Luther ou de Calvin, ni aux dogmes de leur profession, mais seulement qu'il se dit extérieurement et civilement de la communion d'une telle secte; qu'en un mot, on ne peut parler en public de la religion d'un particulier sans imprudence, sans injustice et sans inutilité; mais ce n'était pas le seul point extraordinaire dans l'article *Genève*. Entre autres choses fort singulières, M. d'Alembert conseille à la république l'établissement d'un théâtre de comédie, et s'étend beaucoup sur les avantages qui en résulteraient pour le goût et pour les mœurs non-seulement de la ville de Genève, mais de presque toute l'Europe. Il faut lire tout ce morceau; on ne pourra guère s'empêcher de le trouver extravagant. Nos philosophes sont quelquefois bien fous. Je ne dis pas combien tout l'article était déplacé dans l'*Encyclopédie*, où la ville de Genève doit occuper l'espace de trois ou quatre lignes, et point du tout des colonnes entières, pour nous apprendre ce qu'elle doit ou ne doit pas faire : chose absolument étrangère aux arts et aux sciences qui font l'objet de ce dictionnaire. On dit ordinairement qu'une extravagance en engendre une autre, et cela est arrivé cette fois-ci. J.-J. Rousseau, qui a pris le titre de citoyen de Genève par excellence, n'a pas voulu laisser échapper cette occasion sans dire son sentiment sur une chose qu'il croit de la dernière importance pour ses compatriotes; il a adressé à M. d'Alembert une Lettre de deux cent soixante-quatre pages, grand in-8°, pour réfuter son article, et pour prouver que la comédie en elle-même est une fort mauvaise chose, et puis qu'elle serait très-dangereuse et nuisible à Genève. M. Rousseau est né avec tous les talents d'un sophiste. Des arguments spécieux, une foule de raisonnements captieux, de l'art et de l'artifice, joints à une éloquence mâle, simple et touchante, feront de lui un adversaire très-redoutable pour tout ce qu'il attaquera; mais au milieu de l'enchantement et de la magie de son coloris, il ne vous persuadera pas, parce qu'il n'y a que la vérité qui persuade. On est toujours tenté de dire : Cela est très-beau et très-faux. Quoique le nouvel ouvrage de M. Rousseau, dont il est question ici, m'ait paru diffus, languissant et même plat en beaucoup d'endroits, je ne doute point que vous ne l'ayez lu avec bien du plaisir; seulement, en le quittant, vous serez étonné qu'il ne vous ait fait changer de sentiment sur rien. De la façon dont M. Rousseau s'y prend, il est sûr qu'il n'y a rien au monde qu'on ne puisse renverser, surtout avec une cognée comme la sienne. Rien n'étant sans inconvénients, je prouverai facilement que le soleil est l'astre le plus malfaisant et le plus dangereux qui existe dans l'univers : je n'ai qu'à taire ses influences heureuses pour m'occuper tout entier de quelques maux qu'il produit, à quoi je joindrai la liste des maux qu'il pourrait causer par la suite; plus j'aurai d'éloquence, d'esprit et de talent, plus j'aurai fait un livre séduisant, mais je n'aurai convaincu personne. Ceux qui m'auront lu avec le plus de plaisir ne trouveront pas moins comme auparavant que le soleil est un astre nécessaire et bienfaisant. Je remarquerai donc que c'est bien peine perdue que de répondre sérieusement à M. Rousseau sur ce qu'il a dit contre la comédie en général, et quand on n'a pas autant de force et d'énergie dans le style que lui, c'est encore une entreprise maladroite. Les gens d'esprit et de sens réfutent les arguments de M. Rousseau à mesure qu'ils lisent; ils n'ont besoin de personne pour les avertir. En rendant justice au talent de l'auteur, ils ne remarquent pas moins un défaut de logique général dans tout l'ouvrage, qui fait que ce que l'auteur établit dans un tel endroit est détruit quelques pages après par une assertion qui, sans lui être directement opposée, ne laisse pas que de lui être contradictoire. C'est ce choc de principes de toute espèce, avancés suivant le besoin qu'on en a, et puis oubliés un moment après pour d'autres qui ne peuvent plus s'accorder avec les premiers, qu'on a toujours reproché avec raison à M. Rousseau, et qui n'est nulle part si sensible que dans sa philippique contre la comédie, sans compter les raisonnements captieux et de mauvaise foi que l'auteur avance ordinairement avec beaucoup de véhémence et de chaleur, comme s'il voulait s'étourdir lui-même sur le faux qu'il y aperçoit. En un mot, si M. Rousseau regarde la comédie comme un art et comme un genre d'imitation, et qu'il la condamne sous ce point de vue, cette dispute rentre dans celle sur le danger des sciences et des arts qu'il a soutenue si longtemps. Si, admettant les arts et la culture du génie chez un peuple policé, il en bannit les spectacles, il ne peut dire en faveur de son sentiment que des choses absurdes et fausses. Jusqu'à présent M. Rousseau n'a soutenu que des paradoxes d'une grande généralité, comme le danger des sciences, celui de la société, et avec de l'éloquence on réussit à trouver des choses spécieuses; mais s'il se met à particulariser ses paradoxes, quelle que soit la force de son style, il aura de la peine à éviter l'absurde et le ridicule.

15 décembre 1758.

Lorsque M. Diderot publia sa comédie du *Fils naturel*, l'impression qu'elle fit dans le public fut prodigieuse, et ce succès, comme de coutume, aigrit ses anciens ennemis et lui en attira beaucoup de nouveaux. Trois ou quatre mois après ce succès, certaines gens, que l'envie et la jalousie inspirent plus efficacement que les autres, eurent soin de répandre dans le public que *le Fils naturel* n'était qu'une copie du *Véritable Ami*, comédie du docteur Goldoni; quelque ridicule que fût cette supposition pour tout homme qui connaît un peu l'état du théâtre italien, elle ne laissa pas que de s'accréditer dans le public. Le système des méchants est presque toujours sûr de son effet, le mensonge le plus absurde, la calomnie la plus atroce, font toujours quelque impression et manquent d'autant plus rarement leur coup que sur cent personnes qui se font juges d'une imputation, il ne s'en trouve pas deux qui se donnent la peine de vérifier les choses. Fréron imprima bientôt publiquement dans ses feuilles que *le Fils naturel* était traduit mot pour mot de la pièce italienne. On cria au plagiat. Tout le public en resta presque persuadé, et l'homme peut-être le plus riche de l'Europe en idées et en talent fut jugé coupable d'avoir emprunté ceux d'un farceur italien, et d'avoir voulu en imposer à ses compatriotes.

Il était aisé à M. Diderot de repousser ces imputations aussi fausses qu'odieuses : une traduction fidèle de la traduction de la pièce de Goldoni mettait tous les honnêtes gens en état de décider la cause. M. Diderot n'en fit rien ; il avait annoncé un *Père de famille*; par un hasard singulier, il se trouve dans Goldoni une farce qui portait ce titre et dont M. Diderot ignorait alors jusqu'au nom ; on ne manqua pas de dire que non content d'avoir pillé *le Véritable Ami* de Goldoni, il avait encore prémédité un autre vol dans *le Père de famille*. C'est un méchant métier que celui d'auteur, et de pareilles indignités devraient bien en dégoûter pour la vie. L'auteur du *Fils naturel* se tint tranquille, et ses ennemis crurent avoir porté un coup terrible à sa réputation. Cependant il acheva *le Père de famille*, et deux de ses amis se mirent à traduire les deux pièces italiennes auxquelles la méchanceté avait donné tant de vogue et de célébrité [1]. *Le Père de famille* parut, et l'on publia les deux comédies de Goldoni en même temps. Alors tous les honnêtes gens furent indignés et étonnés de l'impudence avec laquelle le journaliste en question avait osé soutenir à la face du public que *le Fils naturel* n'était qu'une traduction du *Véritable Ami*. Ceux qui ont eu le courage de lire les deux comédies de Goldoni ont dû être étrangement surpris de n'y trouver qu'un tissu de platitudes au-dessous de celles que les acteurs italiens débitent quand ils improvisent. L'apologie aussi noble que simple que M. Diderot a faite de sa conduite, dans le discours sur la poésie dramatique qui est à la suite du *Père de famille*, a achevé d'intéresser tous les honnêtes gens dans sa cause. Cependant

---

1. Les deux traductions du *Véritable Ami* et du *Père de famille* étaient de Deleyre, aidé par Forbonnais; elles parurent en même temps sous la rubrique d'Avignon et Liége, 1758, in-8°. Les dédicaces dont Grimm parle plus loin étaient de sa main, ainsi que l'errata satirique du *Père de famille*. Elles visaient la comtesse de La Marck et la princesse de Robecq, qui demandèrent vengeance. Diderot signa un désaveu (qu'on trouve t. XIX, p. 454 des *OEuvres*) qui mettait à l'abri les coupables, et l'affaire en resta là.

le même menteur qui a osé le calomnier si grossièrement attaquera demain un autre honnête homme, tout aussi impudemment et avec tout autant de succès; voilà ce que c'est que la justice dans le monde. On commence par croire le mal, par s'échauffer beaucoup contre l'accusé, et lorsque son innocence est connue, on lui rend froidement justice. Ceux qui se sont le plus déchaînés contre lui sont précisément les plus lents à revenir. Le fait est que M. Diderot étant allé passer quelques jours à la campagne, il trouva dans la maison où il était un volume de Goldoni sur la cheminée, et pendant que la compagnie était au jeu, il se mit à lire *le Véritable Ami* de cet auteur dont il n'avait jamais rien lu. Trouvant la pièce fort mauvaise et fort plate, il sentit pourtant que l'idée de rendre un honnête homme amoureux de la maîtresse de son ami pourrait fournir un sujet intéressant. Il ébaucha cette idée à sa manière et, après avoir fait l'esquisse de sa pièce, il la proposa à un de nos jeunes poëtes, qui se destine au théâtre. Il me montra alors cette esquisse, et comme je la trouvai déjà pleine de belles choses de toute espèce, je le pressai beaucoup de l'achever lui-même, et de la donner au public. J'eus beaucoup de peine à le déterminer à un genre d'occupation si éloigné du travail immense de l'*Encyclopédie*, dont il est accablé. Cependant il y prit bientôt goût, et s'y livra avec tant de facilité que son travail était pour lui plutôt un amusement qu'une fatigue. *Le Fils naturel* n'était pas encore dans le public que M. Diderot imagina qu'en traitant les conditions à la place des caractères, un poëte s'ouvrirait une source aussi riche que nouvelle. Alors il créa tout de suite le sujet du *Père de famille*, dont le plan se trouva rédigé avant qu'on n'eût achevé d'imprimer *le Fils naturel*. Voilà les faits tels qu'ils sont. On a trouvé depuis fort beau que M. Diderot ait gardé un si long silence au milieu de la clameur qu'on avait excitée; il est difficile de se fâcher sérieusement contre des ennemis qu'on est sûr de confondre. *Le Père de famille* et le *Véritable Ami* de Goldoni sont deux farces où il n'y a ni goût ni style, ni bon sens, et dont le plan, la conduite et les caractères sont également mauvais. On a mis à la tête de ces traductions deux épîtres dédicatoires, et un persiflage auquel personne n'a rien compris, et que tout le monde a voulu expliquer. Ces épîtres ont fait beaucoup de bruit; deux femmes de la cour ont prétendu qu'elles leur étaient adressées, et s'en sont offensées. Cela a amusé beaucoup la malignité publique. Cependant on n'a pu découvrir le véritable auteur de ces épîtres, qui ont fait bien plus de bruit qu'elles ne valent.

— L'auteur des *Intérêts de la France mal entendus* vient de faire imprimer une brochure intitulée *Débats du Parlement d'Angleterre au sujet des affaires générales de l'Europe, où l'on voit les différentes opinions des lords, dont les uns prétendent prouver la nécessité de continuer la guerre, et les autres l'obligation indispensable de faire la paix. Traduit de l'anglais* [1]. Vous voyez l'objet de cette brochure qui n'a jamais existé en anglais. L'idée est assez bonne de supposer des débats au parlement d'Angleterre pour dire son sentiment sur les affaires de l'Europe, mais l'exécution en est médiocre. Il faudrait, outre le bon jeu de notre auteur, beaucoup de chaleur, de force, de noblesse dans le style, et les *Intérêts de la France mal entendus* ont dû vous apprendre que l'auteur n'avait aucune de ces qualités.

— M. de Cédors vient de faire une nouvelle traduction de la *Secchia rapita*, de Tassoni. Le *Sceau enlevé* est un poème épique très-connu. Le texte original se trouve d'un côté, et la traduction en prose de l'autre. Trois petits volumes in-12.

— M. l'abbé Laugier, ex-jésuite, auteur d'un *Essai sur l'architecture*, dont j'ai eu l'honneur de vous parler en son temps et qui a eu beaucoup de succès, vient d'entreprendre une *Histoire de la République de Venise, depuis sa fondation jusqu'à présent*. Cet ouvrage, dont il paraît trois volumes in-12 assez gros, en aura dix pour le moins. Les premiers ne peuvent être les plus intéressants, et j'attendrai, pour vous parler du talent de l'auteur, qu'il soit arrivé aux époques les plus brillantes de la république. C'est là où il faut voir et juger l'historien, dont le style ne m'a pas paru fort correct.

— *Observations sur la noblesse et le tiers état*, par Mme de +++ [2]. Encore une brochure sur cet insipide sujet, que le président de Montesquieu avait jugé et arrangé en deux mots; sur lequel

---

1. Londres (Paris), 1758, in-12.

2. (Par Mme Belot, depuis femme du président de Meinières.) Amsterdam, 1758, in-8.

M. l'abbé Coyer, et ses partisans et ses adversaires, ont travaillé depuis deux ans comme des écoliers de rhétorique, en faisant des amplifications sur un thème. Mme de *** est pour la noblesse militaire. C'est dommage que tout ce bavardage soit si ennuyeux et si inutile.

— Le sort de tous les hommes dont l'existence est honorable et utile pour l'humanité sera toujours d'être persécutés. N'est-ce pas là une récompense bien douce de leurs travaux ? L'*Encyclopédie* s'avance au milieu des contradictions de toutes sortes d'espèces. Celles des dévots sont les plus bêtes, mais en même temps les plus redoutables en ce qu'elles compromettent le repos et la tranquillité des philosophes. Jamais philosophe n'a causé aucun désordre dans l'État; cependant l'acharnement de leurs ennemis consiste à les rendre odieux et suspects au gouvernement, et cette lâcheté réussit toujours plus ou moins. Un janséniste d'une bêtise peu commune vient de publier deux volumes intitulés *Préjugés légitimes contre l'Encyclopédie*, qui seront suivis de plusieurs autres dans lesquels on compte attaquer aussi M. Helvétius, auteur du livre de *l'Esprit*[1]. Il ne dépend pas de M. Chaumeix que tous les philosophes de notre siècle ne soient conduits au bûcher; il y mettrait le feu avec grand plaisir pour la plus grande gloire de Dieu et de la religion. Un autre écrivain de cette trempe, M. B..., a publié un recueil de *Pièces philosophiques et littéraires*[2] dans lequel M. de Voltaire, M. Diderot et d'autres philosophes sont mis en pièces.

— Mme de Graffigny est morte, il y a quelques jours, à l'âge de soixante et quelques années[3]. Elle s'est rendue célèbre par les *Lettres d'une Péruvienne*, qui ont eu beaucoup de succès,

---

1. Les *Préjugés légitimes* ont huit volumes. Les deux derniers sont consacrés à l'examen de *l'Esprit*.

2. (Par David-Renaud Boullier.) S. l., 1759, in-8°.

3. Mme de Graffigny, née en 1694, mourut le 12 décembre 1758. On attribua principalement sa dernière maladie au chagrin qu'elle éprouva de la chute de *la Fille d'Aristide* (voir la lettre du 1er mai précédent), et aux efforts qu'elle fit pour le dissimuler. Collé, qui était de sa société habituelle, rapporte (tome II, p. 162 de son *Journal*) une particularité bien singulière de sa dernière maladie. Elle eut un jour, au milieu d'une conversation, un évanouissement de quatre à cinq minutes. Quand il la prit, elle avait commencé une phrase qu'elle acheva lorsqu'elle revint à elle, sans s'être aperçue qu'elle se fût évanouie. (T.)

et par la comédie de *Cénie,* qui est toujours jouée avec applaudissements. Cette femme n'était pas aussi aimable dans le monde que dans ses écrits; elle avait le ton lourd, trivial, commun; ceux qui l'ont connue particulièrement disent que ces défauts disparaissaient à mesure que sa tête s'échauffait.

— M. de La Curne de Sainte-Palaye, de l'Académie française, vient de faire imprimer deux volumes in-12, intitulés *Mémoires sur l'ancienne Chevalerie, considérée comme un établissement politique et militaire*[1]. Ces mémoires avaient déjà paru dans le recueil de l'Académie des inscriptions et belles-lettres; c'est de là qu'on les a tirés. Ils sont remplis de recherches curieuses, et feront plaisir à ceux qui aiment à s'occuper des mœurs de ces siècles ignorants, galants et barbares.

— *Avantages du mariage, et combien il est nécessaire et salutaire aux prêtres et aux évêques de ce temps-ci d'épouser une fille chrétienne;* deux petits volumes [2]. Cet ouvrage est très-rare. Il a été brûlé, par arrêt du Parlement, par la main du bourreau. L'auteur, qui est prêtre, est partie intéressée dans sa cause; il a été mis à la Bastille, et au sortir de la prison, pour prouver son attachement à sa doctrine, il a épousé une fille chrétienne.

1759

JANVIER

1ᵉʳ janvier 1759.

On a donné le mois dernier, sur le théâtre de la Comédie-Française, quelques représentations d'une comédie en vers et

---

1. Il a paru, en 1781, un troisième volume de ces *Mémoires* de M. de Sainte-Palaye, rédigé par feu M. Ameilhon, sur les manuscrits de l'auteur. (B.)

2. L'auteur de cet ouvrage était chanoine d'Étampes, et se nommait Desforges. (B.)

en trois actes, intitulée *l'Épreuve imprudente* [1]. L'auteur de cette pièce, M. Mauger, est, je crois, garde du roi. Il a donné, il y a plusieurs années, une tragédie de *Coriolan*, et ensuite une autre intitulée *Cosroës* [2] : l'une et l'autre sont tombées, et cela a sans doute engagé l'auteur de s'essayer dans le comique, où il n'a pas été beaucoup plus heureux. Sa pièce n'a pu soutenir quelques représentations qu'à la suite de nos meilleures tragédies, qui attirent toujours du monde ; et l'on n'a pas manqué de dire que l'auteur avait fait en effet une *épreuve fort imprudente* : l'occasion de placer une pointe nous est trop précieuse pour la négliger lorsqu'elle se présente, et c'est pour cela que le choix des titres n'est pas indifférent. Quand nos beaux esprits ne trouvent pas à placer leurs jeux de mots sur le titre, ils se retournent d'une autre façon. A une tragédie que M. de Ximenès donna, il y a quelques années, on disait qu'il n'y avait dans cette pièce de *loué* que les loges : allusion à la coutume qu'on a de retenir les loges d'avance pour les premières représentations.

Pour revenir à *l'Épreuve imprudente* de M. Mauger, le sujet m'en a paru assez joli. Un homme revient de l'Amérique, après une longue absence, avec des richesses immenses ; il a laissé à Paris son fils, et une sœur mariée à un homme opulent. De ce mariage est venue une fille, destinée de tout temps au fils de notre Américain, son cousin germain. Ce père arrive des îles, et pour connaître ses amis et les gens sur lesquels il doit compter, il fait courir le bruit qu'un naufrage sur les côtes de France l'a privé de tous ses biens et réduit à la dernière misère. Il cherche du secours, il s'adresse à tous ses anciens amis ; il les trouve tous changés, chacun le plaint froidement, et tous, à peu près, le plantent là. Sa sœur même, fort ambitieuse, fort hautaine, avait résolu depuis longtemps de marier sa fille à un jeune fat de la cour, au mépris de la parole donnée à son neveu. Son mari est un homme faible qui n'a nul crédit dans sa maison,

---

1. Représentée pour la première fois le 4 décembre 1758 ; non imprimée. (T.)
2. *Coriolan* fut donné le 10 janvier 1748, et eut cinq représentations ; *Cosroës* le fut le 30 avril 1752, et tomba dès le premier jour ; *Amestris*, tragédie du même auteur, jouée le 3 juillet 1747 et remise le 28 décembre suivant, fut la plus heureuse de ses tristes productions. On a encore de lui un poëme sur *l'Origine des Gardes-du-corps*, 1745, in-12. (T.)

et qui est lui-même toujours incertain et irrésolu. Cette femme, qui domine son mari, n'a pas plus de ménagement pour son frère ; elle lui déclare sans détour que, quoiqu'elle le plaigne beaucoup, elle ne pourra plus le voir dorénavant ; son valet est même chassé de la maison à coups de bâton, et ne cesse de représenter à son maître l'extravagance de son épreuve. La seule consolation que notre essayeur éprouve, c'est de la conduite de son fils, qui, instruit du prétendu malheur de son père, laisse voir les sentiments les plus honnêtes et les plus généreux. Avec du talent, on aurait certainement tiré parti de ce sujet ; mais M. Mauger n'en a su faire qu'une pièce froide, traînante, et qui surtout finit pitoyablement ; car, pour dénouer, notre auteur imagine de faire perdre au beau-frère et à la sœur toute leur fortune à la fin de la pièce. Cela fait disparaître bien vite le jeune marquis, qui ne prétend plus à une fille sans fortune, et cela donne à notre Américain occasion de déployer toute sa générosité, en partageant ses richesses avec sa sœur et son mari, et en assurant le bonheur de son fils par le mariage avec sa cousine. Ce dénouement a tué la pièce, laquelle ne pèche d'ailleurs que par le plan, par la conduite, par les scènes, par les caractères et par le style ; ce sont des bagatelles.

— Il y a un peu plus longtemps qu'on a joué sur le même théâtre une autre petite pièce intitulée *l'Ile déserte*, en vers et en un acte [1]. Cette comédie a été faite pour la cour de Parme, par un homme attaché à madame Infante, qui s'appelle, je crois, M. Collet. L'auteur en a tiré le sujet de Metastasio : je ne connais cependant aucune pièce de ce célèbre poëte qui ressemble à celle dont j'ai l'honneur de vous parler. Le sujet est tout à fait romanesque ; on peut passer par-dessus cet inconvénient lorsqu'il produit de grands effets ; mais ce n'est pas le cas de notre auteur. Comme sa pièce a été imprimée, vous en jugerez par vous-même. Les rôles de Ferdinand et de Constance, sont bien langoureux, bien froids, bien monotones. La petite compagne de Constance, qui n'a pas encore vu la figure d'un homme, dit des choses bien triviales et bien fausses lorsque l'auteur la met en jeu. Ce n'est pas ainsi que se développe la nature. Le

---

1. *L'Isle déserte* eut onze représentations ; la première est du 23 août 1758.

rôle du matelot est de mauvais goût. Toute la pièce est très-mal arrangée et très-mal écrite. Elle m'a paru froide et sans intérêt. Si un enfant de douze ans en était l'auteur, je ne désespérerais pas qu'il fît quelque chose de plus supportable par la suite, mais je n'en augurerais pas de même si l'auteur avait dix-huit ans; je serais convaincu au contraire qu'il resterait toute sa vie dans l'enfance de l'art. Cependant le jeu de Mlle Gaussin et de M. Grandval ont procuré à cette pièce un assez bon nombre de représentations. J'ai cherché avec soin dans les œuvres de Metastasio la pièce dont notre auteur a tiré la sienne. Mais je n'en trouve aucune qui ressemble à *l'Ile déserte*. Cette découverte m'aurait mis à portée de comparer le talent des deux poëtes, du moins quant à l'exécution; et je doute que le poëte français y eût gagné.

— Je ne sais quel est l'auteur des *Considérations sur le commerce, et en particulier sur les sociétés, compagnies et maîtrises*[1]. Cet excellent récit a, je crois, remporté un prix proposé par l'Académie d'Amiens. La clarté, la pureté de style, jointes à un sens exquis, à d'excellents principes et à un grand nombre d'observations judicieuses, rendent ce petit ouvrage précieux. Combien il serait aisé de remédier à tous ces énormes abus que l'auteur expose d'une manière au-dessus de toute contradiction, si la lumière pouvait jamais gagner ceux qui nous gouvernent! Mais l'expérience ne nous permet pas de compter sur une aussi heureuse révolution. Le génie français, malgré toute son industrie et ses talents, succombera sous le fardeau des mauvaises lois et des abus sans nombre qui l'écrasent. Notre auteur propose quelque part un hôtel pour les cultivateurs invalides : il croit qu'il ferait autant d'honneur à un monarque que celui des militaires. Je dis que cet établissement est inutile, et c'est peut-être la seule idée peu juste qu'on puisse lui reprocher; dans un État bien gouverné, le cultivateur ne doit point être réduit à l'extrémité de rechercher, dans ses infirmités, les secours du monarque; il doit vivre dans une honnête aisance, n'avoir besoin que des secours de sa famille et de ses amis.

---

1. L'auteur est M. Clicquot de Blervache, de Reims; son mérite le fit nommer inspecteur général du commerce (B.)

CHANSON

PAR M. SÉGUIER, AVOCAT GÉNÉRAL AU PARLEMENT [1]

SUR L'AIR : *Quoi! vous parlez sans que rien vous arrête.*

Point ne voudrais pour bien passer ma vie
Des riches dons du rivage indien ;
Point ne voudrais des parfums d'Arabie
Ni de tout l'or du peuple lybien :
Il ne me faut que l'amour de ma mie,
Pour moi son cœur est le souverain bien.

D'être un héros point ne me glorifie :
Pour guerroyer je suis trop citoyen ;
Que le Français dispute l'Acadie,
Que le Hongrois batte le Prussien ;
Il ne me faut que l'amour de ma mie :
C'est le seul bien, et le reste n'est rien.

Du clair-obscur j'ignore la magie,
Point ne voudrais graver comme Mucien ;
L'art de Rubens ne me fait point d'envie,
Point ne voudrais primer sur Titien ;
Il ne me faut qu'un portrait de ma mie,
Quand je l'aurai, je ne désire rien.

Qu'ai-je besoin de savoir la chimie?
Tous ses secrets sont un faible moyen.
Qu'un autre amant vante la pharmacie,
Et rende hommage au fameux Galien ;
Il ne me faut qu'un baiser de ma mie,
Mon cœur renaît, et je me porte bien.

De l'art des vers je n'ai pas la manie ;
Je connais peu le mont Ionien ;

---

[1]. Les *Mémoires secrets* de Bachaumont (11 novembre 1762) attribuent à Séguier la réponse que Grimm donne ici, et non la chanson même. Ils en citent les couplets dans un ordre différent de celui-ci. M. Ravenel, dans son excellente édition, malheureusement inachevée, de Bachaumont, a supprimé le quatrième et le septième couplet du texte primitif, parce qu'ils lui semblaient être d'une autre main. Quant au dernier, Meister l'a omis dans la *Correspondance littéraire* d'août 1776, où il a inséré cette chanson comme adressée par Fontenelle à Mme Geoffrin. La Harpe l'a reproduite à son tour en le mettant sous le nom de Mme Élie de Beaumont.

Mais de rimer s'il me prend fantaisie,
Point ne prîrai le dieu Pégasien ;
Il ne me faut que le nom de ma mie ;
Pour ce nom seul je rime et chante bien.

Je ne veux point de la philosophie ;
Elle est trop froide et ne conduit à rien ;
Je ne veux pas savoir l'astrologie,
Ni disputer du vide aérien.
Il ne me faut qu'un regard de ma mie ;
Voilà mon astre, il me conduira bien.

Si par hasard quelque autre fantaisie
Troublait mes sens, Amour, sois mon soutien ;
Si sous tes traits il faut que je m'oublie,
Cache l'erreur, car mon crime est le tien.
Il ne me faut qu'un soupir de ma mie,
Je quitte tout, et je reprends mon bien.

Souvent j'ai pris un peu de jalousie :
Quand on est tendre on s'inquiète d'un rien
Dans les transports de cette frénésie
Tout nous fait peur, gestes, discours, maintien ;
Il ne me faut qu'un seul mot de ma mie,
Mon cœur s'apaise, et je ne crains plus rien.

Si quelque crainte alarme mon génie,
C'est l'abandon d'un cœur comme le sien ;
Tous les désirs de son âme attendrie
Sont à mes yeux un feu semblable au mien.
Il ne me faut que conserver ma mie :
Plaire toujours, voilà le nœud gordien.

RÉPONSE

A LA CHANSON DE M. SÉGUIER

SUR LE MÊME AIR.

Tous mes souhaits et ma plus forte envie
Auraient été d'être un nouveau Crésus ;
Des riches dons d'Amérique et d'Asie
J'aurais tâché d'amasser tant et plus ;
Non pas pour moi ; c'eût été pour ma mie :
Sans elle, hélas ! les aurais-je voulus ?

D'être un héros j'aurais eu la manie ;
Mars m'aurait vu suivre ses étendards.
L'antique amour, l'amour de ma patrie,
Ne m'eût pas fait affronter les hasards ;
L'espoir d'offrir mes lauriers à ma mie
Seul m'eût frayé la route des Césars.

D'être un Apelle il m'aurait pris envie,
Mais sans daigner travailler pour les rois ;
Si de Rubens imitant la magie,
La toile eût pu s'animer sous mes doigts,
Quel beau portrait j'aurais fait de ma mie !
Je l'aurais fait ainsi que je la vois.

Bien loin de fuir l'utile pharmacie,
J'en aurais su braver tout le dégoût,
Je me serais plongé dans la chimie,
Et les travaux m'auraient semblé bien doux,
Si quelquefois, médecin de ma mie,
J'eusse eu le droit de lui tâter le pouls.

Éterniser une flamme chérie
Aurait été de mes vœux le premier ;
Le tendre amour, seul guide de ma vie,
Aux doctes sœurs m'eût fait sacrifier.
J'aurais été le chantre de ma mie,
J'eus mis ma gloire à la déifier.

En me livrant tout à l'astronomie,
J'aurais suivi ma tendre passion ;
Un nouvel astre au gré de mon envie
Eût de nos jours paru sur l'horizon ;
Au firmament j'aurais placé ma mie,
Elle eût été ma constellation.

Jamais, jamais nulle autre fantaisie
N'aurait entré dans mon esprit charmé ;
Tous les regards d'Iris et de Sylvie
Auraient contre eux trouvé mon cœur armé ;
Jusqu'au tombeau j'eusse adoré ma mie,
Et Vénus même en vain m'aurait aimé.

J'aurais banni la sombre jalousie ;
L'amour sincère eût écarté l'horreur ;
Trop délicat pour cette frénésie,
D'un feu si pur j'aurais fait mon bonheur ;

Car en l'aimant j'eusse estimé ma mie
Sans mon estime aurait-elle eu mon cœur?

Rien n'eût jamais alarmé mon génie;
J'aurais jugé de son cœur par le mien.
Tous les désirs de mon âme attendrie
N'auraient cherché de bonheur que le sien.
De plus en plus j'aurais aimé ma mie;
Du tendre amour, voilà le nœud gordien.

Il est bien aisé de juger que les premiers couplets de M. Seguier sont beaucoup plus jolis que les derniers, et que la parodie qu'on a faite de sa chanson n'a ni facilité ni grâce.

— M. de Bastide vient de commencer un *Nouveau Spectateur*[1], qui n'a de commun avec l'ouvrage célèbre d'Addison et de ses collègues que le titre et la manière de paraître successivement par feuilles détachées. Ce nouveau *Spectateur* n'a nul succès.

— On publié, il y a quelque temps, un *Recueil de différentes pièces de littérature*[2], par M. le prince de Grimberghen, qui vient de mourir. Ce seigneur s'appelait autrefois le comte d'Albert, et c'est sous ce nom que vous le trouverez auteur. Vous parcourrez ce recueil avec plaisir. Les vers de Mlle Maupin, qui s'y trouvent, et qu'on a insérés depuis dans l'*Ami des Muses*, sont de Danchet. Ils ont eu de la célébrité dans le temps.

— *Délassement du cœur et de l'esprit*, par un solitaire[3]. Deux volumes. Ce solitaire est bien resté dans l'obscurité de la retraite. Personne n'a voulu se délasser avec lui.

— *Mémoires pour servir à l'histoire générale des finances*, par M. d'Éon de Beaumont[4], actuellement secrétaire d'ambassade en Russie. Cet ouvrage, qui paraît depuis quelque temps, n'a pas eu de succès. C'est qu'il faut être politique profond, homme d'État consommé, pour traiter de pareils sujets. L'auteur, qui n'a point de vues, s'efforce en vain d'y suppléer par la méthode et des tours de rhétorique.

---

1. Le *Nouveau Spectateur* forme 8 volumes in-12. Il a été continué par *le Monde comme il est*, devenu *le Monde*, en tout 4 vol. in-12.
2. Par L. P. D. G. Amsterdam, 1759, in-12.
3. (Par le comte de Sainte-Maure.) Londres et Paris, 1758, 2 vol. in-12.
4. Londres, 1758, 2 vol. in-12.

— Vous ne serez pas tenté non plus de lire l'*Histoire de la vie de Jules César*, par M. de Bury, suivie d'une *Dissertation sur la liberté, où l'on montre les avantages d'un gouvernement monarchique sur le républicain*. Deux volumes in-12. Entre autres impertinences dont le titre vous indique la principale, vous pourriez y lire un éloge de notre système de finances, que jusqu'à présent tous les politiques judicieux et sensés ont démontré pernicieux au monarque et au peuple. Heureusement des écrivains de la trempe de M. de Bury peuvent avancer toutes sortes d'extravagances sans qu'on ait à craindre que leurs opinions fassent jamais la moindre impression sur qui que ce soit.

— Un autre écrivain obscur vient de publier une petite brochure intitulée *Entretiens aux champs Élysées entre Charles Ier, roi d'Angleterre, et l'amiral Byng*[1]. Son but est de prouver que les Anglais sont un peuple absolument barbare. On écrit de nos jours de grandes platitudes.

— La *Lettre du prince de Prusse mourant au roi son frère*[2], qui a paru cet été, mérite aussi une place distinguée parmi les impertinences qu'on imprime. Il faut la faire relier avec *l'Observateur hollandais*, et en garnir vos antichambres. Je ne doute pas que ces auteurs ne soient fort admirés des laquais.

— Les *Aventures de Victoire de Ponty* font un petit roman fort mauvais en deux petites parties. Il nous vient du fécond chevalier de Bastide.

— M. de Chevrier a continué l'histoire de la campagne de 1757, dans un nouveau petit volume qui contient les opérations de l'armée de Soubise[3]. On ne reprochera pas à l'auteur d'avoir choisi l'époque la plus favorable pour la France. Au reste, c'est un cruel historien que M. de Chevrier.

— On a traduit et publié le bref du pape Benoît XIV, qui constitue le cardinal de Saldanhâ visiteur et réformateur des jésuites en Portugal et dans les Indes de la domination portugaise. On a aussi imprimé un recueil de pièces pour servir d'ad-

---

1. Portsmouth, 1759, in-12.
2. Erlang, 1758, in-8.
3. Voir sur les diverses éditions de ce livre la *Notice sur Chevrier*, par M. Gillet Nancy, 1864, in-8), p. 122 et suivantes.

dition et de preuve à la *Relation abrégée concernant la République établie par les Jésuites dans les domaines d'outre-mer des rois d'Espagne et de Portugal, et la guerre qu'ils y soutiennent contre les armées de ces deux monarques* [1].

— On propose par souscription un *Dictionnaire raisonné et universel des animaux, ou le Règne animal rangé suivant les différentes méthodes de Linnæus, Klein et Brisson* [2]. En payant la souscription entière, qui est de deux louis, on peut retirer dès à présent les trois volumes, et le quatrième et dernier suivra au mois de février prochain.

15 janvier 1759.

David Hume est aujourd'hui un des meilleurs esprits d'Angleterre; et comme les philosophes appartiennent moins à leur patrie qu'à l'univers, qu'ils éclairent, on peut compter celui que je viens de nommer dans le petit nombre de ceux qui par leurs lumières et par leurs travaux ont mérité du genre humain. La philosophie, la politique, la morale et l'histoire, ont été l'objet des recherches de M. Hume : partout il a porté la clarté et la raison; partout il a combattu l'erreur et les préjugés avec d'autant plus de succès qu'il est philosophe sans faste, sans appareil, sans morgue, sans orgueil. Simple et sans art, il a l'air plutôt de s'instruire que de vouloir éclairer les autres. Le principal mérite de ses ouvrages consiste dans la clarté et dans la justesse. Il a des idées; il sait envisager les objets les plus connus d'une manière neuve; son défaut est d'être diffus. Il n'a pas le coloris, ni peut-être la profondeur du génie de M. Diderot. Le philosophe français a l'air d'un homme inspiré : agité par le démon de la lumière et de la vérité, il obéit, il écrit comme malgré lui, il élève la voix, il perce dans les abîmes immenses où sont cachés les ressorts de l'univers et de ses êtres; il prend le caractère de toutes les vérités qu'il annonce; et lorsqu'elles s'élèvent et se dérobent à notre entendement, il devient sublime et quelquefois obscur comme elles; doué d'une imagination

---

1. Pour cette brochure, voir tome III, p. 489. Ces écrits étaient publiés à l'occasion de l'attentat commis à l'instigation des jésuites contre Joseph Ier, roi de Portugal, le 3 septembre 1758.
2. (Par Aubert de La Chesnaye-des-Bois.) Paris, 1759, 4 vol. in-4°.

vive et brillante, il communique son enthousiasme, il embrase tout ce qui l'approche. Le philosophe anglais est un sage paisible et aimable qui a l'air de s'occuper de la vérité pour son amusement. On le voit, ce semble, étendu négligemment dans son cabinet à écrire sans soin et sans effort ce qu'une méditation tranquille et une raison pure et dégagée d'erreurs lui laissent entrevoir de vrai. M. Hume est comparable à un ruisseau clair et limpide qui coule toujours également et paisiblement, et M. Diderot à un torrent dont l'effort impétueux et rapide renverse tout ce qu'on voudrait opposer à son passage. M. l'abbé Le Blanc a traduit, il y a quelques années, les *Discours politiques* de M. Hume ; on vient de traduire en Hollande ses *Essais philosophiques* sur l'entendement humain ; et un de mes amis a traduit ses *Essais de morale, ou Recherches sur les principes de la morale*, avec l'*Histoire naturelle de la religion*[1]. Je compte publier ce dernier ouvrage à Genève. Parlons aujourd'hui des *Essais philosophiques* qui viennent de paraître, et dont la traduction est faite avec soin. Vous serez médiocrement content des huit premiers Essais qui composent le premier volume. M. Hume y est diffus ; il retourne la même idée dans tous les sens imaginables. Cela peut avoir ses avantages pour de certains esprits faibles ; encore ne sais-je pas si cette méthode leur aplanit le chemin vers une science qui ne paraît pas faite pour eux. Ce qu'il y a de sûr, c'est que ceux qui sont accoutumés à penser s'offensent d'une prolixité sans mesure. Ils ne veulent pas être traités en enfants ; ils exigent qu'un philosophe ait assez bonne opinion d'eux pour croire qu'ils peuvent l'entendre sans des efforts trop laborieux ; ils souffrent impatiemment qu'on leur inculque avec tant de soin des choses qu'ils conçoivent sans peine : or c'est pour des lecteurs de cette espèce qu'il faut écrire ; les autres ne valent pas les soins d'un philosophe lumineux et profond. Il faut les livrer à des maîtres vulgaires dont leur médiocrité puisse s'accommoder. Mais lorsque vous serez arrivé au second volume de ces Essais, vous serez très-satisfait. Outre les *Quatre Philosophes* qui terminent l'ouvrage, vous y trouvez un Essai *sur les Miracles*, un autre *sur la Provi-*

---

1. Il s'agit sans doute de la traduction de J.-B.-R. Robinet, publiée l'année suivante, Amsterdam. in-12.

dence *particulière et sur l'état à venir*, un troisième *sur la Philosophie académique ou sceptique;* autant de morceaux que vous lirez avec un extrême plaisir. Dans celui *sur la Providence particulière,* la harangue d'un philosophe épicurien me paraît un chef-d'œuvre. Dans l'Essai *sur les Miracles* vous trouverez une raison au-dessus de toutes les extravagances de l'erreur et de ses sophismes. Arrêtons-nous un moment à ce dernier Essai.

M. Hume dit qu'il n'y a point de témoignage assez fort pour établir un miracle, à moins que ce témoignage ne soit de telle nature que sa fausseté serait plus miraculeuse que n'est le fait qu'il doit établir; et même dans ce cas il se fait entre les arguments une destruction réciproque. Celui qui l'emporte reste toujours affaibli à proportion du degré de probabilité de celui qu'il détruit. Notre philosophe établit ici une supposition sans danger pour ses principes. Il remarque bientôt après qu'il n'y a point de témoignage au monde dont la fausseté pourrait paraître plus miraculeuse que ne l'est un fait contraire aux lois de la nature. Voyons cependant, dans l'exemple qu'il ajoute, si réellement il n'accorde pas trop à la possibilité des miracles, quoiqu'il ne soit pas à craindre que les partisans des faits miraculeux puissent jamais soumettre ceux qu'ils professent aux preuves que M. Hume exige, et sans lesquelles il n'est pas libre à l'homme raisonnable de les admettre. « Quelqu'un, dit-il, prétend avoir vu un mort ressuscité : je considère immédiatement lequel des deux est le plus probable, ou que le fait soit arrivé comme on le rapporte, ou bien que celui qui le rapporte se soit trompé ou veuille tromper les autres ; je pèse ici un miracle contre l'autre, je décide de leur grandeur, et je ne manque jamais de rejeter le plus grand. C'est uniquement lorsque la fausseté du témoignage serait plus miraculeuse que le fait raconté, ce n'est, dis-je, qu'alors que le miracle a droit de captiver ma croyance, d'entraîner mon opinion. » Quoique ce cas, suivant M. Hume et tous les gens sensés, ne puisse jamais exister, ajoutons une réflexion que notre philosophe ne devait pas négliger. « Il n'y a point de témoignage au monde qui puisse avoir plus d'autorité pour moi que celui de mes propres yeux. Or si j'étais moi-même témoin d'un miracle, quelque dégagé que je fusse d'ailleurs de préjugés, de quelque poids que soit auprès de moi mon propre témoignage, il est certain que sa fausseté serait cependant bien moins miraculeuse qu'un fait vraiment miraculeux ; car il est bien plus vraisemblable d'imaginer que mes yeux ont été éblouis, que la tête m'a tourné, que les fibres de mon cerveau se sont dérangées, que de croire que les lois de la nature ont été violées ou que son cours a changé. Il n'y a aucune extrémité qui soit aussi absurde que celle-là. » Après beaucoup de réflexions de cette espèce, M. Hume ne manque pas d'observer fort plaisamment qu'il n'y a que le témoignage d'un livre inspiré qui puisse nous convaincre de la certitude d'un miracle. En effet, il n'y a rien de si simple que de prouver un miracle par un miracle, c'est-à-dire une absurdité par une autre, et c'est le moyen de confondre les philosophes. Dans le choix, la guérison subite d'un paralytique, et même la résurrection d'un mort, sont, ce me semble, moins absurdes que l'inspiration d'un livre infaillible. La première idée est du moins claire, quoique contraire à toutes les lois connues de la nature ; la seconde n'a pas seulement un sens que je puisse concevoir distinctement. M. Hume passe en revue les miracles modernes, et nous allons lui fournir une anecdote qu'on débite ici depuis quelques jours, et qui va très-bien à la suite de son Essai.

Saint Vincent de Paul est un saint de nouvelle date; chef et instituteur de l'ordre des Lazaristes, il est mort en odeur de sainteté, il y a environ cent ans. Ce saint a fait de son vivant plusieurs miracles déclarés et reconnus pour tels par l'Église infaillible. Il passait pour zélé moliniste, et la haine qu'on portait aux jansénistes n'avait pas peu contribué à lui faire obtenir les honneurs de la canonisation. Lorsque les frères Lazaristes la sollicitèrent pour leur patron, qui n'était encore que béatifié, auprès du cardinal de Fleury, ce ministre, qui devait pour cela interposer ses bons offices auprès du pape, demanda si leur Vincent avait fait des miracles? Ils dirent que oui. De quelle espèce? s'il avait, par exemple, ressuscité un mort? Ils répondirent qu'ils ne pouvaient ni ne voulaient en imposer à Son Éminence, mais qu'il n'en avait jamais ressuscité qu'un seul. La canonisation fut obtenue. Or voici ce qui vient d'arriver; c'est du moins le bruit public. Il y avait, dans la famille d'Argenson, un paquet cacheté, en 1659, par un des ancêtres de cette maison, et transmis à sa postérité avec ordre de ne l'ouvrir que cent ans après. Ce terme étant échu, M. de Paulmy vient d'ouvrir son paquet en présence du roi et de Mme de Pompadour. On y a trouvé, dit-on, une déclaration de saint Vincent, avec lequel ce M. d'Argenson avait été intimement lié, par laquelle il assure qu'il a toujours vécu et qu'il est mort dans les opinions du socinianisme; et persuadé, comme il l'est, que cette doctrine, la seule véritablement divine, sera universellement répandue cent ans après sa mort et aura détruit toutes les autres opinions erronées, il veut que sa déclaration de foi reste ignorée jusqu'à ce terme où la vérité aura triomphé de tous les mensonges. Il en est arrivé autrement, et le socinianisme n'a pas fait ces progrès; mais on sent qu'aujourd'hui l'Église ne doit pas se trouver peu embarrassée des miracles d'un saint hérétique, miracles dont elle a reconnu l'authenticité, et en vertu desquels Vincent avait obtenu les honneurs de la canonisation.

LETTRE DU ROI DE PRUSSE

A M. LE MARÉCHAL COMTE DE SAXE.

« De Charlottembourg, 3 novembre 1746.

« Monsieur le maréchal, la lettre que vous me faites le plaisir de m'écrire m'a été très-agréable; je crois qu'elle peut servir d'instruction pour tout homme qui se charge de la conduite d'une armée.

« Vous donnez des préceptes que vous soutenez par vos exemples, et je puis vous assurer que je n'ai pas été des derniers à applaudir aux manœuvres que vous avez faites.

« Dans les premiers bouillons de la jeunesse, lorsqu'on ne suit que la vivacité d'une imagination qui n'est pas réglée par l'expérience, on sacrifie tout aux actions brillantes et aux choses singulières qui ont de l'éclat. A vingt ans Boileau estimait Voiture, à trente il lui préférait Horace.

« Dans les premières années que j'ai pris le commandement de mes troupes, j'étais pour les pointes; mais tant d'événements que j'ai vus arriver, et auxquels j'ai eu ma part, m'en ont désabusé. Ce sont les pointes qui m'ont fait manquer ma campagne de 1744, et c'est pour avoir mal assuré la position de leurs quartiers, que les Français et les Espagnols ont enfin été réduits à abandonner l'Italie.

« J'ai suivi pas à pas votre campagne de Flandre, et sans que j'aie assez de présomption pour me fier à mon jugement, je crois que la critique la plus sévère ne peut y trouver prise.

« Le grand art de la guerre est de prévoir tous les événements, et le grand art du général est d'avoir préparé d'avance toutes les ressources pour n'être point embarrassé de son parti, lorsque le moment décisif d'en prendre est venu. Plus les troupes sont bonnes, bien composées et bien disciplinées, moins il y a d'art à les conduire; et comme c'est à surmonter les difficultés que s'acquiert la gloire, il est sûr que celui qui en a le plus à vaincre doit avoir aussi une plus grande part à l'honneur. On fera toujours de Fabius un Annibal; mais je ne crois pas qu'un Annibal soit capable de suivre la conduite d'un Fabius.

« Je vous félicite de tout mon cœur sur la belle campagne que vous venez de finir. Je ne doute pas que le succès de votre campagne prochaine ne soit digne des deux précédentes. Vous préparez les événements avec trop de prudence pour que les suites ne doivent pas y répondre. Le chapitre des événements est vaste; mais la prévoyance et l'habileté peuvent corriger la fortune.

« Je suis, avec bien de l'estime, votre affectionné ami.

« *Signé :* Frédéric. »

Quoique la lettre que vous venez de lire soit ancienne, vous ne serez pas fâché de l'ajouter au recueil de ce qui est sorti de la plume du grand homme qui l'a écrite.

FÉVRIER

1ᵉʳ février 1759.

Il y a déjà eu beaucoup de brochures contre l'ouvrage de M. Rousseau, et il y en aura bien d'autres encore ; car l'inutilité ne retient personne de la démangeaison d'écrire. M. Marmontel a défendu les spectacles dans le *Mercure de France*, fort amplement[1] ; M. le marquis de Ximénès a adressé à M. Rousseau une *Lettre sur l'Effet moral des théâtres*. On dit qu'il paraît un ouvrage d'un comédien de Lyon contre M. Rousseau[2]. Il a couru en manuscrit une lettre prétendue d'Arlequin, qui m'a paru infâme, en ce qu'elle attaque moins les principes que la personne et les mœurs du citoyen de Genève[3]. Enfin, voilà une querelle qui pourra nous ennuyer pendant un an ou deux. Tous ceux qui ont attaqué M. Rousseau lui ont accordé qu'il avait raison par rapport à la ville de Genève, et n'ont combattu que ce qu'il a dit contre les spectacles en général. Pour moi, il m'a paru bien ridicule de voir M. d'Alembert et M. Rousseau débattre entre eux et devant le public de Paris, ce qui convient ou ce qui pourrait nuire à Genève, comme si la république les eût commis pour cela, ou comme s'il était important pour la France, pour l'Europe, ou bien pour le genre humain, de discuter un point qui ne nous regarde en aucune façon, et que le peuple de Genève et ses magistrats n'ont qu'à régler comme bon leur semblera. En effet, si l'article de M. d'Alembert a paru ridicule à Paris, le livre de M. Rousseau a été trouvé bien ridicule à Genève. Les Génevois sensés disent : « De quoi se mêle M. Rousseau ? Dès l'âge le plus tendre il est sorti de sa patrie ; il a reçu une éducation absolument étrangère ; il a passé quarante ans de sa vie sans connaître Genève ; il n'y a jamais vécu ; il n'y a fait dans tout le cours de sa vie que deux ou trois voyages dont

---

1. Ce morceau se trouve dans ses *OEuvres* sous le titre : *Apologie du Théâtre*.
2. *P.-A. Laval, comédien, à M. J.-J. Rousseau, citoyen de Genève*, etc. La Haye, 1758, in-8°.
3. Elle fut imprimée sous le titre de *Dancourt, arlequin de Berlin, à M. J.-J. Rousseau, citoyen de Genève*. Berlin et Amsterdam, 1759, in-8°.

chacun n'a pas duré au delà d'un mois ou six semaines, pendant lesquels il n'a formé que quelques liaisons obscures ; il n'a conservé que fort peu de relations avec quelques gens du peuple. Si vous étiez né à Constantinople et que vous en fussiez sorti à l'âge de cinq ou six ans, pourriez-vous vous imaginer, non-seulement de connaître, mais d'avoir conservé vous-même l'esprit et les mœurs des Turcs? M. Rousseau ne connaît ni nos lois, ni nos usages, ni notre génie, ni les sources de nos avantages, ni celles de nos maux, ni l'esprit de notre gouvernement, ni celui de nos magistrats, ni celui de notre peuple, et M. Rousseau, sans aucune de ces idées, s'érige en arbitre de nos affaires : il plaide pour nous, il nous prescrit des lois ; il règle nos occupations publiques, civiles, domestiques, comme si la république l'avait appointé pour cela ; il regarderait même son silence dans cette occasion comme criminel. Tant de zèle est bien gratuit et bien extraordinaire. » Les Génevois sensés, en parlant ainsi, ont raison. Ceux qui connaissent un peu la ville de Genève sentiront aisément que M. Rousseau n'a pas dépeint les mœurs de sa patrie comme elles sont, mais comme il les a imaginées dans sa tête. Rien de moins ressemblant que ce que notre citoyen de Genève dit du caractère de ses compatriotes et de l'esprit qui règne dans la république ; rien de plus ridicule que ce qu'il dit des femmes, des cercles, des amusements de Genève ; et cette danse autour de la fontaine de Saint-Gervais, dont on a trouvé à Paris la description si admirable, a paru à Genève un chef-d'œuvre de platitude. L'amour des systèmes et des paradoxes vous donne un engouement bien opposé à la vraie philosophie. On se sert de tout pour les soutenir : on profite des phénomènes favorables ; on écarte les phénomènes difficiles ou contraires ; on explique tout d'une manière commode pour ses opinions. M. Rousseau arrange dans sa tête un tableau de Genève, non comme il est, mais comme il veut qu'il soit, pour pouvoir défendre à sa patrie les spectacles. C'est ainsi que son imagination créa autrefois une histoire des animaux et des peuples sauvages qui pût favoriser ses idées sur le danger de la société ; et à force de s'engouer de ses systèmes, il finit ordinairement par croire de la meilleure foi du monde les faits qu'il a inventés lui-même.

Sans connaître la ville de Genève par soi-même, il est aisé, avec un peu de philosophie et de réflexion, de voir que les mœurs que M. Rousseau attribue à sa patrie sont fausses, et ne peuvent lui convenir. Si les habitants de Genève étaient comme ceux de certains cantons intérieurs de la Suisse, éloignés de tout commerce, de toute relation avec les nations étrangères, livrés uniquement à la culture de leur sol, ne connaissant d'autre métier que celui de laboureur et de soldat, je croirais volontiers tout ce qu'on me dirait de la simplicité de leurs mœurs, du soin avec lequel il en faudrait conserver la rusticité, du mal qu'on pourrait leur faire en voulant les polir. Ainsi quand on me dira qu'à Zug, à Uri, à Unterwalden, le premier magistrat est un vieillard de bon sens, qui cultive son champ comme les autres, qui rend la justice suivant la droite raison, sur une pierre placée sous un chêne, je n'aurai pas de peine à croire qu'un tel peuple soit un des plus heureux de la terre, et qu'il ne faut ni spectacle, ni art, ni soin, pour l'amuser. Mais il s'en faut bien que Genève soit dans ce cas-là; ses habitants, n'ayant point de terrain en propre, n'ont pu choisir entre la culture de la terre, qui rend et conserve les mœurs si simples et si douces, et les autres occupations, qui les corrompent toujours plus ou moins. Ils ont été obligés de s'adonner aux arts et au commerce; ils ont amassé des richesses et tous les inconvénients qu'elles entraînent. Comment, au milieu de l'intérêt, de l'amour de l'argent qui les sollicite et les émeut sans cesse, auraient-ils pu conserver cette pureté et cette simplicité de mœurs que M. Rousseau leur suppose? Les Génevois sont les plus grands vagabonds de l'Europe; il n'y a point de coin dans cette partie du monde qu'ils n'aient parcouru : ils passent un temps considérable de leur vie, les uns à Paris, les autres à Londres. Comment un peuple voyageur, qui s'expatrie si facilement et si longtemps, pourrait-il avoir cet amour vigoureux de la patrie, cette uniformité et cet accord dans les mœurs, sans lesquels elles ne sauraient conserver leur innocence? Ajoutez que Genève a été le refuge des protestants français et italiens, et qu'il n'y a pas peut-être, dans toute la ville, vingt familles originaires du pays. On a dit quelquefois que les Génevois avaient de l'esprit, du mérite, de l'aptitude pour les arts et le commerce; mais il s'en faut bien qu'ils aient la réputation des vertus que M. Rousseau leur suppose; et sans dire que leur bonne foi n'est pas des mieux constatées, on ne les a jamais entendu louer parmi leurs voisins pour leur cordialité et la simplicité de leurs mœurs.

— Les ennemis de l'inoculation se remuent de temps en temps. M. Cantwel, médecin de la Faculté de Paris, a fait un nouvel ouvrage contre cette pratique. Cependant les gens sensés continuent à faire inoculer leurs enfants, et se moquent de M. Cantwel et de ses partisans [1]. M. de La Condamine a lu, à la dernière séance publique de l'Académie, un long Mémoire en faveur d'une méthode qui a eu de si grands succès en Angleterre et dans plusieurs parties de l'Europe. Ce Mémoire sera sans doute imprimé séparément.

— M. l'abbé Mac-Geoghequan, Irlandais, vient de publier une *Histoire de l'Irlande ancienne et moderne,* tirée des monuments les plus authentiques. Il est impossible d'attendre une bonne histoire d'Irlande d'un Irlandais expatrié et prêtre catholique. Celle-ci est un fatras d'érudition, de recherches inutiles, d'invectives contre les Anglais, etc., le tout fort mal écrit. Cette histoire consistera en deux volumes in-4°, dont il ne paraît que le premier.

— *Institutions abrégées de géographie, ou Analyse méthodique du globe terrestre considéré selon son état naturel, ses rapports avec le ciel, et la distribution politique des parties qu'il renferme,* par M. Maclot, un volume in-12, de trois cents et quelques pages. Vous trouverez de l'ordre et de la méthode dans cette petite géographie.

— On a fait une édition des madrigaux de La Sablière, qui étaient devenus rares [2]. M. de Voltaire dit dans son *Siècle de Louis XIV* qu'ils sont écrits avec une finesse qui n'exclut pas le naturel.

— Parmi les réponses qu'on a faites à M. Rousseau, il en faut compter une de M. de Bastide [3], un de nos écrivailleurs les

---

1. Le docteur Cantwel publia plus d'un écrit contre l'inoculation, mais La Condamine la défendit avec un zèle qui ne ralentit pas. Voir la note de ses écrits sur cette matière, lettre du 15 avril 1756, tome III, p. 205, note 2. On verra encore la lutte réengagée dans la lettre du 1er octobre 1764. (T.)

2. Cette édition donnée par l'abbé Sépher, et encadrée de rouge (Paris, Duchesne, 1758, in-16), fourmille de fautes, suivant Walckenaer.

3. *Lettre à J.-J. Rousseau au sujet de sa lettre à M. d'Alembert,* Paris, 1758, in-12.

plus infatigables. Il a pris la défense des femmes contre le citoyen de Genève. Personne ne lit ces platitudes.

— M. de Caux, versificateur impitoyable, vient de publier la Simiade, ou l'Histoire d'un singe[1]. C'est une imitation du Vert-vert, de M. Gresset. C'est bien maladroit de choisir des modèles charmants pour mieux faire sentir sa pauvreté.

— Un autre rimeur, M. de Sauvigny, a publié, il y a quelque temps, un poëme sur la religion révélée en réponse à celui de la religion naturelle[2]. C'est encore fort adroit d'opposer à M. de Voltaire un poëme. L'auteur en a ajouté un autre sur la cabale antiencyclopédique.

— Voici le titre d'un ouvrage utile; il est de M. Duhamel du Monceau, de l'Académie royale des sciences, qui a donné beaucoup d'ouvrages de cette espèce : *La Physique des arbres, où il est traité de l'anatomie des plantes et d'économie végétale, pour servir d'introduction au Traité complet des bois et des forêts, avec une Dissertation sur l'utilité des méthodes de botanique et une Explication des termes propres à cette science ou qui sont en usage pour l'exploitation des bois et des forêts.* Deux volumes in-4°.

— M. Colardeau, auteur de la tragédie d'*Astarbé*, donna, il y a quelque temps, une *Épître d'Héloïse à Abélard* qui eut du succès. Cet auteur fait bien les vers, il vient de donner une autre héroïde, *Armide à Renaud*, sujet tiré du Tasse[3].

— Poëme sur la bataille de Lutzelbourg, par M. Sabatier[4]. Ni la victoire de Lutzelbourg, ni les poëtes qui l'ont chantée, n'ont fait fortune dans le public.

— *Tableau de Paris pour l'année 1759, formé d'après les antiquités, l'histoire, la description de cette ville,* etc. Compilation commode pour les étrangers. Les noms des gens en place, les spectacles, les cabinets de tableaux, d'histoire naturelle, les manufactures, tout y est, jusqu'à l'adresse des maîtres dans les langues et sciences.

— M. le chevalier Goudar, auteur des *Intérêts de la France*

---

1. Barbier attribue à Firmin Douin, de Caen, la Simiade, ou les Aventures de Micou, qui aurait eu deux éditions; Paris, 1759 et 1761, in-12.
2. Genève (Paris), 1758, in-8°.
3. Londres et Paris, 1758, in-12.
4. Paris, 1758, in-8°.

mal entendus, avait attaqué la nouvelle charrue à semer dont on a fait quelques essais fort heureux en France. On vient de le réfuter avec beaucoup de fiel par une lettre qui lui est adressée[1].

15 février 1759.

Je ne sais si le livre de *l'Esprit* attirera à M. Helvétius une assez grande considération pour le dédommager de tous les chagrins qu'il lui a fait essuyer; mais je crois qu'on peut dire avec vérité qu'il n'a pas été assez utile aux hommes ni au progrès des lettres et de la philosophie pour nous dédommager du coup qu'il a porté en France à la liberté de penser et d'écrire. La philosophie se ressentira longtemps du soulèvement des esprits que cet auteur a causé presque universellement par son ouvrage, et pour avoir écrit trop librement une morale mauvaise et fausse en elle-même, M. Helvétius aura à se reprocher toute la gêne qu'on imposera à quelques génies élevés et sublimes qui nous restent encore, et dont la destinée était d'éclairer leurs semblables et de répandre la lumière sur la terre. On a attaqué le livre de *l'Esprit* dans une foule de brochures. Les journalistes l'ont déchiré de leur mieux. On a fait un *Catéchisme* tiré de *l'Esprit*; on a fait le *Catéchisme des Cacouacs*. Il a paru un *Remerciement d'un particulier à messieurs les philosophes du jour*, et cette feuille est faite par un très-méchant homme[2]. Il a paru un *Mandement* foudroyant de M. l'archevêque de Paris. Enfin le Parlement s'est emparé de cette affaire, et les ennemis de la philosophie se sont persuadé d'avoir remporté une grande victoire lorsqu'ils ont vu en même temps l'*Encyclopédie* déférée à cette cour par l'avocat général du roi[3]. Cet ouvrage immense, qui dans toute l'Europe éclairée et savante est regardé comme la plus belle entreprise et le plus beau monument de l'esprit humain, a pensé succomber

---

1. *Lettre à M. le chevalier Goudar*, etc. (Par Dampierre.) Londres (Paris), 1758, in-12.

2. Le *Catéchisme des Cacouacs* a été compilé par l'abbé de Saint-Cyr, sous-précepteur des Enfants de France. Celui du livre de *l'Esprit* est de l'abbé Gauchat. Le *Remerciement* est de Rémond de Saint-Sauveur, qui a été depuis intendant du Roussillon. (B.)

3. Séguier, de l'Académie française.

sous les traits de la superstition et de l'envie. Mais enfin l'avis des plus sages a prévalu au Parlement. On s'est contenté de brûler le livre de *l'Esprit*. On lui a donné pour compagnons de son sort plusieurs petits ouvrages fort obscurs qui sont dans le public depuis un grand nombre d'années, et que personne n'a honorés d'un regard. On a aussi compris dans cet arrêt le poëme de la Religion naturelle, dont les maximes devraient être gravées en lettres d'or sur la porte de nos temples et de nos palais de justice. Nous sommes encore bien barbares. Le même arrêt a nommé un certain nombre de commissaires, théologiens et avocats, pour examiner les articles dénoncés de *l'Encyclopédie*. On dit que lorsque ces commissaires auront fait leur rapport (ce qui ne se fera pas peut-être sitôt) le Parlement publiera une censure des différents articles, et enjoindra aux éditeurs de la mettre à la tête du premier volume qui paraîtra. Ce qu'il y a de sûr, c'est que le huitième s'imprime actuellement, et que ce tribunal ne prétend pas empêcher la continuation. Ainsi les ennemis de *l'Encyclopédie*, quelque nombreux et quelque puissants qu'ils soient, ont échoué dans leur grand projet, qui était de retirer cette entreprise des mains de M. Diderot, et, en profitant de ses immenses travaux, de la faire continuer par les jésuites. Le but secret de toutes les brochures était d'accabler ce philosophe sous les coups qu'on porterait à l'auteur du livre de *l'Esprit*, et ce but a été suivi avec une animosité et une atrocité sans exemple. Pour perdre M. Diderot, on a publié partout qu'il était l'auteur de tous les morceaux qui avaient révolté dans l'ouvrage de M. Helvétius, quoique ce philosophe n'ait aucune liaison avec le dernier, et qu'ils ne se rencontrent pas deux fois par an. Il est vrai qu'il faut être dépourvu de goût et de sens pour trouver la morale et le coloris de M. Diderot dans le livre de *l'Esprit*[1]. Mais que ne persuade-t-on pas aux sots et aux méchants quand on leur donne une occasion de nuire? Que l'auteur obscur et ténébreux du *Catéchisme des Cacouacs* et ses semblables empoisonnent et tronquent les passages et accusent de complot et d'esprit de sédition un petit nombre de philo-

---

1. Meister, dans sa notice sur Diderot, affirme néanmoins cette collaboration, mais sans la déterminer. Il est probable, comme le pensait M. Assézat, que Diderot se contenta de fournir à Helvétius des idées dont il tira le parti qu'il lui plut.

sophes épars qui s'occupent à la recherche de la vérité sans cabale, sans ambition, sans intrigue, sans crédit, la plupart sans se connaître; qu'ils déchirent les seuls noms dont la France pourra faire honorer chez la postérité un siècle aussi stérile pour sa gloire; que les Montesquieu, les Voltaire, les Diderot, les Buffon, soient traités d'empoisonneurs publics par d'infâmes faiseurs de brochures, il n'y a pas grand mal à cela; mais que doit-on penser lorsqu'on voit un magistrat du premier rang partager toutes ces calomnies, et les exposer avec assurance devant le premier tribunal du royaume? Le réquisitoire de M. l'avocat général, inséré dans l'arrêt de la cour du Parlement, a paru à tous les honnêtes gens une capucinade indigne d'un magistrat éclairé et équitable. Ce morceau, d'une éloquence pitoyable, ne tend pas moins qu'à déshonorer le Parlement à la face de l'Europe entière, en proscrivant les principes contenus dans l'article *Autorité*, principes avoués et enseignés chez tous les peuples policés et que personne n'a autant d'intérêt à soutenir que ce Parlement même, auquel on a osé les déférer comme pernicieux. Mais on pourrait observer à M. l'avocat général qu'il ne suffit pas d'être capucin, qu'il faut encore être juste et vrai. Ce magistrat avance, avec une hardiesse qui ne peut l'honorer, qu'il existe un complot formé par plusieurs écrivains de nos jours pour renverser la religion et l'État. Il excuse M. Helvétius en disant qu'il n'aurait pas fait un aussi détestable ouvrage en n'écoutant que ses propres sentiments; mais qu'il s'est livré à des impressions étrangères, qu'il a débité le poison des autres, etc. De quel droit un homme public avance-t-il de pareilles assertions sans en avoir les preuves en main et sans les publier en même temps? Et comment peut-il avoir des preuves d'une chose absolument fausse? Voilà un problème qui intéresse la probité de M. Joly de Fleury.

— La mode des journaux s'étend de plus en plus. A tout moment on en voit de nouveaux et, pour peu que cela continue, nous aurons bientôt plus de répertoires que de matériaux. M. Morin a commencé sur la fin de l'année dernière une feuille intitulée *Annales typographiques*[1]. Il compte en publier une

1. Les *Annales typographiques*, rédigées par Morin d'Hérouville et Roux, de Bordeaux, parurent in-4° pour l'année 1758, et devinrent in-8° jusqu'en 1763, où elles cessèrent de paraître.

in-4° chaque semaine. Ces annales sont dans le goût des gazettes littéraires dont il y en a tant en Allemagne. On y indique le titre du livre, le nom de l'auteur, et l'on dit un mot en passant sur le succès et le mérite de l'ouvrage. Vous voyez que pour pouvoir s'en rapporter au jugement d'un tel journaliste, comme il ne peut être motivé, il faut qu'il ait mérité notre confiance d'avance. Il me semble que les *Annales typographiques* ont été accueillies assez favorablement. L'auteur s'occupe plus des sciences que des belles-lettres, et plus de la littérature étrangère que de la littérature française. Il a fixé l'époque de sa carrière à l'année 1757. Tout ce qui est antérieur à ce temps-là n'entrera point dans ses feuilles. M. l'abbé de La Porte, qui fait un journal sous le titre d'*Observateur littéraire*, vient d'en commencer un autre qu'il appelle la *Feuille nécessaire*, dont il se propose de donner une chaque semaine[1]. Cette feuille empiète un peu sur le terrain des autres journaux, surtout du *Mercure* et des *Petites Affiches de Paris*. Je ne doute pas qu'elle n'ait du succès ; elle contiendra une multitude de petites choses qu'il sera fort commode au public de trouver rassemblées sous sa main.

— *Itinéraire de l'Arabie déserte, ou Lettres sur un voyage de Bassora à Alger par le grand et le petit désert, en 1750,* par MM. Plaisted et Eliot, capitaines de la Compagnie des Indes de Londres, traduit de l'anglais[2]. Petite brochure in-12, qui n'est pas fort amusante.

— *Lettres sur le septième volume de l'Encyclopédie*. C'est une apologie des moines, opposée à un article de M. d'Alembret, par un pauvre diable qui a le malheur d'être un peu bête, mais qui fait ce qu'il peut pour être méchant.

— *État militaire de France pour l'année 1759*. On y a fait cette année les corrections et les augmentations dont ces sortes d'ouvrages sont toujours susceptibles.

— Deux comédiens ont défendu leur profession et les spectacles contre M. Rousseau. L'un, M. Laval, écrit d'un style bas et burlesque. Vous serez plus content de l'autre, qui s'appelle,

---

1. Selon M. Hatin *la Feuille nécessaire*, qui ne dura qu'un an, était rédigée par Boudier de Villemert et Soret.
2. Paris, Duschesne, 1759, in-12.

si je ne me trompe, M. de Villaret. Sa brochure est intitulée *Considérations sur l'art du théâtre*[1].

— *Le Bouclier d'honneur appendu au tombeau du brave Crillon pour l'immortelle mémoire de sa magnanimité*[2]. C'est l'oraison funèbre de ce héros, prononcée dans le temps à Avignon, par le P. Bening, jésuite, et réimprimée cette année à Paris. Ce morceau bizarre était destiné originairement à se trouver à la suite de la vie du brave Crillon, publiée, il y a deux ans, par feu Mlle de Lussan. On le donne aujourd'hui séparément. C'est un monument de cette éloquence gothique et burlesque, qui règne encore aujourd'hui parmi les moines de Bavière et d'Autriche. Tous les ouvrages du P. Abraham de Sancta-Clara sont dans ce goût-là. Il y a cent cinquante ans que cela passait pour fort beau en France. Les Autrichiens et les Bavarois ne sont donc éloignés des Français, en fait de goût, que d'un siècle et demi. Il faut, pour composer des ouvrages de ce genre, avoir du feu, de l'imagination, le goût bas et baroque que donne la mauvaise éducation dans un pays où la philosophie et les lettres ne sont point cultivées.

— M. Tannevot a fait imprimer une chanson plate et ennuyeuse sur le livre de *l'Esprit*.

— Il y a apparence que l'insipide dispute sur la noblesse commerçante ne finira jamais. Voici encore deux brochures opposées à l'opinion de M. l'abbé Coyer. L'une n'est que d'une feuille, et porte le titre de *Réflexions sur la noblesse commerçante*[3]. L'autre, plus considérable, est intitulée *La Noblesse ramenée à ses vrais principes, ou Examen du développement de la noblesse commerçante*[4].

— *Le Véritable Mentor, ou l'Éducation de la noblesse*, par le marquis de Caraccioli, brochure de trois cents pages in-12, bien imprimée. Je plaindrais bien les jeunes gens qui n'auraient pour toute ressource que la petite morale de ce Mentor moderne.

— Mlle Camouche débute sur le théâtre de la Comédie-Française depuis un mois avec un concours de spectateurs extraor-

1. Genève, 1759, in-8.
2. Bruxelles (Paris), 1759, in-12.
3. A Lampsaque, 1759, in-12, 24 p. L'auteur est inconnu.
4. (Par le marquis de Vento des Pesnes.) Amsterdam (Paris), 1759, in-12.

dinaire. Elle a joué les rôles de Médée, de Mérope, de Phèdre, et d'Athalie. Il y a là assurément de quoi montrer du talent. Elle n'a que dix-sept ans; mais elle est fort grande. Elle a la figure théâtrale, une belle tête, de beaux yeux, la taille assez vilaine. Sa voix est belle, mais elle ne sait pas encore s'en servir. Les avis sont partagés sur son talent. Ce n'est pas qu'elle n'ait ce qu'on appelle massacré tous les rôles, mais il y a des gens qui lui trouvent de l'âme, des entrailles, et le germe d'un grand talent. Ainsi il faut attendre et voir ce que le travail et les leçons du public pourront sur cette jeune actrice. J'avoue que mes espérances sont médiocres; mais nous avons un si grand besoin de sujets pour soutenir nos théâtres, que je me flatte que Mlle Camouche me fera honte par la suite de mon jugement et de n'avoir pas deviné en elle les germes d'une grande actrice.

— M. Désormeaux vient de donner un *Abrégé chronologique de l'histoire d'Espagne,* en cinq volumes in-12. On dit que M. Duport-Dutertre, auteur de plusieurs mauvais livres, a présidé à ce travail. C'est moins un abrégé qu'une histoire assez mal écrite, et d'un style puérilement précieux. M. Macquer, auteur de plusieurs abrégés, prépare celui de l'histoire d'Espagne sur un plan tracé par M. le président Hénault, auteur du célèbre *Abrégé de l'Histoire de France.*

MARS

1er mars 1759.

La gaieté est une des qualités les plus rares chez les beaux esprits. Il y avait longtemps que nous n'avions rien lu de réjouissant en littérature : M. de Voltaire vient de nous égayer par un petit roman intitulé *Candide, ou l'Optimisme,* traduit de l'allemand de M. le docteur Ralph. Il ne faut pas juger cette production avec sévérité; elle ne soutiendrait pas une critique sérieuse. Il n'y a dans *Candide* ni ordonnance, ni plan, ni sagesse, ni de ces coups de pinceaux heureux qu'on rencontre dans quelques romans anglais de même genre ; vous y trouverez en revanche beaucoup de choses de mauvais goût, d'autres de mauvais ton, des polissonneries et des ordures qui n'ont point ce voile de gaze qui les rend supportables ; cependant, la gaieté, la facilité, qui n'abandonnent jamais M. de Voltaire, qui bannit de ses ouvrages les plus frivoles comme les plus médités cet air de prétention qui gâte tout, des traits et des saillies qui lui échappent à tout moment, rendent la lecture de *Candide* fort amusante. En général vous serez plus content de la dernière moitié que de la première. Les premiers chapitres ne sont pas les meilleurs. Celui de l'abbé Périgourdin ne vaut pas grand'chose non plus. Vous aimerez beaucoup l'anabaptiste hollandais, et plus encore le manichéen Martin, qui me paraît le plus excellent personnage du roman. Pangloss a bien son mérite aussi ; et quoique sa fin par la sainte Inquisition de Portugal soit fort touchante, et sa résurrection au moyen de l'incision cruciale fort consolante, il me semble que l'auteur n'aurait jamais dû s'en défaire. Il fallait le laisser toujours auprès de Candide pour le fortifier dans le système de l'optimisme contre les doutes que les événements de ce monde faisaient naître de temps en temps dans le cœur du jeune énergumène de la philosophie leibnitzienne. Quel beau jeu Pangloss aurait eu dans l'Eldorado ! quel triomphe pour l'optimisme ! C'est bien pour lors qu'il n'aurait plus eu d'autre regret que de n'être pas professeur dans quelque université d'Allemagne. Il me semble que tout le roman en aurait été plus gai ; car depuis la perte de M. Pangloss jusqu'à la rencontre de M. Martin, il languit un peu, quoique la vieille gouvernante et le fidèle Cacambo ne soient pas des personnages sans mérite. Le souper des six rois chassés à Venise est d'une grande folie ; je doute que ce souper fasse fortune à Versailles. L'histoire du Paraguay et les accidents du révérend père Colonel ne feront pas plaisir aux jésuites dans les circonstances présentes. Le noble Vénitien Pococurante est encore un assez bon personnage. M. de Voltaire s'en sert pour juger les plus grands génies de l'antiquité, et parmi les modernes on a été scandalisé de ce que ce Pococurante y dit d'Homère et de Milton. On devait remarquer, ce me semble, que le juge est un homme qui s'ennuie de tout, dont l'arrêt enveloppe, sous la même condamnation Raphaël et Virgile, et en général tous les arts et tout ce qui fait les délices des honnêtes gens. Ce chapitre n'est donc pas une critique des auteurs ; c'est la censure des gens blasés. Cette maladie est fort commune parmi nous, où l'oisiveté et l'opulence émoussent bien vite tous les goûts, et plongent la jeunesse même dans une léthargie d'où rien ne peut la retirer ensuite. Il faut cependant convenir que les jugements du seigneur Pococurante doivent paraître un peu suspects sous la plume de M. de Voltaire, et l'on peut lui reprocher, à lui qui ne s'ennuie point comme son noble Vénitien, d'avoir souvent porté de ces jugements passionnés qui font tort à un homme de son mérite. Dans le fond, M. de Voltaire n'est pas éloigné peut-être de souscrire au jugement du seigneur Pococurante sur Milton et sur Homère : des traits qui lui sont échappés ailleurs ne justifient que trop ce soupçon. Or, si de bonne foi il regarde Homère et Milton comme des génies médiocres, qui ont usurpé des honneurs qui ne leur sont point dus, il est bien à plaindre d'avoir le goût assez petit, assez mesquin, pour ne point sentir les sublimes beautés qui brillent dans leurs écrits ; ou bien s'il est assez petit pour croire qu'il y aura à gagner pour lui en rabaissant ceux qui tiennent les premières places, il est bien blâmable. Un grand homme s'élève avec une noble confiance à la hauteur de ce qu'il y a de plus illustre dans son art ; il croirait perdre à tout ce qu'on refuserait aux premiers génies de sa trempe. En voyant un tableau sublime, le Corrége n'est pas tenté d'en diminuer le prix par une censure injuste ; il saisit le pinceau, et s'écrie avec enthousiasme : *Ed anch' io son pittore!* Il est vrai que beaucoup de gens prisent Homère et d'autres grands hommes sur parole ; mais cet hommage aveugle même dépose en faveur de ces génies, et prouve d'ailleurs ce que nous savions bien : c'est que le don de sentir n'est pas beaucoup plus commun que celui de créer. Au reste, si jamais l'ordre et la chronologie des ouvrages de M. de Voltaire se perdent, la postérité ne manquera point de regarder *Candide* comme un ouvrage de jeunesse. Vraisemblablement, dira un critique judicieux dans deux mille ans d'ici, l'auteur n'avait que vingt-cinq ans lorsqu'il écrivit *Candide*. C'était son coup d'essai dans ce genre. Son goût était jeune encore ; aussi manque-t-il souvent aux bienséances, et sa gaieté dégénère souvent en folie. Voyez, continuera-t-il, comme ce goût s'est formé et rassis ensuite! comme par gradation il est devenu plus sage dans les ouvrages postérieurs, *Scarmentado, Babouc, Zadig, Memnon!* vous voyez les nuances par où l'auteur s'est approché de la perfection. Ainsi le critique, à force de sagacité et de finesse, aura exactement renversé l'ordre de ses ouvrages. N'êtes-vous pas persuadé que les critiques de la race présente tombent souvent dans ces erreurs à l'égard des anciens?

15 mars 1759.

La tragédie de *Cinna* a donné au célèbre abbé Metastasio l'idée d'une de ses pièces qui a pour titre : *la Clémence de Titus*. Auguste pardonne à Cinna, Titus pardonne à Sextus. Ces deux criminels sont conduits l'un et l'autre par une femme à conspirer contre leur prince ; voilà à peu près tout ce que les deux sujets ont de commun ensemble : car d'ailleurs le génie de Metastasio est trop différent de celui du grand Corneille pour exécuter le même plan de la même façon. S'il fallait absolument trouver au poëte italien un poëte analogue dans notre langue, on pourrait dire que Metastasio approche plus de Racine que de Corneille. J'observe en général que la clémence de Titus a quelque chose de plus touchant que celle d'Auguste. Nous savons que celui-ci a souillé sa réputation par un grand nombre de violences et de cruautés. Titus fut appelé les délices du genre humain. L'idée qui nous reste de ce prince renferme donc toutes les vertus les plus touchantes, et offre au poëte le plus beau tableau à tracer. Je ne sais si c'est cette considération qui a engagé un poëte moderne d'accommoder *la Clémence de Titus* à notre théâtre, sous le titre de *Titus*, tragédie en vers et en cinq actes, suivant l'usage. Cette pièce a été jouée le dernier jour du mois passé sur le théâtre de la Comédie-Française. L'auteur s'appelle M. de Belloy ; il a joué lui-même la comédie dans les pays étrangers, et entre autres en Russie, et c'est de ces contrées éloignées qu'il nous est revenu acteur et poëte. On raconte plusieurs circonstances de sa vie qui sont fort romanesques, mais d'ailleurs peu intéressantes. Dans la pièce italienne, Vitellie, fille de l'empereur Vitellius, engage Sextus à conspirer contre la vie de Titus. C'est en perdant ce prince qu'il pourra espérer le don de sa main. Vitellie se porte à ces excès, et par ambition, et par sa passion pour Titus, passion malheureuse, puisque Titus vient de sortir des chaînes de Bérénice sans songer à elle. Sextus est non-seulement un des plus illustres Romains, mais l'ami intime de l'empereur, comblé de bienfaits et d'honneurs par le plus généreux des princes. Une passion aveugle pour Vitellie séduit Sextus au point de conspirer contre la vie de son bienfaiteur; il médite ce crime au milieu des remords dont il est tourmenté. Voilà le sujet de la pièce, que le poëte italien a compliquée ensuite, suivant l'usage de son théâtre, et défigurée par un amour épisodique de Servilie, sœur de Sextus, pour Annius, son ami. Il y a sans doute beaucoup d'art dans la manière dont ces pièces, et entre autres *la Clémence de Titus*, sont intriguées; mais le bon goût s'y oppose. Les anciens nous ont montré, dans leurs drames, une simplicité de conduite et de nœuds qui restera toujours la loi et le modèle du beau. Pour revenir à la pièce de Metastasio, le Capitole mis en feu devait être le signal de la conspiration contre Titus; et c'est un certain Lentulus, qui ne paraît point dans la pièce, qui doit embraser le Capitole tandis que Sextus, profitant du désordre, tranchera les jours de Titus. Lentulus ayant pris les habits et les ornements impériaux en commençant la rébellion, il est frappé dans le tumulte par un des conjurés qui le prend pour l'empereur. Cette méprise conserve les jours de Titus, et découvre tout le complot. Je n'entrerai point dans les détails du poëme italien, où tous les personnages paraissent vouloir se surpasser les uns les autres en générosité : car une circonstance ayant rendu Annius fort suspect à l'empereur, il ne veut se justifier, parce qu'il ne le pourrait sans découvrir la trahison de son ami Sextus. Celui-ci à son tour aime mieux mourir que d'avouer à Titus que c'est Vitellie qui l'a engagé au crime. Vitellie, apprenant le danger de Sextus, défend son innocence, et s'accuse elle seule aux pieds de Titus, et Titus leur pardonne à tous. M. de Belloy a supprimé tout l'épisode de Servilie. Annius est le confident de Titus, et partage avec Sextus la tendre amitié de l'empereur. En revanche, M. de Belloy a mis Lentulus dans la pièce, et en a fait le principal machiniste. Ce Lentulus du poëte français est un monstre abominable; son ambition démesurée le fait conspirer contre Titus avec Sextus et Vitellie, mais il ne veut se servir de ses complices que pour exécuter ses forfaits, et il se promet bien de s'en défaire ensuite. En effet, après avoir mis le feu au Capitole, il rentre, au quatrième acte, au moment que Sextus doit frapper son coup ; il se fait son délateur auprès de Titus, à qui Sextus a déjà avoué son crime. Titus, séduit par le faux zèle de Lentulus, se livre entre ses mains, et aurait succombé sous ce lâche ennemi, si Annius n'avait prévenu son coup en lui plongeant son poignard dans le sein au moment où ce monstre se préparait à frapper l'empereur par derrière. Titus pardonne enfin à Sextus au cinquième acte, sans vouloir savoir ses complices. Vitellie, qui n'est pas aussi généreuse que dans la pièce de Metastasio, arrive : l'empereur lui offre son trône et sa main ; mais soudain elle sent les atteintes mortelles d'un poison que Lentulus a su lui donner pour se délivrer d'une complice trop ambitieuse. Elle meurt, et Titus conseille à Sextus de consacrer désormais tous ses moments aux charmes de l'amitié.

La pièce de M. de Belloy est tombée ; elle est excessivement longue, mal coupée, froide, mal écrite, d'un style plat et rempli d'antithèses, d'ailleurs dénuée de génie et de cette force sans laquelle on devient insipide et pitoyable. M. de Belloy n'a ni esprit ni talent. Tout ce qu'on a applaudi dans sa pièce est traduit de Metastasio. Il n'y a dans sa pièce ni scène, ni situation, ni tableau. Sextus est toujours combattu par ses remords depuis le commencement jusqu'à la fin. Vitellie lui dit toujours des injures ; Titus est d'une sottise qui n'a point d'exemple : il il est surtout si grossièrement dupe de ce Lentulus qu'il en devient plat et ridicule. En général, l'ennui et la risée n'ont cessé d'accompagner la représentation de cette malheureuse pièce. Il est vrai qu'il ne faudrait pas moins qu'un génie du premier ordre pour traiter ce sujet comme il convient. Indépendamment du charme de la poésie, qui serait nécessaire pour peindre un caractère aussi délicat que celui de Titus, on doit sentir combien il est dangereux de faire parler *les délices du genre humain*. Il est si aisé d'en faire un bavard et un froid moraliste à tirades et à maximes! M. de Belloy a bien usé de ce secret. D'un autre côté, on ne doit pas laisser Sextus survivre à sa honte et à son crime ; il faudrait en faire un frénétique pendant toute la pièce. Tous les combats qu'il se livre à lui-même, tous ses remords, sont froids et déplacés. Il faut qu'on voie qu'une passion aveugle le maîtrise et l'entraîne au crime; mais lorsque ce crime est découvert, quoiqu'il n'ait pas été consommé, un cœur élevé et généreux ne saurait supporter la vie. Il faut que Titus pardonne, mais que Sextus se punisse en se plongeant le poignard dans le sein; ou plutôt, qu'en sortant du délire de sa passion, il mette fin à des jours que le souvenir de ses forfaits, joint au spectacle de la bonté et de l'amitié de Titus, lui rendrait insupportables. Le spectateur ne souffrirait pas un Sextus qui oserait survivre à de tels malheurs. La situation de Cinna est bien différente. L'assassin d'Auguste pouvait se regarder comme un ministre de la république qui ôte à un tyran un pouvoir usurpé. Cinna voulait être à côté de Brutus et de Cassius; voilà une différence essentielle entre le sujet de *Cinna* et celui de *la Clémence de Titus*. L'auteur de la pièce qui vient d'être sifflée est appelé par les uns de Belloy, par les autres Dormond. Comme l'usage des comédiens est de changer de nom bien souvent, il les a portés peut-être successivement tous les deux. La pièce a pensé d'être interrompue tout à fait à la fin du quatrième acte, où Titus dans un monologue, balançant sur le sort de Sextus, dit qu'ôter la vie était au pouvoir de tous les hommes, mais qu'il n'appartenait qu'aux princes de faire grâce, etc. Cette pensée, commune en elle-même, était devenue fausse par l'expression. Le vers disait :

Mais la donner, grands dieux, est un noble avantage ! etc.

Et ce terme équivoque excita de si grands éclats de rire que l'acteur ne put continuer. C'était M. Grandval qui jouait le rôle de Titus; il reprit les quatre vers, et corrigea ainsi celui qui avait tant fait rire :

Mais l'accorder, grands dieux, est un noble avantage ! etc.

Il dit ensuite au parterre : « Messieurs, je viens de le corriger pour vous plaire », et cette saillie fit écouter la pièce jusqu'à la fin.

— Louis-Anne de La Virotte, docteur régent de la Faculté

de médecine de Paris, vient de mourir à la fleur de son âge. Il était un des auteurs du *Journal des savants*. Il joignait à beaucoup de connaissances et de littérature un esprit solide et agréable et toutes les qualités d'un honnête homme. Ses amis le regretteront toujours.

— On vient de publier les *Mémoires* de M. de Bordeaux, intendant des finances, en quatre volumes assez considérables[1]; on ne sait d'où nous viennent ces mémoires, qui regardent le temps de la Fronde, et qui ne peuvent être en entier de M. de Bordeaux, puisqu'ils s'étendent beaucoup au delà de sa mort. On les a supprimés à cause de plusieurs anecdoctes qui regardent des familles connues. D'ailleurs vous y trouverez peu de choses intéressantes. Ils sont écrits platement et maussadement. L'avertissement a l'air d'avoir été fait par un laquais, et le texte ne vaut pas souvent mieux pour le style.

— *Satire sur les hommes, à M. le comte de B...* par M. R.[2] Cette satire est une imitation de la dixième de Juvénal. Vous y trouverez quelques vers qui ont de la force; mais en général elle est fort inégale. J'ignore le nom de l'auteur.

— *L'Ile taciturne et l'Ile enjouée, ou Voyage du génie Alaciel dans ces deux îles*[3]. Petite brochure in-12. C'est une mauvaise copie de *Babouc*, conte charmant de M. de Voltaire. Ici le génie Alaciel voyage en France et en Angleterre; ces deux royaumes sont désignés sous le nom des deux îles. Il n'observe que des platitudes, et il est lui-même le plus plat observateur du monde. Ce qui concerne l'Angleterre est encore plus absurde que le reste, parce que celui qui y fait voyager Alaciel n'y a sûrement jamais mis les pieds et n'en a aucune idée distincte. Ce qu'il observe en France n'est que trivial et insipide.

— J'ai eu l'honneur, il y a quelque temps, de vous parler d'un *Essai sur les grands événements par les petites causes, tiré de l'histoire*. M. Richer, qui en est l'auteur, vient d'en donner un second volume, sous le titre de *Nouvel Essai*. L'idée me

---

1. Ces *Mémoires*, rédigés par Sandras de Courtilz, parurent sous la rubrique d'Amsterdam, chez Nyon l'aîné. L'article supprimé était un passage sur la famille Berryer (t. IV, p. 266-277). L'éditeur fut obligé de réimprimer toute la fin du volume. Les exemplaires non censurés sont, dit Barbier, excessivement rares.

2. Robbé de Beauveset.

3. (Par La Dixmerie.) Amsterdam (Paris), 1759, in-12.

paraît fort bonne; mais il faudrait plus de philosophie que l'auteur n'en a pour l'exécuter supérieurement. C'était un sujet pour M. de Voltaire, qui y aurait mis, outre les grâces et le charme de son coloris, les raisons supérieures qu'il faut pour faire sentir aux hommes le néant de leurs plus grandes affaires.

— *Réflexions sur les moyens qui conduisent aux grandes fortunes* [1]. Platitude.

— M. le baron d'Holbach, qui a enrichi la littérature française, depuis cinq ans, de plusieurs ouvrages très-utiles traduits de l'allemand, et concernant la chimie, la minéralogie et l'histoire naturelle, vient de nous donner la traduction d'un poëme anglais intitulé *les Plaisirs de l'imagination* [2]. Ce poëme a eu de la vogue en Angleterre dans sa nouveauté; je ne sais s'il s'y est fait une réputation durable. Milord Chesterfield disait plaisamment que c'était le plus beau de tous les livres qu'on n'entendait point. Vous y trouverez de l'élévation et de l'ivresse, mais d'ailleurs il est monotone et toujours un peu de la même couleur. Je trouve encore que quand on a fini de le lire on n'a rien retenu. C'est une marque qu'il manque quelque chose à ces images qui leur donne de la physionomie. Au reste, quoique ce poëme ait été médiocrement accueilli, tout le monde a rendu justice au talent du traducteur. A mesure qu'on lit, on sent la difficulté qu'il doit y avoir de mettre en français des vers anglais de cette espèce.

— *Les Femmes de mérite. Histoires françaises* [3]. Un volume. C'est une espèce de roman qui contient trois histoires, et dont les deux dernières surtout sont d'une platitude au delà de toute expression. On ne peut rien voir de plus dénué de chaleur, d'esprit et de vérité. Il faut espérer que l'auteur inconnu de cet ouvrage ne sera pas tenté de le continuer, quoique le titre paraisse l'insinuer.

LETTRE DE M. GRIMM A M. LE MARQUIS DE ***

Je comptais toujours, monsieur, que vous auriez la bonté de m'envoyer le cinquième acte de votre opéra, pour me mettre en

---

[1]. Attribuées à l'abbé Guyot, doyen de l'église de Soissons, 1758, in-8°.
[2]. (Traduit par d'Akenside.) Paris, 1759, in-12.
[3]. (Par Yon.) 1759, in-8°.

état de juger de la totalité. J'ai attendu, et cela m'a fait différer de vous aller voir. J'ai eu l'honneur de vous dire que je ne connaissais M. Duni que par l'idée que j'ai de son talent. Je ne suis donc pas à portée de lui faire des propositions; mais je persiste à croire que c'est à lui que doit s'adresser un poëte qui aura le courage de s'ouvrir une carrière nouvelle. J'ai lu votre opéra avec plaisir. Le sujet en est fort beau. Il faut en faire une tragédie à la Racine, les deux tiers plus courte que ses pièces, et en vers libres; enfin, monsieur, il faut quitter la route du poëme lyrique, qui n'a ni vérité ni pathétique, et qui ne ressemble à rien. Les partisans de ce théâtre vous reprocheraient bien de n'avoir pas observé la coupe; vos divertissements ne se trouvent presque jamais à la fin des actes. C'est une belle chose que cette coupe! Quelle horrible licence a pu vous y faire manquer? Il y a beaucoup de chœurs dans votre poëme. Je ne puis les admettre que dans la musique d'église. Chaque art d'imitation porte sur une hypothèse. Celle de l'opéra est que les personnages récitent d'une déclamation notée et chantent dans les endroits passionnés. Cette hypothèse n'est pas aussi loin de la nature que des gens sans goût véritable voudraient le faire croire. Nous chantons en effet lorsqu'un intérêt vif nous émeut et nous agite. Mais ce qu'on n'a jamais vu et ce qui est contre la nature, c'est que tout un peuple chante les mêmes paroles et se mette à dialoguer avec un personnage principal. Comment peuvent-ils être d'accord dans les mots et dans les chants sans les avoir appris par cœur? Les chœurs de l'Opéra ne devraient donc consister que dans un mot. Qu'un peuple pousse un cri d'admiration, d'indignation, de surprise, de douleur, d'effroi, etc., tout cela est naturel et peut produire de grands effets; mais qu'il chante des couplets d'ensemble pour exprimer ces différentes passions, cela me paraît puéril. Mais j'ai bien d'autres idées sur votre poëme. Je veux tout bouleverser, et vous engage, monsieur, à le refaire d'un bout à l'autre. Je dis mon opinion sans crainte, parce qu'elle est sans conséquence et que je ne cherche jamais que l'occasion de m'éclairer. Si vous êtes curieux de savoir toutes les chimères que votre poëme m'a suggérées, je vous prie de faire dire quand je pourrai avoir l'honneur de vous voir, et je vous dirai tout ce qui m'a passé par la tête. En vous livrant à ces idées, votre ouvrage ne ressemblera peut-être à rien de ce qu'ils ont fait, mais si le musicien remplit sa tâche, ils ne pourront jamais s'empêcher de vous applaudir. Il faut qu'il trouve un récitatif, et cela n'est pas si difficile pour un homme de goût. Jamais un poëte ne fera une scène passable si le musicien ne sait lui donner un autre récitatif que ce plain-chant traînant et monotone par lequel Lulli a défiguré les poëmes de Quinault. On s'expose, je le sais, en quittant les routes connues; mais il faut se hasarder. Surtout il faut travailler pour bien faire, et ensuite voir comment on pourra réussir. Rousseau fit à son *Devin du village* un récitatif qui n'est pas peut-être le bon et le vrai, mais qui ne ressemble pas non plus à celui qui est établi au magasin; et quoi que les acteurs aient pu faire pour lui donner du plomb par leurs ports de voix et par leurs chevrottements éternels, ils ne réussirent jamais à lui ôter tout à fait sa grâce et sa vérité. Je suis, etc.

ÉPITRE

A M. LE COMTE DE BRUHL, PREMIER MINISTRE DU ROI DE POLOGNE,

PAR M. DE MARTANGE.

De grand matin, d'un pas très-circonspect,
　　Marchant dans l'ombre du silence,
　　Évitant tout fatal aspect,
　Je m'en allais droit à Votre Excellence
　Mettre à ses pieds mes vœux et mon respect
Et la féliciter au jour de sa naissance :
　　Voilà quel était mon projet.
　Projet, bien dit; mais tout ce qu'on projette
　　Par malheur n'a pas son effet :
　　Le cœur dispose du souhait;
　Pour le succès il faut qu'il se soumette :
Très-bien me l'a prouvé M. Richter.
A ses regards qui voudra se soustraire
　　Doit plus que matin se lever
Ou n'y fera que de l'eau toute claire.
　　Ne point réveiller chat qui dort,
　　On le peut, ce n'est pas merveille;
　　Mais endormir le chat qui veille,
　　Qui le tente a, ma foi, grand tort.
　　« Il est sorti, Son Excellence.
— Monsieur Richter, je suis de la maison

Très-serviteur; homme sans conséquence,
   Pénétré de reconnaissance,
   Tout du moins est-ce bien raison
Qu'à monseigneur, au jour de sa naissance,
   Fasse mon humble révérence;
Je ne médite point d'ennuyeuse oraison.
   — Il est sorti, Son Excellence. »
Même réponse, même ton,
   Ce ton qui vaut une sentence.
« Monsieur Richter, je sais qu'il ne l'est pas.
   Ayez pour moi la complaisance
   De permettre que de ce pas...
   — Il est sorti, Son Excellence. »
   Et constamment « Il est sorti ».
   Pas n'eût voulu pour un empire
(Tant et si bien avait pris son parti)
Ledit Richter démordre de son dire.
Ah! Monseigneur, ah! quand un suisse ment,
   Qu'aisément vérité transpire!
   Je ne puis m'empêcher d'en rire,
   Et vous en rirez sûrement;
Je me reprocherais de ne pas vous l'écrire.
Après m'avoir répété si souvent :
   « Il est sorti »; comme je me retire :
   « Puis-je espérer que monseigneur saura
   Qu'ici je suis venu dans son absence?
— Oui, monsieur, je m'en vas dire à Son Excellence,
   Tout aussitôt qu'il sortira. »

AVRIL

1ᵉʳ avril 1759.

Il paraît un arrêt du conseil d'État du roi, daté du 8 mars, qui révoque les lettres de privilége accordées à l'*Encyclopédie,* et qui arrête cette importante entreprise au milieu de son cours. Le Parlement ayant empiété sur les droits du chancelier par son arrêt contre le livre de *l'Esprit,* par lequel il établit une commission de théologiens, d'avocats et de pédants, pour examiner l'*Encyclopédie,* et fait défense aux censeurs qui tiennent leur pouvoir du chancelier uniquement, on dit que ce chef de la justice, pour mettre fin aux entreprises du Parlement et conserver les prérogatives de sa dignité, n'a pu se dispenser de retirer le privilége à un ouvrage qui a compromis son autorité. Cet expédient n'est assurément pas le plus noble. Anciennement le Parlement, ayant voulu s'emparer de je ne sais plus quel ouvrage, le chancelier d'alors se pourvut d'un arrêt du conseil d'État du roi en cassation de l'arrêt du Parlement, et ses droits furent respectés; mais M. le chancelier n'a pas osé suivre un pareil exemple. Il aura l'avantage de partager avec le Parlement l'honneur d'avoir anéanti la plus grande et la plus belle entreprise qui se soit jamais faite en littérature et en librairie, ainsi que la confiance du public pour toute espèce de souscription. Les libraires de l'*Encyclopédie* crient que leur crédit est ruiné; mais le public est bien autrement en droit de crier. On peut démontrer que chaque souscripteur est en avance de cent quatorze livres sur les volumes suivants, sans compter que ceux qui ont paru deviennent absolument inutiles par le défaut des planches, qui ne s'y trouvent point. M. Diderot avait préparé un recueil de plus de trois mille planches; c'était par ce trésor que l'*Encyclopédie*, malgré les imperfections inséparables d'une entreprise de cette étendue, serait devenue un ouvrage unique. Ces planches devaient former un corps de trois volumes, qu'on se proposait de publier à la fin de l'ouvrage, avec une explication de chaque planche que M. Diderot s'était engagé de faire : les dessins en ont été faits sous ses yeux, avec des soins peu communs. Il y a quinze ans que ce philosophe s'occupait de ce travail immense. Dans quinze ans d'ici, lorsque les haines, les jalousies, la basse envie, l'esprit de secte et de parti, auront disparu, ceux qui, par faiblesse, ont pu se prêter à leurs sinistres impressions, rougiront d'avoir ainsi anéanti l'entreprise la plus honorable pour leur nation et pour leur siècle. On a prodigieusement crié contre l'*Encyclopédie* depuis quelque temps : jansénistes, molinistes, tous les partis se sont réunis contre elle; les gens de lettres eux-mêmes qui n'y travaillaient point manquaient rarement l'occasion de la déchirer. Il eût été à désirer sans doute que quelques auteurs encyclopédistes se fussent observés davantage et n'eussent point donné lieu aux clameurs en attaquant des préjugés de toute espèce avec trop peu de

ménagement peut-être. Sans doute qu'il vaudrait mieux que l
hommes fussent parfaits, et ne se permissent jamais de manquer
à la mesure; mais de tels hommes ne sont pas encore nés.
Je ne sais si le public se payera de cet arrêt; je ne sais si
la compagnie des libraires pourra se consoler de perdre .
profit immense de quatre mille souscriptions; mais du moins
les auteurs ne pourront que gagner à la discontinuation de cet
ouvrage. Les honoraires qu'ils en retiraient étaient des plus
médiocres. M. Diderot, nommément, gagnera à cette suppression, d'abord, de la tranquillité; ensuite, en se livrant à des
occupations que la fécondité de son génie lui présentera en
toutes sortes de genres, il lui sera plus aisé d'étendre sa réputation et sa gloire, que par cet ouvrage immense où ses
plus beaux morceaux étaient souvent entourés d'articles faits
par des auteurs trop médiocres pour s'accommoder d'un tel
voisin.

— Vous lirez avec grand plaisir un roman de deux cent
cinquante pages, qui vient de paraître, sous le titre de *Lettres
de milady Juliette Catesby à milady Henriette Campley, son
amie*. Ce nouveau roman est de Mme Riccoboni, actrice de la
Comédie-Italienne, à qui nous devons depuis deux ans deux
petits ouvrages qui ont eu du succès, les *Lettres de miss Fanny
Butler* et l'*Histoire du marquis de Cressy*. Les *Lettres de
milady Juliette Catesby* ont, ce me semble, encore plus de
succès dans le public que les deux autres. Cela est écrit bien
agréablement, bien légèrement, avec beaucoup de grâce et de
sentiment. Peut-être l'auteur n'aurait-il pas mal fait de serrer
un peu davantage les premières lettres de son roman ; cependant on y trouve des peintures courtes, des traits heureux, qui
font plaisir. Il y a beaucoup d'art dans la lettre par laquelle
milord d'Ossery rend compte de sa conduite à milady Catesby,
et lui explique comment, passionnément épris d'elle, il a pu
tout à coup prendre le parti d'en épouser une autre, et après
avoir perdu sa femme, revenir à sa première maîtresse avec
autant de passion que s'il n'avait jamais changé. Cette aventure,
qui fait tout le fond du roman, était bien difficile à conter ; et
c'est le chef-d'œuvre de Mme Riccoboni. Je n'aime pas le commencement de cette lettre ; je n'aime pas non plus la façon
dont milord d'Ossery annonce à milady Henriette son mariage

avec milady Catesby à la fin du roman : elle est commune et trop légère pour un homme qui a essuyé tant de contrariétés. Il faut qu'il soit plus sensible et plus touché de son bonheur, afin de devenir pour nous encore plus intéressant. Mais ce qui m'a paru charmant, c'est le petit épisode de Sara. En général, ce roman vous procurera une heure de lecture fort agréable.

— On vient de réimprimer l'*Histoire du christianisme dans les Indes*, par La Croze, bibliothécaire du roi de Prusse. Deux volumes. On voit entre autres dans cet ouvrage toutes les menées des jésuites pour l'établissement du christianisme dans ces contrées éloignées. On y lit aussi avec grand plaisir la morale admirable de ces Indiens tirée de leurs livres religieux. Quand on voit de tels morceaux, on s'étonne de la vanité que nous tirons de la beauté de la morale chrétienne. Il n'y a point de peuple au monde, quelque sauvage qu'il soit, qui ne pût prouver la divinité de son culte par les principes de la morale, si cette induction était d'une certaine validité. M. Mallet, professeur à Copenhague, nous a donné, il y a quelques années, une histoire du Danemark. Vous trouverez dans le second volume des monuments des anciens Scandinaves qui sont autant de morceaux de poésie et de morale admirables. On dirait, à entendre nos théologiens, que la morale est une chose arbitraire parmi les hommes, et qu'elle a besoin d'une révélation pour leur être transmise, comme s'il pouvait jamais y avoir un peuple qui regardât le vice comme bon et la vertu comme mauvaise.

— Un maître de langue italienne vient de traduire en cette langue les *Lettres d'une Péruvienne*, par Mme de Graffigny[1]. Ces traductions sont bonnes pour les commençants.

— Voici le titre d'un ouvrage utile : *Abrégé de l'art des accouchements, dans lequel on donne les préceptes nécessaires pour le mettre heureusement en pratique*, par Mme Le Boursier du Coudray, ancienne maîtresse sage-femme de Paris [2].

— Autre ouvrage utile : *Soins pour la propreté de la bouche et la conservation des dents* [3].

— *L'Incrédulité convaincue par les prophéties* [4]. Ouvrage

1. Traduites par L. Deodati. Plusieurs éditions.
2. Plusieurs fois réimprimé.
3. Nombreuses éditions.
4. Paris, 1759, 3 vol. in-12 ou 1 vol. in-4°.

nouveau de M. l'évêque du Puy. Nous avons de ce prélat des *Questions sur l'incrédulité*, et un autre livre sous ce titre singulier : *la Dévotion réconciliée avec l'esprit*.

— *Voyage dans les espaces*. Mauvaise brochure de trente pages, où l'on critique les auteurs du siècle passé.

— *Invention d'une Manufacture et Fabrique de vers au petit métier, ou l'Art de versifier par les seules règles du calcul numérique*, par M. Migueret[1]. Ce titre vous prouve qu'il n'y a point d'extravagance et de platitude qui ne s'imprime.

— Mlle Rosalie vient de débuter sur le théâtre de la Comédie-Française. Elle a joué le rôle d'Ariane et celui de Camille dans les *Horaces*. Cette actrice, qui n'est pas jolie mais qui a de la grâce, a peu réussi; je ne la crois cependant pas sans talent; elle me paraît propre aux rôles de Mlle Gaussin.

— *Mémoires historiques, militaires et politiques, sur les principaux événements arrivés dans l'île et royaume de Corse depuis 1738 jusqu'en 1741, avec l'histoire naturelle de ce pays et diverses remarques curieuses touchant l'origine des peuples qui l'habitent*; le tout enrichi d'une carte nouvelle de l'île de Corse, et dédié à M. le comte de Maillebois par M. Jaussin, ancien apothicaire-major des armées du roi. Compilation en deux volumes in-12.

— *Histoire naturelle du Sénégal*, par M. Adanson. L'auteur propose cet ouvrage par souscription. Il consistera en huit volumes in-4°, dont le premier paraît actuellement.

15 avril 1759.

Il faut convenir qu'il y a des choses bien peu philosophiques dans la lettre de M. Rousseau à M. d'Alembert. Un de ses secrets dont il use le plus volontiers, c'est d'adopter une opinion triviale qu'on n'entendait plus guère que dans la bouche des gens de la populace, et de lui donner un air de noblesse sous le vêtement de la philosophie, et à la faveur d'un style qu'il sait manier avec une singulière adresse. Mais tout cela ne remplace pas la vérité; et, quel que soit l'art de l'homme à dégui-

---

1. Amsterdam, 1759, in-12.

ser, à dérober, à faire valoir de certaines parties aux dépens des autres, à représenter sous de nouvelles faces, à donner des couleurs non employées, quand il manque de vérité on est bientôt dégoûté de l'artiste et de l'ouvrage. M. Rousseau attaque la profession de comédien; il répète les déclamations les plus mauvaises et les plus plates qu'on a entendues tant de fois avec tant de dégoût: il les répète, il est vrai, avec un style noble et mâle, que les pauvres faiseurs de capucinades ne sauraient atteindre; mais il n'y a pas plus de vérité pour cela dans l'opinion qu'il soutient. M. Diderot a écrit, dans sa poétique qui est à la suite du *Père de famille*, une page qui renverse en trois mots tout cet édifice élevé si laborieusement par le citoyen de Genève contre les spectacles et contre les comédiens.

Relevons un peu les raisonnements de M. Rousseau, quoiqu'on ait tant écrit contre son dernier ouvrage que le public doit en être las. Il prétend qu'un comédien, en exposant sa personne en public, fait une chose déshonorante et infâme. Je conçois qu'il peut exister tel peuple policé chez lequel cet acte serait réellement réputé infâme: il y a dans nos usages mille bizarreries de cette espèce, et en général il n'y a guère de peuple civilisé qui n'ait souvent attaché l'honneur et l'infamie à des choses beaucoup plus indifférentes et plus arbitraires. Mais cette action n'étant pas contraire aux préjugés nationaux, il ne faut pas vouloir en faire une chose générale fondée dans la nature de l'homme, et il n'est pas permis à un philosophe d'établir de pareilles maximes.

Le prédicateur qui monte en chaire n'expose-t-il pas sa personne en public? M. Rousseau ne manque pas de se faire cette objection: « Oui, répond-il, mais le prédicateur dit ses pensées, débite ses maximes, etc., au lieu que le comédien nous dit des choses qu'il ne pense pas, et feint des sentiments qu'il n'éprouve pas. » Soit. Le comédien ne se déshonore donc pas parce qu'il s'expose en public, mais parce qu'il y dit des pensées, qu'il y montre des sentiments qui ne sont pas les siens. Ce défaut de logique, pour le dire en passant, se trouve à tout moment dans les ouvrages de M. Rousseau, et plus dans celui sur l'inégalité des conditions et celui contre les spectacles que dans les autres. Or si le comédien se déshonore parce qu'il feint des sentiments qu'il n'a point, le poëte qui les lui dicte est bien plus en chemin de se déshonorer. Les crimes de Cléopâtre, dans *Rodogune,* ne sont assurément pas ceux du grand Corneille ; cependant c'est lui qui les a inventés. Les artifices de Narcisse ne sont pas ceux de Racine ; c'est lui cependant qui en est l'auteur. Les maximes de Polyphonte ne sont pas celles de Voltaire, et Voltaire les a cependant écrites. Le poëte, le musicien, le peintre, se déshonorent donc, suivant M. Rousseau, à proportion qu'ils approchent de la vérité dans leurs imitations ; et ce qui leur assure l'immortalité, le génie qui les inspire suivant les caractères qu'ils ont à représenter, leur imprimerait donc je ne sais quelle tache d'infamie? En vérité, on rougit d'écrire sérieusement contre de pareilles assertions.

Il n'y a pas plus de raison et de vérité dans les déclamations contre les femmes. Dire que le génie des femmes est essentiellement différent de celui des hommes, conformément à la différence de l'organisation, c'est dire ce qui est vrai ; dire qu'en général les femmes n'aiment rien, ne se connaissent en rien, n'ont ni âme ni chaleur, et surtout ignorent ce que c'est que l'amour, c'est dire une chose absolument contraire au bon sens et à la raison. Peut-être pourrait-on faire une partie de ces reproches aux femmes de Paris en général ; mais alors on voit aisément que ce défaut de chaleur et d'âme ne vient pas d'un vice particulier à leur sexe, mais de la corruption générale des mœurs, de la dissipation, suite de notre goût pour la société et cause nécessaire de notre frivolité qui étouffe toutes les affections fortes de l'âme et détruit toute énergie. A cet égard les deux sexes ont également souffert de la révolution des mœurs ; et les hommes ne sont assurément pas en arrière du côté de la décadence. Mais un philosophe ne doit pas regarder comme un caractère attaché à toute la plus belle moitié du genre humain ce qui est une suite de nos plus petites mœurs, de nos modes et de nos petites manières ; il doit élever ses idées au-dessus de cette sphère étroite et bizarre de nos petits-maîtres et de nos petites-maîtresses. M. Rousseau parierait que les *Lettres portugaises* ne sont point d'une femme. Il accorde du génie à la seule Sapho et à une autre. On lui a très-bien répondu que si chacun en connaissait une à excepter de la condamnation générale, cela en ferait un grand nombre. Et cette Corinne, qui arracha à Pindare le prix et la couronne aux jeux olympiques huit fois de suite, manquait-elle de génie et ne méritait-elle pas d'être placée à côté de Sapho?

— *Moyens de conserver la santé aux équipages des vaisseaux avec la manière de purifier l'air des salles des hôpitaux*, par M. Duhamel du Monceau. Brochure in-12 de deux cent cinquante pages. Les auteurs qui s'occupent de ces sortes d'objets, quand ils écriraient des choses médiocres, méritent toujours de grands éloges.

— *Traité sur la nature et sur la culture de la vigne, du vin, la façon de le faire et la manière de le bien gouverner, à l'usage des différents vignobles du royaume de France.* Autre ouvrage utile dont la première édition parut en 1752. Cette seconde a été augmentée et corrigée par M. Bidet, et revue par M. Duhamel du Monceau.

— On propose par souscription une *Chronologie historique et militaire contenant l'histoire de la création de toutes les charges, dignités et grades militaires supérieurs, de toutes les personnes qui les ont possédés, des troupes de la maison du roi et des officiers supérieurs qui y ont servi; de tous les régiments, et des colonels qui les ont commandés; les états d'armée par chaque année; les officiers généraux qui y ont été employés depuis la première création des régiments et les opérations de chaque armée, enfin un tableau raisonné des ordonnances militaires depuis le règne de Louis XIV jusqu'à présent.* Le tout tiré sur les originaux par M. Pinard, commis au bureau de a guerre, huit volumes in-4°. Le prix de la souscription est de quatre louis pour le petit papier, et de six pour le grand.

— M. le duc de Noya-Carafa, Napolitain, actuellement à Paris, a adressé à M. de Buffon une lettre sur la tourmaline, pierre singulière qui a la propriété d'attirer et de rejeter les corps voisins. M. de Noya a fait ces expériences devant l'Académie royale des sciences.

— *Journal des opérations de l'armée de Soubise pendant la campagne de 1758*, par un officier de l'armée. Dans ce journal, vous trouverez les plus grands détails sur une campagne qui n'a produit aucun inconvénient mémorable, qui n'a eu nulle influence dans les affaires générales, et dans le cours de laquelle on a donné deux espèces de batailles qui n'ont eu nul objet et nulle suite.

— *Le Livre d'airain, histoire indienne*[1]. Roman insipide que personne n'a regardé.

— M. Desprez de Boissy a donné, il y a quelque temps, incognito, une lettre contre les spectacles. Cette lettre ne resta pas sans réponse. Aujourd'hui M. le chevalier *** réplique à cette réponse et défend le sentiment de M. Desprez de Boissy, avocat au Parlement. M. le chevalier et M. l'avocat paraissent être la même personne[2]. Le public ne prend nulle part à ces platitudes.

MAI

1er mai 1759.

Il a paru dans le cours de l'hiver plusieurs brochures sur le commerce et l'agriculture, dont il faut dire un mot en passant. Un certain M. Goyon a publié des *Vues politiques sur le commerce*. C'est un assez gros volume, mais vous n'y trouverez rien qui soit digne d'attention. Ces vues ne sont que des visions. Un autre a fait imprimer une *École d'agriculture*[3]. Son opinion est qu'il faut former des écoles publiques pour les cultivateurs, comme nous en avons pour apprendre à lire et à écrire. Un troisième nous a donné des *Questions relatives à l'agriculture et à la nature des plantes*[4]. Dans la première partie de sa brochure

---

1. (Par La Dixmmeric.) Paris, 1759, in-12.
2. Ces deux brochures sont, en effet, du même auteur.
3. L'*École d'agriculture* est de Duhamel du Monceau, suivant MM. Tessier et Bosc. (B.)
4. L'auteur de ces Questions se nommait Tiphaigne. (Voyez la *Bibliographie agronomique*, 1810, 1 vol. in-8.) Suivant cet auteur, M. Tiphaigne aurait été président à l'Élection de Rouen, et en conséquence il ne faudrait pas le confondre avec le médecin Tiphaigne de La Roche (auteur d'*Amilec, ou la Graine d hommes*; voir la lettre du 1er novembre 1753). Je doute qu'il ait existé deux Tiphaigne. Quoi qu'il en soit, le petit ouvrage dont il s'agit a été traité un peu légèrement par Grimm. Les auteurs de l'*Année littéraire* et des *Mémoires de Trévoux*, avec lesquels, comme on le pense bien, l'auteur de la *Correspondance* doit se trouver souvent en contradiction, en ont rendu un compte très-favorable : les premiers, en 1759; les autres, en 1765, seulement, parce que l'ouvrage, par la ruse accoutumée des libraires, reparut sous un autre titre, celui d'*Observations physiques sur l'agriculture, les plantes, les minéraux, les végétaux*, etc. La Haye et Paris, 1765, in-12. (B.)

il s'occupe à persuader qu'il faut planter du vin dans la province de Normandie. L'autre moitié de son ouvrage s'exerce en recherches sur la nature des plantes, et examine surtout cette question aussi frivole que rebattue : Pourquoi ne seraient-elles pas des animaux? Voilà deux sujets bien hétérogènes, et qui doivent être bien étonnés de se trouver l'un à côté de l'autre. En général, la fureur d'écrire gagnant de plus en plus, il faut bien s'attendre à nous voir inondés de toutes sortes d'écrits sur les matières le plus à la mode et qui ont le plus de faveur dans le public. Autrefois nos mauvais auteurs faisaient des romans et des vers détestables; aujourd'hui tout le monde veut écrire sur l'agriculture, sur le commerce, sur la population; mais quelque mauvais que soient les ouvrages qu'on publie sur ces objets, ils auront toujours sur les brochures de bel esprit l'avantage de n'être que plats sans être pernicieux, et de respecter les mœurs que les autres n'attaquent que trop communément. On peut remarquer que chez tous les peuples on ne s'est amusé à écrire sur des matières en apparence si utiles que dans les siècles de décadence. Lorsqu'un gouvernement sage et juste, une culture favorisée et bien entendue rendent un peuple heureux et son état florissant; lorsque le commerce a toute son activité et prospère, personne ne songe à discourir, tout le monde travaille et s'enrichit; et ceux qui font aujourd'hui de mauvais ouvrages pour gagner du pain trouvent alors une ressource plus sûre et plus honnête dans le travail de leurs mains. Mais lorsque le luxe, la corruption et une mauvaise administration ont dévasté et dépeuplé les campagnes et répandu une mortelle langueur sur tous les membres de l'État, alors on se met à raisonner et à écrire, et on dirait que l'on ne montre de l'énergie et de la vertu dans les livres que lorsqu'on n'en est plus capable dans les actions : aussi arrive-t-il toujours que les plus excellents projets, les meilleures ressources, sont indiqués sans aucun avantage pour le public. Le remède est consigné dans les écrits, mais jamais appliqué au mal.

Un étranger de beaucoup d'esprit me fit, l'autre jour, une observation qui me frappa et dont il est aisé de sentir la liaison avec les idées que je viens de jeter sur le papier. « Je ne rencontre, dit-il en parlant de nos jeunes guerriers, que des gens qui dissertent sur leur métier d'une manière très-satisfaisante :

également savants sur la théorie et sur la pratique de la guerre, ils en parlent avec esprit, avec précision et avec justesse. Plusieurs d'entre eux ont écrit de fort bons ouvrages sur différentes parties militaires. Chez le roi de Prusse, ce n'est point cela ; ses officiers parlent assez mal sur leur métier, ou plutôt n'en savent point parler. Il n'y a point d'apparence que le général d'Itzenplitz et que le général Hulsen écrivent jamais sur l'art de la guerre, et l'on aurait peut-être de la peine à trouver dans ses armées, depuis le prince Maurice d'Anhalt jusqu'au major Wunsch, commandant d'un bataillon franc, un seul officier qui fît une brochure passable. En revanche, ces messieurs ne sont jamais embarrassés de leur contenance en campagne, et battent le plus souvent leurs ennemis. » Cette remarque peut se généraliser et s'étendre sur une infinité d'objets ; mais ce qui est commun aux siècles de décadence chez toutes les nations a des effets plus marqués sous le gouvernement monarchique. Il s'y trouve un inconvénient que nos écrivains politiques n'ont pas, ce me semble, assez considéré : c'est que le corps de la nation étant exclus de l'administration de la chose publique, qui n'est confiée qu'à un petit nombre de personnes, les esprits y manquent ordinairement de cette vigueur qui, au défaut des grandes actions, produit du moins de grandes idées et répand une certaine énergie dans les discours les moins étudiés. Ce n'est pas là le caractère de l'esprit français, et l'on en doit trouver la raison dans le gouvernement politique de la France. On y a bien vu naître quelques génies mâles, et nous en possédons encore quelques-uns aujourd'hui ; mais le caractère général de la nation a ressemblé de tout temps à celui d'un enfant joli et léger. Nous portons cette espèce d'enfantillage dans nos livres, dans nos entreprises, dans nos établissements. La présomption, la vanité, l'envie de jouer, tout autant de qualités qu'on remarque aux enfants, y percent toujours. Est-il question de quelque nouvelle branche d'industrie ? moins occupés du fond de la chose que de son appareil, on nous voit établir des bureaux, élever des édifices à grands frais, arrêter nombre de commis, faire les plus belles lois de régie, etc. ; tout va le mieux du monde, excepté la chose pour laquelle on a fait toutes ces dépenses immenses. Ordinairement la compagnie est ruinée en frais avant que d'avoir considéré si l'entreprise qu'elle médite peut lui être avantageuse ; et le spectacle de la circonspection et de l'économie de nos voisins n'a pu encore nous rendre sages. Voilà aussi la raison de toutes les idées futiles dont nos écrits sur ces matières sont remplis. Il est bien question de former des sociétés et des académies pour l'encouragement de l'agriculture ; on n'aura que faire de s'en occuper quand le peuple sera libre et heureux, quand il ne gémira plus sous le poids des impôts et de l'oppression. O Athéniens, vous n'êtes que des enfants ! C'est un mot qu'on peut répéter en France à tout moment.

— *Moyen de population par la suppression des milices, avec remplacement avantageux pour nos armes.* Voilà le titre d'une brochure qui est dans le cas de celles dont nous venons de parler. L'auteur est un vieil enfant qui propose de former une milice des bâtards et desenfants trouvés du royaume, et de laisser le laboureur auprès de sa charrue. Rendez vos peuples heureux. N'entreprenez que des guerres justes et nécessaires, et vous ne manquerez d'hommes ni pour vos champs ni pour vos armées. Voilà ce qu'il faut dire aux rois.

— Au commencement des troubles présents, un officier français, nommé M. de Jumonville, eut le malheur d'être assassiné en Amérique par les Anglais. Cette aventure a fourni à M. Thomas, professeur émérite de la Faculté de Paris, le sujet d'un poëme en quatre chants[1]. Vous y trouverez de la noblesse, du feu, et de fort beaux vers. C'est dommage que l'auteur ait choisi un sujet peu convenable, et qui ne prête qu'aux invectives peu décentes et peu philosophiques de nation à nation. Il est peu séant de reprocher à un peuple, d'ailleurs respectable, le forfait de quelques particuliers et le concours de plusieurs circonstances qui rendent un événement sinistre souvent plus déplorable que blâmable.

— La lecture de *la Fille d'Aristide* vous aura rendu son mauvais succès au théâtre très-croyable ; la lecture d'*Hypermnestre*, en revanche, vous aura rendu son prodigieux succès au théâtre tout à fait incompréhensible.

— Depuis l'accident qui est arrivé aux révérends pères jésuites, d'être impliqués dans l'affaire de l'assassinat du roi de Portugal, les brochures n'ont cessé de pleuvoir sur la bénigne

---

1. Réimprimé dans les *OEuvres* de l'auteur.

compagnie de Jésus. Vous avez vu le jugement du conseil souverain de Portugal pour la condamnation du duc d'Aveiro et de ses complices, puis les lettres royales pour ordonner le séquestre des biens de nos révérends pères; enfin le manifeste en forme du monarque portugais contre la sacrée compagnie. Tous ces différents morceaux originaux ont été liés par un récit qu'on a publié successivement par feuilles, sous le titre de *Nouvelles intéressantes du Portugal*[1]. Du reste, on a renouvelé toutes les anciennes affaires désagréables pour la compagnie. Voici le titre de ces brochures : *Addition de faits, et d'une table des matières pour la première édition du livre : Les Jésuites criminels de lèse-majesté.* Autre feuille de vingt-quatre pages : *Sincérité des Jésuites dans leurs désaveux sur Busenbaum.* Mais celle qui a fait le plus de bruit a pour titre : *Procès pour la succession d'Ambroise Guys contre les Jésuites.* Ces pères doivent savoir gré à leurs ennemis d'avoir exagéré cette dernière aventure, jusqu'à supposer des arrêts du conseil d'État qui n'ont point existé. Aussi le gouvernement a-t-il enfin défendu le débit de tout ce qui regarde l'affaire d'Ambroise Guys. Au reste, il faut convenir que les jésuites français ont montré plus de prudence que leurs confrères d'Italie. On dit que ces derniers ont fait publier beaucoup de brochures en faveur de la compagnie. Les nôtres ont gardé le silence sagement. Il faut savoir se plier sous l'orage avec souplesse: on se relève quand il est passé. Résister avec opiniâtreté ne fait qu'augmenter le bruit et le danger.

15 mai 1759.

Il a paru ici depuis peu une brochure intitulée *Mémoire pour Abraham Chaumeix contre les prétendus philosophes Diderot et d'Alembert.* Cette brochure a fait un bruit épouvantable, et les mesures que la police a prises dès le commencement pour la faire disparaître et pour en arrêter le débit n'ont

---

1. *Nouvelles intéressantes au sujet de l'attentat commis le 5 septembre 1758 sur la personne sacrée du roi de Portugal*, 1754 et suiv., 2 vol. in-12. Il y a vingt-quatre suites. L'éditeur et auteur en grande partie est M. Dumont, c'est-à-dire le P. Viou, dominicain. Mais le tout est mêlé de beaucoup de petites pièces qui venaient de différents endroits. (BARBIER, *Dictionnaire des anonymes.*)

fait qu'augmenter la rumeur et l'attention du public. Le premier jour elle fut vendue six sols, le soir elle valait six francs, le lendemain on la payait deux et trois louis ; il y a des gens qui l'ont payée jusqu'à six louis. Ceux qui n'ont pu l'avoir imprimée l'ont fait copier à la main. Les encyclopédistes ont raison de dire que cet ouvrage est d'un ennemi bien cruel, ou d'un ami bien indiscret. Dès le commencement, il fut attribué d'une voix presque générale à M. Diderot ; et le philosophe, depuis longtemps en butte à la calomnie et à la persécution, a été obligé de nouveau de quitter l'asile où il cultive la raison et les lettres pour courir chez les magistrats et chez les ministres protester de son innocence ; il a été justifié avant que d'avoir lu le libelle dont ses ennemis et une partie du public le disaient auteur ; je dis une partie du public, car les gens de goût qui se connaissent en style et en coloris n'ont eu garde d'attribuer à M. Diderot un ouvrage où il n'y a ni légèreté, ni finesse, ni gaieté, ni goût. Comme il ne me sera pas possible peut-être de vous en procurer un exemplaire ou une copie, je vais vous en donner ici une idée. Cet Abraham Chaumeix, en faveur de qui on fait le mémoire, est un pieux et plat écrivain, qui a publié sous son nom une douzaine de volumes obscurs d'impertinences grossières contre MM. de Voltaire, Montesquieu, Diderot, l'*Encyclopédie*, l'*Esprit*, quelques autres auteurs et quelques autres ouvrages de la même sorte. Il est venu d'Orléans à Paris tout nu ; les jésuites l'ont accueilli, les jansénistes l'ont vêtu, les parlementaires l'ont protégé ; l'avocat général n'a pas rougi de le citer dans ce beau réquisitoire que le public a regardé comme une tache imprimée au Parlement et comme une capucinade indigne du xviiie siècle. Chaumeix a été même présenté à la cour ; le sot s'est cru un personnage, et il ne voit pas le mépris attaché à ses talons et prêt à le saisir. On a supposé, dans la brochure en question, que MM. Diderot et d'Alembert, pour échapper aux justes reproches d'impiété qu'il leur faisait, allaient le traduisant comme un espion de la police et des jésuites ; et l'on répond à ces deux prétendues calomnies par une ironie sanglante. On prouve, par exemple, que Chaumeix n'est point attaché aux jésuites, parce qu'il n'y a rien dans ses ouvrages qui tende à corrompre les mœurs et à autoriser l'assassinat du roi ; et qu'il ne fut jamais espion de police, parce que si M. Bertin n'est pas scrupuleux sur l'honneur de ceux qu'il emploie, il n'a garde de se servir d'un sot. On donne ensuite la généalogie de Chaumeix, et cet article est d'un goût détestable. On le fait naître dans la boutique d'un vinaigrier, au milieu de fermentations acides, d'un père quaker et d'une mère juive. Il est d'abord prophète, ensuite voiturier de volumes encyclopédiques. Il prend querelle dans une auberge avec un maître d'école de village, ensuite avec des charretiers ; il est moulu de coups, ses chevaux tués, sa charrette brisée, ses volumes mis en pièces : c'était une punition de Dieu, qui le châtiait d'avoir contribué à la distribution de l'ouvrage pernicieux. Mais il n'était pas à la fin de ses peines ; les souscripteurs le poursuivent, il est sur le point d'être emprisonné ; saint Pâris lui apparaît, le guérit de ses contusions, lui annonce les hautes destinées qui l'attendent à Paris, où il vient se faire crucifier vis-à-vis de Saint-Leu. On raconte l'histoire de sa passion. Quand il est étendu sur la croix, l'avenir s'ouvre à ses yeux, il prophétise, et ses prophéties sont une satire violente de Jésus-Christ, de Marie, du pape, de la cour, de la Sorbonne, des jésuites, des jansénistes, du Parlement, en un mot, de tout ce qui a quelque considération ici-bas. Cela se termine par une comparaison scandaleuse de la vie, de la naissance, des talents et des actions d'Abraham Chaumeix et de Jésus-Christ. Cette brochure a été étouffée dès sa naissance. On a cherché l'auteur ; on a pris ses colporteurs et ses imprimeurs, et peut-être n'est-il plus inconnu[1]. Quoi qu'il en soit, il est sûr que cet homme sait de la chimie, de la philosophie, de la théologie ; qu'il est ennemi des jésuites et des jansénistes ; qu'il est frondeur ; qu'il est net de religion ; qu'il connaît personnellement le P. Frey et le P. La Tour, jésuites ; qu'il a écrit ; qu'il est lourd, de peu de goût, traînant et mauvais, mais plaisant ; qu'il est offensé, et qu'il y a une vingtaine de caractères auxquels il ne serait pas fort difficile de le reconnaître. C'est

---

1. Barbier, dans son *Supplément à la Correspondance littéraire* et dans la première édition du *Dictionnaire des anonymes,* affirme que Diderot est l'auteur de cette médiocre facétie. Dans la table de la deuxième édition, il désigne Morellet, mais sans paraître en être sûr. Nous pensons, avec MM. Billard, qu'elle n'est ni de l'un ni de l'autre. Voir dans les *OEuvres complètes* de Diderot (t. XIX, p. 455) une lettre de désaveu adressée à Malesherbes.

un maladroit : pour donner du ridicule à Chaumeix, il fallait raconter son crucifiement avec le plus de vérité qu'il eût été possible; mettre ce Chaumeix dans la nécessité de passer pour crucifié, ce qui est très-désagréable, ou de s'en défendre par écrit; faire cette défense pour lui, s'il ne s'en fût pas chargé; lui démontrer ensuite, par cette défense même, qu'en effet il avait été crucifié; en sorte qu'il n'eût pu se montrer dans le monde sans qu'on n'eût été tenté de regarder à ses mains pour voir si l'on n'y découvrirait pas les stigmates des clous, et aux bords de sa perruque pour y chercher quelques piqûres des épines de la couronne. Cette malice pouvait se faire sans conséquence. Point du tout : au lieu d'un badinage innocent et léger, on a fait un tissu de sarcasmes grossiers et d'impiétés odieuses.

Voilà ce que c'est que ce *Mémoire pour Abraham Chaumeix*, qui a fait tant de bruit, et dont on ne peut regretter la lecture ni pour la forme ni pour le fond. Mais un incident qui mérite attention, c'est que, dans la chaleur de la poursuite de l'auteur, on ait réimprimé les dernières feuilles de sa brochure, d'où l'on a supprimé l'alinéa des conformités de Chaumeix et de Jésus-Christ. Si c'était la cupidité d'un imprimeur qui eût osé cette réimpression, il n'aurait pas supprimé la seule page qui pouvait faire le succès de l'ouvrage.

— On a enfin réussi à bannir tous les spectateurs du théâtre de la Comédie-Française, et à les reléguer dans la salle où ils doivent être. Ce changement s'est fait pendant la clôture, et c'est M. le comte de Lauraguais qui en a fait la dépense [1]. Cette opération non-seulement obligera les acteurs de décorer leur théâtre plus convenablement, mais elle entraînera une révolution dans le jeu théâtral. Lorsque les acteurs ne seront plus resserrés par les spectateurs, ils n'oseront plus se ranger en rond comme des marionnettes. Ce théâtre vient de faire une grande perte par la retraite de M. Sarrasin. Il jouait es rôles de père et de roi. La vérité et le pathétique de son jeu sont au-dessus de tout éloge. Il ne sera jamais remplacé. Le public

---

1. Le comte de Lauraguais, depuis duc de Brancas, fit don à la Comédie-Française d'une somme de douze mille francs pour l'indemniser de la suppression de ces places. Le 23 mai, jour de la rentrée, au lever du rideau, le public applaudit avec transport à cette amélioration. (T.)

s'apercevra moins de la retraite de Mlle de La Motte et de Mlle Lavoy, s'il est vrai qu'elles quittent le théâtre. Ces actrices avaient toutes deux le même emploi; elles jouaient les rôles de charge dans le comique, et il ne faut pas beaucoup de talent pour cette espèce de rôle.

— Voici des vers qui ont paru il y a environ un an. Les circonstances n'ont pas permis de les insérer plus tôt dans ces feuilles. Ils méritent d'être conservés à cause de leur force et de leur beauté. On les a attribués à M. le comte de Tressan[1]. Je crois que le premier poëte du siècle ne devrait pas se faire une peine de les avouer.

Des nœuds par la prudence et l'intérêt tissus;
Un système garant du repos de la terre;
Vingt traités achetés par deux siècles de guerre,
Sans pudeur, sans motif, en un instant rompus;
Aux injustes complots d'une race ennemie
Nos plus chers intérêts, nos alliés vendus;
    Pour cimenter la tyrannie
Notre sang, nos trésors vainement répandus;
Les droits des nations incertains, confondus;
L'Empire déplorant sa liberté trahie,
    Sans but, sans succès, sans honneur ;
Contre le Brandebourg l'Europe réunie;
De l'Elbe jusqu'au Rhin le Français en horreur,
Nos rivaux triomphants, notre gloire flétrie,
    Notre marine anéantie,
Nos îles sans défense, et nos ports ravagés;
Le crédit épuisé, les peuples surchargés :
Voilà les dignes fruits de vos conseils sublimes.
    Trois cent mille hommes égorgés,
    Bernis, est-ce assez de victimes?
Et les mépris d'un roi pour vos petites rimes
    Vous semblent-ils assez vengés[2]?

---

1. Ils sont imprimés dans l'*Almanach des Muses* de 1793, p. 115, sous le nom de Turgot. (T.)

2. On avait prétendu que la guerre de Sept Ans n'avait eu d'autre motif que de venger l'amour-propre du ministre poëte dont Frédéric avait dit :

    Évitez de Bernis la stérile abondance.

Cette assertion nous paraît hardie. Voyez dans la *Biographie universelle*, l'article BERNIS. (T.)

— J'ai oublié de vous parler de la *Lettre au P. Berthier sur le matérialisme*[1], petite brochure. On n'a qu'à en lire trois pages pour reconnaître le style et la manière de M. l'abbé Coyer, écrivain satirique à petites idées et d'un très-mauvais goût. Cette lettre pouvait être plaisante; mais elle n'est que plate et maussade. Au reste il serait difficile de deviner la raison pourquoi elle a été flétrie et brûlée par le Parlement. Elle se trouve du nombre de ces ouvrages que le premier tribunal du royaume a condamnés au feu sur le célèbre réquisitoire qui a fait tant d'honneur en Europe aux lumières, à la pénétration, et aux principes de M. l'avocat général.

JUIN

1er juin 1759.

On vient de donner sur le théâtre de la Comédie-Française une imitation de *la Serva amorosa*, de Charles Goldoni, sous le titre de *la Suivante généreuse*.

Oronte a deux enfants de deux lits. Éraste, l'un, est un jeune libertin. C'est l'enfant du second lit. Clitandre, sage, honnête, vertueux, est l'enfant du premier lit. Béatrix, mère d'Éraste et belle-mère de Clitandre, a chassé celui-ci de la maison paternelle. Il s'est réfugié chez Marine, suivante de la mère de Clitandre. C'est cette suivante qui, par amitié pour cet enfant malheureux et bien né et par reconnaissance pour son ancienne maîtresse, l'a nourri, vêtu, logé, soutenu jusqu'à ce jour. Béatrix, non contente d'avoir éloigné Clitandre, a médité de le faire déshériter par son père, afin qu'Éraste, plus riche, puisse être un parti plus sortable pour Rosalie, fille unique de Géronte, leur ami et leur voisin. Marine, aimée de Dubois, intendant de Géronte, et de Frontin, valet d'Éraste, s'instruit de tout ce qui se passe dans les deux maisons, réussit à réconcilier

---

1. Genève (Paris), 1759, in-12. Réimprimée dans les *OEuvres complètes* de l'auteur.

Clitandre avec son père et avec sa mère, et à le marier avec Rosalie. Voilà le sujet de la pièce, autant qu'il est possible de se le rappeler après une seule représentation.

— Pour sentir l'à-propos du crucifiement dont on a fait usage dans le *Mémoire pour Abraham Chaumeix*, il faut savoir que les convulsionnaires se font crucifier dans Paris depuis cinq ou six mois, et qu'ils ont substitué le secours de la croix au secours de la bûche et de la barre de fer. M. Bertin, lieutenant général de police, en homme d'esprit, au lieu de les persécuter, leur a fait dire qu'il leur donnerait la permission de représenter à la foire. M. de La Condamine a eu occasion d'assister le vendredi saint à cette étrange cérémonie; il s'est même nanti d'un clou qui y a servi. Il en a écrit l'évangile, que je n'ai pu obtenir de lui. Voici ce qu'il me mande à ce sujet :

« Oui, monsieur, mes yeux ont vu ce que je désirais de voir. Sœur Françoise (cinquante-cinq ans) a été clouée en ma présence avec quatre clous carrés à une croix. Elle y est demeurée attachée plus de trois heures. Elle a beaucoup souffert, surtout de la main droite. Je l'ai vue frémir et grincer des dents de douleur quand on lui a arraché les clous. Sœur Marie (vingt-deux ans), sa prosélyte, a eu bien de la peine à s'y résoudre. Elle pleurait, et disait naïvement qu'elle avait peur; enfin elle s'est déterminée, mais elle n'a pu résister au quatrième clou, et il n'a pas été enfoncé tout à fait. Elle lut, en cet état, la passion à haute voix; mais les forces lui manquèrent, elle fut prête à s'évanouir; elle dit : « Otez-moi vite. » Il y avait vingt ou vingt-cinq minutes qu'elle était attachée. On l'emmena hors de la chambre; elle avait la colique. Elle revint un demi-quart d'heure après. On lui bassina les pieds et les mains avec de l'eau miraculeuse de saint Pâris, et ce secours lui fut plus agréable que celui des coups de marteau. Je vous lirai tant qu'il vous plaira mon procès-verbal; mais je n'en ai voulu donner copie à personne, pas même à ma sœur ni à ma femme[1]. J'ai des raisons pour cela. Si je ne m'étais pas imposé cette loi, je vous l'aurais communiqué avec plaisir; mais ce qui précède vous en tiendra lieu,

---

1. Grimm finit par en obtenir copie : on le trouvera dans la lettre d'avril 1761.

et le reste ne renferme que de petits détails peu importants.

« Vous verrez dans le *Mercure* qui va paraître le rapport de l'ouverture du corps du petit Caze, et de plus l'information de témoins ouïs, par laquelle il est constaté juridiquement que cet enfant est mort d'une chute faite quinze ou vingt jours avant sa fin[1]. Sa petite vérole était guérie et séchée quand il lui a pris un assoupissement léthargique qui l'a conduit au tombeau en quatre jours. On lui a trouvé quatre onces d'eau dans le cervelet. Tous les sots discours sont tombés, et les anti-inoculistes sont réduits au silence. Vous verrez dans le même *Mercure* une lettre de moi servant de réponse à M. Gaulard[2].

« J'ai été pour voir sœur Françoise; elle n'était plus chez elle, et on m'assure qu'elle est délogée, sa demeure ayant été rendue publique dans le *Mémoire pour Abraham Chaumeix*, etc., etc., etc. »

Vous lirez avec plaisir cette lettre de M. de La Condamine dans le *Mercure* de juin. Cet académicien y répond d'une manière satisfaisante à beaucoup de sots raisonnements qu'on ne cesse de répéter. Il y a, ce me semble, une réflexion bien simple qui a échappé à M. de La Condamine. Ceux qui prétendent, contre l'avis de tous les médecins de l'Europe, qu'on peut avoir la petite vérole deux fois, et qu'il y a du moins un petit nombre de personnes exposées à cet inconvénient, se trompent en croyant porter un coup bien redoutable à l'inoculation. Si j'avais deux dangers inévitables à courir, celui qui m'aurait affranchi du premier ne m'aurait-il pas rendu une grand service? et diminuer mes risques de la moitié, est-ce une chose à négliger? Mais je trouve qu'il faut avoir bien du temps à perdre pour répondre aux sots qui écrivent contre l'inoculation. Il est bien temps de disputer et d'écouter les platitudes, quand une nation éclairée, notre rivale et notre maîtresse en tout ce qui intéresse les progrès de la raison, se sert de la méthode d'inoculer depuis quarante ans! Il me semble entendre des aveugles faire des dissertations sur le danger des lunettes, tandis que

1. *Mercure* de juin 1759, p. 173 et suiv.
2. *Lettre de M. de La Condamine à M. C. A- P. D. D., servant de réponse à la lettre de M. Gaulard insérée dans le* Mercure de France *du mois de février 1759 sur la maladie du fils de La Tour.* (Ibidem, p. 145.)

leurs voisins clairvoyants s'en servent depuis un siècle. Je ne crois pas qu'aucun de ces derniers daignât répondre aux clabauderies des autres.

— La tragédie de *Venceslas,* par Rotrou, est la plus ancienne pièce qui soit restée au théâtre de la Comédie-Française[1]. Elle a toujours été reprise avec succès; et en considérant ses beautés, l'intervalle immense que le grand Corneille a laissé entre lui et ses prédécesseurs paraît moins surprenant. Le style de *Venceslas* doit se ressentir de son siècle ; toute la pièce doit en porter le goût et l'empreinte. M. Marmontel a cru devoir la retoucher avec soin et en ôter tout ce qui avait l'air suranné; en se livrant à ses idées, il en a presque fait une nouvelle. La tragédie de *Venceslas* ainsi retouchée vient d'être jouée avec un succès contesté[2]. M. Marmontel a été obligé, entre autres, de rétablir, après la première représentation, le dénoûment de Rotrou, sur lequel il avait voulu renchérir mal à propos, à ce qu'il m'a paru. En général j'aurais voulu qu'on eût laissé la pièce de *Venceslas* telle qu'elle était avec ses difformités. Elle fait époque dans l'histoire du théâtre français, et il est intéressant de conserver à chaque époque ses marques caractéristiques. Je croirai donc volontiers que M. Marmontel nous a rendu un mauvais office, et qu'il a formé une entreprise de mauvais goût en habillant la tragédie de Rotrou à la moderne. Cette remarque ne peut se faire que pour ceux qui ont véritablement du goût. Eux seuls peuvent sentir que dans les hommes de génie tout est précieux, jusqu'aux défauts, et que c'est une sottise que de vouloir les corriger.

— M. de Voltaire a fait imprimer son *Ode* sur la mort de Mme la margrave de Bareith[3]. Cette ode me paraît médiocre. Indépendamment de la disette d'idées et d'images que j'y trouve, il y a, ce me semble, beaucoup de vers qui ne sont rien moins qu'heureux. Le vers :

Du temps qui fuit toujours tu fis toujours usage,

---

1. C'est une inexactitude; car *Venceslas* n'est que de 1648, et le *Cid* avait été donné douze ans auparavant. Mais il eût été plus vrai de dire que Rotrou était le plus ancien auteur qu'on joue encore, car ses débuts dans la carrière dramatique sont antérieurs à ceux de Corneille. (T.)

2. Le 30 avril.

3. Frédéric-Sophie Wilhelmine, sœur de Frédéric II, roi de Prusse, née le 3 juillet 1709, morte le 14 octobre 1758.

me paraît bien mauvais par exemple, et je n'aime pas non plus celui-ci :

Ils meurent pleins de jours, et n'ont point existé.

Mais cette ode est suivie d'un morceau en prose sur la suppression de l'*Encyclopédie* et sur le réquisitoire de l'avocat général, et ce morceau vous paraîtra d'une grande beauté. Il a eu ici un succès prodigieux ; et je ne balance pas de dire que c'est une des choses les plus vigoureuses que M. de Voltaire ait écrites.

VERS SUR CANDIDE.

Candide est un petit vaurien
Qui n'a ni pudeur ni cervelle ;
A ses traits on reconnaît bien
Frère cadet de *la Pucelle*.
Leur vieux papa, pour rajeunir,
Donnerait une belle somme ;
Sa jeunesse va revenir,
Il fait des œuvres de jeune homme.
Tout n'est pas bien : lisez l'écrit,
La preuve en est à chaque page ;
Vous verrez même en cet ouvrage
Que tout est mal, comme il le dit [1].

VERS SUR M. DE CARVALHO[2] ET M. DE SILHOUETTE.

Dans la Gaule, en Lusitanie,
Deux ministres contemporains,
L'un sauveur de son roi, l'autre de la patrie,
Travaillent sans relâche au bonheur des humains.
L'un veut exterminer les tartufes impies
Qui saintement assassinent les rois ;
L'autre a déjà rogné les griffes des harpies
Qui mettent le peuple aux abois.

---

1. Cette épigramme a été attribuée à Frédéric, et se trouve dans le *Supplément aux OEuvres posthumes de Frédéric II, roi de Prusse, pour servir de suite à l'édition de Berlin*, contenant plusieurs pièces qu'on attribue à cet illustre auteur, Cologne, 1789, tome III, p. 377. Elle a été comprise dans les *OEuvres de Chamfort*, Paris, 1825, tome V, p. 222. (T.)

2. Depuis marquis de Pombal, auteur de la *Relation abrégée*, citée dans la lettre du 1er janvier précédent. (T.)

ÉPIGRAMME.

D'Ignace le malin génie
Au monde a causé bien du mal :
Il a tant fait qu'en Portugal
Jésus n'a plus de compagnie.

15 juin 1759.

Il nous reste à dire un mot sur *la Suivante généreuse*. Cette pièce est écrite en vers libres, et le style m'en a paru très-facile. Le dialogue est sans esprit, sans idées, mais assez naturel. C'est un défaut très-ordinaire aux pièces italiennes de manquer d'esprit. Ce n'est le plus souvent qu'un recueil de scènes vides d'idées, et les auteurs français de *la Suivante généreuse* n'ont pas pourvu à ce défaut. On donne cette pièce dans le public à M. Bertin, l'ami de Mlle Hus, M. Buchelay, fermier général, MM. Richelet, Palissot, Poinsinet et compagnie. Elle est tombée à la première représentation. On l'a retirée à la troisième. Les auteurs ne pourront pas se plaindre des comédiens, ni leur attribuer le mauvais succès de la pièce; elle a été jouée supérieurement. C'est Mlle Dumesnil qui faisait Béatrix, à ravir; et Mlle Dangeville qui jouait Marine, très-bien. Il y a aussi par-ci par-là, des tirades que les auteurs n'ont pas oublié de mettre et que le parterre n'a pas manqué d'applaudir; cela est dans la règle.

J'ai été charmé du théâtre. Plus de petits-maîtres, plus de foules. Cela est on ne peut pas mieux. Les décorations et de la pièce nouvelle et des *Précieuses ridicules*, qu'on a jouées après, m'ont fait plaisir. Tout poëte qui a du génie doit être content de cette réforme. Au reste, je crois que nos jeunes gens font mal de chercher des sujets dans les comiques italiens et de tenter de les accommoder à notre théâtre. Le malheureux essai des auteurs de *la Suivante généreuse* doit les dégoûter un peu de cette ressource. Vous savez que les pièces italiennes sont divisées en trois actes qui, divisés chacun en deux, en font presque dix. D'où il arrive qu'on a trop de matière pour trois actes français, et comme nous ne faisons point de pièces en quatre actes, qu'on n'a pas assez de matière pour cinq, il y aura ainsi dans ces imitations de l'italien presque toujours un acte vide; ou si le poëte veut y suppléer, il risquera d'en faire un hors-d'œuvre. Mais ce n'est pas là encore le plus grand inconvénient. Un bien plus grand se trouve dans le sujet. Ce sujet est presque toujours le même par le fond, pour l'intrigue, pour la conduite; c'est un canevas sur lequel on brode différentes scènes de farce : car le ton et les mœurs de la comédie italienne ne sont presque jamais au-dessus de ce genre abject. Or nos poëtes, en empruntant ces sujets, veulent en déguiser la bassesse et les ennoblir par le ton, les tirades et autres tours de métier; et il en résulte des bigarrures qui ne ressemblent plus à rien. Je ne dois pas oublier de remarquer que le premier et le dernier acte de *la Suivante généreuse* se passent dans la maison d'Oronte, et les trois autres chez Marine, ce qui est encore très-vicieux. Il faut espérer que nos poëtes dramatiques ne s'affranchiront jamais de l'unité de lieu, sans laquelle il n'y a plus de vérité dans la représentation.

— M. de Chamousset vient de publier des *Observations sur la liberté du commerce des grains*[1]. Vous ne trouverez dans cet ouvrage qu'une amplification des idées de feu M. Herbert, dont j'ai eu l'honneur de vous rendre compte autrefois en vous parlant de son excellent *Essai sur la police générale des grains*[2]. Quoique M. de Chamousset ne fasse presque que balbutier d'après M. Herbert, c'est cependant de tous ses ouvrages celui que j'estime le plus. Il a un but du moins réellement utile, et renferme des vues saines. C'est ce qui manque aux autres projets de M. de Chamousset, qui, étant contraires pour la plupart aux préjugés et aux mœurs de la nation, me paraissent *nugæ difficiles*; sottises, en un mot. Si M. de Chamousset n'a pas réussi jusqu'à présent, ce n'est pas la faute de nos journalistes. C'est sans contredit l'homme de la nation le plus loué par ces messieurs.

— *Les Abus de la saignée démontrés par des raisons prises dans la nature, et de la Pratique des plus célèbres médecins, avec un Appendice sur les moyens de perfectionner la médecine*[3]. Cet ouvrage est d'un nommé M. Boyer, qu'il ne faut pas

---

1. Réimprimées dans les *OEuvres complètes* de l'auteur, Paris, 1783, 2 vol. in-8°.
2. Voir tome II, p. 339.
3. Paris, 1759, in-12.

confondre avec le docteur Boyer, doyen de la Faculté de médecine de Paris. J'ai ouï dire, à des gens très-capables d'en juger, que cet ouvrage contenait d'excellents principes. Tout le monde sait l'abus que les médecins français font de la saignée; ils sont décriés pour cela dans toute l'Europe. Je doute que M. Boyer les convertisse et qu'il diminue le nombre de ceux qui ont l'honneur d'être expédiés tous les ans par la Faculté.

— Le succès de l'*Épître d'Héloïse à Abélard*, imitée de l'anglais de M. Pope par M. Colardeau, a mis nos jeunes poëtes dans le goût des héroïdes. Je vous en ai déjà annoncé quelques-unes. Il en paraît une nouvelle sous le titre de *Philomèle à Progné*[1], dont je ne connais pas l'auteur.

— On a imprimé une *Épître à l'Amitié*[2], qui m'a paru bien froide et bien mauvaise. On dit qu'elle est de M. de La Touche, auteur de la tragédie d'*Iphigénie en Tauride*.

JUILLET

1er juillet 1759.

M. Diderot a donné dans son Traité sur *la Poésie dramatique*, qui se trouve à la suite du *Père de Famille*, l'esquisse d'une tragédie philosophique dont le sujet serait *la Mort de Socrate*, en un acte. Rien n'est plus sublime que l'idée de ce drame; rien ne serait plus grand, plus élevé, plus pathétique que l'exécution de cette pièce, telle qu'elle a été conçue par son auteur. Je ne sais si l'on trouverait en Europe un homme qui, comme lui, eût autant d'élévation, de force et de vigueur dans le style qu'il en faudrait pour cela; mais je ne crois pas qu'on en trouvât aucun qui possédât autant que lui la philosophie ancienne; et sans une connaissance profonde de cette philosophie, le drame *la Mort de Socrate* resterait toujours faible. On voit par la tragédie d'*Athalie* que Racine possédait profondé-

---

1. (Par Dorat.) 1759, in-8°.
2. Londres (Paris), 1758, in-8°.

ment l'Écriture, la loi et les prophètes des juifs; et sans cette connaissance, sa pièce n'aurait jamais été aussi admirable qu'elle est. Il en serait de même de *la Mort de Socrate :* avec le plus grand génie, un homme dépourvu de la connaissance de la philosophie des Grecs y échouerait certainement. On vient de faire en Angleterre une tragédie de *la Mort de Socrate.* Je ne connais ni l'auteur ni l'ouvrage; mais je crois qu'il en paraîtra difficilement qui puisse dispenser M. Diderot de faire le sien, s'il en peut trouver le loisir. M. de Voltaire vient de traiter le même sujet sous le titre de *Socrate,* ouvrage dramatique, traduit de l'anglais, de feu M. Thomson. Il a pris le nom de M. Fatema et le titre de traducteur, et il prétend dans sa préface que cet ouvrage a été conçu par M. Addison, exécuté par M. Thomson et trouvé dans les papiers de ce dernier, dont les amis l'ont confié à M. Fatema, Hollandais, qui l'a traduit et qui publie sa traduction en attendant qu'il fasse imprimer l'original. Sans doute qu'on a voulu nommer M. Fatema, traducteur de Shakespeare et du *Caton* d'Addison. Le fait est que ce prétendu original anglais n'a jamais existé, et que ce *Socrate,* traduit de l'anglais de M. Thomson, est un ouvrage écrit en français par M. de Voltaire. Voyons comment il s'y est pris pour traiter ce sujet.

Sa tragédie est écrite en prose et en trois actes. Socrate a dans sa maison deux pupilles qui lui ont été laissés par deux amis en mourant; il les a élevés tous les deux. Sophronyme est le nom du jeune homme, Aglaé est celui de la jeune Athénienne. Ces deux enfants s'aiment; Socrate approuve leurs feux, et pour hâter leur union il donne en dot à la jeune fille la plus grande portion de son bien. Cela occasionne, de la part des jeunes gens, ces combats de générosité auxquels nous sommes tant accoutumés sur notre théâtre. Mais tous ces arrangements sont troublés par le grand prêtre de Cérès, Anitus : il aime Aglaé; il veut l'épouser; il est l'ennemi secret de Socrate, il le perdra si Socrate ose donner la jeune Aglaé à un autre qu'à lui. Socrate ne veut point gêner la volonté de sa pupille : Aglaé n'a un cœur que pour Sophronyme. Anitus, dédaigné, ne songe plus qu'à la vengeance : il se lie avec le grand juge de l'Aréopage, nommé Mélitus, contre le philosophe. Ils étaient ennemis, ils le seront toujours; mais leur intérêt commun exige la perte de Socrate, et elle est résolue. Anitus fait soulever le peuple par le moyen d'une certaine Drixa, marchande, qui y a du crédit et une forte cabale. Cette Drixa s'était coiffée du jeune Sophronyme ; le mariage de Sophronyme avec Aglaé dérange tous ses projets, et elle veut s'en venger sur Socrate. Cette double cabale chez le peuple et dans l'Aréopage réussit : Socrate est accusé, emprisonné, jugé et condamné comme hérétique, déiste et athée; il boit la ciguë. Dans ce moment arrivent Sophronyme et Aglaé. Ils ont désabusé le peuple; le jugement de l'Aréopage est réformé; Anitus est en fuite; le peuple attend Socrate aux portes de la prison pour le conduire chez lui en triomphe ; mais il n'en est plus temps, le poison a opéré. Le philosophe, touché de la conduite de ses jeunes pupilles, meurt content et tranquille devant eux, en présence de sa femme et au milieu de ses disciples.

Cette esquisse seule peut suffire pour vous mettre en état de juger l'ouvrage de M. de Voltaire. Il serait sans doute injuste de critiquer avec la dernière rigueur un ouvrage qui paraît fait à la hâte, et auquel l'auteur paraît avoir donné aussi peu de soins qu'à *Candide*; mais il faut convenir cependant que *la Mort de Socrate* n'est pas digne de M. de Voltaire; qu'il n'y a que le nom de l'auteur qui puisse sauver cette pièce de l'oubli, et le respect qu'on doit à ce nom, qui puisse la garantir de la sévérité des critiques. Tout y est croqué, tout y est sans force et sans vérité. Le plan est commun et mal conçu : tout roule sur l'épisode de Sophronyme et d'Aglaé, dont nous avons vu les modèles sur le théâtre si souvent qu'ils ne sauraient plus toucher; et puis, il est bien question de s'occuper de la passion de deux enfants le jour que Socrate boit la ciguë ! Le ton de cette pièce n'est pas au-dessus de celui de la comédie de *Cénie*, et réellement on croit lire une pièce de Mme de Graffigny; mais les personnages de *Cénie* ne sont guère au-dessus de la condition bourgeoise, et M. de Voltaire avait à faire parler le plus grand des philosophes, celui que l'oracle avait déclaré le plus sage des mortels, et dans le plus beau moment de sa vie. Quelle différence! ce divin Socrate ne dit rien de divin, rien de sublime dans la pièce de M. de Voltaire; son ton est celui d'un bon homme, mais sans force, sans élévation. Sa femme Xantippe est, comme l'auteur en convient dans la préface, une bourgeoise acariâtre, grondant son mari et l'aimant. M. de Voltaire prétend que ce mélange du pathétique et du familier a son mérite : pour moi, je le tiens pour barbare, et d'un goût absolument faux et gothique. Proposez à un peintre qui aurait à traiter le sacrifice d'Iphigénie de placer, parmi les témoins de ce spectacle, des gens d'une condition commune, qui expriment d'une manière familière l'intérêt qu'ils y prennent : il n'y a là rien de contraire à la vérité, car, dans la foule qui assistait au sacrifice de la fille d'Agamemnon, il y avait certainement beaucoup de figures grotesques très-propres à produire ce mélange de pathétique et de familier que M. de Voltaire désire. Si le peintre ose en placer une seule parmi ses personnages, son tableau sera perdu, et son goût sera jugé détestable. Ce n'est pas qu'il faille de tous ces personnages faire des rois ou des chefs des Grecs, mais le simple soldat même ne manquera point de noblesse dans son tableau ; il exprimera ce qu'il sent d'une manière noble et touchante : voilà ce qu'exige la loi de l'unité ; elle s'étend sur le sujet comme sur l'action, le temps et le lieu, et cette loi ne doit jamais être violée par l'homme de génie. Le familier tue le pathétique, il lui ôte sa noblesse et son effet. En vain M. de Voltaire cite-t-il *l'Odyssée* d'Homère, il confond le goût grossier avec le mauvais goût et le goût faux. Le goût grossier ne déplaît point ; il rappelle une certaine simplicité de mœurs et d'esprit, dont le souvenir nous charme ; mais le mauvais goût est insupportable. Les hommes de génie peuvent avoir le goût grossier, mais ils ne l'ont jamais mauvais ni faux. On peut juger Homère et Shakespeare d'après cette remarque, et condamner le *Socrate* français sans hésiter. Socrate boit la ciguë et dit : « Je souris en réfléchissant que le plaisir vient de la douleur. — Hélas ! dit Xantippe, c'est pour je ne sais combien de discours ridicules de cette espèce qu'on fait mourir ce pauvre homme. En vérité, mon mari, vous me fendez le cœur, et j'étranglerais tous les juges de mes mains, etc... » Qui ne voit que tout est faux et impertinent dans ce discours, et que Xantippe, au moment que Socrate avale le poison, ne doit pousser que des cris, ou du moins doit dire tout autre chose ?

— M. Gresset, de l'Académie française, auteur de la comédie du *Méchant*, de *Sidney*, et de plusieurs pièces de poésie charmantes, vient de publier une *Lettre sur la Comédie,* dans laquelle il renonce, non-seulement au théâtre, mais demande pardon à Dieu et au public du scandale qu'il a donné en travaillant pour les spectacles. Le public méprise ces sortes de palinodies, et regarde leurs auteurs comme des gens tombés dans l'état d'imbécillité ou d'enfance. Cependant, en faisant attention aux principes d'un vrai dévot, rien ne doit moins étonner. Un chrétien, selon le véritable esprit de l'Évangile, ne doit être occupé que de la patrie céleste. Il s'agit bien de songer à des plaisirs dans un monde où l'on n'est qu'en passant! il s'agit de procurer son salut avec terreur et en tremblant. Tel est l'esprit de l'Évangile. Partout il prêche l'indifférence pour les choses de ce monde et le détachement de tout ce qui les regarde : aussi un chrétien qui passe son temps à faire des comédies, ou à se battre pour la querelle des princes, ou à juger les procès des autres, ou à s'occuper de quelque affaire que ce puisse être hors de son salut et de celui des autres, me paraît un homme tout à fait en contradiction avec ses principes; et je trouve en revanche M. Gresset très-conséquent dans sa conduite, quoique je ne l'en estime pas davantage. Il faut convenir que le christianisme paraissait plus propre à rester l'opinion et la règle de quelques sectes éparpillées dans un État qu'à devenir la loi et le culte d'un grand peuple.

M. Gresset avait plusieurs pièces de théâtre dans son portefeuille; il nous promet de les publier sous une autre forme. Il nous parle d'un caractère beaucoup plus dangereux que celui du *Méchant*, et qu'il a traité. Vraisemblablement c'est le philosophe; car aux yeux des dévots, comme M. de Voltaire vient de l'observer, un philosophe, c'est-à-dire un homme qui ne croit pas à toutes les bêtises, est un homme de sac et de corde.

15 juillet 1759.

M. Poinsinet de Sivry est un jeune homme qui a fait jusqu'à présent beaucoup de mauvais vers en toutes sortes de genres; il s'est essayé en pièces fugitives, en parades, en poëmes, en petites comédies, etc.; l'hiver dernier, il publia une traduction des poésies d'Anacréon, qui m'a paru détestable, malgré les éloges que nos faiseurs de feuilles lui ont prodigués. M. Poinsinet a depuis chaussé le cothurne. On vient de donner[1] sur le théâtre de la Comédie-Française sa tragédie de *Briséis*, qui n'est pas absolument tombée, mais qui n'en vaut pas mieux pour cela. Vous vous rappelez l'histoire de Briséis, ou de la colère d'Achille qui fait le sujet de *l'Iliade*. Briséis, esclave et maîtresse d'Achille, lui est enlevée par ordre d'Agamemnon; cet enlèvement cause la colère du fils de Pélée et les malheurs des Grecs. C'est de ce sujet que M. Poinsinet a tiré le roman ridicule et impertinent de sa tragédie, dont le ton et les caractères sont parfaitement assortis au plan et à l'intrigue.

La fable de la naissance de Briséis est une puérilité triviale et insupportable; le nœud de la pièce tient à l'obstacle que Briséis met au départ d'Achille, et sa conduite sur ce point est contre toute vérité, contre l'intérêt de son amour et de sa patrie. Le poëte a voulu remédier à ce petit inconvénient par un vernis de grandeur et de générosité romanesques, qui est une autre puérilité absurde et tout à fait contraire aux mœurs antiques. Cependant tout porte sur cette futilité : que Briséis suive son amant, la pièce est finie. Ce Patrocle qui n'est touché ni de l'intérêt de la Grèce ni des sollicitations d'Ulysse et d'Ajax, et qui se laisse entraîner par les sentiments romanesques d'une esclave; qui abandonne Achille, le condamne, et, pour mieux lui faire sentir la honte de sa conduite, va prendre les armes contre les Troyens, ce Patrocle n'est ni celui d'Homère ni l'ami d'Achille. Achille, de son côté, qui se laisse humilier par sa maîtresse et par son ami, qui n'a rien à leur répondre, qui s'arme pour plaire à Briséis, qui, pour lui plaire encore, est prêt à quitter les armes de nouveau, cet Achille n'est pas non plus ni celui d'Homère, ni celui d'Horace, ni même celui de Racine, qui est cependant bien plus faible que les deux autres. Ardent, impétueux, implacable, et toujours intéressant et aimable, voilà comment il faut peindre Achille au théâtre. Celui de M. Poinsinet est ou faible ou furieux. Au cinquième acte, il est atroce lorsqu'il expose au malheureux Priam, avec un plaisir barbare, tous les détails du meurtre de son fils. Celui d'Homère a d'autres mœurs : lorsque Priam vient dans sa tente pour lui redemander le corps d'Hector, il ordonne à ses esclaves de

---

1. Le 25 juin 1759.

couvrir le cadavre, afin que ce triste objet n'aille pas affliger les yeux d'un père. Tous les autres personnages de M. Poinsinet sont sans caractère; Priam, qui se trouve, on ne sait comment, dans le camp des Grecs tout le long de la pièce, n'a ni dignité ni pathétique. Ulysse est un petit sophiste pitoyable; Briséis est une héroïne de La Calprenède, qui agit et parle sans motif et sans objet. Sa mort rend le dénoûment plat et froid; l'action est vide et languissante dans les trois premiers actes; le quatrième est assez chaud; le cinquième finit comme une bulle de savon qui crève. Au reste on ne s'intéresse pour personne, on ne voit personne dans un danger réel et pressant. C'est Hector qu'on plaint; le coloris est, comme le tissu de la pièce, faible; la touche, timide. S'il y a de la poésie, c'est de la poésie élégiaque ou épique, et non dramatique. En tout, c'est l'ouvrage d'un écolier qui manque de nerf et de génie.

— Mme Belot, qui a déjà fait tout plein d'ouvrages que personne n'a lus, vient de publier deux volumes de *Mélanges de littérature anglaise*. Ce sont des traductions de différents morceaux de Prior, de Hume, de feuilles volantes et hebdomadaires, etc. Mme Belot prétend que depuis la mort de Mme de Graffigny il n'y a plus qu'elle de femme de lettres en France. Elle ne compte pas Mme du Bocage, qui paraît bien de sa force, dont la célèbre *Colombiade* a eu trois éditions, quoique personne certainement ne l'ait achetée. Cette dernière femme de lettres, pour parler comme sa rivale, a mis dans le *Mercure* des vers pour M. Clairaut, qui sont inconcevables; il faut les garder pour la singularité. En voici le couplet le plus étonnant : elle parle de la comète de cette année.

> Déjà la Clairaut on la nomme.
> Que tes calculs vus à Torno [1],
> Et qu'un jour saura le Congo,
> Vont étonner Pékin et Rome !

— M. Baudoin, officier aux gardes, a dessiné et gravé lui-même toutes les évolutions de l'infanterie française, conformément aux derniers règlements de l'exercice. Cet ouvrage,

---

1. Au lieu de Torneo ou Tornea, qui est le nom de cette ville de Laponie. (GRIMM.)

exécuté avec beaucoup de magnificence, a paru il y a environ un an, et j'ai eu l'honneur de vous l'annoncer [1]. L'auteur ne le vendait pas alors; il en faisait présent à ses amis. Aujourd'hui un de nos graveurs, nommé Fessard, se propose de le copier en petit format et de le rendre public.

— Autre ouvrage militaire (car il en pleut) : *Science des postes militaires. Traité des fortifications de campagne, à l'usage des officiers d'infanterie qui sont détachés à la guerre*, par M. Le Comte, capitaine au régiment de Conti.

— M. Helvétius a défiguré son livre de *l'Esprit* par un grand nombre de contes d'un très-mauvais goût. Vous en trouverez un tout au commencement de son ouvrage, que je ne sais quel rimailleur obscur a jugé à propos de mettre en vers sous le titre de *Télescope, ou Conte moral tiré de* l'Esprit [2]. Tout cela n'est pas lisible.

— Un autre poëte de même trempe (M. de Junquières), vient de publier *l'Élève de Minerve, ou Télémaque travesti en vers* [3]. Celui-ci a encore le tort d'avoir choisi un sujet sérieux et grave pour ses plates et ridicules turlupinades.

— Un médecin de Caen, nommé Tiphaigne, a publié deux petits volumes assez bien imprimés sous le titre de *Bigarrures philosophiques* [4]. Ce sont assurément des bigarrures, mais elles ne vous paraîtront pas philosophiques. Il y a cependant eu des gens d'assez peu de goût pour attribuer cet ouvrage à M. Diderot. C'est ne savoir point distinguer la vraie philosophie d'avec ce qui n'en a qu'un faux air.

— On a commencé à Bruxelles un *Journal de commerce* [5]; bientôt il y aura des journaux pour chaque métier. Un autre auteur famélique se propose de publier une *Année politique*, contenant l'état présent de l'Europe, ses guerres, ses révolutions, etc., ouvrage périodique dont il doit paraître deux volumes par an. L'auteur commencera par l'année 1750, dont le

---

1. Voir t. III, p. 487.
2. Moscou, 1759, in-12.
3. La première édition est de 1752, 3 vol. in-12; la dernière est de 1784.
4. Amsterdam, 1759, 2 vol. in-12. Quérard donne ce livre à l'auteur d'*Amilec* (voir tome II, p. 296); mais M. Georges Mancel n'en parle pas dans la notice qu'il a consacrée à Tiphaigne de La Roche, Caen, 1845, in-8°.
5. Rédigé par Camus et l'abbé Roubaud (1759-1762), 24 vol. in-12.

premier tome comprendra les six premiers mois. C'est vraisemblablement un ramas de gazettes[1].

— *Lettre d'un banquier à son correspondant de province*[2]. Cette brochure de cinquante pages est un panégyrique des opérations du nouveau contrôleur général, qui ont fait tant de bruit.

AOUT

1er août 1759.

SUITE DES REMARQUES SUR LA MORT DE SOCRATE,

OUVRAGE DRAMATIQUE, PAR M. DE VOLTAIRE.

Le style de cette pièce est extrêmement négligé; il n'est rien moins que correct. La marchande Drixa dit dans la seconde scène : « J'aime le jeune Sophronyme, et Xantippe, la femme de Socrate, m'a promis qu'elle me le donnerait en mariage... » Il fallait dire, ce me semble, « m'a promis de me le donner en mariage... » « Nous perdrons, dit Anitus, cet homme dangereux qui s'est osé moquer de certaines aventures arrivées aux mystères de Cérès... » On doit dire : « qui a osé se moquer... » Vous trouverez à tout moment des expressions familières et basses. Tout le rôle de Xantippe est dans ce mauvais goût; elle dit de son mari : « Cela n'a point de malice... Il est têtu comme une mule... Hélas ! messieurs, il est plus bête que méchant... » et beaucoup d'autres quolibets de cette espèce. Les autres rôles ne sont point exempts de défauts. Anitus, grand prêtre de Cérès, dit dans l'Aréopage devant les magistrats et le peuple : « Vous savez que ces philosophes sont d'une subtilité diabolique... » Peut-on supposer qu'un personnage aussi ambitieux et aussi important qu'Anitus se soit exprimé avec si peu de noblesse

---

1. M. Hatin indique bien que l'*Année politique* donnait un volume par semestre, mais ne dit pas combien elle a duré.
2. (Par Forbonnais.) S. l. 1759, in-4°, et Lyon, même année, in-12.

devant le peuple le plus délicat et le plus difficile de la terre?
L'Anitus de M. de Voltaire n'aurait pas réussi à Athènes à perdre
Socrate. Il est d'ailleurs plaisant de voir un grand-prêtre de
Cérès employer l'épithète de diabolique. L'auteur a oublié
qu'Anitus ne connaissait point le diable de saint Matthieu et de
saint Luc, qui a donné lieu à cette qualification. Il se trouve
de ces expressions familières jusque dans le rôle de Socrate.
Xantippe gronde Sophronime et Aglaé, et Socrate leur dit :
« Mes enfants, ne la cabrez pas... » Ces façons de parler ne
sont à leur place que dans les comédies de Dancourt. Mais le
grand défaut de cette pièce, celui qui y blesse le plus souvent,
est que les caractères et les discours manquent de vérité. Rien
n'est moins supportable aux yeux d'un homme de goût. Le grand-
prêtre Anitus devrait être un fourbe consommé, rempli d'adresse
et d'artifice. Point du tout, ses actions et ses discours sont également faux et grossiers. Il ouvre la scène entouré de sa cabale;
il leur dit, entre autres, après les avoir mis à contribution :
« Surtout ne manquez jamais d'ameuter le peuple contre tous
les gens de qualité qui ne font point assez de vœux et qui ne
présentent pas assez d'offrandes... » Un homme qui ne mettrait
pas plus d'art et de finesse dans ses projets et dans les moyens
d'y réussir se discréditerait parmi les sauvages; comment se
serait-il fait un parti parmi un peuple aussi délié que celui
d'Athènes?... Il se retrouve au second acte avec tous ses affi-
dés, et là il leur parle de ses bas projets d'une manière plus
ouverte et pour ainsi dire plus prononcée que le coquin le plus
déterminé n'oserait faire avec qui que ce fût. M. de Voltaire a
oublié que la bassesse se travestit à ses propres yeux. Son Anitus
confie à ses dévoués tout franchement tout ce qu'il se propose
de faire pour perdre Socrate; il ne leur cache pas même dans
quelle vue il en veut au philosophe : « J'obtiendrai ma maîtresse, dit-il, et vous, Drixa, vous aurez votre amant. » Dans
un tête-à-tête avec Drixa de pareils aveux manqueraient de
vraisemblance; comment seraient-ils supportables devant plusieurs personnes de sa cabale? Les propos et la conduite de
Mahomet lorsqu'il se propose de perdre Zopire par Séide sont
un peu différents de ceux d'Anitus. Le secret de l'ambition consiste à dérober les desseins les plus criminels sous des motifs
en apparence justes et honnêtes. Lorsqu'Anitus se trouve seul

avec Mélitus, grand-juge de l'aréopage, qui est son ennemi secret, mais que son intérêt personnel sollicite également à perdre Socrate, leurs discours ne sont pas plus vrais. Mélitus, pour abréger les formalités, dit à Anitus : « Personne ne nous entend ici ; je sais que vous êtes un fripon, vous ne me regardez pas comme un honnête homme ; je ne puis vous nuire parce que vous êtes grand-prêtre ; vous ne pouvez me perdre parce que je suis grand-juge : mais Socrate peut nous faire tort à l'un et à l'autre en nous démasquant. Nous devons donc commencer, vous et moi, par le faire mourir, et puis nous verrons comment nous pourrons nous exterminer à la première occasion... » En vérité, on croirait assister à la délibération des deux fripons de valets dans la petite farce de *Crispin rival de son maître!* Mais aussi quel art il aurait fallu pour faire cette scène d'Anitus et de Mélitus ! Avec quelle finesse deux hommes d'État aussi consommés dans l'intrigue et dans la fourberie auraient traité ensemble ! quelle défiance ils auraient eue l'un de l'autre ! avec quel soin ils l'auraient cachée ! avec quelle dissimulation, quelle souplesse ils se seraient tâtés réciproquement avant qu'aucun d'eux ne se hasardât sur une mauvaise action à commettre en commun pour intérêt mutuel ! Sans doute que cette scène pouvait être un chef-d'œuvre, quoiqu'elle ne tienne pas nécessairement au sujet de la mort de Socrate. Les aparté que vous trouverez dans la scène de M. de Voltaire entre ces deux fripons sont de mauvais goût : il fallait du moins les abréger pour les rendre plaisants. « Hom ! dit Anitus, que je voudrais tenir ce coquin d'aréopagiste sur un autel, les bras pendants d'un côté et les jambes de l'autre, lui ouvrir le ventre avec mon couteau d'or, et consulter son foie tout à mon aise !... » Il eût été plus plaisant, ce me semble, de dire tout court : « Hom ! que je voudrais consulter le foie de ce coquin d'aréopagiste tout à mon aise ! » Un peintre qui a du goût ne montre pas tout, il laisse souvent à votre imagination le soin d'achever ses tableaux ; il vous met seulement sur la voie, et il y gagne presque toujours.

Si l'on voulait comparer la dernière scène de Socrate avec celle que M. Diderot a esquissée sur le même sujet, j'oserais dire que M. de Voltaire n'y gagnerait point. Le Socrate de M. de Voltaire dit en tenant la coupe empoisonnée : « Voici le breuvage de l'immortalité. Ce n'est pas ce corps périssable qui vous a aimés, qui vous a enseignés, c'est mon âme seule qui a vécu avec vous, et elle vous aimera à jamais... » On croirait lire un des derniers discours de Jésus-Christ dans l'évangile de saint Jean. Le Socrate de M. Diderot a d'autres tournures... « Comment voulez-vous qu'on dispose de vous? — Criton, tout comme il vous plaira, si vous me retrouvez... » Puis se tournant vers les philosophes en souriant : « J'aurai beau faire, je ne persuaderai jamais à notre ami de distinguer Socrate de sa dépouille... » Le Socrate de M. de Voltaire dit en mourant : « Recevez mes tendres et derniers adieux, les portes de l'éternité s'ouvrent pour moi. » Cela est bien froid, et encore emprunté de l'Écriture. Le Socrate de M. Diderot dit en expirant : « Criton, sacrifiez au dieu de la santé, je guéris... » Voilà des mots antiques et dignes du plus sage des mortels. Tout est froid dans la pièce de M. de Voltaire. Le discours de Criton à la tête des disciples, en entrant dans la prison, est mauvais et plat. Il se désole de voir son maître dans les fers. A cela Socrate répond : « Ne pensons point à ces bagatelles, mes chers amis, et continuons l'examen que nous faisions hier de l'immortalité de l'âme, etc... » Le défaut de gravité et de pathétique se fait sentir à chaque ligne. Le tort de M. de Voltaire est d'avoir choisi un sujet qui n'est point de sa compétence, et de ne lui avoir pas donné plus de soin qu'à ces ouvrages légers qui échappent à sa plume, et dans lesquels la négligence est souvent un agrément de plus. Mais le génie de M. de Voltaire est trop beau, et l'humanité lu doit trop, pour ne point lui pardonner ces petits écarts.

15 août 1759.

Le septième volume de l'*Histoire naturelle* paraît depuis plusieurs mois. Cet ouvrage s'avance au milieu de la persécution qu'on a suscitée à la philosophie; mais ce n'est pas sans faire de fréquents sacrifices de la liberté et de la hardiesse avec lesquelles il convient de dire la vérité. L'alarme que le livre de *l'Esprit* a jetée dans le camp des fidèles a obligé M. de Buffon de mettre à ce nouveau volume de son *Histoire*, déjà imprimé depuis quelque temps, plusieurs cartons avant que d'oser le faire paraître en public. Quoi qu'il en soit, ce volume contient l'histoire naturelle du *Loup*, du *Renard*, du *Blaireau*, de la

Loutre, de *la Fouine*, de *la Martre*, du *Putois*, du *Furet*, de *la Belette*, de *l'Hermine*, de *l'Écureuil*, du *Rat*, de *la Souris*, du *Mulot*, du *Rat d'eau* et du *Campagnol*. A la fin de l'histoire de chacun de ces animaux, écrite par M. de Buffon, vous trouverez, conformément au plan de l'ouvrage, la description de ces animaux avec leurs dimensions et leur anatomie, par M. Daubenton; et cette partie, quoique la moins brillante, ne sera pas la moins estimée dans la suite. Comme tous les animaux de ce volume sont de la classe des carnassiers, M. de Buffon a mis à la tête un *Discours sur les animaux carnassiers en général*, et c'est là le morceau remarquable de son volume. Vous connaissez le style de M. de Buffon; cet écrivain n'abonde pas en idées, mais la noblesse de ses images et l'élévation de sa plume le font lire avec un grand plaisir. Il me semble cependant que le *Discours sur les animaux carnassiers* est ce qu'il y a de plus faible dans l'*Histoire naturelle*. Le moindre reproche qu'on puisse lui faire, c'est de ne point du tout remplir son titre. Je ne sais pourquoi on ne nommerait ce morceau plutôt un *Discours* sur l'organisation et sur l'état primitif de nature : ce qu'il y a de certain, c'est qu'il n'y est pas question d'animaux carnassiers, et que, pour remplir le titre et son objet, il aurait fallu traiter des mœurs des races carnassières, de leurs constitutions, tempéraments et caractères distinctifs, etc.

Si la nature a pris grand soin de la conservation des espèces, si elle nous a attachés à notre existence par des liens supérieurs à la raison, puisqu'elle nous fait supporter la vie lors même qu'elle est devenue un tourment, et que le sens droit nous dit qu'il serait plus expédient de mourir, il faut convenir aussi que la loi de la destruction n'est pas moins générale dans ce monde; et en suivant un peu les traces de la nature et sa manière de procéder, on cesse d'être étonné que Hobbes ait pu établir son système sur un état de guerre de tous contre tous. En général, les philosophes qui, parmi les anciens et les modernes, ont cherché à expliquer l'origine et la durée de l'univers par le mouvement et la simple fermentation de la matière, n'ont pu mettre de l'évidence dans leurs principes parce qu'il n'y en a point qui en soient susceptibles sur cette question ; mais outre la grande et belle simplicité qui donne à leur système le coup d'œil très-philosophique, l'observation et l'expérience leur fournissent de fortes présomptions. En considérant d'un côté avec quelle énergie la nature pousse à la reproduction, et de l'autre avec quelle facilité elle détruit des races, des générations entières, on est tenté de croire qu'également indifférente pour toutes les créatures, pour la matière organisée et animée comme pour la matière brute, son soin se réduit à entretenir la matière en fermentation, et à conserver cette espèce de balance qui fait servir la destruction des uns à la naissance et à la conservation des autres. De quelle manière cette fermentation a-t-elle commencé? Voilà une question qui restera à jamais sans réponse, puisqu'il n'est pas seulement possible de la comprendre; mais quelle que soit l'opinion d'un philosophe sur toutes ces choses, il ne peut se cacher l'existence de cette fermentation perpétuelle qui produit les races suivantes aux dépens des races actuelles, et qui, si elle a quelquefois l'air de vouloir inonder le monde d'une espèce innombrable, sait pourtant maintenir l'équilibre en pourvoyant à sa destruction.

D'un autre côté, si la nature produit donc avec une abondance prodigieuse et outre mesure, elle détruit aussi avec une facilité sans égale; et si l'on veut considérer tout ce qui périt dans l'univers à chaque instant, ou, pour parler plus philosophiquement, tout ce qui, à chaque instant, y change de forme par la destruction, on verra que son produit est égal à ce qui, à chaque instant, commence à exister ou qui, à tout instant, change de forme en naissant. Ainsi le fait de la guerre est aussi naturel dans le monde que l'amour de la paix; et l'appétit qui fait chercher au loup sa proie parmi les animaux champêtres est aussi conforme à la loi naturelle que le soin qu'il prend de ses petits, et le courage et la sollicitude avec lesquels il les nourrit et les protége. Ou plutôt la nature est indifférente sur tous ces objets. Aveugle, sans affection et sans prédilection pour aucune des formes, elle se contente d'entretenir la fermentation générale; c'est là sa loi unique et éternelle qu'elle a reçue nous ne savons ni quand, ni d'où, ni comment. La conservation de chaque individu lui est commise à lui-même; la nature n'y fait nulle attention, et si elle a l'air de prendre soin des espèces, qui peut nous assurer que ce soin soit réel, et que ce ne soit pas plutôt un faux jugement de notre part? Nos vues sont si rétrécies! nous savons si peu pénétrer des choses qui ne nous sont point familières! Nous ne connaissons que notre tempérament, nos habitudes, nos mœurs, notre manière de sentir, de juger, etc., et nous en faisons des lois générales et éternelles. Quelle petitesse! Des millions de siècles nous paraissent un long temps dans la durée, et ne sont rien. Savons-nous quelles sont les formes par où la matière a déjà passé, et quelles formes elle revêtira encore? Qui peut assurer qu'il n'y ait pas autant d'espèces de perdues qu'il en existe actuellement; et celles qui existent, ne pourront-elles pas périr et faire place à d'autres? Vous voyez combien l'esprit de ces religions que l'homme s'est forgées est éloigné de la loi naturelle. Chacune de ces religions ne s'occupe que des individus, et fait de chacun un objet remarquable dans l'univers, tandis qu'il n'est point décidé encore que la nature s'affectionne seulement aux espèces.

Voilà des matériaux pour un *Discours sur les animaux carnassiers*, et ces sujets étaient dignes des recherches de M. de Buffon. On ne peut nier qu'il n'existe une guerre naturelle et perpétuelle entre les différentes espèces; elles travaillent sans cesse à leur destruction réciproque. Quel est le principe, la loi, le droit, le but de cette guerre? L'homme est de tous les animaux le plus destructeur; il fait la guerre à tous les autres et à sa propre espèce. Voilà des sujets dignes de l'attention d'un philosophe.

— Un graveur, M. François, qui a trouvé, il n'y a pas longtemps, une manière de graver dans le goût du crayon, se propose de publier dans ce goût-là une suite de portraits des philosophes modernes d'après les dessins des plus grands peintres. Il comprendra dans le titre de philosophe tous ceux qui ont paru depuis le renouvellement des Lettres en Europe. Ces portraits seront grand in-4°. M. Saverien, qui a fait un dictionnaire de commerce, un autre de marine, et d'autres compilations, y joindra un abrégé de la vie et des systèmes de chaque philosophe, et cette histoire paraîtra sous deux formats, grand in-4° comme les portraits, ou bien in-12. On juge aisément que le mérite de cette entreprise consistera dans la fidélité et la beauté de la gravure[1].

---

1. Voir la lettre du 15 juin 1760.

— *Discours sur une nouvelle manière d'enseigner et d'apprendre la géographie, d'après une suite d'opérations typographiques*, par M. Luneau de Boisjermain; un volume in-12. On propose dans ce discours, qui est un vrai galimatias, une méthode d'enseigner aux enfants la géographie, qui me paraît inutile et mauvaise.

— *Conte bavard* [1]. C'est, je crois, un ancien mauvais conte de fées à qui l'on a donné un nouveau titre pour le faire vendre. Il est rempli de sottises.

— *L'Esprit de M. de Voltaire* [2] fait un volume grand in-8° dans lequel on a rangé, sous différentes rubriques, les plus beaux morceaux de cet écrivain illustre, soit en vers, soit en prose. On a dit pendant quelques jours, dans Paris, que le roi de Prusse était l'auteur de cette brochure; mais je crois que ce monarque, quelque plein qu'il soit de son Voltaire, a dans ce moment des choses plus pressées à faire que d'en donner des extraits.

— Voici le contre-poison de l'ouvrage précédent. Il a pour titre : *l'Oracle des nouveaux philosophes* [3]. Un volume in-8° de trois cent cinquante pages. C'est une philippique contre M. de Voltaire, en forme de dialogue. Il y a une conversation entière où on lui prouve qu'il est manichéen; il y en a une autre où l'on réfute toutes les raisons qu'on pourrait faire valoir en faveur du tolérantisme. C'est ainsi que s'exprime l'auteur de cet ouvrage obscur, aussi barbare dans son style que dans ses opinions. Voici un échantillon de ce dialogue : « Parmi nous, dit un des interlocuteurs, on ne gêne personne, on laisse chacun croire et vivre à sa mode, on tolère toutes les religions. — Tant pis, lui répond l'auteur; s'il en est une clairement prouvée, vraie et divine, on est certainement obligé de la suivre dès qu'on admet qu'il en faut une. Ainsi finit notre entretien, » ajoute-t-il. Vous entendez de reste que l'autre n'avait plus rien à dire en faveur de la tolérance, et que, par conséquent, il faut exterminer tous ceux qui ne sont pas bons catholiques. Il

---

1. Inconnu aux bibliographes.
2. (Par Claude Villaret.) S. l. 1759, in-8°. Plusieurs fois réimprimé, et condamné en cour de Rome le 19 mai 1760.
3. (Par l'abbé Cl.-M. Guyon.) Berne, 1759, petit in-8°. Plusieurs fois réimprimé.

est triste qu'on écrive de nos jours de si horribles absurdités; et puis vantons les progrès de la philosophie!

— *L'Heureux Citoyen, discours contre le discours sur l'inégalité des conditions*[1]. C'est le nain Guillard de Beaurieu qui combat contre le géant Jean-Jacques Rousseau.

SEPTEMBRE

1ᵉʳ septembre 1759.

SUITE DES REMARQUES SUR LE *Discours sur les animaux carnassiers.*

Il faut convenir que les amateurs des causes finales ont une façon de philosopher bien commode. Ils prouvent la sagesse de la Providence par tout ce qui favorise leur système; les phénomènes difficiles, au contraire, sont mis sur le compte de l'impénétrabilité de ses vues. Il n'y a assurément rien à dire sur ce point, car s'il y a quelque chose de constant dans le monde, c'est l'incompréhensibilité des choses que nous voyons. Mais puisque nos philosophes dogmatiques refusent d'expliquer ce qui paraît déposer contre la sagesse et la bonté de l'Être suprême, de quel droit expliqueraient-ils à son avantage ce qui, en effet, paraît faire l'éloge de sa justice? Deux faits contradictoires se détruisent, et il n'en peut résulter aucune opinion raisonnable. Lorsque le sceptique se révolte au spectacle des maux dont il voit la terre couverte : « Il t'appartient bien, lui disent nos docteurs, de blâmer des choses dont tu ignores le but »; et lorsqu'à l'aspect des biens répandus sur les êtres ils s'écrient : « O profondeur, ô bonté éternelle! », ils ne souffrent point qu'on leur demande sur quel fondement ils décident que ce qui leur paraît bon et sage le soit réellement.

Le vrai philosophe ne juge point ainsi. L'admiration imbé-

---

[1]. Lille, 1759, in-12.

cile et le dénigrement téméraire sont également éloignés de son esprit. Il recueille des faits, il les approfondit, il les transmet à la connaissance et à la méditation des hommes, mais il laisse à d'autres la frivole gloire de les expliquer. C'est là où les sots brillent. Pour lui, il convient de son ignorance. Tous les animaux veillent à la conservation de leurs petits, ce fait est indubitable. Leurs soins, leur courage, leur sollicitude, tiennent, si vous voulez, du miracle ; mais il est connu aussi que parmi ces animaux il y en a qui, après avoir tout préparé avec une prévoyance singulière pour la naissance et la nourriture de leurs petits, ne leur ont pas sitôt donné la vie qu'ils les tuent et les mangent eux-mêmes. Il est surtout hors de toute difficulté que pendant qu'une espèce travaille de toutes ses forces à la conservation de sa race, une autre, suivant les impressions d'une haine éternelle, s'arme pour la détruire avec un acharnement sans relâche.

Tout combat sur la terre, ou tout a combattu.

Un grand philosophe me montre les sages institutions d'une colonie de fourmis. Il admire leur prévoyance, leur économie, leurs provisions d'hiver ; il en tire mille arguments en faveur de la providence universelle. Au milieu de son extase il s'oublie et, d'un coup de pied, il extermine toute la peuplade avec ses lois et son gouvernement. Un autre me fera voir les mœurs et les lois d'une basse-cour dont tous les peuples, par un instinct admirable, s'occupent sans cesse de la propagation et de la conservation de leur espèce. Mais je vois, sur la frontière de leur habitation, le renard, la fouine, dix autres animaux, aussi redoutables par la force que féconds en ruses, épier tous les moments favorables pour en tirer leur proie.

Que dirons-nous de l'homme? Son naturel meurtrier ne menace pas seulement toute la nature vivante ; il s'acharne encore à la destruction de sa propre espèce, et il faut bien que ce soit son caractère puisque, depuis tant de siècles que nous connaissons son histoire, il ne l'a jamais démenti. A quoi bon donc tous ces soins, ces travaux, cette vigilance, ces inquiétudes, ce courage, cette prévoyance avec lesquels chaque espèce pourvoit à sa conservation? Pourquoi si peu de succès pour de si grands efforts? Tous ceux qui ont péri depuis un mois dans les différents massacres qui ont dépeuplé la terre ont été élevés avec une peine infinie; ils étaient tous chers à leur mère; mille soins les ont enfin mis en état de pouvoir périr misérablement dans les horreurs des combats. L'homme le plus heureux, le plus précieux à l'humanité n'a pas été plus cher à sa mère que vraisemblablement le malheureux Damiens ne l'a été à la sienne. Combien d'inquiétudes et de larmes il peut lui avoir coûté dans son enfance! avec quelle vigilance elle en écartait les dangers! Le moindre mal de son fils lui causait des insomnies. Tous ces soins l'ont conservé pour pouvoir expirer un tel jour sur la Grève, dans des supplices inexprimables. Convenons qu'il faudrait que le sort des êtres répondît parfaitement aux efforts que chaque espèce fait pour se conserver. Alors les décrets de la Providence ne seraient plus équivoques, et nous ne verrions plus tant de soins inutiles, tant de travaux perdus, tant de sagesse trompée. Convenons que nous ne pouvons avoir aucune idée distincte du bien et du mal que relativement à nous, et que, hors de cette application étroite et bornée, ce ne sont que deux mots vides de sens.

Voilà mes très-humbles remontrances à nos philosophes dogmatiques. Celles que j'ai à présenter à M. de Buffon roulent sur l'engouement qu'il montre pour ses systèmes. Il est étonnant qu'un philosophe qui pardonne si difficilement aux autres cette faiblesse y soit si sujet lui-même. Sans rappeler ses systèmes généraux sur la formation de la terre, sur la génération, etc., auxquels il ne nous permettrait pas de refuser croyance, on le trouve dans le *Discours sur les animaux carnassiers* à tout moment en faute à cet égard. « De quelque manière, dit-il, qu'un être soit organisé, s'il a du sentiment il ne peut manquer de le marquer au dehors par des mouvements extérieurs. » Cette proposition est vraisemblable, mais elle n'est rien moins que démontrée, et lorsqu'on en infère que la plante est un être insensible, il ne faut pas s'imaginer d'avoir prouvé cette proposition sans réplique. Dans un autre endroit, M. de Buffon prétend que le cerveau est aux nerfs ce que la terre est aux plantes; il en conclut qu'il n'est ni le siége des sensations ni le centre du sentiment : « C'est, dit-il, un organe de sécrétion et de nutrition. » Cette hypothèse peut être ingénieuse, mais il ne faut pas oublier qu'elle est fondée sur une comparaison, et qu'elle ne peut avoir force de preuve. Quoique les systèmes et les hypothèses soient rarement utiles à la découverte de la vérité, je les pardonne volontiers à nos philosophes; ce sont les enfants de leur imagination. Mais quand ils les ont bien parés, bien attifés, ils doivent être les premiers à s'en jouer. Le morceau le plus philosophique du discours de M. de Buffon est la réfutation de cet état de nature chimérique que M. Rousseau a voulu établir dans son livre sur l'inégalité des conditions.

— M. Le Franc de Pompignan, ci-devant premier président de la cour des aides à Montauban, auteur de la tragédie de *Didon*, a été nommé par l'Académie française pour remplir la place vacante par la mort de M. de Maupertuis.

— M. Melot, de l'Académie royale des inscriptions et belles-lettres, garde des manuscrits de la Bibliothèque du roi, vient de mourir à l'âge de soixante ans [1]. La littérature perd un homme savant, et la société un fort honnête homme. M. l'abbé Velly vient aussi de mourir. Il était l'auteur d'une *Histoire de France* qui reste imparfaite par sa mort. Il ne l'a point poussée au delà du règne de saint Louis. On dit que les libraires pourront encore donner deux nouveaux volumes, et qu'ils cherchent un homme de lettres qui veuille se charger d'achever cette Histoire [2].

— L'Académie française avait proposé, pour le prix d'éloquence de cette année, l'*Éloge de Maurice, comte de Saxe*. A en juger par la conduite de nos généraux depuis le commencement de cette guerre, on pourrait croire qu'ils ont tous concouru pour ce prix; mais c'est M. Thomas, professeur de l'Université de Paris, qui l'a remporté. Ce M. Thomas vous est connu par son poëme sur le meurtre de M. de Jumonville; son discours sur le maréchal de Saxe a été fort vanté. J'avoue que je n'y ai trouvé que du verbiage, et si c'est là la véritable éloquence, il faut convenir que Cicéron et Démosthène ne la connaissaient guère. Il est vrai aussi que le panégyrique d'un grand homme ne peut être fait que par un faiseur de phrases, ramasseur de lieux communs, entortilleur, etc. Ainsi l'Académie a donné à ses clients une mauvaise commission en ordonnant celui du maré-

1. Melot, né en 1697, est mort le 20 septembre 1759.
2. Voir la note de la page 476 du tome II.

chal de Saxe. L'éloge des héros et des hommes de génie est dans leur histoire, qui doit être écrite avec simplicité et avec gravité. Toujours vraie et équitable, elle ne cache point leurs défauts. C'est ce mélange de talents et de défauts, de grandes qualités et de misères, qui excite l'attention du philosophe. Le maréchal de Saxe est un des hommes les plus extraordinaires qui aient paru dans ce siècle. Celui qui saurait peindre son caractère rendrait sa vie privée aussi intéressante que sa vie publique. L'homme ordinaire n'y verrait que le bâtard d'un roi, qui vivait à Paris avec des filles; mais le philosophe découvrirait partout l'homme de génie.

15 septembre 1759.

Un mémoire de M. de Guignes, lu dans une séance publique de l'Académie royale des inscriptions et belles-lettres, et imprimé ensuite, a fait beaucoup de bruit [1]. Cet académicien a entrepris de prouver que les Chinois étaient une colonie égyptienne. Aussitôt on a crié au miracle; tous les journalistes ont certifié que M. de Guignes venait de faire la découverte la plus importante, et M. de Mairan, vieux académicien, physicien, cartésien, littérateur, en a voulu partager la gloire. Il avait fait imprimer autrefois des *Lettres au R. P. Parrenin, contenant diverses questions sur la Chine.* Dans ces Lettres, M. de Mairan a un petit soupçon que les Chinois pourraient bien être d'origine égyptienne. Un autre littérateur, tout à fait inconnu, nommé M. Deshautesrayes, a pris le parti de douter. Il a communiqué, au moyen de l'impression, ses *Doutes sur la dissertation de M. de Guignes,* au nombre de je ne sais combien de douzaines [2]. Enfin, grâce aux recherches de ces messieurs et à leur esprit communicatif, nous en savons aujourd'hui sur l'origine des Chinois plus que sur la nôtre. Voyons cependant en quoi consistent toutes ces merveilleuses découvertes.

Un académicien (M. l'abbé Barthélemy) prétend avoir trouvé

1. Paris, 1759, in-12; réimprimé en 1760. L'auteur, né en 1721, mourut en 1800. (T.)

2. *Doutes sur la dissertation de M. de Guignes qui a pour titre :* MÉMOIRE, *etc., proposés à MM. de l'Académie des belles-lettres,* Paris, 1759, in-12. Deshautesrayes mourut en 1795; il était né en 1724. De Guignes publia une *Réponse aux doutes proposés par M. Deshautesrayes,* etc. Paris, 1759, in-12. (T.)

depuis deux ou trois ans un alphabet phénicien, sur le mérite duquel je n'ai garde de prononcer. Cette découverte a mis M. de Guignes en état de trouver de la ressemblance entre les langues phénicienne et égyptienne d'un côté, et la chinoise de l'autre. Donc il est évident, moyennant la méthode de l'induction, qu'on devrait appeler une méthode d'or, que les Chinois doivent leur origine aux anciens Égyptiens. *Item*, les caractères chinois sont comme des espèces de monogrammes formés de trois lettres phéniciennes, et la lecture qui en résulte produit des sons phéniciens ou égyptiens : car M. de Guignes sait apparemment à merveille comment les anciens Phéniciens et Égyptiens formaient leurs sons, d'où il s'ensuit que les Chinois descendent des Égyptiens. *Item*, un tel, empereur de la Chine, a un nom qui ressemble à peu près au nom d'un tel, roi d'Égypte, d'où l'on peut conclure que ces deux souverains sont le même personnage, et les deux royaumes le même empire. Il me vient une idée : ne pourrait-on pas présumer que l'Égypte était autrefois à la place de la Chine ? C'est une découverte qui m'appartiendra, à moins que M. de Mairan n'en ait eu quelque soupçon dans ses *Lettres au R. P. Parrenin*, que sur mon honneur je n'ai jamais lues, malgré la nouvelle édition qu'on vient d'en faire. Voilà le caractère des preuves sur lesquelles M. de Guignes fonde sa découverte. Un homme d'esprit de la Chine n'aurait-il pas beau jeu de se moquer de ces platitudes si elles pouvaient mériter son attention, et ne trouverait-il pas notre grave Académie bien ridicule, de statuer sur l'origine d'un peuple dont elle ne peut avoir que des connaissances très-superficielles ? Mais c'est notre fureur en ce pays-ci de décider en dernier ressort sur des choses dont nous n'avons aucune idée, avec une hardiesse digne de notre ignorance. Comment ne réglerait-on pas à Paris les annales de la Chine ? On y parle bien de l'Angleterre, de l'Italie, de l'Allemagne, sans en avoir des notions plus exactes, malgré la facilité qu'on aurait de s'instruire à cet égard et d'éviter les absurdités ? Mais puisque M. de Guignes veut absolument qu'il y ait une affinité entre les Chinois et les Égyptiens, pourquoi ne regarderait-il pas l'ancien royaume d'Égypte comme une colonie de la Chine ? Il ne s'agit que de retourner sa proposition ; c'est un accommodement à lui proposer. Les Chinois ont fait leurs preuves de durée, les Égyptiens ont passé comme les autres peuples. S'il est des gens de difficile croyance qui s'imaginent que cette importante découverte de notre académicien ne fera aucune révolution dans le globe terrestre, elle pourra servir du moins à leur rappeler deux vérités qui, pour n'être pas neuves, ne laissent pas que d'être utiles : la première, qu'un voile impénétrable couvre l'origine des peuples et du genre humain : tout ce que nos recherches nous mettent en droit de conclure avec quelque certitude, c'est la haute antiquité du monde, sur laquelle tous les monuments physiques et politiques déposent également ; la seconde vérité est que nos journalistes, gens fort absurdes, sont en possession, depuis un temps immémorial, de louer et de blâmer à tort et à travers en dépit du bon sens, et que s'il y a des gens plus sots qu'eux, ce sont ceux qui jugent sur leur parole. M. de Guignes, au reste, est l'auteur d'une *Histoire des Huns*, en plusieurs volumes [1], qui ne lui vaudra pas une place parmi les historiens de génie.

Au moment même qu'il a publié ses découvertes sur les Chinois, il s'est trouvé un homme à Nîmes qui en a fait une dans ce goût-là, mais d'un autre genre. Vous savez que dans les monuments d'architecture qui nous restent des Romains, il se trouve quelquefois tout le long des corniches des trous en forme ovale ou ronde. Vous savez encore que les antiquaires, après s'être longtemps donné la torture sur l'usage et la signification de ces trous, ont enfin décidé qu'ils contenaient des lettres et formaient des inscriptions. Or dans la Maison carrée de Nîmes, un des beaux monuments antiques qu'il y ait en France, il se trouve de ces trous, et M. Séguier, de l'Académie royale de Nîmes, prétend avoir vu dans ces trous l'inscription qu'ils contenaient. Voilà le sujet de sa *Dissertation sur l'ancienne inscription de la Maison carrée de Nîmes* [2] ; elle a paru presque en même temps que le Mémoire de M. de Guignes. C'est à la postérité à décider lequel de ces deux grands hommes a le mieux mérité du genre humain.

---

1. *Histoire générale des Huns, des Turcs, des Mongols et des autres Tartares occidentaux, avant et depuis Jésus-Christ jusqu'à présent.* Paris, 5 volumes in-4°, 1756-58.

2. Cette *Dissertation* a eu deux éditions, en 1759 et 1778, in-8°. Né en 1703, Séguier mourut en 1784. (T.)

— M. Sedaine, qui exerce ici le métier de maître maçon ou d'architecture subalterne, est d'ailleurs connu par un recueil de poésies qu'il a donné, il y a plusieurs années, et qui a fait dans le temps une espèce de fortune [1]. Ce poëte a du naturel et des saillies. Il a fait, ce carnaval, un opéra-comique intitulé *Blaise le Savetier* [2], qui a été mis en musique par M. Philidor, fameux joueur d'échecs. Cette musique est monotone parce qu'elle manque d'idées. Ce n'est pourtant pas la faute du poëte, qui a fourni à son musicien des situations très-plaisantes. M. Philidor a, je crois, plus de génie aux échecs qu'en musique. Quand on louait, l'année dernière, la belle campagne que M. le prince Ferdinand de Brunswick avait faite en deçà du Rhin, Philidor disait avec un air certain de satisfaction : « Il est vrai... je lui donne la tour. » Je ne sais ce qu'il en dit aujourd'hui.

— *Abrégé de l'Histoire universelle de M. de Thou*, par M. Rémond de Saint-Albine. Dix volumes in-12. Nouvel exemple de notre fureur d'abréger. M. Rémond est l'auteur d'un livre intitulé *le Comédien*, qui a eu une réputation éphémère. Il a aussi fait le *Mercure de France* pendant quelque temps, avant que M. l'abbé Raynal n'en ait été chargé.

— On vient de publier un ouvrage posthume de feu Mme la marquise du Châtelet, intitulé *Principes mathématiques de la philosophie naturelle de Newton*. Deux volumes in-4°. Un des principaux mérites de cet ouvrage est la clarté. Ceux pour qui Newton serait trop profond pourront s'instruire avec succès dans la traduction de Mme du Châtelet. C'est un vrai phénomène dans la littérature que Newton traduit et commenté par une femme. L'envie, qui poursuit les vivants et fait grâce aux morts, n'a pu s'empêcher de rendre à Mme du Châtelet la justice qui lui était due.

— *Système nouveau par lequel on peut devenir savant sans maître, sans étude et sans peine* [3]. Et c'est M. Leroux, principal du collège de Nogent-sur-Seine, qui a trouvé ce merveilleux système, découverte dont personne ne voudra partager la gloire avec lui.

— *Julie, fille d'Auguste, à Ovide*, nouvelle héroïde, par

---

1. *Pièces fugitives*, 1752, in-12.
2. Représenté pour la première fois le 9 mars 1759.
3. 1759, in-12.

l'auteur de celle de *Philomèle à Progné*[1]. Il s'appelle M. Dorat.

— *Les Épithètes françaises rangées sous leurs substantifs*[2], par le R. P. Daire, célestin, qui prétend avoir rendu un grand service aux jeunes gens en faisant une liste d'épithètes accouplées dans nos meilleurs écrivains avec des substantifs. Ce travail est digne du goût d'un moine.

OCTOBRE

1er octobre 1759.

M. Le Beau de Schosne a fait imprimer une pièce en vers et en trois actes, intitulée *Mélézinde*[3], qui a eu quelque succès à la Comédie-Italienne, et qui n'en vaut pas mieux pour cela. Les pièces fugitives dont il l'a accompagnée sont de la même force. Tout cela s'imprime incognito.

— *Lettres sur l'éducation, par rapport aux langues*[4]. Brochure de trente pages. L'auteur, pour obvier à la perte du temps que l'on consomme dans les collèges à ne rien apprendre, propose d'assigner aux différents collèges de Paris à chacun une langue particulière antique ou moderne, et de faire passer successivement par tous ces collèges. Futilité.

— *Dissertations chimiques de M. Pott*, professeur à Berlin, traduites du latin et de l'allemand, par M. de Machy. 4 volumes in-12. M. Pott est un chimiste de première force.

— *L'Oracle des nouveaux philosophes à l'honneur de M. de Voltaire, fameux manichéen, déiste, athée et hérétique*, dont j'ai fait mention il n'y a pas longtemps, a déjà eu trois éditions, à ce que nous assurent les libraires, quoique le public de Paris ne l'ait point regardé. On a imprimé à part les additions pour les deux premières éditions.

1. 1759, 1766, in-8°. Une des rares productions de Dorat qui n'aient pas été ornées de planches.
2. Lyon, 1759, in-12.
3. Paris, Prault, 1759, in-12.
4. (Par l'abbé L.-B. Simon.) Amsterdam (Paris), 1759, in-12.

— *Science de la musique vocale*, par M. Morel de Lescer[1]. Il n'y a point de pays où l'on écrive plus sur la musique, et où on en sache moins faire qu'en France.

— *Traité de la nature de l'âme et de l'origine de ses connaissances, contre le système de Locke et de ses partisans.* Deux volumes in-12[2]. Plat et pieux ouvrage d'un auteur mort depuis quatre ans. Il y a cent ans que toutes nos idées nous venaient par les sens, et Descartes a pensé être brûlé pour avoir soutenu le dogme des idées innées. De nos jours, Locke et les philosophes modernes ayant adopté la doctrine d'Aristote des idées par les sens, les dévots jugent à propos de tenir pour les idées innées, et traitent le sage Locke et ses partisans en hérétiques. L'histoire de l'esprit humain offre à chaque instant de pareils monuments d'équité et de sagesse.

— *Lettres intéressantes pour les médecins de profession, utiles aux ecclésiastiques qui veulent s'appliquer à la médecine, et curieuses pour tout lecteur*[3]. L'auteur inconnu de ces Lettres, qui écrit comme un fiacre ne voudrait pas écrire, prouve en deux volumes in-12 que les ecclésiastiques devraient regarder la médecine comme un art de leur ressort, et combiner les secours du corps et de l'âme en faveur des malades. Il s'imprime journellement de cruelles platitudes.

— M. Brisson, ci-devant démonstrateur du cabinet de M. de Réaumur, propose par souscription une *Ornithologie, ou Méthode contenant la division des oiseaux en ordres, genres, espèces et variétés*. Cette description de toutes les espèces d'oiseaux consistera en six volumes in-4°, et sera accompagnée de 220 planches. Le prix de la souscription sera de quatre-vingt-dix livres.

— *Essai sur l'administration des terres*[4]. Brochure in-8°, de plus de deux cents pages. Cet essai, dont j'ignore l'auteur, contient des détails utiles.

— M. d'Aquin, un de nos plus mauvais écrivailleurs en vers

---

1. Liége, 1759, in-4°.

2. (Par l'abbé Roche; publié, après la mort de l'auteur, par l'abbé Gourlin.) Amsterdam, 1759, 2 vol. in-12.

3. (Par le P. Rome d'Ardène.) Avignon, 1769, 2 vol. in-12.

4. Paris, Hérissant, 1759, in-8°. Selon Barbier, le privilége est au nom de Bellial des Vertus, pseudonyme de F. Quesnay.

et en prose, vient de publier une *Satire en vers sur la corruption du goût et du style*[1], et il nous en promet bien d'autres.

— Le public vient de faire une perte dans la personne de M. Vincent de Gournay, conseiller honoraire du grand conseil, intendant honoraire du commerce ; ce magistrat était rempli de vues sages et profondes. Nous avons de lui quelques ouvrages très-utiles concernant la culture, le commerce et d'autres objets d'une administration heureuse. Beaucoup d'ouvrages de cette espèce ont été faits sous ses auspices et sur ses conseils. Si le gouvernement n'a pas suivi dans ses opérations les idées d'un homme aussi sage, c'est un malheur qui ne nous doit pas consoler de sa perte.

15 octobre 1759.

Il faut passer en revue cette foule de brochures que la première opération du nouveau contrôleur des finances a vues naître et mourir dans le même jour. Peu de choses ont fait une impression aussi forte que celle-là, et comme nous sommes extrêmes en tout, on a d'abord élevé M. de Silhouette au-dessus de M. de Sully et de M. de Colbert ; il a été plus d'une fois appelé le père du peuple. Il est vrai que lorsque trois mois après on a parlé de nouveaux impôts, d'un nouveau vingtième, de nouvelles ressources pour les besoins de l'État, peu s'en fallut que ce ministre ne fût aussi rabaissé qu'il avait été élevé auparavant. Telle est l'injustice d'une nation extrême dans la louange comme dans le blâme. Avec plus d'équité on eût vu que M. de Silhouette, par sa première opération, n'avait rien fait en faveur des peuples, que cette opération pouvait être mise au nombre de celles qui procurent de l'argent au roi sans fouler les peuples de nouveau, mais qu'elle ne leur avait procuré aucun soulagement ; on n'en aurait pas fait un crime à un ministre qui prend le contrôle dans des temps aussi difficiles que ceux-ci ; mais on ne l'aurait pas non plus accablé d'éloges exagérés et absurdes. Dans ces derniers temps, en revanche, sans crier contre le ministre, on l'aurait plaint d'être dans le cas de chercher tant de ressources, de faire tant d'efforts pour faire face à tout, au milieu de tant de mauvais succès, et l'on aurait

1. Liége, 1759, in-8º.

senti qu'il fallait beaucoup de mérite pour soutenir le crédit public comme M. de Silhouette a fait. J'ai eu l'honneur de vous rendre compte de quelques brochures sur le début de ce ministre[1]; voici les autres. Elles contiennent toutes ou des éloges outrés ou des plaisanteries fort plates et fort triviales sur nos financiers : *Sentiments du public sur M. de Silhouette*, poëme de trois pages in-4°. Un autre poëme est intitulé *le Patriotisme*, par un vieillard. On croirait en lisant ces vers que nous sommes retombés tout à coup dans l'âge d'or. J'aimerais mieux voir cela dans nos campagnes que de le lire dans nos vers. *Très-Humbles Remontrances adressées à monseigneur le contrôleur général par les filles du monde, au sujet des réformes faites dans la finance*. C'est là une de ces plaisanteries où il n'y a que le titre de bon ; elle a été suivie d'une seconde requête : *Lettre d'une comédienne à une danseuse de l'Opéra*; c'est aussi une mauvaise plaisanterie. La réponse de la danseuse a ceci encore de plus ridicule qu'elle traite la matière de la réforme sérieusement. Il faut être bien absurde pour mettre des maximes de politique dans la bouche d'une fille de l'Opéra. Le *Dialogue entre l'homme d'affaires et le suisse de M. le contrôleur général* est aussi insipide par le ton et par la tournure que par les éloges outrés. J'ai eu l'honneur de vous parler de la *Lettre d'un Banquier* et de la *Réponse au Banquier*[2], toutes deux à la louange de M. de Silhouette; il y a eu une troisième *Lettre d'un Croupier, pour servir de réponse à la Lettre d'un Banquier*. C'est une satire sur l'abus qui régnait dans les finances d'accorder des intérêts dans les fermes générales et dans toutes les entreprises à des gens de tout état et qui n'avaient d'autre peine que de percevoir leur gain. Il faut convenir que M. de Silhouette a réformé là un abus énorme. La *Lettre au R. P. de Neuville, jésuite et prédicateur célèbre, sur la réformation des mœurs*, a pour objet de prouver qu'un ministre des finances est plus en état de contribuer à cet ouvrage salutaire qu'un prédicateur avec ses ser-

---

1. On trouvera dans la lettre de février 1768 des détails sur ce ministre, qui ne le fut que huit mois et dont la retraite causa autant de joie que son arrivée au pouvoir avait fait concevoir d'espérances. (T.)

2. La *Lettre d'un Banquier à son Correspondant* est de Forbonnais le marquis de Mirabeau a fait la réponse du *Correspondant à son Banquier*. (B.) — Grimm n'a rendu compte que de la première. Voir page 128.

mons. Mais une des brochures les plus ridicules est, à mon gré, la *Lettre d'un Hollandais à un membre du Parlement d'Angleterre sur le nouveau ministre des finances en France*. A en juger par la force et la tournure des raisonnements, je la croirais volontiers de l'auteur de *l'Observateur hollandais*. Le prétendu Hollandais de cette lettre prouve au prétendu membre du Parlement d'Angleterre que les Anglais doivent être très-pressés de faire la paix, par la seule raison que M. de Silhouette est contrôleur général des finances, et à portée par conséquent de procurer à la France des ressources à l'infini pour pousser la guerre avec vigueur. Vraisemblablement le membre du Parlement aura répondu au Hollandais qu'il était un homme fort absurde; mais cette réponse n'a pas été imprimée. Si les Anglais n'ont jamais d'autre motif de faire la paix que la peur que M. de Silhouette leur fera par ses opérations, il faut s'attendre à voir durer cette guerre encore longtemps.

Toutes ces brochures étaient déjà oubliées, et le public, consterné de tant de désastres et de tant d'édits bursaux, avait passé de la louange au silence lorsqu'on fit courir le fragment d'une lettre de M. de Voltaire dont on ne devait dire ni bien ni mal, et qui cependant, paraissant à contre-temps, fut fort mal reçue. C'est un inconvénient attaché à la célébrité de ne pouvoir rien écrire dont le public ne devienne bientôt le confident. Quoi qu'il en soit, voici ce fragment :

« Si M. de Silhouette continue comme il a commencé, il faudra lui trouver une niche dans le temple de la gloire, tout à côté de Jean-Baptiste Colbert[1]. »

> Il n'est point de ces vieux novices
> Marchant dans des sentiers ouverts,
> Et même y marchant de travers,
> Créant des taxes, des offices,
> Billets d'État, effets factices,
> Empruntant à tout l'univers,
> Replâtrant par des injustices
> Nos sottises et nos revers :

---

1. Cette phrase fait partie d'une lettre de Voltaire à Thieriot, du 18 juin 1759. Quant aux vers suivants, ils se trouvent dans une lettre du même à Florian, du 26 mai de la même année. (T.)

Il ramène les temps propices
Et des Sullys et des Colberts,
Et, pour le prix de ses services,
Il rembourse de méchants vers.

— On a imprimé à Genève un extrait du *Second Mémoire de M. de La Condamine sur l'inoculation,* lu l'année dernière à l'Académie des sciences. Il faut espérer que l'auteur le fera paraître lui-même tout entier.

— Une source de brochures innombrables est l'affaire des jésuites en Portugal[1]. Non-seulement on a continué les *Lettres intéressantes,* mais on a accablé les saints pères de la compagnie de toutes sortes de placards. Voici le titre des feuilles qui qui ont été vendues malgré la vigilance de la police : *Discours aux grands de Pologne sur la nécessité de bannir les Jésuites hors du royaume, avec des pièces relatives au même sujet et des notes qui confirment et éclaircissent les faits;* — *Réflexions d'un Portugais sur le Mémorial présenté par les PP. Jésuites à N. S. P. le pape Clément XIII, heureusement régnant;* — *Lettre pastorale de l'évêque d'Elvas contre les jésuites du Paraguay;* — *les Jésuites atteints et convaincus de ladrerie. Antiladrerie des jésuites de France, ou Lettre de M*** à M*** sur le silence des jésuites de France;* — *les Jésuites marchands, usuriers, usurpateurs,* brochure de plus de quatre cents pages seulement; — *Nouvelles Pièces intéressantes et nécessaires à l'instruction du procès des jésuites de Portugal;* — *Mémoire des PP. jésuites contre Ambroise Guys.*

— *La Capitale des Gaules, ou la Nouvelle Babylone*[2] est une satire triviale et outrée de Paris. On lui a opposé l'*Anti-Babylone,* apologie fort plate.

— *De l'Origine et des Productions de l'imprimerie primitive en taille de bois*[3], ouvrage estimable de M. Fournier.

— On a traduit de l'italien du docteur Goldoni la comédie

---

1. Nous renvoyons le lecteur, pour toutes les brochures suscitées par cet événement et par le procès que la Société soutint contre les héritiers d'Ambroise Guys, au *Recueil de toutes les pièces et nouvelles qui ont paru sur l'affaire des jésuites dans l'Amérique méridionale et le Paraguay.* 4 vol. in-12, 1760-1761.

2. (Par Fougeret de Montbron.) La Haye, 1759, deux parties in-12. L'auteur de l'*Anti-Babylone,* Londres, 1759, in-12, nous est inconnu.

3. Paris, 1758, petit in-8°.

de *Paméla*[1]. Jusqu'à présent, les essais de faire réussir en français les pièces de l'avocat vénitien n'ont pas été heureux.

— *César au Sénat romain avant de passer le Rubicon*[2]. Épître héroïque présentée à l'Académie française par M. le marquis de Ximénès.

— *Abrégé chronologique des grands fiefs de la couronne de France, avec la chronologie des princes et seigneurs qui les ont possédés, jusqu'à leur réunion à la couronne*[3]. On peut dire de ces compilations ce que j'ai dit des journaux et des dictionnaires. Elles sont commodes, mais elles perdent peu à peu les sciences et la littérature. L'auteur de celle-ci s'appelle M. Brunet.

— Autre compilation : *Tablettes historiques et anecdotiques des rois de France, depuis Pharamond jusqu'à Louis XV, contenant les traits remarquables de leur histoire, leurs actions singulières, leurs maximes et leurs bons mots*. Trois volumes! Vous voyez que nos compilateurs s'en prennent à tout. On peut remarquer avec chagrin que dans cette longue suite de princes depuis Pharamond jusqu'à Louis XV, il n'y en a pas six qui vaillent la peine qu'on s'en souvienne, et qu'il n'y en a aucun qui osât se mettre à côté de Henri IV.

— *Traité historique, dogmatique et pratique des indulgences du Jubilé, où l'on résout les principales difficultés qui regardent les questions de cette nature, pour servir de supplément aux Conférences d'Angers*, par M. Collet, prêtre. Deux volumes in-12. Voilà un ouvrage qui ne nous intéresse guères. Nous le devons au jubilé occasionné par l'exaltation de Clément XIII.

— *OEuvres physiques et minéralogiques de M. Lehmann, contenant, en trois volumes, l'Art des mines, ou Essai sur la formation des métaux, et une Histoire naturelle de la formation des couches de la terre*[4]. Tous ces excellents traités sont traduits de l'allemand par M. le baron d'Holbach.

— La mortalité s'est mise parmi les auteurs : M. Duport-Dutertre, auteur d'une *Histoire des conjurations* et de plusieurs autres ouvrages fort obscurs, vient de mourir dans un âge peu avancé.

1. (Traduite par Bonnet du Valguier.) Paris, 1759, petit in-8°.
2. Paris, 1759, in-8°.
3. Paris, 1759, in-8°.
4. Paris, 1759, 3 vol. in-12.

— Un jeune homme, appelé M. Boulanger, vient aussi de mourir[1]. Il avait commencé par faire des trous dans la terre, en qualité d'ingénieur des ponts et chaussées, et fini par devenir naturaliste grec, hébreu, syriaque, arabe, etc. Il avait du génie, et sa marche le prouve bien.

— Vous lirez avec plaisir les *Lettres critiques aux Arcades de Rome*, traduites de l'italien d'un jésuite de Bologne[2]. Elles contiennent des critiques du Dante, de Pétrarque, et d'autres auteurs célèbres.

— *Lettre d'un subdélégué à un intendant de province*[3]. C'est un projet sur la levée des milices.

— Les *Fables* de Gay et le *Poëme de l'éventail*, traduits de l'anglais par Mme de Kéralio[4]. Nos dames se mettent tout à fait dans le goût de traduire.

NOVEMBRE[5]

1er novembre 1759.

Un imprimeur de Genève, étant tombé en paralysie, a imaginé de faire un recueil de poésies de différents auteurs modernes, et de le vendre au profit de ses enfants[6]. La plupart des morceaux qui composent ce recueil ont été ajoutés successivement à ces feuilles. Vous y trouverez aussi la Lettre du comte

---

1. Voir la lettre du 15 août 1763, et la notice de Diderot, tome VI des *OEuvres complètes*, édition Garnier frères.
2. (Traduites du P. Bettinelli par Langlard.) Paris, 1759, in-12.
3. Paris, 1759, in-8°. Attribuée, d'après une note de Jamet le jeune, à Perrin, secrétaire du maréchal de Belle-Isle.
4. Paris, 1759, in-12.
5. La lettre du 1er novembre renferme un long fragment du salon de 1759, le premier qu'ait écrit Diderot. Le complément en a été publié en 1857 par M. Walferdin (*Revue de Paris*), et le texte intégral par M. Assézat, tome X des *OEuvres complètes*, auquel nous renvoyons le lecteur.
6. Nous n'avons pu retrouver la trace de ce recueil. Quant à la lettre en vers du comte de Plélo au chevalier de Vieuxville, son ami, elle a été imprimée dans l'*Élite de poésies fugitives* (1769, 5 vol. in-12), et il en existe une copie faite par les soins de Bouhier, dans un recueil catalogué sous le n° 686 de la bibliothèque de Troyes.

de Piélo, qui est un chef-d'œuvre dans son genre. M. de Moncrif, en la faisant imprimer à la suite de ses chansons, a cru devoir en retrancher tout ce qui pouvait blesser les Danois. L'imprimeur de Genève l'a publiée telle qu'elle a été écrite. Ce qu'on y dit sur les Danois est sans doute outré, et l'auteur en convient lui-même. Il faut, d'ailleurs, convenir que la bigoterie et la platitude du gouvernement précédent avaient rendu la cour de Copenhague très-différente de ce qu'elle est aujourd'hui.

— On vient de publier l'Édit d'expulsion des jésuites de tous les États de la couronne de Portugal. La traduction française est à côté. Cette affaire du Portugal a tout à fait mal tourné pour les révérends pères de la Compagnie. Aussi les jansénistes ne manquent pas une si belle occasion de les accabler. Ils sont actuellement à leur douzième suite de *Nouvelles intéressantes*.

— On a imprimé ici, sans la participation de l'auteur, le *Précis de l'Ecclésiaste et du Cantique des cantiques, en vers*, par M. de Voltaire. Le Parlement a fait brûler cette brochure, on ne sait pourquoi. J'ai eu occasion de voir de cet ouvrage un manuscrit plus correct. Le Cantique contient des notes en prose, qui sont très-curieuses et qui n'ont pas été imprimées. Au reste, on trouve dans ces vers les grâces et le coloris de M. de Voltaire; mais je ne crois pas qu'il ait atteint la simplicité et la sublimité des originaux qu'il a paraphrasés.

15 novembre 1759.

Les ouvrages de M. Hume acquièrent de la célébrité en France, à mesure qu'on les traduit. Avant qu'il soit un an d'ici, nous en aurons sans doute une édition complète. On vient de nous donner en Hollande la traduction de l'*Histoire naturelle de la religion*, et de trois *Dissertations*, l'une sur les passions, l'autre sur la tragédie, la troisième sur le goût. Je ne sais si cette traduction nous vient de la personne qui nous a traduit, il y a un an, les *Essais philosophiques* de M. Hume; mais il me semble que ces *Essais* étaient rendus avec plus de soin et d'élégance que l'ouvrage qui vient de paraître[1].

---

1. La traduction de l'*Histoire naturelle de la religion*, de Hume, est attri-

M. l'abbé Prévost nous promet la traduction de l'Histoire du règne des quatre derniers Stuarts, par M. Hume[1]. Ce morceau, qui a une grande réputation en Angleterre, ne manquera pas d'en avoir en France si le traducteur y met autant d'exactitude et de soin qu'il est capable de mettre de noblesse et d'agrément dans son style. Avant de vous parler du nouveau recueil qui vient de paraître, je m'arrêterai à une idée de M. Hume, que j'ai depuis longtemps, et que j'ai été charmé de trouver dans un écrivain aussi éclairé et aussi lumineux que notre philosophe anglais. « C'est une chose remarquable, dit-il, que la différence de sentiments que l'on peut observer entre les anciens et les modernes par rapport à l'étude des lettres. Des douze premiers empereurs romains, en comptant depuis César jusqu'à Sévère, plus de la moitié furent auteurs ; sans parler de Germanicus et d'Agrippine, sa fille, qui tenaient de si près au trône, la plus grande partie des écrivains classiques dont les ouvrages nous sont restés étaient des hommes de la plus grande condition. Comme tous les avantages humains sont suivis de quelques inconvénients, on pourrait attribuer la révolution qui s'est faite à cet égard dans les idées des hommes à l'invention de l'imprimerie, qui a rendu les livres si communs, que les hommes de la fortune même la plus médiocre peuvent s'en procurer l'usage... »

Je ne sais si la facilité d'avoir des livres, comme M. Hume paraît le croire, ou plutôt, comme je l'imagine, celle d'en publier, a avili le métier d'auteur ; mais il est constant que, sous ce point de vue, l'invention de l'imprimerie a fait beaucoup de tort aux lettres. Les esprits les plus médiocres ayant trouvé le moyen de publier leurs impertinences et leurs platitudes, et de tirer profit de leur multiplication, ils ont dû bientôt faire profession d'écrivains, et leur trafic leur procurant la subsistance, ils n'ont pu que perpétuer l'abus de la permission d'écrire. Le génie et le goût ont dû également souffrir de la multiplicité des livres et des mauvaises productions de toute

---

buée au même M. de Mérian qui a donné, en 1756, la traduction des *Essais philosophiques*. (B.)

1. *Histoire de la maison de Stuart sur le trône d'Angleterre jusqu'au détrônement de Jacques II*, Londres (Paris), 1760, 3 vol. in-4° et 6 vol. in-12. Voir la lettre du 15 juin 1760.

espèce, car, à côté de cinquante arbres qui dégénèrent et qui ne portent que de mauvais fruits, il ne faut pas s'attendre à trouver un arbre généreux, dont le fruit ait conservé la beauté primitive de la nature; nous tenons toujours de ce qui nous entoure. Peut-être faudrait-il chercher dans l'invention de l'imprimerie la source de cette différence qui se trouve entre les anciens et les modernes, et que les gens d'un goût exquis et délicat remarqueront toujours. Chez les Grecs et les Romains, l'étude était le délassement des personnes les plus nobles et les plus élevées; un homme d'une condition obscure ne pouvait s'y faire un nom que par un talent supérieur; la médiocrité n'y briguait point les honneurs du génie. Chez nous, la carrière des lettres est devenue celle de tous les gens inutiles. L'écrivain le plus méprisable peut voir son nom plus souvent imprimé que celui de Montesquieu et de Voltaire. Il y a des coins dans le monde où le chevalier de Mouhy passe pour un auteur charmant, et où l'on n'oserait porter un jugement quand l'abbé de La Porte et Fréron en ont prononcé. La lecture est devenue chez nous une espèce d'occupation réglée; les personnes de la plus grande distinction et les mieux élevées y consument une partie considérable de leur temps, et il n'y en a point qui n'aient à regretter plus ou moins le temps employé à la lecture des mauvais livres. Mais n'eût-on jamais lu que des ouvrages supérieurs, rien n'est plus contraire au génie que l'usage de lire par habitude. Le génie veut rester recueilli et concentré en lui-même; les idées des autres se dissipent, émoussent les siennes, et en ôtent l'originalité et pour ainsi dire la virginité. Il faut des aliments à un esprit supérieur, mais il lui en faut peu. Il doit lire, mais avec une extrême sobriété; et j'oserais poser en fait que l'homme du plus grand génie ne pourrait lire habituellement pendant trois ans de suite, sans devenir un écrivain commun et ordinaire. Voilà pourquoi nous avons si peu d'auteurs originaux; au lieu que les anciens, ne lisant que peu, après avoir étudié pendant leur jeunesse dans les écoles, ne pouvaient manquer de produire des ouvrages de génie quand par hasard ils se sentaient tourmentés par leur démon de créer et d'écrire.

Le goût n'a pas été mieux ménagé par la multiplication des livres. Comme l'imprimerie en a fait une profession, on a cherché des méthodes, des patrons, des tours de métier, et la manière de faire un livre est devenue un art de manœuvre, comme celle de fabriquer du drap ou de la toile. C'est ce que nous appelons la méthode, et en quoi nous prétendons avoir une grande supériorité sur les anciens. Pauvres sots que nous sommes de prendre ainsi l'art trivial d'échafauder pour le pouvoir de produire un bel édifice! Il n'y a dans nos livres méthodiques ni chaleur, ni trait, ni vue, ni génie; en revanche, l'esprit de dissertation, de division, de discussion, y abonde avec l'ennui. Cependant, que par hasard une production de génie paraisse, vous entendez dire à tous les sots : « C'est dommage qu'il n'y ait point de méthode dans cet ouvrage. » Incapables de suivre un esprit supérieur dans son essor et dans la marche altière de ses idées, ils prennent pour désordre ce qui ne peut s'accorder avec leur allure lourde et pesante. La nécessité d'écrire pour le public, c'est-à-dire pour toute sorte de lecteurs, rend nos ouvrages vagues et insipides, en nous jetant dans les généralités, dans les dissertations, dans les lieux communs. Les anciens écrivant pour peu de monde, adressant le plus ordinairement leurs ouvrages à un de leurs amis, à un seul homme, leur donnaient par ce moyen ce tour original et d'un si grand goût, qui répand un charme si puissant sur la lecture de ces écrivains admirables.

VERS DE M. DE VOLTAIRE

POUR Mme LA MARQUISE DE CHAUVELIN, PENDANT SON SÉJOUR AUX DÉLICES[1].

> Avec tant de beauté, de grâce naturelle,
> Qu'a-t-elle affaire de talents?
> Mais avec des sons si touchants,
> Qu'a-t-elle affaire d'être belle?

VERS QUI COURENT DEPUIS QUELQUES JOURS.

> Le ciel à nos besoins pourvut dans tous les temps :
> Cessez de murmurer, populace inquiète;
> Ce que Beaumont refuse à tant de gens,

---

1. Ce quatrain se trouve dans les éditions modernes des *OEuvres de Voltaire*.

Nous l'obtenons de Silhouette :
Il vient de nous donner les derniers sacrements.

— On a donné, il y a quelques jours, sur le théâtre de la Comédie-Française, la première représentation de *Namir*, tragédie, par M. le marquis de Thibouville[1]. Cette insipide pièce ne fut point achevée. L'ennui qui régnait dans le drame s'empara, dès le commencement, du parterre, et dégénéra en une telle impatience que l'infortuné Namir[2], au milieu du quatrième acte, fut obligé de s'avancer vers le parterre et de dire avec une profonde révérence : « Messieurs, si vous le trouvez bon, nous aurons l'honneur de vous donner la petite pièce. » Le parterre ne se fit point presser, et aima mieux ignorer à jamais le dénoûment que supporter plus longtemps l'ennui d'une pièce où il n'y avait ni action, ni style, ni sens commun.

— Le théâtre vient de faire une perte par la mort de M. La Thorillière. Cet acteur jouait les rôles de père, de financier, et à manteau, dans la comédie. Il n'était pas bon ; mais il n'y en avait pas de meilleur, et le public s'était accoutumé à ses défauts. Rarement il savait son rôle ; il barbouillait tout ; mais il avait le masque plaisant et original. Il n'y a personne pour le remplacer[3].

— On a publié ici, en un petit volume, les *Lettres de M*^{me} *la marquise de Villars*, mère du maréchal de Villars, ambassa-

1. *Namir* fut représenté le 12 novembre. M. de Thibouville avait déjà fait représenter, le 6 juillet 1739, une tragédie de *Thélamire* qui n'obtint que quatre représentations. « Il était colonel du régiment de la reine quand la guerre se déclara : il alla pour joindre son régiment, qui servait en Italie ; la peur le saisit à Lyon, et il ne put se déterminer à poursuivre sa route. On nomma à son régiment, et il revint déshonoré à Paris avec 70,000 livres de rente. Tout méprisé qu'il était, il fut reçu partout. Malgré un autre vice dont il ne se cachait pas, et qui est pour le moins autant haï des femmes que la poltronnerie, il a toujours vécu avec elles et dans la plus haute compagnie, que par mépris on nomme souvent la bonne... Il a fait, il y a quelques années, un roman que l'on n'a point lu, et qui ne valait pas la peine de l'être, *la Force de l'amitié*... Ses écrits n'ont jamais peint la nature, et ses amours y ont toujours été opposés. » (*Journal historique* de Collé, t. II, p. 199.)
2. C'est Le Kain qui remplissait ce rôle.
3. La Thorillière était petit-fils du camarade de Molière, de ce nom. Il avait été reçu à la Comédie le 9 avril 1722, et sa mort, arrivée le 23 octobre, ne fit éprouver aucun tort au théâtre, car il avait pris sa retraite dès la clôture précédente. (T.)

drice en Espagne, dans le temps du mariage de Charles II, roi d'Espagne, avec Marie-Louise d'Orléans, fille de Monsieur, frère unique de Louis XIV. Ces lettres avaient de la réputation avant de paraître ; elles ont dû la perdre depuis qu'elles sont publiques. Ceux qui ont pu les mettre à côté des lettres de Mme de Sévigné peuvent se flatter de n'avoir ni goût ni jugement. Tout s'embellit sous la plume de Mme de Sévigné, tout acquiert de la grâce, de la gentillesse et de la chaleur. Mme de Villars, en revanche, rend tout sèchement et maussadement [1].

— *L'Europe vivante et mourante, ou Tableau annuel des principales cours de l'Europe. Suite du Mémorial de chronologie généalogique et historique* [2], année 1759, par M. l'abbé Destrées, qui a été longtemps à la Bastille pour plusieurs impertinences dont il avait farci la préface de son *Mémorial de chronologie*.

— *De la Saisie des bâtiments neutres, ou du Droit qu'ont les nations belligérantes d'arrêter les navires des peuples amis*, par M. Hubner. Ce n'est pas là un ouvrage d'agrément ; mais l'auteur et son livre passent pour profonds. M. Hubner est attaché à la cour de Danemark ; il se trouve actuellement à Paris. C'est un fils du célèbre Hubner de Hambourg. Son ouvrage fait deux volumes in-12. Il est dédié à M. le baron de Bernstorf.

— *La Berlue* [3], c'est le titre du livre et la maladie de l'auteur. Cet homme proteste qu'il n'a rien lu, et on le voit à ses jugements. C'est une satire de tous les peuples, de tous les États, de tous les particuliers, mais sans finesse, sans force, sans esprit et sans goût ; des portraits entassés les uns sur les autres ; les matières jetées pêle-mêle ; tout y est gauche, estropié, dégoûtant. Amas d'injures communes qui ne valent pas la peine d'être redites.

---

1. Mme de Villars, née en 1624, mourut en 1706. Ses lettres ont été publiées de nouveau, en 1805, par M. Auger, et, en 1866, par M. Alfred de Courtois.

2. Bruxelles (Paris), 1759 et 1760, 2 vol. in-24. Le *Mémorial de chronologie* forme 4 vol. in-24.

3. (Par Poinsinet de Sivry.) Londres, 1759, in-12. Plusieurs fois réimprimé.

DÉCEMBRE

1ᵉʳ décembre 1759.

En 1753, M. d'Alembert publia deux volumes de *Mélanges de littérature, d'histoire et de philosophie*. A la tête de ce recueil il y avait le discours préliminaire de l'*Encyclopédie*. Le reste de ces *Mélanges* consistait dans quelques morceaux détachés de Tacite, traduits par M. d'Alembert dans des *Réflexions sur les Mémoires et la vie de Christine, reine de Suède*, et dans un *Essai sur la société des grands et des gens de lettres*. Depuis trois ou quatre mois, M. d'Alembert a fait une nouvelle édition de ces *Mélanges*, qu'il a augmentés de quelques articles qu'il avait mis dans l'*Encyclopédie*, et de plusieurs morceaux nouveaux, de sorte que la totalité fait un ouvrage de quatre volumes in-12 assez considérables.

On ne peut nier que M. d'Alembert ne soit un très-bon esprit, et qu'il ne mérite d'être distingué de la foule de ceux qui nous inondent de leurs productions ; mais on ne peut disconvenir aussi que ces *Mélanges*, appréciés dès la première édition par le public impartial, n'ont pu procurer à leur auteur une place parmi nos écrivains du premier rang. M. d'Alembert n'a ni ce coloris brillant et séduisant de M. de Voltaire, ni ce tour de génie du président de Montesquieu, ni cet autre génie de M. Diderot, ni le style élevé et majestueux de M. de Buffon, ni l'éloquence simple et mâle de M. Rousseau. Ses *Mélanges*, à leur première apparition, lui ont fait perdre tous ces rangs, et l'ont réduit à une place plus médiocre que le public n'avait cru devoir lui assigner avant qu'il se fût essayé dans la belle littérature. En effet, sa traduction des morceaux de Tacite manque de génie, et tous ceux qui ont quelque goût doivent tomber d'accord qu'une traduction de Tacite sans génie ne peut être supportable, surtout dans une langue aussi monotone, aussi froidement exacte que la française. Ses *Réflexions sur les Mémoires de la reine Christine* sont souvent communes et peu importantes ; on y voit d'ailleurs l'auteur à tous les instants ; on voit qu'il en cherche partout, qu'il les amène bon gré, mal gré; que les faits ne s'y trouvent que pour elles, et l'on doit convenir en général que ce morceau serait un fort mauvais modèle pour quiconque voudrait essayer d'écrire l'histoire après lui. On en peut dire autant de l'*Essai sur les grands et sur les gens de lettres*. La plupart des remarques qui le composent ont un air de hardiesse, mais ce n'est pas le courage d'un philosophe grave qui ne connaît que les intérêts de la vérité; c'est au contraire la forfanterie d'un jeune écolier plus occupé des égards qu'il croit mériter par son état d'homme de lettres que séduit par le charme des lettres qui maîtrisent les âmes sensibles. Une grande partie de ces observations sont assez bonnes et assez fines pour être dites en causant, au coin du feu, mais ne valaient, en vérité, pas la peine d'être imprimées.

Cette jalousie, d'ailleurs, cette querelle que l'on prétendait subsister entre les gens de la cour et les gens de lettres, ne devrait jamais être un objet de méditation pour un philosophe. Ces sortes de discussions sont tout au plus du district de notre La Bruyère moderne, M. l'abbé Trublet, inspecteur général de toutes les puérilités. S'il y a un état au monde dont il soit difficile de tirer vanité, c'est celui d'homme de lettres. Tout est personnel dans cette vocation. Voltaire est regardé comme le premier homme de l'Europe; le chevalier de Mouhy est méprisé. Leur occupation est cependant la même; ils font tous les deux des livres; ils sont tous les deux hommes de lettres : on ne peut contester au chevalier de Mouhy son état. Il est vrai qu'un homme supérieur honore son état sans en tirer aucun avantage, et qu'un homme médiocre tire toute sa considération du corps auquel il s'est agrégé. Le titre d'historiographe de France n'a pas illustré M. de Voltaire, plus sûrement immortalisé par ses ouvrages historiques; ce titre fait aujourd'hui toute la gloire de son successeur, M. Duclos, parce qu'un écrivain médiocre ne peut captiver la faveur publique par ses écrits.

Voilà en peu de mots ce que je pense des morceaux qui composaient jadis les *Mélanges* de M. d'Alembert. Dans la nouvelle édition il y en a plusieurs autres sur lesquels je m'étendrai par la suite. Vous trouverez, entre autres, des éléments de philosophie qui remplissent un volume entier, mais qui sont si secs, si maigres, qu'il n'y a en vérité pas moyen de les lire.

En général, M. d'Alembert a de la clarté dans son style et de la logique dans l'esprit ; il a surtout l'esprit d'analyse, et sa vocation paraît décidée pour les écrits polémiques. Mais il manque de force, de chaleur et de coloris. Vous ne trouverez chez lui rien qui vous élève, qui vous touche, qui vous embrase. Il a peu d'idées, peu de vues, peu de profondeur de tête, point de véritable goût. Aussi son style n'a point de caractère. S'il faut absolument assigner son rang à chaque auteur, je mettrai M. d'Alembert pour le mérite littéraire à côté de M. de Maupertuis. Celui-ci n'avait non plus aucun caractère dans le style. Vous y trouverez tantôt une ligne à la Fontenelle, tantôt une qui ressemble au faire de Voltaire, tantôt une autre que Montesquieu pourrait revendiquer. Sous ce coloris chamarré on trouve souvent un composé de petites vues fausses auxquelles l'auteur a su donner un air philosophique.

COMPLIMENT DE Mme DE LA MALMAISON

A M. DE LA CONDAMINE QUI LUI AVAIT PRÉSENTÉ SA FEMME.

Si l'an merveilleux arrivait,
Cocu mon cher voisin serait,
A moins que sa gente moitié
Ne me vît brûler sans pitié.
Puisse en attendant ce beau jour
L'amitié remplacer l'amour !

RÉPONSE DE M. DE LA CONDAMINE.

Voisine, il n'est époux en France,
Tant bourru soit-il et jaloux,
Qui d'être cocu se dispense ;
Je vous donne la préférence
Et désire l'être pour vous.
Mais si la merveilleuse année
Un jour se montre parmi nous,
Par ordre de la destinée
Je serai femme, Dieu merci ;
Qui dit femme dit bon apôtre :
J'aimerai bien mon cher mari
Qui sera cocu comme un autre.

— Un de nos auteurs dramatiques, M. de La Grange-Chancel, est mort l'année dernière en Périgord dans un âge avancé[1]. Ses tragédies sont faibles de génie et de style, et il n'y a que celle d'*Ino et Mélicerte* qui soit restée au théâtre. La Grange passe pour être l'auteur des fameuses odes satiriques contre M. le régent, connues sous le nom de *Philippiques*. Elles n'ont jamais été imprimées, que je sache, mais il est aisé de les avoir en manuscrit. L'auteur fut obligé de se sauver du royaume. Il erra quelque temps en Allemagne et ailleurs, et rentra ensuite en France sans que la maison d'Orléans songeât à venger l'injure faite à M. le régent. La Grange vécut et mourut tranquillement dans sa province; s'il avait offensé un prêtre, il eût été la victime de son imprudence.

— Nous venons de perdre un autre poëte. Louis de Cahusac est mort fou enragé[2]. Cet homme avait peu de talent et beaucoup de prétention. Son caractère l'a rendu odieux et malheureux toute sa vie. Il a fait plusieurs opéras que la musique de Rameau a fait réussir en France. Sa petite comédie de *Zénéide* est fort jolie. Elle est restée au théâtre. M. Watelet en avait fait le plan, et l'avait écrite en prose. Cahusac l'a mise ensuite en vers et y a ajouté le rôle de Guidie.

— Un auteur anonyme nous a donné des *Mémoires pour servir à l'histoire du dix-septième siècle*[3], en trois volumes. Ces mémoires sont d'un homme obscur qui a été employé vraisemblablement en subalterne dans quelques négociations du siècle passé. Ils sont écrits sans goût et sans esprit, et ne contiennent que des faits connus.

— *Les Voyageurs modernes, ou Abrégé de plusieurs voyages faits en Europe, Asie et Afrique, traduit de l'anglais*[4]; quatre volumes in-12. On trouve dans cet abrégé des extraits des voyages de Pocok, du docteur Shaw, de Wood, de Yarden, de Mandeville, de Hanuay, de Drummond, et autres voyageurs, dont quelques-uns sont fort estimés en Angleterre.

1. Il mourut le 26 décembre 1758 au château d'Antoniat; il avait quatre-vingt-un ans.
2. Le 22 juin 1759.
3. L'auteur réel, Meusnier de Querlon, laisse entendre dans la préface que ce livre est du comte de Brégny; mais celui-ci a protesté dans *le Mercure* et dans *l'Année littéraire*.
4. (Par de Puisieux.) Paris, 1760, 4 vol. in-12.

— *Lettres choisies de Christine, reine de Suède*[1]; deux volumes in-12. On voit aisément que ces lettres sont originales. La lettre sur la révocation de l'édit de Nantes m'a paru la plus belle du recueil. On y voit au reste que Christine, en quittant la religion luthérienne pour la religion romaine, n'en croyait pas plus l'une que l'autre. « C'est, dit-elle à une de ses amies, troquer des erreurs pour d'autres erreurs. » Elle pouvait ajouter : « Encore plus absurdes. » Cette reine était une femme fort singulière.

— *État actuel de la musique de la chambre du roi et des trois spectacles de Paris*[2]. C'est sous ce titre qu'on vient de donner l'almanach des spectacles pour 1760. On a mis à la tête de chaque spectacle des discours qui sont plaisants à force d'être absurdes.

— *Réflexions sur la milice et sur les moyens de rendre l'administration de cette partie uniforme et moins onéreuse*[3]. Brochure de deux cents pages, dans laquelle on répète de fort bons principes que personne ne combat et que personne n'observe.

— *Le Tableau du siècle*, par un auteur connu[4], avec une épigraphe grecque qui veut dire *nosce teipsum* (songe à te connaître). Cet auteur connu, que je n'ai pas l'honneur de connaître, traite en deux cents pages de la religion, des femmes, de la justice, du militaire, de la finance, du commerce, des moines, des médecins, de la cour, de la ville, de la province, de la vénalité des charges, de la littérature, des modes, des spectacles. Voilà bien des matériaux, mais sur lesquels notre moraliste n'a que des idées minces, qui ne valaient pas la peine d'être imprimées.

— Si après avoir lu un mince moraliste vous voulez faire connaissance avec un mince politique, vous lirez le *Testament*

1. François Lacombe est l'auteur des *Lettres choisies* et celui des *Lettres secrètes* attribuées à la reine de Suède. La seule bonne édition des *Pensées de la reine Christine* a paru chez Renouard, 1825, in-12.
2. (Par Vente, libraire.) Paris, 1760, in-8°. Cet annuaire, très-rare selon M. Paul Lacroix (*Catalogue Soleinne*), a eu deux autres volumes in-24 en 1775 et en 1778.
3. (Par Claude Bourgelat.) S. l. (Lyon), 1760, in-8°.
4. (Par Nolivos de Saint-Cyr.) Genève (Paris), 1759, in-12. Quoi qu'il en dise, Grimm devait savoir le nom de l'auteur, qui était un des familiers du salon de d'Holbach.

politique de l'amiral Byng[1], qu'on prétend traduit de l'anglais, mais qui a été vraisemblablement fabriqué en France.

— *L.-H. Dancourt Arlequin, de Berlin, à Jean-Jacques Rousseau, citoyen de Genève*[2]. C'est une des trois ou quatre cents réponses qu'on a faites au dernier ouvrage de M. Rousseau contre la comédie. L'épître dédicatoire au roi de Prusse m'en a paru fort bonne.

15 décembre 1759.

OBSERVATIONS

SUR QUELQUES AUTEURS D'HISTOIRE NATURELLE[3],

PAR M. BONNET, DE GENÈVE,

AUTEUR DE QUELQUES OUVRAGES ESTIMÉS.

« 1° *Rhédi*. — Il est le premier qui ait détruit, par de bonnes expériences, l'ancien préjugé des *générations équivoques*. C'était un grand pas et, ce pas une fois fait, il était bien aisé d'aller plus loin en ce genre. Mais telle est la condition de l'esprit humain qu'il ne secoue pas à la fois tous les préjugés, et qu'il épuise toutes les sottises avant que d'arriver au vrai. Cet homme, qui avait déclaré une guerre ouverte aux chimères de l'école, croyait aux natures plastiques. Il les occupait à former les vers des fruits, etc. Ses expériences sur le venin de la vipère sont également hardies et ingénieuses. Il a démontré qu'il ne nuisait qu'autant qu'il s'introduisait immédiatement dans le sang. Il osa en avaler, et il n'en éprouva aucune atteinte. Il a fait des observations assez curieuses sur les poux propres aux différentes espèces d'oiseaux.

« 2° *Swammerdam*. — Sa magnifique *Bible de la nature* renferme quantité d'observations intéressantes sur diverses espèces d'insectes et sur les grenouilles. Jamais homme avant lui ne

---

1. Portsmouth, 1757, in-12.
2. Amsterdam et Berlin, 1759, in-8°. Voir page 75.
3. L'un des correspondants de Grimm lui avait sans doute demandé quelques renseignements sur les moyens d'étudier les sciences naturelles, dont le goût était alors si vif; Grimm s'était aussitôt adressé à l'illustre Charles Bonnet, qui lui répondit par cette lettre inédite, et à Daubenton, qui dressa le catalogue d'écrivains spéciaux qu'on trouvera immédiatement après.

poussa plus loin les dissections anatomiques. Il passa deux mois entiers à disséquer les intestins des abeilles. Il se servait d'instruments si fins qu'il fallait les aiguiser à la loupe. Son ouvrage est déparé par des idées de piétisme qu'il avait puisées dans la tête folle de la Bourignon. Il avait oublié que la véritable manière de louer le Créateur, c'est de bien décrire ses œuvres. Cet auteur est le premier qui ait donné une distribution méthodique des insectes. Les caractères en sont tirés des des métamorphoses qu'ils subissent, et ces caractères paraissent d'autant meilleurs qu'ils sont invariables. Il serait aisé de perfectionner beaucoup cette méthode, mais nos divisions artificielles seront toujours très-imparfaites; nous voulons circonscrire la nature et elle s'y refuse. Elle n'a formé que des individus, elle va par nuances des uns aux autres, et nous voulons des couleurs tranchées, nous imaginons des espèces, des genres, des classes, etc.

« 3° *Malpighi*. — Excellent observateur qui s'est exercé en plus d'un genre. Il osa le premier remonter à l'origine du fœtus, en suivant les accroissements graduels du poulet dans l'œuf. Sa *Dissertation sur le ver à soie* est un chef-d'œuvre. L'observation sur les ovaires du papillon et sur la manière dont les œufs sont fécondés est unique. Il a en quelque sorte créé une anatomie nouvelle, celle des plantes. L'ouvrage qu'il a composé sur ce sujet éclaire encore les physiciens, et les éclairera longtemps. Il avait traité quelques sujets relatifs à l'économie du corps humain, et il l'avait fait en grand observateur. Il s'aidait beaucoup de l'anatomie comparée, dont il était presque le père; mais il voyait des glandes où Huisch ne voyait que des entrelacements de vaisseaux. Les injections de celui-ci lui en avaient plus appris que le scalpel à l'autre.

« 4° *Grew*. — Son *Anatomie des plantes* renferme plus de détails que celle de Malpighi. Il s'était servi de meilleurs microscopes, ses planches sont un spectacle qui surprend. Il possédait à un grand point l'art d'observer. On a peu ajouté jusqu'ici à ses découvertes sur la structure des végétaux

« 5° *Leuwenhoeck*. — Les infiniment petits de la création étaient son domaine. Il ne savait presque pas voir tout ce qui n'atteignait pas à cette effroyable petitesse. Il a reculé les bornes du monde visible. Il est pourtant douteux qu'il ait toujours bien vu les infiniment petits qui lui étaient si chers. Il a étendu ses observations à un très-grand nombre d'objets, et il s'est perdu quelquefois dans des calculs sans fin ; ce sont des ordres d'infinis abîmés les uns dans les autres. Il avait entrevu le polype produisant ses rejetons. Il serait à désirer que l'on fît une bonne critique des ouvrages de cet infatigable observateur; on séparerait l'or de l'alliage.

« 6° *Lister.* — Son *Traité des araignées* est très-estimé. Ses notes sur Godaert valent infiniment plus que le texte, qui ne les méritait pas.

« 7° *Valisnieri.* — Il avait une grande sagacité ; mais son imagination l'a quelquefois séduit. Son hypothèse sur la formation du *tænia* est insoutenable. Il voulait que cet insecte singulier fût composé d'une chaîne de vers qui s'accrochaient bout à bout; il disait avoir vu les crochets ménagés par la nature pour cette fin. Elle ne les a cependant pas faits, et l'on a démontré, il y a quelques années, que le tænia n'est formé, comme les autres vers, que d'une suite d'anneaux. Au premier de ces anneaux tient la tête, garnie de trois mamelons ou suçoirs. L'autorité du célèbre naturaliste avait entraîné bien des savants. Le grand Boerhaave en avait été ébranlé. Les observations de notre auteur sur les *mouches à scie* sont très-remarquables; mais l'histoire du *formicaleo*, dont l'industrie a été si célébrée, appartient incontestablement à M. Poupart. Valisnieri avait entrepris une distribution des insectes; elle n'est pas à beaucoup près aussi systématique que celle de Swammerdam. Elle tire ses caractères des lieux où vivent les insectes.

« 8° *Willougby.* — Son *Ornithologie* est encore ce que nous avons de mieux sur les oiseaux. Cette partie de l'histoire naturelle n'a pas été jusqu'ici fort cultivée; il nous manque de bonnes divisions. Nous n'avons pas non plus d'assez bonnes observations sur l'architecture des oiseaux; c'était l'endroit par lequel ils devraient piquer le plus la curiosité des naturalistes.

« 9° *Marsigli.* — Il nous a enrichis de sa belle *Histoire de la mer*. Sa fameuse découverte de la fleur du corail n'a pu se soutenir contre un examen plus approfondi. Ces fleurs sont devenues des animaux qui appartiennent à la classe nombreuse des polypes. M. Peyssonnel l'avait soupçonné, et même prouvé, avant que l'on connût les polypes.

« 10° *Donati*. — Il a publié une histoire naturelle du golfe Adriatique, qui est un morceau excellent. C'est un des meilleurs observateurs du siècle et un cerveau très-bien meublé. S'il est des héros en histoire naturelle, il en est un ; il n'est point de périls qu'il n'ait affrontés et qu'il n'affronte encore pour accroître nos richesses en physique. Le roi de Sardaigne vient de l'envoyer aux Indes où il fera sans doute d'abondantes moissons. Il a beaucoup étudié les polypes, et il a observé que leurs espèces varient à différentes profondeurs de la mer.

« 11° *Réaumur*. — Jamais homme ne porta à un plus haut point l'esprit d'observation. Ses ouvrages seront toujours un modèle en ce genre, et s'il y règne de la diffusion, elle est bien compensée par l'intérêt que l'auteur a su mettre dans les détails. Il est celui de tous les naturalistes qui a traité l'insectologie avec le plus d'étendue. Nous devons regretter que la mort l'ait prévenu lorsqu'il travaillait à finir ses mémoires. Les amateurs, et surtout ceux qui ont voulu voir après lui, n'ont jamais eu à se plaindre de la longueur des détails. Il ne suffit pas de bien décrire un fait, il faut dire encore comment on s'y est pris pour le voir, il faut raconter les obstacles qui se sont présentés, et qui pourraient se présenter à d'autres ; il faut enfin indiquer les précautions nécessaires, et tout cela ne peut manquer de multiplier les détails. Les mémoires de l'Académie sont pleins de M. de Réaumur ; il s'y reproduit sous les différentes formes de physicien, de chimiste, d'artiste, de naturaliste. Je ne dois le considérer ici que sous ce dernier point de vue. Il a enrichi ce recueil d'un grand nombre d'observations sur les pierres, sur les fossiles, sur les terres, sur les coquillages, sur diverses plantes marines, sur quelques insectes de mer. Il nous a dévoilé le premier, dans le limaçon des jardins, le mystère de la formation de toutes les coquilles. Il a démontré que le corps de l'animal est une espèce de métier qui fabrique la coquille. La diversité des couloirs, par lesquels passe la liqueur que fournit la peau, donne naissance aux couleurs de la coquille, etc. Il n'a point fait de distribution générale des insectes, mais il en fait de particulières pour les familles nombreuses des papillons et des mouches, et les caractères de ces divisions sont également vrais et faciles à saisir. Il n'excellait point dans la partie anatomique, et à cet égard Swammerdam et Malpighi l'ont emporté de beaucoup sur lui. En revanche, personne n'a mieux vu ni mieux décrit les procédés industrieux des insectes. On pourrait pourtant lui reprocher de leur avoir quelquefois supposé une intelligence qui se rapproche trop de la nôtre. Il lui est arrivé, comme à bien d'autres, de ne s'être pas tenu assez en garde contre les premiers mouvements de l'admiration. Ses observations sur les teignes domestiques et champêtres, sur les abeilles et sur les guêpes sont les morceaux les plus intéressants de ses mémoires. Il s'y trouve une observation qui est toute à lui, c'est celle de la *mouche-araignée*, dont les petits viennent au jour aussi grands que père et mère. On doit surtout lui savoir gré d'avoir tâché de ramener l'étude de la nature à sa véritable fin. Partout il a indiqué des vues fines et heureuses pour la perfection des arts. Ce sont des graines qu'il a semées çà et là, et qui produiront quelque jour. Nous lui devons encore d'avoir répandu le goût de la bonne physique. Il a formé d'excellents observateurs, et qui se sont fait gloire de le regarder comme leur maître. C'est à son école que se sont formés les Bazin, les Geer, les Trembley, les Lionnet, etc. Il a laissé deux manuscrits intéresssants que l'Académie publiera sans doute, l'*Art de faire des collections* et l'*Histoire des oiseaux*. Il s'était surtout occupé de la construction de leurs nids ; et l'on peut juger par ce que l'on connaît de lui combien cette partie de l'ouvrage doit être propre à satisfaire la curiosité. Il avait aussi cherché des caractères génériques ; il les tirait principalement de la tête et des pieds. Son *Traité de la manière de faire éclore des œufs dans des fours* est très-pratique. L'idée n'était pas absolument neuve ; mais elle l'a conduit à des procédés ingénieux et nouveaux. Le dernier mémoire de cet ouvrage contient des particularités qui ont des rapports directs à des matières de physique très-importantes et surtout à celle de la génération. Il s'y prenait très-bien pour éclaircir un mystère qui ne l'a point encore été, et les physiciens ne peuvent rien faire de mieux que de suivre ici son exemple et ses vues.

« 12° *Linnæus*. — Il a embrassé le système entier de la nature, mais plus en méthodiste et en nomenclateur qu'en observateur et en historien. Il a perfectionné les méthodes botaniques ; mais les caractères qu'il a choisis ont le défaut de n'être pas assez invariables et d'être trop microscopiques. Il faut pourtant convenir que sa tête est un abrégé de la nature.

« 13° *Micheli*. — Ses *Nouveaux Genres de plantes* sont une botanique microscopique dont il est en quelque sorte l'inventeur. C'est à lui que nous devons la connaissance des fleurs et des graines des champignons, des truffes, des lichens, des mousses, etc. Il eût été à désirer qu'il n'eût pas mêlé à ses descriptions des éloges en forme de plusieurs grands hommes dont il a transporté les noms à ses plantes. On souhaiterait encore qu'il ait poussé plus loin ses recherches et le détail des observations. C'est un champ fertile qui ne demande qu'à être cultivé. Ces sortes de plantes intéressent surtout la curiosité par leurs formes, qui s'éloignent beaucoup de celles qui sont propres aux végétaux. Le livre de Micheli prouve la grande uniformité des moyens que la nature a choisis pour conserver les espèces des végétaux.

« 14° *Trembley*. — On ne sait ce qu'on doit admirer le plus dans sa belle *Histoire des polypes*, ou de l'art avec lequel elle est écrite, ou des prodiges qu'elle renferme. L'histoire naturelle, déjà si féconde en faits singuliers, ne nous avait encore rien offert d'aussi extraordinaire et qui dérangeât plus nos idées d'économie animale. Les polypes nous ont appris combien nous devons nous défier des règles générales et combien nous devons être circonspects à prononcer sur les voies de la nature. L'ouvrage dont je parle est la meilleure logique qu'on puisse mettre entre les mains des physiciens. Je n'en connais point qui soit écrit avec plus de sagesse et qui mérite plus d'être proposé pour modèle. L'idée de retourner le polype et l'exécution de cette idée prouvent la sagacité et l'adresse singulière de l'auteur. La découverte des polypes a mis au grand jour la formation des coraux. Elle nous éclaire beaucoup sur divers points de l'économie organique. Les observations de M. Trembley sur les polypes à bouquet, insérées dans les *Transactions philosophiques*, ne le cèdent point aux précédentes. Ce sont toujours des moyens imprévus par lesquels la nature répand les individus et conserve les espèces. Ici on se trouve très-mal de deviner. J'ai regret de ne pouvoir m'étendre davantage sur tout ceci; les conséquences en sont innombrables.

« 15° *Lyonnet*. — Il joint aux talents d'un excellent observateur ceux d'un excellent dessinateur et d'un habile graveur. Il va publier une description anatomique de la chenille, qui dépassera tout ce qu'on a vu en ce genre. Il laissera Swammerdam bien loin derrière lui. C'est grand dommage qu'il n'ait pas employé ses rares talents à nous découvrir la structure de notre propre corps; il aurait beaucoup perfectionné l'anatomie. Mais il a suivi son goût, et le goût est toujours impérieux. Il a fait de fort bonnes notes à un fort mauvais livre, à la *Théologie des insectes* de Lesser. On peut voir des preuves de son habileté dans la gravure en jetant les yeux sur les planches de cette *Théologie* et sur celles des *Polypes* de M. Trembley. Il serait à souhaiter que l'observateur n'eût pas besoin de recourir à la main d'un dessinateur, qui est rarement assez observateur pour bien saisir la nature.

« 16° *Ellis*. — Son *Histoire des coraux*, etc., ajoute beaucoup à nos connaissances en ce genre. Plusieurs de ses observations demanderaient cependant à être répétées.

« 17° *Klein*. — Il a de la célébrité. Il a manié plusieurs matières d'histoire naturelle. Sa *Division des oiseaux* paraît se rapprocher de celle de M. de Réaumur.

« 18° *Roesel*. — Les grenouilles ont en lui un digne historien. Son ouvrage a mérité que M. de Haller l'ornât d'une préface. Si nous avions sur chaque animal un traité aussi complet, l'histoire naturelle serait une science bien parfaite.

« 19° *Buffon*. — L'*Histoire naturelle*, générale et particulière, est le tableau d'un grand peintre. Mais ce tableau est-il toujours celui de la nature? Cette *Histoire naturelle* est-elle assez naturelle[1]? J'y admire la magnificence des dessins, la pompe du style, et la beauté d'un génie qui a peine à se contenir dans ses limites. Ce génie sublime et hardi ne s'est-il point trop livré à l'esprit de système qu'il possède au suprême degré? N'avons-nous point lieu de soupçonner que cet esprit lui a quelquefois fait illusion? Ses molécules organiques ne demanderaient-elles point à être ramenées à un examen plus sévère et plus approfondi? Je ne parle point de quelques autres idées qui ne pourraient guère figurer que dans un roman philosophique. Mais l'auteur est trop grand pour s'amuser à des romans.

---

1. Bonnet fait là une sorte de calembour de tout temps attribué à Voltaire.

« 20° *Daubenton.* — Ses descriptions ne sont pas la partie la moins précieuse de l'ouvrage.

« 21° *Duhamel.* — Sa *Physique des arbres* réunit les propres observations de l'auteur aux observations de ceux qui l'avaient précédé. Cet ouvrage est écrit avec une grande sagesse. Jamais la conjecture ne s'y trouve à la place du fait. C'est encore un de ces livres de physique que je regarde comme une bonne logique. Il renferme ce que nous connaissons de plus certain sur l'économie des végétaux. Les expériences sur l'accroissement des arbres et sur les greffes sont propres à l'auteur, et il en est beaucoup d'autres qu'il a fort perfectionnées. C'est un sage toujours animé par des vues vraiment patriotiques.

« 22° *Haller.* — Je le mets au rang des naturalistes : il est tout ce qu'il veut être. Ses *Observations sur le poulet* remontent bien plus haut que celles de Malpighi et de tous ceux qui l'avaient précédé. Elles l'ont conduit à découvrir que le germe existe dans l'œuf avant la fécondation, et les physiciens savent de quelle conséquence est cette découverte.

« 23° *Geer.* — Ses *Observations sur les insectes* feraient honneur à M. de Réaumur.

« Je laisse en arrière Aldovrante, Jonston, Belon, Mouffet, Albin, Goedaert, Mérian, et plusieurs autres, qui sont de ceux à qui l'histoire naturelle n'a pas le plus d'obligations.

« Pour répondre le plus promptement qu'il m'était possible au désir de M. Grimm, j'ai dicté fort à la hâte cette notice à mon secrétaire. Je n'ai pu consulter aucun livre ni aucun catalogue. Il a fallu m'en rapporter uniquement à ma mémoire. M. Grimm aurait pu être mieux servi par des personnes plus instruites que je ne le suis, mais non avec plus d'empressement. Je lui envoie donc un brouillon ; il voudra bien en pardonner les fautes. Je n'avais jamais travaillé sur cette matière. Il est bien plus en état que moi de tirer parti des sources. Je souhaiterais extrêmement qu'il eût dans l'esprit de nous donner une histoire des naturalistes. Cet ouvrage serait infiniment utile, surtout s'il contenait moins d'anecdotes que d'analyses. La marche d'un esprit observateur dans la recherche d'une vérité a de quoi fixer utilement l'attention. Le meilleur livre sur la recherche de la vérité serait celui qui nous instruirait par l'exemple des grands maîtres dans l'art de la découvrir.

« M. Grimm ne prendra point mes jugements pour des décisions. Ce n'est point à moi qu'il appartient de juger du mérite pes auteurs; je suis plus fait pour les admirer que pour les critiquer. J'ai jeté précipitamment quelques réflexions sur le papier ; et ces réflexions, je les soumets aux lumières de M. Grimm. Ce ne fut qu'hier que M. Cramer me demanda de sa part cette notice. Si le temps me l'avait permis, l'ouvrage aurait été moins défectueux.

« A Genève, le 23 septembre 1759. »

M. Bonnet a eu la modestie de s'oublier dans la liste des auteurs d'histoire naturelle. Son ouvrage sur les feuilles est très-estimé. On a de lui aussi un *Essai de psychologie, ou Considérations sur les opérations de l'âme, sur l'habitude et sur l'éducation, auxquelles on a ajouté des principes philosophiques sur la cause première et sur son effet.* Volume in-12, Londres, 1755. Cet ouvrage contient des idées hardies et quelquefois neuves; M. Bonnet ne l'avoue point. En général, c'est un très-excellent esprit.

LISTE DES LIVRES D'HISTOIRE NATURELLE

PAR M. DAUBENTON.

Histoire du monde, traduit du latin, de Pline, par Antoine du Pinet. Sixième édition. Deux tomes in-folio.

Géographie physique, ou Essai sur l'histoire naturelle de la terre, traduit de l'anglais, de Jean Woodward, par P. Noguet. Un volume in-4°.

Lettre philosophique sur la formation des sels et des cristaux, par Louis Bourguet. Un volume in-12.

Le Parfait Joailler, ou l'Histoire des pierreries, par Anselme Boece de Boof, traduit du latin, par Jean Buchon. Un volume in-12.

Les Merveilles des Indes orientales et occidentales, ou Traité des pierres précieuses et des perles, par Robert de Berquen. Un volume in-4°.

Mémoire pour servir à l'histoire des animaux, par Perrault.

Histoire des éléphants, par Sal de Priézac. Un volume in-12.

Histoire de la nature des oiseaux, par P. Belon. Un volume in-folio.

De la Nature et Diversité des poissons, par Belon. Un volume in-8°.

Histoire naturelle des étranges poissons marins, avec la vraie description du dauphin, par P. Belon. Un volume in-4°.

Histoire entière des poissons, traduit du latin, de Guillaume Rondelet. Deux tomes in-folio.

Métamorphoses naturelles, ou Histoire des insectes, par J. Goedaert. Trois volumes in-8°.

Histoire générale des insectes, traduite du hollandais, de J. Swammerdam. Un volume in-4°.

Mémoires pour servir à l'histoire des insectes, par M. de Réaumur. Six volumes in-4°.

Observation sur la structure des yeux de divers insectes et sur la trompe des papillons, par Michel de Puget. Un volume in-8°.

La Structure du ver à soie et la Structure du poulet dans l'œuf, en deux dissertations, traduit du latin, de Marcel Malpighi. Un volume in-8°.

Histoire naturelle générale et particulière, avec la description du cabinet du roi. Sept volumes in-4°.

Les Oiseaux, d'Édouard. Trois volumes in-4°.

La Conchyliologie, la Lithologie et *l'Ichthyologie*, par M. d'Argenville.

Les Oiseaux, d'Albin. Trois volumes in-4°.

Traité des Pétrifications. Un volume in-4°.

Traité des Polypes.

Le livre d'Ellis sur les plantes marines.

Les *Éléments de Botanique*, par Tournefort. Trois volumes in-8°.

La *Minéralogie*, de Vallerius. Deux volumes in-8°.

— *Le Berger fidèle* est une nouvelle traduction du *Pastor fido*, de Guarini. Une personne qui s'est donné la peine de comparer cette traduction à d'autres que nous avons du même ouvrage, m'a assuré que les plus beaux morceaux en étaient copiés mot pour mot. On a eu soin de mettre le texte original à côté. Il se vend aussi séparément, sans le français.

— Une infidélité de comédien ou de libraire nous a procuré l'impression de *la Femme qui a raison*, comédie en vers et en cinq actes, par M. de Voltaire. On a dit beaucoup de mal de cette pièce, et il faut convenir qu'on n'y trouve ni caractère ni fond. Le plan en est mauvais, si l'on veut; les scènes sont toutes jetées, et il n'y en a pas une de faite. Malgré tous ces défauts, et d'autres encore qu'il ne serait pas difficile d'indiquer, on ne peut disconvenir que cette pièce ne soit écrite avec une très-grande facilité, qu'elle ne soit gaie, quoiqu'elle ne soit pas plaisante, et que, si ce n'est pas un ouvrage digne de M. de Voltaire, il n'y ait encore beaucoup de nos faiseurs de pièces qui dussent se féliciter de l'avoir faite; mais on ne juge jamais les productions abstraction faite de l'auteur. On veut que tout ce qui porte le nom de M. de Voltaire soit travaillé comme *la Henriade*. En un mot, on n'est jamais juste. On devait regarder *la Femme qui a raison* comme un ouvrage qu'il faut lire et non point juger, qui n'a aucune prétention et qui, par conséquent, ne mérite aucune sévérité. Il n'en était pas de même de la *Mort de Socrate*, publiée il y a six mois. Je n'exige rien d'un homme qui fait *la Femme qui a raison*, pourvu qu'il ne soit ni fat, ni insipide, ni maussade; mais celui qui veut traiter la mort de Socrate prend un engagement important, et c'est furieusement offenser le goût que d'en faire une pasquinade.

— La *Relation de la maladie, de la confession, de la mort et de l'apparition du jésuite Berthier* est une plaisanterie qu'on m'a fait l'honneur de m'attribuer, tandis qu'on la donnait, d'un autre côté, à M. de Voltaire. Il me semble que sa touche s'y reconnaît aisément en plusieurs endroits. Vous trouverez dans cette bagatelle des choses plaisantes et même originales; mais, en général, elle manque d'invention, et le tout est trop long.

1760

JANVIER

1ᵉʳ janvier 1760.

Vous trouverez dans les œuvres philosophiques de M. Hume, dont j'ai eu l'honneur de vous parler, une dissertation sur la tragédie, dans laquelle cet écrivain célèbre cherche à nous donner une théorie satisfaisante de cette espèce de plaisir que le poëte nous cause en nous présentant des choses dont la réalité nous ferait frémir. M. Hume regarde avec raison ce que l'abbé Dubos et M. de Fontenelle ont écrit sur cette matière comme insuffisant, et il croit que le plaisir que nous ressentons à la représentation des scènes tragiques les plus terribles et les plus effrayantes est dû au génie du poëte, à son éloquence, à son art, au jugement avec lequel il le met en œuvre, en un mot à l'assemblage de tant de talents sublimes qui excitent en nous une admiration secrète et font diversion aux émotions douloureuses.

On pourrait, ce me semble, donner à cette théorie plus de précision, et dire tout simplement comme une chose de fait que tout ce qui occupe notre imagination a pour nous un charme invincible. Plus un homme a reçu de la nature d'organes délicats et sensibles, moins il sait résister aux attraits de l'imitation. Voilà pourquoi M. Diderot, dans son *Traité de l'art dramatique*, a raison de faire un si grand cas de l'imagination et de la regarder comme la seule qualité qui distingue essentiellement l'homme de la bête. Il est certain que celui qui n'en aurait aucune étincelle ne serait guère digne de se tenir sur ses deux pieds. Si M. Hume avait envisagé la théorie du plaisir que cause la tragédie, moins du côté du talent du poëte que du côté de l'effet que tout art d'imitation produit toujours sur notre imagination, j'ose croire qu'il eût porté plus de lumière dans cette matière. Il aurait remarqué d'abord que plus celui qui imite la nature laisse à faire à l'imagination de celui qui écoute et qui voit, plus il est sûr de l'affecter violemment. La gradation est très-exacte à cet égard. La musique, la pantomime, nous affecteront avec cent fois plus de violence que ne pourront jamais faire la poésie et la peinture. Cela est d'expérience. Un tableau sublime peut exciter une forte admiration, peut nous pénétrer d'un sentiment profond et délicieux ; mais jamais il ne produira cet enthousiasme impétueux que causera un morceau de musique sublime. Quelle est la raison? C'est que celui qui imite la nature par des sons laisse plus à faire à l'imagination que celui qui la représente par des couleurs. L'imitation de la musique étant plus fugitive, moins prononcée que celle de la peinture, elle affecte notre imagination d'une manière vague; elle la met pour ainsi dire de moitié dans l'effort qu'elle fait pour approcher de la nature. Elle ne la met que sur la voie, et lui laisse le soin d'activer, soin dont l'imagination la plus médiocre s'acquitte toujours mieux que le génie le plus puissant et le plus sublime.

Il en est de même des effets de la poésie, comparés à ceux de la pantomime. Choisissez le discours le plus pathétique que vous pourrez trouver dans Sophocle et Euripide; il vous pénétrera d'une admiration profonde pour le génie de ces poètes ; mais l'impression qu'il vous fera sera moins violente, moins involontaire que celle que vous causera un pantomime habile en rendant ce discours sans paroles, par de simples gestes : c'est que celui-ci, laissant à notre imagination le soin de mettre le discours à ses gestes, la remue avec plus de force et nous met plus aisément hors de nous-mêmes en nous faisant partager son ivresse et son enthousiasme. Je crois donc qu'une des plus grandes lois et des plus générales de la poétique de tous les arts est que plus vous laisserez à faire, dans vos productions, à l'imagination des autres, plus vous êtes sûr de la maîtriser et d'en disposer à votre gré.

M. Hume cite une observation très-belle et très-délicate de Pline l'aîné, qui vient à l'appui de la théorie : « C'est une chose remarquable, dit ce grand homme, que les derniers ouvrages des artistes que la mort les empêche de finir sont ceux dont on fait le plus de cas; telles sont, par exemple, l'*Iris* d'Aristide, les *Tindarides* de Nicomaque, la *Médée* de Timomaque, et la *Vénus* d'Apelles, que l'on met bien au-dessus de leurs productions les plus parfaites. On étudie soigneusement les traits ébauchés et les idées à demi exécutées. Enfin, ce qui ajoute au plaisir, c'est le regret même que nous donnons à ces mains habiles que la mort a flétries dans le temps qu'elles travaillaient à ces chefs-d'œuvre. » Le passage de Pline dans l'original est non-seulement plus beau que cette traduction, mais il approche beaucoup plus de mon idée que du principe moins précis que M. Hume a établi dans le discours dont nous parlons. En effet, en examinant pourquoi une production restée imparfaite d'un grand artiste nous fait une plus forte impression que la plus belle production finie, on verra que cela vient de ce que notre imagination est forcée d'achever la pensée de l'artiste. Or, comme j'ai déjà dit, le génie le plus sublime ne peut aussi bien exécuter que l'imagination la plus médiocre; car celle-ci ne trouve jamais d'obstacle dans ses idées; elle crée et invente à sa fantaisie, au lieu que l'art trouve, dans l'exécution de ses pensées, des difficultés à chaque pas. Le plus beau morceau de génie ne peut manquer d'être flétri par quelques défauts légers. Tels sont la loi et le sort de tous les ouvrages des hommes; mais l'imagination, ébauchant et finissant les siens sans les exécuter réellement, a seule le privilége d'écarter de ses productions toute idée de défaut, et de les voir comme parfaites. N'en use-t-elle pas avec nous ainsi dans toutes les occasions de la vie? Les plaisirs dont elle nous retrace l'image ne sont-ils pas toujours plus vifs et plus délicieux que nous ne pouvons les trouver dans la réalité? Et d'où vient cette différence? C'est que l'imagination ne nous en montre que ce qu'ils ont de satisfaisant, et qu'elle en écarte toutes les circonstances qui, dans la réalité, en rendent toujours la jouissance plus agréable. Telle est la loi des choses humaines. Il n'appartient qu'au prestige de l'imagination de créer des plaisirs purs et des ouvrages sans défaut.

Je ne puis mieux terminer ces réflexions qu'en vous rendant compte du talent le plus singulier et le plus incompréhensible, que j'ai vu à un citoyen distingué de la république de Genève, appelé M. Huber. Cet homme extraordinaire prend un morceau de vélin, et y découpe, avec des ciseaux, des tableaux dont il crée les sujets et l'ordonnance sans dessin. Il est impossible d'imaginer quelle chaleur, quelle poésie, quel goût, quel charme, M. Huber sait répandre dans ses tableaux. Je lui connais plus de deux cents sujets dont le plus médiocre ferait honneur au meilleur peintre. Je ne dis pas que j'aimerais mieux une découpure de M. Huber que les plus beaux tableaux de l'École française moderne; mais je dis, et tous ceux qui sentent réellement le mérite des arts en conviendront, que M. Huber, par la correction, l'élégance, le grand goût de son dessin, peut être comparé à Michel-Ange; que le feu, l'expression, l'illusion qu'il sait mettre dans ses découpures, n'ayant pour toute ressemblance que la superficie d'un morceau de parchemin, sont une chose réellement incompréhensible. Ses tableaux font d'autant plus d'effet qu'ils laissent plus à faire à l'imagination; aussi je n'ai jamais pu les regarder sans enthousiasme. Cet homme a son imagination et sa poésie au bout de ses doigts, et sait nous remuer et nous charmer avec une paire de ciseaux. Plusieurs de ses amis lui ayant conseillé de faire commerce de ses découpures, quoiqu'il ne soit pas dans le cas de tirer parti de ses talents, il y a consenti, et l'on a vendu à Paris une grande quantité de ces tableaux dont les plus grands ont été payés jusqu'à six louis. On les place entre deux verres, dont l'un est terne, et on les voit ainsi à la lumière dont l'illusion est beaucoup plus forte. Il y en a de petits de trois livres, d'un louis, et même de douze francs; mais il n'y en a aucun qui ne soit susceptible de tourner la tête à celui qui est appelé à l'amour des arts. M. Huber a créé un nouveau genre d'imitation très-délié et très-fugitif; mais je crains bien que ce ne soit le premier et le dernier qui ait excellé dans un art aussi extraordinaire et aussi incompréhensible.

15 janvier 1760.

— *Histoire d'Angleterre depuis la descente de Jules César jusqu'au traité d'Aix-la-Chapelle en 1748*, traduit de l'anglais de M. Smolett par M. Targe [1]. Cette histoire a eu de la réputation en Angleterre. Le traducteur me paraît un pauvre sire.

— *Lettres historiques pour servir de suite à l'histoire des révolutions de la Grande-Bretagne et à l'histoire militaire et civile des Écossais au service de la France* [2]. Compilation insipide.

---

1. Orléans, Londres et Paris, 1759-1768, 24 vol. in-8°.
2. Édimbourg et Paris, 1759, in-12.

— *Discours sur la conduite du gouvernement de la Grande-Bretagne à l'égard des nations neutres pendant la présente guerre* [1]. Traduit de l'anglais.

— *Mémoire sur l'utilité des histoires particulières des provinces, et sur la manière de les écrire* [2]. Bonne instruction pour les moines. Leurs ennuyeuses compilations historiques valent encore mieux que leurs controverses théologiques.

— *Recueil de pièces nouvelles et intéressantes* [3]. C'est une jansénisterie sur le refus des sacrements et autres matières de cette importance.

— *L'Ame, ou le Système des matérialistes soumis aux seules lumières de la raison* [4]. C'est un recueil de raisonnements plats et ennuyeux contre la philosophie.

— *La Philosophie du moment* [5], feuille volante d'une grande platitude. Cependant comme c'est la mode d'attaquer les philosophes, beaucoup de gens qui ne se croient pas sots ont trouvé cette feuille fort intéressante.

— *Essai de politique et de morale calculée* [6]. L'auteur de ces calculs, que je ne connais point, sait le secret de travestir les choses les plus communes sous un galimatias insipide.

— *Mémoires de Charles Perrault, de l'Académie française, et premier commis des bâtiments, contenant beaucoup de particularités et d'anecdotes intéressantes du ministère de M. Colbert* [7]. Le médecin Perrault est connu par le magnifique péristyle du Louvre, dont il donna le dessin et qui est regardé avec raison comme le plus beau monument de l'architecture moderne qu'il y ait en France. Son frère Charles joua un rôle dans la fameuse querelle des anciens et des modernes; il s'était déclaré pour les derniers. C'est l'auteur des mémoires dont nous par-

---

1. La Haye, P. de Hondt, 1759, in-8°.
2. (Par l'abbé Baudeau.) Paris, 1759, in-8°.
3. Avignon, 1759, in-12.
4. (Par l'abbé du Four, d'Avignon.) Lausanne (Avignon), 1759, in-12.
5. Inconnue aux bibliographes.
6. S. l., 1759, t. Ier (et unique). L'auteur, P.-F. Hugues, dit d'Hancarville, s'est surtout fait connaître par ses recueils de planches gravées (*Monuments de la vie privée des douze Césars. Monuments du culte secret des dames romaines*). J. Lamoureux avait communiqué une intéressante notice sur cet aventurier lettré à Barbier, qui l'a insérée dans son *Examen critique des dictionnaires*.
7. (Publiées par Patte.) Avignon (Paris), 1759, in-12.

lons et qui font un petit volume qu'on lit avec plaisir. Le cavalier Bernin, que Louis XIV fit venir de Rome, y est fort maltraité ; mais Perrault, frère de son émule, doit paraître suspect dans les anecdotes qu'il débite au sujet de ce fameux artiste. Lorsque Bernin fut de retour à Rome, il envoya par reconnaissance la statue de Louis XIV qu'on voit dans le parc de Versailles. Ce morceau est fort décrié, et avec raison. On croit communément que Bernin a voulu se venger de n'avoir pas été employé à la façade du Louvre. Mais ce n'est pas ainsi que les grands hommes se vengent. Bernin aurait plutôt tâché de faire un chef-d'œuvre sublime, pour apprendre à Louis XIV quel était l'homme dont il n'avait pas voulu employer le talent. Je croirais donc que Bernin, dont le mérite consiste surtout dans la correction et la grande pureté, ayant observé le goût du maniéré qui régnait dès lors en France, a voulu faire un morceau dans ce goût peu recommandable pour s'assurer les suffrages des Français. De cette manière on sent comment un grand homme, appelé par son génie au vrai beau, peut produire une mauvaise chose en quittant son faire pour s'abandonner à un goût factice et faux.

— M. l'abbé Trublet vient de donner un quatrième volume fort gros de ses *Essais sur divers sujets de littérature et de morale*. C'est un faiseur d'esprit inépuisable. C'est dommage qu'il soit venu si tard. Il y a trente ou quarante ans que son ouvrage eût fait une grande fortune ; mais, aujourd'hui, la philosophie nous a rendus insensibles à toutes ces minuties. M. de Voltaire disait autrefois de M. de Marivaux qu'il s'occupait à peser des riens dans des balances de toiles d'araignée. C'est à peu près le métier de M. l'abbé Trublet. Il ressemble encore à ces pauvres gens qui vont, de rue en rue, ramasser ce qu'on a jeté, pour en tirer quelque parti. C'est dans ce sens que M. l'abbé Trublet, se vantant un jour qu'en cas de besoin il donnerait tous les six mois un nouveau volume de ses essais, un homme de beaucoup d'esprit (M. l'abbé de Canaye) lui dit : « C'est en suivant les gens qu'on voit. » Maupertuis prétendait qu'on ne pouvait voyager en Allemagne sans savoir son abbé Trublet par cœur, parce que tous les maîtres de poste l'avaient en grande vénération et le savaient au bout de leurs doigts, et qu'ils refusaient des chevaux à tous ceux qui n'en savaient pas autant.

— L'auteur de *la Capitale des Gaules, ou la Nouvelle Babylone,* vient d'en publier une seconde partie dans laquelle il se défend, quelquefois assez plaisamment, contre ses censeurs et principalement contre son antagoniste, M. l'abbé de La Porte, auteur de *la Feuille nécessaire*[1] et d'autres ouvrages inutiles. Celui de *la Nouvelle Babylone* s'appelle M. de Montbron. Il est connu par *la Henriade travestie* et autres mauvaises productions.

FÉVRIER

1er février 1760.

L'abus de la critique n'a jamais été porté aussi loin qu'il l'est aujourd'hui par les journalistes. Un étranger d'un sens droit qui ne serait point au fait de leurs bassesses et voudrait former son jugement sur leurs décisions aurait bientôt un recueil d'idées les plus fausses et les plus absurdes. On ne peut se dissimuler que cette multiplicité de feuilles périodiques ne soit la ruine des lettres. Ceux d'entre nos faiseurs qui, pour se procurer des lecteurs et du pain, outragent les noms les plus célèbres ne sont pas les plus répréhensibles. Il est une sorte de louange, prodiguée sans pudeur aux talents médiocres, qui, à mon sens, fait bien plus de mal que les injures les plus déplacées. Rien n'éteint plus l'envie de bien faire que de voir les honneurs du mérite et du talent profanés et accordés à ceux qui en sont le moins dignes. A s'en rapporter à presque tous nos faiseurs de feuilles, la tragédie de *Zulica*[2] est un chef-d'œuvre, et si Racine venait à reparaître parmi nous, je défie qu'on accordât à son début plus de louanges que ces messieurs

---

1. C'est à tort que Grimm attribue *la Feuille nécessaire* à l'abbé de La Porte. Ce journal, dont il parut un volume en 1759 (in-8°), était rédigé par Boudier de Villemert et Soret. Il fut continué depuis 1760 jusqu'en 1773 sous le titre de *l'Avant-Coureur.* Voir p. 83.

2. Représentée le 7 janvier 1760, et reprise le 12 après corrections, *Zulica* eut « sept représentations et beaucoup de succès », dit Mouhy. Dorat reprit en 1779 le même sujet sous le titre de *Pierre le Grand.*

n'en ont donné à M. Dorat. Ce jeune homme peut mériter quelques encouragements pour sa versification ; mais il n'a certainement montré aucun talent comme poëte dramatique, et s'il réussit jamais à ire de bonnes tragédies on sera obligé de convenir que son coup d'essai ne le donnait pas à deviner.

Zulica était tombée à la première représentation, le dénoûment en avait paru absurde ; à la seconde, le poëte en substitua un autre bien plus absurde, et fut applaudi à tout rompre. Lorsque Zéangir à la tête des rebelles s'élançait sur Thimir pour le poignarder, il était arrêté et poignardé lui-même par Zulica. Ce n'est plus cela. Zulica se contente de désarmer le furieux Zéangir. Alors Thimir se met à le prêcher. Il lui montre moins l'infamie que l'injustice et l'absurdité de ses projets, et après ce beau sermon il prend son propre poignard, le remet à Zéangir, et lui dit : « Frappe, si tu te trouves plus digne de l'empire que moi ! » A ces mots, Zéangir, confondu, tombe aux pieds de Thimir, et est pardonné. Ceux qui ont pu supporter un tel changement sont, à coup sûr, des gens de peu de jugement : car, sans compter la puérilité de toute la machine, il est constant que les préjugés et le caractère de Zéangir ne lui devaient pas permettre de balancer un instant pour enfoncer le poignard dans le cœur de Thimir. Zéangir n'avait pas été à l'école avec M. Dorat ; il n'y avait pas puisé ces idées de générosité, de magnanimité, que les écoliers sont si pressés de porter au sortir de l'école sur nos théâtres. Un barbare peut avoir une âme élevée et généreuse, mais il n'aura certainement pas la forfanterie d'un écolier de la rue Saint-Jacques. Le premier dénoûment, quoique faiblement traité, était dans l'ordre des choses, et a été sifflé. Le second n'a pas le sens commun, et a été applaudi. Zéangir y fait le rôle d'un fou furieux, mais sans avoir de but, et Thimir est le plus grand sot de son vaste empire.

Mais il est temps de laisser là les puérilités de M. Dorat, et de voir comment on pourrait traiter le sujet du czar Pierre le Grand sur la scène et devant un peuple éclairé. Ce sujet pourrait devenir un des plus beaux et des plus dignes d'exercer un génie de la première force. Le czar serait dans cette pièce ce qu'il est dans l'histoire, le créateur d'un nouveau peuple, d'un nouvel empire. Il aurait établi la discipline et la police ; il aurait fait connaître les arts les plus utiles à des peuples barbares; avec des peines incroyables il serait parvenu à déraciner les préjugés les plus funestes à la prospérité d'un nouvel État. La vie d'un homme, le règne d'un souverain ne suffit pas pour fonder solidement tant de réformes et tant de nouveaux établissements. Le czar aurait fait cette réflexion, et aurait pensé que si son successeur ne continuait pas sur le plan qu'il avait tracé tous ses travaux seraient inutiles et vains. C'est ici que le poëte se serait servi de l'histoire du fils de Pierre, et que la fiction aurait pu ajouter à la force théâtrale. Au lieu de faire du supplice que le père fit souffrir à son fils une action domestique d'un barbare dénaturé, il en aurait fait une action de la plus profonde et plus sublime politique. Le poëte aurait fait le czar père de deux fils : l'aîné, stupide, vicieux, incapable d'aucun effort salutaire à l'État nouvellement créé, indigne, en un mot, de régner et de commander, aurait menacé l'empire de plus de malheurs qu'il n'en avait éprouvé dans la barbarie et dans l'ignorance; le cadet, en revanche, animé du même génie qui inspirait son père, capable des plus grandes choses, doué des talents les plus heureux, digne d'achever tout ce que son père avait commencé, aurait promis à l'empire les plus beaux jours, la prospérité et la gloire les plus solides. Le père, considérant le caractère de ses deux fils, aurait résolu de faire mourir l'aîné pour assurer au cadet l'empire, et à l'empire, un successeur digne de lui. Voilà le fond d'une tragédie que le peuple romain aurait pu honorer de son suffrage, mais qui ne peut être traitée que par le génie le plus élevé et le plus sublime. Vous voyez aisément quelle multitude de scènes de la plus grande force ce sujet aurait fournie. Ce qu'il y a de féroce aurait ajouté à la majesté et à la solennité du genre. Ne faut-il pas avoir pitié de ceux qui s'imaginent que tout est épuisé dans les beaux-arts? Combien de trésors encore ouverts à un homme de génie!

15 février 1760.

On vient d'ôter le *Mercure* à M. Marmontel pour une aventure fort singulière. La Comédie-Française est, d'institution, sous la direction des quatre premiers gentilshommes de la chambre. Celui qui est d'année et en exercice auprès du roi est le supérieur des comédiens. Depuis quelques années, M. le duc d'Aumont s'est emparé de la direction de la Comédie, à l'exclusion des trois autres premiers gentilshommes de la chambre, qui ont bien voulu consentir à cette usurpation; mais ni le public ni les Comédiens n'en ont été contents. On a renversé toute la police intérieure de la Comédie, qui s'était gouvernée jusqu'à ce moment en république, que son intérêt et l'envie de plaire au public guidaient mieux que des règlements despotiques. Le public a vu avec chagrin des retraites forcées, des réceptions de sujets sans talents et sans espérance; tout a paru se régler suivant le caprice d'un despote sans goût et sans lumière.

Il est triste de voir porter l'usage du despotisme au milieu de nos spectacles, et d'en empoisonner jusqu'à nos amusements. Si le règne de M. d'Aumont dure, il est à craindre que nous n'ayons bientôt plus de Comédie-Française. Les anciens acteurs, les sujets les plus agréables au public, révoltés d'une tyrannie à laquelle ils n'étaient point accoutumés, se sont retirés ou vont se retirer incessamment. Nous avons déjà perdu Sarrazin, le plus excellent acteur que la Comédie ait eu. On a fait retirer Mlle de La Mothe malgré elle, quoiqu'elle fût fort agréable au public. Mlle Grandval, actrice charmante, va quitter dans un mois, à la clôture; sa retraite sera suivie dans peu de celle de Mlle Dumesnil, de Grandval et de Mlle Dangeville. Après quoi on n'aura plus qu'à mettre la clef à la porte de la Comédie, car tous les sujets qu'on a reçus depuis deux ou trois ans sont détestables. Toutes ces innovations ont produit des contes fort ridicules et des tracasseries sans fin. Mais ce qui a fait le plus de bruit cet hiver, c'est la parodie de la célèbre scène du grand Corneille, où Auguste délibère avec Cinna et Maxime s'il doit conserver ou abdiquer l'empire. Je vous l'envoie telle qu'elle a couru dans le public. On la dit l'ouvrage d'une coterie; on prétend qu'elle a été faite de gaieté et de folie dans un souper; M. Marmontel en était. Il est inutile d'entrer dans tous les détails de cette tracasserie, il suffit de dire que M. Marmontel a été mis à la Bastille pendant quinze jours, et qu'au sortir de la prison on lui a déclaré que le roi lui ôtait le brevet du *Mercure*. Cet écrivain proteste, de son côté, n'être point auteur de la parodie, et il prétend en avoir convaincu Mme de

Pompadour, M. le duc de Choiseul et M. le comte de Saint-Florentin. S'il n'était, en effet, coupable que d'imprudence, il faudrait convénir que sa punition est bien sévère[1]. Quoi qu'il en soit, on a donné le *Mercure* à M. de La Place, traducteur du théâtre anglais et de quelques romans du même idiome, en réservant néanmoins une pension de mille écus à M. Marmontel. Le public regrettera ce dernier; il paraissait tout à fait propre à cette sorte de travail qu'exige le *Mercure*. Il a supérieurement l'esprit de discussion : ses extraits étaient très-bien faits, et celui du livre de M. Rousseau contre la comédie peut être regardé comme un modèle en ce genre. M. de La Place n'a point de style, et je ne crois pas que dans aucun point il puisse soutenir le parallèle avec son prédécesseur.

PARODIE DE LA SCÈNE DE CINNA,

TRAGÉDIE DU GRAND CORNEILLE.

Le duc d'Aumont, Le Kain, d'Argental.

LE DUC D'AUMONT.

Que chacun se retire, et qu'aucun n'entre ici.
Vous, Le Kain, demeurez; vous, d'Argental, aussi.
Cet empire absolu que j'ai dans les coulisses
De chasser les acteurs, d'essayer les actrices,
Cette grandeur sans borne, et cet illustre rang
Que j'eusse moins brigué s'il eût coûté du sang[2];
Enfin tout ce qu'adore en ma haute fortune
Du vil comédien la bassesse importune
N'est que de ces beautés dont l'éclat éblouit,
Et qu'on cesse d'aimer sitôt qu'on en jouit.

---

1. Marmontel a conté tout au long, dans le sixième livre de ses *Mémoires*, cette affaire, qui fut un des événements les plus graves de sa tranquille existence; il se conduisit d'ailleurs en homme d'honneur, puisque le véritable auteur de cette parodie était Cury, intendant des Menus-Plaisirs, et qu'il se laissa emprisonner et dépouiller du *Mercure* plutôt que de dénoncer le coupable. Marmontel n'a cité que quelques vers intercalés après coup dans cette facétie que Collé nous a conservée. Notre texte offre, outre quelques différences insignifiantes, une variante et un vers qui avaient échappé aux éditeurs du *Journal* de Collé.

2. Variante:
Qui m'a fait élever dans le parterre un banc.

(GRIMM.)

Dans sa possession j'ai trouvé pour tous charmes
D'effroyables soucis, d'éternelles alarmes.
Le mousquetaire altier m'a montré le bâton,
Le public insolent m'accable de lardon.
Molière eut comme moi cet empire suprême,
Monet dans la province en a joui de même :
D'un œil si différent tous deux l'ont regardé
Que l'un s'en est démis, et l'autre l'a gardé.
Monet, vain, tracassier, plein d'aigreur et d'envie,
Voit en repos couler le reste de sa vie,
Et l'autre, qu'on devrait placer au plus haut rang,
Est mort sans médecin d'un crachement de sang.
Ces exemples récents suffiraient pour m'instruire
Si par l'exemple seul on devait se conduire :
L'un m'invite à le suivre, et l'autre me fait peur ;
Mais l'exemple souvent n'est qu'un miroir trompeur.
Voilà, mes chers amis, ce qui me trouble l'âme.
Vous qui me tenez lieu du merle¹ et de ma femme,
Pour résoudre ce point avec eux débattu,
Prenez sur mon esprit le pouvoir qu'ils ont eu.
Ne considérez point cette grandeur suprême,
Odieuse au public et pesante à moi-même :
Suivant vos seuls avis je serai cet hiver
Ou directeur de troupe ou simple duc et pair.

LE KAIN.

Malgré notre surprise et mon insuffisance,
Je vous obéirai, seigneur, sans complaisance,
Et mets bas le respect qui pourrait m'empêcher
De combattre un avis où vous semblez pencher.
N'allez pas imprimer une honteuse marque
Aux motifs qui d'ici vous ont fait le monarque,
Car on dirait bientôt que c'est injustement
Que vous avez changé notre gouvernement.
La troupe est sous vos lois, en dépit du parterre,
Et vous régnez en paix tandis qu'on fait la guerre.
Plus votre nouveau poste est noble, grand, exquis,
Plus de votre abandon chacun serait surpris.
On critique, il est vrai ; mais sur ce qu'on hasarde
S'il est bien des sifflets, n'avons-nous pas la garde ?
Nous goûterons bientôt par vos rares bontés
Le comble souverain de nos prospérités.

1. Sobriquet de M. le comte de Choiseul, ambassadeur du roi à Vienne.
(GRIMM.)

Que l'amour du bon goût, que la pitié vous touche!
Notre troupe à genoux vous parle par ma bouche.
Considérez combien vous nous avez coûté;
Non que nous vous croyions avoir trop acheté;
De l'argent qu'elle perd la troupe est trop payée;
Mais la quittant ainsi vous l'aurez ruinée.
Si vous aimez encore à la favoriser,
Otez-lui les moyens de se plus diviser;
Conservez-la, seigneur, en lui laissant un maître
Sous lequel sa splendeur sans doute va renaître[1],
Et pour nous assurer un bonheur sans égal,
Prenez toujours conseil de M. d'Argental.

D'ARGENTAL.

Seigneur, il est aisé de lever tous vos doutes.
Je dirai mon avis tout haut, quoiqu'il m'en coûte.
Je sens bien que l'État... a grand besoin de vous;
Cependant le péril... mais que répondrez-vous
A ce raisonnement? Pour vous je vais conclure
Qu'il faut choisir toujours la façon la plus sûre.
Car enfin... quand je pense à tout ce que je vois,
Il me semble... mais non... il vous faut de l'emploi.
Si pourtant vous vouliez envisager la chose
D'un œil tout différent, je dirais... mais je n'ose...
Voilà, je crois, l'avis qui doit être suivi,
Et vous ne risquez rien à prendre ce parti.

LE DUC D'AUMONT.

N'en délibérons plus, cette affaire est finie;
Si je crains le public, j'aime la Comédie.
Enfin, quelques brocards qui puissent m'arriver,
Je veux bien les risquer afin de vous sauver.
Pour la tranquillité mon cœur en vain soupire:
Le Kaïn, par vos conseils, je retiendrai l'empire,
Mais je le retiendrai pour vous en faire part.
Je vois trop que vos cœurs pour moi n'ont point de fard,
Et que chacun de vous, dans l'avis qu'il me donne,
Regarde seulement la troupe et ma personne.
Votre amour à tous deux fait ce combat d'esprit,
Et vous allez tous deux en recevoir le prix:
Vous qui de l'éloquence avez si bien le charme,
D'Argental, vous serez ambassadeur à Parme;

---

1. Ce vers manque dans le texte publié par Barbier et M. H. Bonhomme.

Vous, Le Kain, avec moi partagez les honneurs;
Donnez ici des lois, choisissez les acteurs.
Ainsi d'aucun talent ne craignant plus l'ombrage,
Du public à coup sûr vous aurez le suffrage;
Allez voir la Clairon, tâchez de la gagner,
Car son avis ici n'est pas à dédaigner.
Je conserve l'empire et l'éclat dont il brille;
Adieu, j'en vais porter la nouvelle à ma fille[1].

SONNET DU CAVALIER DOTTI

A MADAME LA PROCURATRICE MONCENIGO

HABILLÉE EN MOINE.

O caro, o vago, o impareggiabil frate,
Oppra del ciel la più leggiada e bella!
Se verrà tempo mai, che confessiate,
Quanto concorso avrà la vostra cella!
E se fia mai che, missionario, andiate
A predicar in questa parte o in quella,
Vedransi a nostra fè l'Indie inchinate
E fida ritornar l'Anglia ribella.
Eh! povess' io di frate papa farvi!
Ch' altro non chiederei per mia mercede
Che il caro e bianco piè nudo baciarvi;
N'osulterebbe il mondo que s'ei crede
Necessità de adesso l'adorarvi;
Quel ch'ora è colpa allor' sarebbe fede.

MAUVAISE TRADUCTION DE CE SONNET.

Vit-on jamais dans les cieux, sur la terre,
Rien de si beau que vous, aimable père?
Si par hasard un jour vous confessiez,
Que de pécheurs vous auriez à vos pieds!
Ou si jamais, transporté d'un saint zèle,
A convertir vous vouliez vous donner,
En peu de temps nous verrions l'infidèle,
L'Anglais, le Turc, à la foi retourner.
Mais je voudrais pouvoir vous faire pape.
Hélas! qu'alors avec dévotion
J'irais baiser un si joli talon!
Avant cela lorsqu'on vous adorait,

---

1. Mme la marquise de Villeroy. (GRIMM.)

C'était un crime; aujourd'hui l'on pourrait
En le faisant être bon catholique.

— On a imprimé l'*Oraison funèbre du roi et de la reine d'Espagne*[1], prononcée au commencement de cette année, dans la cathédrale de Paris, par M. l'évêque de Vence. Vous la trouverez vide de faits et remplie de moralités communes; c'est plutôt un sermon qu'un ouvrage de bel esprit. Il n'y a ni bien ni mal à en dire.

— *Curiosités historiques, ou Recueil de pièces utiles à l'histoire de France et qui n'ont jamais paru*[2]. Il y a dans ce recueil quelques pièces curieuses, et beaucoup de communes. A tout prendre, on peut parcourir cette compilation.

MARS

1er mars 1760.

La guerre des esclaves est une époque célèbre dans l'histoire romaine. S'il faut juger du mérite d'un homme par les difficultés qu'il a vaincues, par les choses qu'il a créées, par les ressources qu'il s'est ménagées, Spartacus, leur chef, doit sans doute être placé au rang des héros. Vous connaissez l'origine de cette guerre mémorable. Deux cents esclaves, la plupart Gaulois ou Thraces de naissance, détenus et dressés dans la ville de Capoue pour se donner ensuite en spectacle comme gladiateurs, formèrent entre eux le complot de s'enfuir. Leur dessein fut découvert, et il n'y en eut que soixante-dix-huit qui eurent le bonheur de s'échapper, ayant pour toute arme des bûches et des couteaux de cuisine. De cette troupe si méprisable en apparence, Spartacus sut former une armée qui, bientôt accrue jusqu'au nombre de cent vingt mille hommes par les esclaves qui de tous les côtés venaient se ranger sous ses dra-

---

1. Paris, 1759, in-4°.
2. Amsterdam, 1759, 2 vol. in-12.

peaux, fit trembler la capitale du monde pendant trois ans de suite. Rien ne prouve mieux ce que peut le génie d'un seul homme. Spartacus fut grand en tout. Né en Thrace, il avait fait la guerre, et, devenu prisonnier, il fut vendu comme esclave et destiné à la profession infâme de gladiateur. Son courage généreux le fit triompher du sort. Il fut l'âme de la conspiration, et s'il n'avait été obligé de partager son autorité avec des hommes sans talent et sans tête, s'il était toujours resté maître des opérations, et surtout s'il eût réussi à faire respecter la discipline et la subordination parmi ce vil ramas d'esclaves enflés de leurs succès, il n'est point douteux qu'il n'eût fait la guerre heureusement. Spartacus fut défait par Crassus, et resta sur le champ de bataille.

Le caractère d'un homme qui avait tant de tête, tant de génie et tant de vertus, intrépide dans les dangers, fécond en ressources dans les disgrâces, sage et modéré dans la prospérité, grand capitaine, grand politique, a paru à M. Saurin propre à intéresser sur le théâtre. Il en a fait un sujet de tragédie qu'il vient de donner à la Comédie-Française[1]. Il faut d'abord oublier toute l'histoire de la guerre de Spartacus quand on veut voir la pièce de M. Saurin. Il n'a conservé que le caractère et la catastrophe du héros. D'ailleurs, tous les faits sont altérés. Ainsi, suivant l'histoire, c'est Crassus qui était parvenu à enfermer Spartacus et son armée. Dans la tragédie, c'est au contraire celui-ci qui tient son ennemi bloqué. On ne sait rien de la naissance de Spartacus, sinon qu'il était Thrace. M. Saurin en a fait le fils de je ne sais quel Argentorix, chef des Germains. C'est, dit-on, pour donner plus de consistance à son personnage : comme si un simple prisonnier de guerre, réduit à l'esclavage et brisant ses fers par un généreux effort, et se vengeant de ses tyrans à force de grandes actions, n'était pas assez intéressant sans avoir recours aux distinctions vulgaires de sang et de naissance! Mais voyons la manière dont M. Saurin a traité son sujet.

Mœricus, chef des Gaulois, du parti de Spartacus, ouvre la scène avec son confident. Les Romains lui ont enlevé jadis un

---

1. Le 23 février 1760; elle eut neuf représentations, et fut reprise le mois suivant.

fils et l'ont fait périr. Voilà la raison de sa haine contre eux. Il admire les grandes qualités de Spartacus, et il en est jaloux. Il ne sait ce qu'il est; mais, ce qui pis est, le poëte n'en sait pas davantage, ni les spectateurs non plus. Pour le confident, je crois qu'il est gagné par les Romains, et qu'il travaille à détacher son maître du parti de Spartacus. Je n'en suis pourtant pas bien sûr. Cette première scène est longue, froide, obscure, et, quelque effort qu'on fasse, on ne peut se résoudre à écouter. Spartacus arrive. Il parle un peu de ses affaires, et beaucoup de l'amour qu'il a conçu, au sac de la ville de Tarente, pour une jeune Romaine à qui il a sauvé l'honneur et la vie. Un de ses lieutenants survient, et lui annonce la mort de sa mère. Elle était prisonnière parmi les Romains, et, pour échapper à un supplice honteux, elle s'est donné la mort volontairement. On présente à son fils le poignard teint du sang de sa mère. Elle lui fait ce présent en expirant, afin de l'exciter à venger sa mort. Cette scène ne fait point d'effet, parce que tout y est froid et sans âme. On apprend encore à Spartacus que la fille de Crassus, chef de l'armée romaine, vient d'être enlevée par un de ses détachements. On la désigne comme la première victime qu'il faut immoler aux mânes de sa mère. Mais Spartacus ne veut point entendre parler de semblables vengeances, et l'acte finit. Tout cet acte est froid et obscur, farci de récits qui n'intéressent en aucune manière et qui ne font aucun effet. Et, pour juger de la conduite et de l'enchaînement des faits, on peut voir combien tout est précaire, puisqu'en renversant l'ordre des faits et commençant la pièce par la prise de la fille de Crassus, et remontant en sens inverse jusqu'à la mort du fils de Mœricus, tout marche également.

Le second acte commence par une scène mortelle entre Émilie, fille de Crassus, et sa confidente. Elle vient d'être enlevée, elle se trouve dans le camp de son ennemi et de son amant. Elle aime Spartacus depuis qu'elle l'a vu combattre et vaincre dans l'arène en gladiateur. Cet amour a pris de nouvelles forces au sac de Tarente. Tout cela occasionne des récits éternels bien placés, comme vous voyez: car la fille d'un consul qui se trouve tout à coup dans le camp des esclaves, où elle a tout à craindre pour sa vie et pour son honneur, n'a rien de mieux à faire que d'instruire sa confidente de ce qui s'est passé il y a trois ou quatre ans. Il faut bien passer son temps à quelque chose. Enfin Spartacus arrive, et interrompt ces tristes récits. Il reconnaît Émilie pour cette jeune Romaine qu'il a vue à Tarente, et qu'il aime depuis ce temps-là. Cette scène est encore très-froide et très-longue; mais je ne sais plus ce qu'on y dit. Rien ne tient dans cette tragédie. Les personnes pourraient dire tout autre chose, et la pièce n'en marcherait pas moins bien. A la fin arrivent des soldats attroupés et des chefs de l'armée, qui demandent tout le sang d'Émilie. Spartacus dit quelques maximes, dissipe ces soldats d'un coup d'œil, renvoie ces officiers, et fait entrer Émilie dans sa tente. C'est où finit le second acte.

Au commencement du troisième, on voit paraître Crassus lui-même dans le camp de son ennemi. Il bavarde un peu avec son confident; ensuite il obtient audience de Spartacus. Il vient, dit-il, en père et non en ennemi. Cette scène est encore mortelle pour la longueur, et je n'en ai pu rien retenir. Crassus est congédié et retourne dans son camp sans avoir vu sa fille. Le poëte n'y a pas seulement pensé. Après son départ, Spartacus fait venir Émilie et lui annonce qu'elle est libre et qu'elle peut s'en retourner au camp de son père. Une conduite si généreuse touche sensiblement Émilie, qui déclare à Spartacus l'amour qu'elle sent pour lui. Cet amour est grand, froid, décent; il ne nuira en rien aux devoirs de fille et de Romaine : Spartacus n'est pas plus amoureux ni moins stoïque qu'elle. Tout cela se passe en beaux sentiments, et l'acte finit par le départ d'Émilie.

Dans l'entr'acte il se livre un combat entre les Romains et les esclaves. Mœricus y est maltraité; Spartacus accourt et rétablit les affaires. Les Romains sont battus. Dans la première chaleur, il dit quelques mots piquants pour Mœricus. Celui-ci ouvre le quatrième acte, grièvement blessé de l'humiliation qu'il vient d'éprouver. Spartacus survient et demande pardon à Mœricus, en présence des chefs de l'armée, de l'affront qu'il a pensé lui faire dans la chaleur du combat. Il lui en fait la réparation la plus éclatante. Cette scène a été fortement applaudie, et l'eût été bien davantage si elle avait été préparée et qu'elle tînt au sujet; mais elle est absolument isolée, et le combat se donne à l'improviste sans avoir été annoncé. A la suite de cette scène, Crassus reparaît une seconde fois. Cette fois-ci, il vient en consul. Il est supposé enfermé avec son armée. Il offre à Spartacus les honneurs et la dignité de sénateur. Tous ses soldats seront reçus citoyens, et auront des biens et des champs ; tous les officiers de son armée auront les honneurs de l'ordre équestre. Spartacus rejette ces propositions, sans orgueil et sans dédain pour ses ennemis ; mais il parle en maître.

> Mais dans Rome, demain, sénateurs, citoyens,
> Seront en mon pouvoir ainsi que tous vos biens.
> J'ordonnerai du sort de ces maîtres du monde,
> Et verrai sur quel droit ce grand titre se fonde,
> Et si, soumettant tout aux lois du consulat,
> Il faut que Rome soit et qu'elle ait un sénat.

Il y a des bouts de dialogue bien faits dans cette scène ; mais elle ne marche point, et la fin en est traînante comme le reste. Crassus, voyant qu'il ne peut fléchir Spartacus, nous apprend par un aparté qu'il va corrompre Novicus et l'engager à trahir l'autre. Une scène inutile entre Spartacus et Novicus termine l'acte.

Au commencement du cinquième, tout se dispose à la bataille qui doit décider la querelle. Émilie, inspirée par la passion, quitte le camp de son père et reparaît dans celui de son amant pour le porter à accepter les propositions de Rome. Spartacus est inflexible ; mais cela n'empêche pas que la scène ne soit très-longue et qu'elle n'occasionne la perte de Spartacus. Car, pendant qu'il est là à discourir, Novicus a le temps de le trahir et d'engager avec les Romains le combat qui doit les rendre victorieux. Bonne satire, comme vous voyez, de nos héros de théâtre qui bavardent lorsqu'il faudrait agir. A la fin cependant Spartacus court aux armes. Émilie reste seule ; son amant est bientôt vaincu et pris. Crassus paraît victorieux. Il est un peu surpris de trouver sa fille dans le camp des esclaves : « Cependant, dit-il, je savais bien ce que vous vous proposiez en venant ici à mon insu, et voilà pourquoi je vous ai laissée faire. » Spartacus est amené prisonnier, il brave son vainqueur. Crassus, pour le consoler, lui apprend la perfidie de Novicus : « C'est par ces moyens que j'ai triomphé de vous. Ainsi votre gloire est entière, quoique le sort se soit déclaré contre vous. »

A la fin de cette scène on vient dire à Crassus qu'une troupe d'esclaves s'est ralliée pour délivrer leur chef. Il court dissiper ce reste d'ennemis. Spartacus et Émilie occupent seuls la scène. Elle fait d'abord retirer la garde. De quel droit? je n'en sais rien; mais elle est obéie. Spartacus ne la croit point capable d'avoir trempé dans la trahison. Elle ne s'en justifie pas non plus. Cette justification serait au-dessous d'elle. Bavardages de part et d'autre qui ne finissent point. A la fin cependant Spartacus, pour preuve d'amour, exige d'elle un poignard avec lequel il puisse terminer sa vie et ses malheurs. Émilie y consent; mais avant de livrer le poignard elle s'en frappe elle-même, et tombe dans les bras de son amant, qui suit son exemple au moment où Crassus reparaît sur la scène. La pièce finit avec cette catastrophe. Cette dernière scène, manquée comme les autres, pouvait être belle, abstraction faite de l'absurdité de la situation. Pour cela il fallait qu'Émilie, aussitôt après le départ de Crassus, donnât son poignard à Spartacus en lui disant : « Tu n'as plus d'autre moyen de prévenir ta honte. » Spartacus se serait frappé, et Émilie aurait suivi son exemple.

La tragédie de M. Saurin est tombée à la première représentation. L'auteur en a retranché beaucoup de choses qui avaient déplu, et, à la seconde représentation, sa pièce a eu beaucoup de succès. Il se propose cependant de la retirer après la septième, et de la faire reparaître l'hiver prochain avec des changements considérables. M. Saurin est un homme d'esprit et de mérite au succès duquel tous les honnêtes gens se sont intéressés. Mais la vérité, qui a seule droit de dicter ces feuilles, m'oblige de juger la pièce sans me souvenir de l'auteur. Vous avez pu remarquer d'abord, par l'analyse que vous venez de lire, que c'est le plan le plus mal conçu et le plus mal exécuté qu'on puisse porter sur la scène. Aucune des scènes de cette pièce n'est essentielle à la marche de l'action. L'auteur a pris à tâche de nous montrer Spartacus dans différentes situations, toujours grand, toujours généreux et admirable. Mais comme dans le fond aucune de ces situations ne tient au sujet, les choses les plus propres à frapper, et que nos poëtes ont mises si souvent à l'épreuve, ne font ici qu'un effet très-médiocre; tant il est vrai que la convenance et la bienséance décident seules du caractère d'un incident, et que la même chose, suivant qu'elle a été mise en œuvre, peut arracher des cris ou faire bâiller d'ennui. Le style de cette tragédie ne m'a pas paru mériter plus d'éloges que son tissu, et je doute que l'impression en fasse juger favorablement. L'auteur rend ses idées avec peine, et cela fait que l'expression est souvent à côté de l'idée, et presque toujours sans élégance.

Le vers

Spartacus ne fait point de la guerre un commerce

a été fortement applaudi à cause de l'application maligne que le parterre a faite sur-le-champ à certains ministres ou généraux de nos jours; mais, dans le fond, on voit aisément que ce vers ne vaut rien, et ne rend pas même l'idée avec justesse. Il fallait dire du moins :

Spartacus fait la guerre, et non pas le commerce,

et encore cela n'aurait-il pas été merveilleux. Mais ce qui me rend cette pièce et ses semblables absolument insupportables, c'est la fausseté du genre. Quel tissu d'absurdités et d'extravagances! Spartacus occupé de je ne sais quelle passion le jour qui doit décider sa querelle avec les maîtres du monde! Parlant à ses chefs d'armée d'amour lorsqu'il s'agit de combattre! Et l'objet de cet amour se trouve être la fille du consul de Rome! Quand cette circonstance serait consacrée par l'histoire, un poëte, obligé de traiter ce sujet, la supprimerait peut-être ou emploierait du moins avec regret un fait si vrai et si peu vraisemblable. Que penser du génie d'un poëte qui ose l'imaginer et le supposer? Cette fille de Crassus se trouve deux fois dans le camp de son amant, et n'y fait qu'ennuyer le spectateur. Crassus vient lui-même, contre toute vraisemblance, deux fois aussi. On a honte de relever de pareilles absurdités. Le rôle de Spartacus, auquel on a prétendu que l'auteur avait sacrifié tous les autres, est pour un homme de sens et de goût le plus absurde de tous. Que de puérilités, de bavardages, de discours froids et déplacés! J'étais à côté de M. Diderot à la première représentation. Nous avions apporté la disposition la plus favorable pour la pièce; mais nous ne pûmes joindre nos applaudissements à ceux du public dans les endroits qui eurent le plus de succès : « Est-ce là, lui dis-je, une journée de Spartacus? Et quelle journée encore! celle qui doit décider sa querelle avec Rome; nous parler d'un amour ridicule, faire le discoureur devant sa tente, débiter des maximes! Le rôle du roi de Prusse est assurément beaucoup plus aisé que celui de Spartacus. Ce monarque, sans parler de toutes les ressources d'un État depuis si longtemps bien gouverné, est le chef d'une armée formée et disciplinée de longue main. Spartacus s'échappe avec une poignée d'esclaves, il en crée une armée grossie par tout ce qui paraît le moins propre à combattre les vainqueurs de l'univers. Eh bien! si le roi de Prusse passait dans son camp une journée semblable à celle de Spartacus dans notre tragédie, il vaudrait autant qu'il fût noyé au fond de l'Elbe, il serait indigne de défendre son empire contre l'effort de ses ennemis. Comment se fait-il donc que ce qui nous paraîtrait absurde et indigne d'un héros dans le fait, puisse obtenir nos applaudissements dans la représentation théâtrale? Verrons-nous le goût, le génie, la vérité, se perdre parmi nous sans aucune espérance de retour? » Cette réflexion nous affligea; nous pensâmes encore que si M. Saurin eût voulu faire simplement une tragédie telle qu'elle est établie sur notre théâtre et non telle qu'un homme de génie pourrait la créer, il aurait fallu absolument refondre son plan : 1° en supprimant tous les détails historiques et faisant de son Spartacus un sujet d'invention dont il aurait placé les personnages dans le pays et dans le siècle où il aurait voulu; 2° ayant trouvé l'incident de la mère, c'est une grande maladresse à lui de ne s'en être pas mieux servi. Il fallait que cette mère jouât un principal rôle dans la pièce, qu'ainsi que Régulus elle vînt au camp de son fils le dissuader d'accepter les conditions que les Romains l'avaient chargée de proposer; qu'elle s'en retournât ensuite parmi les Romains se donner la mort volontairement, et consacrer ainsi sa vengeance par son sang. Quel terrible effet aurait fait alors ce poignard remis à Spartacus, non au premier acte, mais à la fin du quatrième, après tant de scènes pathétiques! 3° avec cette machine, on aurait pu se passer d'un amour aussi déplacé. Du moins l'arrivée d'Émilie dans le camp de son amant, avec sa mère, serait devenue décente et naturelle, et cette passion aurait pu exposer Spartacus aux combats les plus terribles entre sa piété envers sa mère et son amour pour sa maîtresse.

— Les gazettes et papiers publics vous auront sans doute appris l'arrivée d'un petit nain, gentilhomme polonais, âgé de vingt-deux ans, haut de vingt-huit pouces, fort gai et fort aimable. C'est Mme la comtesse Humieska qui l'a amené en ce pays-ci, où on l'appelle le comte Joseph. On lui a fait adresser la chanson suivante à Mlle de Nevers, qui vient d'épouser M. le duc de Cossé, avec la lettre qui précède. Mlle de Nevers a vu au concert de M. le comte Oginski et le petit nain et l'époux qu'on lui destinait, et cette double entrevue a donné lieu à la chanson.

LETTRE

« Je me flatte, madame, que je suis le premier qui aie l'honneur de vous écrire depuis votre mariage, et de vous appeler madame. Voici donc, madame, un petit papier que j'ai trouvé dans ma poche le jour, madame, que j'ai eu l'honneur de voir mademoiselle. J'ai l'honneur de vous le présenter et je suis,

« Avec le plus profond respect,

Madame,

« Votre très-humble et très-petit serviteur,

« Le comte Joseph. »

CHANSON NOUVELLE

EN CHORUS

sur l'air : *Ah! il m'en souviendra.*

A tout Paris on fait savoir
    Qu'on voit un petit homme,
Le plus petit qu'on puisse voir
    De Pékin jusqu'à Rome.
    Ah! il nous souviendra,
      Larira,
    Du petit, petit homme.

Jeune fillette à marier
    Voulut voir aussi comme
Est fait ce bijou singulier
    Que partout on renomme.

Ah ! il lui souviendra,
    Larira,
Du petit, petit homme.

Tout à son aise elle admira
    Ce petit, petit homme ;
Mais lorsqu'à ses yeux se montra
    Un grand et beau jeune homme,
    La fillette oublia,
        Larira,
    Le petit, petit homme.

Cette négligence piqua
    Le malin petit homme.
« Quoi ! dit-il, on me plante là
    Pour ce beau grand jeune homme ?
    Ah ! il me le paîra,
        Larira,
    Et vous allez voir comme. »

Aussitôt un trait il lança
    Droit au cœur du jeune homme,
Et puis en riant lui cria :
    « Mon brave gentilhomme
    Ah ! il vous souviendra,
        Larira,
    Du petit, petit homme. »

Mais d'où venait donc ce trait-là ?
    Est-ce du petit homme ?
Non, messieurs, dans ce moment-là
    Le dieu qu'Amour on nomme
    Le métamorphosa,
        Larira,
    En petit, petit homme.

Cette belle vous vengera,
    Mon brave gentilhomme ;
Elle métamorphosera
    Ce dieu qu'Amour on nomme,
    Et vous le changera,
        Larira,
    En beau petit bonhomme.

Faites donc que bientôt papa
    Et maman on vous nomme,

Et quand dans vos bras on verra
Un petit gentilhomme,
En chorus on dira,
Larira :
Ah ! le beau petit homme!

— L'Académie royale de musique nous a donné pendant les derniers jours de carnaval les *Paladins*, comédie en trois actes[1]. L'auteur du poëme ne s'est point fait connaître. Il est tombé à plat, et il a entraîné dans sa chute son musicien. M. Rameau a prétendu qu'on lui faisait une grande injustice, et il a eu raison peut-être. Il est certain qu'on ne pourra faire aucune critique fondée de la musique des *Paladins*, qui ne tombe sur le genre. Or ceux qui soutiendront que le genre est triste, ennuyeux, lourd, maussade, dépourvu de goût et de génie, auront bien raison à mon avis ; mais ceux qui trouvent le genre bon, et qui admirent les autres ouvrages de M. Rameau, auraient de la peine à nous dire les raisons qui leur ont fait abandonner celui-ci. Il est certain que l'opéra des *Paladins* est aussi agréable pour la musique qu'aucun autre opera de Rameau ; mais il est certain aussi que, quoique dans nos journaux le nom de M. Rameau et la qualification de premier musicien de l'Europe soient synonymes, j'aimerais mieux avoir fait un air de Hasse ou de Buranello que tous les ouvrages ensemble de ce prétendu premier musicien de la terre.

— *Lettre sur plusieurs maladies des yeux causées par l'usage du rouge et du blanc*[2]. Par M. Deshaïs-Gendron; feuille de vingt-une pages. Voilà de quoi effaroucher nos dames.

15 mars 1760.

M. Watelet, receveur général des finances, associé libre de l'Académie royale de peinture et de sculpture, vient de publier son poëme sur *l'Art de peindre*. Ce poëme est depuis plusieurs années dans le portefeuille de l'auteur; il a été lu dans beau-

---

[1]. Le 12 février 1760. Les paroles de cet opéra, qui fut le dernier de Rameau représenté de son vivant, sont de Monticour, dont le nom, dit M. de Lajarte, ne figure pas sur le livret, et qu'il a le premier révélé.

[2]. Paris, 1760, in-12.

coup de sociétés particulières et aux assemblées de l'Académie de peinture, à laquelle il est dédié. Il y a peu de gens aussi aimables et aussi chéris que M. Watelet; la douceur et les agréments de son caractère le rendent précieux à tous ceux qui le connaissent. C'est donc à mon grand regret que j'exerce encore ici la justice que mon devoir m'impose; et, pour me dispenser d'une sévérité qui me ferait beaucoup de peine, je cède la plume à un homme dont le goût et le jugement sont aussi exquis que son génie est profond et brillant[1]. Ce que je dois ajouter, c'est que le public a montré l'intérêt qu'il prend à l'auteur, en ne s'occupant point du tout de l'ouvrage. M. Watelet en a fait une édition superbe in-4°, dans laquelle on trouve cependant des fautes, surtout de ponctuation. Il se propose d'en faire une petite, format in-12, très-jolie aussi, et qu'on donnera à très-bas prix, pour la mettre entre les mains de tous les jeunes gens qui se destinent aux arts.

L'ART DE PEINDRE.

« Si je laisse paraître mon ouvrage, ce n'est pas pour satisfaire un désir de réputation, qui serait sans doute peu fondé; mais j'avoue que je ne suis pas indifférent sur son sort. Sans être insensible aux avantages d'avoir fait un bon ouvrage, je n'y mets aucune prétention indiscrète.

« C'est dans le mouvement qui agit sans cesse dans tous les êtres, et qui est le caractère le plus noble des ouvrages de la nature, que l'artiste de génie va puiser les beautés de l'expression.

« En composant mon poëme, j'ai consulté Boileau comme un maître; en le publiant, je le regarde comme un juge. »

Discours préliminaire pesant, sans idées, louche quelquefois.

PREMIER CHANT.

Le Dessin.

Une invocation est toujours un morceau d'enthousiasme. Le poëte a médité; son esprit fécondé veut produire; ses pensées

---

[1]. Diderot.

en tumulte, comme les enfants d'Éole sous le rocher qui les contient, font effort pour sortir. Il voit l'étendue de son sujet; il appelle à son secours quelque divinité qui le soutienne : il voit cette divinité; elle lui tend la main, il marche.

L'invocation de ce poëme n'a aucun de ces caractères. Il a bien pensé, comme Lucrèce, à inviter Vénus à assoupir à jamais le terrible dieu de la guerre lorsqu'elle le tiendrait dans ses bras; mais quelle comparaison entre ces vers-ci, qui ne sont pourtant pas les plus mauvais de l'invocation!

> Qu'aux charmes de ta voix, qu'aux accords de ta lyre,
> La paix, l'heureuse paix reprenne son empire,
> Enchaîne la Discorde, et qu'au fond des enfers
> Le démon des combats gémisse dans les fers.
> Calme les dieux armés et la foudre qui gronde;
> D'un seul de tes regards fais le bonheur du monde :
> Et, s'il est un séjour digne de tes bienfaits,
> Daigne sur ma patrie en verser les effets.

Point d'images; point de tableaux. Je ne vois ni le front serein de la Paix, ni la bouche écumante et les yeux effarés de la Discorde, ni les chaînes de fer qui tiennent les bras du démon de la guerre retournés sur son dos. Rien ne vit là-dedans, rien ne se meut; ce sont des idées communes, froides et mortes.

Quelle comparaison, dis-je, entre ces vers et ceux de Lucrèce!

> Nam tu sola potes tranquilla pace juvare
> Mortales : quoniam belli fera mœnera Mavors
> Armipotens gerit, in gremium qui sæpe tuum se
> Rejicit æterno devinctus volnere amoris;
> Atque ita suspiciens tereti cervice reposta
> Pascit amore avidos, inhians in te, dea, visus,
> Eque tuo pendet resupini spiritus ore :
> Hunc tu, diva, tuo recubantem corpore sancto
> Circumfusa super, suaves ex ore loquelas
> Funde.....

« O Vénus! ô mère des dieux et des hommes! toi qui présidas à la formation des êtres, et qui veille à leur conservation et à leur bonheur, écoute-moi : lorsque le terrible dieu des combats, couvert de sang et de poussière, viendra déposer à tes pieds ses lauriers et ses armes, et perdre entre tes bras les restes de sa fureur, lorsque ses yeux, attachés sur les tiens, y puiseront les désirs et l'ivresse ; lorsque la tête renversée sur tes genoux, il sera comme suspendu par la douceur de ton haleine ; penche-toi : qu'il entende ta voix enchanteresse. Fais couler dans ses veines ce charme auquel rien ne résiste. Amollis son cœur ; assoupis-le, et que l'univers te doive une paix éternelle. »

Au reste, jamais nos invocations n'auront à la tête de nos poëmes la grâce qu'elles ont à la tête des poëmes anciens. On avait appris au poëte, quand il était jeune, à adorer Jupiter, Pallas, ou Vénus ; sa mère l'avait pris par la main et l'avait conduit au temple. Il avait entendu les hymnes et vu fumer l'encens, tandis que le sang des victimes égorgées teignait les mains du prêtre et les pieds du dieu. Cette croyance était réelle pour lui, au lieu que nous n'avons qu'un culte simulé pour ces divinités passées.

Notre poëte invite sa divinité à briser le joug de la Mode. Je demande s'il était possible d'avoir un peu de verve, et de rencontrer la Mode sans la peindre, et si cette image ne pouvait pas être aussi agréable que celle de la Renommée dans Virgile? Il ne fallait pas la nommer, mais employer vingt vers à me la montrer. Un des caractères auxquels on voit que la nature a signé un homme poëte, c'est la nécessité qui l'attache à certaines idées, si par hasard il passe à côté d'elles. Moins notre auteur se proposait d'être poëte dans le cours de son ouvrage, plus il devait l'être dans son exorde.

Il parle ensuite du trait, de l'imitation de l'antique, des proportions, du raccourci, de l'étude de l'anatomie, de la perspective et des lumières. Le champ, ce me semble, était vaste. Il y avait là de quoi montrer des idées, quand on en a ; mais point d'idées, point de préceptes frappants, point d'exemples; rien, rien du tout. Ce chant est détestable, soit qu'on le considère du côté de l'art de peindre, soit qu'on le considère comme morceau de poésie. L'auteur esquive son sujet en se jetant dans une longue digression sur l'extinction et le renouvellement des beaux-arts. On y parle bien de l'imitation de la nature et de l'imitation de la belle nature ; mais pas un mot sur la nature, pas un mot sur l'imitation, pas un mot sur ce que c'est que la belle nature. O le pauvre poëte !

SECOND CHANT.

De la Couleur.

Si ce poëme m'appartenait, je couperais toutes les vignettes, je les mettrais sous des glaces, et je jetterais le reste au feu. Le premier chant commençait par : *Je chante l'art de peindre;* le second commence par ces mots ridicules : *J'ai chanté le dessin.* Ma foi, je ne sais pas où.

On dit que le poëte a vaincu du moins la difficulté du sujet; mais la difficulté ne consistait pas à mettre en vers les préceptes de la peinture; c'est en vers clairs. Or il y en a une quantité qui sont presque inintelligibles. Le poëte est à côté de la pensée; son expression est vague. Exemple :

> Des objets éloignés considérez la teinte;
> L'ombre en est adoucie et la lumière éteinte.
> Vous rassemblez en vain tous vos rayons épars,
> Le but trop indécis échappe à vos regards.
> Le terme qui les fixe a-t-il moins d'étendue?
> Chaque nuance alors un peu moins confondue
> Développe à vos yeux, qui percent le lointain,
> D'un clair-obscur plus net l'effet moins incertain.
> D'un point plus rapproché vous distinguez des masses,
> Votre œil plus satisfait mesure des surfaces.
> Déjà, près du foyer, les ombres et les jours
> Se soumettent au trait, décident les contours;
> Enfin, plus diaphane, en un court intervalle,
> L'air n'altère plus rien de la couleur locale.

Si tout cela n'est pas du galimatias, il ne s'en manque guère, et il faut avoir bien de la pénétration pour y trouver quelque pensée nette et précise. Le poëte s'entendait apparemment, mais il manque d'imagination et d'expression dans les endroits même d'où un homme ordinaire se serait tiré. Exemple :

> C'est ainsi que formant l'ordre de ses ouvrages,
> La nature a tout joint par les plus fins passages;
> Toujours d'un genre à l'autre on la sent parvenir,
> Sans jamais en voir un commencer ou finir;
> Le terme est incertain, le progrès insensible;
> Nous voyons le tissu, la trame est invisible.

En bonne foi, est-ce ainsi qu'il est permis de s'exprimer sur l'harmonie universelle des êtres? et quand on ne sait pas répandre le charme de la poésie sur un aussi beau sujet, que sait-on?

> La lumière, docile à la loi qui l'entraîne,
> D'une distance à l'autre établit une chaîne.

Qu'est-ce que cela signifie?

S'il y a quelques comparaisons heureuses, il n'en sait tirer aucun parti; s'il touche une fleur du bout du doigt, elle meurt. Ah! si Voltaire avait eu à me montrer le saule éclairé de la lumière des eaux, et les eaux teintes de sa verdure; le pourpre se détachant des rideaux, et sa nuance allant animer l'albâtre des membres d'une femme nue!

La matière de ce chant n'est pas moins féconde que celle du chant précédent. Il s'agit de la dégradation de la lumière, du choix des bonnes couleurs, de l'art des reflets, de l'ombre, des oppositions et des différents points du jour dans la nature.

Il y a quelque génie à avoir assigné à chacun de ces points une scène qui lui fût propre; mais le talent d'Homère n'aurait pas été de trop pour se tirer de là. Il fallait fondre ensemble et les beautés propres à l'action décrite, et les beautés propres à l'art; il est vrai que si l'exécution eût répondu aux sujets, ce morceau serait devenu d'un charme inconcevable; au lieu qu'il est froid, sans force, sans couleur, et qu'on regrette partout une main habile.

TROISIÈME CHANT.

De l'Invention pittoresque.

Cet homme débute toujours d'une façon maussade : *Je chante l'art de peindre... J'ai chanté le dessin... Quelle divinité me rappelle au Parnasse?...*

Ce chant m'a paru un peu moins froid que les autres. Le poëte y traite du choix du sujet, de l'ordonnance relative aux effets de l'art, de la disposition des figures, de leur équilibre, de leur repos, de leur mouvement, de l'art de draper, du costume et du contraste; tout cela est bien pauvre d'idées : on n'apprend rien, on ne retient rien, on n'en peut rien citer.

QUATRIÈME CHANT.

De l'Invention poétique.

Je ne sais trop pourquoi on trouve, sous ce titre, l'art de peindre à fresque, la peinture à l'huile, la détrempe et la miniature, le pastel, l'émail, la mosaïque. De ces différents genres le poëte passe à l'histoire, aux ruines, au paysage; il ébauche tout cela, et pas un mot de génie qui caractérise. Il va traiter de l'expression : voyons comment il s'en tirera. Il esquisse l'entrevue d'Hector et d'Andromaque. Vous croyez peut-être qu'il vous montrera Andromaque désolée, abattue, ayant perdu l'espérance d'arrêter son époux; Hector touché, allant donner à son enfant le dernier embrassement qu'il recevra de lui; l'enfant ne reconnaissant pas son père, effrayé de son casque, et se renversant sur le sein de sa nourrice; la nourrice versant des larmes : cela est dans Homère, mais cela n'est pas ici. Les différents âges ne sont pas mieux caractérisés. Tout art d'imitation a un côté relatif aux mœurs, mais surtout la peinture : il n'en est pas question. On dit bien, en général, que les passions font varier les traits du visage; mais ne fallait-il pas me montrer ces visages des passions, me les peindre? Cela eût été difficile; mais un poëme sur la peinture est une chose très-difficile.

Je conclus de ce qui précède qu'il n'y a dans celui-ci aucun des deux points qu'un poëte doit atteindre s'il veut être loué.

Le poëme est suivi de quelques réflexions en prose sur les proportions, l'ensemble, l'équilibre ou le repos des figures, leur mouvement, la beauté, la grâce, la couleur, la lumière, l'harmonie, le clair-obscur, l'effet, l'expression, les passions et le génie.

Des Proportions.

L'auteur prétend que l'imitation s'est portée d'abord à faire les copies égales aux objets, comme à un travail plus facile.

Je ne sais s'il est vrai que cela soit plus facile. Il n'y a qu'une façon, pour une copie, d'être égale à l'objet, et c'est ajouter une condition unique à la ████████ de ressembler. Il est vrai que l'on a le secours de ██████. On a pris une partie du corps humain pour mesure de ████ les autres ; c'est, selon les uns, ou la face, ou la tête ; ma██ ███ âge a ses proportions, chaque sexe, chaque état, etc. ████ aurait bien dû observer que la proportion n'est pas la ██ ██ur les figures nues que pour les figures habillées ; elle ████ peu plus grande pour celles-ci, parce que le vêtement les rend plus courtes.

De l'Ensemble, ou de la Proportion convenable à toutes les parties.

Tout détruit l'ensemble dans une figure supposée parfaite : l'exercice, la passion, le genre de vie, la maladie ; il paraît qu'il n'y eut jamais qu'un homme, et dans un instant, en qui l'ensemble fût sans défaut : c'est Adam au sortir de la main de Dieu ; mais ne peut-on pas dire, en prenant l'ensemble sous un point de vue plus pittoresque, qu'il n'est jamais détruit ni dans la nature, où tout est nécessaire, ni dans l'art, lorsqu'il sait introduire dans ses productions cette nécessité? Mais quelle suite d'observations, quel travail cette science ne demande-t-elle pas? En revanche, le succès de l'ouvrage est assuré. Cette nécessité introduite fait le sublime ; elle se sent plus ou moins par celui qui regarde. Ce n'est pas, peut-être, qu'à parler à la rigueur nous ne l'admirions où elle n'est pas. Je vais tâcher d'être plus clair. Supposons pour un moment la nature personnifiée, et plaçons-la devant l'*Antinoüs* ou la *Vénus de Médicis*. Je couvre la statue d'un voile qui ne laisse échapper que l'extrémité d'un de ses pieds, et je demande à la nature d'achever la figure sur cette extrémité donnée. Hélas! peut-être en travaillant d'après la nécessité de ses lois, au lieu de produire un chef-d'œuvre, un objet d'admiration, le modèle d'une belle femme, n'exécuterait-elle qu'une figure estropiée, contrefaite : une molécule insensible donnée, tout est donné pour elle ; mais il n'en est pas ainsi de nous. La force d'une petite modification, qui, pour la nature, entraîne et détermine le reste, nous échappe et ne nous touche pas. Nous ignorons son effet, sur l'ensemble et le tout. Il n'y aurait qu'un moyen d'obtenir de la nature, mise à l'ouvrage, une statue telle que l'artiste l'a faite. Ce serait, avec l'extrémité du pied de la statue, de lui montrer aussi le statuaire. Or, il y a une chaîne en conséquence de laquelle un tel artiste n'a pu produire qu'un tel ouvrage. Oh, combien notre admiration est imbécile! Elle ne peut jamais tomber que sur des masses isolées et grossières.

La connaissance de l'anatomie n'en est que plus nécessaire. Il faut s'attacher principalement à l'ostéologie et à la myologie.

L'impossibilité pour le modèle de garder une position constante dans un transport de passion, rend surtout la myologie nécessaire. Si l'artiste connaît bien les muscles, il saisit tout à coup les parties et les endroits qui s'enflent ou se dépriment, s'allongent ou se raccourcissent. Il ne tâtonne point; il va sûrement et rapidement. Le seul inconvénient contre lequel l'artiste doit être en garde, c'est l'affectation de se montrer savant anatomiste, et d'être dur et sec.

L'on dit l'ensemble d'une figure, on dit aussi l'ensemble d'une composition. L'ensemble de la figure consiste dans la loi de nécessité de nature, étendue d'une de ses parties à l'autre; l'ensemble d'une composition, dans la même nécessité, dont on étend la loi à toutes les figures combinées.

Du Mouvement et du Repos des figures.

Il n'y a rien dans ce paragraphe qui ne soit de vérité éternelle. C'est une application des principes de la mécanique à l'art de représenter les corps ou isolés, ou groupés, ou mus, ou en repos.

De la Beauté.

L'auteur la regarde comme un reflet de l'utilité, et il a raison.

De la Grâce.

Je n'aime pas sa définition; c'est, selon lui, l'accord des mouvements du corps avec ceux de l'âme. J'aimerais mieux l'accord de la situation du corps, en repos ou en mouvement, avec les circonstances d'une action. Tel homme a de la grâce à danser qui n'en a point à marcher; tel autre n'en a ni à danser ni à marcher qui en est tout plein sous les armes; et un troisième se présente de bonne grâce avec un fleuret, qui se présente de très-mauvaise grâce avec une épée.

Il est facile d'être maniéré en cherchant la grâce. Il y a un moyen sûr d'éviter cet inconvénient, c'est de remonter jusqu'à l'état de nature.

L'auteur fait ici une supposition très-bien choisie, et qu'il suit avec goût. C'est une jeune fille innocente et naïve vue par un indifférent, vue par son père, et vue par son amant. Il montre l'intérêt et la grâce s'accroître dans cette figure, selon les spectateurs auxquels il la présente.

De l'Harmonie de la lumière et des couleurs.

Cette harmonie s'établit par les reflets entre les couleurs les plus antipathiques. Ainsi, à proprement parler, il n'y a point d'antipathie de couleur dans la nature, et il y en a d'autant moins dans l'art, que le peintre est plus habile. Jetez les yeux sur une campagne, voyez s'il y a rien qui choque votre œil. La nature établit entre tous les objets une sorte de tempérament qu'il faut imiter. Mais ce n'est pas tout. Jamais les couleurs de l'artiste ne pouvant égaler, soit en vivacité, soit en obscurité, celles de la nature, l'artiste est encore obligé de se faire une sorte d'échelle où ses couleurs soient entre elles comme celles de la nature. La peinture, pour ainsi dire, a son soleil, qui n'est pas celui de l'univers. Mais le soleil de la nature n'ayant pas toujours le même éclat, n'y aurait-il pas des circonstances où il serait celui du peintre; et les tableaux faits dans ces circonstances n'auraient-ils pas un degré de vérité qui manquerait aux autres?

Chaque artiste ayant ses yeux, et par conséquent sa manière de voir, devrait avoir son coloris. Mais il y a, par malheur, un coloris d'école et d'atelier auquel le disciple se conforme, quoiqu'il ne fût point fait pour lui. Qu'est-ce qui arrive alors? De se départir de ses yeux, et de peindre avec ceux de son maître. De là tant de cacophonie et tant de fausseté.

De l'Effet.

C'est, ce me semble, l'impression générale du tableau, considérée relativement à la magie de la peinture. Ainsi, le tableau que je prendrais pour une scène réelle serait celui qui aurait le plus d'effet; mais entre les scènes réelles de la nature il y en a qui frappent par elles-mêmes plus que d'autres. Ainsi le choix du sujet, du moment, tout étant égal d'ailleurs, peut encore donner à un tableau plus d'effet qu'à un autre.

De l'Expression et des Passions.

L'expression naît du talent de saisir le caractère propre à chaque être; or tout être animé ou inanimé a son caractère. L'expression s'étend donc à tous les objets. La passion ne se dit au contraire que des objets animés et vivants. L'auteur s'occupe ici à décrire ce que les diverses passions produisent dans les êtres animés. Je ne sais pourquoi il n'a pas fait entrer ce détail dans son poëme.

En général, s'il eût jeté dans les chants ce que j'y cherchais, il n'aurait point eu de notes à faire.

Je trouve que, dans son poëme, il n'y a rien pour les artistes ni pour les gens de goût, et que les gens du monde feront bien de lire ses notes. Pour les artistes, le plus mince d'entre eux sait bien au delà.

CONVERSATIONS AVEC M. DE LA BARRE
ET JOURNÉE DU VENDREDI SAINT 1760
PAR M. DU DOYER DE GASTEL.

J'avais voulu m'introduire au mois d'août 1759 chez les sœurs Félicité et Madelon. Un médecin qui les connaissait m'avait donné pour l'une d'elles une boîte de pilules et une lettre où il exaltait ma piété et mon attachement à l'œuvre de Dieu. Sœur Madelon était absente lorsque je me présentai chez elle; M. de La Barre, son directeur, reçut la boîte, et nous ne parlâmes de rien. Je ne lui communiquai pas la lettre du médecin. J'allai chez sœur Félicité, à qui j'en fis la lecture; elle sourit, me parla avec bonté, me dit « que pour le présent, elle et ses compagnes ne recevaient point de secours, parce que Dieu avait changé leur état extérieur en un état intérieur; qu'elle me ferait avertir quand il y aurait quelque chose; qu'elles étaient trois : que l'une d'elles représentait l'Église, l'autre la synagogue, la dernière le peuple élu... » Je me recommandai à ses prières, et je la perdis de vue jusqu'au mois de mars 1760, que l'envie me prit de renouer connaissance.

J'allai donc, un des premiers jours du mois de mars, rue Phelipeaux, chez M. de La Barre. Il sourit en me voyant; il se rappela qui j'étais et la visite que je lui avais faite l'an passé. Je lui témoignai le désir que j'avais de voir la portion de l'œuvre de Dieu dont il était chargé. Pour m'insinuer mieux dans son esprit, je glissai quelques mots contre la sœur Françoise et le P. Cottu. Cela fit le meilleur effet du monde; il m'avoua que Françoise disait beaucoup de choses qui étaient contre elle; qu'elle était dépourvue de sens; que le P. Cottu était étourdi, sans théologie, sans principes; qu'il avait un peu de vanité; qu'il aimait la bonne chère; qu'il avait laissé voir ces deux vices en mangeant trop souvent chez des seigneurs et des gens opulents qui avaient désiré de voir l'œuvre... « Ce qui me choque le plus, dis-je à M. de La Barre, c'est que le P. Cottu s'imagine avoir un droit exclusif aux bontés de Dieu; il veut absolument qu'on voie Françoise, et qu'on ne voie qu'elle : cette partialité m'a toujours révolté... — C'est une marque de votre bon esprit, me répondit-il; en effet, Dieu varie ses dons; l'œuvre des convulsions est faite pour représenter l'état actuel de l'Église et la future conversion des juifs; les différents états des convulsionnaires sont autant de symboles : l'une est exposée à des brasiers ardents, l'autre reçoit des coups énormes; l'une parle avec éloquence, l'autre s'exprime avec toute la naïveté de l'enfance; tous ces différents états sont divins, et on ne doit pas élever l'un aux dépens des autres... — Monsieur, il m'est venu plusieurs fois une idée que je soumets à vos lumières. Les convulsions ne peignent-elles pas au naturel l'état de la primitive Église? J'imagine que les premiers chrétiens étaient bien semblables aux convulsionnaires... — Vous avez raison, s'écria M. de La Barre; on ne peut pas mieux rencontrer. Quelques disciples avaient le don des langues, d'autres celui de prophétie; ceux-ci discernaient les esprits, ceux-là chassaient les démons; les dons étaient variés, et se réunissaient tous pour ne faire qu'une seule œuvre... — Mais, de plus, monsieur, leurs miracles n'avaient-ils pas bien du rapport avec ceux des convulsions? — Sans doute. Jésus-Christ ne dit-il pas que ses apôtres avaleront du poison, et qu'il ne leur fera pas de mal? Hé bien! nous avons une sœur qui avale de la cendre, du tabac et des excréments délayés dans du vinaigre, et elle rend du lait... — Je le sais, lui dis-je, et on voit plusieurs fioles de ce lait chez M. Le Paige, avocat, un de ceux que le Parlement a choisis pour examiner l'*Encyclopédie*. Et la vie des premiers chrétiens n'a-t-elle pas des rapports marqués avec celle des convulsionnaires? L'obscurité et l'état abject des premiers chrétiens n'est-il pas assez prouvé par le silence des auteurs païens sur leur compte? Pour moi, ce qui m'enchante quand je vais aux convulsions, c'est que je m'imagine toujours aller aux assemblées de la primitive Église... — Ah! monsieur, que Dieu vous a fait de grâce de vous développer ainsi le plan et l'économie de son œuvre! Je n'ai rencontré encore personne qui en eût des idées aussi grandes et aussi exactes. Que je serai charmé de vous avoir pour coopérateur dans la portion que Dieu m'a confiée!... — J'en suis indigne; je vous prie seulement de m'admettre comme témoin, et de vouloir bien me faire part de vos lumières... » M. de La Barre se recueillit un instant, puis il me dit d'un ton affectueux : « Ah! monsieur, que les dons de Françoise sont au-dessous de ceux que vous verrez parmi nous! D'abord Françoise a un jargon inintelligible; sœur Sion, au contraire, a des discours d'une beauté et d'un sublime admirables. Je fais des opérations qui coûtent à la nature; mais il faut sacrifier sa répugnance; quelquefois je fais des incisions cruciales à la langue; d'autres fois, par le moyen d'un tourniquet, je mets la sœur Marie en presse : c'est moi qui ai inventé cette machine; les frères étaient trop fatigués de presser cette sœur, et ne la pressaient pas assez fort; enfin, rebuté de voir que ce secours n'était pas donné comme il faut, il me vint en pensée de faire un tourniquet : je vous le montrerais bien, mais je l'ai déjà fait porter dans un autre logement où je serai dans quelques jours. Outre ces secours, nous avons les crucifiements. Dieu ordonne quelquefois d'en crucifier trois à la fois. Il y en a une qui est aux pieds de l'autre. On ne peut pas s'empêcher d'être touché ; cela fait un spectacle réellement bien joli. Souvent Dieu les rend petites : elles sont comme des enfants ; elles se traînent sur les genoux ; elles se jettent sur un lit ; on leur donne des joujous ; on leur fait manger de la bouillie. Il y a des personnes qui jettent sur ces actions un regard de mépris ; ils condamnent avec encore plus de hauteur tout ce qui a l'air de l'indécence ; mais ces gens-là n'ont pas lu l'Écriture Sainte ; s'ils la lisaient, ils verraient que Dieu ordonne à un prophète de manger des excréments, à l'autre de lui faire des enfants de fornication. Isaïe, par l'ordre de Dieu, court tout nu dans les rues de Jérusalem... — Et Judith, ajoutai-je, ne se pare-t-elle pas pour exciter des mouvements lascifs dans un homme qu'elle a dessein d'assassiner ? — Nous ne finirions pas, me dit-il, si nous rapportions toutes les actions irrégulières des prophètes. Ces prétendus critiques les approuvent dans l'Écriture, et condamnent, dans les convulsions, des choses beaucoup moins indécentes. »

Je témoignai à M. de La Barre combien j'étais éloigné d'être de ces gens-là. Je lui témoignai l'empressement le plus vif et le plus ardent pour l'œuvre. Il me dit qu'il ne se passerait rien d'ici à quelques jours ; qu'il me ferait avertir dès qu'il y aurait quelque chose, et que, selon toute apparence, ce serait dans une quinzaine. Je le quittai. M. de La Barre est avocat au parlement de Rouen, fils unique d'un greffier en chef du même parlement. C'est un homme de cinq pieds trois ou quatre pouces, maigre, brun, qui porte ses cheveux. Il a le coup d'œil et le sourire gracieux ; sa physionomie respire la douceur, la bonté et la sagesse ; il paraît avoir quarante à quarante-cinq ans.

Le dimanche des Rameaux, j'allai rue de Touraine, au Marais, chez M. de Vauville [1] ; c'est le nom actuel de M. de La Barre ; je le rencontrai dans la rue ; je montai avec lui ; nous entrâmes au premier, dans un appartement composé de trois pièces, deux chambres et un cabinet ; le tout décent et meublé proprement. Je fis, par habitude, un compliment banal : « Mon-

---

1. Cette maison était un des théâtres des convulsionnaires. Voir *Histoire de Paris*, par Dulaure, 1re édit., t. V, p. 131. (T.)

sieur, vous êtes fort bien logé. — Assez bien, répondit M. de Vauville; mais ce que j'en aime le plus, c'est que suis fort bien pour ma besogne. Je suis au large, et je n'ai personne sous moi ni à côté. » Nous nous assîmes, et bientôt entrèrent deux femmes, l'une habillée en domestique, et l'autre en demoiselle. Celle-ci paraît avoir trente-cinq à quarante ans. Elle est d'une taille médiocre, ni grasse ni maigre, brune, l'œil grand et bien fendu, la bouche laide et les dents mal; sa coiffure, sa robe, ses manchettes, tout était simple, mais propre. Elle est connue, dans le troisième volume de M. de Montgeron [1], sous le nom de sœur Madelon; elle se nomme aujourd'hui sœur Sion; elle représente l'Église. Nous parlâmes de l'œuvre de Dieu; la domestique se tut; M. de La Barre dit quelques mots, et la sœur Sion parla beaucoup. Je faisais des questions avec modestie. Elle avait la bonté de me répondre. Tout ce qu'elle me disait était accompagné d'un regard et d'un souris qui sont le raffinement de la coquetterie mystique; la tendresse et la dignité réglaient ses gestes et ses paroles. Après une explication détaillée des dons des convulsionnaires, elle finit ainsi : « Et ne croyez pas que nous soyons pour cela des saintes; les convulsions sont des grâces gratuites, et non pas des grâces sanctifiantes; et il est arrivé plus d'une fois qu'une convulsionnaire est tombée dans des fautes, a eu des faiblesses qui doivent nous humilier. » Lorsque je pris congé d'elle, elle se recommanda à mes prières; la domestique, qui n'est autre que la sœur Félicité, m'éclaira, et voulut absolument m'accompagner jusqu'à la porte de la rue, quelques instances que je lui fisse pour l'en empêcher.

1. « Le sieur Carré de Montgeron, conseiller au Parlement de Paris, d'abord incrédule, puis zélé partisan des convulsionnaires, recueillit avec un soin extrême les relations de toutes les guérisons prétendues miraculeuses opérées sur le tombeau du diacre Pâris, toutes les attestations des nombreux témoins, et en composa un gros volume in-4°, orné de gravures, intitulé *la Vérité des Miracles opérés par l'intercession du bienheureux Pâris, démontrée contre M. l'archevêque de Sens.* Le 29 juillet 1737, il vint à Versailles et y offrit avec assurance ce volume à Louis XV. Le roi reçut son hommage, et peu de jours après fit arrêter le sieur de Montgeron, qui fut renfermé à la Bastille. Il passa le reste de sa vie dans diverses prisons, et mourut en 1754, dans la citadelle de Valence. Cet ouvrage, où la raison et la vérité sont continuellement outragées, n'aurait eu qu'un succès éphémère si la persécution n'avait fait sa fortune. Il eut plusieurs éditions. L'auteur y ajouta deux volumes qu'il composa dans sa prison. » (DULAURE, *Hist. de Paris*, 1re édit., t. V, p. 132.)

Enfin, le vendredi saint, je recueillis le fruit de mes deux visites. J'arrivai à deux heures un quart chez M. de Vauville, où je vis une nombreuse assemblée. Je ne reconnus que Mlle Biheron et M. Dubourg. Voici les noms des autres personnes, tels que M. Dubourg me les dit à la fin de la séance : la princesse de Kinski, le prince de Monaco, le comte de Stahremberg, le marquis de Rousoles, le chevalier de Sarsfield, le chevalier de Forfin, M. d'Albaret, officier de marine ; M. de Vars, officier dans les troupes détachées de la marine. Outre ces profanes, il y avait quatre ou cinq sœurs qui paraissaient de bas âge, quatre frères, un arpenteur nommé Descoutures ; M. Batissier, conseiller au Châtelet ; M. de Laurès, ex-oratorien ; M. Pinault, ex-oratorien et ex-convulsionnaire (son nom de convulsionnaire était *frère Pierre*).

La sœur Rachel et la sœur Félicité étaient en croix depuis un quart d'heure. La croix de sœur Félicité était étendue à plate terre ; celle de sœur Rachel était droite, assez inclinée pourtant pour être appuyée contre la muraille. Elle avait les mains clouées presque horizontalement, et les bras assez peu étendus pour que les muscles n'eussent pas une tension fatigante ; elle était coiffée d'un toquet de soie bleue à fleurs blanches, et d'un bourrelet. Elle est laide, petite, brune, et âgée de trente-trois ans ; ses pieds et ses mains rendaient un peu de sang ; sa tête était penchée, ses yeux fermés ; la pâleur de la mort peinte sur son visage. Les spectateurs voyaient couler une sueur froide qui les effrayait ; M. de Vauville s'avance, tire un mouchoir de sa poche, essuie à plusieurs reprises le visage de Rachel, et nous dit, pour nous rassurer, qu'elle représente l'agonie de Jésus-Christ. Je m'approchai de Rachel, et je lui demandai pourquoi elle fermait les yeux ; elle me répondit qu'elle faisait *dodo*. Cet état de crise dura un quart d'heure ; peu à peu la sueur se dissipa, ainsi que la pâleur. Les yeux de Rachel s'ouvrirent ; elle nous regarda d'un air riant, bégaya quelques paroles enfantines, tutoya la princesse de Kinski, appela son papa. Elle adressa souvent la parole à M. Dubourg, lui disant que la Faculté voulait expliquer ces miracles, mais qu'elle n'y entendait rien ; que Dieu la mettait sous ses *petons*. M. Dubourg lui montra des bonbons, et lui dit qu'elle n'en aurait point puisqu'elle le grondait. Elle répondit que lorsque ses *meniches* seraient libres, elle les lui prendrait. Après toutes ces misères, il parut que Rachel retombait en faiblesse; elle se taisait, pâlissait. Sion dit d'un air empressé et inquiet : « Mon cher père, il est temps de l'ôter. » M. de Vauville s'approche, la tenaille à la main, et tire les clous. A chaque clou qu'on arrachait, Rachel souffrait une vive douleur; les mouvements convulsifs de son visage, et surtout de ses lèvres, faisaient frissonner. La princesse de Kinski se cachait les yeux de ses mains. Il sortit des plaies beaucoup de sang; on lava, à plusieurs reprises, les pieds et les mains avec de l'eau tirée à la fontaine de la cuisine par Mlle Biheron; enfin le sang parut étanché; elle enveloppa chaque pied d'un linge, et se chaussa. On ne mit point de linge à ses mains. Elle a resté une heure en croix. Cependant la croix de sœur Félicité était étendue sur le carreau, au bas de la croix de Rachel; malgré les avertissements et les précautions de la sœur Sion, Rachel, en marchant, effleura de sa robe les doigts de Félicité, qui jeta un cri. Le visage de celle-ci était ardent et enflammé; ses yeux étincelaient; elle gardait le silence. Elle fut sur la croix un quart d'heure de plus que sa compagne, donna les mêmes signes de douleur quand on arracha les clous, et rendit comme elle beaucoup de sang. A peine Rachel était-elle descendue de la croix qu'elle était allée vers M. Dubourg, marchant sur les genoux, et lui avait pris les bonbons; de là, se traînant vers Mme de Kinski, elle avait appuyé sa tête sur les genoux de cette princesse, et elle lui faisait des caresses enfantines. M. de Vauville nous dit qu'elle allait dîner, qu'elle avait été le matin à pied au mont Valérien, et en était revenue sans manger. Il était trois heures. Alors Rachel fit trois grands bâillements, qu'on me dit être la fin de sa convulsion. En effet, après ces bâillements, elle fut une grande fille; on lui ôta son bourrelet, on lui mit une coiffure ordinaire; elle mangea du riz au lait et des huîtres marinées. Je ne sais si elle but du vin.

Secours de Marie.

Pendant ce temps était entrée sœur Marie; c'est une grande fille vigoureuse, âgée de trente à trente-cinq ans, qui est en condition. M. de Vauville étendit à terre un matelas, dans un coin de la chambre; sœur Marie s'y coucha sur le ventre. M. de

Vauville lui piétina le dos légèrement et avec vigueur; elle se retourna et se coucha sur le dos; on lui piétina le ventre; on lui administra sur la poitrine et sur le sein un nombre de coups d'une bûche d'un pied et demi de hauteur sur cinq pouces de largeur. « Les coups, disait M. de Vauville, ne blessent pas son sein, pour marquer que le sein de l'Église est toujours intact, quelque persécutions et quelque traverses qu'elle éprouve... — Soyez sûrs, criait la sœur Sion, qu'elle ne souffre pas, quoiqu'elle paraisse souffrir; personne ne peut mieux vous en répondre que moi. On me donne souvent de pareils coups, et je ne sens aucune douleur. » Plusieurs personnes engagèrent la princesse de Kinski à examiner le sein de la sœur; elle le fit, et nous dit d'une voix basse qu'elle n'avait point de gorge. Je ne fais point mention de quelques légers secours, comme de lui marcher sur les mains, les bras, etc. M. de Vauville lui donna, avec une bûchette de neuf pouces de longueur sur deux et demi de largeur, un nombre de coups faibles et ménagés sur le crâne, et il disait : « Nos têtes sont bien dures.... — Pas si dures que vous pensez, dit un chevalier de Saint-Louis, et je ne voudrais pas recevoir ces coups-là... — Ce n'est pas des têtes matérielles que je parle; je parle de nos âmes, dont la dureté est représentée par la dureté de la tête de cette convulsionnaire. » Venons au secours qui caractérise sœur Marie : c'est d'être souffletée.

La sœur Marie était assise sur le matelas. M. de Vauville avait à peine donné deux coups de poing sur chaque joue qu'il entre sept à huit personnes; j'entends dire : « De la part du roi », et je vois un grand et gros homme, avec une redingote grise, se placer près de moi. Je ne devinai point ce que cela signifiait; mais bientôt le manteau gris tombe, et on voit une robe et un rabat : c'était le commissaire Rochebrune, accompagné de l'exempt d'Hémery et de son escorte. Tout alors parut dans l'agitation; sœur Félicité et sœur Rachel étaient dans le trouble et dans les larmes; la sœur Sion, tremblante et consternée, se désolait, pleurait, joignait les mains, frappait du pied; sœur Marie était toujours dans la même attitude, assise sur son matelas, et M. de Vauville, calme au milieu du trouble général, lui donnait de très-bons soufflets en récitant le *Miserere*. Le commissaire, droit comme un terme, le considérait. Je faisais de même, et, sans prendre garde à ce qui se passait dans la première chambre, j'examinais M. de Vauville et sœur Marie, dont les joues étaient enflées, fort rouges, et bleues en quelques endroits. A la fin, je m'aperçus que j'étais presque seul ; l'exempt s'avança, et dit à M. de Vauville : « En voilà assez, monsieur de La Barre ; vous auriez dû finir dès que nous sommes entrés. — Je ne fais aucun mal, a répondu M. de La Barre ; au contraire, je fais mon devoir. » Il conserva toujours le même sang-froid, reprit la sœur Sion de son découragement, lui dit qu'on était trop heureux de souffrir pour Jésus-Christ. L'exempt reprocha à M. de La Barre d'avoir tenu assemblée, quoiqu'il lui eût fait dire de n'en pas tenir. M. de La Barre répondit que c'était à son corps défendant qu'il recevait du monde, et qu'il voudrait bien n'en pas recevoir. L'exempt s'approcha de moi, me demanda si je voulais sortir, et ajouta qu'il ne fallait pour cela que donner son nom et son adresse ; je les donnai, comme avaient fait les autres, et je sortis. J'ai su, aujourd'hui samedi, que le troupeau et le pasteur avaient été emmenés à la Bastille, hier à dix heures du soir ; que les sœurs étaient dans la désolation ; que la sœur Sion ne voulait pas monter dans la voiture, et qu'elle y était entrée moitié de gré, moitié de force ; mais que M. de La Barre avait toujours conservé une contenance et une fermeté héroïques. Ce rapport m'a été fait par une dévote des convulsions, à qui un officier de police l'a dit, en lui apportant les clefs de M. de La Barre.

P. S. Je vous dirai encore, monsieur, qu'hier, sur les deux heures et demie du soir, M. Antoine Bonnaire, huissier à verge au Châtelet de Paris, m'a donné fort poliment un petit exploit, en conséquence duquel j'ai été récolé et reconfronté avec les quatre sœurs et leur père. Sœur Félicité a signé que ma déposition était entièrement vraie : elle a avoué en pleurant qu'elle avait été séduite ; que M. de La Barre lui avait réglé ses convulsions à trois par semaine ; mais qu'à chaque fois qu'elle recevait les mêmes coups, ils lui faisaient beaucoup de mal. Elle a accusé (tout cela devant moi) M. de La Barre, sœur Madelon, sœur Rachel, de l'avoir entraînée et trompée. Madelon, Rachel, Marie et La Barre ont parlé de divin et de miraculeux. Les trois filles ont dit que les circonstances de douleur, de visage allumé, de pâleur, leur étaient inconnues ; qu'elles n'y avaient pas pris garde ; mais elles ne les ont pas niées, et moi, j'ai persisté ; j'ai presque fait la fonction de lieutenant criminel. J'ai interrogé les sœurs et La Barre; je leur ai prouvé qu'elles étaient trompeuses ou trompées; mais je n'en ai rien tiré que ce que je vous ai dit. Le lieutenant criminel est jeune, aimable, poli, mais fort embarrassé, je crois, de la tournure qu'il faut donner au procès. Le médecin Dubourg sera assigné ce soir [1].

— M. Le Beau, secrétaire de l'Académie royale des inscriptions et belles-lettres, vient de publier les troisième et quatrième volumes de son *Histoire du Bas-Empire*.

— M. l'abbé de Marsy a aussi publié les septième et huitième volumes de son *Histoire moderne des Chinois, Japonais, Indiens, Persans, Turcs, Russes, pour servir de suite à l'Histoire ancienne de M. Rollin*. Cet ouvrage est assez estimé.

— Les libraires chargés de l'*Histoire de France*, par M. l'abbé Vély, ont publié les septième et huitième volumes. On sait que cet écrivain est mort depuis peu. Le septième volume est encore de lui; le huitième est de M. Villaret, qui se propose de continuer cette histoire sur le plan de son prédécesseur.

— *Anecdotes morales sur la fatuité, suivies de recherches sur les petits-maîtres* [2]. Mauvaise rapsodie de plusieurs platitudes, dont le plus grand nombre avait déjà paru sans profit pour leurs auteurs.

L'ORIGINE DES APOZÈMES.

A M***, DOCTEUR DE LA FACULTÉ DE MÉDECINE DE PARIS

PAR M*** [3].

Eh quoi! toujours honnir les médecins!
Sur leur savoir plaisanter sans scrupules;

---

1. On trouve dans l'*Histoire de Paris* par Dulaure (t. V, pp. 112 et suiv., 1re édit.) un récit historique assez complet et fort curieux des diverses cruautés folles des convulsionnaires envers eux-mêmes, et du commencement, des progrès et de la fin de cette jonglerie mystique. (T.)

2. (Par Thorel de Campigneulles.) Anvers et Paris, 1760, in-12.

3. Mme d'Épinay ou Mme d'Houdetot? Les relations de la première avec Grimm rendent la première supposition plus vraisemblable; mais cette plaisanterie ne figure pas dans les *OEuvres* de Mme d'Épinay, publiées en 1869, 2 volumes in-12. Selon Littré, un apozème est une décoction ou une infusion d'une ou de plusieurs substances végétales à laquelle on a ajouté divers médicaments simples ou composés.

Vouloir guérir pourtant, lorsqu'on est en leurs mains,
   Tandis qu'au fond ignorant, incrédule,
Jusque sur l'apozème on jette un ridicule !
   Tremblez, ingrats, au goût faux, dépravé,
   Si votre esprit ou votre humeur caustique
Vous fait railler encor ce breuvage mystique,
   Le moindre mal qui vous est réservé,
C'est, en lisant mes vers, de prendre la colique.
   Ami docteur, je prétends aujourd'hui
      Venger l'honneur des apozèmes.
   Les médecins n'ont pas besoin d'appui,
   Nous le savons, ils se vengent eux-mêmes.
Mais dévoilons du moins à ces esprits pervers
   De ce trésor la céleste origine ;
Arrachons le bandeau dont leurs yeux sont couverts,
La vérité paraît et l'esprit m'illumine.

   Un jour qu'Adam pour nos péchés pécha,
      Du paradis Dieu le chassa,
      Et lui donna pour tout cortége
   Ces maux cuisants qui mènent à Barége,
Et bien d'autres encor : au moins ainsi le dit
   Le grand Gessner, historien fidèle
   Des premiers temps ; lisez la kyrielle
Qu'il fait de nos malheurs ou lisez mon récit.
      Je disais donc qu'advint la guerre
      Aux intestins du premier père :
   En vain eût-il cherché quelque érudit,
   Grand médecin ou donneur de clystère :
   Le croirait-on s'il n'était pas écrit,
      Dieu, qui fit si bien ce qu'il fit,
      Oublia net, dans son système,
Qu'en fabriquant nos maux fallait remède au bout.
      On ne saurait penser à tout.
Pour Adam, se crut mort le mal était extrême ;
   Quand sur le soir un céleste apozème
   Lui vint d'en haut. Un ange tout bénin
   Du ciel descend, le breuvage à la main.
   Il fit effet, ce julep salutaire :
      A son odeur la fièvre dénicha,
   Et tout fut dit dès qu'Adam avala.
   Sachez encor que l'ange débonnaire,
   Prévoyant bien qu'il aurait trop à faire
      S'il lui fallait soir et matin
Venir du ciel exprès pour sauver chaque humain,
      Voulut confier sa recette

MARS 1760.

A l'un de nos premiers parents.
Le jeune Abel à la mine discrète,
Choisi pour apprêter ces grands médicaments,
Apprit par cœur les secrets documents
Et le pourquoi nécessaire à la chose.
Mais le Malin, qui sans cesse s'oppose,
A tous bienfaits visiblement,
Fit mourir un beau jour Abel sans testament.
Eh quoi! nous dira-t-on, ce remède si rare,
Dont, selon vous, le ciel même est avare,
Est usité partout et partout décrié?
Il est ès mains de chaque saltimbanque?
Le remède est resté, mais le pourquoi nous manque.

Il est écrit que, privilégié,
Vous seul, ami docteur, vous aurez connaissance
Du vrai pourquoi. C'est votre bienfaisance
Et vos vertus qui vous font excepter ;
Le ciel est juste, il sait récompenser.
Toutefois, perdez l'espérance
De disposer de ce julep vanté
A volonté.
On connaît trop votre indulgence;
Au salut des croyants remplis de confiance
Votre pouvoir est limité[1].
Pour ces mauvais plaisants, ces esprits satiriques,
Lorsqu'ils avaleront les saints juleps mystiques
Avec un cœur plein d'incrédulité,
Ils deviendront paralytiques.
Ce n'est le tout qui leur arrivera :
Car si la prompte repentance
Ne vient suspendre la vengeance,
Chaque mets qu'on leur servira
Prendra soudain le goût de l'apozème.
Telle est d'en haut la volonté suprême,
Et rira bien, docteur, qui le dernier rira.

---

1. Les Baron* et autres, qui ont osé nommer les apozèmes des apodiables, qui soutiennent qu'on peut faire des expériences sur nos révérends voisins les capucins sans conséquence. (*Note de l'auteur.*)

* D'Holbach.

AVRIL

1ᵉʳ avril 1760.

Il faut compter parmi les phénomènes littéraires de l'hiver qui vient de finir les *OEuvres du philosophe de Sans-Souci*, qui ont paru d'abord en un petit volume, et tout de suite après en deux gros volumes in-8°. Si l'on a raison de dire, en général, que pour juger véritablement un ouvrage, il ne faudrait jamais se souvenir de l'auteur, cette règle me paraît devoir souffrir une exception par rapport au philosophe de Sans-Souci. On ne pourra mettre un juste prix à ses productions qu'autant qu'on se rappellera quel est l'homme à qui nous le devons. C'est lorsqu'on considérera que cet homme a écrit dans une langue qui lui était étrangère, qu'il n'a jamais vécu parmi les peuples dont il emprunte le langage, que cet homme est roi et que son règne a été un enchaînement de grandes choses, que ses actions sont une suite continuelle de prodiges aux yeux du sage, que ses peuples doivent à ses travaux tout ce qui peut rendre un gouvernement heureux et un État florissant; c'est après toutes ces considérations qu'on pourra porter un jugement équitable sur les œuvres du philosophe de Sans-Souci. Il est difficile de trouver dans toute l'histoire un homme à comparer à ce roi philosophe. César ne peut entrer en parallèle avec lui que par la supériorité de sa fortune. Il avait peut-être moins de capacité réelle, moins de ressource dans l'esprit, moins de talents que Frédéric, mais rien ne résistait à son étoile, et Frédéric a sans cesse à lutter contre la sienne.

Il fallait les plus étranges combinaisons, il fallait, ce qu'on n'a jamais vu dans l'histoire, que les principales puissances de l'Europe tournassent le dos aux règles de conduite les plus simples et entrassent dans une confédération absolument contraire à leurs intérêts et y persistassent, pour que Frédéric se trouvât dans cette position dangereuse qui a développé tout d'un coup tous les ressorts de son génie. César, avec beaucoup de souplesse dans le caractère et la hardiesse qu'inspire naturellement une bonne fortune et des succès qui ne se démentent jamais, a dû suffire à toutes les occasions dans lesquelles il s'est trouvé. Un autre héros, moins ancien que César, paraît avoir plus de ressemblance avec le roi de Prusse. Le génie de Julien, profond à la fois et brillant, est plus semblable en tout à celui du philosophe couronné de Sans-Souci. Ces deux héros ont encore de commun d'avoir été en butte aux calomnies, l'un des chrétiens, l'autre des sots, dont le nombre est pour le moins aussi grand que celui des chrétiens. Mais les nations de l'Europe sont trop éclairées et trop policées aujourd'hui pour que Frédéric ne jouisse pas bientôt de l'admiration qui lui est due, au lieu qu'il a fallu plusieurs siècles pour que les vertus et les talents de Julien obtinssent justice au milieu de tant d'horribles mensonges dont la noirceur et la méchanceté de ses ennemis l'avaient couvert de tous les côtés. Tous les trois enfin, César, Julien et Frédéric, ont été comptés au nombre des plus beaux esprits de leur siècle, et les deux derniers ont été bien éloignés de trouver un rival parmi leurs égaux. Quand je dis qu'il faut se souvenir que le philosophe de Sans-Souci a écrit dans une langue étrangère, je ne prétends pas parler de sa prose; nous avons en France peu d'écrivains qui écrivent avec plus de correction et d'élégance. Lorsqu'on a mis hors de comparaison M. de Voltaire, M. Diderot, M. de Buffon, M. Rousseau et M. d'Alembert, je ne vois personne en état d'entrer en lice avec le philosophe de Sans-Souci. Les *Mémoires de Brandebourg* sont un modèle dans leur genre, et je crois que Frédéric a plus de talent réel pour écrire l'histoire que M. de Voltaire lui-même. C'est en lisant les vers du philosophe de Sans-Souci qu'on a besoin de se souvenir que le poëte est roi, et qu'il a chanté dans un idiome qui ne lui était pas naturel. Ses vers manquent souvent d'harmonie, et surtout de cette aisance dont le défaut donne un air étranger au langage. Si le philosophe de Sans-Souci avait passé un ou deux ans de sa vie à Paris, qu'il eût pu respirer cet air de nationalité, qu'il eût pu prendre le ton de nos cercles, il aurait formé son oreille, il eût acquis ce tact qui fait parler d'une manière plutôt que d'une autre, qui, par une transposition légère, par un changement imperceptible, donne de la grâce et de l'agrément à ce qui était sec, lourd et maussade, et Frédéric aurait compté parmi ses lauriers d'être encore un des premiers poëtes de son siècle. Ce qu'on ne peut s'empêcher d'admirer, c'est la quantité d'idées de toute espèce qu'on trouve dans ses ouvrages, qui montrent un homme de lettres consommé dans le monarque le plus grand et le plus laborieux de l'Europe.

— Un honnête chanoine de Lille en Flandre a entrepris de réfuter plusieurs calomnies répandues dans les écrits d'Abraham-Joseph de Chaumeix, l'un des plus plats auteurs qui de nos jours aient déshonoré la littérature. L'apologie du chanoine est intitulée *Justification de quelques articles de l'Encyclopédie, ou Préjugés légitimes contre Abraham-Joseph de Chaumeix.* Brochure de près de deux cents pages [1]. Un autre auteur anonyme a publié un *Examen des critiques de l'Esprit* [2], dans lequel il met au jour l'injustice et la mauvaise foi avec lesquelles le pieux journaliste de Trévoux a procédé contre M. Helvétius. Malheureusement le public ne se soucie guère de rendre justice à qui il appartient. D'abord les sots et les fripons crient contre les gens éclairés, et ne finissent que lorsqu'ils ont animé l'autorité et ameuté tout le public. Ensuite tout le monde crie sans savoir de quoi il s'agit et sans examiner. Enfin vient l'apologie de l'innocent, et le public est déjà ennuyé et n'a plus nulle envie de s'occuper d'une affaire qui le fatigue. Voilà comment les méchants ont toujours raison, et comme il ne reste aux honnêtes gens que le temps pour obtenir justice. Fréron a imprimé publiquement dans ses feuilles que M. Diderot avait volé les planches de Réaumur sur les arts et les métiers, et que l'*Encyclopédie* n'en possédait pas d'autres. L'Académie des sciences, en conséquence de cette accusation, a nommé des commissaires pour aller chez les libraires vérifier la chose. Ces commissaires ont été obligés d'attester qu'ils avaient vu plus de six cents planches sur toutes sortes de métiers et arts mécaniques, et il a été ordonné à Fréron d'insérer ce rapport, qui lui donnait un démenti complet, dans ses feuilles. Tout le public a crié contre M. Diderot dès que l'accusation a paru, et lors d'une réponse juridique et formelle, personne n'a dit que Fréron était un men-

---

1. Bruxelles et Lille, 1760, in-12. Il y en a une édition datée de 1759 sous le seul titre de *Préjugés légitimes,* etc. Cette brochure a été réimprimée au tome IV de la prétendue *Collection des OEuvres de Diderot,* publiée en 1773 par Marc-Michel Rey. L'auteur est l'abbé Leclerc de Montlinot.

2. (Par Ch.-Georges Le Roy.) Londres (Paris), 1760, in-12.

teur et son M. Patte un fripon. Telle est la justice de ce monde.

Réaumur a été payé par le gouvernement pour faire l'histoire des arts et métiers ; dans l'espace de plus de dix ans il a touché pour cet effet plus de quatre cent mille livres, et n'a pas laissé une page sur tout cela. Il s'est borné à faire graver deux cent dix-sept planches qui ne serviront jamais à rien. M. Diderot, sans appui, sans protection, a entrepris cet ouvrage dans l'*Encyclopédie*. Il a fait faire plus de six cents planches superbes que les libraires vont publier avec celles des sciences, le tout au nombre de mille et dont la seule inspection couvrira de honte ceux qui se sont prêtés à la suppression de l'*Encyclopédie*. L'académicien Réaumur est mort riche, honoré des bienfaits du roi. Le philosophe Diderot sera bien honoré aussi, mais pas de son vivant, non par le gouvernement, mais par les étrangers qui honorent le mérite et le génie, et par la postérité, qui aura en horreur les persécuteurs si leurs noms peuvent aller jusqu'à elle.

— On vient de publier le théâtre de M. Fagan, en quatre volumes. Cet auteur a composé pour le Théâtre-Français, pour celui des Italiens, et pour la Foire. Il n'a guère fait que des pièces en un acte, et de toutes ses pièces il n'y a guère que *la Pupille*, *le Rendez-vous* et *l'Étourderie* qui soient restées au théâtre. Il était froid.

— M. Guymond de La Touche, l'auteur d'*Iphigénie en Tauride*, vient de mourir à la fleur de son âge. Il avait assisté à un spectacle de convulsions et en était sorti singulièrement frappé. Il tomba malade le lendemain et fut emporté en trois jours. On ne saurait décider, ce me semble, d'après *Iphigénie en Tauride*, si la perte de M. de La Touche en est une véritable pour la scène française.

— *L'Esprit de Jésus-Christ sur la tolérance, pour servir de réponse à plusieurs écrits de ce temps sur la même matière, et particulièrement à l'Apologie de Louis XIV sur la révocation de l'édit de Nantes, et à la Dissertation sur le massacre de la Saint-Barthélemy* [1]. La seule inspection du titre rend ces sortes d'ouvrages recommandables.

— *Le Monde moral, ou Mémoires pour servir à l'histoire du*

---

1. (Par F.-G. de la Broue.) S. l. (Hollande), 1760, in-8°.

cœur humain; par M.***, ancien résident de France dans plusieurs cours étrangères [1]. Voilà le titre d'un nouveau roman de M. l'abbé Prévost, dont il n'a publié que deux parties, mais qu'il continuera aussi longtemps que le public le voudra. C'est une compilation d'historiettes découpées, mais si plates, si mal écrites, qu'on a eu de la peine à se persuader qu'elles vinssent de l'auteur de *Cleveland.*

— *Histoire de la ville de Cherbourg et de ses antiquités, qui découvre des faits très-importants sur l'histoire de Normandie; par M*^{me} *Retau du Fresne* [2]. Brochure de cent quatre-vingts pages, occasionnée par la descente que les Anglais ont faite en 1758 près de cette place.

— *Histoire des révolutions de l'empire de Russie*[3], par M. Lacombe, avocat. Volume de quatre cents pages. M. Lacombe est auteur d'un fort mauvais ouvrage sur les beaux-arts, qui a paru il y a quelques années. On a été beaucoup plus content de l'histoire qu'il vient de publier.

— On a fait ici une édition des *Lettres de M. le maréchal de Belle-Isle à M. le maréchal de Contades,* trouvées parmi les papiers de celui-ci après la bataille de Minden. Ce ne sont que des lettres de bureaux, qui ne contiennent rien d'intéressant et qui font même assez d'honneur au ministre de la guerre. On voit que sa correspondance est bien faite et qu'il entre dans tous les détails. Quant à la partie politique de ces lettres, il n'y a pas un cabinet en Europe dont la correspondance, exposée aux yeux du public, n'offrît les mêmes détails et les mêmes principes.

— *Traité sur les toiles peintes, dans lequel on voit la manière dont on les fabrique en Europe et aux Indes. On y trouvera le secret du bleu d'Angleterre, de bon teint, applicable sur la toile avec la planche ou avec le pinceau. On y a joint encore le procédé qu'il faut tenir pour noyer ou adoucir les ombres pour les fleurs et pour les draperies, chose nouvelle et qu'on croyait impossible. Par M. Q****[4]. Brochure de cent dix pages.

— *État des planches sur les arts et métiers, ou gravées, ou*

---

1. Genève (Paris), 1760, 2 vol. in-12.
2. Paris, 1760, in-12.
3. Paris, 1760, in-12.
4. (Le chevalier de Querelles.) Amsterdam et Paris, 1760, in-12.

AVRIL 1760.

dessinées et vérifiées par MM. les commissaires de l'Académie royale des sciences, sur les portefeuilles des libraires associés à l'Encyclopédie, pour servir de réponse à une accusation insérée dans une des feuilles de l'Année littéraire.

« Les étoiles désignent ceux d'entre les arts sur lesquels on a avancé que nous n'avions rien du tout, ou rien qui nous appartînt.

« Agriculture et arts qui tiennent à l'économie rustique, avec leurs machines et instruments comme faux, faucilles, semoir, crible, moulin à eau, moulin à vent, moulin à graine, etc. — * Aiguillier. — * Aiguillier-bonnetier. — Alunier, ou atelier où se fait le travail de l'alun. — * Arquebusier. — Arsenic, ou atelier où se prépare l'arsenic. — Artificier-Balancier. — Baleine. Travail du blanc de baleine. — Bas. Le métier à bas et le travail de l'ouvrier faiseur de bas au métier. — Bismuth, ou l'atelier où se fait le travail de cette substance. — * Blanchisseur de toile. — * Boisselier. — * Bonnetier. — Boulanger. — Brodeur. — * Bourrelier. — Brasserie. — * Carrier et plâtrier. — * Ceinturier. — * Chaînetier. — * Chandelier. — * Chapelier. — * Charbon de terre (exploitation du). — * Charbon de bois. Manière de faire le charbon de bois en Champagne et en Bourgogne. — * Charron. — Charpentier. Instruments et machines, comme grue, chèvre, mouton, etc. — Chasses à l'arme et aux pièges. — Chaufournier, ou travail de la chaux. — * Cire. Blanchissage et emploi de la cire. — * Cirier. — * Cloutier. — Confiseur. — * Cordonnier et bottier. — Coton. Filage et emploi du coton filé. — Couperose, ou atelier où se travaillent la couperose et le vitriol. — * Coutelier. — Couvreur. — Cuivre, ou usine où le cuivre se fond, s'affine, se met en matte, se prépare, se tréfile et se bat en vaisseaux, et différents ustensiles. — Cuivre et argent, ou atelier où se fait la séparation et le reste du travail sur ces deux métaux. — Danse et chorégraphie. — * Découpeur et gaufreurs d'étoffes. — Dessinateur. Exemples et principes de dessin. — * Doreur en bois et en métaux. — * Diamantaire. — Draperie, ou manufacture en draps, couvertures, étamines et autres étoffes de laine. — Écrivain. Principes et exemples d'écriture. — * Émailleur. — * Épinglier. — * Éperonnier. — Étain. Usine où se travaille ’étain. — * Éventailliste. — * Fer-blanc. Manufacture de fer-blanc. — * Ferblantier. — Fonderie en statue équestre. — Fonderie en caractères d'imprimerie. — * Fonderie de canons avec l'alésoir. — Fonderie de cloches. — Fonderie de plomb à giboyer. — Fonderie en sable. — Fontainier. — * Forges, ou travail du feu. Exploitation de la mine, lavage, soufflets, fourneaux de fonderie, couler des gueuses, chaufferie, aciérie, couler de différents ouvrages de fonte, aplatissoir, fenderie, tréfilerie. — * Formier. — * Fourreur. — * Fourbisseur et usine où se forent les canons de fusil. — * Gaînier. — * Gantier. — * Gazier. — Globes. Faiseurs de globes. — Graveur en bois, graveur sur cuivre, graveur sur pierre. — Horlogerie en montres et pendules avec ses instruments, comme une machine à fendre et autres. — Jardinage. — Imprimerie en lettres, imprimerie en taille-douce. — Indigoterie. — Instruments de mathématiques (faiseurs d'). — * Joaillier. — Laiton, ou usine où le cuivre rouge se travaille par la calamine, la fonte, le couler en tables, la tréfilerie. — * Layetier. — * Lunettier. — Lutherie ancienne et moderne, ou fabrication des instruments de percussion, des instruments à cordes, des instruments à vent, comme la trompette, le hautbois et l'orgue. — Marly. Travail du marly. — * Maréchalerie et manége. — * Marqueterie. — * Menuiserie. — Mercure, ou usine où se travaille le mercure. — * Metteur en œuvre. — Mines. Travail général des mines comme art de les conduire, ou géométrie souterraine, machines à épuiser les eaux. Coupes de mines, galeries, sondes de terre, instruments de mineurs comme bocards et lavoirs, etc. — Monnayage. — Noir de fumée (préparation du). — Or. Usine où se fait le travail de l'or. — * Orfévrerie. Moulins à lavure et autres outils. — Papeterie. — Passementerie. — Pâtissier. — Paulmier. — Perruquier. — Pêche de rivière, pêche de mer, fabrication des filets et autres instruments de pêche. — Pierre. Coupe des pierres. — Pilotes, ou art du pilote sous l'eau. — Plomb. Usine où se travaille le plomb. — Plombier. Art du plombier avec le laminoir. — Pompes à feu et autres machines à l'eau. — Potier de terre et faïencier. — * Plumassier. — Relieur. — Savonnerie. — Sculpture. — Sellier. — Sels, marais salants, fontaines salantes, bâtiments de graduation et autres instruments, outils et machines. — Soufre. Usine où se travaille le soufre, où il se sublime en grand et se met en bâtons. —

Soie. Préparation de la soie, tirage, filage organisé, emploi en satin, en étoffes unie et brochée, en velours, en damas, avec les différents métiers, instruments, outils et machine. Calandre, etc. — Sucre, récolte de la canne à sucre, moulin, cuisson et raffinage. — * Tabletier (voyez marqueterie). — * Taillanderie. — Tailleur de limes, tailleur d'habits. — Tapisserie de haute et basse lisse. — Teinturier. — Tisserand en toile. — Tonnelier. — Tourneur, tour simple, tour à guillocher, tour à ovale, tour à faire le portrait et la médaille. — Tricot, l'art de tricoter. — Vannier. — Vergettier. — Verrerie en bois et en charbon; en bouteilles, en plats, en cristal, en glace, etc. — Vitrier. — Zinc. Usine où se travaille le zinc.

« Messieurs les libraires associés à l'*Encyclopédie* ayant demandé à l'Académie des commissaires pour vérifier le nombre des dessins et gravures concernant les arts et métiers qu'ils se proposent de publier, nous, commissaires soussignés, certifions avoir vu, examiné et vérifié, toutes les planches et dessins mentionnés au présent état, montant au nombre de six cents sur cent trente arts dans lesquels nous n'avons rien reconnu qui ait été copié d'après les planches de M. de Réaumur. En foi de quoi nous avons signé le présent certificat.

« Paris, ce seize janvier mil sept cent soixante.

« *Signé :* Nollet, Morand, Deparcieux. »

15 avril 1760.

Les Comédiens français ont repris à l'ouverture de leur théâtre la tragédie de *Spartacus*. M. Saurin a profité de la suspension des spectacles pour y faire plusieurs changements. L'apparition répétée du consul romain dans le camp des esclaves avait, entre autres, choqué tout le monde. M. Saurin a donc supprimé et a mis à la place de Crassus un simple député nommé Messala. Cette tragédie vient d'être imprimée, mais avec si peu de soin que la lecture en est rebutante. A tout moment on rencontre des vers défigurés, et il y en a plusieurs d'oubliés. Voici ce que la lecture de Spartacus a fait penser à M. Diderot[1] :

---

1. Dans la lettre à Mlle Volland, du 1er juillet 1760, Diderot fait une analyse de *Spartacus,* différente de celle-ci, qui est inédite.

Les faits sont décousus, la versification est d'une dureté barbaresque; pas un son musical, peu d'idées, jamais de tableaux qu'ébauchés. Comme rien n'est lié, rien n'est préparé, rien n'a d'effet. Multiplier les rapports entre les personnages, je m'en souviendrai, source d'intérêt : par exemple, Messala n'est qu'un député; pourquoi ne serait-il pas l'ami de Crassus? l'ami ou le transfuge de l'armée de Spartacus? Son rival même, agréé de Crassus? Je persiste, l'intérêt dépend principalement du style et de la poésie, de l'enchaînement nécessaire des événements et de la rapidité avec laquelle ils m'accélèrent vers un but dernier et connu. Je parle de l'intérêt du tout. Quant à l'intérêt particulier des scènes, c'est l'effet des tableaux, du style, oui, du style; du contraste des personnages avec leur situation, et des rapports qu'ils ont entre eux. Tout étant égal, d'ailleurs, j'aimerais mieux entendre deux amis que deux indifférents; un père et son enfant, un époux et une épouse, un amant et sa maîtresse ou son rival, qu'un homme ou une femme, ou un homme et un autre homme. Voilà qui est décidé, je ne me ferai jamais à cette rodomontade romanesque que le génie de Corneille a mise à la mode. Il me semble qu'en baissant d'un ton on devient plus simple, plus vrai, plus touchant. Ces héros ressemblent à des outres que le vent qui les remplit est prêt à crever. Il n'y a point de nature à cela, et il n'y a que des enfants qui n'ont jamais senti le mérite d'un vers d'Homère tel que celui-ci :

Τίσειαν Δαναοὶ ἐμὰ δάκρυα σοῖσι βέλεσσιν.

Iliade, I, 42.

Que vos flèches fassent payer mes larmes à ces Grecs cruels!

ou :

Faites-leur payer ma mort aux veuves des Troyens,

qui puissent s'accommoder de ces misères boursouflées. Je voudrais bien savoir pourquoi Spartacus s'amuse à bavarder si longtemps avec un député de Crassus? Il n'a qu'un mot à lui dire : « Voilà la fille de Crassus; » ou bien : « Allez-vous-en, je la retiens. » Compliquer les faits de circonstances qui les rendent ou grands ou pathétiques ou terribles, affaire de fiction.

Cet auteur n'a pas le soupçon de cet art-là. Le renvoi d'Émilie, sa déclaration font peu d'effet parce que rien n'est filé, rien ne tient. La scène deuxième du quatrième acte est belle ; cela est bien trouvé. La scène troisième du même acte est mieux écrite que le reste. Émilie offerte par Crassus, fort bien ; mais il fallait que Spartacus fût plus amoureux ; et puis tout est brusqué. Crassus ne souffre point à proposer sa fille, Spartacus pas assez à la refuser. Toute cette pièce n'est qu'un tissu de petites surprises : pas un grand mouvement. Scène quatrième, acte quatrième ; il se rappelle sa mère, bien oubliée. Noricus est un plat homme, sans couleur, sans énergie, et puis voilà deux combats ; pauvreté d'invention. A la première représentation, le consul venait deux fois, il ne vient plus qu'une. Il envoie la première fois Messala, et la scène est devenue fausse quand on a mis dans la bouche de Messala ce qu'on avait fait dire à Crassus. Il valait mieux faire durer la même action, et partager le combat par quelque incident. Cette suspension pouvait devenir terrible : c'eût été peut-être là le moment où Crassus eût offert sa fille avec vraisemblance, et Spartacus l'eût refusée avec effet. Oh ! combien à refaire dans cette pièce ! Je n'aurais jamais pu me résoudre à tuer la mère de Spartacus au premier acte. Je l'aurais laissée vivre, et mise en action ; c'eût été le tourment de Spartacus au milieu de ses triomphes. Un fils vis-à-vis de sa mère ! comment se refuser à ces situations ? La mère de Spartacus eût été l'amie d'Émilie, et ces deux femmes, que n'auraient-elles pas dit entre elles ? Dans cette pièce, au contraire, personne n'est à la gêne, que les Romains qu'on méprise. Le dénoûment est beau, mais il fallait partout plus de couleur à Émilie et en général à tous les personnages, sans en excepter Spartacus. Cette pièce pèche trop par la conduite. Pour réussir en la laissant construite telle qu'elle est, il fallait être un très-grand poëte et être plein de détails sublimes.

Contre mon attente, j'ai eu encore moins de plaisir à la lecture qu'à la représentation. La dureté du style s'est fait sentir davantage, ainsi que la pauvreté d'images, la stérilité d'idées, quelques grandes pensées en mauvaises expressions, et puis sans cesse des maximes. Cependant les derniers actes sont moins mal écrits que les premiers, d'où je conclus que dans le genre de Corneille il faut être Corneille, et point au-dessous.

Il s'agit d'arracher du fond de l'âme jalouse du spectateur un cri d'admiration, chose difficile, tandis que dans le genre de Racine, les limites entre lesquelles le succès est resserré me semblent moins étroites. Malheureux nous-mêmes, nous nous laissons aller sans effort à compatir aux malheureux; petits, nous nous prêtons plus difficilement à la grandeur et à l'héroïsme. L'admiration, à moins qu'elle ne soit soutenue, extrême, emportée de vive force, est froide et contrainte. Il ne faut pas s'y tromper, Corneille n'est pas grand seulement, il est en même temps pathétique et grand.

VERS ADRESSÉS AUX MOUSQUETAIRES

PAR M. SAURIN

APRÈS LA PREMIÈRE REPRÉSENTATION DE *Spartacus*.

> Enfants du Dieu de la Thrace,
> Dont le front jeune et guerrier
> Ceint du myrte et du laurier
> Brille de grâce et d'audace;
> Séminaire de héros,
> A l'ennemi comme aux belles
> Ne tournant jamais le dos,
> Bâillez aux pièces nouvelles,
> On sait trop bien qu'il le faut;
> Mais ne bâillez pas si haut :
> Protégez notre faiblesse,
> En marquant moins votre ennui;
> Vous nous devez votre appui.
> A Paphos comme au Permesse
> De tout temps fêté, chéri,
> Mars eut Vénus pour maîtresse,
> Apollon pour favori.

Et les jeunes héros de l'hôtel des mousquetaires, pour marquer leur reconnaissance à l'auteur, ont été à la deuxième représentation applaudir *Spartacus* de toutes leurs forces.

— *L'Oraison funèbre de Madame, infante, duchesse de Parme, prononcée par Mathias Poncet de la Rivière, ancien évêque de Troyes*[1], a été imprimée, mais n'a été lue par personne.

---

[1]. Paris, 1760, in-4°.

— M. de Brosses, président à mortier au parlement de Dijon et membre de l'Académie royale des inscriptions et belles-lettres, vient de publier une dissertation intitulée *Du Culte des dieux fétiches, ou Parallèle de l'ancienne religion de l'Égypte avec la religion actuelle de Nigritie*[1]. Brochure de deux cent quatre-vingt-cinq pages. Le sabéisme est le culte des astres, le fétichisme est le culte de certains objets terrestres et matériels, et tous ces dieux terrestres et matériels comme chiens, chats et autres animaux, ou des morceaux de bois, de pierre ou autres matières, s'appellent du nom générique de fétiches. La faiblesse de l'homme lui a toujours forgé des dieux. Les peuples les plus éclairés ont adoré les astres. D'autres, plus superstitieux, plus aveugles et plus stupides, ont choisi pour leur culte les objets les plus abjects. La dissertation de M. de Brosses contient quelques faits curieux, mais elle est diffuse et plus des trois quarts trop longue. Tout ce que vous y trouverez de réflexions judicieuses et philosophiques est pris dans l'*Histoire naturelle de la religion* de M. David Hume.

— *Amusement physique sur le système newtonien, dédié à la France par un de ses plus dévoués sujets*[2], mais qui n'en est pas plus éclairé pour cela, ce qui prouve qu'on peut être très-bon Français et fort bête. Cet amusement consiste dans une correspondance entre M. de *Contre*ville, M. de *Pour*tenac, et M. de *Neutre*court, dans laquelle on combat le système de l'immortel Newton. L'auteur est jésuite.

— *Histoire de Rasselas, prince d'Abyssinie, par M. Johnson, auteur du Rambler*, et traduite de l'anglais par Mme Belot[3]. Le traducteur dans sa préface assure que ce *Rasselas* est le pendant du *Candide* de M. de Voltaire. Mais, n'en déplaise à Mme Belot, tout le monde a trouvé le Candide français très-gai et très-original, et le prétendu Candide anglais, ennuyeux et détestable.

— *Les Sauvages de l'Europe*[4] sont une satire bien plate et

---

1. Paris, 1760, in-12.
2. (Par le P. Desmarais, jésuite.) Paris, 1750, in-12.
3. Paris, 1760, in-12. Réimprimée en 1768 et en 1788.
4. (Par R.-M. Le Suire et Louvel.) Berlin, 1760, in-12. Réimprimé en 1802 par Regnault-Warin, sous le titre *le Paquet-Bot* (sic) *de Calais à Douvres, roman politique et moral trouvé sur une échoppe de bouquiniste du quai des Ormes*. Voir la note de Barbier au mot *Sauvages*.

bien mauvaise de la nation anglaise, en cent trente-sept pages. Tout cela n'est pas lisible.

— *Le Voyage d'Alcimédon, ou le Naufrage qui conduit au port* [1] est un petit roman froid et insipide qu'on a attribué à M. le cardinal de Bernis. Il est d'un M. de Choiseul qui sert dans la marine.

— *Phantasiologie, ou Lettres philosophiques à Mme de ***, sur la faculté imaginative* [2]. Autre platitude.

—*Abrégé chronologique de l'histoire de la Société de Jésus, pour servir d'introduction au procès que le public fait aux jésuites et à la justification des édits du roi de Portugal contre ces Pères* [3]. C'est encore un présent que les jansénistes ont fait à leurs bons amis de la robe de saint Ignace.

— *Le Patriotisme* [4], mauvais poëme de M. l'abbé Desjardins.

— *Journal historique des campagnes du capitaine Thurot* [5]. Le pauvre capitaine Thurot est devenu fameux par la fin qu'il a faite. Ce journal ne contient que ses campagnes de 1757 et 1758 sur les côtes de l'Irlande et d'Écosse. Vraisemblablement on nous donnera la suite de ses exploits.

— *État ou Tableau de la ville de Paris, considérée relativement au nécessaire, à l'utile, à l'agréable et à l'administration* [6]. On a dit de l'*Almanach royal* que c'était un des livres qui contenaient le plus de vérités. Le *Tableau de Paris* pourra peut-être lui disputer cette gloire. C'est un livre fort commode pour quelqu'un qui veut bien connaître son Paris. On l'a considérablement augmenté à cette nouvelle édition. L'auteur s'appelle M. de Jèze, avocat.

— *Observations sur un ouvrage intitulé* Vindiciæ typogra-

---

1. Amsterdam, 1761, in-12. Attribué par Quérard au comte de Martigny.
2. (Par le marquis de Feuquières.) Oxford et Paris, 1760, in-12.
3. (Par l'abbé J. Tailhié.) En France, 1760, in-12. Nouvelle édition corrigée et augmentée par l'auteur, même année, in-12.
4. S. l., 1759, in-8°, 8 pages.
5. Bragelongne a publié en 1778 un *Journal de la navigation d'une escadre aux ordres du capitaine Thurot.*
6. (Avec préface par Pesselier.) Paris, Prault, 1761, in-8°. — Ce livre avait d'abord paru en 1754 sous le titre de *Journal du citoyen*. La Bibliothèque de la ville de Paris possède les éditions de 1757, de 1760 (s. d.), de 1761 et de 1762, qui présentent toutes quelques modifications dans le titre.

phicæ, *pour servir de suite au Traité de l'origine et des productions de l'imprimerie en taille de bois,* par M. Fournier le jeune, fondeur de caractères[1]. M. Fournier est un homme distingué dans son art. Il y a à Leipzig un jeune imprimeur, M. Breikopf, qui peut aller de pair avec M. Fournier. Ils ont tous les deux des vues fort étendues. L'opinion de M. Fournier est que Guttemberg n'est pas l'inventeur de l'imprimerie, et il croit l'avoir prouvé contre le sentiment de M. Schœpflin, savant professeur de l'université de Strasbourg.

MAI

1ᵉʳ mai 1760.

MADRIGAL

PAR M. DE SAINT-LAMBERT.

Thémire est peu sensible à l'amour qu'elle inspire.
    Je connais tout le prix du temps,
    Je connais le cœur de Thémire,
    J'en jouirai quelques instants.
Il faut sans en perdre un les passer auprès d'elle ;
Opposer plus d'amour à sa légèreté,
Et du moins, si Thémire est encore infidèle,
    Je ne l'aurai pas mérité.

AUTRE

PAR LE MÊME.

Avec moins de talent vous séduiriez mon cœur,
Avec moins de beauté vous me plairiez encore ;
Vous réunissez tout, et tout fait mon bonheur
    Vous m'aimez et je vous adore.
    A chaque instant plus amoureux,
Je rends grâces aux dieux des progrès de ma flamme :
    L'amour rassemble dans mon âme
    Les plaisirs de tous les heureux.

---

1. Paris, 1760, in-8°.

AUTRE

PAR LE MÊME.

De nos destins le ciel seul est le maître.
Si ma fortune eût dépendu de moi,
Vous m'aimeriez; je ne serais pas roi,
Mais je serais tout ce que je veux être.

— On a commencé un nouveau journal sous le titre de *Génie de la littérature italienne*[1]. Ce titre indique assez l'objet des auteurs. Ils se proposent de donner seize volumes par an, pour lesquels on peut souscrire. Ce que j'en ai vu m'a paru si mal fait que je ne conseillerais à personne de perdre son temps à cette lecture. Il y a dans le premier volume des morceaux remplis de bévues, qui prouvent que le traducteur n'avait pas la connaissance la plus vulgaire de la langue italienne.

— *L'Inoculation nécessaire*[2]. Une feuille in-4°. C'est une plate et mauvaise plaisanterie qui me paraît dans le ton et de la force de M. l'abbé Coyer.

— *La Logique de l'esprit et du cœur, à l'usage des dames*[3]. Brochure de cent pages. Petite rapsodie de remarques communes. On m'a dit qu'elle était d'un nommé Blanchet.

— *Le Tableau de la nature*[4]. Poëme de vingt-quatre pages, que personne n'a regardé.

— *Pensées et Réflexions morales sur divers sujets*[5]. Petit volume de deux cents pages. C'est une autre rapsodie de réflexions triviales, qui n'a pas trouvé de lecteurs. Voici une de ces réflexions : « Le sentiment ne s'exige ni ne se demande; il se mérite. » Je dis que si cette façon d'écrire pouvait jamais devenir à la mode, la langue serait bientôt barbare. Heureusement tout ce barbouillage reste dans l'obscurité, et ne trouve tout au plus des lecteurs que dans les îles sous le vent.

— *Lettres pour servir de suite à l'Ami des hommes*[6]. Ce

1. (Par J.-R. Sanseverino et Gaillard de Graville.) Paris, 1760, 2 vol. in-12.
2. Il en existe aussi une édition in-8°, 14 pages, s. l. n. d. L'auteur est inconnu.
3. La Haye et Paris, 1760, in-12.
4. (Par l'abbé E.-J. Desnoyers.) Londres et Paris, 1760, in-8°.
5. (Par Mme Thiroux d'Arconville.) Avignon (Paris), 1760, in-12.
6. Avignon, 1760, in-8°. Ce volume est ainsi composé : *Lettre d'un ingénieur de province à un inspecteur des ponts et chaussées sur les corvées* (par Claude Bour-

recueil, joliment imprimé, consiste en trois lettres, l'une sur les corvées, et les deux autres sur la milice ; mais toutes les trois avaient déjà été imprimées séparément.

— Les *Traits de l'histoire universelle, sacrée et profane, d'après les plus grands peintres et les meilleurs écrivains. Ouvrage destiné principalement à l'éducation des jeunes gens; propre aussi pour l'instruction et l'amusement des personnes de tout âge et de tout sexe, qui veulent avoir des notions de l'histoire,* par M. Le Maire, graveur[1]. Voilà le titre d'un ouvrage périodique qui a commencé l'hiver dernier par la Genèse et qui se continue. Il en paraît un cahier tous les mois. L'idée de cet ouvrage me paraît bonne ; il pourrait être utile à la jeunesse ; mais l'exécution en est trop mauvaise. On a de la peine à reconnaître le génie de Raphaël et de Rubens dans les copies de M. Le Maire, et le texte qui se trouve sous ces gravures est pitoyable.

— *Description du Parnasse français,* de M. Titon du Tillet[2]. A la suite de cette description se trouvent toutes les pièces en prose et en vers composées à la louange du Parnasse français en bronze. M. Titon du Tillet, maître d'hôtel de feu Mme la Dauphine, mère du roi, est un des hommes du siècle qui ont été le plus loués par nos journalistes ; mais aussi nos journalistes sont de tous les hommes du siècle les plus plats et les plus absurdes.

15 mai 1760.

M. de Voltaire a dit quelque part qu'un discours de réception et d'entrée à l'Académie française était composé de quatre ou cinq propositions essentielles. La première, que le cardinal de Richelieu était un grand homme ; ce qui n'empêchait pas, en second lieu, le chancelier Séguier d'être de son côté un grand homme, sans compter, troisièmement, que Louis XIV avait

---

gelat). *Réponse d'un major d'infanterie à un intendant de province sur la milice. Lettre d'un subdélégué à un intendant de province sur la milice.* La pagination de ces trois pièces est unique. — D'après une note de Jamet le jeune, les deux dernières seraient de Perrin, secrétaire du maréchal de Belle-Isle. Voir page 151.

1. Paris, 1760, 6 vol. in-12, et 1771, 6 vol. in-8°, Le texte était rédigé par l'abbé Aubert.

2. Paris, 1760, in-folio. La première édition est de 1727, in-12.

été aussi un grand homme; mais que, quatrièmement, l'académicien auquel on succède avait été surtout un très-grand homme, ainsi que le directeur, le secrétaire, et même tous les membres de l'Académie; et que, cinquièmement, lui, récipiendaire, pourrait bien être aussi une espèce de grand homme[1]; ce qui fait que de tous ces ingrédients de grands hommes on compose ordinairement le discours le plus plat et le plus insipide qui se débite dans le royaume des Gaules, où cependant il s'en débite tant de cette espèce. M. Le Franc de Pompignan, en prenant séance à l'Académie française[2], a cru devoir s'écarter, du moins à quelques égards, de la route ordinaire. D'abord il s'est attaché principalement à nous laisser soupçonner que lui, récipiendaire, était un très-grand homme; ensuite il convient bien que M. de Maupertuis, auquel il succède, était aussi une espèce de grand homme, ainsi que Richelieu, Séguier, et Louis XIV; mais il s'arrête là, et le reste de son discours est une invective très-forte contre les philosophes et les gens de lettres de nos jours; ce qui fait que Richelieu, Séguier, Louis XIV, et Maupertuis, morts, il ne reste, compte fait, de grands hommes à la France que M. Le Franc de Pompignan, et que Voltaire, Diderot, Buffon, d'Alembert, ne sont pas bons à jeter aux chiens. Ce discours n'a pas été reçu du public avec indifférence. On a trouvé singulier que le seul grand homme qu'il y eût en France arrivât du fond de la Gascogne dans la capitale pour nous apprendre qu'on ne pouvait être grand homme qu'autant qu'on allait à la messe et qu'on disait son chapelet, et que Maupertuis n'avait été grand homme que parce qu'il était mort entre les mains des capucins. On a trouvé à redire que M. Le Franc débutât à l'Académie française par une satire contre les gens de lettres, et qu'il nous imputât de n'avoir qu'une fausse littérature et une fausse philosophie, ce qui, pour parler avec plus d'exactitude, voudrait dire que notre philosophie est devenue fausse et dangereuse depuis qu'elle ressemble à celle des Grecs du temps des Socrate et des Platon; à celle des Romains du temps des Lélius et des Cicéron, et à celle des Anglais

---

1. C'est dans la vingt-quatrième de ses *Lettres philosophiques (sur les Académies)* que Voltaire prononce à peu près dans les mêmes termes un juste et piquant arrêt contre les discours de réception. (T.)

2. Le 10 mars 1760.

du temps des Newton, des Locke et des Pope. Je ne sais si ce début de M. Le Franc est d'un très-grand homme, mais à coup sûr il n'était pas d'un homme sage. Il était aisé de prévoir que, quand même les philosophes n'iraient pas à la messe ni à confesse, cela ne les empêchait pas d'avoir une plume à la main, et qu'ils pourraient bien être tentés de s'en servir contre un grand homme qui les insultait gratuitement ; il fallait considérer encore qu'en mettant les philosophes, par un excès de générosité, dans le cas de ne pouvoir répondre aux imputations sans se rendre odieux aux sots et à la populace, on les invitait, pour ainsi dire, à se servir du ridicule, et si par hasard l'agresseur avait fait sa sortie contre eux dans le dessein de devenir sous-gouverneur des Enfants de France, rien n'éloignait plus de cette place que d'être le plastron de cinquante plaisanteries amères. Ces réflexions ne se sont pas offertes à M. Le Franc de Pompignan, ou sont venues trop tard. Un certain M. Clodoré, dont la plume ressemble infiniment à celle de M. de Voltaire, a fait des *Quand*, notes utiles sur le discours du nouvel académicien[1]. Un anonyme, dont la plume vaut bien celle de M. d'Alembert, a ajouté à ces *Quand* des *Si* et des *Pourquoi*[2]. On a recherché les droits de M. Le Franc au titre de grand homme, et l'on a trouvé que sa tragédie de *Didon* était une assez mauvaise pièce, qu'il avait mis à contribution Métastase et Virgile, et qu'il les avait travestis en vers froids et maussades. On a jugé encore que tous les autres ouvrages de M. Le Franc ne pouvaient guère se lire, et lui assuraient une place assez mince parmi les gens de lettres : personne ne lui a fait l'injustice de le compter au nombre des philosophes. Enfin, par une révolution assez étrange, il est arrivé que M. Le Franc,

1. Les *Quand* sont effectivement de Voltaire. Nous n'en connaissons pas d'édition portant le nom de *Clodoré;* mais alors on faisait quelquefois avant l'impression courir ces petits pamphlets manuscrits, et signés de noms imaginaires ; Grimm en aura peut-être vu une copie portant cette signature pseudonyme. (T.)

2. Les *Si*, les *Pourquoi* (1760, in-12) sont de l'abbé Morellet. Ce pamphlet de Morellet, celui de Voltaire, et quelques autres de ces auteurs et d'autres écrivains philosophes, composés vers cette même époque, ont été réunis et publiés par Voltaire sous le titre de *Recueil des Facéties parisiennes pour les six premiers mois de l'année 1760* (Genève), in-8°. Ce Recueil a été imprimé presque en entier dans le *Voltaire* de Beaumarchais, dans celui de Lequien, etc., et l'on trouve la liste des vingt-quatre écrits qu'il renferme au mot *Recueil* de la troisième édition de Barbier.

après avoir été regardé pendant quarante ans, sur sa parole, comme un homme fait pour être de l'Académie française, n'y est pas sitôt entré qu'on lui a disputé ses titres d'éligibilité, tant il est vrai que les gens trop pénétrés de leur mérite n'invitent pas les autres à leur rendre justice! Vous jugez bien que cette querelle a déjà fait éclore des brochures et des feuilles de toute espèce. M. Le Franc a cru devoir répondre aux *Quand* par un *Mémoire présenté au roi*. M. Clodoré et tous les auteurs des *Quand* et des *Si* ne pouvaient assurément rien faire de plus sanglant contre lui que cette absurde et ridicule apologie qui n'a pas mis les rieurs de son côté. Je joins à cette feuille la *Prière universelle* de Pope, traduite par M. Le Franc[1]. L'auteur des *Quand* lui reproche, ce me semble, mal à propos, de l'avoir *envenimée*; il eût dit avec plus de raison que M. Le Franc a *défiguré* un très-beau morceau par une traduction plate et froide.

JUIN

1er juin 1760.

Vous voulez sans doute que je vous parle de la fameuse comédie des *Philosophes*, qui a tant occupé le public depuis six semaines[2]. Rien ne peint mieux le caractère de cette nation que ce qui vient de se passer sous nos yeux. On sait que nous avons quelques affaires en Europe. Les mauvais succès que la France a éprouvés de tous côtés, la nécessité de rétablir notre considération, notre crédit, la réputation de nos armes, le grand ouvrage de la pacification générale si indispensable et si désirée, on croirait que voilà des objets assez importants pour occuper tous les esprits. Quel serait l'étonnement d'un étranger

---

1. On pourrait ajouter que Morellet a joint des notes critiques à cette traduction de la *Prière universelle* de Pope. (B.) — Elle se trouve avec les notes dans le *Recueil des Facéties parisiennes*, et dans les *Voltaire* de Beaumarchais et de Lequien. (T.)

2. *Les Philosophes* furent représentés pour la première fois le 2 mai 1760.

qui, arrivant à Paris dans ces circonstances, n'y entendrait parler que de Ramponeau[1], Pompignan et Palissot? Voilà cependant où nous en sommes, et si la nouvelle d'une bataille gagnée était arrivée le jour de la première représentation des *Philosophes*, c'était une bataille perdue pour la gloire de M. de Broglie, car personne n'en aurait parlé. Les triumvirs de la nation, heureusement, nous ont fait oublier que nous étions impliqués dans d'assez mauvaises affaires. Ramponeau, de simple cabaretier de la Courtille, est devenu un des plus célèbres personnages de la France. Pour avoir vendu son vin un peu meilleur marché que ses confrères, pour avoir donné à boire à tous les laquais de Paris, Ramponeau est devenu l'unique objet d'attention et d'entretien et de la cour et de la ville. Maître Le Franc de Pompignan, pour avoir prononcé un plat et impertinent discours à l'Académie française, et pour en avoir été châtié par toutes sortes de particules, a bientôt partagé la célébrité de Ramponeau, et Palissot, jusqu'alors faiseur de petits libelles obscurs, s'est associé à ce couple fameux par son immortelle comédie des *Philosophes*.

Lorsqu'on juge cette pièce à cinquante lieues de Paris, on doit être étonné du bruit qu'elle a fait. On n'y trouve ni plan, ni intrigue, ni conduite, ni caractère, ni plaisanterie, ni force, ni légèreté, ni rien de ce qu'on est en droit d'exiger d'une pièce de théâtre. On n'y voit qu'une copie misérable des situations de la comédie du *Méchant* et des *Femmes savantes*. Pas une scène; rien qui montre d'autre talent que celui de la méchanceté et de la fureur de nuire. Le seul trait théâtral, le moment où le valet vole son maître en conséquence de sa morale, ce trait est tiré de *Timon le misanthrope*. Toute la finesse et tout le sel de

1. Ramponeau, cabaretier de la Courtille, vendait, en 1760, de très-mauvais vin, à très-bon marché. Le peuple y courait en foule; cette affluence extraordinaire excita la curiosité des oisifs de la bonne compagnie. Ramponeau devint célèbre. Il avait la complaisance de se laisser voir chez lui aux grandes dames et aux seigneurs que la curiosité y attirait. Gaudon, entrepreneur de spectacles, s'imagina qu'il ferait fortune s'il pouvait montrer Ramponeau sur son théâtre. Le marché se conclut : mais Ramponeau, s'apercevant qu'il lui était désavantageux, refusa de tenir ses engagements. Le procès produisit quelques facéties, ne fut point jugé, et Ramponeau fut oublié pour jamais avant la fin de l'année. On trouve dans le *Recueil des Facéties parisiennes* : I. *Mémoire pour Gaudon, entrepreneur de spectacles, contre Ramponeau* (par Élie de Beaumont, avocat); II. *Plaidoyer de Ramponeau, prononcé par lui-même devant ses juges* (par Voltaire). (T.)

la comédie des *Philosophes* consistent à dire que philosophe et fripon sont synonymes ; à attaquer les mœurs de M. Diderot, de M. Helvétius et d'autres personnes, à les traduire sur la scène comme des scélérats et de mauvais citoyens, et à faire marcher Jean-Jacques Rousseau sur quatre pattes. Quelque pitoyable que soit cette pièce en elle-même, elle fera époque dans l'histoire de France, et prouvera la justesse de l'observation que les événements les plus extraordinaires tiennent souvent aux causes les plus méprisables. C'est en effet une chose assez indifférente que Palissot ait fait une mauvaise comédie contre des gens respectables par leurs mœurs et par leurs talents : mais que cette farce ait été jouée sur le théâtre des Corneille, sous l'autorité du gouvernement ; que la police, qui poursuit en ce pays-ci avec tant de sévérité tous les ouvrages satiriques, se soit écartée de ses principes, et ait permis que plusieurs citoyens fussent insultés publiquement par une satire atroce, voilà ce qui n'est point indifférent et ce qui marque, outre un renversement de tout ordre et de toute justice, la faveur et la protection que les lettres et la philosophie ont à attendre désormais de la part du gouvernement. Il est aisé de prévoir ce qui en résultera. La philosophie n'a pas sitôt montré sa lumière parmi nous que la sottise et la superstition se sont élevées de toutes parts pour conspirer à sa perte. Elles ont employé tous les artifices de la méchanceté, si connus, si décriés, et cependant si sûrs de leur effet. Le mensonge le plus grossier, la calomnie la plus atroce, la persécution la plus injuste, tout a été mis en usage pour arrêter les progrès de la raison et de la vérité. Les choses ont été poussées au point qu'il n'y a point d'homme en place aujourd'hui qui ne regarde les progrès de la philosophie parmi nous comme la source de tous nos maux et comme la cause de la plus grande partie des malheurs qui ont accablé la France depuis quelques années. On croirait que les causes qui nous ont fait perdre les batailles de Rosbach et de Minden, qui ont opéré la destruction et la perte de nos flottes, sont assez immédiates et assez manifestes. Mais si vous consultez l'esprit de la cour, on vous dira que c'est à la nouvelle philosophie qu'il faut attribuer ces malheurs ; et que c'est elle qui a éteint l'esprit militaire, la soumission aveugle, et tout ce qui produisait jadis de grands hommes et des actions glorieuses à la France. En vain dirait-on que lorsque la loi est en vigueur, que la justice préside au choix des ministres de l'État, que le mérite est récompensé, que la médiocrité et l'intrigue n'obtiennent pas les honneurs de la vertu et des talents, l'esprit de la nation, le goût de la gloire et des grandes choses, se conservent et se perpétuent de siècle en siècle. En vain observerait-on qu'il y a plus de cent ans que le peuple anglais est plus éclairé que nous ne le serons jamais; que, quoiqu'il ait eu des Hobbes, des Collins, des Locke, et qu'il ait encore aujourd'hui des Hume et des Johnson, cela n'a pourtant pas empêché l'infanterie anglaise de tenir, à la journée de Minden, contre les efforts de la meilleure cavalerie de France, et de remporter une victoire mémorable. Le préjugé contre la philosophie est trop bien établi pour céder à des remarques si sensées, et ne peut manquer de produire ses effets ordinaires. La lumière qui commençait à se répandre sera bientôt éteinte, la barbarie et la superstition auront bientôt recouvré leurs droits; deux ou trois hommes de génie qui nous restent seront bientôt ou étouffés ou dispersés, et le temps ne paraît pas éloigné où l'on regardera comme un bonheur pour la France de les avoir perdus.

VERS

SUR LA COMÉDIE DES *Philosophes*.

Lorsque Fréron et Palissot
Mordent d'Alembert, Diderot,
Dans le chagrin qui les anime,
Je vois l'histoire de la lime
Sur laquelle un méchant serpent
Un beau jour se cassa la dent.

AUTRES VERS

SUR LE MÊME SUJET.

Un petit Grec, singe d'Aristophane,
Veut l'imiter dans ses emportements;
Le roquet mord, et de sa dent profane
Va déchirant et sages et savants.
Enfin, le nain compose et fait un drame,
Fruit avorté du cerveau de Callot.

De zélateurs tout un peuple fallot
Crie au miracle, et pour l'auteur s'enflamme.
La cour, dit-on, protége le marmot;
D'où vient cela? Je démêle la trame :
C'est que l'auteur à coup sûr est un sot.

— On a fini l'édition des fables de La Fontaine in-folio, avec des gravures auxquelles M. Cochin avait promis au public de présider[1]. Il faut bien qu'il n'ait pas tenu parole, car, malgré ce qu'en disent nos journalistes, l'exécution de ces gravures à été jugée très-indigne d'un bon artiste.

— M. Ganeau a aussi fait imprimer des fables que vous ne confondrez sûrement pas avec les fables de La Fontaine; l'année passée, on les avait débitées en étrennes[2].

— M. Watelet vient de publier la petite édition de son poëme l'*Art de peindre :* cela n'est pas lisible.

— *Introduction à la connaissance des plantes suivant le système de Tournefort*, par M. Gauthier, médecin[3]. Cet ouvrage est destiné pour servir de texte à un cours de botanique.

— *Histoire des dauphins de Viennois, d'Auvergne et de France.* Deux volumes in-12 par M. Le Quien de La Neufville, de l'Académie des inscriptions et belles-lettres, mis au jour par son petit-fils, augmentés par un homme de lettres de l'histoire de Louis XI, vingt-cinquième dauphin de France. Toute cette compilation m'a paru fort ennuyeuse.

— Nous venons de perdre successivement trois hommes connus : M. l'abbé Le Beuf, auteur de plusieurs ouvrages de recherches; M. de Winslow, savant anatomiste; et M. de Sylvestre, de l'Académie royale de peinture, et premier peintre du roi de Pologne, électeur de Saxe. Ces deux derniers sont morts dans un âge fort avancé. M. de Sylvestre était un peintre médiocre; mais, d'ailleurs, un fort galant homme.

— *Les Prodiges de 1760*[4]. Platitude dans le goût des plaisanteries de M. l'abbé Coyer.

— Le vil et impertinent observateur hollandais appelé l'avo-

---

1. C'est l'édition avec les figures d'Oudry, dont un exemplaire en très-grand papier de Hollande et en maroquin ancien vaut aujourd'hui plusieurs milliers de francs.
2. Voir t. II, p. 486.
3. Avignon et Paris, 1760, in-12.
4. (Par Paul Barrett, auteur du *Grelot*.) S. l., in-4°, 8 pages.

cat Moreau a commencé un autre ouvrage périodique sous le titre de *Moniteur français*[1]. Vous savez ce qu'il faut penser d'un écrivain mercenaire dont la lourde plume a été consacrée jusqu'à présent à prôner les sottises de nos ministres comme des opérations merveilleuses.

— M. de Bastide, auteur d'un mauvais *Nouveau Spectateur*, a commencé une autre feuille intitulée *le Monde comme il est*[2]. On peut la recevoir régulièrement à sa porte à deux sols la feuille. C'est assurément marché donné, pourvu qu'on ne soit pas obligé de les lire.

— Une société de quatre écoliers, qui se disent gens de lettres, s'est formée l'année dernière pour enrichir le public de ses productions. Heureusement pour nous, la société n'a rien produit, et nous n'avons eu que les éclaboussures de l'un des quatre, sous le titre d'*Anecdotes galantes, ou le Moraliste à la mode*, par M. J. Ha...[3].

— *Caton à César, Annibal à Flaminius;* héroïdes par M. de La Harpe[4]. Il nous a déjà donné *Montézume à Cortez, la reine Elisabeth d'Espagne à don Carlos.*

— M. de Voltaire a augmenté sa relation de la maladie du jésuite Berthier d'une relation du voyage de F. Garassise en Portugal. Ce petit morceau est très-bon et très-plaisant. La généalogie du Coutelet est une très-jolie chose, et la séance pour nommer le continuateur du *Journal de Trévoux* est à mourir de rire.

— Un auteur anonyme et absurde a publié cet hiver une critique de l'*Histoire universelle* de M. de Voltaire, au sujet de l'histoire de Mahomet et du mahométisme. Personne n'a regardé cette insipide critique, et M. de Voltaire a perdu son temps en y répondant par une lettre intitulée *Lettre civile et honnête à l'auteur malhonnête de la critique*, etc[5].

— Les trois lettres sur Voltaire apostat[6], de je ne sais quel

1. Ce journal a eu six numéros in-12.
2. Deux volumes suivis de deux autres (1761), intitulés seulement *le Monde*.
3. (Joseph Hacot.) Amsterdam (Paris), 1760, in-12.
4. 1760, in-8°.
5. L'auteur de cette critique (s. d., in-4°, 43 pages) est resté inconnu.
6. *Première, Deuxième et Troisième Lettre de M*** sur Voltaire l'apostat, à l'occasion de sa dernière ode*. S l. n. d.; 3 pièces in-4°, de 4, 7 et 6 pages. L'auteur est inconnu.

cuistre de collége, sont divertissantes à force de bêtise et de fureur. On voit une bête féroce et enchaînée qui écume de rage. On souhaiterait, dit-il, en insinuant finement au Parlement ce qu'il voudrait, que ce tribunal auguste sévît contre la personne des auteurs impies en même temps qu'il flétrit leurs ouvrages. Il n'y a point d'injure qu'il ne dise à M. de Voltaire.

— On a opposé aux *Quand* de M. de Voltaire des *Quand* où il est accablé d'injures grossières. Cela n'a pas mis les rieurs du côté de M. de Pompignan. Comme ils étaient intitulés les *Sept Quand*, le public les a nommés les *Sots Quand* pour les distinguer de ceux de M. de Voltaire[1]. C'est l'ami des hommes, M. le marquis de Mirabeau, qui s'est déclaré auteur des *Sots Quand*. La querelle de M. Le Franc de Pompignan et celle de la comédie des *Philosophes* ont produit des feuilles de toute espèce. Si cela dure, les gens de lettres n'auront bientôt plus d'autre occupation en France que d'écrire des satires et des libelles les uns contre les autres, et cela nous fera un honneur infini.

— *Lettre d'un ancien officier de la reine à tous les Français, sur les spectacles, avec un post-scriptum à toutes les nations*[2]. C'est dommage que le P. Castel soit mort. A en juger par le titre, on jurerait que cette lettre vient de lui.

— On a imprimé ici depuis peu le *Panégyrique de Mathieu Reinhart, maître cordonnier*. C'est une plaisanterie du roi de Prusse faite l'année dernière dans le camp de Landshut. Vous y trouverez des longueurs et des choses plaisantes. En général, ce genre n'est pas celui où le philosophe de Sans-Souci excelle le plus. Ce monarque a adressé cet hiver, au milieu de ses travaux militaires, une Épître en vers à M. d'Alembert, sur la suppression de l'*Encyclopédie*. Ce morceau m'a paru rempli de chaleur et de force. Maître Joly de Fleury, avec son réquisitoire de l'année dernière; les jésuites, avec leur hypocrisie française et leurs sales affaires en Portugal; les sots, avec leurs prétentions et leurs absurdités, n'y sont point ménagés. J'aurais voulu pouvoir ajouter ce morceau à ces feuilles; mais M. d'Alembert n'a pas jugé à propos d'en donner copie jusqu'à présent[3].

---

1. Voir le n° 853 de la *Bibliographie voltairienne* de Quérard.
2. (Par Trébuchet.) S. l., 1759, in-12.
3. Cette facétie et cette épître se trouvent dans les *OEuvres* de leur auteur.

15 juin 1760.

Vous lirez avec plaisir le *Café, ou l'Écossaise*, comédie en cinq actes et en prose, traduite de l'anglais de M. Hume, qui ne l'a jamais faite, par M. de Voltaire, qui en est le véritable auteur. Le sujet de cette pièce est très-beau. Il était susceptible des plus grands mouvements et de la plus forte exécution, et l'on a peine à concevoir comment l'auteur en a pu sentir toute la richesse, et n'en faire qu'un ouvrage léger et croqué. Elle est écrite d'un style simple, élégant et facile; nul apprêt, nulle prétention, point de tirades; mais le vice de quelques-uns des caractères a empêché que le dialogue ne fût toujours naturel et vrai. Le caractère de Fabrice est celui d'un bon homme, et il est bien; celui de Lindane, d'une femme tendre, honnête et fière, et il est très-bien; Monrose est un vieillard brusque et franc; Murray, un jeune homme vrai, officieux et ardent; mais je ne saurais supporter Polly. Il n'y a rien dans les mœurs qui lui ressemble, et Freeport n'en serait pas moins original, et n'en serait que plus vrai, si l'on eût tempéré sa rusticité. Pour Frélon et lady Alton, ils gâtent tout; Frélon n'est qu'un fripon subalterne qui ne fait et ne dit rien qui vaille, et lady Alton une extravagante moulée d'après Mme de Croupillac et autres personnages moitié burlesques, moitié fantastiques, toujours faux et de mauvais goût. Si l'on voulait introduire un fripon dans cette pièce, il fallait lui donner une autre physionomie, en faire un fourbe profond, simulant la franchise et l'honnêteté, s'insinuant adroitement auprès de Lindane, surprenant son secret, la trahissant auprès de lady Alton et auprès de Murray, faux à tous les trois à la fois; mais M. de Voltaire a voulu calquer son Frélon sur M. Fréron, faiseur de feuilles et diseur d'injures, et cela lui a fait gâter son tableau. On voit dans cette comédie, et en général dans tous les ouvrages plaisants de M. de Voltaire, qu'il n'a jamais connu la différence du ridicule qu'on se donne à soi-même et du ridicule qu'on reçoit des autres. Voici comment il fait parler Frélon, lisant la gazette : « Que de nouvelles affligeantes!.. Des grâces répandues sur plus de vingt personnes!... aucune sur moi! Cent guinées de gratification à un bas-officier, parce qu'il a fait son devoir!

le beau mérite !... Une pension à l'inventeur d'une machine qui ne sert qu'à soulager des ouvriers !... une à un pilote !... des places à des gens de lettres !.., et à moi, rien !... Encore ! encore !... et à moi, rien !... Cependant je rends service à l'État ! j'écris plus de feuilles que personne ; je fais enchérir le papier... et à moi, rien !... Je voudrais me venger de tous ceux à qui l'on croit du mérite. Je gagne déjà quelque chose à dire du mal ; si je peux parvenir à en faire, ma fortune est faite : j'ai loué des sots, j'ai dénigré des talents ; à peine y a-t-il là de quoi vivre ; ce n'est pas à médire, c'est à nuire qu'on fait fortune. » De bonne foi, jamais personne s'est-il parlé à soi-même aussi bêtement ? Y a-t-il là une seule de ces finesses avec lesquelles la méchanceté et l'envie savent si bien se défigurer le mérite des choses et des personnes ? Pour faire sortir toute la fausseté de ce discours, il n'y a qu'à le mettre en dialogue. C'est en faisant tenir à un autre, à Fabrice, par exemple, la plupart des propos que Frélon se tient à lui-même, qu'on sentira combien ils sont déplacés et faux dans la bouche de celui-ci. Faisons-en l'essai.

FRÉLON, *lisant la gazette,* ET FABRICE, *balayant sa boutique* :

FRÉLON. Que de nouvelles affligeantes !... Des grâces répandues sur plus de vingt personnes !... aucune sur moi !... Cent guinées de gratification à un bas-officier !

FABRICE. Parce qu'il a fait son devoir : le beau mérite !

FRÉLON. Une pension à l'inventeur d'une machine !

FABRICE. Qui ne sert qu'à soulager des ouvriers.

FRÉLON. Une à un pilote ! Des places à des gens de lettres !

FABRICE. Voilà, en effet, des hommes bien utiles !

FRÉLON. Et à moi, rien !

FABRICE. Cependant vous servez l'État ; vous écrivez plus de feuilles que personne ; vous faites enchérir le papier...

FRÉLON. Et à moi, rien !... Encore ?... encore ?... et à moi, rien ! Oh ! je me vengerai...

FABRICE. De tous ceux à qui l'on croit du mérite ? ce sera fort bien fait, monsieur Frélon ; mais écoutez-moi. Vous gagnez déjà quelque chose à dire du mal ; si vous pouvez parvenir à en faire, votre fortune est faite. Vous avez loué des sots, dénigré les talents, mais à peine y a-t-il de quoi vivre : ce n'est pas à médire, c'est à nuire qu'on fait fortune.

Si cette ironie est si forte dans la bouche de Fabrice qu'on conçoive à peine qu'elle puisse être supportée par Frélon, comment Frélon peut-il s'en faire à lui-même un propos sérieux? Un tel persiflage n'est supportable que dans ces feuilles satiriques dont tout le mérite consiste dans la gaieté et dans la saillie. Fréron, en produisant ses titres pour succéder au P. Berthier au *Journal de Trévoux*, peut dire : « Messieurs, je suis plus ignorant, plus impudent, plus menteur que jamais; » le P. Croust peut donner la bénédiction avec le mot : *Pax Christi, coquins;* c'est le ton de l'ouvrage[1]; la fausseté qui règne dans ces discours ajoute à la plaisanterie; mais la comédie veut d'autres propos; elle exige surtout une vérité sans laquelle il n'est pas possible de plaire aux gens de goût. M. de Voltaire a très-bien choisi le lieu de la scène; un café offre une multitude de tableaux vrais. C'est dommage que la plupart des scènes ne soient qu'ébauchées, et que la bouffonnerie y soit souvent mêlée aux discours sérieux. Quoi qu'il en soit, cette pièce a eu un très-grand succès ici. C'est que le sujet est fait pour toucher tout le monde, et qu'il y a peu de gens qui sentent les défauts et la faiblesse de l'exécution. On dit que les Comédiens français se proposent de la jouer sur leur théâtre.

— M. l'abbé Prévost vient de donner la traduction d'un important ouvrage. C'est la belle *Histoire de la maison de Stuart*, par David Hume, en trois volumes in-4°. Cet ouvrage est regardé en Angleterre comme un des plus beaux qui aient paru dans ce siècle. Il a eu aussi un très-grand succès en France. Il n'appartient qu'aux philosophes de bien écrire l'histoire.

— On nous a donné depuis peu la traduction des *Discours* de Gordon sur Salluste, en deux volumes in-12[2]. Ces dis-

---

[1]. Les deux plaisanteries que Grimm cite ici sont dans la *Relation du voyage du frère Garassise, successeur de frère Berthier, et ce qui s'ensuit, en attendant ce qui s'ensuivra*, imprimée à la suite de la *Relation de la maladie, de la confession, de la mort et de l'apparition du jésuite Berthier*. La *Relation du voyage*, qui n'a pas été accueillie par tous les éditeurs de Voltaire comme de lui, nous semble bien sortie de sa plume. L'auteur fait dire au P. Croust : « *Pax Christi, schelm.* » Grimm a traduit le mot allemand. (T.)

[2]. Traduits par P. Daudé.

cours sont moins estimés que ceux du même auteur sur Tacite. Gordon est un écrivain droit et véhément, honnête homme, dont la bile s'échauffe vite. Il a peu d'idées, mais beaucoup de bon sens; peu de vues, mais l'esprit juste et le jugement sain. C'est une bonne lecture pour les jeunes gens.

— M. Savérien a publié le premier volume de l'*Histoire des philosophes modernes* dont M. François a gravé les portraits en manière de crayon. Cette entreprise est utile, agréable et bien imaginée. Ce premier volume contient la vie d'Érasme, de Hobbes, de Nicole, de Locke, de Spinosa, de Malebranche, de Bayle, d'Abbadie, de Clarke, et de Collins. Quoique M. Savérien ne soit pas un écrivain supérieur, il aura du succès aussi longtemps qu'il exposera la vie et les systèmes des philosophes avec simplicité et impartialité, comme il a fait dans ce premier volume. Il contentera ainsi les honnêtes gens; pour les dévots, c'est une autre affaire. On dit que le révérend P. Berthier, ennuyeux journaliste de Trévoux, a été fort scandalisé de ce que M. Savérien a osé dire que Bayle était un honnête homme. Si la mode de la persécution dure en France, on peut se flatter de voir bientôt un arrêt qui déclare tous les philosophes passés, présents et futurs, fripons, brigands, incendiaires, gens de sac et de corde.

— M. Dorat a fait une nouvelle édition de ses *Héroïdes*. Ce jeune homme a du talent pour les vers.

— *Recueil de lettres pour servir à l'éclaircissement de l'histoire militaire du règne de Louis XIV.* Deux volumes in-12. On y trouve des lettres de M. de Louvois, de M. de Turenne, de M. le prince, et beaucoup d'autres personnages illustres. C'est un livre de bibliothèque.

— On a traduit aussi cet hiver le poëme des *Saisons*, par Thomson; l'édition qu'on a faite est ornée d'estampes et de vignettes, et en général assez jolie[1]. Le traducteur se nomme Mme Bontemps; mais la traduction n'a point réussi. Le défaut de ce poëme consiste dans une trop grande richesse d'images et de poésie. A force d'être riche et fleuri, il devient monotone et fatigant; c'est le reproche qu'on a fait au poëme des *Plaisirs de l'imagination*. On ne s'est pas donné la peine de juger la traduction du poëme des *Saisons*.

---

1. Paris, 1759, in-12, Frontispice, fig. et culs de lampe d'Eisen, gravés par Baquoy.

JUILLET

1ᵉʳ juillet 1760.

Il est une connaissance entièrement négligée par ceux qui sont à la tête de l'administration : c'est celle de l'architecture. Cependant ce sont eux qui ordonnent les monuments publics, qui font le choix des artistes, à qui l'on présente les plans, et qui décident de ce qu'il convient d'exécuter. Comment s'acquitteront-ils de cette partie de leurs fonctions, qui touche de si près à l'honneur de la nation, dans le moment et dans l'avenir, s'ils sont sans principes, sans lumières et sans goût ? Il en coûtera des sommes immenses, et nous n'aurons que des édifices petits et mesquins. Il n'y a point de sottises qui durent plus longtemps et qui se remarquent davantage que celles qui se font en pierre et en marbre. Un mauvais ouvrage de littérature passe et s'oublie ; mais un monument ridicule subsiste pendant des siècles, avec la date du règne sous lequel il a été construit. Il faut avoir la vue bien courte ou bien longue pour négliger cette considération.

On multiplie en France les grands édifices de tous côtés. Il n'y a presque pas une ville considérable où l'on ne veuille avoir une place, une statue en bronze du souverain, un hôtel de ville, une fontaine, et l'on ne pense pas qu'une seule grande et belle chose honorerait plus la nation qu'une multitude de monuments ordinaires et communs. Actuellement, on est occupé à construire une place à Reims. Il n'a pas dépendu de M. Soufflot, qui est à la tête de nos architectes, qu'on ne vît là Louis XV enfermé dans une niche, à l'extrémité d'une colonnade qui eût masqué les maisons. Heureusement ce projet a été rejeté ; on a préféré les idées de l'ingénieur de la province[1]. Celui-ci a pensé que dans une ville de commerce il fallait une place marchande. En conséquence, le rez-de-chaussée est destiné à de spacieuses boutiques cintrées ; au-dessus du cintre on a élevé un ordre dorique simple et solide, et cet ordre sera surmonté d'une balustrade qui ré-

---

1. M. Le Gendre, beau-frère de Mˡˡᵉ Volland.

gnera autour de la place, qui dérobera à la vue une partie des combles dont l'aspect est toujours désagréable, et d'où les habitants de la ville, qui ne sont pas faits pour occuper les croisées et les autres jours inférieurs, pourront regarder les cérémonies publiques, telles, par exemple, que le sacre de nos rois, et d'autres qui reviennent plus fréquemment.

Je ferai ici deux observations : la première, c'est que la plupart de nos artistes n'ont que des vues générales et vagues des frontons, des chapiteaux, des colonnes, des corniches, des croisées, des niches ; jamais d'idées particulières. Ils ne songent point à demander : Quel est l'objet principal de mon édifice ? Qu'est-ce qui s'y passera ? Quelles sont les circonstances du concours qui s'y fera ? qu'arrive-t-il dans ces circonstances ? D'où il s'ensuit que l'édifice qu'ils construisent est beau, mais qu'il ne convient pas plus à l'endroit où il a été élevé qu'à un autre ; bien différents en cela du célèbre architecte qui bâtit le temple de Minerve dans la citadelle d'Athènes. De quelque endroit qu'on regardât son édifice, on voyait que c'était un temple, et l'on voyait encore que c'était celui de Minerve, et que c'était le temple d'une citadelle. L'architecture est un art borné, dit-on ; oui, dans l'esprit des architectes ; mais en lui-même, je n'en connais point de plus étendu. Qu'on fasse entrer dans son projet la considération du temps, du lieu, des peuples, de la destination, et l'on verra varier à l'infini la proportion des pleins, des vides, des formes, des ornements, et de tout ce qui tient à l'art. Il est évident que les intervalles vides ne doivent presque point avoir de rapport avec les intervalles pleins dans un édifice destiné à la conservation des grains. Il en est de même d'un magasin, d'un hôpital, d'un arsenal, et de tout autre édifice. Que deviennent donc alors ces proportions rigoureuses dont l'imbécile pusillanimité de nos artistes tremble de s'écarter ? Pour les détruire à jamais, j'exigerais seulement (et c'est certainement exiger une chose sensée) de celui qui doit construire un édifice qu'on en devinât la destination d'aussi loin qu'on l'apercevra. Il n'en est pas de l'architecture comme des autres arts d'imitation ; elle n'a point de modèles subsistants dans la nature, d'après lesquels on puisse juger ses productions. Ce que je dois apercevoir dans un édifice, quand je le regarde, ce n'est point la caverne qui servit de retraite à l'homme sauvage, ni la cabane qu'il se fit à lui-même et à sa famille, quand il commença à se policer; mais la solidité et l'usage présent. Si l'usage est nouveau, l'édifice est mal fait, ou il se distinguera de tout autre par quelque chose qu'on n'a point encore vue ailleurs.

Ma seconde observation est sur les balustrades pratiquées au haut des édifices. La bonne police devrait les ordonner à toutes les maisons, sans aucune exception. C'est une vue qui n'avait pas échappé au législateur des Juifs. Il dit quelque part : *Et cum ædificaveris domum, facies murum in circuitu, ne forte effundatur sanguis proximi tui in domo tua* [1] ; « et lorsque vous aurez bâti votre maison, vous la terminerez par un petit mur qui empêche que le sang de votre prochain n'y soit répandu. » A cette raison on en peut ajouter cent autres tirées de la beauté, de la commodité et de la sécurité.

Le milieu de la place de Reims sera décoré d'une statue du roi; c'est M. Pigalle qui est chargé de ce travail; il y a trois ans qu'il en est occupé. Son modèle sera incessamment exposé au jugement du public. M. Pigalle a placé sur un piédestal circulaire la statue pédestre de Louis XV. Le monarque a la main gauche posée sur son cimeterre, et la main droite étendue. Ce n'est point une main qui commande, c'est une main qui protége. Ainsi le bras est mol, les doigts de la main sont écartés et un peu tombants; la figure n'est pas fière, et elle ne doit pas l'être, mais elle est noble et douce; au-dessous et autour du piédestal on voit d'un côté un artisan nu, assis sur des ballots, la tête appuyée sur un de ses poings, qui est fermé, et se reposant de sa fatigue. L'idée est simple et noble, et l'exécution y répond. Ce morceau est, à mon sens, de toute beauté.

De l'autre côté, on voit une figure symbolique de l'administration : c'est une femme vêtue qui conduit un lion par une touffe de sa crinière; le lion a l'air paisible et serein; la femme qui le conduit le regarde avec sollicitude et complaisance; l'animal est beau; la tête de la femme est très-belle; l'idée de ce groupe est délicate, quoique un peu vague. Mais dans les grands monuments ne vaudrait-il pas mieux préférer la force et l'énergie à la délicatesse? Au lieu de voir cette femme tenir entre ses deux doigts un poil de la crinière du lion, j'aimerais

---

1. *Deutéronome*, XXII, 8.

mieux qu'elle en empoignât une grosse touffe ; cela caractériserait davantage une administration vigoureuse, et la sérénité de l'animal avec la sollicitude et la complaisance de la femme tempérerait suffisamment cette expression, qui ne doit pas être celle de la tyrannie ni du despotisme. Un sculpteur ancien a placé sur le dos d'un centaure féroce un Amour qui le conduit par un cheveu, et il a bien fait; mais je crois que notre sculpteur ferait bien s'il s'écartait de l'idée du sculpteur ancien, et que la femme se servît de toute sa main. D'ailleurs, ses deux figures ne marchant point, l'une ne doit pas avoir l'action d'une figure qui conduit, ni l'autre l'action d'une figure qui suit. Avec le léger changement que j'oserais exiger, la femme commanderait, et l'animal serait obéissant, ce qui ne suppose pas du mouvement. Mais il y a dans ce monument un défaut plus considérable qui frappera fortement les hommes d'un vrai goût. Le mélange de la vérité et de la fiction leur déplaira. Cet artisan harassé qui se repose d'un côté, c'est la chose même ; cette femme qui conduit, et ce lion qui suit de l'autre, c'est l'emblème de la chose. Je n'aime point ces disparates, où les genres d'expression sont confondus. Séparez ces groupes, et vous les trouverez beaux, chacun séparément. Réunissez-les comme ils le sont ici, et ils vous offenseront. Pourquoi ? C'est que vous sentez qu'ils ne peuvent faire un tout. C'est comme si l'on collait une image au milieu d'un bas-relief. J'aurais mieux aimé, à la place de la femme et du lion, un laboureur avec les instruments de son travail, et séparer ces deux hommes par une femme qui aurait eu autour d'elle plusieurs petits enfants dont un aurait été attaché à sa mamelle ; la figure placée sur le piédestal aurait eu, par ce moyen, sous sa main bienfaisante et protectrice le Commerce, l'Agriculture et la Population, trois objets qui auraient été liés dans le monument comme ils le sont dans la nature.

On a achevé d'enrichir et de gâter le monument de Reims par d'autres accessoires symboliques, comme un agneau qui dort entre les pattes d'un loup, etc. Il y a donc dans la composition de M. Pigalle des pensées justes et grandes, mais l'expression n'en est pas une. Au reste, le tout est grand, et il m'a semblé qu'il régnait entre les figures la plus belle proportion. Cette sorte d'harmonie est très-difficile à saisir. Quand on s'éloigne du monument et qu'on en considère l'ensemble, on trouve que chaque partie a la juste grandeur qui lui convient. La place a été ordonnée pour la ville, et le monument pour la place. La misère publique n'a point suspendu ces travaux[1].

— La comédie des *Philosophes* a produit une quantité de brochures de toute espèce, que, pour l'honneur de la littérature française, il faut passer sous silence. On a retranché, à l'impression de cette pièce et à la seconde représentation, plusieurs endroits qui avaient trop choqué à la première. Le public n'est pas conséquent. C'est le mot, et non pas la chose, qui l'offense. On a hué le valet qui disait, en volant son maître : « Je deviens philosophe. » On a été offensé par ces deux beaux vers qui terminaient la pièce :

> Enfin tout philosophe est banni de céans,
> Et nous ne vivrons plus qu'avec d'honnêtes gens.

Je ne sais pourquoi : car, puisqu'on a pu supporter le fond de la pièce, ces vers en sont une conclusion nécessaire. Suivant l'auteur de la comédie, *philosophe français* et *fripon* sont synonymes. Il a fait un discours préliminaire à sa pièce, qui, quoique vendu en secret, est aussi très-digne du reste. Il y dit, entre autres, que l'*Encyclopédie* est devenue la honte de la nation, et, pour le prouver, il cite des passages de La Mettrie, qui a fait de mauvais livres qui n'ont rien de commun avec l'*Encyclopédie*. Il cite un passage de l'*Interprétation de la nature*, il en cite même la page, et ce passage ne se trouve pas dans tout le livre; on y trouve même le contraire. Un autre passage du Discours préliminaire de l'*Encyclopédie* est rapporté avec la même infidélité. On croirait que cette impudence est trop grossière pour réussir. Cependant elle a toujours fait son effet, et c'est sur de pareilles pièces que le procès entre les philosophes et les ennemis de la raison a été jugé en tous les temps par les sots. On a voulu séparer M. de Voltaire d'avec les autres philosophes, distinguer leur cause de la sienne, et le séduire à force d'éloges. Cet ar-

---

1. Cet article est de Diderot.

tifice n'a pas réussi. M. de Voltaire s'est déclaré attaqué et insulté comme les autres. En effet, s'il est un philosophe digne de la haine et de la persécution des sots, c'est lui : lui qui a fait aimer la raison au peuple, qui a mis la philosophie à portée de tout le monde, et qui l'a rendue plus aimable et plus séduisante qu'aucun de nos philosophes modernes.

— Il a paru une *Vision de Charles Palissot, pour servir de préface à la comédie des Philosophes*[1]. Cette brochure a fait grand bruit et grande fortune. Comme elle est dans le ton et le style du *Petit Prophète de Boehmischbroda*, elle m'a été attribuée par le public; mais M. l'abbé Morellet, arrêté et conduit à la Bastille, a revendiqué son bien, que je n'avais garde de lui disputer[2]. Cette feuille est d'un homme de beaucoup d'esprit. On voit que c'est l'indignation qui l'a fait faire, et c'est pour cela peut-être que j'y voudrais trouver un peu plus de force et d'éloquence.

LETTRE DE M. DE VOLTAIRE

A M. PALISSOT DE MONTENOY

4 juin 1760.

« Je vous remercie, monsieur, de votre lettre et de votre ouvrage. Ayez la bonté de vous préparer à une réponse longue; les vieillards aiment à babiller.

« Je commence par vous dire que je tiens votre pièce pour bien écrite; je conçois même que Crispin, philosophe marchant à quatre pattes, a dû faire beaucoup rire, et je crois que mon ami Jean-Jacques en rira tout le premier; cela est gai, cela n'est point méchant, et d'ailleurs le citoyen de Genève étant coupable de lèse-comédie, il est tout naturel que la comédie le lui rende.

---

1. Cette *Vision*, publiée en 1760, fut aussi réimprimée, la même année, dans le *Recueil des Facéties parisiennes* dont nous avons parlé précédemment.
2. Morellet nous apprend dans ses *Mémoires*, chap. IV, qu'il dut d'être emprisonné à une allusion à la princesse de Robecq, maîtresse de M. de Choiseul, qui s'était montrée très-acharnée contre le parti philosophique. Il préparait, lorsqu'on vint l'arrêter, trois autres écrits du même genre pour les lancer successivement. C'est ce qui fit dire à Voltaire, apprenant sa détention : « C'est dommage qu'un aussi bon officier ait été fait prisonnier au commencement de la campagne. » Il fut élargi à la fin d'août. (T.)

« Il n'en est pas de même des citoyens de Paris que vous avez mis sur le théâtre; il n'y a pas là certainement de quoi rire. Je conçois très-bien qu'on donne des ridicules à ceux qui veulent nous en donner, je veux qu'on se défende, et je sens par moi-même que, si je n'étais pas si vieux, MM. Fréron et de Pompignan auraient affaire à moi : le premier, pour m'avoir vilipendé cinq ou six ans de suite, à ce que m'ont assuré des gens qui lisent les brochures; l'autre, pour m'avoir désigné en pleine Académie comme un radoteur qui a farci l'histoire de fausses anecdotes. J'ai été très-tenté de le mortifier par une bonne justification, et de faire voir que l'anecdote du masque de fer, celle du testament du roi d'Espagne Charles II, et autres semblables, sont très-vraies, et que quand je me mêle d'être sérieux je laisse là les fictions poétiques.

« J'ai encore la vanité de croire avoir été désigné dans la foule de ces pauvres philosophes qui ne cessent de conjurer contre l'État, et qui certainement sont cause de tous les malheurs qui nous arrivent : car enfin j'ai été le premier qui ait écrit en forme en faveur de l'attraction, et contre les grands tourbillons de Descartes, et contre les petits tourbillons de Malebranche; et je défie les plus ignorants, et jusqu'à M. Fréron lui-même, de prouver que j'ai falsifié en rien la philosophie newtonienne : la Société de Londres a approuvé mon petit catéchisme d'attraction. Je me tiens donc pour très-coupable de philosophie.

« Si j'avais de la vanité, je me croirais encore plus criminel sur le rapport d'un gros livre intitulé *l'Oracle des philosophes*, lequel est parvenu jusque dans ma retraite; cet oracle, ne vous déplaise, c'est moi; il y aurait là de quoi crever de vaine gloire; mais malheureusement ma vanité a été bien rabattue quand j'ai vu que l'auteur de *l'Oracle* prétend avoir dîné plusieurs fois chez moi, près de Lausanne, dans un château que je n'ai jamais eu. Il dit que je l'ai bien reçu, et, pour récompense de cette bonne réception, il apprend au public tous les aveux secrets qu'il prétend que je lui ai faits.

« Je lui ai avoué, par exemple, que j'avais été chez le roi de Prusse pour y établir la religion chinoise; ainsi me voilà pour le moment de la secte de Confucius. Je serais donc très en droit de prendre ma part aux injures qu'on dit aux philosophes.

« J'ai avoué de plus à l'auteur de *l'Oracle* que le roi de Prusse m'a chassé de chez lui, chose très-possible, mais très-fausse, et sur laquelle cet honnête homme en a menti.

« Je lui ai encore avoué que je ne suis point attaché à la France dans le temps que le roi me comble de ses grâces, me conserve la place de son gentilhomme ordinaire et daigne favoriser mes terres des plus grands priviléges. Enfin j'ai fait tous ces aveux à ce digne homme pour être compté parmi les philosophes.

« J'ai trempé, de plus, dans la cabale infernale de l'*Encyclopédie*; il y a au moins une douzaine d'articles de moi imprimés dans les trois derniers volumes ; j'en avais préparé pour les suivants une douzaine d'autres, qui auraient corrompu la nation et qui auraient bouleversé tous les ordres de l'État.

« Je suis encore un des premiers qui aient employé fréquemment ce vilain mot d'*humanité*, contre lequel vous avez fait une si brave sortie dans votre comédie. Si, après cela, on ne veut pas m'accorder le nom de philosophe, c'est l'injustice du monde la plus criante.

« Voilà, monsieur, pour ce qui me regarde.

« Quant aux personnes que vous attaquez dans votre ouvrage, si elles vous ont offensé, vous faites très-bien de le leur rendre ; il a toujours été permis par les lois de la société de tourner en ridicule les gens qui nous ont rendu ce petit service ; autrefois, quand j'étais du monde, je n'ai guère vu de souper dans lequel un rieur n'exerçât sa raillerie sur quelque convive qui, à son tour, faisait tous ses efforts pour égayer la compagnie aux dépens du rieur. Les avocats en usent souvent ainsi au barreau ; tous les écrivains de ma connaissance se sont donné mutuellement tous les ridicules possibles : Boileau en donna à Fontenelle, Fontenelle à Boileau ; l'autre Rousseau, qui n'est pas Jean-Jacques, se moqua de *Zaïre* et d'*Alzire*; et moi qui vous parle, je crois que je me moquai aussi de ses dernières épîtres, en avouant pourtant que l'Ode sur les conquérants est admirable et que la plupart de ses épigrammes sont très-jolies : car il faut être juste, c'est le point principal.

« C'est à vous à faire votre examen de conscience et à voir si vous êtes juste en représentant MM. d'Alembert, Duclos, Diderot, Helvétius, le chevalier de Jaucourt, et *tutti quanti*, comme des marauds qui enseignent à voler dans la poche.

« Encore une fois, s'ils ont voulu rire à vos dépens dans leurs livres, je trouve très-bon que vous riiez aux leurs; mais, pardieu, la raillerie est trop forte. S'ils étaient tels que vous les représentez, il faudrait les envoyer aux galères, ce qui n'entre point du tout dans le genre comique. Je vous parle net : ceux que vous voulez déshonorer passent pour les plus honnêtes gens du monde, et je ne sais même si leur probité n'est pas encore supérieure à leur philosophie. Je vous dirai franchement que je ne sais rien de plus respectable que M. Helvétius, qui a sacrifié deux cent mille livres de rente pour cultiver les lettres en paix. S'il a, dans un gros livre, avancé une demi-douzaine de propositions téméraires et malhonnêtes, il s'en est assez repenti, sans que vous dussiez déchirer ses blessures sur le théâtre.

« M. Duclos, secrétaire de la première Académie du royaume, me paraît mériter beaucoup plus d'égards que vous n'en avez pour lui; son livre sur les mœurs n'est point du tout un mauvais livre, c'est surtout le livre d'un honnête homme. En un mot, ces messieurs vous ont-ils publiquement offensé? Il me semble que non. Pourquoi les offensez-vous si cruellement?

« Je ne connais point du tout M. Diderot. Je ne l'ai jamais vu, je sais seulement qu'il a été malheureux et persécuté; cette seule raison devait vous faire tomber la plume des mains.

« Je regarde d'ailleurs l'entreprise de l'*Encyclopédie* comme le plus beau monument qu'on pût élever à l'honneur des sciences; il y a des articles admirables, non-seulement de M. d'Alembert, de M. Diderot, de M. le chevalier de Jaucourt, mais de plusieurs autres personnes qui, sans aucun motif de gloire ou d'intérêt, se sont fait un plaisir de travailler à cet ouvrage.

« Il y a des articles pitoyables, sans doute, et les miens pourraient bien être du nombre; mais le bon l'emporte si prodigieusement sur le mauvais que toute l'Europe désire la continuation de l'*Encyclopédie*. On a traduit déjà les deux premiers volumes en plusieurs langues; pourquoi donc jouer sur le théâtre un ouvrage devenu nécessaire à l'instruction des hommes et à la gloire de la nation?

« J'avoue que je ne reviens point d'étonnement de ce que vous me mandez sur M. Diderot. *Il a*, dites-vous, *imprimé deux libelles contre deux dames du plus haut rang qui sont vos bien-*

faîtrices. Vous avez vu son aveu signé de sa main ; si cela est, je n'ai plus rien à dire, je tombe des nues, je renonce à la philosophie, aux philosophes, à tous les livres, et je ne veux plus penser qu'à ma charrue et à mon semoir.

« Mais permettez-moi de vous demander très-instamment des preuves, souffrez que j'écrive aux amis de ces deux dames; je veux absolument savoir si je dois mettre ou non le feu à ma bibliothèque.

« Si M. Diderot a été assez abandonné de Dieu pour outrager deux dames respectables, et, qui plus est, très-belles, vous ont-elles chargé de les venger? Les autres personnes que vous produisez sur le théâtre avaient-elles eu la grossièreté de manquer de respect à ces deux dames?

« Sans avoir jamais vu M. Diderot, sans trouver *le Père de famille* plaisant, j'ai toujours respecté ses profondes connaissances, et, à la tête de ce *Père de famille*, il y a une épître à Mme la princesse de Nassau qui m'a paru le chef-d'œuvre de l'éloquence et le triomphe de l'*humanité*, passez-moi le mot; vingt personnes m'ont assuré qu'il a une très-belle âme, je serais affligé d'être détrompé, mais je souhaite d'être éclairé.

> La faiblesse humaine est d'apprendre
> Ce qu'on ne voudrait pas savoir[1].

« Je vous ai parlé, monsieur, avec franchise : si vous trouvez dans le fond du cœur que j'aie raison, voyez ce que vous avez à faire. Si j'ai tort, dites-le-moi, faites-le-moi sentir, redressez-moi. Je vous jure que je n'ai aucune liaison avec un encyclopédiste, excepté peut-être avec M. d'Alembert, qui m'écrit une fois en trois mois des lettres de Lacédémonien ; je fais de lui un cas infini, je me flatte que celui-là n'a pas manqué à Mmes les princesses de Robecq et de La Marck. Je vous demande encore une fois la permission de m'adresser sur toute cette affaire à M. d'Argental.

« J'ai l'honneur d'être, monsieur, avec une estime très-

---

1. Molière, *Amphitryon*, acte II, scène III. La leçon exacte est :

> La faiblesse humaine est d'avoir
> Des curiosités d'apprendre
> Ce qu'on ne voudrait pas savoir.

véritable de vos talents, et un extrême désir de la paix que MM. Fréron, de Pompignan, et quelques autres, m'ont voulu ôter,

« Votre très-humble et très-obéissant serviteur.

« VOLTAIRE,
« Gentilhomme ordinaire du roi. »

En conséquence de cette lettre, et sur la prière de M. de Voltaire, M. d'Argental s'est adressé à Mme la comtesse de La Marck pour savoir si les faits dont M. Diderot était chargé dans la lettre de Palissot étaient vrais [1]; cette dame, en priant M. de Voltaire de ne la point compromettre dans une querelle aussi scandaleuse, lui a fait dire que, dans le temps de la publication des deux épîtres dédicatoires qui se trouvent à la tête des deux comédies de Goldoni, elle s'en était crue offensée et qu'elle avait fait faire des recherches pour en connaître l'auteur; qu'en effet, à la suite de ces recherches, l'aveu de l'auteur des deux épîtres lui avait été remis signé de sa main; qu'elle avait brûlé cet aveu sur-le-champ; que, par conséquent, cet aveu n'avait été vu de personne, pas même de Mme la princesse de Robecq; qu'au surplus elle n'avait jamais nommé à qui que ce fût ni M. Diderot ni personne, comme auteur de ces deux épîtres; que ce secret n'était jamais sorti de sa bouche, et qu'il mourrait avec elle. Mme de La Marck a ajouté à cette déclaration que de fortes raisons l'avaient depuis longtemps obligée de fermer sa porte à M. Palissot; que, s'il avait continué à la voir, il n'aurait certainement pas donné la comédie des *Philosophes*, ou, s'il l'eût donnée malgré elle, il aurait cessé d'être reçu chez elle. M. le duc d'Ayen, père de Mme la comtesse de La Marck, a dit au roi, qui lui demandait ce qu'il pensait de la comédie des *Philosophes*, que l'auteur méritait d'être fouetté et marqué.

Lorsqu'on sait que tous ces faits ont été rendus à M. de Voltaire par M. d'Argental de la part de Mme de La Marck, on est surpris de ne le voir entrer dans aucune autre explication avec Palissot. Ainsi, si la première lettre était pardonnable, les autres ne le sont plus [2].

---

1. Grimm a déjà donné quelques détails sur cette affaire dans la lettre du 15 décembre 1758. Voir page 56.

2. Ce dernier paragraphe, où perce une sourde irritation contre Voltaire, a trait

15 juillet 1760.

Il nous reste quelques observations à faire sur la préface de la comédie de *l'Ecossaise*. M. de Voltaire nous donne cette pièce comme une traduction de l'anglais. Il l'attribue au frère du philosophe David Hume; il fait l'éloge de l'auteur; il fait l'éloge de la pièce, et, sans la connaissance que nous avons de ces petites supercheries courantes par lesquelles les modernes sont en usage de se dérober au public, il serait facile de s'y tromper. Mais pourquoi cet usage est-il aujourd'hui si commun dans la littérature? Serait-ce qu'un auteur pusillanime, incertain du succès, veut avoir entendu le jugement du public avant que de se montrer? C'est cela quelquefois. Mais, plus souvent encore, c'est que la matière qu'il traite est hardie et que ses principes l'exposeraient à la persécution. C'est que son ouvrage ne cadre pas avec son état. C'est que nos petits critiques, dont il redoute la piqûre, ne sont pas ses amis. C'est qu'il espère que ces messieurs, ne sachant point à qui ils ont affaire et craignant la honte d'avoir insulté à leur maître, se contiendront à peu près dans les bornes de la modération. C'est que, s'il y a dans son ouvrage un peu de style et d'idées, il sera d'abord attribué à M. de Voltaire ou à quelque autre écrivain estimé et connu, et que cette prévention passagère en fera le succès. C'est qu'on permet à celui qui se cache de dire plus librement ce qu'il pense. C'est que le gouvernement peut ignorer quand il lui plaît un auteur qui ne se nomme pas. C'est que le public est plus difficile sur un ouvrage avoué que sur un ouvrage dont l'auteur fait semblant de se cacher. Il y a une sorte de poésie dans ce mensonge, et la poésie nous plaît toujours jusque dans les plus petites choses. Au reste, il y a peu de vrais connaisseurs, et la plupart des lecteurs ne prononcent que d'après le nom. Si *l'Esprit des lois* avait été la première production de quelque homme indigent et obscur qui eût jeté, d'un quatrième étage, ce livre dans le public, il se serait passé vingt ans avant qu'il eût eu toute sa réputation. Ce qu'il y a de sûr, c'est que cet

aux deux autres lettres que le *patriarche* adressa sur le même sujet à Palissot, le 23 juin et le 12 juillet. Nous n'avons rapporté que la première, parce que c'est la seule que Grimm ait commentée.

usage de se cacher sous des noms fictifs ou véritables remplira l'histoire de la littérature d'obscurités et d'embarras.

Je voudrais bien qu'à présent quelque Anglais traduisît *l'Ecossaise* dans sa langue et donnât sa version pour l'original. Il faudrait voir comment M. de Voltaire retirerait son ouvrage d'entre les mains de cette espèce de voleur. L'auteur prétend que les caractères de Lindane et de Freeport sont la nature pure, et il a tort, du moins quant au dernier, qui a certainement tout le vernis de la fiction. Il est fort rare de voir la fierté unie à la misère, telle qu'on la voit dans Lindane, et sûrement il n'y a pas un homme qui soit aussi brutalement humain que Freeport. Il fallait dire que ces deux caractères sont, non dans la nature pure, mais dans la nature factice et de convention qui s'est glissée dans tous nos arts et dans toutes nos productions. On ne s'en défait jamais tout à fait. L'artiste le plus admirable est celui qui s'en éloigne davantage. M. de Voltaire prétend encore qu'il a été obligé de retrancher quelque chose du rôle de Frélon tel qu'il était dans l'original supposé. C'est un aveu tacite et involontaire qu'il reconnaît ce rôle pour mauvais. Il fallait ou le retrancher tout à fait ou le faire autrement. « Il est, dit-il, si lâche et si odieux. » Pour devenir théâtral, il fallait qu'il fût encore plus lâche et plus odieux. Il vient un moment où ce personnage est trop mince, trop ridicule, trop faible, pour se soutenir au milieu des autres, et voilà pourquoi il a fallu l'expulser de la scène. C'était un petit machiniste qui n'avait plus de proportion avec l'importance de la chose. Voulez-vous voir des roués de la première volée? Lisez le *Double Dealer*, de Congrève, et le *Plain Dealer*, de Wicherley. Le premier de ces auteurs n'a pas été tenté d'abandonner son Maskwel à moitié chemin, et l'autre aurait gâté sa pièce s'il eût craint de montrer jusqu'à la fin l'ami et la maîtresse de son misanthrope. Ce sont pourtant deux infâmes : y a-t-il rien de plus odieux que Tartuffe? de plus méchant et de plus lâche que le Faux sincère? Frélon n'est qu'un misérable petit tracassier, et voilà son défaut. M. de Voltaire pense, avec M. Diderot, qu'il cite, que ce sont les conditions qu'il faut mettre sur la scène. Mais toutes les conditions ne sont pas également importantes. Il faut s'emparer d'abord de celles qui nous touchent de plus près. Quand on aura peint le juge, l'époux, l'intendant, le maître des requêtes, le commerçant, alors on fera le procureur, le sergent, le frelon, le valet.

On a cru jusqu'à présent, sur la foi de nos critiques, que le ridicule était le fond de la comédie, et il n'est pas trop permis encore d'attaquer cette idée. Cependant, je demanderai si Térence a su faire des comédies, et si le ridicule est le fond d'aucune de ses pièces? Je demande si c'est une comédie que *Tartuffe*, et si Tartuffe n'est que ridicule? Si c'est une comédie que *l'Avare*, et si l'Avare n'est que ridicule? Vous trouverez que dans tous les grands ouvrages dramatiques le ridicule n'est que l'accessoire. Qu'est-ce donc que le fond de la comédie? C'est le vice, la vertu, le bien, le mal, le bonheur, le malheur, la lâcheté, la fourberie, la bassesse, les caractères avec toute leur noirceur, les passions avec toute leur frénésie, les mœurs avec toute leur énergie et toute leur dépravation, les préjugés avec tous leurs mensonges. Le ridicule seul serait trop faible. J'en appelle aux *Précieuses ridicules* et même aux *Femmes savantes*. Ce n'est pas le ridicule passager de femmes entichées de pédanterie, ce sont les mœurs de cette pièce qui en font une comédie admirable. Le caractère du maître de la maison, celui de la fille, celui de l'amant, celui de la soubrette, voilà ce qui plaira toujours. Le ridicule varie, la nature est toujours la même.

M. d'Alembert avait dit dans ses *Mélanges de littérature* que le comique pathétique était le plus facile, et M. de Voltaire dit dans sa préface que c'est un des plus utiles efforts de l'esprit humain; que c'est un art très-difficile; que tout le monde peut compiler des faits et des raisonnements; qu'il est aisé d'apprendre la trigonométrie, mais que tout art demande du talent, et que le talent est rare. On peut ajouter que pour créer une branche nouvelle à l'art, il faut du génie, présent du ciel bien plus rare encore que le talent. Il est vrai que dans *le Pauvre Diable*, M. de Voltaire dit sur le comique pathétique précisément le contraire de ce qu'il avance dans *l'Écossaise*; mais nous sommes accoutumés à ces sortes de contradictions de sa part, et il faut adopter ses idées, non parce qu'elles viennent de lui, mais parce qu'elles sont vraies. M. Rousseau a fait un ouvrage contre les spectacles, et M. de Voltaire finit sa préface par une citation de Montaigne où cet auteur dit qu'il a « toujours accusé d'impertinence ceux qui condamnent ces esbatements, et d'injustice ceux qui empêchent l'entrée de nos bonnes villes aux comédiens qui les valent, et envient au peuple ces plaisirs innocents ». Le reste du passage est aussi dur à digérer. Il est certain que si les sujets sont bien choisis, et que le poëte se soit proposé de réveiller en nous des sentiments honnêtes, plus le spectacle sera nombreux, plus la communication sera forte. Les hommes sont tous amis au sortir du spectacle. Ils ont haï le vice, aimé la vertu, pleuré de concert, développé les uns à côté des autres ce qu'il y a de bon et de juste dans le cœur humain. Ils se sont trouvés bien meilleurs qu'ils ne croyaient; ils s'embrasseraient volontiers. Celui qui les a mis dans le cas de se connaître eux-mêmes, de s'estimer, de se montrer estimables, vient-il à paraître, ils l'accueillent avec des acclamations de joie. Que signifient ces acclamations, sinon que pendant qu'ils ont écouté son ouvrage, ils étaient enchantés d'être hommes, et qu'ils lui doivent l'heureuse occasion de s'être recommandés à ceux qui les environnaient comme des gens de bien, et d'en recevoir la même recommandation? On ne sort point d'un sermon aussi heureusement disposé. Une lecture qu'on fait dans le silence et dans le secret ne produira jamais le même effet. On est seul, on n'a personne pour témoin de son honnêteté, de son goût, de sa sensibilité et de ses pleurs.

Au reste, cette préface de M. de Voltaire ressemble à toutes celles qu'il a mises en tête de ses pièces. Ce sont de petites poétiques dont les principes sont ajustés à la justification du poëme qui suit. Ces principes se détruisent donc souvent les uns les autres, et en vain y chercherait-on une liaison commune.

— L'*Art de conduire et de régler les pendules et les montres, à l'usage de ceux qui n'ont aucune connaissance de l'horlogerie,* par M. Berthoud, horloger. Ouvrage très-utile et très-commode.

— M. le comte de Florian vient de traduire de l'anglais un roman intitulé *Henriette*[1], en quatre parties, qui méritait, ce

---

1. Ersch attribue à Florian la traduction d'un roman anglais intitulé *Henriette Stuart, ou le Danger du désir de plaire*, Lausanne, 1795, 2 vol. in-12. On pourrait croire à une interversion de date, si l'on ne savait que Florian est né en 1755. Grimm rend très-probablement compte d'un roman de Charlotte Lennox, également intitulé *Henriette*, et traduit par G.-J. Monod, Londres et Paris 1760 2 vol. in-12.

me semble, une meilleure réception que celle que le public lui a faite. Quoique ce ne soit pas un ouvrage de génie, on le lit cependant avec une sorte de plaisir qu'on n'éprouve pas à la lecture de nos romans médiocres. C'est que les Anglais ont en général le pinceau vrai, et qu'il l'est très-rarement en France. Nous avons dans notre poésie comme dans nos tableaux un certain coloris délicat et faux qui est insupportable à ceux qui ont été à l'école des anciens. *Henriette* vous amusera sans vous séduire. Ce qu'on peut reprocher de plus grave à l'auteur, c'est d'avoir été au-dessous de son sujet. Une fille de condition qui, par ses vertus et par ses malheurs, se trouve réduite à se faire femme de chambre, au milieu d'une ville où elle a des parents d'un rang distingué, une telle personne, dis-je, doit être l'héroïne d'un roman très-intéressant et très-pathétique, et Henriette n'est pas cela. Il semble que l'auteur ait bien connu la mesure de ses forces, et qu'il n'ait jamais voulu se commettre au delà. Ainsi, il ne tire jamais parti de la situation qu'il imagine, mais dès qu'elle devient un peu difficile et pressante, il la dénoue, de peur de rester en chemin en la faisant durer, et voilà pourquoi la scène change continuellement. Un grand défaut est d'avoir mis la jeune Henriette toujours auprès de folles. Passe pour la première condition, la nécessité forçait alors Henriette à n'être pas difficile. Mais dès qu'elle se trouve sous la protection de deux femmes respectables par leur rang et par leur caractère, qui se font un devoir de la placer, quelle vraisemblance que Henriette ne soit adressée par ses protecteurs à quelque femme raisonnable! C'est même une très-grande maladresse de ne l'avoir point imaginé. C'est là où Henriette aurait brillé dans tout son éclat, au lieu qu'elle est toujours déplacée auprès de femmes ridicules et d'une conduite équivoque. L'auteur la fait passer en France avec autant de légèreté, en suivant une aventurière contre l'intérêt de sa réputation. S'il fallait absolument l'envoyer en France, il n'avait qu'à la mettre auprès d'une femme respectable, ambassadrice par exemple. C'est là où le jeune marquis de... l'aurait connue et aimée. Vous jugez aisément combien le sujet en serait devenu plus important, mais aussi combien il eût été plus difficile à traiter.

En général, la dernière partie n'est pas faite avec le même soin que les premières; elle devrait cependant être la plus intéressante. L'auteur se hâte trop vers la fin, et pour y courir il franchit comme il peut les obstacles qui se présentent. Tout concourt au bonheur d'Henriette afin que l'auteur puisse finir son roman. Le sujet en est beau, le plan en est bien conçu, mais l'exécution en est faible et médiocre.

AOUT

1er août 1760.

Il me reste à dire un mot de la *Dissertation* du philosophe David Hume *sur la règle du goût*, qui se trouve comprise dans ses œuvres philosophiques. Vous trouverez ce morceau, en général, rempli d'excellentes réflexions, mais dont il ne résulte rien cependant pour établir une règle invariable du goût. M. Diderot a traité la même matière à la fin de son traité *de la Poésie dramatique*. Il se fait un modèle idéal composé du beau épars dans la nature, dont il réunit les parties et forme un ensemble auquel il rapporte ensuite ses jugements sur les ouvrages de goût. C'est ainsi qu'on apprend aux jeunes gens qui se destinent aux arts à remarquer la belle nature, non-seulement dans les modèles vivants, qui ne sont jamais sans quelque défaut, mais plus encore dans des modèles de l'art dont l'ensemble est composé de différentes parties réputées parfaites. Cette méthode n'est peut-être bonne que parce que nous n'avons pas les yeux assez fins pour en saisir l'absurdité. Si nous pouvions aiguiser nos organes à un certain point, nous verrions sans doute que les différentes belles parties dont le statuaire académique a composé sa figure ne pouvaient former un ensemble sans blesser toutes les lois de la nécessité, c'est-à-dire de la beauté, car la nécessité s'appelle tantôt beauté, tantôt laideur, tantôt vice et tantôt vertu. Ainsi, si les principes du philosophe anglais sont trop vagues, je craindrais que la méthode du philosophe français, de juger les ouvrages de goût d'après un modèle idéal, ne fût trop académique, si l'on peut parler ainsi, et ne mît dans nos jugements je ne sais quoi de raide et de sec qui pourrait mener à la pédanterie. Comment donc, dans cette diversité d'opinions et de jugements aussi différents chez les hommes que la modification de leurs organes, trouver une règle sûre pour juger des ouvrages de goût? Les chrétiens ont établi entre eux une communion qu'ils appellent l'Église invisible. Elle est composée de tous les fidèles répandus sur la terre, qui, sans se connaître, sans être liés entre eux, sont unis cependant par le même esprit, par les mêmes espérances, et forment le petit troupeau des élus. Il en est des gens de goût comme de ces élus. Ils forment une nation rare et éparse qui se perpétue de siècle en siècle, et qui conserve sans tache la pureté de son origine. C'est elle qui met le prix aux ouvrages; c'est pour elle que les grands hommes de tous les siècles ont travaillé. Il est peu de bons juges. Pour sentir et apprécier un ouvrage de génie, il faut un discernement profond, une finesse de tact, une délicatesse d'organes que la nature accorde à un très-petit nombre, et dont la multitude est entièrement privée. C'est ce petit nombre d'élus qui forment le jugement éternel, lequel, confirmé de siècle en siècle par cette église invisible, devient bientôt universel. On voit d'abord qu'il faut un certain temps pour apposer aux ouvrages de génie le sceau de l'immortalité. Le mal qu'on en dit dans leur nouveauté, ou bien la vogue passagère qu'ils peuvent avoir, ne saurait décider de leur mérite. Ils sont jugés par la multitude, comment le seraient-ils irrévocablement? Mais lorsque les vains cris de la multitude se sont perdus, alors le jugement de l'église invisible se fait entendre et se perfectionne insensiblement; alors on entend sortir un cri d'admiration d'un coin de la terre, et à mille lieues de là il est répété sans avoir été entendu, et l'homme de génie dit : Voilà ma récompense, c'est pour eux que j'ai travaillé. Insensiblement Homère est regardé comme divin par toutes les nations; le poëme de Milton, oublié dès son origine dans la poussière, reparaît et obtient les honneurs qui lui sont dus. Ce n'est point qu'il y ait aujourd'hui plus de gens capables de sentir le prix de *l'Iliade* ou du *Paradis perdu*. Il ne faut point s'y tromper : le grand nombre n'estime que sur parole. L'autorité des juges lui en impose; il respecte ce qu'il ne saurait connaître, et, pour peu qu'il osât s'affranchir de ce sentiment, on verrait combien ses jugements sont éloignés des arrêts de la raison universelle. On ne voit jamais mieux cette différence que dans ces disputes frivoles où l'on oppose un homme de génie à un autre, un ancien à un moderne, et qui ont engendré tant de dissertations froides et dépourvues de goût. Alors on remarque avec surprise que les mêmes gens qui se disent tous admirateurs de Racine, par exemple, ne sont d'accord sur aucun de leurs principes; qu'ils estiment tous ce poëte par des raisons contradictoires, et que, parmi tous ces prétendus admirateurs de Racine, il ne s'en trouve souvent pas deux qui en sentent les véritables beautés autrement que par tradition et sur la foi des autres. On a donc eu raison de dire que le vrai goût est aussi rare que le génie. Pour de l'esprit, on en trouve plus communément. La Motte-Houdard raisonne on ne peut pas mieux sur *l'Iliade* d'Homère; ses arguments sont dans toutes les règles de la plus exacte dialectique; c'est dommage qu'ils soient d'un homme de bois, qui ne sent rien. Quel serait donc le *criterium* qui pût nous guider dans nos jugements, nous tenir lieu du modèle idéal de M. Diderot, et nous certifier que nous avons réellement du goût? Quintilien dit que celui qui lit Cicéron avec grand plaisir est en droit de se regarder comme fort habile. Voilà une règle qu'il faut étendre sur tous les grands hommes dont les ouvrages ont obtenu les honneurs de l'immortalité. Si un sentiment intérieur vous en découvre les beautés, si vous en êtes vraiment et sincèrement affecté, vous avez le droit de vous associer au petit nombre de ceux dont le suffrage doit fixer le jugement de la postérité.

VERS SUR LA COMÉDIE DES PHILOSOPHES

PAR M. PIRON.

Le *Méchant* plut, le *Méchant* plaît,
Gresset le fit, Palissot l'est.

— L'Académie française vient de perdre deux de ses Quarante : M. de Vauréal, ancien évêque de Rennes [1], et M. de Mira-

---

[1]. Mort le 19 juin 1760, à l'âge de soixante-treize ans. On serait assez porté à croire que Vauréal fut un de ces prélats d'alors qui faisaient leur chemin par les femmes, si l'on ajoutait foi à l'autorité de Collé et à l'épigramme de Piron :

Chez Vauréal, où dînait Boismorand, etc. (T.)

baud, ancien secrétaire de l'Académie[1]. Le premier avait été pendant quelque temps ambassadeur du roi en Espagne. Il avait de l'esprit. Il écrivait avec chaleur, et il était d'un commerce très-agréable. M. de Mirabaud était homme de lettres médiocre, mais très-aimable d'ailleurs. Il était simple et parfaitement honnête homme, et, dans la société, droit, doux et récalcitrant; bon enfant, mais volontaire, ce qui ne contribuait pas peu à rendre son commerce piquant. Il avait une certaine mesure d'esprit : les choses au delà étaient nulles pour lui; il ne fallait pas songer à les lui faire comprendre, c'eût été peine perdue, et il ne croyait pas à ce qu'il ne comprenait point. M. de Mirabaud était âgé de plus de quatre-vingts ans. Nous avons de lui une froide traduction de *la Jérusalem* du Tasse, qui passe pour être exacte; mais on ne saurait lui pardonner celle de l'Arioste. C'est un sacrilège au premier chef d'avoir travesti un auteur de tant de génie, de verve et de grâces.

— On vient de faire une nouvelle édition de la traduction d'Horace par M. l'abbé Batteux. Cette traduction n'est point estimée.

— Comme tout ce qui regarde M. Le Franc de Pompignan est devenu extrêmement intéressant depuis son discours du 10 mars, on a réimprimé la *Prière universelle* de Pope, traduite jadis par M. de Pompignan en vers bien plats et bien pauvres. On y a ajouté des notes remplies d'esprit et de sel : à quelques longueurs et à quelques lignes entortillées près, cette brochure me paraît un chef-d'œuvre de plaisanterie. Il faut convenir que M. de Pompignan paye cher la gloire d'avoir prêché contre les incrédules en pleine Académie. Comme on avait dit, dans des *Quand* publiés contre M. de Voltaire, que celui-ci avait pris le plan d'*Alzire* dans une tragédie de M. Le Franc, intitulée *Zoraïde,* qui n'a jamais été jouée, il s'est retrouvé deux lettres aux Comédiens dans le *Pour et le Contre* de l'année 1736, l'une de M. de Voltaire, l'autre de M. Le

---

1. Mort le 24 juin 1760, à l'âge de quatre-vingt-cinq ans. Watelet, auteur du poëme de l'*Art de peindre,* dont il vient d'être rendu compte (lettre du 15 mars précédent), le remplaça à l'Académie. La *Biographie universelle* lui donne pour successeur Buffon. C'est une erreur : Buffon faisait déjà partie des Quarante. Ce qui a paru y donner lieu, c'est que ce fut Buffon qui reçut Watelet, et qu'il eut par conséquent à faire également l'éloge de Mirabaud. (T.)

Franc, par lesquelles il appert que c'est celui-ci qui s'est approprié le plan de la tragédie de l'autre. La lettre de M. de Voltaire est un chef-d'œuvre de politesse, d'esprit et de finesse. Celle de M. Le Franc est aussi un chef-d'œuvre dans son genre. On pouvait s'attendre dès lors à tout ce qu'il a tenu en fait de bonne opinion de lui-même. Les notes de la *Prière universelle* passent pour être de M. l'abbé Morellet, pensionnaire du roi à la Bastille pour la *Vision de Charles Palissot*. Vous vous souvenez sans doute d'un traité de M. l'abbé Morellet sur les toiles peintes; je ne sais, mais j'ai bien de la peine à me persuader que l'auteur de ce traité soit coupable de tant de péchés de la nature de celui de la *Vision* et de la *Prière universelle*.

— Charles Palissot a voulu effacer le succès qu'a eu sa *Vision* dans le public par une autre contre-vision qu'il a intitulée *le Conseil de lanternes*[1]. On ne peut rien lire de plus triste et de plus plat que cette contre-vision; elle fait soupçonner que le talent de Charles Palissot se réduit à faire des vers atroces.

— Les comédiens italiens ont donné la parodie des *Philosophes*, sous le titre du *Petit Philosophe*. Si cette pièce n'a pas réussi, ce n'est pas faute d'atrocité; mais c'est que le public se lasse des méchancetés répétées, et qu'alors les mêmes choses qui l'avaient amusé ou intéressé lui paraissent plates et insipides. L'auteur du *Petit Philosophe* s'appelle M. Poinsinet[2]. On dit que le divin Palissot et l'illustre M. Fréron ont beaucoup de part à cette pièce, que je n'ai point vue, mais qui a été généralement jugée détestable.

— M. Sedaine, maçon et poëte, a fait une nouvelle édition de ses poésies[3] : vous y trouverez beaucoup de naturel et de

---

1. *Conseils de lanternes, ou la Véritable Vision de Charles Palissot, pour servir de post-scriptum à la Comédie des Filosophes (sic)*. Aux Remparts, 1760, in-12, 24 pages. Cette brochure n'est point de Palissot, qui n'y est pas ménagé. Au verso du titre, une liste fort incomplète des brochures parues pour et contre *les Philosophes* donne comme sous-titre de celle dont nous parlons : *l'Épouvantable Vision de M. Palissot*.

2. Les couplets sont de Davesne. La pièce fut représentée le 14 juillet 1760. (T.)

3. *Recueil de poésies de M. Sedaine*. Seconde édition. Londres et Paris, 1760, deux parties in-12. Un frontispice dessiné et peut-être gravé par Gabriel de Saint-Aubin et une vignette d'Eisen (*Inkle et Iariko*). Ces deux planches manquent à beaucoup d'exemplaires; celui de Gabriel de Saint-Aubin, couvert de croquis, se-

facilité, et le naturel est une chose si précieuse qu'il couvre, comme la charité, une multitude de fautes. Ce poëte a travaillé depuis peu pour l'Opéra-Comique et a laissé à nos musiciens plus de besogne qu'ils n'étaient en état d'en faire.

— *Fables nouvelles*, par M. Grozelier[1]. A en juger par le grand nombre de fabulistes qui paraissent journellement, on croirait qu'il n'y a rien de si aisé que de faire des fables. On ne le croit plus quand on les a lues, et La Fontaine reste toujours sans second.

— Je vous ai parlé de l'*Oracle des nouveaux philosophes, pour servir de suite et d'éclaircissement aux œuvres de M. de Voltaire*[2]. C'est une compilation d'injures et d'accusations contre le premier écrivain du siècle, en forme de dialogue, par un certain abbé Guyon. Cet ouvrage, d'une platitude à faire trembler, a cependant eu tant de succès parmi les sots que le libraire en a déjà vendu plusieurs éditions. On dit qu'il faut écrire pour les gens d'esprit; c'est une vieille erreur. Le libraire Claude Hérissant, à l'image de Saint-Thomas d'Aquin, vous dira que c'est pour les sots qu'il faut écrire quand on veut avoir du pain et de l'argent. En conséquence de ce principe, M. l'abbé Guyon a donné une suite à son Oracle, dans laquelle il relève les impiétés de *Candide*, de l'*Ecclésiaste* et du *Cantique*. Candide se trouve là en compagnie fort décente. Je ne crois pas que l'on puisse lui reprocher rien de suspect ou de malsonnant à lui personnellement; mais mon ami M. Martin est violemment suspecté de manichéisme par le sévère abbé Guyon. On est bien heureux d'être toujours orthodoxe comme M. le professeur Pangloss.

— M. Brisson, de l'Académie royale des sciences, autrefois démonstrateur du cabinet de M. de Réaumur, vient de publier les trois premiers volumes de son *Ornithologie, ou Description de toutes les espèces d'oiseaux*. Cet ouvrage forme six volumes in-4°, qu'on peut encore avoir au prix de la souscription, qui est de cent vingt livres.

---

lon son habitude, a passé de la bibliothèque de M. Cigongne dans celle du duc d'Aumale. Plusieurs pièces de vers de Sedaine lui sont dédiées.

1. Paris, 1760, in-12.
2. Voir page 135.

15 août 1760.

M. Hume fait, dans sa *Dissertation sur la règle du goût*, une espèce de parallèle entre Homère et M. de Fénelon, sur lequel il y a quelques observations à faire : « Quand Homère débite des préceptes généraux, dit-il, tout le monde tombe d'accord de leur vérité; il n'en est pas de même lorsqu'il peint des mœurs personnelles. Il y a dans le courage d'Achille une férocité, dans la prudence d'Ulysse une duplicité, qu'assurément Fénelon n'aurait jamais attribuées à ses héros. Le sage Ulysse du poëte grec est un menteur de profession et d'inclination, qui souvent ne ment que pour mentir; au lieu que, dans le poëme français, son fils pousse le scrupule jusqu'à subir les plus grands périls plutôt que de se départir de la plus exacte vérité. » Remarquons d'abord que, quant aux préceptes généraux, tous les poëtes, tous les législateurs, tous les faiseurs de religion, ont la même morale; la vertu est toujours louée, le vice toujours blâmé, et c'est un mérite bien mince, comme dit M. Hume, que celui de débiter les lois générales de la science des mœurs. Aussi, lorsqu'on n'entend dire autre chose, d'une pièce de théâtre, par exemple, sinon que c'est l'ouvrage d'un bien honnête homme, on peut y ajouter sans risque : et d'un homme médiocre. Rien, en effet, n'est plus aisé que de mettre en vers des maximes, et de nous dire qu'il faut être humain, généreux, compatissant, et de toutes les règles de poétique la plus inutile me paraît celle qui ordonne au poëte d'avoir toujours un but moral et honnête, comme si, la raison universelle étant telle qu'elle est, il était libre au poëte de se proposer un but différent, et qu'il lui fût loisible de rendre, par exemple, la vertu haïssable ! Il y a entre les héros de *l'Iliade* et ceux du *Télémaque* cette différence que les uns sont dessinés d'après la nature humaine, et les autres d'après ces principes généraux de morale; ceux-ci ne peuvent être que froids, sans vigueur, sans coloris et sans vérité. Le poëte prend une maxime morale, par exemple, qu'il ne faut jamais mentir, pas même lorsqu'il serait de notre intérêt momentané de déguiser la vérité. Au lieu de nous prêcher cette maxime simplement, il cherche à la mettre en action; il nous montre le jeune Télémaque dans le cas de se procurer un bonheur passager par un mensonge, et de ne pouvoir dire la vérité sans danger : Télémaque préfère le péril de la vérité aux avantages du mensonge, afin que nous en concluions qu'il n'y a point d'occasion où il ne faille abhorrer le mensonge. Un pareil ouvrage est, à coup sûr, d'un honnête homme; il peut être rempli de vérités utiles; il peut être écrit avec noblesse et avec grâce; mais il ne sera jamais une production de génie. Un seul coup de pinceau d'Homère sera plus séduisant pour un homme de goût que tout le roman de M. de Fénelon. Télémaque peut servir à l'amusement et à l'instruction des enfants, et *l'Iliade* sera l'admiration des siècles.

Il en est des poëtes comme des peintres. Un homme médiocre me fera cent tableaux dont le résultat sera une très-belle maxime; il ne faut point de génie pour cela; mais j'appellerai peintre celui qui, dans le sacrifice d'Iphigénie, m'aura montré Ulysse secourant en apparence par pitié l'infortuné Agamemnon, et lui dérobant officieusement, par son attitude, la vue de l'horrible spectacle, de peur que la nature, plus forte dans ce moment affreux que toutes les autres considérations, ne fasse manquer un sacrifice nécessaire au salut des Grecs. Il ne résultera point de maxime de cette duplicité d'Ulysse; mais le peintre aura fait une grande et belle chose. En général, il faut des mœurs fortes pour la peinture et pour la poésie; il faut qu'elles soient simples et énergiques. On peut dire que plus un peuple est policé, moins il est poétique et pittoresque. M. Hume a tort de dire qu'une représentation nous plaît d'autant plus que les caractères ressemblent davantage à ceux que nous voyons de nos jours et dans notre pays, et qu'il faut des efforts pour se faire à la simplicité des anciennes mœurs. Au contraire, cette simplicité a un charme inconcevable pour un homme de goût, au lieu que nos mœurs, dépourvues de vérité et de force, ne sauraient qu'être insipides dans l'imitation. Comment traiter en poésie ou en peinture un peuple dont l'habillement est ridicule, dont les principes se ressentent presque tous de son origine gothique, chez lequel on ne remarque plus aucune distinction sensible d'âge et de mœurs, et dont les relations les plus tendres n'ont plus aucune apparence touchante? Ajoutons que ce serait une grande sottise et la perte des arts que d'y porter cette fausse délicatesse qui règne dans nos principes et dans notre conduite. Celui qui, parmi nous, tirerait vengeance de son ennemi en l'assassinant est déshonoré; il faut qu'il lui mette les armes à la main, et qu'il coure les risques d'un combat. Et le jeune Corse, que sa mère élève dans les sentiments de la vengeance en lui montrant tous les jours la tunique teinte du sang de son père, et en lui nommant le fatal ennemi de sa famille, ce fier insulaire, qui n'a pas sitôt atteint l'âge de puberté qu'il se cache derrière un buisson pour assaillir et prendre au dépourvu le meurtrier de son père, le croyez-vous étranger aux principes du véritable honneur? Par une suite de ces réflexions, on voit aisément que M. Hume ne parle pas en homme de goût, ni même en philosophe, lorsqu'il attaque la tragédie de *Polyeucte* et celle d'*Athalie*, et qu'il avance que la bigoterie que la religion romaine inspire à ses sectateurs et qui est étalée dans ces deux pièces les a « défigurées ». La tolérance est sans doute la plus belle des vertus humaines; mais si le grand-prêtre n'était pas intolérant dans la tragédie d'*Athalie*, et si *Polyeucte* n'était pas fanatique, ces deux pièces ne seraient certainement pas des chefs-d'œuvre. Il en est de même des qualités vicieuses que le philosophe anglais reprend dans les héros d'Homère.

VERS SUR UN PORTRAIT A L'OMBRE

PAR M. COLARDEAU.

Pourquoi donc me gronder? pourquoi cette humeur sombre?
Mon crayon de Clorinde a mal rendu les traits;
Je le sais; mais comment faire d'heureux portraits
Quand la beauté ne prête que son ombre.

LETTRE DE JEAN-JACQUES ROUSSEAU A PALISSOT[1],

EN LUI RENVOYANT SA PIÈCE.

« En parcourant, monsieur, la pièce que vous m'avez envoyée, j'ai frémi de m'y voir loué. Je n'accepte point cet hor-

---

[1]. Dans les meilleures éditions de Rousseau, cette lettre est adressée *à M. Duchesne, libraire, en lui renvoyant la comédie des Philosophes*. Il est en effet peu probable que Palissot se soit avisé de lui envoyer cette comédie, où il le fait mar-

rible présent : je suis persuadé qu'en me l'envoyant, vous n'avez pas voulu me faire une injure ; mais vous ignorez sans doute, ou vous avez oublié que j'ai eu l'honneur d'être ami d'un homme respectable [1], que vous avez indignement noirci et calomnié dans ce libelle. »

« Montmorency, 21 mai 1760. »

— Palissot a fait imprimer son commerce de lettres avec M. de Voltaire, occasionné par la comédie des *Philosophes*. On pouvait observer que Palissot a manqué à la confiance et à l'honnêteté en publiant ses lettres sans la permission expresse de M. de Voltaire. Mais le public ne prend pas à cœur l'intérêt des particuliers à ce point-là. Il s'est borné à condamner M. de Voltaire de les avoir écrites. Il a trouvé qu'il s'est manqué à lui-même en répondant à un homme qui n'a pas fait un pas dans la querelle qu'il a suscitée sans trahir une bassesse de sentiment qui l'a couvert d'opprobre. Dans sa préface, il avait cité des passages de M. d'Alembert et de M. Diderot qui ne se trouvent point dans leurs ouvrages. Ce dernier, quoique plus outragé qu'aucun des philosophes insultés, dédaignant d'écraser un insecte misérable, n'a pas plus relevé cette calomnie que les autres. M. d'Alembert, plus sensible, a protesté dans le *Mercure* que le passage cité du discours préliminaire de l'*Encyclopédie* ne s'y trouvait point. A cela Palissot répond, dans une lettre insérée dans les feuilles de Fréron, que c'est une faute de son copiste que ce passage a été attribué à M. d'Alembert, mais qu'il se trouve dans l'*Encyclopédie*, au mot *Gouvernement* (article de M. le chevalier de Jaucourt), à l'exception des mots : *l'inégalité des conditions est un droit barbare*. Remarquez que ce sont précisément ces mots par lesquels on prétend rendre le passage odieux, et que ce qui suit ne contient qu'une vérité commune, avouée de tout le monde. Il faut être doué d'une heureuse impudence pour rejeter une accusation fausse sur un copiste négligent, et pour faire une nouvelle infamie en se jus-

---

cher à quatre pattes, et Rousseau lui eût fait dans ce cas une tout autre réponse. (T.) — L'autographe de ce billet a passé dans une vente dirigée par M. Étienne Charavay, le 1er décembre 1877 (n° 83). Il ne porte point d'adresse.

1. Diderot.

tifiant de la première. Il ne manque à Charles Palissot que le courage nécessaire aux grands crimes pour devenir un homme illustre dans les chroniques de la Grève. Conclusion générale : lorsque vous voyez un homme extraire des passages des écrits d'un autre dans le but de le rendre odieux, dites : Voilà un coquin, et vous aurez raison.

— Dans la foule des brochures et des feuilles de toute espèce que cette triste querelle a fait naître, et dont je n'ai garde de vous ennuyer, il en faut indiquer une intitulée *Discours sur la satire des philosophes*[1]. Ce discours a beaucoup réussi; il est d'un homme sage et ferme qui juge sans passion, mais qui parle sans détour. Le tableau de l'état où se trouvait la république d'Athènes dans le temps que Socrate fut joué sur son théâtre ne manque point de hardiesse. Vous serez frappé de plusieurs circonstances rapprochées de nos temps avec beaucoup d'art. L'auteur de ce discours ne s'est point fait connaître; mais, quel qu'il soit, vous lui trouverez du talent pour écrire. Au reste, il a confondu Démosthènes, qui était dans ce temps général des troupes de la république, avec l'orateur de ce nom, qui a vécu longtemps après Socrate et Aristophane.

— *Le Parfait Aide de camp, avec la description d'un instrument nouveau pour lever des plans*; petite brochure. Il n'y a point de siècle où l'on ait mieux connu que dans celui-ci les talents et les qualités nécessaires à chaque métier, et où l'on en ait moins fait usage.

— *Addition à l'Essai sur les probabilités de la durée de la vie humaine*, par M. Deparcieux, de l'Académie royale des sciences, brochure in-4° de plus de 30 pages. L'auteur estimable donne dans ce supplément de nouvelles listes ou ordres de mortalité du genre humain, avec des calculs sur l'accroissement des rentes viagères, lorsqu'on ajoute à la fin de l'année la rente au fond.

— M. de Saint-Foix, accusé par les auteurs du *Journal chré-*

---

1. *Discours sur la satire contre les philosophes, représentée par une troupe qu'un poëte philosophe* (Voltaire) *fait vivre, et approuvée par un académicien* (Crébillon) *qui a des philosophes pour collègues*. Athènes, chez le libraire antiphilosophe, 1760, in-12. Cette brochure de l'abbé Coyer a été réimprimée au tome Ier de ses OEuvres complètes.

tien d'avoir voulu, dans les *Essais sur Paris,* tourner la religion en ridicule ; *item*, de plusieurs impiétés répandues dans son ouvrage, a pris un parti ferme. Il a présenté requête au lieutenant criminel, et a poursuivi criminellement les auteurs de cette calomnie[1]. Ils se sont empressés d'offrir toutes les réparations possibles, et l'affaire a été accommodée. Il eût été intéressant de voir comment le Châtelet aurait prononcé sur une calomnie si fort à la mode de nos jours. M. de Saint-Foix est un des hommes les plus loués par nos journalistes, parce qu'il a déclaré plusieurs fois qu'il couperait les oreilles à celui d'entre eux qui oserait l'attaquer, et que ces messieurs sont convaincus qu'il ne s'en tiendrait pas à la promesse.

— La pièce de *l'Écossaise* vient d'être jouée sur le théâtre de la Comédie-Française[2] : elle a eu le plus grand succès, et cela est d'autant plus singulier que tout le monde sachant la pièce par cœur, il semblait qu'elle ne dût pas faire l'effet d'une pièce nouvelle. Voilà l'époque de l'établissement d'un nouveau genre plus simple et plus vrai que celui de notre comédie ordinaire. Le rôle de Freeport a fait grande fortune ; le dénoûment a reçu les plus grands applaudissements. On a changé le nom de M. Frélon en celui de M. Wasp. La police, par délicatesse pour M. Fréron, a exigé ce changement, et cela fait un honneur infini à son amour pour le bon ordre. Cependant le public, ayant applaudi avec scandale le rôle de M. Wasp, et ayant fait une application continuelle au faiseur de feuilles de Paris, a persuadé aux honnêtes gens que la police aurait pu sans danger pousser sa sévérité un peu plus loin. Pour les philosophes, il leur doit être douloureux d'avoir partagé avec le faiseur de feuilles Fréron le privilége d'être insulté sur le théâtre. Au reste, on ne peut mieux parler sur tout ceci que l'auteur de la brochure sur la satire des philosophes n'en parle à la fin de son *Discours*[3]. Ce morceau et la *Vision de Charles Palissot* sont les seuls qui resteront de cette triste et frivole querelle. La *Vision* prouvera que les philosophes ne sont pas plats quand ils font

---

1. Saint-Foix publia à cette occasion un *Factum* qui fait partie du *Recueil des Facéties parisiennes pour les six premiers mois de l'année 1760,* dont nous avons déjà eu occasion de parler. (T.)

2. *L'Écossaise* fut, nous l'avons déjà dit, représentée le 29 juillet. (T.)

3. L'abbé Coyer.

tant que de prendre la plume; le *Discours* restera comme un monument de sagesse et d'équité.

Je n'ai pas été content de la façon dont *l'Écossaise* a été jouée; mais le public a été moins difficile. Nos acteurs me paraissent encore bien éloignés de la vérité et de la simplicité que demande le genre de cette comédie. Ils ont, dans leur jeu, je ne sais quoi de faux et de maniéré qui tue tout. Mlle Gaussin a ôté au rôle de Lindane, à mon sens, tout ce qu'il a de touchant. Le rôle de Polly n'est pas bon; mais Mlle Dangeville l'a encore rendu plus mauvais. Celui de milady Alton, joué par Mme Préville, n'a pas déplu au théâtre autant qu'il le mérite. Armand ne s'est point douté du rôle de Fabrice, qui, bien joué, doit plaire infiniment. Préville n'a ni la figure ni la voix de Freeport; mais il est si agréable au parterre qu'il réussira toujours dans tous les rôles qu'il voudra entreprendre. Brizard n'a pas mal joué le rôle de Monrose; mais il n'a pas remplacé Sarrasin, le seul acteur que nous ayons vu au théâtre depuis dix ans, et qui ne sera pas remplacé sitôt. Cette pièce doit être retirée après sa seizième représentation, pour être reprise à l'entrée de l'hiver prochain.

SEPTEMBRE

1er septembre 1760.

L'Académie française a tenu, le 25 août, selon l'usage, une séance publique pendant laquelle M. d'Alembert a lu des *Réflexions sur la Poésie*, qui ont été extrêmement applaudies. Je n'ai pu assister à cette séance; mais des personnes dont j'estime le jugement m'ont assuré que ces *Réflexions* ne gagneraient pas à être publiées, et qu'on les trouverait attaquables de plus d'une manière[1]. Quoique M. d'Alembert soit un excellent esprit,

---

1. Elles se trouvent dans ses *Œuvres*, tome IV, page 291 de l'édition de Belin, 1822.

il faut convenir qu'on ne lui voit pas, dans les jugements qui sont du ressort du goût et des arts, ce tact qu'on cherche en vain de remplacer à force de raisonnements et de principes didactiques. Ce philosophe établit entre autres, dans ses *Réflexions*, que, pour juger du mérite d'un morceau de poésie, on n'a qu'à le traduire dans une autre langue, et, s'il ne se soutient pas dans la traduction comme dans l'original même, on en doit conclure que sa beauté est moins réelle que factice, et qu'il n'est point fait pour séduire les juges d'un goût sévère. Rien n'est plus vrai en apparence et plus faux dans le fait que ce principe; j'en suis si éloigné que je crois, tout au contraire, que le poëte le plus médiocre ne peut être traduit dans une autre langue que la sienne, sans perdre infiniment de son mérite, et que, surtout, la traduction d'un grand poëte est une chose absolument impossible. Le paradoxe contraire est encore plus déplacé dans la bouche d'un Français qu'il ne le serait dans la bouche d'un Anglais, d'un Allemand et surtout d'un Italien, et on doit le pardonner moins à M. d'Alembert qu'à tout autre. Vous trouverez, dans les *Mélanges* de ce philosophe, des *Réflexions sur l'élocution oratoire*, et, parmi ces *Réflexions*, vous en lirez de très-justes sur les défauts de la langue française. Il n'en est point qui soit plus anti-poétique. Rien n'est plus opposé au génie, plus contraire à l'ivresse et à l'enthousiasme (deux qualités sans lesquelles un poëte ne mérite pas d'être regardé), que la marche uniforme de cette langue, son exactitude timide, didactique et compassée. Or comme les traducteurs sont ordinairement des gens auxquels on ne saurait supposer du génie sans une injustice criante, jugez ce qu'on peut attendre d'un tel instrument dans des mains aussi lourdes et aussi malhabiles. L'expérience confirme parfaitement ce que je viens de dire. Nous n'avons en français aucune traduction, soit de poëtes anciens, soit de poëtes modernes d'Italie, d'Angleterre ou d'Allemagne, qui soit supportable. Les écrivains, même en prose, pour peu qu'ils aient de génie et de caractère, ne sont plus lisibles dans les traductions françaises. Qu'on choisisse celle de Tacite faite par M. l'abbé de La Bletterie, ou celle de M. d'Alembert, je défie qu'on supporte la périphrase froide et maussade d'un auteur aussi admirable. Ceux qui ne jugeaient d'un tel auteur que par ses traducteurs en auraient avec raison une idée bien mince. J'ai vu autrefois la traduction du fameux morceau de la mort de Germanicus faite par J.-J. Rousseau; il était traduit avec tant de chaleur qu'on ne pouvait le lire sans la plus forte émotion; aussi, si Tacite pouvait ne point perdre, c'était sans doute sous la plume mâle et énergique du citoyen de Genève : cependant, en comparant la traduction à l'original, vous auriez vu à chaque instant combien elle était éloignée de sa profondeur et de sa force. Chaque langue a son coloris, son harmonie, ses images et son charme. Chaque peuple arrange ses idées à sa manière, et cette manière fait le caractère de sa langue. Comment deux peuples auraient-ils conservé le même caractère de langage, tandis qu'il n'y a pas deux hommes sur la surface de la terre qui aient les mêmes idées sur rien? Et si le caractère de deux langues est infiniment différent, comment pourrait-on traduire de l'une à l'autre, sans altérer la force et la vérité des idées, l'harmonie, la douceur, le charme des expressions, la richesse, la beauté et l'illusion des images? Les traductions italiennes n'ont une si grande supériorité sur toutes les autres que parce que cette langue, le plus bel instrument qu'on puisse manier, est susceptible de tous les caractères, et qu'on découvre partout dans ses accents et ses inflexions les traces du génie et du goût; malgré cela, je défie le dieu du Goût personnifié, qui choisirait sans doute cette langue, parmi les modernes, pour la sienne, d'y faire une traduction en tout point comparable à son original.

M. d'Alembert ne me paraît pas sentir assez vivement le mérite du coloris et de l'harmonie, et, sans ce sentiment, il ne faut jamais parler ni de poésie, ni de peinture, ni de musique. Celui qui ne sent pas la raison pourquoi les anciens faisaient un cas infini de l'harmonie doit, par là même, se regarder condamné à ne jamais toucher aux arts et aux belles-lettres. Nous examinerons dans un autre temps ce que M. d'Alembert a écrit là-dessus dans son Essai sur l'élocution oratoire. Celui qui a pétri l'espèce humaine l'a partagée en deux divisions bien inégales : l'une, petite, est distinguée par la finesse, par la délicatesse, par une mobilité d'organes qui la rend capable de saisir la beauté, l'accord, l'harmonie, qui existent dans la nature; poëtes, peintres, musiciens, c'est là que vous habitez et que vous trouvez ceux qui vous admirent avec transport; c'est encore là que se tiennent les cœurs sensibles et les mauvaises têtes. L'autre division, infiniment nombreuse, est celle des esprits raides, secs, méthodiques, dont les fibres n'ont point d'élasticité ; c'est aussi où se tiennent les hommes de bois et de pierre, qui ne sentent rien, et qu'on ne peut cependant haïr s'ils observent d'ailleurs les lois de la justice et de l'équité naturelle. J'oublie une troisième classe, qui est celle des singes : ils ne savent que contrefaire, et dégradent tout ; c'est en tout point une mauvaise engeance. Nous avons ici un conte d'un homme connu que je trouve fort bon : il était avec des hommes et des femmes dans une loge, à une représentation de *Zaïre*; tout le monde fondait en larmes autour de lui ; cela l'étonna, et il dit sensément à ce sujet : « Premièrement, c'est que cela n'est pas vrai, et, quand cela serait, qu'est-ce que cela me fait ? » Il serait à souhaiter que tous ceux qui pensent comme lui eussent aussi sa sincérité.

— M. Dorat a fait imprimer un petit poëme intitulé *la Vraie Philosophie*, et, depuis, une *Épître à un ami dans sa retraite*, à l'occasion des *Philosophes* et de *l'Écossaise*; bavardage d'enfant. Nous sommes condamnés, au moins pour dix-huit mois, à n'entendre parler que de philosophes et de philosophie. Il faut convenir que cela fait un siècle très-philosophique.

— *Tant mieux pour elle, conte plaisant.* Il y a commencement à tout ; celui-ci n'a pas paru incognito ; mais, pour avoir été lu, il n'a pas été estimé davantage. Il est rempli de sottises ; mais, l'intérêt des mœurs à part, il est certain que c'est outrager le goût et faire un cruel abus de son esprit que de l'employer à de pareils ouvrages. Ce genre est d'ailleurs si aisé ! Le chevalier de La Morlière y a eu les mêmes succès que Crébillon le fils. Cette considération devrait humilier tous ceux que la considération des mœurs et du goût ne peut empêcher de s'exercer dans un genre méprisable. Au reste, ce conte est généralement attribué à M. l'abbé de Voisenon [1]. En effet, on y reconnaît sa manière à chaque ligne. M. l'abbé de Voisenon est un des hommes les plus aimables de la société ; mais il n'aurait jamais dû occuper les presses.

---

1. D'autres assurent que cet opuscule (1760, in-12) est la première production de Calonne, depuis ministre si fameux. (T.)

15 septembre 1760.

On a donné, le 3 de ce mois, sur le théâtre de la Comédie-Française, la première représentation de *Tancrède*, tragédie de M. de Voltaire. Cette pièce est toute d'invention, et l'auteur a choisi son héros dans la famille de Hauteville, paladins de Normandie qui allèrent au xie siècle s'établir dans la Sicile. La scène est à Syracuse, qu'on suppose être gouvernée par un certain nombre de chevaliers, en forme de république, tandis que le reste de la Sicile est sous le pouvoir des empereurs d'Orient et des Maures. Toute république est sujette à des factions ; celle de Syracuse fut longtemps en proie à l'esprit de parti et de tumulte. Remarquez que c'est le poëte et non pas l'historien qui vous dit tout cela. Argire, chef des chevaliers et de la république, avait éprouvé la persécution des Orbassans, famille puissante dans Syracuse. Il en avait été même exilé, et ne put rentrer qu'après de longues contestations dans ses dignités et ses charges. Pendant ces malheurs, il avait envoyé sa femme et sa fille à la cour de Constantinople. Aménaïde, c'est le nom de sa fille, y avait été élevée ; elle y avait connu et aimé Tancrède, et sa mère, qui y avait terminé sa vie, non-seulement avait approuvé leur tendresse, mais les avait unis en mourant. Tancrède avait été la victime des troubles et des factions, comme Argire. Sa famille, étrangère et odieuse par ses vertus mêmes, avait été exilée à Syracuse, et Tancrède, brûlant de se faire un nom, s'était mis au service des empereurs d'Orient et avait signalé son courage par les exploits les plus brillants. Vivant à la cour de Byzance avec Aménaïde, il l'adorait, et cette union paraissait d'autant plus naturelle que le père d'Aménaïde avait toujours été dans les intérêts de la famille de Tancrède. Aménaïde, après la mort de sa mère, était retournée à Syracuse, auprès de son père, qui venait d'être rétabli dans ses dignités, après s'être réconcilié avec la famille des Orbassans. La guerre qui venait d'éclater entre la république et les Maures avait fait cesser les divisions intestines, et le ressentiment particulier avait été sacrifié au salut public. Le chef des Maures s'appelle Solamir. Tout ce qu'on a besoin d'en savoir, c'est qu'il avait connu Aménaïde à Constantinople et qu'il avait brûlé pour elle. Voilà l'état où sont les choses au commencement de la pièce.

La scène s'ouvre, et l'on voit le conseil de Syracuse assemblé. Argire y préside. On délibère sur le salut commun. On renouvelle la loi que quiconque osera avoir la moindre correspondance avec l'ennemi sera puni de mort sans distinction de rang ni de sexe. La loi de proscription contre Tancrède et sa famille est confirmée. Tous ses biens sont adjugés à Orbassan. Enfin, pour cimenter la réconciliation entre ce chevalier puissant et Argire, on propose et on décide le mariage d'Orbassan et d'Aménaïde. Les chevaliers du conseil se lèvent. Argire, après leur avoir déclaré que son âge ne lui permet plus d'être que le compagnon de leurs périls et le témoin de leurs hauts faits, reste seul avec Orbassan. Il le conjure de tempérer un peu l'austérité de ses mœurs, afin de ne point effaroucher sa fille, accoutumée aux mœurs douces et galantes de la cour de Byzance. Aménaïde paraît. On lui déclare le choix de son époux. Elle reste interdite. Elle demande à Orbassan la permission de se recueillir un moment dans le sein de son père. Orbassan se retire. Alors Aménaïde conjure son père de ne point précipiter cet hymen fatal, et Argire, à son tour, conjure sa fille, par tous les malheurs qui ont empoisonné sa vie, de ne point s'opposer à une union que le salut de l'État rend nécessaire. On parle de Tancrède. Argire ne sait point que les liens les plus doux et les plus forts unissent la destinée de sa fille à celle de ce héros. Aménaïde est cruellement blessée de ce qu'Orbassan a pu s'emparer des biens de Tancrède confisqués à son profit. Elle trouve ce procédé bas et indigne d'un chevalier. Son père la quitte, après lui avoir fait les plus fortes instances de se soumettre à la nécessité des circonstances. Dans la scène suivante, Aménaïde, seule avec sa confidente, montre toute la violence de sa passion pour Tancrède. Elle nous apprend que ce héros est déjà à Messine, et qu'il ne tardera pas à paraître dans Syracuse. Il faut observer ici, pour la suite de l'intrigue, que Tancrède ne sait point qu'Aménaïde est instruite de son arrivée en Sicile. Aménaïde, après avoir jeté quelques mots sur un projet qui lui vient dans la tête pour traverser celui de son mariage avec Orbassan, se retire, et le premier acte finit.

Elle paraît au second acte. Son projet est exécuté. Elle vient d'écrire à Tancrède : Hâtez-vous de venir,

> Régnez dans Syracuse, et surtout dans mon cœur.

Sa confidente lui apprend que sa lettre a été confiée, mais sans adresse, à un soldat sur la fidélité duquel on peut compter et qui doit la remettre à Tancrède en mains propres. Cependant la confidente lui remontre les inconvénients et les dangers de ce messager et les inquiétudes qu'il lui cause. Tandis qu'Aménaïde s'occupe à rassurer sa confidente, on voit entrer Argire et les chevaliers en foule consternés. Argire appelle sa fille l'opprobre de sa maison, et lui ordonne de se retirer. Aménaïde, confondue par cet accueil, quitte la scène, et alors on apprend que le messager a été saisi comme un transfuge, au moment où il avait voulu passer dans le camp des Maures pour gagner Messine. On lui a trouvé ce billet de la main d'Aménaïde, et, comme il ne s'adresse à personne et qu'on ignore absolument que Tancrède est en Sicile, on imagine qu'il a été écrit à l'ennemi commun, Solamir, chef des Maures. A ce soupçon, qui devient une certitude parce qu'Aménaïde ne peut déclarer à qui elle a écrit ce billet sans découvrir l'arrivée de Tancrède en Sicile, jugez de la honte et de la consternation du malheureux Argire. Il se retire et abandonne sa fille à la sévérité des lois, renouvelées le jour même contre les traîtres. Déjà elle est dans les fers, et les chevaliers se préparent à prononcer la sentence de son supplice et à la faire exécuter tout de suite. Orbassan leur demande la permission de voir Aménaïde seule. Dans cette entrevue, il lui parle avec la fierté de son caractère et lui propose, sans approfondir les causes de son malheur, de défendre en champ clos, suivant l'usage, son innocence contre l'arrêt prononcé, pourvu qu'elle consente, sans hésiter, à lui donner sa main. Aménaïde, dans sa réponse, témoigne le regret qu'elle a de quitter la vie à son âge et dans l'ignominie. Elle est sensible au procédé généreux d'Orbassan : « Vous me forcez de vous estimer... » Mais elle ne peut souscrire à sa proposition :

> Je ne veux, pardonnez à ce triste langage,
> De vous pour mon époux ni pour mon chevalier.

Aux gardes :
Marchons dans la prison où vous m'alliez conduire.

Orbassan, irrité de ce refus, lui déclare qu'il l'abandonne à son mauvais sort et à toute la rigueur des lois, et le second acte finit.

Au troisième, le théâtre change, et représente la place publique de Syracuse. On y voit les trophées des chevaliers illustrés par leurs faits d'armes, leurs casques, leurs boucliers avec leurs chiffres suspendus. Tancrède paraît, accompagné d'un citoyen anciennement attaché à sa maison, et qu'il a retrouvé à l'entrée de la ville :

A tous les cœurs bien nés que la patrie est chère!

Il revoit Syracuse avec émotion et avec l'attachement d'un enfant, malgré les injustices qu'il y a essuyées. Il défend à ses écuyers et à Aldamon (c'est le nom du citoyen) de découvrir son nom. Il fait suspendre son casque simple et sans ornement, et son bouclier sur lesquels on ne voit que les lettres A et H entrelacées :

Conservez ma devise; elle est chère à mon cœur;
Les mots en sont sacrés : c'est l'amour et l'honneur.

Après cette cérémonie, il s'informe des nouvelles d'Aménaïde. Aldamon ne peut lui en donner. Il demeure dans le port, et, depuis qu'une loi injuste a proscrit Tancrède, il vient peu dans la ville. Tancrède le prie d'aller chez Argire et de l'annoncer comme un chevalier inconnu, mais attaché depuis longtemps à sa noble famille. Aldamon entre dans la maison d'Argire, mais il en sort bientôt consterné. Il apprend à Tancrède et le projet du mariage d'Aménaïde avec Orbassan, et la découverte de sa passion pour Solamir, et le supplice qu'elle est près de subir. A toutes ces nouvelles, jugez ce que devient Tancrède. Elles lui sont bientôt confirmées par le père d'Aménaïde, qui sort du temple soutenu par deux écuyers, dans un état déplorable. Tancrède le questionne sur tout ce qu'il vient d'apprendre, et Argire lui dit que le crime de sa fille n'est que trop avéré. La douleur et le désespoir de Tancrède sont extrêmes :

> . . . . Pardonnez, mon père,
> Je croyais sur le bruit de son nom glorieux
> Que, si la vertu même habitait sur la terre,
> Le cœur d'Aménaïde était son sanctuaire.

« Ce qui achève de me confondre, poursuit Argire, c'est qu'elle se plaît dans son crime, et qu'aucun chevalier n'a osé songer à la défendre. — Il s'en trouvera, répond Tancrède. — Qui? — Moi. » Un rayon d'espérance et de joie se mêle à ces mots avec la douleur du vieillard. En vain cherche-t-il à savoir le nom du généreux chevalier qui lui promet de défendre l'honneur de sa fille, non pour elle, mais par estime et par pitié pour Argire. Pendant cet entretien, le moment du supplice approche; la place se remplit de monde; les gardes avancent; les chevaliers paraissent : ils conjurent Argire de se soustraire à un spectacle aussi horrible. Aménaïde, entourée de gardes, arrive. Elle commence à haranguer le peuple et le conseil. Fidèle à son secret, elle déclare simplement qu'elle ne se reproche rien.

> Qui va répondre à Dieu parle aux hommes sans peur.

Elle atteste le ciel sur son innocence. Mais lorsqu'au milieu de son discours, en se tournant vers son père, et en lui reprochant avec beaucoup de douceur sa présence dans ce lieu funeste, elle aperçoit Tancrède, elle en est si violemment frappée que la parole et les sens l'abandonnent à la fois; elle tombe sans connaissance sur le socle d'une colonne. C'est dans ce terrible moment que Tancrède arrête les apprêts du supplice, qu'il se déclare chevalier d'Aménaïde pour défendre son honneur et son innocence, et qu'il défie Orbassan à un combat singulier en champ clos, en lui jetant le gantelet, selon l'usage. Orbassan accepte le combat, quoique Tancrède ne se soit pas fait connaître. On ôte les fers à Aménaïde suivant la règle, jusqu'à ce que l'événement du combat ait décidé de son sort. Tous les chevaliers sortent. Aménaïde recouvre la connaissance, et on l'entraîne avec son père hors de la place pour la secourir et la soustraire aux horreurs de sa situation. Ici finit le troisième acte.

Au quatrième, les chevaliers reparaissent, et Tancrède au milieu d'eux. Il vient de vaincre Orbassan; en lui donnant la mort il lui a appris son nom. Mais les autres lui demandent en vain de le savoir; il faut qu'ils consentent à le laisser caché. « Mais, disent-ils à Tancrède, vous nous avez privés d'un brave chevalier; il allait nous mener au combat contre les Maures; nous admirons votre vertu; c'est à vous à prendre sa place et à combattre avec nous les ennemis de l'État. » Tancrède y consent. « Solamir, dit-il, est bien plus encore mon ennemi que le vôtre, je dois le haïr davantage. » Il ne se réserve que le droit de partir tout de suite après le combat, sans se faire connaître, et de quitter des lieux que le prétendu crime d'Aménaïde lui a rendus affreux. Les chevaliers le devancent pour assembler les troupes et sortir de la ville pour marcher à l'ennemi. Tancrède reste un moment seul sur la scène avec Aldamon, dans cette situation touchante et pénible de l'amant le plus généreux et le plus tendre qui se croit trahi. Aldamon lui reproche de n'avoir pas encore vu Aménaïde après qu'il lui a sauvé la vie. Tancrède dit qu'il ne la verra point. Dans le moment, quelques chevaliers reviennent pour lui apprendre que les ennemis paraissent sous les murs, et pour le presser de joindre l'armée qui va les combattre. Il part; mais Aménaïde, qui avait attendu en vain chez elle la visite de son amant, paraît et se jette à ses pieds au milieu de la place pour le remercier. Elle n'ose le nommer de crainte de le trahir; mais elle l'appelle son sauveur, son unique soutien. Argire l'attend chez lui... Au milieu de ses transports, elle aperçoit l'air froid et réservé de Tancrède. Ce héros lui parle avec la crainte la plus noble de blesser par des reproches celle qu'il croit coupable et qu'il vient d'arracher aux bourreaux. Il lui dit de retourner auprès de son père et de le consoler.

Trop de reconnaissance est un fardeau peut-être...
Mon cœur vous en dispense...

« Vivez heureuse... Et (en s'arrachant d'auprès d'elle) moi, je vais chercher la mort. » Aménaïde reste pétrifiée et seule avec sa confidente. Elle ne peut concevoir la conduite de Tancrède.

Sa confidente lui fait sentir que ce héros, avec tout Syracuse, a dû se croire trahi. A cette réflexion, Aménaïde se livre à tout l'excès de sa douleur : « Tancrède peut me soupçonner! C'est pour lui que je me suis exposée à la sévérité des lois; il m'a sauvé la vie; mais je la perdais pour lui. Quand l'univers entier m'accuserait, un grand homme, sur son sentiment seul appuyé,

A l'univers entier oppose son estime...
Il aura donc pour moi combattu par pitié!... »

Au milieu de son désespoir, son père la joint. Elle lui déclare que le héros à qui elle doit la vie est Tancrède, que le fatal billet qui l'a fait condamner était pour Tancrède; mais Tancrède la croit perfide, et c'est la faute d'Argire. Argire la console de son mieux; mais elle lui déclare qu'elle va chercher Tancrède au milieu du combat, lui reprocher ses soupçons, combattre à ses côtés, mourir, et lui montrer que son cœur est en tout aussi grand, plus sensible et plus juste que le sien. En vain son père lui oppose la faiblesse et la modestie de son sexe, elle n'écoute plus rien.

L'injustice, à la fin produit l'indépendance.

Elle suit son père malgré lui au combat, et l'acte finit.
Les chevaliers rentrent du combat au commencement du cinquième. Grâce à la valeur du héros inconnu, ils ont remporté la victoire. Lui-même il est resté à poursuivre les Maures. Mais qui est-il ce chevalier dont les exploits sont si étonnants? Un bruit sourd se répand que c'est Tancrède... ce Tancrède proscrit par les lois! Que faire? Les chevaliers se consultent : quel parti prendre?

Il n'en reste qu'un seul, et c'est le repentir.

Le mérite peut être opprimé, mais dès qu'il est connu il faut lui rendre justice. Cependant Aménaïde revient du combat avec son père. Elle n'a pu joindre Tancrède. Ce héros, trop emporté par sa valeur ou plutôt par son désespoir, est pressé lui-même par un reste d'ennemis. Argire apprend son danger aux chevaliers, qui sortent et se hâtent de le dégager. Vous jugez aisément du désespoir d'Aménaïde, son amant n'est point désabusé. Argire la console de son mieux : un mot apprendra à Tancrède... Mais ce mot n'est pas dit. Sa confidente vient arrêter sa douleur. Elle lui apprend que le reste des ennemis est dissipé, que les chevaliers victorieux rentrent dans la ville au milieu des chants d'allégresse. Alors Aménaïde se livre à tout l'excès de sa joie. Son amant revient comblé de gloire; il va connaître son innocence, et se reprocher de l'avoir soupçonnée :

. . . . Guerriers, citoyens,
Tombez tous à ses pieds, il va tomber aux miens!

Les cris de triomphe sont arrêtés par Aldamon, qui paraît dans la plus grande douleur. Les ennemis sont partout dispersés; mais Tancrède est blessé à mort. Ce héros n'a pas voulu survivre à l'infidélité d'Aménaïde; il s'est précipité parmi les infidèles; il a cherché leur chef, cet odieux Solamir qu'il se croyait préféré; il l'a puni en lui donnant la mort: mais il en a reçu une blessure mortelle. Aldamon est chargé d'une lettre pour Aménaïde que le héros expirant a tracée de son sang sur le champ de bataille. Tancrède écrit à Aménaïde qu'il n'a pu survivre à son infidélité et qu'il meurt de ses traits. « *Eh bien! mon père?* » C'est tout ce que cette infortunée peut dire après avoir lu le billet. Cependant on porte Tancrède mourant au milieu de la place. Aménaïde se jette sur lui et lui crie les choses les plus touchantes. Il rouvre les yeux pour un instant. « Ah! vous m'avez trahie! » Alors Argire le désabuse, et lui explique la fatale erreur qui a causé tant de revers cruels. Tancrède meurt content puisqu'il meurt aimé d'Aménaïde. Il demande à Argire de l'unir à sa fille avant sa mort, et de lui laisser emporter au tombeau le nom de son époux. C'est ainsi qu'Aménaïde avait été unie à Tancrède par sa mère mourante. Argire les unit, leur donne sa bénédiction et le héros expire. Alors un dernier effort fait jeter à Aménaïde quelques cris de désespoir et des imprécations; mais bientôt, succombant sous le poids de sa douleur, elle tombe sans vie aux pieds de son amant.

— *La Science du gouvernement* est un ouvrage en plusieurs gros volumes, auquel M. de Réal a travaillé toute sa vie, et qu'il a laissé en mourant à M. le dauphin [1]. Si vous avez le courage d'en lire quelque chose, vous ne ferez point l'injustice à l'auteur de le mettre au nombre des philosophes, ni de l'associer à Platon, à Cicéron, à Grotius, à Puffendorf, à Locke, à Sidney ou à Montesquieu. M. de Réal prouve contre ce dernier que le gouvernement français est le plus beau de tous, et cela parce qu'un roi de France ne saurait être qu'un très-grand homme. Il est constant que les philosophes ne trouvent point de ces vérités lumineuses. Vous jugerez par ce trait quel degré d'attention il faut donner à *la Science du gouvernement* de M. de Réal.

— Si vous voulez lire un poëme sans feu, sans style, sans idées, sans poésie, sans images, détestable en tout point, vous lirez *Mon Odyssée, ou Journal de mon retour de Saintonge, à Chloé*, poëme par M. Robbé [2]. Je n'ai jamais vu un poëte aussi brouillé avec le bon sens, les grâces, et le goût, que celui-ci.

— Mme Leprince de Beaumont qui a donné à Londres un *Magasin des Enfants*, vient de donner le *Magasin des Adolescents* en quatre petits volumes. Ce livre contient, ainsi que l'autre, de très-bons préceptes ; mais ce n'est pas d'une manière aussi plate et aussi insipide que vous voudrez prêcher la morale à vos enfants. L'éducation doit être intimement liée au système du gouvernement de chaque pays, sans quoi elle restera toujours pédantesque et futile. Mais en ce sens la morale qu'elle exige ne peut être que l'ouvrage des meilleurs esprits d'une nation.

COUPLET

PAR M. SAURIN.

Quand nos âmes avec transport
Cherchaient à faire un doux mélange,

---

1. Publiée de 1751 à 1764 en huit volumes in-4° par l'abbé Burle de Curban, neveu de l'auteur.
2. La Haye, 1760, in-8°. Quatre figures par Desfriches, gravées par Cochin, et un fleuron de Boucher, gravé par Chedel. M. Ch. Mehl observe que ce fleuron avait déjà servi pour *les Nymphes de Diane*, de Favart, 1748, in-8°.

L'Amour, secondant leur effort,
Dans tes bras, ma Thémire, en consomma l'échange :
Depuis ce jour heureux où tu reçus ma foi,
Où je reçus le prix de mon tendre martyre,
C'est mon âme en toi qui respire,
C'est la tienne qui vit en moi.

AUTRE

PAR LE MÊME.

Soleil, précipite tes feux,
Laisse régner enfin la nuit et le mystère.
Thémire, pour me rendre heureux,
Veut que de son flambeau l'Amour seul nous éclaire.
Hâte-toi, termine ton cours,
Puisses-tu, t'oubliant au sein de ton amante,
Prolonger une nuit charmante
Que ne vaudra jamais le plus beau de tes jours.

AUTRE

PAR LE MÊME.

SUR L'AIR D'UN INCONNU.

C'est pour toujours qu'un tendre amour nous lie,
Si tu ne veux jamais aimer que moi,
O ma Délie,
Reçois ma foi.
Ah! qu'il est doux de se faire une loi
De ce qui fait le bonheur de la vie!

COPIE D'UNE LETTRE[1] DE LA PROPRE MAIN DU ROI DE PRUSSE

AU MARQUIS D'ARGENS,

DATÉE DE HERMANNSDORFF, PRÈS DE BRESLAU, LE 27 AOUT 1760.

« Autrefois, mon cher marquis, l'affaire du 15 aurait décidé de la campagne; à présent, cette affaire n'est qu'une égratignure; il faut une bataille pour fixer mon sort. Nous la donne-

---

1. Cette lettre est imprimée dans les *OEuvres* du roi de Prusse, et présente quelques différences insignifiantes. (T.)

rons, selon toutes les apparences, bientôt, et alors on pourra se réjouir, si l'événement est avantageux. Je vous remercie cependant de la part sincère que vous prenez à cet avantage. Il a fallu bien des ruses et bien de l'adresse pour amener les choses à ce point. Ne me parlez point de dangers; la dernière action ne me coûte qu'un habit et un cheval; c'est acheter à bon marché la victoire. Je n'ai point reçu l'autre lettre dont vous me parlez. Nous sommes comme bloqués, pour la correspondance, par les Russes du côté de l'Oder, et par les Autrichiens de l'autre. Il a fallu un petit combat pour faire passer Cocceji; j'espère qu'il vous rendra ma lettre.

« Je n'ai jamais été de ma vie dans une situation plus fâcheuse que cette campagne-ci. Croyez qu'il faut encore du miraculeux pour nous faire supporter toutes les difficultés que je prévois. Je ferai sûrement mon devoir dans l'occasion; mais souvenez-vous toujours, mon cher marquis, que je ne dispose pas de la fortune, et que je suis obligé d'admettre trop de casuel dans mes projets, faute d'avoir le moyen d'en former de plus solides. Ce sont là les travaux d'Hercule, que je dois finir dans un âge où la force m'abandonne, et où mes infirmités augmentent, et, à vrai dire, quand l'espérance, seule consolation des malheureux, commence à me manquer. Vous n'êtes pas assez au fait des choses pour vous faire idée nette de tous les dangers qui menacent l'État. Je les sais, je les cache, je garde toutes les appréhensions pour moi, et je ne communique au public que les espérances et le peu de bonnes nouvelles que je peux lui apprendre. Si le coup que je médite réussit, alors, mon cher marquis, il sera temps d'épancher sa joie; mais jusque-là ne nous flattons pas, de crainte qu'une mauvaise fortune inattendue ne nous abatte trop.

« Je mène ici la vie d'un chartreux militaire. J'ai beaucoup à penser à mes affaires; le reste du temps je le donne aux lettres, qui font ma consolation, comme elles la faisaient à ce consul orateur, père de la patrie et de l'éloquence. Je ne sais si je survivrai à cette guerre; mais je suis bien résolu, si cela arrive, de passer le reste de mes jours au sein de la philosophie et de l'amitié. Dès que la correspondance deviendra plus libre, vous me ferez plaisir de m'écrire plus souvent. Je ne sais où nous aurons nos quartiers d'hiver. Ma maison à Breslau a péri durant le bombardement. Nos ennemis nous envient jusqu'à la lumière du jour, ainsi que l'air que nous respirons; il faudra pourtant bien qu'ils nous laissent une place, et, si elle est sûre, je me fais une idée de vous y recevoir.

« Eh bien, mon cher marquis, que devient la paix de la France? Vous voyez que votre nation est plus aveuglée que vous ne l'avez cru. Ces fous perdront le Canada et Pondichéry pour faire plaisir à la reine de Hongrie et à la czarine.

« Veuille le ciel que le prince Ferdinand paye bien cher leur zèle! Ce seront des officiers innocents de ces maux et de pauvres soldats qui en seront les victimes, et les illustres coupables n'en souffriront pas. Je sais un trait du duc de[1] ... que je vous conterai lorsque je vous verrai; jamais procédé plus fou et plus inconséquent n'a flétri un ministre de France depuis que cette monarchie en a. Voici des affaires qui me surviennent. J'étais en train d'écrire; mais je vois qu'il faut finir, et pour ne point vous ennuyer, et pour ne point manquer à mon devoir. Adieu, cher marquis; je vous embrasse.

« FRÉDÉRIC. »

OCTOBRE

1ᵉʳ octobre 1760.

Je vous ai parlé de la tragédie de *Tancrède* après la première représentation; on a été obligé d'y faire plusieurs retranchements et coupures pour supprimer des longueurs et pour accélérer l'effet de certaines choses. C'est un grand inconvénient que le poëte soit à cent lieues du théâtre où il est joué. Je suis persuadé que si M. de Voltaire avait pu assister à la première représentation de sa pièce, il l'eût rendue admirable, pour l'effet, à la seconde. Telle qu'elle est, elle a eu le plus grand

---

1. Sans doute le duc de Choiseul, alors ministre des affaires étrangères; le maréchal de Belle-Isle était le seul autre ministre revêtu du titre de duc; mais on lui donnait plutôt celui de maréchal. (T.)

succès, et cela a d'autant plus surpris une partie du public que, sur la foi d'un manuscrit qui en avait couru avant la représentation, on en avait porté des jugements peu favorables. Nous allons voir ce qu'on peut dire pour et contre la tragédie de *Tancrède*.

A la place des rimes plates, l'auteur l'a écrite en vers croisés, et cette nouveauté a d'abord déconcerté le parterre ; mais on s'y est bientôt accoutumé. Il est certain qu'il y a moins de monotonie dans les vers croisés que dans les autres ; mais il me semble qu'on aurait pu prendre une licence plus grande, et écrire la pièce en vers libres, c'est-à-dire non-seulement croisés, mais de différente longueur. Ce qui, dans un poëme dramatique, rapprochera le discours de la prose et l'éloignera le plus de la monotonie, sera toujours préférable au reste. On a trouvé les deux premiers actes froids ; le troisième, de la plus grande beauté ; le quatrième a été plus applaudi que les autres ; on s'est prêté aux différents mouvements du cinquième, en faveur du tableau touchant qui termine la pièce. Les rôles de Tancrède et d'Aménaïde ont été jugés admirables, celui d'Argire faible, celui d'Orbassan trop vague et trop indécis. La machine et l'intrigue de la pièce ont paru porter sur des fondements très-faibles ; mais les mœurs, les tableaux, les discours, ont paru presque tous de la plus grande beauté. Voilà le jugement du public, que nous allons éclairer de plus près.

Il faut convenir, en général, que l'invention et la conduite ne sont pas les parties brillantes des pièces de M. de Voltaire ; il a peu de ressources dans le génie de ce côté-là. *Tancrède* est, à cet égard, plus faible qu'aucune autre de ses pièces. Tout le roman qui précède cette tragédie étant extrêmement compliqué, le poëte est embarrassé, dès le commencement de la pièce, d'une foule de circonstances qu'il est obligé de porter à la connaissance du spectateur, et que celui-ci ne peut écouter qu'avec indifférence. Et voilà ce qui a rendu les premiers actes obscurs et froids ; car ce n'est pas qu'ils soient composés de scènes inutiles. La première offre le grand tableau de l'assemblée du conseil d'une république dans une occasion importante ; la suivante se passe entre un père et une fille qu'on veut marier, contre son penchant, à l'ennemi de sa maison et de son amant. Il y avait là assurément de quoi faire de très-belles scènes ; mais comme il faut nous apprendre dans la première l'histoire de Tancrède et des troubles qui ont partagé Syracuse, et les dangers dont elle est menacée par les Maures, et que la seconde est employée à nous faire part des voyages d'Aménaïde, de son séjour à Byzance, de sa passion pour Tancrède, on n'y dit point ce qu'il faudrait dire, et, toutes destinées à l'instruction du spectateur, elles ne peuvent faire aucun effet. Mais si, en passant par-dessus tous ces inconvénients, on voulait examiner ensuite les moyens par lesquels le poëte noue et intrigue sa pièce, on ne pourrait se dissimuler qu'ils sont puérils, absolument destitués d'invention, et même contraires au bon sens. D'abord il faut supposer que Solamir, chef des Maures, a connu Aménaïde, et en est tombé amoureux, ce qui devient déjà très-romanesque ; ensuite il est bien vrai que Tancrède est de retour en Sicile, et qu'il doit reparaître secrètement à Syracuse ; mais personne ne sait ce projet, excepté Aménaïde, et ce n'est point de Tancrède qu'elle le tient : on ignore même comment elle l'a pu apprendre ; ce qu'il y de sûr, c'est que Tancrède ne se doute point qu'Aménaïde soit instruite de son arrivée à Messine. Cette princesse, pour prévenir l'odieux mariage dont elle est menacée, imagine de dépêcher un messager à son amant, avec une lettre. Vous croyez que, dans cette lettre, elle lui expose les dangers qu'elle court s'il tarde à paraître dans Syracuse pour opérer une révolution favorable ; vous croiriez encore qu'elle explique à son amant l'état de toutes choses, qu'elle lui parle des dispositions du peuple, des difficultés de l'entreprise, de l'espérance du succès, de la proscription renouvelée le même jour, etc. Pas un mot ; tout le sens de la lettre se réduit à ceci :

Régnez dans Syracuse, et surtout dans mon cœur.

Mais Aménaïde, n'ayant que cela à écrire à son amant, faisait bien plus sensément de lui dépêcher son messager sans lettre. Ce messager lui est entièrement dévoué ; il aurait mis Tancrède au fait de tout. Quoi qu'il en soit, ce messager est saisi ; on lui trouve cette lettre sans adresse, ce qui a fait dire aux mauvais plaisants que la tragédie de *Tancrède* manquait d'adresse ; le messager se laisse plutôt massacrer que de dire son secret, fidélité assez rare, mais trop aisée à imaginer pour pouvoir être employée lorsqu'elle n'est pas consacrée dans l'histoire; mais puisqu'on ne peut lui arracher son secret, ce qu'on peut faire de plus absurde, c'est de le tuer; car sa mort en rend la découverte impossible. Cependant, quelques mots qu'il dit en mourant font croire que le billet d'Aménaïde s'adresse à Solamir, et sur ce fondement, Aménaïde, dont les vertus n'étaient pas moins célèbres que la beauté, fille du chef de la république, issue d'une des plus illustres familles, est soupçonnée, sans aucune ombre de vraisemblance, d'une passion criminelle; son père même la croit coupable, et le conseil, sans éclaircir des soupçons aussi mal fondés, la condamne au dernier supplice; et, quoique la république soit dans un grand danger, et que l'exécution de cette fatale sentence ne sauve point l'État, on cesse cependant toute autre affaire pour faire périr Aménaïde. Il est impossible à un homme de goût et de sens de se faire à toutes ces absurdités; mais il faut convenir aussi que, quand on peut les oublier, le troisième acte en devient admirable. Quel tableau qu'une jeune personne aussi distinguée par son rang que par beauté, prête à périr à la fleur de son âge dans l'ignominie, en présence de son père, et retrouvant, dans cet instant terrible, un amant qu'elle n'ose nommer, et qui se croit plus à plaindre qu'elle!

Voilà ce qui a fait le succès de la pièce; il est impossible de résister à ce tableau : les pleurs ont coulé de tous les yeux, et le cri d'admiration a été arraché de tous les spectateurs. Ajoutez que les mœurs de la pièce se montrent, dans cet acte, d'une manière plus intéressante que dans les autres. Cette suspension du casque et du bouclier de Tancrède, le gantelet jeté, tout cela me plaît infiniment. Si l'on avait osé pousser la vérité de la représentation plus loin, on aurait sans doute vu l'échafaud et les apprêts du supplice; Tancrède, ne voulant être reconnu, n'aurait paru dans Syracuse que la visière baissée; mais nous sommes encore trop enfants pour souffrir un spectacle aussi vrai. C'est quelque chose que de ne plus voir les héros du XIe siècle revenir des combats en habit français brodé sur toutes les tailles, avec des manchettes de dentelles et coiffés à l'oiseau royal. Grâce à Le Kain et à Mlle Clairon, nos acteurs se sont beaucoup rapprochés, depuis quelques années, de la vérité du costume dans leurs habillements. Le quatrième acte a été excessivement applaudi; mais ces applaudissements sont uniquement dus à la chaleur avec laquelle Mlle Clairon a rendu son rôle. Un parterre d'un goût plus sûr et plus sévère ne se fût pas laissé tromper par les poumons de l'actrice. Aménaïde ne peut deviner la cause de cet air froid et indifférent avec lequel Tancrède la quitte, après avoir exposé sa vie pour elle. Sa confidente est obligée de mieux deviner qu'elle, et de lui dire que Tancrède, avec tout Syracuse, la croit coupable d'une passion criminelle pour Solamir. Le bon sens et la plus simple réflexion suffisaient pour faire sentir à Aménaïde que son amant ne peut manquer de tomber dans cette erreur. Il avait été séparé de son épouse pendant assez longtemps; il savait que Solamir avait brûlé pour elle; il arrive à Syracuse et la trouve condamnée au supplice pour cette trahison; son père même confirme à Tancrède son malheur et la honte de sa fille. Comment Tancrède aurait-il pu ne pas croire une vérité qu'il devait supposer mieux établie que le poëte n'a pu le faire auprès de ses spectateurs! Aménaïde, au lieu de faire des réflexions si sensées, apprend avec une surprise extrême que son amant a pu donner dans cette erreur générale, et au lieu de hâter les moyens de le désabuser elle se livre à des déclamations contre les hommes et contre leurs injustices, qui, pour avoir été fort applaudies, n'en sont pas moins déplacées pour cela. Bien plus, lorsque son père survient, et qu'elle lui a appris le nom du héros à qui elle doit la vie, elle forme l'étrange projet d'aller combattre à côté de Tancrède, afin de lui montrer quel cœur il a pu soupçonner, et de sacrifier sa vie au moment qu'elle aura recouvré son estime. En vain Argire s'oppose-t-il à un projet si extravagant. Aménaïde entraîne le parterre par des déclamations sur l'injustice des hommes envers le sexe, sur les fausses idées de décence et de pudeur; elle court pour combattre, et l'acte finit au milieu des plus grands applaudissements.

Cette absurdité est d'autant moins excusable qu'elle ne produit rien, qu'elle est absolument inutile, et qu'il était aisé de la changer et de la rendre supportable. Qu'Aménaïde, dans l'excès de douleur de se voir soupçonnée par son amant, forme le projet de courir au combat, non pour combattre, mais pour plaider sa cause et désabuser son amant, cela peut être traité d'une manière vraie et naturelle, et ne changera rien à la conduite de la pièce ; mais je ne verrai pas alors une fille assez peu respectueuse qui disserte avec son père sur les bienséances du sexe ; je verrai une amante qui regarde le malheur d'être soupçonnée par celui qu'elle aime comme le plus grand de tous ; dont la raison est troublée par cette idée, et je verrai ce qui est vrai et conforme à la nature des choses... Le cinquième acte est échafaudé à la manière de nos jeunes poëtes ; l'on sait leurs petits sacrifices par cœur. D'abord Tancrède est vainqueur, et puis on vient dire qu'il est en presse, et puis un autre messager qui vient nous dire qu'il va paraître triomphant, et puis un autre qui nous apprend qu'il a bien triomphé, mais qu'il est blessé à mort, et puis cette lettre qu'il écrit à Aménaïde sur le champ de bataille avec son sang ; tout cela est trop puéril et trop pitoyable pour pouvoir être pardonné. Cet acte ne devait avoir que deux scènes : celle de l'allégresse publique, occasionnée par la victoire, et celle de la catastrophe, lorsque le vainqueur paraît mourant et expire après avoir été détrompé sur l'infidélité de sa maîtresse.

Le mot d'Aménaïde : *Eh bien! mon père?* lorsqu'elle a lu la lettre de Tancrède, est sublime. Je ne suis point du tout de l'avis de ceux qui prétendent que le poëte n'aurait pas dû faire mourir Tancrède. Cette catastrophe est digne de la vraie tragédie, et la douleur qu'elle vous cause fait précisément l'éloge du poëte. Ce que je viens de dire sur le peu de vérité que comportent nos spectacles se montre dans cette dernière scène plus que dans aucune autre. Un poëte qui aurait exposé Tancrède mourant aux yeux d'un peuple dont le goût serait grand et vrai n'aurait pas manqué, pour peindre ce moment touchant et terrible dans toute sa vérité, d'y mettre les cérémonies de la religion chrétienne. Nous aurions vu le héros, expirant au milieu de la place publique, recevoir les sacrements de l'Église, et partager ainsi, en vrai chevalier, les derniers moments de sa vie entre sa dévotion et sa tendresse. Je sais que nous sommes bien éloignés d'oser de pareilles choses ; mais je sais aussi que la postérité n'aura pas pour nos productions cette forte admiration que nous sommes forcés d'avoir pour les ouvrages des anciens. Je sais encore qu'un grand peintre qui aurait à traiter la mort de Tancrède tirerait de ce contraste de la religion et de l'amour le principal effet de son tableau. Or, *ut pictura poesis*; c'est une règle générale.

On a trouvé le rôle d'Aménaïde et celui de Tancrède très-beaux. Le premier me paraît cependant d'une beauté trop générale; il me faut des traits particuliers qui donnent de la physionomie aux personnages, et qui font que la même vertu, dans deux caractères différents, ne se ressemble point. Je donne la préférence au rôle de Tancrède, le modèle d'un vrai chevalier. Il a une élévation et une délicatesse dans le caractère qui attachent tous vos vœux à sa destinée. Le Kain l'a joué avec une noblesse et une simplicité qui méritent de grands éloges. Nul art, nul apprêt, nulle forfanterie. C'est dommage que cet acteur n'ait pas reçu de la nature la plus belle figure et le plus bel organe. J'ai été moins content de Mlle Clairon dans le rôle d'Aménaïde. Il faut dire ce que j'en pense, en dépit de tous les applaudissements dont cette actrice est accablée. Elle a beaucoup d'esprit, une finesse, un art infini; mais j'aperçois toujours l'art, et jamais la nature. Elle chante beaucoup dans la tragédie, et, lorsqu'elle veut mettre du naturel dans ses rôles, elle tombe dans un ton familier qui ne peut se souffrir que dans la comédie, et qui jure prodigieusement avec l'autre. Cela lui est arrivé dans le rôle d'Aménaïde fréquemment; mais ce sont précisément les endroits que le parterre a le plus applaudis, tant notre goût est sûr et éclairé. On a reproché au rôle d'Argire d'être faible; c'est, dit-on, un vieux radoteur qui n'a nulle force dans l'âme. Mais pourquoi ne peindrait-on pas la vieillesse avec ses infirmités et ses faiblesses? Si ce caractère n'est pas touchant au théâtre, c'est sûrement la faute du poëte. Cependant la scène du troisième acte, entre le vieillard et Tancrède qui arrive, est une des plus belles de la pièce; son pathétique et sa simplicité rappellent le théâtre des Grecs. Pour le caractère d'Orbassan, le poëte n'a su qu'en faire, et voilà pourquoi il est vague et mauvais. Il était beau cependant de peindre un chevalier d'un caractère rude et sombre, et de montrer ce que devient un caractère naturellement farouche, tempéré par la galanterie et la courtoisie des mœurs de la chevalerie; mais dans aucune supposition le poëte n'aurait dû faire accepter à Orbassan la dépouille de Tancrède; cette action est trop contraire aux mœurs dont nous parlons; le désintéressement était de l'essence d'un chevalier. Dans une république pure, Orbassan aurait pu accepter un pareil don sans honte ; parmi des chevaliers, il se serait perdu et déshonoré sans ressource par une telle action. Ainsi M. de Voltaire a péché ici contre la bienséance des mœurs.

En général, M. de Voltaire est un grand peintre de mœurs, et voilà le grand mérite de ses tragédies, c'est d'en présenter toujours un tableau fidèle. Les mœurs de la chevalerie sont singulièrement théâtrales; Quinault nous les a montrées dans *Roland*, le plus beau de ses opéras; il était réservé à M. de Voltaire de les mettre sur la scène française. *Tancrède* ne sera pas peut-être compté parmi ses meilleures tragédies; mais bien joué, il fera toujours un grand effet au théâtre. En général, on a condamné la fable et la machine de la pièce, et ce défaut d'invention, qui fait encore tout rouler comme dans *Zaïre*, et d'une manière plus choquante, sur le malentendu d'un billet; mais on a rendu justice aux mœurs, aux caractères et aux discours de la pièce. On a trouvé des vers faibles; mais il y en a de très-beaux en grand nombre, et la pièce est écrite avec beaucoup de naturel et beaucoup de chaleur. Elle a été faite l'année dernière, pendant que j'étais à Genève, en moins d'un mois de temps. Il est beau de travailler avec cette rapidité et ce succès à l'âge de soixante-six ans.

— Depuis qu'on a autorisé la satire des *Philosophes* sur le théâtre de la Comédie-Française, les libelles en tout genre se sont multipliés sensiblement, et la licence a été portée fort loin. Elle durera jusqu'à ce que quelque méchant étourdi attaque quelque homme en crédit; alors on criera au meurtre. Le gouvernement, bientôt honteux d'avoir permis *les Philosophes*, a voulu donner une marque d'impartialité en permettant la représentation du rôle de Frélon dans la comédie de *l'Écossaise*; mais ce n'était pas réparer une faute; c'était en commettre deux. Si le public, par des acclamations et des ris immodérés, a montré le mépris qu'il faisait du faiseur de feuilles, tout en achetant ses drogues, il n'a fait que son rôle; mais la police n'a pas fait le sien en permettant ce scandale. Depuis, le faiseur de feuilles a été traduit sur la scène italienne et sur le théâtre de l'Opéra-Comique d'une manière très-scandaleuse. On a joué sur ce dernier théâtre une pièce intitulée *les Nouveaux Calotins*, et remplie de personnalités de toute espèce[1]. On a publié une *Histoire du parlement de Besançon*, où le premier président et plusieurs personnes de cette ville, dont, à la vérité, le public fait peu de cas, sont grossièrement insultés. Dans une autre satire intitulée *Irus, ou le Savetier du coin*[2], plusieurs financiers et particuliers de Paris sont nommés tout au long, et il y a à la fin une grande tirade de vers contre M. Pâris de Montmartel. Vous voyez que le goût de la satire s'étend avec beaucoup de rapidité : ce genre est malheureusement très-aisé. On a voulu faire passer la mauvaise drogue du *Savetier* pour être de M. de Voltaire; mais il est fort aisé d'y mettre son nom, et très-difficile de faire comme lui.

15 octobre 1760.

Je ne puis quitter la tragédie de *Tancrède* sans essayer de remédier aux défauts les plus choquants. Cette pièce a je ne sais quoi d'attrayant et de touchant qui vous attache malgré vous et qui vous intéresse à son bonheur comme à celui de ses héros : or le bonheur d'une production de génie consiste à avoir, avec des beautés sublimes, le moins de défauts qu'il est possible. On ne prend pas cet intérêt à une production médiocre; rien n'est plus aisé que de l'oublier. Il faut convenir d'abord que les mœurs de la chevalerie, mises en action, ont un charme inexprimable. Depuis les héros d'Homère et les familles tragiques de l'ancienne Grèce, on n'a rien trouvé d'aussi poétique que ces mœurs-là. Le courage et la galanterie, la dévotion et l'amour, la candeur, le désintéressement, la loyauté, la vie errante, les travaux pénibles entrepris pour deux beaux yeux, dont la cause, si importante pour leur chevalier, faisait si peu de chose au genre humain; tout ce contraste de grand, de noble, de simple, de cérémonieux et de ridicule, offre à un poëte la plus belle carrière pour tous les genres de son art. Ajoutez à ces grands traits la grâce et les agréments des

---

1. *Les Nouveaux Calotins* furent donnés le 19 septembre 1760. C'est, à quelques changements près, faits par un auteur nommé Harny pour rajeunir cette pièce épigrammatique, la même chose que *le Régiment de la Calotte*, opéra-comique en un acte par Le Sage, Fuzelier et d'Orneval, donné avec succès le 1er septembre 1721. (T.)

2. Par Groubert de Groubenthall. Genève, 1760. (B.)

manières, cette solennité observée dans les combats, ces devises, ces couleurs portées à l'honneur de sa maîtresse, ces cérémonies dont tous nos usages modernes tirent leur origine, et qui, à titre de celles de nos ancêtres, méritent de nous une affection particulière; et vous serez étonné que nos poëtes dramatiques aient été si longtemps sans puiser dans une source aussi belle et aussi abondante.

Il y a dans la tragédie de *Tancrède* un défaut dominant qui a entraîné tous les autres : il est bien étonnant que M. de Voltaire ne l'ait point senti; et ce défaut, c'est que la pièce commence trop tôt. De là cette multiplicité de catastrophes et d'événements qui n'auraient rien d'incroyable s'ils étaient passés, mais qui, se succédant sous nos yeux le même jour et dans le même quart d'heure, sont destitués de vraisemblance et deviennent absurdes. D'ailleurs, comme tous ces événements sont très-importants, et qu'il y en a trop pour que le poëte puisse les traiter avec l'étendue convenable, il est obligé de les étrangler, et ils deviennent tous puérils et mesquins par la faute de l'auteur. Tout ce qu'on peut reprocher à la tragédie de *Tancrède* tire sa source de cette faute. Si la pièce ne commençait qu'après la condamnation d'Aménaïde, toutes les absurdités disparaîtraient. En effet il se peut très-bien que la fille du chef des chevaliers et de la république soit soupçonnée d'intelligence avec le chef des Maures par une suite de passion; un concours fortuit de circonstances malheureuses peut donner les apparences du crime au cœur le plus pur et le plus innocent; la sûreté de l'État et la sévérité des lois peuvent exiger que la jeunesse et la beauté soient flétries par la main du bourreau, malgré le rang et ses droits, malgré le cri des vertus passées : tout est possible si vous prenez du temps; mais entasser tous ces événements dans un même jour et sous nos yeux, c'est nous traiter en enfants, ou bien c'est arranger son plan comme un enfant. On voit cette loi renouvelée exprès au commencement de la pièce pour qu'Aménaïde puisse se mettre dans le cas d'y manquer, et cela est puéril. De là, jusqu'à son supplice, le poëte, toujours occupé d'événements et des moyens de nous les rendre vraisemblables, ne peut traiter aucune situation, manque tous les effets, n'a de l'espace pour rien, et ne peut réussir à donner de la vérité aux circonstances les plus essentielles. Il se serait épargné tous ces efforts en commençant sa pièce après la condamnation d'Aménaïde. Il nous aurait dit alors que la princesse la plus vertueuse et la plus intéressante, par le jeu cruel du sort et d'une fatalité sans exemple, est tombée dans le malheur d'être soupçonnée du plus étrange des forfaits et d'être condamnée au supplice; il nous aurait dit encore que, ne pouvant prouver son innocence sans trahir le secret de son amant et le livrer à ses ennemis, elle aimait mieux se soumettre à la rigueur de son sort que de hasarder les jours du héros qu'elle adorait. Cette lettre, écrite à Tancrède, interceptée et crue destinée à Solamir, tout cela pouvait être historique; nous aurions pris tout cela pour des faits donnés; au lieu que le poëte, voulant nous les faire passer sous les yeux, les rend incroyables et absurdes. Quelle foule de tableaux et de situations pathétiques n'auraient pas renfermés les deux premiers actes! La première scène nous aurait montré Aménaïde seule, résolue de subir plutôt le supplice que de découvrir la vérité qui pourrait compromettre la sûreté de Tancrède : cependant elle se serait livrée à toute l'amertume et à tous les regrets les plus touchants, par ce mélange de sentiments que Sophocle et Euripide ont su si bien traiter; ses compagnes seraient entrées pleurant sa destinée; personne n'aurait pu se résoudre à la croire coupable, et cependant tout le monde eût dû la trouver justement condamnée suivant les lois. De là, quel mélange d'horreur et de compassion! Quels rôles que celui du père, celui des juges, celui des amis d'Aménaïde, de ses parents, des amis de sa maison! Le poëte eût été obligé de créer un rôle à Orbassan; doué du génie d'Euripide, il n'aurait pas manqué de nous montrer la nourrice d'Aménaïde, et, travaillant pour un peuple d'un goût vrai et grand, il aurait remis cette infortunée entre les mains des ministres de la religion, qui sont en possession de disposer de nos derniers instants. Quel tableau encore que celui du sénat, les chevaliers assemblés au milieu de la place et en présence du peuple pour prononcer la sentence de mort! Il est vrai que la tragédie de *Tancrède*, commencée de cette manière, aurait eu un autre ton et pris une autre couleur que celle de M. de Voltaire. Les deux actes bâtis sur ce modèle n'auraient rien changé au troisième; mais tout l'échafaudage du quatrième et du cinquième eût écroulé, et la pièce y aurait gagné; les discours seraient devenus plus simples et plus touchants, et le coloris d'une vigueur extrême. *Tancrède*, tel qu'il est, paraît l'ouvrage d'un jeune homme dont le jugement n'est point encore mûr, et dont le goût n'est point encore formé, mais dont le début donne les plus belles espérances. Si M. de Voltaire ne veut point se contenter de cet éloge, il faut qu'il refonde son ouvrage, afin que l'exécution réponde à la beauté du sujet.

— *Recueil des facéties parisiennes pour les six premiers mois de 1760*[1]. C'est sous ce titre que M. de Voltaire a fait ramasser tous les petits écrits occasionnés par le discours de M. Le Franc de Pompignan et par la comédie des *Philosophes*, et dont la plupart le reconnaissent pour leur père. M. de Voltaire les a enrichis de préfaces et de notes très-plaisantes. Il y en a plusieurs de très-violentes contre Palissot. Il ne fallait ni faire l'office d'ami dans les lettres, ni prendre celui de bourreau dans les notes; il fallait se respecter et se taire.

— C'est M. l'abbé Coyer qui s'est déclaré auteur du *Discours sur la satire des philosophes*. Je lui en demande pardon; mais je ne l'en aurais pas cru capable. Tout ce que cet auteur nous a donné jusqu'à présent avait je ne sais quoi de mesquin, et était surtout d'un très-mauvais ton. Sa plaisanterie de l'année dernière sur le matérialisme, adressée au P. Berthier, en fait foi. Vous ne trouverez rien de mesquin ni de mauvais goût dans le discours dont nous parlons, et il a réussi comme un ouvrage bien fait et aussi sage dans son ton que dans ses idées.

— *L'Héroïde du disciple de Socrate aux Athéniens* n'a pas eu le même succès. C'est encore l'histoire de Socrate appliquée à ce que nous avons vu de nos jours; cet ouvrage ne manque point de hardiesse, mais il faut acheter quelques beaux vers par la lecture de quantité de froids et de mauvais, et voilà pourquoi il ne s'est pas fait remarquer. On l'attribue à un jeune homme, M. Du Doyer de Gastel.

— *Acte du parlement d'Angleterre, connu sous le nom de l'acte de navigation passé en 1660*[2]. Traduction littérale avec des

---

1. S. l. 1760, in-8°. Voir sur le détail des pièces composant ce volume la *Bibliographie voltairienne* de Quérard, n° 224.
2. (Traduit par Butel-Dumont.) Paris, Jombert, 1760, in-12.

notes. On date de cet acte la richesse et la puissance des Anglais; c'est-à-dire qu'il y a cent ans que cette nation savait fonder sa prospérité sur de bonnes lois. Il n'y en a pas vingt que la nation française a commencé à réfléchir sur ces objets importants, jusqu'à présent sans profit, puisque les ministres n'ont encore fait aucune opération en conséquence des lumières acquises par la nation.

— *Elixir de la morale indienne.* Cet ouvrage, aussi traduit de l'anglais, est attribué à milord Chesterfield. C'est un recueil de maximes parmi lesquelles il y en a de belles. On l'avait déjà traduit, il y a sept ou huit ans, sous le titre d'*Économie de la vie humaine* [1].

— *Lettres de M**** [2]. Ce recueil paraît l'ouvrage d'un jeune homme qui sort du collége. Vous y trouverez les sentiments, le goût, les connaissances et le style d'un écolier qui ne promet guère. Il y a beaucoup de physique dans ces lettres.

— *Les Céramiques, ou les Aventures de Nicias et d'Antiope,* par M. de Saint-S... [3], sont un roman en deux volumes dans le goût de celui du *Télémaque.* Ce roman n'a été lu de personne. Horace vous a appris ce qu'il faut penser des imitateurs. Il est aisé de juger que lorsque le modèle est froid, sans vigueur de coloris et sans verve, l'imitation en devient plate et insipide.

— *Les Mémoires de milady B...* [4] ont assez plu à quelques femmes et n'ont pu réussir malgré leur suffrage. Le libraire a mis sur le titre : *par $M^{me} R...$,* et par un petit avis louche qui se trouve à la tête du premier volume il a voulu nous faire entendre que ces mémoires étaient l'ouvrage de Mme Riccoboni; mais il était trop aisé de voir que Mme R... ne ressemblait pas au charmant auteur des *Lettres de Juliette Catesby.*

— *Mémoires politiques et militaires de notre temps; ou Recueil de lettres françaises trouvées par les Hanovriens lors de*

---

1. Attribué à Chesterfield et à Hutcheson, cet ouvrage est en réalité de Robert Dodsley. Barbier lui a consacré (au mot *Économie de la vie humaine*) une longue note à laquelle nous renvoyons le lecteur.

2. (Par le marquis de Béthisy.) Manheim et Paris, 1760, in-12.

3. (Par Galtier de Saint-Symphorien.) Londres (Paris), 1760, 2 vol. in-12.

4. Paris, 1760, 4 vol. in-12. Quérard et M. Paul Lacroix attribuent à Mlle de La Guesnerie ce roman, que la troisième édition de Barbier donne à Mme Riccoboni. Il n'a pas été d'ailleurs réimprimé dans les *OEuvres complètes* de celle-ci.

la bataille de Minden[1]. Sous ce titre, on a publié des remarques générales sur la décadence de la discipline, sur la conduite des généraux, sur les causes de nos désastres. C'est l'ouvrage de quelque lieutenant d'infanterie. Il faut qu'il soit bien mauvais, puisque, malgré les traits de satire dont il fourmille, il n'a pu se faire lire. Le titre était excellent pour en faire une satire sanglante.

— *Les Philosophes de bois* sont une mauvaise farce qu'on a fait jouer à Passy par les marionnettes. C'est une production du génie de M. Bertin, trésorier des parties casuelles[2].

— M. de La Grange a mis *l'Écossaise* de M. de Voltaire en vers, scène par scène, et l'a fait jouer au théâtre de la Comédie-Italienne[3]. Cette *Écossaise* versifiée vient d'être imprimée.

— *Le Sentiment d'un inconnu sur l'Oracle des nouveaux philosophes, pour servir d'éclaircissement et d'errata à cet ouvrage*[4]. Cette brochure, qui vient de paraître, est dédiée à M. de Voltaire, à qui l'auteur cependant ne veut rendre que la justice la plus exacte. *L'Oracle des nouveaux philosophes*, que nous devons à un certain abbé Guyon, est un des plus impertinents ouvrages de nos jours, qui en ont vu éclore un si grand nombre. L'abbé Guyon peut disputer le pas à maître Abraham Chaumeix ; il serait difficile de dire lequel de ces deux écrivains est le plus bête et le plus méchant. Il faut donc que l'inconnu ait eu bien du temps à perdre pour l'employer à réfuter un barbouilleur aussi méprisable.

— Il ne faut pas passer sous silence une lettre adressée à M. Le Franc de Pompignan par M. le marquis de Mirabeau, auteur de *l'Ami des hommes*[5]. C'est une épître de consolation sur les malheurs que son discours lui a attirés. J'y ai trouvé une belle

---

1. Ces *Mémoires* et ces *Lettres* forment, selon Barbier, les neuvième et dixième séries des *Mémoires pour servir à l'histoire de notre temps, par l'Observateur hollandais*, de Moreau et Wattel. Voir la note du *Dictionnaire des anonymes* à ce titre.

2. Mouhy attribue cette parodie à Poinsinet de Sivry, sous le pseudonyme de Cadet de Beaupré. Paris, 1760, in-12.

3. Représentée le 20 septembre 1760, et imprimée chez Duchesne, 1761, in-12.

4. (Par Chaumeix.) Villefranche, chez Philalèthe, à la Bonne Foi, 1760, in-8°.

5. Mirabeau avait publié en 1755 un *Examen des poésies sacrées* de Pompignan, que celui-ci a réimprimé en tête d'une édition de luxe de ses fameux « cantiques » ; mais nous n'avons pu retrouver l'épître dont parle Grimm.

phrase, bien abominable. L'auteur dit que la religion et l'autorité sont deux grands arbres dont les branches s'entrelacent pour couvrir l'État de leur ombre. « De tout temps, continue-t-il, les chenilles se sont mises dans ces arbres, et aujourd'hui il y en a plus que jamais. Que faire à cela? Écheniller les arbres, et, quand l'insecte est à bas, marcher dessus sans se fâcher. » Si on lisait de telles horreurs en Turquie, on s'y ferait peut-être. Or les insectes que ce respectable ami des hommes conseille d'écraser sans colère s'appellent Montesquieu, Voltaire, Diderot, Buffon, Jean-Jacques Rousseau, et tout homme qui pense sera bientôt agrégé à cette liste. Et un barbare ose imprimer de telles infamies au milieu du xviiie siècle, en France! En Orient, le vizir lui répondrait peut-être : « Je sais, lâche, que tu t'es fait bassement l'apologiste des moines pour être porté par leurs cabales et par leur intrigues. Mais tu as osé relever plusieurs énormes défauts de l'administration et du gouvernement. Tu es une chenille qui t'es mise dans l'arbre de l'autorité. Je vais commencer par toi à suivre tes conseils : satellites, marchez sur cette chenille, et ne vous fâchez pas. »

— Pour compléter l'histoire de la comédie des *Philosophes*, il faut ajouter à ces feuilles une lettre de Mlle Clairon en réponse à un billet de Mme la princesse de Robecq. Vous verrez de quoi on a occupé l'agonie de cette dame, qui mourut, peu de jours après cette lettre, de la poitrine, à la fleur de son âge. Elle avait employé les derniers moments de sa vie à faire jouer la comédie des *Philosophes,* et à vaincre les obstacles que la police y opposait. La chaleur qu'elle a mise à faire réussir ce projet lui a attiré les deux versets de la *Vision* qu'on a supprimés dans le *Recueil des facéties*, et qui ont valu à l'auteur l'honneur d'être mis à la Bastille, d'où il est sorti après deux mois de séjour. Mlle Clairon s'était fort élevée contre la comédie des *Philosophes*; elle avait dit à ses camarades qu'ils étaient des infâmes de jouer des gens de lettres dont ils devraient respecter les travaux, les lumières et les mœurs. On a cru l'embarrasser beaucoup en engageant Mme de Robecq de lui écrire le billet que vous allez lire ; mais la célèbre actrice a tourné contre les attaquants leurs propres armes avec beaucoup d'art et de noblesse, en feignant de croire que ce billet ne pouvait venir de la personne respectable dont il portait le nom.

BILLET DE Mme LA PRINCESSE DE ROBECQ.

« Madame la princesse de Robecq désire ardemment d'avoir la *Vision;* on lui a dit que mademoiselle Clairon en vendait : elle la prie de lui en envoyer un exemplaire. »

LETTRE DE Mlle CLAIRON
A Mme LA PRINCESSE DE ROBECQ.

« Madame,

« Absente de Paris depuis douze jours, je ne reçois que dans ce moment le billet que j'ai l'honneur de vous envoyer. Vos bontés, qui me sont à jamais présentes et précieuses, ne me permettent pas de croire qu'il m'ait été apporté par votre ordre. Une bassesse, quelle qu'elle soit, est si fort éloignée de mes principes et de ma façon d'agir, que je craindrais de manquer à tout ce que je vous dois si je vous croyais assez injuste pour m'accuser d'une infamie avec tant de légèreté. Mais, madame, j'en suis sûre, ce billet n'est pas de vous; mon respect, et, je l'ose dire, mon attachement, vous sont connus; il m'est sans doute adressé par quelqu'un d'aussi obscur que vil, qui, ne sachant ni ce qu'on doit au rang, ni ce qu'on doit aux âmes vertueuses dans quelque classe qu'elles soient, s'est osé servir de votre nom pour m'affliger. Je souhaite ardemment que l'écriture vous serve à connaître son auteur. Si jamais vous le découvrez, j'ose me flatter, madame, que vous me vengerez d'une imputation qui m'affecte d'autant plus vivement qu'elle me paraît vous compromettre et vouloir jeter des doutes sur le profond respect avec lequel je serai toute ma vie, etc. »

NOVEMBRE

1ᵉʳ novembre 1760.

L'*Histoire de l'empire de Russie sous Pierre le Grand*, dont M. de Voltaire a publié le premier volume, n'a pas eu le succès que l'importance du sujet et la réputation de l'auteur semblaient promettre; on s'attendait à mieux. On a été fâché aussi de n'avoir que la moitié de l'histoire; on désirait un ouvrage complet. Ce qui a été le plus attaqué dans le monde, c'est la préface : on la trouve puérile et de mauvais goût. C'est, dit-on, le ton de la facétie, et ce morceau, faible en son genre, ne figurerait pas même avec distinction parmi les *Mélanges de littérature* [1]. J'avoue franchement que je ne suis pas autant choqué de cette préface que le public, et que même tout le morceau qui attaque le système que les Chinois sont une colonie égyptienne me paraît d'une très-excellente critique. Ce n'est pas la faute de nos journalistes si nous n'avons pas regardé l'année dernière les rêveries de M. de Guignes et de M. l'abbé Barthélemy comme la plus importante découverte qui se soit faite dans ce siècle. Ces messieurs décidaient de l'origine d'un peuple dont nous avons à peine quelques notions imparfaites avec une certitude qu'ils n'oseraient donner sur les événements les plus récents de notre propre histoire. Tous les sots criaient au miracle, et l'on sait que ce cri a une force prodigieuse en ce monde. Cependant ce redoutable ennemi de la sottise, qui habite les bords du lac de Genève, avec quelques pages de plaisanteries renverse tout ce ridicule et laborieux édifice de conjectures, et en montre l'absurdité aux moins clairvoyants. Les sots n'aiment point ces ravages, et voilà pourquoi ils ont crié si fort contre M. de Voltaire. Ils lui ont reproché de n'avoir fait que des plaisanteries de mauvais ton; mais malheureusement ces plaisanteries sont à bout portant, et tous les bons esprits sont forcés d'avouer que M. de Guignes nous prouve que les Chinois descendent des Égyptiens par des arguments absolument semblables à ceux que M. de Voltaire emploie pour nous démontrer que les Fran-

---

1. Une des subdivisions de l'édition de *Voltaire* de Cramer, 1756.

çais viennent originairement des Grecs, ou bien, si l'on aime mieux, des Troyens.

Je ne défendrai pas également le reste de cette préface, quoique moins attaqué. On a reproché à M. de Voltaire, depuis longtemps, que ses discours préliminaires n'étaient faits que pour la justification et la commodité de l'ouvrage qu'ils précèdent, et qu'il n'établit que des principes relatifs au système qu'il a adopté et qu'il a intérêt de défendre. Aussi, si l'on mettait ses discours préliminaires l'un à la suite de l'autre, on aurait le plus beau recueil de contradictions en toute sorte de principes et de règles. Cette fois-ci, M. de Voltaire établit pour règle qu'il ne faut point écrire la vie privée des grands hommes; c'est-à-dire que l'auteur n'écrira point la vie privée du czar. « Ce n'est point, dit-il, à un étranger à dévoiler les secrets de son cabinet, de son lit et de sa table. » Si les idées de M. de Voltaire sur ce point sont vraies, il faut que mon vieux *Plutarque* ne soit bon qu'à jeter au feu. C'est la vie publique qui m'apprend à connaître l'homme public; c'est la vie domestique qui m'apprend à connaître l'homme. Un jour d'été, le maréchal de Turenne, en petite veste, était appuyé sur une fenêtre; un domestique qui passait le prit pour un de ses camarades, et lui donna une vigoureuse claque sur les fesses; le maréchal se retourne; le domestique se jette à ses pieds en lui disant : « Monseigneur, j'ai cru que c'était Jacques. — Et quand c'eût été Jacques, lui répond le maréchal, fallait-il frapper si fort? » Qu'est-ce que cela m'apprend? que cet homme était dans sa maison aussi tranquille qu'à la tête d'une armée. Tout le monde sait l'histoire de son chapeau jeté dans le parterre par un homme qui, à voir l'habit simple et le maintien modeste de son voisin, était bien éloigné de se croire à côté du grand Turenne. Ces détails, je le sais, ne doivent point faire oublier les faits importants ni les actions brillantes du héros, mais aux yeux d'un philosophe ils ne sont pas moins intéressants. Les dérober, c'est non-seulement faire un larcin à la vérité, mais c'est appauvrir son tableau, c'est ôter le génie au héros et à son historien en même temps, et c'est en quoi M de Voltaire a parfaitement réussi. En conséquence des principes de sa préface, il ne dit pas un mot du fameux procès du fils de Pierre; aucun trait ne rappelle le caractère et les qualités personnelles du législateur de Russie. Je ne sais si, avec cette discrétion, l'auteur est parvenu à plaire à la cour de Pétersbourg; mais ce que je sais, c'est qu'elle a déplu à tous les honnêtes gens, et qu'elle a rendu son tableau froid et mesquin. Celui qui signe toutes ses lettres *le Vieux Suisse libre* doit conserver dans ses écrits le caractère de cette noble fierté; et écrire la vie d'un grand homme dans le dessein de faire sa cour à sa fille en supprimant une partie des faits, en rabaissant le mérite des rivaux du czar dont on a été l'historien, c'est un projet indigne d'un homme de génie, et qui mérite d'être puni par la chute de l'ouvrage. Voilà ce que j'avais à dire sur la préface. Il me reste un mot à dire sur l'ouvrage même, et ce sera dans une des feuilles suivantes. Il y a une remarque dans la préface, qui m'a plu : c'est que, s'il n'y avait eu qu'une bataille, on saurait les noms de tous les soldats, et leur généalogie passerait à la postérité la plus reculée. C'est donc une chose bien étrange qu'une bataille? car la réflexion de M. de Voltaire est juste.

15 novembre 1760.

Je suis toujours d'avis que M. de Voltaire n'a point de vocation pour écrire l'histoire. Celle de Pierre le Grand vient de me confirmer dans cette idée. L'*Histoire de Charles XII* a a chaleur et les grâces d'un roman, et cela convient assez aux actions brillantes d'un héros qui avait beaucoup de romanesque dans le caractère; mais ce cas est unique, et M. de Voltaire n'a pas fait un second morceau comme celui du roi de Suède. J'observe ici en passant que l'acte authentique donné sur la vérité de cette Histoire, par le roi Stanislas de Pologne, ne doit pas avoir un poids illimité. On prétend que ce monarque n'a pas compté donner un témoignage sans restriction; du moins je tiens d'une femme, qui était présente aux lectures qu'on faisait à Sa Majesté de l'*Histoire de Charles XII*, qu'en effet Stanislas s'était écrié sur la vérité de plusieurs endroits, mais qu'il avait aussi souvent frappé du pied sur la fausseté de beaucoup d'autres. Les hommes sont dévoués à l'erreur. L'approbation du roi de Pologne, insérée dans la préface de l'Histoire du czar, sera pour la postérité une preuve invincible de la véracité de M. de Voltaire. Si ce grand homme avait de véritables talents pour l'histoire, nous l'aurions vu dans son *Essai sur l'Histoire générale*. Cet essai est un excellent livre à mettre entre les mains de la jeunesse pour lui apprendre à aimer la justice, l'humanité et la bienfaisance; mais on ne peut pas dire que ce soit l'ouvrage d'un historien. En général, il faut un génie profond et grave pour l'histoire. La légèreté, la facilité, les grâces, tout ce qui fait de M. de Voltaire un philosophe si séduisant et le premier bel esprit du siècle, tout cela convient peu à la dignité de l'histoire. La rapidité même du style, qui peut être précieuse dans la description d'un combat, dans l'esquisse d'un tableau, ne saurait durer long-temps sans déplaire; elle sied mal à la narration ordinaire. La marche de l'histoire est grave et posée; celle du czar Pierre court toujours. Elle plaît jusqu'à la fin; mais quand on y est arrivé, si l'on se demandait quel grand tableau on a vu, quelle réflexion profonde on a retenue, de quel endroit sublime on a été frappé, quel est le morceau qu'on voudrait relire, où est la ligne de génie, on ne saurait que se répondre; et un homme d'esprit en a dit, avec beaucoup de justesse, que si les gazettes étaient faites comme cela, il n'en voudrait perdre aucune. Abstraction faite de ce qu'une critique difficile peut exiger d'un historien, il faut convenir que M. de Voltaire n'a pas même rempli ce qu'on était en droit d'attendre de lui. L'histoire du czar tiendra, parmi ses productions, un rang très-médiocre. On a vu des hommes de rien s'élever à la dignité de prince; mais on n'a jamais vu de souverain descendre de son trône et se faire appeler dans un atelier maître Pierre. Il faut que l'historien se distingue autant entre les écrivains que son héros s'est distingué entre ses semblables. Or il s'en faut bien que cela soit ainsi. L'ouvrage de M. de Voltaire manque de caractère, et il semble que le crime dont il s'est rendu coupable en déguisant la vérité par des réticences ait influé sur son propre esprit et lui ait rendu son travail insipide. On y sent du moins de temps en temps une certaine langueur dont on ne trouve guère de trace dans ses productions. Lisez, par exemple, ce qui suit :

« Après cette campagne de 1702, il voulut que Shérémeto et tous les officiers qui s'étaient distingués entrassent en triomphe dans Moscou. Tous les prisonniers faits dans cette campagne marchèrent à la suite des vainqueurs. On portait devant eux les drapeaux et les étendards des Suédois, avec le pavillon de la frégate prise sur le lac Peipus. Pierre travailla lui-même aux préparatifs de la pompe, comme il avait travaillé aux entreprises qu'elle célébrait, etc. »

Je dis que voilà qui est écrit très-lâchement, et vous trouverez dans le cours de votre lecture plusieurs endroits qui ressemblent à celui-là.

« Pierre va lui-même sonder la profondeur de la mer, assigne l'endroit où il doit élever le fort de Cronstadt, en fait un modèle en bois, et laisse à Menzikof le soin de faire exécuter l'ouvrage sur son modèle. De là il va passer l'hiver à Moscou pour y établir insensiblement tous les changements qu'il fait dans les lois, dans les mœurs, dans les usages. Il règle ses finances et y met un nouvel ordre. Il presse les ouvrages entrepris sur la Véronise, dans Azof, dans un port qu'il établissait sur le Palus-Méotides, sous le fort de Taganrock, etc. »

Voilà encore un morceau bien faiblement écrit, et qui n'a que des apparences de chaleur et de rapidité. D'ailleurs c'était le lieu d'être prolixe. « Il établit insensiblement tous les changements qu'il fait dans les lois, dans les mœurs, dans les usages, » est bientôt dit. Il fallait passer rapidement sur tous les faits de guerre que nous avions lus beaucoup mieux dans l'*Histoire de Charles XII*, et il fallait, au contraire, s'étendre sur tout ce qui pouvait servir au développement du génie de Pierre; car c'est ce que nous cherchions dans son histoire. La description du pays est commune : on y trouve quelques remarques d'histoire naturelle, qui ne sont pas d'un philosophe bien profond. Tout ce qui regarde l'histoire de la princesse Sophie aurait dû être plus étendu. La peinture de ses cruautés est bien. On n'entend point sans émotion des soldats furieux, qui viennent de couper la tête, les pieds et les mains à leur souverain, demander à grands cris le jeune Pierre, et l'on ne voit point arriver cet enfant, conduit par des femmes et tenant une image de la Vierge entre ses bras, sans être fortement troublé. Mais il ne faut pas vouloir comparer ces tableaux avec quelques endroits de Tacite, comme la peinture de la nuit qui suivit la mort de Germanicus ; l'arrivée de ses cendres à Rome, etc... La description des mœurs des Samoyèdes est encore un endroit qui attache. En général, les réflexions sont petites, communes et antithétiques; et puis je ne saurais souffrir ces fréquentes sorties contre des adversaires obscurs et méprisables. Quelle figure peuvent faire le chapelain Norberg[1] et ce polisson de La Beaumelle, et la truie de Crommyon[2], dans l'histoire du législateur des Russes?

LUCRÈCE

ROMANCE PAR M***, AVOCAT GÉNÉRAL DU ROI AU PARLEMENT DE PARIS[3].

SUR L'AIR DE *la Romance de Daphné*.

Dans cette belle contrée
Où le Tibre en ses replis
Roule son onde dorée,
Ma vue, au loin égarée,
Errait parmi les débris.

Le dieu des ombres légères
M'invitait au doux repos,
Quand d'antiques caractères
Suspendirent mes paupières,
Qu'allaient fermer ses pavots.

C'était la triste aventure
De Lucrèce et de Tarquin.
J'en ai tracé la peinture:
Puisse la race future
Me savoir gré du larcin.

Lucrèce eut une âme tendre,
Avec un cœur vertueux;
Tarquin ne put s'en défendre,
Et le défaut de s'entendre
Fit le malheur de tous deux.

---

1. Auteur d'une *Vie de Charles XII* publiée à Stockholm en 1740, 2 volumes in-folio, traduite en français par Warmholtz, La Haye, 1742, 3 volumes in-4°. (T.)

2. La défaite de la truie de Crommyon est un des hauts faits prêtés à Thésée. Voltaire se rit dans sa préface du ridicule des auteurs qui préfèrent ces récits fabuleux à l'histoire. (T.)

3. Cette romance est de Saint-Péravy. Nous en avons, d'après l'observation de M. Beuchot dans son article du *Mercure* de mars 1814, rétabli les trois premiers couplets, que Grimm ne donnait pas. (T.)

Un jour, tout parfumé d'ambre,
Méditant d'heureux efforts,
Il la surprit dans sa chambre :
On n'avait point d'antichambre,
On n'annonçait point alors

A ses pieds il tombe, il jure
Qu'il sera respectueux,
Que sa flamme est vive et pure.
On dit qu'en cette posture
Un homme est bien dangereux.

Lucrèce reste muette;
Mais bientôt, prenant un ton,
Elle veut fuir sa défaite;
Mais n'ayant point de sonnette,
Comment tirer le cordon?

Tarquin devint téméraire,
Lucrèce eut recours aux cris,
Elle tombe en sa bergère :
Le pied glisse d'ordinaire
Sur un parquet sans tapis.

Le remords trouble son âme;
Jusqu'au plaisir, tout l'aigrit;
Un poignard éteint sa flamme :
Dans notre siècle une femme
A plus de force d'esprit.

— M. Godin, l'un des académiciens qui ont fait le brillant et inutile voyage du Sud pour mesurer la terre, vient de mourir en Espagne [1]. Il avait passé au service de cette couronne, sous le ministère de M. de La Ensenada.

— Parmi les calomnies qu'on a publiées contre l'*Encyclopédie*, on n'a pas manqué de dire qu'elle n'avait d'autres planches sur les arts et métiers que celles que M. de Réaumur avait fait faire par ordre du roi, au nom de l'Académie royale des sciences. En conséquence de cette imputation, messieurs de l'Académie ont nommé des commissaires pour examiner les

---

1. Godin, de l'Académie des sciences, mourut le 11 septembre 1760. Il était né en 1704.

planches de l'*Encyclopédie*. Pour cette fois-ci, la vérité l'a emporté sur le mensonge. Les commissaires, confondus des richesses qu'ils ne comptaient guère trouver, ont été obligés de rendre justice aux éditeurs et aux libraires par une déclaration authentique, et le public, qui réfléchit quelquefois, a trouvé singulier que l'Académie ait touché, pendant quarante ans, près de 40,000 livres que le roi avait destinées à cet objet, sans avoir encore rendu aucun compte de ses travaux. Voilà ce qui a engagé l'Académie à publier les planches de M. de Réaumur avec une description des arts et métiers auxquels elles ont rapport. Cette description paraît successivement par cahiers relatifs à chaque art. Elle ne fait pas peur aux éditeurs et aux libraires de l'*Encyclopédie*. Ils seront incessamment en état de publier à leur tour le recueil de leurs planches, et alors le public pourra juger qui des deux a mieux rempli sa tâche, ou de ceux qui, pour satisfaire à cet objet, ont joui pendant quarante ans des bienfaits du roi, ou de ceux qui, n'ayant reçu aucun encouragement de la part du gouvernement, n'ont consulté pour mériter le suffrage du public que leur zèle et leur amour pour les sciences.

— *Histoire de Pierre Terrail, dit le chevalier Bayard, sans peur et sans reproche*, par M. de Berville, volume in-12. Le chevalier Bayard est un des personnages les plus intéressants de l'histoire moderne. Dans cette nouvelle édition de sa vie, on a entrepris de rajeunir le style, c'est-à-dire qu'on lui a ôté sa grâce et sa force. Je vous conseille de vous en tenir à l'ancienne.

— M. l'abbé Pérau a publié le vingt-troisième volume des *Hommes illustres de la France*. Il est consacré tout entier à la vie du maréchal de Turenne. Ce grand homme peut aller de pair avec les héros célèbres de l'antiquité. Mais il s'en faut bien que son historien puisse trouver place à côté des grands historiens des siècles passés. A des héros comme Turenne il faut des Plutarques.

— M. d'Anville, le premier de nos géographes, de l'Académie royale des inscriptions et belles-lettres, vient de publier sa *Notice de l'ancienne Gaule*[1]. Voilà un ouvrage important,

---

1. Paris, 1760, in-4°, avec cartes.

et dont l'espèce devient trop rare en France. Nos gens de lettres ne sont plus que des faiseurs de brochures, et il se passe dix ans avant qu'on voie paraître un livre. Nous avons bien de l'esprit ; mais il en restera fort peu de traces chez la postérité.

— Voici le titre d'un très-bel ouvrage qui vient de paraître : *Traité sur les principes de l'art d'écrire et ceux de l'écriture*, par M. d'Autreppe, syndic des experts jurés écrivains, volume in-folio de quarante-quatre pages avec dix-sept planches. Ce même artiste a aussi publié une *Arithmétique de la noblesse commerçante, ou Entretiens d'un négociant et d'un gentilhomme sur l'arithmétique appliquée aux affaires de commerce, de banque et de finance*, in-4°. L'auteur se propose de donner cet ouvrage par cahiers. Ce qui en paraît traite des principales notions de l'arithmétique et des quatre premières règles.

— Un autre écrivain nommé Vallain a aussi publié des *Lettres sur l'art d'écrire*[1], où l'on fait voir les divers inconvénients d'une écriture trop négligée, et où il est traité de plusieurs objets relatifs à cet article. Bavardage.

— La fureur de faire des livres s'étend sur tous objets. Vous en verrez une nouvelle preuve dans le *Traité du maintien du corps, et de la manière de se présenter avec grâce, pour l'instruction de la jeunesse*[2], par le sieur Chevalier de Londeau, maître de danse.

— Voici un ouvrage plus intéressant sorti de l'imprimerie royale : *Mémoire concernant le détail et le résultat d'un grand nombre d'expériences faites l'année dernière par un laboureur du Vexin, pour parvenir à connaître ce qui produit le blé noir, et les remèdes propres à détruire cette corruption*[3]. Il est cependant à remarquer que tant d'ouvrages sur les beaux-arts et les arts utiles n'ont encore rien ajouté à leur perfection réelle. Il est même d'une expérience assez constante que plus on disserte sur les arts, moins on les cultive avec succès ; et l'on peut parier que la nation qui a le plus de livres et de méthodes sur la peinture, la musique, l'agriculture, a aussi les plus mauvais peintres, les plus mauvais musiciens et les plus mau-

---

1. Paris, 1760, in-12.
2. Paris, 1760, in-12.
3. (Par de Gonfreville, fermier de Sieurey, près Vernon.) Paris, 1760, in-4°.

vais cultivateurs. C'est que dans un pays où l'on fait les choses, il ne reste point de temps pour en bavarder. Les Raphaël et les Carrache font des tableaux, et ne dissertent point sur la manière d'en faire. Les Hasse et les Pergolèse font de la musique, et n'écrivent point sur la base fondamentale; et l'Angleterre, qui a poussé si loin tous les arts de l'agriculture, s'est contentée d'avoir de bonnes lois pour leur police et pour l'encouragement de l'industrie, et n'a eu aucun besoin de dissertations sur l'art de semer, de labourer, de cultiver. Vous jugez que je fais on ne peut pas moins de cas des Académies qui se forment pour l'encouragement de l'agriculture, comme M. le marquis de Turbilly[1] vient d'en ériger une sous les auspices de M. l'intendant de Paris. Ayez de bonnes lois; que le cultivateur ne soit point opprimé; que l'industrie ne soit point punie, et la culture sera florissante sans traités, sans méthodes, sans dissertations, et vos académiciens, au lieu de bavarder dans leurs assemblées, s'occuperont à cultiver leur champ. Le seul ouvrage de ce genre qui intéresse véritablement le public et la postérité, c'est une description exacte des arts et métiers, et de leurs divers instruments, telle qu'elle a été exécutée dans le dictionnaire de l'*Encyclopédie*. C'est par là que les différentes nations peuvent connaître leurs ressources réciproques et les progrès de l'esprit humain à travers la durée des siècles. On sent aisément quels seraient nos avantages si nous avions un ouvrage de cette espèce sur les arts et métiers des Égyptiens, des Grecs et des Romains; qu'on juge de quelle importance l'*Encyclopédie* sera pour la postérité.

— On a fait une nouvelle édition du *Dictionnaire abrégé de la fable*, par M. Chompré. Cette compilation est commode.

— La tragédie de *la Clémence de Titus*[2] a été jouée sans succès, il y a environ deux ans. Elle vient d'être imprimée, et on ne l'a pas jugée à la lecture aussi sévèrement qu'au théâtre.

---

1. Né en 1717, mort en 1776, Turbilly rendit de grands services à la province d'Anjou par les nombreux défrichements qu'il y opéra. C'est lui qui fonda les premières sociétés d'agriculture; il forma aussi le projet d'éteindre la mendicité, et il y parvint dans ses terres. C'est le premier essai de ce genre fait en France. (T.)

2. 1760, in-8°. Voir p. 88.

DÉCEMBRE

1ᵉʳ décembre 1760.

Le sujet de *la Belle Pénitente*, célèbre par la tragédie anglaise de ce nom, fut traité il y a environ dix ans, sans succès, sur le théâtre de Paris[1]. M. Colardeau vient de l'essayer une seconde fois, et quoiqu'on ait dit beaucoup de mal de sa tragédie, elle n'a pas laissé d'avoir un certain nombre de représentations. Ce jeune poëte avait débuté, il y a quelques années, dans la carrière du théâtre par la tragédie d'*Astarbé*, et j'avoue que je ne conçus alors aucune espérance de son talent[2]; son nouvel essai me fait rétracter avec plaisir un jugement trop sévère. Ce n'est pas que le plan de sa tragédie soit bien arrangé, ni que les caractères de ses personnages soient également bien dessinés, ni qu'il n'y ait même aucune scène bien faite. Sur tous ces points, on pourra dire sans injustice beaucoup de mal de la tragédie de *Caliste*; mais en revanche on y trouve quelques beautés du premier ordre, et c'est sur quoi je fonde mes espérances. Il est vrai que M. Colardeau est le premier homme du monde pour gâter lui-même ce qu'il a trouvé de très-beau; mais le difficile est de trouver, c'est la partie du génie; le reste est une affaire de jugement et de goût, et ce sont des qualités qu'on acquiert et qu'on perfectionne. J'aimerais mieux, je crois, avoir fait la tragédie de *Caliste* que celle des *Frères ennemis*. On peut concevoir quelque espérance d'un homme qui débute mieux que le grand Racine, et si, par la suite, le troisième essai de M. Colardeau est aussi supérieur au

---

1. La tragédie anglaise est de Rowe. L'imitation dont parle Grimm était de l'abbé Séran de La Tour, selon Léris (*Dict. des théâtres*), et les *Almanachs des spectacles*; du marquis de Thibouville, selon Favart (*Mémoires*, I, 115); de De La Place, selon le catalogue de la bibliothèque de Pont-de-Veyle; et du marquis de Mauprié, selon Collé, et les *Anecdotes dramatiques*. Cette *Caliste* fut représentée pour la première fois au Théâtre-Français le 27 avril 1750, et n'eut que cinq représentations. Elle a été imprimée, Paris, 1750, in-12. (T.) — Voir tome Iᵉʳ, page 426.

2. Voir la lettre du 15 mars 1758. *Caliste*, de Colardeau, fut représentée le 12 novembre 1760 et jouée dix fois. (T.)

second que celui-ci l'est au premier, il n'y aura plus qu'une voix sur l'idée qu'on doit avoir de ses talents.

Le sujet de *la Belle Pénitente* est si connu qu'il serait inutile de vous faire l'analyse de la pièce de M. Colardeau, qui doit d'ailleurs paraître imprimée au premier jour; ce sujet est originairement espagnol. Caliste a été violée par un homme que son caractère rend odieux, mais que ses talents, son esprit, les grâces de sa figure, tout concourt à rendre séduisant. Lothario, c'est son nom, eût été trop aimable s'il avait su modérer de coupables transports. La faible Caliste succombe sous les tourments de sa honte et de sa passion. Son père, Sciolto, qui ignore l'outrage fait à sa fille par un homme de tout temps ennemi de sa maison, veut la marier à un jeune homme d'une grande espérance. L'honneur et l'amour obligent également Caliste de s'opposer à ce mariage. Lothario, se livrant à ses fureurs ordinaires, est tué par Altamont, c'est le nom de son rival. Sciolto apprend le funeste secret de sa fille ; il n'en peut supporter la honte, et, après avoir fait ériger dans son propre palais un catafalque au cadavre de Lothario, il enferme sa fille dans ce lieu funèbre, où elle expie par sa mort un crime involontaire. M. Colardeau a transporté le lieu de la scène à Gênes. Pour donner de l'importance à son sujet, il a imaginé des rapports politiques entre les personnages de sa pièce. Sciolto veut rétablir la liberté du peuple génois; Lothario est du parti de Frégose qui domine en maître; et il n'est point douteux que si M. Colardeau eût pu développer la partie politique de sa tragédie et la bien lier avec le reste, il en aurait fait un chef-d'œuvre; mais elle est embrouillée et confuse. La conduite de Sciolto n'est pas celle d'un homme d'État, et je crois que l'auteur n'a pas trop su lui-même de quoi il était question dans les projets de son invention, et dont il a fait Sciolto et Lothario les chefs contraires. Il est vrai que de telles entreprises réussissent rarement à un jeune homme, et qu'il faut une tête plus mûre que celle de M. Colardeau pour bien arranger et déployer un projet de révolution. Les autres défauts de la tragédie de *Caliste* se font aisément remarquer, et n'ont pas besoin d'être relevés. J'observe seulement que l'auteur aurait dû dessiner le caractère de Lothario avec autant de supériorité que l'auteur de *Clarisse* en a donné à celui de Lovelace. Il faut qu'on voie un cœur capable de grands crimes, à travers la créature la plus aimable et la plus séduisante du monde; cela seul peut rendre la situation de Caliste tragique et touchante. Si le poëte ne réussit point à rendre le parterre complice de la passion de Caliste pour Lothario, il ne peut se flatter d'avoir rempli son sujet. Je conviendrai donc, si l'on veut, que la tragédie de M. Colardeau n'est pas une bonne pièce, mais en condamnant la pièce, je ne pourrai me dispenser de faire grand cas de l'auteur. Tout le monde lui accorde le talent des vers. On en trouve de très-beaux dans sa pièce, et aucun de nos jeunes poëtes ne les fait avec autant de facilité, de noblesse, de pureté et de chaleur. Son style n'est pas encore assez simple; mais c'est une qualité qu'on lui donne à mesure qu'on se forme le goût. Il faut que M. Colardeau lise les anciens, qu'il les étudie jour et nuit; alors il apprendra à dédaigner *ampullas et sesquipedalia verba*. Alors il ne dira plus : « C'est un mortel né farouche, c'est un mortel qui vous aime. Quel mortel ici fond et se précipite! etc. » Tout cela sent l'écolier; mais tout cela se corrige, et un grand nombre de vers montrent le génie de l'auteur. Tout le monde a retenu ces beaux vers du cinquième acte, que Caliste dit en prenant la coupe empoisonnée :

> En préparant ces poisons destructeurs,
> Peut-être que mon père y mêla quelques pleurs;
> Ah! cette douce idée affermit mon courage.

Je ne fais pas grand cas des rêves. Nos poëtes dramatiques en ont terriblement abusé. C'est d'ailleurs une ressource si puérile de faire rêver à ses personnages ce qui doit leur arriver le jour de la pièce, et de nous faire le tableau du rêve au premier acte! Caliste en use ainsi avec celui qui lui est destiné par son père; mais son rêve est en beaux vers. J'ai vu sortir, dit-elle à Altamont,

> L'ombre de votre père.
> « Suis-moi », m'a-t-elle dit... J'hésite, mais son bras
> Vers le temple aussitôt précipite mes pas.
> J'y monte avec effroi, j'entre... O trouble! ô surprise!
> Sur l'autel renversé la Mort était assise.
> Je n'ai point de l'hymen vu briller les flambeaux :
> C'étaient des feux obscurs destinés aux tombeaux;

Une lampe lugubre et des torches funèbres
Mêlaient un jour horrible à d'horribles ténèbres, etc.

Un autre morceau plus beau encore est celui du délire de Caliste. Il n'a qu'un défaut : c'est de rappeler le délire de Phèdre, ce chef-d'œuvre de l'immortel Racine :

Que ne puis-je, au bout de l'univers,
Habiter des rochers, des antres, des déserts;
Là, de mon lâche amant expier les outrages,
N'entendre autour de moi que le bruit des orages,
Ne voir, à la clarté d'un ciel chargé de feux,
Que des monstres sanglants, que des spectres hideux;
Des mânes, des tombeaux, ou quelque infortunée
Aux larmes, comme moi, par l'amour condamnée!

Un vers sublime par sa situation est celui-ci :

Ce n'est pas son exil, c'est sa mort que je veux.

Aussi, comme nos journalistes ont la main heureuse, il y en a un d'entre eux qui a choisi ce vers pour l'objet de sa critique. Et puis, fiez-vous à ces oracles hebdomadaires! Caliste implore la bonté de son père pour éloigner un hymen qu'elle abhorre. Sciolto, de son côté, la presse de sortir de sa douleur dont il ignore la cause, et de donner la main à Altamont. Bientôt il est question des fureurs de Lothario et de sa trame secrète contre l'État. Sciolto apprend à sa fille que ce cruel ennemi de sa maison est tombé dans le piége qu'il lui a tendu; qu'il croit aller combattre les Corses révoltés; mais qu'au lieu d'aller dompter ces rebelles, il sera entraîné au bout de l'univers, dans un exil éternel. A cette nouvelle imprévue, la passion de Caliste s'échappe :

Tombe sur moi la foudre!
Il part!... Vous l'ordonnez!... Il a pu s'y résoudre!

Jugez du danger de cette situation. Un mot de plus, et Sciolto va être éclairci sur la passion de sa fille pour Lothario. Ce père, confondu, dit :

> Qu'entends-je! Me trompai-je! où s'égarent tes vœux?

Et c'est à cela que Caliste, revenue à elle-même, répond :

> Ce n'est pas son exil, c'est sa mort que je veux.
> Qu'il périsse!

Par ces mots, Caliste étouffe tous les soupçons naissants de son père, et c'est cependant sans artifice, car le sentiment qu'elle a est vrai. L'existence d'un homme qu'elle aime et qui a pu l'outrager doit l'importuner, fût-il au bout du monde. Sa mort seule pourrait lui rendre le repos, s'il en était pour les amants infortunés. Le journaliste dont je viens de parler n'entend pas cela. Malgré ses observations profondes, je regarderai toujours cet endroit comme un de ceux que Corneille et Racine n'auraient pas dédaignés.

Il faut s'accoutumer à entendre tout dire. Plusieurs personnes d'esprit et de jugement, en rendant justice au talent de M. Colardeau, l'ont blâmé d'avoir choisi un mauvais sujet. Je n'en connais pas de plus beau que celui de *la Belle Pénitente*. « Voilà bien des pleurs et bien des cris pour peu de chose! ont dit de prétendus philosophes. Un homme hardi et violent abuse de la faiblesse qu'une femme a pour lui; il n'y a pas là de quoi se désoler, ou du moins il n'y a pas de quoi nous intéresser aux chagrins de Caliste. Elle n'a qu'à se consoler d'avoir couché avec son amant, et il n'y a plus de tragédie; et ce ne sera pas la première femme de mérite qui ait pris son parti sur ce malheur-là. » Je dis qu'avec de tels raisonnements on parviendrait bientôt à saper tous les fondements de la poésie, et que les arts seraient perdus. Nos philosophes, et à leur imitation nos critiques, nous parlent toujours raison, et n'ont pas assez médité sur le préjugé aussi universel qu'elle. Aristote a très-mal défini l'homme, en disant que c'était un animal raisonnable; il fallait dire que c'était un animal opinant. De cette fureur d'opiner, qui fait notre essence, ne résulta jamais la raison pure, qui n'existe que dans l'idée, et qui ne se trouve réellement dans aucune tête; car où est celle qui ne soit atteinte de quelque préjugé? Je dis plus; c'est le préjugé qu donne de la couleur et de l'intérêt à la raison; sans lui elle est froide, et un caractère sans aucun préjugé serait une chose très-insipide. C'est le préjugé qui cause les grands malheurs ; c'est lui qui fait faire les grandes choses. La raison est contemplative et sans action. Le préjugé seul sait s'attirer l'estime et l'admiration des hommes. Il n'est point douteux que le roi de Prusse n'eût prévenu cette guerre avant qu'elle n'éclatât, en cédant la Silésie. En cela il eût fait une action très-sage. Combien de maux il aurait prévenus ! Que peut avoir de commun la possession d'une province avec le bonheur d'un roi? et le grand électeur n'était-il pas un prince très heureux et très-respecté sans avoir possédé la Silésie? Voilà comment un roi aurait pu se conduire en suivant les préceptes de la plus saine raison, et je ne sais comment il serait arrivé que ce roi eût été méprisé de toute la terre, tandis que Frédéric, en sacrifiant tout au préjugé de conserver la Silésie, s'est couvert d'une gloire immortelle. Le fils de Cromwell a sans doute fait l'action la plus sage qu'un homme puisse faire. Il a préféré l'obscurité et le repos à l'embarras et au danger de gouverner un peuple fier et fougueux. Ce sage a été méprisé de son vivant et par la postérité, et son père est resté un grand homme au jugement des nations. Dans les ouvrages de l'art, qui sont tous fondés sur l'imitation de la nature, il en est tout de même. L'admiration, la terreur, la compassion, tout l'intérêt finit avec le préjugé. Si celui de Caliste ne vous touche pas, pourquoi celui de Phèdre me toucherait-il? pourquoi m'attendrirais-je sur celui de Zaïre? Il y aurait dans ces idées de quoi faire un beau traité. Nos philosophes n'ont pas assez réfléchi sur tout cela. La raison a de grands droits sur l'homme, et les préjugés en ont de très-grands aussi. La vérité a sa force, et l'erreur a la sienne. La vertu est très-belle, très-touchante, mais le crime est aussi quelque chose, et il était écrit qu'il y aurait de tout cela parmi les hommes.

— *Épître à M. Laurent, à l'occasion du bras artificiel qu'il a inventé,* par M. l'abbé Delille. On a dit du bien de cette Épître; on en doit dire davantage du héros qu'elle chante. Le bras artificiel de M. Laurent supplée presque à toutes les fonctions du bras naturel. Non-seulement on peut s'en servir pour manger et boire, et pour les autres besoins de la vie, mais encore on écrit avec ce bras. Il suffit que celui qui a eu le malheur de perdre un des siens ait conservé un moignon; M. Laurent y attache sa machine, qui opère ses différents mouvements au moyen de plusieurs cordes de boyaux. On en a fait des expériences devant le roi, et tous ceux qui en ont été témoins sont émerveillés de l'invention de M. Laurent. Cet habile ingénieur a donné des preuves de son génie dans plusieurs autres machines.

— M. le comte de Caylus vient de fonder, à l'Académie de peinture, un prix d'expression d'une tête pour les élèves. Celui d'entre eux qui aura le mieux exprimé dans une tête la passion qu'il aura voulu lui donner sera couronné. Cette institution n'est pas aussi belle et aussi avantageuse qu'on le croirait d'abord. Nous admirons les dessins antiques, et l'on convient généralement que les modernes n'ont mérité des éloges qu'autant qu'ils ont approché des sublimes chefs-d'œuvre de la Grèce; mais, en étudiant ces modèles, vous leur remarquerez un caractère général, qui est celui de la tranquillité, caractère imité par les Raphaël, les Guide, et les autres génies sublimes de l'Italie moderne, mais bien opposé aux productions de nos artistes français. Les anciens étudiaient les belles formes en dessinant la figure humaine toujours tranquille, et voilà ce qu'il faudrait recommander à nos jeunes gens : on ne doit songer à l'expression et à la passion que lorsqu'on est devenu profond dans le dessin de la figure tranquille. La passion décompose et change les traits; elle sort toutes les figures de leur position naturelle; mais avant d'étudier l'effet de telle passion sur la figure humaine, il faut la bien connaître quand elle est tranquille, sans quoi il n'est pas possible de donner à la passion son caractère, et, au lieu de la sublimité qu'elle exige, on tombe dans le maniéré, dans le compassé et dans tous les écueils de la médiocrité. Voilà l'histoire de l'école française, dont les ouvrages de peinture sont en aussi peu de recommandation en Europe que sa musique. Nos peintres croient avoir mis beaucoup de chaleur dans leurs tableaux quand ils en ont bien contourné toutes les figures, bien forcé et contrasté toutes les attitudes; mais ce n'est pas ainsi qu'exprime la nature, ni ceux qui suivent ses traces; ce n'est pas ainsi qu'ont fait Le Poussin et Le Sueur, les seuls Français dont l'Italie ait admiré le génie. Nos peintres sont un peu loin de l'imitation de ces grands maîtres, et ceux d'entre eux qui se piquent de bonne foi vous avoueront sans détour que Raphaël leur paraît froid. Ainsi, s'ils avaient eu à vous montrer saint Paul dans l'aréopage, ils n'auraient pas fait comme ce grand homme, dont le tableau vous saisit d'admiration par sa sublimité ; mais ils auraient mis toutes leurs figures dans une attitude forcée, et ils auraient prétendu avoir exprimé supérieurement en vous montrant partout l'imagination d'un pauvre peintre à la place de la nature et du génie. Concluons que M. le comte de Caylus a rendu un fort mauvais service à nos jeunes gens en fondant un prix d'expression, et que, bien loin de contribuer aux progrès de l'art, il aura hâté la corruption du goût en invitant les élèves à songer à exprimer la passion avant que d'avoir étudié les belles formes de la nature tranquille.

— L'Académie royale de musique a donné deux opéras de suite sans succès. *Le Prince de Noisy*, qui avait été joué autrefois avec un grand succès dans les Petits-Appartements, devant le roi, est tombé à Paris tout à plat [1]. Les paroles de cet opéra sont de M. de La Bruyère, qui est mort, il y quelques années, chargé des affaires du roi à la cour de Rome ; et les auteurs de la musique, MM. Rebel et Francœur, étant directeurs de l'Opéra, n'avaient rien oublié pour faire paraître celui-ci avec éclat. Le public est quelquefois bizarre dans ses jugements. Que ceux qui ne font aucun cas de ce triste genre aient rejeté *le Prince de Noisy*, cela est dans la règle ; mais que ceux que *Proserpine* ou *Dardanus* ravit en extase aient bâillé au *Prince de Noisy*, cela est d'une inconséquence insigne. Les paroles du poëme sont plus jolies que beaucoup d'autres ; la musique n'en est pas plus mauvaise que deux cents psalmodies de ma connaissance, applaudies avec transport par nos amateurs. Le spectacle et les ballets avaient toute la beauté que l'Opéra est en état de donner, et qu'on y voit rarement dans ce point de réunion. L'opéra de *Canente*, poëme de feu M. de La Motte, remis en musique par M. Dauvergne, a eu aussi un succès fort médiocre, et c'est un ouvrage bien faible [2].

---

1. *Le Prince de Noisy* avait été représenté dans les Petits-Appartements les 13 mars 1749, 10 mars 1750, et 17 mai 1752 ; il parut pour la première fois à l'Opéra le 16 septembre 1760. Les paroles en sont imprimées dans le *Mercure* de septembre 1749, et dans le tome IV du *Théâtre des Petits-Appartements*. (T.)

2. *Canente*, mis d'abord en musique par Colasse, avait vu le jour le 4 novembre 1700. Il reparut le 11 novembre 1760. (T.)

— L'histoire de Mlle Corneille a fait beaucoup de bruit depuis quelque temps. Le père de cette jeune personne est un ouvrier qui descend du grand Corneille, dans un degré fort éloigné, et qui n'a de commun avec ce grand homme que le nom [1]. M. de Fontenelle, proche parent des Corneille, ne connaissait pas celui-ci, qui ne se montra que lorsque le vieillard centenaire fut près de finir sa carrière. Aussi Corneille fut oublié dans son testament, et plaida ensuite fort inutilement en cassation [2]. L'année dernière, les Comédiens eurent la générosité de donner une représentation de *Rodogune* au profit de ce Corneille, et cette journée lui valut au moins six mille francs [3]; mais le sort de Mlle Corneille n'en était pas plus assuré. Depuis peu, un secrétaire de M. le prince de Conti, M. Le Brun, a imaginé de chanter ce triste sort du sang du grand Corneille dans une ode assez mauvaise, et d'en faire l'hommage à M. de Voltaire. Celui-ci, échauffé par le nom du père du théâtre français, s'est offert de prendre Mlle Corneille chez lui, et de la faire élever sous ses yeux par sa nièce, Mme Denis. Cela a occasionné des lettres entre M. de Voltaire et M. Le Brun, et tout a été imprimé [4]. Des parents riches et dévots ont d'abord voulu s'op-

---

1. Il se nommait Jean-François Corneille. Il était petit-fils de Pierre Corneille, oncle du tragique, par conséquent neveu à la mode de Bretagne de celui-ci. Ce n'est là ni *descendre de lui*, ni être son parent *à un degré fort éloigné*, comme le dit Grimm. (T.)

2. Par son testament du 15 novembre 1752, Fontenelle institua ses légataires universelles, chacune pour un quart, Mme de Montigny, Mlles de Marsigny et de Martainville, arrière-petites-filles de Thomas Corneille, et Mme de Forgeville. Le Corneille dont Grimm parle ici attaqua ce testament. Dreux du Radier fit un mémoire pour lui; mais ses moyens furent rejetés par arrêt du Parlement du 4 avril 1758. Les héritières de Fontenelle lui accordèrent volontairement un secours. (T.)

3. Cette représentation eut lieu le 10 mars 1760. Voici la teneur de l'affiche : « Les Comédiens ordinaires du roi, pénétrés de respect pour la mémoire du GRAND CORNEILLE, ont cru ne pouvoir en donner une preuve plus sensible qu'en accordant à son neveu, seul rejeton de ce grand homme*, une représentation. Ils donneront lundi prochain 10 mars 1760, à son profit, *Rodogune*, tragédie de PIERRE CORNEILLE, et *les Bourgeoises de qualité*. » Ils firent de plus l'abandon de leurs feux. (T.)

4. *Ode et Lettres à M. de Voltaire en faveur de la famille du grand Corneille, par M. Le Brun, avec la réponse de M. de Voltaire*, Genève (Paris), 1760, in-8°.

* Ceci renferme une erreur qui fut bientôt reconnue. Ce Corneille n'était pas rejeton du tragique, et, loin d'être le seul de ce nom, se vit bientôt confondu dans ses prétentions par un de ses cousins vraiment descendant de Corneille. (T.)

poser à cet arrangement, de peur que Mlle Corneille ne courût risque de son salut sous les yeux du premier homme du siècle; mais comme il aurait fallu remplacer ses offres généreuses, ils ont enfin consenti que la jeune personne prît la route des Délices et de la perdition. L'envie a voulu diminuer le mérite de la bonne action de M. de Voltaire, et cela est bien odieux. D'autres ont élevé l'action du philosophe des Délices jusqu'aux nues, et c'est exagérer. Il aurait pu faire, sans doute, du bien à Mlle Corneille avec moins d'ostentation, et si, par hasard, il s'en dégoûtait par la suite, et qu'il ne lui fît pas un sort pour sa vie, il l'aurait rendue plus malheureuse que s'il l'avait laissée dans la misère; mais il n'y a que des âmes viles qui puissent prévoir de si loin des maux qui ne sont pas arrivés, et qui, malgré leur beau zèle, leur seraient de la dernière indifférence s'ils n'en tiraient l'avantage de noircir un homme célèbre.

BOUQUET D'UN FILS A SA MÈRE
LE JOUR DE SAINTE CATHERINE.

> Votre patronne, au lieu de répandre des larmes,
> Au jour qu'elle souffrit pour le nom de Jésus,
> Parla comme Caton, mourut comme Brutus;
>   Elle obtint le ciel, et vos charmes
>   L'obtiendront comme ses vertus.
> Reniez Dieu, brûlez Jérusalem et Rome,
> Pour docteurs et pour saints n'ayez que les Amours,
>   S'il est vrai que le Christ soit homme,
>   Il vous pardonnera toujours.

On dit que ces vers sont de M. l'abbé de Boufflers pour Mme la marquise de Boufflers, mais il ne faut pas croire les on-dit.

— *Les Folies, ou Poésies diverses de M. F****[1], volume in-12. Cette rapsodie est composée de fables, de chansons, d'œuvres mêlées, que personne n'a regardées.

— *Essai sur la déclamation tragique*, par M. Dorat, brochure in-8°. Cet essai paraît pour la dernière fois, corrigé et augmenté, comme cela se pratique. C'est l'ouvrage d'un écolier.

---

1. Jacques Fleury, avocat.

15 décembre 1760.

Les embellissements de l'église paroissiale de Saint-Roch viennent d'être achevés et consacrés avec beaucoup de pompe et de solennité. Ces nouveaux ouvrages sont : la chaire, de l'invention de M. Challe, sculpteur ordinaire du roi ; la grille à hauteur d'appui qui ferme le chœur, par Boré, serrurier ; l'autel du *Christ au jardin des Olives*, par M. Falconet, sculpteur du roi, professeur de l'Académie royale de peinture ; l'autel de Saint-Roch, ouvrage de M. Coustou ; la chapelle de la Vierge, dont le plafond est de M. Pierre. J'ai eu l'honneur de vous parler de ce plafond en son temps. L'autel, où l'on voit l'*Annonciation* exécutée en marbre, est de M. Falconet. Le plafond de la chapelle de la communion est aussi de M. Pierre, et les figures de l'autel sont de Paul Slodtz, qui vient de mourir. Enfin, le Calvaire est de l'invention de M. Falconet, ainsi que les figures qu'on y voit, excepté le crucifix, qui est d'un sculpteur du siècle passé, nommé Michel Anguier.

Si vous consultez nos journaux sur ces différents ouvrages, vous y lirez les éloges les plus pompeux qui devraient, ce semble, d'autant moins flatter les artistes qu'ils sont vides de sens. Il s'agit ici de vous donner une idée plus nette de ces morceaux, et je laisse ce soin à un homme plus habile qui, connaissant mieux que moi les difficultés de l'art, en juge avec plus d'indulgence que je ne serais disposé d'avoir. Voici le résultat de ses observations[1].

L'église de Saint-Roch est belle, spacieuse, bien distribuée, bien éclairée, d'un goût d'architecture simple. On trouve seulement que les degrés qui sont au devant du portail et par lesquels on y monte ne l'exhaussent pas assez. Un critique qui parcourrait Paris et qui en considérerait les différents édifices comme des monuments antiques dirait qu'il faut que le terrain

---

1. M. Assézat, en imprimant pour la première fois ces observations de Diderot, d'après la copie faite à l'Ermitage, les avait classées d'abord à la date de 1753, époque où fut terminé le Calvaire de Saint-Roch. Une note placée à la fin des *Miscellanea artistiques* les reporte à 1765, date de l'achèvement de la décoration de l'église. Elles ne furent écrites, comme on voit, ni sitôt, ni si tard.

soit baissé en cet endroit. Ce défaut ôte de la légèreté et de l'élégance à l'édifice entier.

Du milieu de la nef, l'œil découvre par un percé l'autel du chœur, celui de la Vierge, celui de la Communion, et celui du Calvaire.

En s'avançant du milieu de la nef vers l'autel du chœur, on est arrêté par la chaire d'où l'on annonce au peuple la parole de Dieu. C'est un grand travail, mais lourd et bas. La dorure des cariatides qui soutiennent ce morceau, et des panneaux en bas-reliefs qui forment le contour au-dessus des cariatides, achève d'appesantir le tout. Il est fâcheux d'avoir de grands modèles dans l'esprit; on y rapporte, malgré qu'on en ait, ce que l'on voit; et j'avais entendu parler, quand je vis la chaire de Saint-Roch, d'une autre chaire construite dans une église de Flandre. C'est une caverne pratiquée dans un rocher. Un escalier rustique y conduit. Au bas de cette caverne, sur le penchant de la roche, sont assis Moïse, Jésus-Christ, les apôtres et les prophètes. A un des côtés sortent d'entre les fentes du rocher des arbres, dont les branches et les feuilles, jetées vers l'entrée de la caverne, forment le dôme de la chaire. Des herbes, des plantes agrestes, des ronces, des lierres rampants, la saillie inégale des pierres brutes couvertes de mousse donnent au tout un air sublime et sauvage. Les peuples rassemblés autour d'un pareil édifice semblent avoir abandonné leurs habitations pour aller chercher l'instruction dans le désert.

Revenons à l'église de Saint-Roch. Arrivés à la balustrade du maître-autel, ceux qui aiment les ouvrages de serrurerie remarqueront la grille qui la ferme dans le milieu. C'est, dans ce genre, un beau travail et de bon goût. Toutes les parties en sont solides et bien assemblées, les ornements convenables. Simplicité, richesse, sans uniformité et sans confusion.

A gauche du maître-autel, contre un pilier, on voit un Christ agonisant. La tête et les bras de ce morceau agonisent en effet, mais le corps et les parties inférieures se reposent. Il semble cependant que l'agonie aurait dû répandre sa défaillance sur tous les membres, et que les jambes surtout seraient mieux si elles cherchaient à se dérober sous le corps. Il y a une de ces jambes appuyées sur la pointe du pied, et ce pied devrait être pendant. Un autre reproche qui tombe sur l'emplacement, c'est que la base de la figure est si étroite et qu'il y a si peu d'espace depuis le pilier jusqu'à ses parties les plus saillantes qu'on ne sait comment elle demeure là suspendue. Elle en a l'air contraint, et cette contrainte chagrine celui qui regarde. Contre le pilier correspondant à celui-ci, et à droite du maître-autel, est un saint Roch debout, son bourdon de pèlerin à la main et son chien entre ses jambes. C'est un morceau commun. Il paraît s'émerveiller, et l'on ne sait de quoi. Le sculpteur n'a eu égard ni à la fatigue d'un voyageur, ni au caractère et à la pauvreté d'un pèlerin qui va mendiant, ni à rien de ce que son sujet avait de singulier et de poétique. Il me fallait là un pauvre diable sous un vêtement déguenillé et qui aurait montré le nu : une besace sur une des épaules, un bâton noueux, un chapeau clabaud, un chien de berger à long poil, et rien de tout cela n'y est; mais à la place une prétendue noblesse, froide et muette. En tournant à droite ou à gauche, on arrive à la chapelle de la Vierge. Là, sous une arcade, au-dessus d'un autel qui ferme le bas de l'arcade, on a représenté en marbre blanc l'*Annonciation*. On voit à droite l'ange porté sur des nuages. Ces nuages qui l'environnent se répandent par ondes sur l'autel, et atteignent les genoux de la Vierge qui est à gauche. L'ange et la Vierge m'ont paru d'un assez beau caractère. La Vierge est à genoux, sa tête modestement inclinée, et ses bras ouverts vers l'ange disent *fiat mihi*. C'est vraiment la tête d'une vierge de Raphaël, comme il en a fait quelques-unes d'une condition subalterne. Ces vierges-là, moins belles, moins élégantes, moins nobles que les autres, ont quelque chose de plus attrayant, de plus simple, de plus singulier, de plus innocent, de plus rare. Ce qu'on y remarque d'un peu paysan ne me déplaît pas, et puis j'imagine que c'est un tour de physionomie national. L'ange est de la famille, et ceux qui seront mécontents de la vierge auront tort d'être contents de l'ange. Je ne sais où ils ont pris que ces figures étaient maniérées; elles ne le sont point. Mais un défaut réel et frappant, c'est que, quoique la vierge et l'ange soient de proportion colossale, l'espace vide qui les sépare est si grand qu'ils en paraissent mesquins et petits, la Vierge surtout. Le sculpteur ou n'a pas su établir entre cet espace et ses figures le vrai rapport qui convenait, ou il est tombé dans ce défaut en voulant ménager à travers le percé la vue d'un Christ placé dans le Calvaire qui est au delà. Du moins, c'est ainsi qu'on peut le défendre.

A gauche de cet autel, on a placé une statue en plomb bronzé qui représente David, et à droite une autre qui représente le prophète Isaïe. J'en suis fâché pour M. Falconet, mais son David est lourd et ignoble. C'est un gros charretier couvert de sa blaude mouillée, et appuyé sur une harpe. Pour son Isaïe, il m'a paru très-beau. Son regard et son geste sont d'un inspiré qui lit dans l'avenir des temps. J'aime sa grossière et large draperie ; j'aime surtout sa tête, le jet de sa barbe, la maigreur de ses joues creuses, sa chevelure hérissée, sa contenance effarée, et le lambeau d'étoffe qui vient envelopper en désordre le haut de sa tête. C'est le Moïse de Poussin qui montre aux Israélites mourants le serpent d'airain. Cet Isaïe a bien l'air de ces hommes faits pour en imposer aux peuples, et même pour s'en imposer à lui-même. Une Gloire, faite de têtes de chérubins, de nuées et de faisceaux de lumière qui s'échappent en tous sens, remplit une portion du haut du percé de l'arcade, et lie la scène qui se passe sur l'autel avec la peinture de la coupole. Il y a dans ces trois objets : l'Annonciation en figures de ronde-bosse, la Gloire qui ne pouvait être qu'une espèce de bas-relief, et la coupole qui n'est qu'une surface peinte, une dégradation de vérité qui m'a fait plaisir. Les figures de ronde bosse sont moins poétiques et plus réelles que la Gloire, la Gloire, moins poétique et plus réelle que la coupole.

On a peint à la coupole une Assomption de la Vierge. Quelques connaisseurs auraient désiré qu'on eût fait du tout un seul et unique sujet ; qu'on eût vu à la coupole un Père éternel au milieu des prophètes, regardant au-dessous de lui l'accomplissement du grand mystère sur la terre, et il est sûr que cela eût été mieux. Au reste, si c'est là un défaut, il est peu senti ; et s'il l'était davantage, rien ne serait plus aisé que de le réparer, même en rendant la coupole plus belle. Il n'y aurait qu'à effacer de là une petite Vierge mesquine qu'on aperçoit à peine, et sur laquelle il n'y a qu'un jugement pour y peindre un beau Père éternel, bien vieux, bien noble et bien majestueux. La Gloire de la chapelle de la Vierge, vue du milieu de la nef, fait l'effet d'un riche baldaquin sous lequel la scène de l'ange et de la Vierge se passe, et cela est heureux. Derrière la chapelle de la Vierge est l'autel de la communion, où l'on remarque deux anges adorateurs qui sont beaux. Et derrière la chapelle de la Communion est un Calvaire. Nous nous arrêterons un moment ici, moins pour ce qu'on a fait que pour ce qu'on aurait pu faire. Pour produire un grand effet, celui d'un discours pathétique subsistant, l'endroit est trop petit et trop éclairé; moins de lumière inspirerait de la mélancolie à ceux qui n'en auront pas, et l'augmenterait dans l'âme de ceux qu'elle y aurait conduits. Plus d'espace, il y aurait eu plus de grandeur dans les figures; plus de figures, plus d'action, un plus grand spectacle. On voit ici au lieu le plus élevé dans l'enfoncement d'une niche un Christ attaché à la croix, aux pieds de la croix une Madeleine éplorée. Le Christ est mauvais. La Madeleine vaut mieux. C'est une assez bonne imitation de Le Brun. La croix est plantée sur un rocher; ce rocher est brisé inégalement en plusieurs endroits. Sa rupture forme plus bas comme un commencement de caverne. Là-dessous on a pratiqué un autel de marbre bleu turquin en tombeau. Deux urnes fument aux deux bouts du tombeau. Sur le milieu est un bout de colonne doré qui forme le tabernacle. Sur ce bout de colonne on a jeté la robe du crucifié, les clous, la lance, la couronne, les dés, les autres instruments de la passion. Cela est poétique et beau, mais on en pouvait tirer un bien meilleur parti. A droite, sur le rocher, à l'endroit où il se brise, il y a deux soldats, petits, mesquins, qui ressemblent à deux morceaux de carton découpé, et qui font fort mal. Sur le milieu, un peu au-dessus de la colonne qui fait le tabernacle, et sur l'extrémité des débris du rocher, le serpent forme des circonvolutions; il a la tête tournée vers le fond de la niche, et semble siffler et darder sa langue fourchue contre le Christ. Si j'avais eu l'idée d'exécuter un Calvaire, j'aurais embrassé un grand espace, et j'aurais voulu y montrer une grande scène, comme l'*Élévation de Croix* de Rubens ou le *Crucifiement* de Volaterra : on y aurait vu des masses de rochers escarpés; sur ces masses, des soldats, le peuple, les bourreaux, les apôtres, les femmes, des groupes, des actions, des passions de toute espèce. Ces sortes de sujets, qui se présentent à l'esprit sous un coup d'œil sublime, n'admettent point de médiocrité. J'aimerais mieux une seule belle figure, comme un *Ecce Homo*, un Christ flagellé, qu'un tableau manqué. Je me serais bien gardé d'y placer un petit tombeau de marbre en bleu turquin ; j'aurais suivi l'histoire : j'aurais creusé un grand tombeau dans le rocher ; au-dessus de ce tombeau, j'aurais étendu la robe, et jeté sur cette robe la lance, la couronne, les clous. La robe n'aurait point eu là l'air d'un petit paquet de linge chiffonné. Et ce bout de colonne doré qui forme le tabernacle, qu'est-ce que c'est que cette absurdité-là ? Un édifice tel que je l'imagine, avec tout le pathétique qu'on pourrait y introduire, ferait plus de conversions que tous les sermons d'un carême. Mais si l'on eût voulu, à la place d'un Calvaire on aurait pu exécuter dans le petit espace qu'on avait à Saint-Roch un sujet plus convenable au lieu et plus frappant peut-être : c'est une Résurrection. A droite et à gauche on aurait placé les apôtres, les soldats, les femmes. Le tombeau eût occupé le milieu et formé l'autel, et l'on aurait vu le Christ, ressuscité, s'élevant du tombeau au-dessus de toutes les autres figures. Ce Christ ressuscité et s'élevant vers le ciel, vu du milieu de la nef, aurait produit, ce me semble, un grand et bel effet. Ce sujet eût aussi demandé beaucoup de goût et de talent.

En un mot, pour n'avoir pas bien réfléchi à ce qu'on voulait faire à Saint-Roch, pour avoir voulu faire plusieurs choses, on a plus dépensé qu'il n'en aurait coûté pour en exécuter une seule, mais qui aurait pu être grande et belle.

Dans presque tous les monuments modernes que je connais, ce n'est point l'expression, ce n'est point la vérité du dessin, ce n'est point la beauté du travail qui manque, c'est la grande idée, et sans l'idée grande on ne fait rien qui vaille, surtout en sculpture. Dans l'église de la Sorbonne, vous voyez le cardinal de Richelieu expirant; la France se désole à ses pieds, la religion le soutient sous les bras, à la vue d'un Christ placé sur l'autel. Rendez le travail de ce monument cent fois plus beau s'il se peut, mais ôtez l'idée de la religion qui soutient le moribond, et tout sera détruit. Pourquoi les sculpteurs, qui ont assez souvent la froideur de la matière qu'ils emploient, n'ont-ils pas recours aux tableaux des grands maîtres ? Il paraît que c'est leur vanité seule qui s'y oppose. D'autant plus qu'il est presque possible d'exécuter avec succès en marbre la composition d'un peintre, au lieu que la composition d'un sculpteur ferait presque toujours mal en peinture.

— L'ouvrage de Warburton sur l'*Union de la religion, de la morale et de la politique,* a une grande réputation. M. de Silhouette en a fait une traduction libre, il y a environ vingt ans, et cette traduction vient d'être réimprimée sans qu'on ait changé sur le titre l'année de sa première publication[1].

— On a fait une nouvelle édition de l'*Histoire de la santé et de l'art de la conserver, ou Exposition de ce que les médecins et les philosophes anciens et modernes ont imaginé de plus intéressant sur cette matière.* Ouvrage de Mackensie[2], traduit de l'anglais. Ce livre est estimé.

— M. Desormeaux a continué l'*Histoire générale des conjurations, conspirations et révolutions célèbres, tant anciennes que modernes,* ouvrage commencé par M. Duport-Dutertre qui est mort. Le continuateur vient d'en donner les tomes neuf et dix. Il ne manque à cette entreprise qu'une plume pour être belle; mais M. Duport-Dutertre était un pauvre historien, et vous savez que les continuateurs ont toujours la politesse de rester à quelques degrés au-dessous de ceux dont ils prennent la place.

1761

JANVIER

1er janvier 1761.

Il y a environ six mois que l'ami des hommes, autrement dit M. le marquis de Mirabeau, adressa une consolation à M. Le Franc de Pompignan sur les tribulations que lui avait attirées son discours à l'Académie française. Cette consolation finis-

---

1. La traduction de Silhouette parut sous la rubrique de Londres, G. Darrès, 1742, 2 vol. in-12. Quérard ne mentionne pas l'édition dont parle Grimm, et qui n'était peut-être que la mise en circulation des exemplaires non vendus de la première.

2. La Haye, 1759 et 1760, in-8°.

sait par un verset remarquable, et je crois vous en avoir parlé : « Il y a deux grands arbres, disait le consolateur, qui couvrent l'État de leur ombre : l'arbre de la Religion, et celui de l'Autorité. De tout temps les chenilles se sont mises dans ces arbres. Que faire à cela? Écheniller les arbres, et quand l'insecte est à bas, marcher dessus sans se fâcher. » Qui s'imaginerait que l'auteur, en prêchant l'intolérance avec un sang-froid si atroce, travaillait à un ouvrage qui, par le fond et par sa forme, aurait besoin de toute l'indulgence du gouvernement? En observant les hommes, on trouve à tout moment de ces inconséquences et de ces contradictions dans leur conduite. La *Théorie de l'impôt*[1], qui vient de paraître et dans laquelle M. de Mirabeau adresse toujours la parole au roi directement, commence ainsi : « Seigneur, vous avez vingt millions de sujets, plus ou moins. Ils ont tous quelque argent; ils sont tous à peu près capables du genre de service que vous demandez, et toutefois vous ne pouvez plus avoir de services sans argent, ni d'argent pour payer les services. Cela signifie, en langue naturelle, que votre peuple se retire de vous sans le savoir, attendu que les volontés sont encore ralliées à votre personne, en la supposant isolée des agents de votre autorité; et d'autre part sans oser le dire, vu que nous sommes en un siècle mol et craintif, votre puissance n'est autre chose que la réunion des volontés d'une multitude forte et active à la vôtre. D'où suit que la disjonction des volontés est ce qui coupe le nerf à votre puissance. »

Toute la suite de l'ouvrage répond à cet étrange début, et par la hardiesse des idées, et par la force des expressions. L'auteur a dû s'attendre à être regardé par les jardiniers de Versailles comme la plus grosse chenille qui se soit jamais attachée à l'arbre de l'Autorité, et si l'on n'a pas marché dessus, c'est que les jardiniers sont d'un naturel doux et n'aiment point à écraser. Cela est du moins vrai de ceux qui gardent l'arbre de l'Autorité. Passons à chacun les préjugés de son état, et il le faut bien, puisque nous n'en pouvons prévenir les effets, ni empêcher que chacun ne se conduise en conséquence de leur impulsion. Ainsi il faut passer à ceux qui sont à la tête du gouvernement de regarder comme dangereux ceux qui en osent atta-

---

1. Paris, 1760, in-4° et in-12.

quer les principes et la conduite. Il faut permettre aussi à ceux qui gardent l'arbre de la Religion de se fâcher un peu quand ils le voient attaqué. Chacun veut conserver son arbre. Mais convenons que les deux jardiniers sont d'humeur bien différente. Les premiers ne se fâchent guère. Quelquefois, quand ils voient leur arbre bien travaillé de tous les côtés, ils se mettent à le secouer. Alors les hannetons tombent de toutes parts; mais ils ne sont pas sitôt revenus de leur étourdissement, qu'ils se remettent de plus belle à la besogne. Les gardiens de l'arbre de la Religion n'ont point cette douceur. On ne peut approcher de leur arbre sans les inquiéter. La plus petite feuille écornée les met en transes, et s'ils avaient comme les autres la puissance en main ils poursuivraient à feu et à sang tous ceux qui ne se prosternent pas au pied de leur arbre sans le regarder. La différence de cette conduite prouve, au premier coup d'œil, que les uns comptent sur la bonté de leur arbre, et que les autres n'osent se fier à la bonté du leur : apparemment qu'ils remarquent en lui les symptômes de vieillesse, et qu'il ne saurait désormais perdre une feuille sans dommage. Pour moi, qui me promène volontiers autour de ces deux arbres sans prendre parti entre les jardiniers et les hannetons, et pensant que chacun fait sa charge dans ce monde, j'eus occasion d'entendre l'autre jour un dialogue entre eux qui me surprit infiniment, car j'étais persuadé que depuis la mort d'Ésope les arbres avaient absolument cessé de parler :

« Comme te voilà beau et vigoureux! disait l'arbre de la Religion à l'arbre de l'Autorité; j'ai couvert l'État de mon ombre, et tu as prospéré. C'est à moi que tu dois ta force et ta beauté : ainsi je dois compter sur ta reconnaissance, et que tes ministres recevront toujours l'ordre des miens avec respect; et comme l'État peut encore moins se passer de moi que de toi, j'espère qu'ils défendront ma cause avec encore plus de chaleur que la tienne. — Tu te moques de moi, camarade, répondit l'arbre de l'Autorité. Trêve de reconnaissance entre nous. S'il m'en souvient bien, tu t'es venu planter à côté de moi sans dire gare, et puis avec ta discrétion ordinaire tu t'es emparé des deux tiers de mon terroir. J'étais assez simple pour croire qu'il m'en reviendrait des avantages considérables. Mais aujourd'hui je sais à quoi m'en tenir. Ce n'est pas ta faute si j'existe encore, et tout le profit que tu me fais se réduit à nourrir un troupeau immense de gens inutiles qui se disent tous nécessaires à ta culture, que ta livrée a empêchés de prendre un métier honnête, et qui, orgueilleux, fainéants et tracassiers, troublent sans cesse mon domaine en criant contre ceux qui, à leur jugement, ne passent pas à côté de toi avec assez de révérence. — Ah! l'ingrat, s'écria l'arbre de la Religion. Parce que je commence à sentir le poids des années… — Il est vrai, camarade, répliqua l'arbre de l'Autorité, que tu approches un peu de la caducité, et que je n'ai repris des forces que depuis que tu as cessé d'augmenter les tiennes. Soyons de bonne foi : tu décries tous les arbres qui portent ton nom dans d'autres pays ; tu te dis la seule tige universelle, et que tu ne viens nulle part naturellement. Tu dis que sans toi il n'y a pas d'ombre dans l'univers : s'il faut des ténèbres pour être à l'ombre, je conviens que tu en amènes toujours. Mais dans le fait tu es étranger dans ces climats, d'un naturel bâtard et parasite, et tu n'aurais jamais prospéré sans mon aveugle complaisance. Partout où tu as pu te glisser, ou bien tu as tout envahi, ou tu as dégénéré bien vite. Pour moi, je viens en tout pays, j'existe en tout climat, de toute éternité. Qu'importe que dans tel village ce soit le syndic ou bien la communauté qui prenne soin de moi ; qu'ici ma culture soit commise à des jardiniers, là à des chasseurs, ailleurs à des pâtres? Le peuple ne m'en veut jamais, à moi, et même dans les temps les plus orageux il ne cherche point à m'abattre, il ne s'occupe que de mon rétablissement. Camarade, entre nous, j'ai assez fait pour toi ; désormais, tu feras comme tu l'entendras; je ne suis plus assez sot pour épouser tes querelles. » A ces mots l'arbre de la Religion se mit à pousser de grands hurlements, mais qui n'épouvantèrent plus personne. Ses ministres annoncèrent la fin du monde et la ruine de l'État. Ils menacèrent de la pluie et du beau temps l'un et l'autre.

De la chute des rois funeste avant-coureur.

Mais cela n'empêcha pas le peuple de faire une bonne moisson et de bonnes vendanges. Car malheureusement l'année fut bonne. Pour moi, j'admirais comme l'esprit était venu à l'arbre de l'Autorité, et je disais tout bas : Pardon, je te croyais plus bête. Je restai aussi convaincu de la vérité du dogme de Jean-Jacques Rousseau que l'état de méditation était un état dépravé, car, me disais-je, pour peu que l'arbre de l'Autorité continue à raisonner, il trouvera que son camarade, bien loin de lui avoir été utile, lui a été nuisible en tout temps et de toutes manières, qu'il lui a l'obligation de tous les maux qu'il a éprouvés. Or voyez si cela ne mènerait pas droit à l'indifférence et à la haine. Cela me rappelle l'histoire de cet honnête Italien qui, ne pouvant se persuader ni le dogme de l'infaillibilité du pape, ni celui de la transsubstantiation, quitta la religion catholique et se fit calviniste à Genève. Ayant reçu de la chambre des prosélytes les secours qu'on est en usage de donner aux nouveaux convertis, il rapporta cet argent au bout de quinze jours, disant qu'après avoir mieux réfléchi, il ne lui était pas possible de croire à la divinité du Verbe, et qu'ainsi de calviniste il s'était fait socinien. On lui dit de garder l'argent, et de n'y pas regarder de si près. Mais, au bout de quinze autres jours, il revint de nouveau avec l'argent, disant qu'après avoir encore mieux réfléchi, il lui était impossible d'admettre une révélation, et qu'il était forcé de s'en tenir au simple déisme de la religion naturelle. Les préposés, craignant de le voir revenir encore, après quinze jours de nouvelles réflexions, peut-être athée et sceptique, le prièrent de n'avoir aucun remords sur l'argent qu'il avait reçu, mais de le regarder comme un viatique qui pourrait le mener depuis Genève jusqu'à l'endroit où il voudrait se rendre pour achever ses méditations.

Les miennes roulèrent encore sur les cris qu'on entend s'élever de toutes parts contre la nouvelle philosophie, laquelle, malgré sa nouveauté, est aussi ancienne que la faculté de raisonner, et contre les auteurs dangereux. Un livre, me disais-je, peut être plat, faux, absurde, je le conçois ; mais je ne connais de livre dangereux que *le Portier des Chartreux* et ses pareils. Le gouvernement peut sévir contre ces derniers parce que la conservation des mœurs de ses citoyens ne doit pas lui être indifférente. Mais que lui importe mon opinion sur la nécessité, sur la liberté, sur la nature de l'âme, du monde et du premier être? Que lui importe que j'aie la prétention d'en savoir plus long là-dessus que les autres et la sottise de vouloir faire le docteur? Le monde ira-t-il moins son train parce qu'Helvétius a soutenu quelques paradoxes, et refusera-t-on de payer les impôts parce que M. de Mirabeau prétend que les fermiers généraux ne sont pas les piliers, mais bien les pilleurs de l'État? Oui, si j'en crois les dévots, tout est perdu depuis que le livre de *l'Esprit* a paru, et à moins de brûler l'auteur, on ne peut espérer de réparer le mal. Les gens de finance soutiennent que la *Théorie de l'impôt* culbutera le royaume, d'autres disent que c'est l'*Encyclopédie* qui aura cet honneur-là. Mais l'homme d'État, méprisant toutes ces vaines et tristes clameurs, sait découvrir dans d'autres sources les causes de la prospérité et de la décadence des royaumes. Je suis persuadé que si mon arbre de l'Autorité voulait se mettre à jaser là-dessus, il nous dirait de très-bonnes choses. En attendant, j'en ai toujours conclu, contre l'opinion même de M. de Mirabeau, que quelle que soit la hardiesse avec laquelle il traite des questions qui intéressent de plus près les peuples et le gouvernement, celui-ci, loin de s'en offenser, doit lui en savoir bon gré : car ce qui est bon dans son livre prospérera, et ce qui en est mauvais, faux et absurde tombera de lui-même, comme cela arrive toujours. Il est vrai que mon avis n'a pas empêché M. de Mirabeau d'être mis à Vincennes; mais son sort ne doit point inquiéter. Ce n'est point un philosophe que M. de Mirabeau; il est dévot, et je suis persuadé qu'il l'est de bonne foi. Or la bénédiction du ciel se répand toujours visiblement sur tous ceux qui, de bonne ou de mauvaise foi, se mettent à couvert sous l'arbre de la Religion, et sous la protection de ses ministres. La *Théorie de l'impôt* aurait fait enfermer un philosophe le reste de ses jours ; pour M. de Mirabeau, c'est l'affaire de quelques semaines, et j'en suis bien aise, car un de mes principes est qu'il ne faut enfermer que celui qui vole et tourmente son voisin. Je n'attaquerai donc pas l'ouvrage de M. de Mirabeau à cause de sa hardiesse; mais je lui reprocherai d'être diffus, obscur et louche. On avait reproché à l'*Ami des hommes* le défaut de noblesse et de correction dans le style; c'est bien pis dans la *Théorie de l'impôt*. On voit que l'auteur évite avec soin de parler naturellement, et qu'il affecte partout un style obscur et barbare; aussi ne peut-on pas dire que son livre soit écrit en français, et son jargon serait insupportable à tout homme de goût, sans la chaleur et l'emportement qu'on y remarque. M. de Mirabeau a voulu imiter le style original et énergique de Montaigne, mais le singe reste toujours singe. Quant aux idées, vous en trouverez peu de neuves dans la *Théorie de l'impôt*. Les gens de finance se sont fort récriés sur la fausseté des détails et des calculs ; mais qu'importe que, dans un ouvrage de théorie, les détails et les calculs soient faux, pourvu que les principes en soient vrais et inattaquables? Ce qu'on peut reprocher avec raison à M. de Mirabeau, et ce qui est impardonnable dans un auteur de cette classe, c'est le défaut de netteté dans les vues. Il ne fait qu'entrevoir les choses, et ne sait leur donner le degré d'évidence qui est indispensable dans ces matières. Ce défaut rend son ouvrage obscur, vague et inutile.

15 janvier 1761.

Un des Poinsinets, je ne sais lequel, car il y en a deux, a voulu traiter le sujet de Pygmalion dans une comédie en un acte. Cette petite pièce vient d'être jouée et sifflée à la Comédie-Française [1].

— M. Saurin a donné sur le même théâtre une petite comédie intitulée *les Mœurs du temps* [2]. Cette pièce a eu un succès prodigieux. C'est encore une peinture de nos petits-maîtres et de nos femmes à prétentions. Vous n'y trouverez guère de traits nouveaux, mais cela est fait légèrement et avec esprit ; je fais peu de cas de ce genre, et, quoiqu'on en dise les tableaux frappants, il me paraît à moi manquer absolument de vérité ; mais le parterre n'est pas de mon avis.

— On vient de nous envoyer de Hollande les *Campagnes de M. le maréchal de Noailles*. On dit que ce livre a été fait sur des papiers dérobés, il y a quelques années, au dépôt de la guerre. Il aura le mérite d'être authentique, mais il ne sera pas aisé de l'avoir ici. Il a été arrêté tout en arrivant, et je ne crois pas qu'il y ait plus de quatre ou cinq exemplaires de répandus.

— *Contes moraux* par M. Marmontel, deux volumes in-12.

1. Cette pièce, de Poinsinet de Sivry, fut représentée pour la première et dernière fois le 12 décembre 1760, et non imprimée.
2. Représentée le 22 décembre 1760, et imprimée l'année suivante, in-8°.

La plupart de ces contes ont paru successivement dans le *Mercure*, et ont eu beaucoup de succès. L'auteur a cru devoir les recueillir, et il en a ajouté quelques-uns qui n'avaient pas encore vu le jour. Il y en a plusieurs de fort jolis; d'autres qui manquent de naturel et de vérité; tous sont bien écrits. M. Marmontel a ajouté à ce recueil son *Apologie du théâtre* contre la lettre de M. Rousseau à M. d'Alembert. Cette *Apologie* est un morceau très-vigoureux et très-bien fait, auquel M. Rousseau, avec toute son éloquence, aurait bien de la peine à répondre, parce qu'on ne répond pas à celui qui a raison. Elle avait aussi été insérée dans le *Mercure* par morceaux; mais vous serez bien aise de la lire de suite, et vous y trouverez des vues neuves avec beaucoup de logique. En général, M. Marmontel a bien l'esprit de discussion, et s'il avait autant de goût et de sentiment que de talent ce n'eût point du tout été un homme d'une classe ordinaire. Tel qu'il est, on ne peut se dispenser de lui accorder beaucoup de mérite.

— On vient d'imprimer ici un *Appel à toutes les nations de l'Europe, ou Manifeste au sujet des honneurs du pavillon entre les théâtres de Londres et de Paris*. Cette brochure est tirée d'un nouveau volume des œuvres de M. de Voltaire, imprimée à Genève, pour servir de suite à l'édition de ses œuvres faite en cette ville. Ce nouveau volume contient *Candide* châtié et augmenté, la comédie de *l'Écossaise*, celle de *la Mort de Socrate*, plusieurs dialogues et d'autres pièces fugitives; mais ce volume ne paraît pas encore. Quant à l'*Appel aux nations de l'Europe* sur le théâtre anglais, je me réserve le droit de l'attaquer dans les formes; il est d'une mauvaise foi insigne. On pourrait dire à M. de Voltaire qu'il ne convient pas à un enfant bien né de battre sa nourrice. M. de Voltaire doit plus au théâtre anglais, qu'il connaissait, qu'aux anciens dont il ne connaît que ce qu'on en apprend au collège. Ce qu'il dit sur le poëte Rousseau peut être vrai; mais comme il a eu beaucoup de querelles avec lui durant sa vie, il devrait se respecter assez pour n'en jamais dire du mal. Les éloges exagérés dont on a accablé Rousseau et Crébillon le père, de leur vivant, ne sont point venus du désir de leur rendre justice, mais de la basse envie de mortifier par là M. de Voltaire; et celui-ci a été assez maladroit pour laisser souvent voir à ses ennemis qu'ils y avaient réussi. Quoique Rousseau et

Crébillon ne soient pas sans mérite, la postérité ne confondra pas assurément M. de Voltaire avec eux.

— *De l'Homme, et de la Reproduction des différents individus. Ouvrage qui peut servir d'introduction et de défense à l'Histoire des animaux par M. de Buffon*[1]. C'est un petit volume in-8° dont je ne connais point l'auteur. Il s'agit de défendre le système de M. de Buffon sur la génération contre les attaques de M. de Haller, et ce n'est pas une chose aisée. On ne saurait assez s'étonner de voir les meilleurs esprits s'engouer de systèmes chimériques et leur attribuer un degré de certitude qu'un vrai philosophe ne pourra jamais leur accorder. S'ils voulaient nous donner leurs rêves pour des conjectures on pourrait s'en accommoder; mais nous forcer à les regarder comme des choses démontrées! En vérité, je commence à croire que l'homme, par sa nature, est un animal intolérant. M. de Buffon est un excellent esprit lorsqu'il s'agit de montrer les défauts et l'absurdité des différents systèmes connus; on ne saurait être meilleur philosophe que lui dans cette partie, et puis on le voit élever sur les débris des autres un nouveau système tout aussi absurde que ceux qu'il a détruits. En vérité, il faut rire du respect qu'il exige pour son système sur la génération. Il en coûte donc bien à l'homme de convenir des bornes de son entendement, et vaut-il mieux nous amuser par des fables que de dire : Je n'en sais rien?

FÉVRIER

1er février 1761.

J'ai déjà eu occasion de remarquer que le vrai talent de M. Rousseau est celui d'un sophiste, non dans le sens étroit que nous attachons aujourd'hui à ce terme, mais dans toute l'étendue qu'il avait autrefois à Athènes. C'était alors un métier de

---

1. (Par C.-J. Panckoucke.) Paris, 1761, in-12.

soutenir le pour et le contre dans les matières les plus graves. Le même homme qui vous avait ravi par son éloquence en vous exposant les avantages d'un art, d'une loi, d'une institution, vous en représentait le lendemain les inconvénients avec tant de force, que vous ne saviez plus ce qu'il convenait d'en penser. Cela se passait ainsi dans les écoles, et vous jugez bien que, quelque habileté que demandât un tel métier, il ne pouvait être estimé longtemps. On peut s'amuser à voir les artifices, les ressources, les feintes d'un habile maître d'escrime; mais l'usage noble et généreux que le guerrier fait de son épée excite un intérêt bien différent. M. Rousseau, né avec tous les talents d'un sophiste adroit et éloquent, les a employés non à soutenir le pour et le contre sur le même sujet, mais à établir des paradoxes avec beaucoup de force et de chaleur. Personne n'a comme lui l'art de vous mener à travers des raisonnements subtils et obliques à une conclusion exactement opposée au point d'où vous êtes parti. Vous vous apercevez bien qu'il décline de la route, mais vous êtes entraîné malgré vous par le prestige de l'éloquence. Cet art peut vous paraître parfois admirable, mais bientôt il devient pénible et fatigant. Quant à moi, du moins, la première condition que j'impose au philosophe qui veut que je l'écoute, c'est qu'il soit de bonne foi avec moi et avec lui-même. L'éloquence de M. Rousseau se fait admirer, mais ne persuade ni ne touche. Car quel est le bon esprit qui soit convaincu, d'après ses discours, que les arts et les sciences perdent les mœurs; que l'homme qui médite est un animal dépravé; que les spectacles sont dangereux et contraires à la police et aux bonnes mœurs? M. Rousseau n'a pas fait un prosélyte dont il voulût se vanter, et ceux qui ont lu ses ouvrages avec le plus de plaisir sont ceux qui sont le plus éloignés de ses idées.

En quittant son genre, on ne dépose pas son naturel : aussi trouverez-vous dans *la Nouvelle Héloïse* l'amour du paradoxe avec le fiel et le chagrin dont son auteur est obsédé. Tout le monde peut s'apercevoir de l'absurdité de la fable, du défaut du plan, et de la pauvreté de l'exécution, qui rendent ce roman, malgré l'emphase de son style, un ouvrage très-plat. Mais vous y remarquerez toutefois un plan secret que l'auteur a rempli, peut-être sans le savoir lui-même. Il a voulu que ses héros tinssent dans toutes les occasions une conduite exactement opposée à ce que tout homme raisonnable et sensé en attend, et par là il s'est donné le plaisir de tromper à tout moment l'attente de son lecteur. Mais on ne donne pas le change sur une situation, comme on y réussit quelquefois en matière de raisonnement à l'aide de quelques sophismes adroits et obliques. Lorsque je vois Julie, qu'on voudrait me montrer comme la créature la plus intéressante, donner un rendez-vous nocturne à son amant, je dis à l'auteur : « Monsieur, vous vous trompez ; une jeune personne aussi sage, aussi bien née, aussi grande que vous me représentez votre Julie, ne donne point de rendez-vous de cette façon-là. Je sais qu'on peut mépriser les dangers auxquels on s'expose, et que la passion les méconnaît ou les néglige ; mais elle ne fait rien faire à une fille bien née qui puisse la rendre méprisable à ses yeux et aux yeux de son amant. Votre Julie, telle que vous l'avez conçue, n'a jamais donné de rendez-vous ni pour accorder des baisers âcres, ni pour autre chose. Cette même Julie, dont les discours et la conduite jurent continuellement ensemble, meurt avec un apprêt et une coquetterie tout à fait déplacés. Soyez persuadé, monsieur l'auteur, que tout cela s'est passé tout autrement, ainsi que toutes les situations de votre roman sur lesquelles on vous a donné de très-faux mémoires. »

En général, je ne sais si ce plan secret de *la Nouvelle Héloïse* était susceptible d'exécution ; mais en tout cas il faudrait pour cela une sublimité de génie et de goût dont M. Rousseau est bien éloigné. Le défaut de génie frappe à tout moment ; celui de goût, quoique moins sensible, produit des effets plus choquants. Dans un ouvrage didactique on peut s'en passer ; mais tout ouvrage d'imagination en exige absolument. Il est vrai que c'est une qualité bien rare que celle du goût, et l'on a vu des écrivains de mérite en manquer totalement. M. Rousseau est dans ce cas, et voilà pourquoi il est si souvent, dans son roman, faux, grossier et plat, et que les petites choses comme les grandes sont traitées sans délicatesse. La cousine Claire et le précepteur se battent à coups de noyaux de pêches. C'est là une misère ; mais elle prouve combien l'auteur manque de goût. Passe pour des noyaux de cerises qu'on peut se jeter, encore cela n'est-il pas trop joli ; mais pour des noyaux de pêches, savez-vous, monsieur le précepteur, que vous risquez à ce jeu-là de pocher un œil à l'aimable cousine? La même cause qui ôte la gentillesse et la délicatesse aux petits détails, produit quelquefois dans d'autres des choses dégoûtantes. « Qu'en dis-tu, dit Julie à Claire, pendant sa dernière maladie, mon mal ne se gagne pas ; tu ne te dégoûtes pas de moi ; couche dans mon lit. » Cela est horrible. Mais dans tout ce détail de la maladie et de la mort de Julie, vous serez choqué à tout moment par des choses grossières et par des platitudes. Cette clé de la cave perdue, ce retour de Claude, sont, et tous les autres détails, les uns faux, les autres plats ; d'autres enfin, qui auraient pu être bien, et qui sont gâtés, marquent un homme qui n'a aucun sentiment des convenances. La critique de *la Nouvelle Héloïse* pourrait remplir des volumes entiers et être encore très-imparfaite. Aucun personnage de ce roman n'a de l'élévation. Ils ont tous ce ton de chagrin et de dénigrement que la misanthropie a rendu habituel à M. Rousseau. Jamais d'éloge pur, il implique toujours quelque blâme secret d'autre chose ; aussi ces gens-là n'ont-ils jamais l'air serein au milieu de la situation la plus délicieuse ; ils ne rendent pas le lecteur envieux de leur bonheur. Le même faux qui est répandu dans les sophismes du dissertateur règne dans la peinture des détails. Les principes de Julie sur l'éducation des enfants, la peinture de sa vie domestique avec ses valets, tout cela renferme un tas de contradictions qui s'entre-détruisent les unes les autres ; et lorsque Julie recommande au précepteur de ne point débaucher ses femmes, elle me paraît aussi impertinente que lorsque, dans un autre endroit, elle prévient son amant sur les dangers de la solitude. Ce dernier morceau serait plus à sa place dans l'Arétin, ainsi que quelques endroits du premier volume.

Il y a à mon gré une seule chose sublime dans *la Nouvelle Héloïse*, et qui porte vraiment le caractère du génie : c'est le rêve de Julie pendant sa petite vérole. Elle conte à sa cousine qu'au milieu de ses rêveries elle a vu l'image de son amant, pâle, défait, et dans les plus vives alarmes sur son état. Elle ne sait pourquoi ce rêve lui a fait une impression plus forte que les autres, et l'on apprend dans la lettre suivante qu'en effet son amant, averti de sa maladie, est accouru, et qu'il a été introduit dans l'appartement de Julie par la cousine. Cette erreur de Julie de confondre une chose réelle avec ses rêveries, avec la différence cependant d'une impression plus vive, me paraît une chose de génie que l'auteur de *Grandisson* n'aurait pas dédaigné de placer dans l'épisode de Clémence, si elle lui fût venue. C'est que cela est vrai, et que cela n'était pas aisé à trouver. M. Rousseau a ensuite gâté cet endroit comme il gâte tout. Il fallait que le lecteur fût seul dans la confidence, et non que Claire apprît à Julie comment le tout s'était passé : cela est maladroit; il ne fallait pas non plus que l'amant vînt uniquement pour s'inoculer la petite vérole en léchant la main de sa maîtresse : cela est plat et d'un goût détestable. Mais enfin la chose de génie y est, et c'est l'essentiel. M. Rousseau a rendu platement une autre circonstance qui, mieux arrangée, pouvait être sublime. Après la mort de Julie, Claire ne veut pas se mettre à table qu'on n'ait mis le couvert de sa cousine, tout comme si elle était en vie, et en passant devant la chaise de Julie, elle range sa robe. Cela est fort bête. Mais si les domestiques, par un effet ordinaire de la consternation, avaient mis d'habitude le couvert de Julie ; si Claire, absorbée dans la plus profonde douleur, eût rangé sa robe d'habitude; si la petite Henriette, par une suite de l'heureuse ignorance et de l'étourderie de son âge, eût dit à sa mère en contrefaisant la voix de Julie : « Claire, veux-tu de cela ? » et que Claire, réveillée par ce mot, eût poussé des cris de douleur et de désespoir, il ne faut point douter que ce tableau n'eût été déchirant. Voilà la différence de l'homme de génie à l'homme ordinaire. Le premier sait employer souvent des circonstances communes d'une manière sublime et qui produit les plus grands effets. Le second gâte même les belles choses qu'il trouve, ou ne sait du moins en tirer parti.

La préface qu'on lit à la tête de *la Nouvelle Héloïse* est déjà assez plate et assez extraordinaire. M. Rousseau en a cependant publié une autre à part, en forme de dialogue entre lui et un homme de lettres. C'est en quatre-vingt-dix pages un recueil fort serré de sophismes où la bonne foi est offensée à chaque ligne. L'homme de lettres attaque encore plus mal *la Nouvelle Héloïse* que M. Rousseau ne la défend, et une vanité mal entendue passe à travers tout ce bavardage.

— M. le marquis de Ximenès a fait imprimer à Genève, où il est présentement, quatre lettres contre *la Nouvelle Héloïse*[1]. Ces lettres, quoique signées par M. de Ximenès, sont de M. de Voltaire et n'en valent pas mieux. La première, sur le style du roman de M. Rousseau, est peu de chose. La seconde contient une analyse assez plaisante de ce roman, et elle vaudrait bien mieux si l'on en avait ôté ce qu'il y a de personnel contre M. Rousseau. La troisième et la quatrième sont d'une platitude indigne, et remplies de personnalités odieuses. Aussi, comme il arrive toujours, ces malhonnêtetés, au lieu de nuire à M. Rousseau, suivant l'intention charitable de M. de Ximenès, prête-nom de M. de Voltaire en cette occasion, n'ont fait que tourner l'indignation du public contre leur auteur. Un procureur au Châtelet de Paris a mieux fait la critique de *la Nouvelle Héloïse* que M. de Ximenès. Voyant sa femme fort engouée de ce roman, il lui dit avec humeur : « Ne m'en parlez de votre vie; un précepteur qui séduit son écolière, c'est un cas pendable; la loi y est formelle; paragraphe : Si un maître de danse, etc. »

— *Mémoires pour servir à l'histoire de la vie et des ouvrages de M. Lenglet du Fresnoy*[2]. L'abbé Lenglet du Fresnoy a vécu longtemps. Il avait beaucoup de connaissances philologiques, et il a laissé un grand nombre d'ouvrages de cette espèce. C'est l'homme de lettres qui a été le plus souvent à la Bastille. Il y était si accoutumé que dès qu'il avait publié un livre, sa gouvernante lui faisait son paquet pour aller passer un mois ou six semaines dans ce lieu de plaisance, et rarement la gouvernante s'y trompait. On le trouva, il y a quelques années, mort dans son feu.

— *Mémoire sur la pratique du semoir*[3]. Il s'agit dans cette brochure de démontrer les avantages du semoir de M. de Châ-

---

1. *Lettres sur la Nouvelle Héloïse ou Aloïsia de J.-J. Rousseau*. S. l. 1761, in-8°. Réimprimées en 1762 et en 1777 à la suite de deux éditions de *la Nouvelle Héloïse*. Elles auraient été, selon Beuchot, écrites par Voltaire et publiées par Ximenès sur un brouillon qu'il avait dérobé aux Délices. Le sous-titre fait allusion à un livre fameux attribué à Nicolas Chorier.

2. (Par J.-B. Michault.) Londres et Paris, 1761, in-12.

3. (Par Thomé.) Lyon, 1760, in-12. La seconde partie de ce Mémoire parut en 1702.

teau-Vieux, magistrat de Genève, sur les instruments ordinaires de l'agriculture.

— M. Targe a publié la traduction du quatrième volume de l'*Histoire d'Angleterre* par Smolett.

— Voici le titre d'un ouvrage qu'on propose par souscription : *La Fortification perpendiculaire, ou Essai sur plusieurs nouvelles manières de fortifier la ligne droite, le triangle, le carré et tous les polygones, de quelque étendue qu'en soient les côtés, en donnant à leur défense une direction perpendiculaire, avec l'application aux places déjà construites, quelque irrégulières qu'elles puissent être, afin de les rendre infiniment plus fortes. Ouvrage enrichi d'un grand nombre de planches exécutées par les plus habiles graveurs*, par M. le marquis de Montalembert, maréchal des camps et armées du roi, de l'Académie royale des sciences [1]. M. de Montalembert entreprendra dans cet ouvrage de réformer sur les fortifications toutes les idées reçues de Vauban, de Cohorn, et d'autres hommes célèbres dans cette partie.

— Autre ouvrage de ce genre : *Traité de la défense intérieure et extérieure des redoutes, avec cinq grandes planches*, par M. de Touzac, lieutenant réformé du régiment de Poitou, et ingénieur géographe du roi [2].

— On a publié le premier volume des œuvres de M. d'Aguesseau, chancelier de France [3]. M. d'Aguesseau est un des plus illustres magistrats de ces derniers temps. Il avait une grande réputation, et il ne lui manquait peut-être qu'un peu de philosophie pour être un homme supérieur; mais elle n'a pu percer encore dans l'ordre de la magistrature française, quoique cet ordre ait produit un des plus célèbres philosophes du siècle. Au choix, vous aimerez sans doute mieux lire le président de Montesquieu que le chancelier d'Aguesseau.

---

1. Paris, imp. de Ph.-D. Pierres, 1776 et années suivantes, 11 volumes in-4° avec 164 planches. Montalembert, comme on voit, annonça quinze ans avant la publication son livre, qui fut très-attaqué, et auquel la *France littéraire* de Quérard consacre une longue note.
2. Paris, 1761, in-12.
3. Cette édition en 13 volumes in-4°, a été publiée par l'abbé André, bibliothécaire du chancelier. Il en existe deux éditions in-12 et in-8° sous la rubrique d'Yverdon, moins complètes que celles de Paris.

15 février 1761.

La mortalité s'est mise tout d'un coup parmi messieurs les Quarante de l'Académie française. A peine Mgr l'évêque de Rennes et M. de Mirabaud étaient-ils remplacés par M. de La Condamine et M. Watelet, que la mort de M. l'abbé Sallier, garde de la Bibliothèque du roi, et celle de M. l'abbé de Saint-Cyr, ci-devant sous-précepteur de M. le Dauphin, ont occasionné deux nouvelles vacances. Ces places viennent d'être remplies : la première, par la nomination de l'ancien évêque de Limoges, précepteur de M. le duc de Bourgogne, et la seconde, par celle de M. l'abbé Batteux, de l'Académie des inscriptions et belles-lettres, auteur de quelques ouvrages médiocres et peu connus, comme un *Cours de belles-lettres* et le livre qui a pour titre *les Beaux-Arts réduits à un même principe*, sans compter une mauvaise traduction d'Horace. En attendant la réception de ces deux nouveaux académiciens, la mort de M. le maréchal de Belle-Isle a encore laissé un vide parmi les Quarante, et la fin prochaine de M. l'abbé du Resnel en annonce une autre. Dans le cours du mois dernier, l'Académie a tenu successivement deux séances publiques, où M. de La Condamine et M. Watelet ont fait leurs discours de réception et ont été reçus par M. de Buffon, qui se trouvait directeur de l'Académie. Le discours de M. de La Condamine a été trouvé trop long de moitié. L'éloge de l'évêque de Rennes devait tenir six lignes, et il occupe plusieurs pages. D'ailleurs, morts et vivants, M. de La Condamine a contraint toutes sortes de gens à entrer dans son discours et à y prendre part aux éloges dont il l'a parsemé. A ces platitudes et aux longueurs près, son discours est très-bon. Vous en trouverez la fin surtout très-bien faite, et s'il n'a pas réussi à la séance, c'est qu'il a été prononcé maussadement et que l'ennui des longueurs à tout gâté. M. de Buffon nous a montré, du moins par sa réponse, qu'on ne saurait être trop court lorsqu'il est question de prononcer un recueil de louanges auxquelles personne ne s'intéresse.

Après ces discours, on lut un poëme de M. Marmontel intitulé *Épître à mes livres, ou sur les Charmes de l'étude*. Ce poëme venait d'être couronné par l'Académie, et fut fort applaudi à la lecture. Mais depuis qu'il est imprimé, il a été jugé plus sévèrement. On en a trouvé la versification dure et sans grâce, et les jugements dont il est rempli ont paru les décisions téméraires d'un homme d'esprit qui manque de goût et de délicatesse. En effet, comment souffrir qu'on rabaisse le sublime, le divin Virgile, et qu'on le place hardiment au-dessous de Lucain, quelquefois élevé et beau à la vérité, mais jamais naturel et presque toujours gigantesque et boursouflé? Il y a dans l'Épître de M. Marmontel d'autres jugements aussi peu mesurés. M. Thomas, déjà couronné plus d'une fois par l'Académie, a concouru pour le prix de la poésie par une *Épître au peuple* auquel le public a presque accordé la supériorité sur celle de M. Marmontel, depuis que toutes les deux sont imprimées. En effet le poëme de M. Thomas, quoique un peu monotone, est rempli de très-beaux vers. Le discours de M. Watelet, prononcé huit jours après cette séance, dans une autre séance publique, est celui d'un homme de mérite, philosophe simple et aimable auquel tout le monde est disposé à s'intéresser. M. de Buffon y a répondu à sa manière, toujours noble et élevée. L'éloge qu'il a fait de Mirabaud est touchant. Le nouvel académicien a lu ensuite une traduction en vers du premier chant de la *Jérusalem délivrée* du Tasse. Je ne crois pas que M. Watelet ait assez de force et de coloris pour être le traducteur d'un poëme épique. Son prédécesseur avait traduit le même poëme en prose. M. d'Alembert a terminé la séance en lisant les réflexions sur l'histoire et sur les différentes manières de l'écrire. Ce morceau a été extrêmement applaudi, mais ensuite on en a jugé diversement dans le monde, et on l'a surtout taxé de n'être point assez grave pour le lieu où il a été lu. Celui qui chercherait dans ces réflexions des idées sur l'histoire ou sur la manière de l'écrire y perdrait sa peine. L'histoire n'est que le prétexte que M. d'Alembert a pris pour rassembler sous un même cadre plusieurs traits, remarques et allusions sur l'état présent des lettres, sur leurs protecteurs, sur leur faveur dans le public, sur les querelles du jour, etc. Tout ce que M. d'Alembert dit là-dessus ne manque pas de sel; mais n'est cependant guère digne de l'attention d'un philosophe. Je voudrais surtout que maître Aliboron, dit Fréron, et son hebdomadaire, ne fussent pas toujours le but des allusions de nos philosophes. En vérité, cela est au-dessous d'eux.

Tout ce qui regarde l'histoire dans les réflexions de M. d'Alembert se réduit à deux points qui ne disent rien de nouveau et que je crois faux. Le premier, c'est qu'il ne faudrait plus écrire l'histoire que par abrégé. A cela, je dis que c'est le moyen le plus sûr de n'avoir jamais ni histoire ni historien. Les journaux ont perdu la littérature, et, grâce à nos compilateurs, bientôt nous n'aurons plus d'hommes de lettres. De même les abrégés, qui gagnent tous les jours, perdront l'histoire ; et, comme nous n'avons pas abondance d'historiens, nous sommes sûrs, grâce à nos abrégeurs, de n'en jamais avoir. Mais, dit-on, il n'y a que les grands événements d'incontestables, et tous les détails qu'on lit dans les meilleurs historiens sont peut-être autant de mensonges. A la bonne heure ! Mais qu'est-ce que la vérité ? Et vous, philosophes sublimes qui la cherchez sans cesse, pourriez-vous me dire où on la trouve ? Si c'est pour la tenir jamais que vous vous livrez à l'étude, je vous conseille d'y renoncer dès aujourd'hui. L'autre conseil de M. d'Alembert est d'étudier l'histoire à rebours. En effet, rien n'empêche qu'un homme mette son habit avant sa chemise, et s'il s'en trouve bien, qu'ai-je à lui dire? De tout cela il résulte qu'il serait à désirer que nos philosophes n'écrivissent que lorsqu'ils ont des idées fortes, grandes et belles à donner au public, sans quoi vaut mieux se tenir tranquille ; ou bien il faut avoir le talent de M. de Voltaire pour présenter les idées populaires avec la légèreté et cette grâce qui séduisent et enchantent.

— M. de La Condamine a signalé son entrée à l'Académie française par une épigramme sur lui et sur ses confrères qu'il a fait courir le jour de sa réception. On la distribuait pendant qu'il lisait son discours. On a su ensuite par lui-même qu'il en était l'auteur. Cette plaisanterie a fort réjoui le public, et fort peu l'Académie. Messieurs les Quarante ont trouvé mauvais qu'un homme qui avait tant supplié pour être admis parmi eux se moquât d'eux avant que d'être reçu. Quoi qu'il en soit, voici l'épigramme :

La Condamine est aujourd'hui
Reçu dans la troupe immortelle :
Il est bien sourd, tant mieux pour lui ;
Mais non muet, tant pis pour elle.

— M. l'abbé Le Blanc, ayant aspiré depuis à être de l'Académie, voici l'épigramme qui a couru à ce sujet. On la dit de M. Piron :

> J'ai du pain, je suis honnête homme ;
> Je fis jadis *Abensaïd*,
> Qu'à Venise, aussi bien qu'à Rome,
> Je vis mettre à côté du *Cid*.
> Tu fis roi le berger David,
> Grand Dieu, fais-moi l'un des Quarante,
> Confrère de monsieur Le Franc ;
> Ma vanité sera contente.
> . . . .
> Ainsi soit-il. Monsieur Le Blanc.

Ainsi ne fut-il pas, car la place qu'il sollicitait a été donnée à M. l'abbé Batteux.

Tout le monde sait le mot de Piron sur l'abbé Le Blanc, qui demeurait chez un maréchal : « Cet homme, disait Piron, s'est logé chez son cordonnier. »

— M. Diodati, maître de langue italienne, établi à Paris, a fait une dissertation sur l'excellence de cette langue, où il tâche de prouver sa supériorité sur toutes les autres[1]. Je ne crois pas, en effet, qu'il y ait aucune langue parmi les modernes qui approche autant de la perfection que la langue italienne. On voit aisément à son caractère qu'elle doit être parlée dans la patrie du génie et du goût. M. Diodati ne s'est pas gêné sur la langue française. Il en dit beaucoup de mal, et ne fait que commenter ce que M. d'Alembert en a dit avec beaucoup de raison et de philosophie dans la dernière édition de ses *Mélanges*. Si les Français étaient bien convaincus de cette vérité, ils mettraient avec raison leurs écrivains du premier ordre au-dessus de ceux des autres nations, car il faut sans doute plus de génie et de talent pour être grand artiste, à proportion que l'instrument dont on se sert est difficile et ingrat. La dissertation de M. Diodati n'a guère d'autre mérite que celui d'avoir défendu une bonne cause. Il fallait plus de profondeur et de philosophie que l'auteur n'en a pour traiter une matière aussi abstraite que celle des langues. Pour de petites remarques, il est aisé d'en

---

1. Paris, 1761, in-12.

faire. Cependant M. de Voltaire a adressé à M. Diodati une réponse dans laquelle il défend la langue française, d'une manière bien plus superficielle que sa rivale n'a été exaltée. Que peut-on dire aussi sur une question aussi profonde, dans quelques pages remplies d'allusions, de plaisanteries, d'éloges assez fades? Cela plaît parce que le coloris de M. de Voltaire séduit toujours, mais en vérité cela ne signifie rien. Le seul argument spécieux que le philosophe des Délices forme contre la langue italienne, c'est le peu de variété qu'il y a dans ses désinences. A quoi on peut répondre par un fait incontestable, c'est que l'oreille la plus dure et la plus barbare est encore séduite et charmée par l'harmonie de cette langue. La prétendue monotonie des désinences est donc plutôt une objection de réflexion que d'expérience. Ce que M. de Voltaire dit sur les diminutifs n'a pas le sens commun. Il est de mauvaise foi. Il sait très-bien combien cette sorte de mots donnent de grâce à une langue. Au reste, M. Diodati a déjà répondu à cette lettre, et avec beaucoup d'avantages à ce qu'il m'a paru. Il avait beau jeu. Ce n'est pas par les bons écrivains d'une nation qu'on peut prouver la beauté de sa langue, c'est par les mauvais. Lorsque dans un auteur dénué de génie, d'idées, de coloris, vous trouvez encore de l'harmonie et de la grâce dans la diction, dites que la langue dont il s'est servi est si belle qu'elle a triomphé du mauvais génie de l'écrivain.

MARS

1er mars 1761.

Le succès que la comédie du *Père de famille* a eu successivement à Toulouse, à Bordeaux, à Marseille et à Lyon, et la grande réputation de l'auteur, ont engagé les Comédiens français à essayer la représentation de cette pièce sur le premier théâtre de la nation. Cet essai, auquel les circonstances étaient peu favorables, a réussi au delà de ce qu'on en devait attendre, et la force du drame, la beauté du sujet, la vérité du genre, ont triomphé des défauts de l'exécution. Si cette pièce avait été jouée il y a vingt ans, elle aurait eu la réputation et le succès de *Zaïre*, parce que le théâtre possédait alors des acteurs capables d'en remplir les rôles. Aujourd'hui les meilleurs acteurs sont sur leur déclin, et prêts à se retirer sans être remplacés, et les rôles du *Père de famille* n'ont pu être distribués qu'à des acteurs ou déplacés, ou médiocres. Le plus grand zèle et la meilleure volonté qu'ils ont apportés à l'exécution de cette pièce n'ont pu remédier à un défaut aussi essentiel, et l'illusion en a souffert considérablement. On n'a pu voir un enfant de quinze ans, tel que Sophie, dans la personne de Mlle Gaussin qui en a cinquante, et dont l'embonpoint et la taille achevaient de détruire l'illusion. Le rôle de Saint-Albin, rempli de pétulance, de mouvement, de chaleur, de grâces, de gentillesse, fait exprès pour Grandval, tel qu'il était il y a vingt ans, n'a pu être joué par lui, aujourd'hui que la jeunesse, les grâces, et la mémoire, l'ont quitté; il a fallu le donner à Belcour, qui l'a joué de son mieux, mais dont le mieux est d'une médiocrité insupportable. Grandval a pris le rôle de Germeuil, qui n'est pas considérable, et que son défaut de mémoire l'a pourtant empêché de faire valoir. Germeuil est un caractère froid et renfermé, homme de peu de paroles, marchant droit et se souciant peu des dangers de la droiture. M. Grandval l'a joué dans un autre goût. Il en a fait un caractère facile, qui ne s'échauffe sur rien, qui n'attache de l'importance aux choses les plus décisives qu'à un certain point. Ce caractère peut être beau et piquant au théâtre, et je ne sache pas qu'il y soit encore, mais ce n'est pas celui de Germeuil. Préville, le meilleur acteur comique que nous ayons actuellement, charmant surtout dans les rôles de valet, a été chargé du rôle du commandeur, parce que l'emploi de ces sortes de rôles est surtout vacant à la Comédie. Le commandeur est un homme d'humeur, patelin, tracassier, inquiet; M. Préville n'en a ni le ton ni la figure, et le public, trop accoutumé à rire en le voyant dans les rôles de Crispin, a fêté le rôle du commandeur aux dépens de l'effet de la pièce: car, quoique ce rôle dût faire rire quelquefois, il n'était pas fait pour être absolument comique, et trancher avec les autres de façon à en interrompre à tout moment le touchant et le pathétique. Le rôle du père de famille a été joué par

M. Brizard, et lui a fait beaucoup d'honneur. Cet acteur joint à une belle figure et à une belle voix beaucoup de chaleur et d'intelligence. Je lui désirerais seulement plus de nuances, plus d'entrailles, plus de force quelquefois dans son jeu. C'est en quoi Sarrasin était sublime. Cet acteur, le plus grand que j'aie vu, avait un jeu simple et vrai qui jetait le spectateur sensible dans l'enthousiasme et dans l'ivresse. Cent traits dont le rôle du père de famille est rempli, et qui ont échappé dans la bouche de M. Brizard, malgré la beauté de son organe, auraient fait des effets prodigieux sous la voix frêle et cassée du bonhomme Sarrasin. On ne peut cependant disconvenir que Brizard n'ait joué supérieurement plusieurs endroits de son rôle, et comme cet acteur, qui a si bien l'air d'un beau vieillard au théâtre, n'a pourtant pas encore quarante ans, qu'il s'applique beaucoup et qu'il a fait de grands progrès depuis le peu de temps qu'il joue, il y a tout lieu d'espérer qu'il deviendra un jour très-excellent. Le rôle de Cécile a été joué par Mme Préville avec beaucoup de finesse et d'esprit.

En introduisant sur la scène un genre absolument nouveau, les comédiens auraient dû songer à le représenter d'une manière neuve. En effet, le théâtre était rempli de meubles comme un salon, on y voyait la cheminée, des fauteuils, des chaises, des tables, etc.; mais les acteurs auraient dû se persuader aussi d'être dans un salon, et non pas sur le théâtre, devant un parterre. Alors certainement leur jeu eût été tel que M. Diderot l'a marqué, et à la place duquel ils ne nous ont montré que leur jeu ordinaire, qui manque de vérité et d'aisance puisqu'il est toujours commandé par le parterre, qu'un vrai comédien ne doit jamais avoir en vue. Voilà, je crois, la raison pourquoi *le Père de famille* a fait dans les différentes scènes de province un effet si prodigieux, tandis qu'il n'a eu à Paris qu'un succès fort brillant, à la vérité, mais tranquille. C'est que les comédiens de province, bien inférieurs à ceux de Paris, les ont surpassés en cette occasion, en observant scrupuleusement tout le jeu prescrit par l'auteur. Par là ils ont réussi à montrer un genre nouveau, plus vrai, plus touchant que le genre ordinaire; au lieu que les acteurs de Paris, accommodant la pièce à leur jeu ordinaire, lui ont ôté la moitié de son effet et de ses charmes.

Un troisième tort qu'ils ont fait à cette comédie est résulté des retranchements par lesquels ils ont énervé plusieurs choses, et en ont rendu d'autres absurdes. Ainsi lorsque Saint-Albin paraît au premier acte devant son père, travesti comme un homme du peuple, il commence tout de suite à lui conter toute son histoire avec beaucoup de tranquillité, ce qui est absurde. Tous les mots qui précèdent sont absolument indispensables pour marquer la douleur et le désordre de son âme. Ce désordre peut seul porter un enfant aussi passionné, aussi violent, à s'ouvrir à un père dont il connaît la bonté et l'indulgence. De même, lorsqu'au troisième acte, Sophie est introduite par Germeuil dans l'appartement de Cécile, elle entre comme troublée, elle ne voit pas, elle n'entend pas, elle est à terre, lorsqu'elle conjure Cécile d'avoir pitié d'elle. Cécile ne la relève qu'après avoir été touchée par les cris de sa vertu et de ses malheurs. Voilà comment cette scène est dans la pièce de M. Diderot, et comme elle se serait passée dans le vrai. Mais nos acteurs ne nous ont rien montré de tout cela. Mlle Gaussin entre froidement, les bras levés, se plante devant Cécile et lui récite ses deux couplets. Il est impossible qu'un ouvrage de génie supporte de tels outrages sans s'en ressentir. Malgré cela, celui-ci a réussi, et a gagné jusqu'à présent à chaque représentation de nouveaux partisans. Il y a plus de deux ans que cet ouvrage est imprimé, et j'en ai parlé dans le temps. On a trouvé alors les quatrième et cinquième actes plus faibles que les autres. L'auteur les a retouchés à la hâte pour satisfaire les comédiens. Il a cherché surtout à rendre le père plus agissant dans ces deux actes, afin qu'il soutînt avec dignité la beauté de son rôle jusqu'au bout. J'aurai l'honneur de vous rendre compte de ces changements, et de l'effet qu'ils ont fait au théâtre.

— M. Desmahis, auteur d'une petite comédie intitulée *l'Impertinent*, qui fut jouée il y a sept ou huit ans avec beaucoup de succès, vient de mourir dans un âge peu avancé. Il n'avait pas quarante ans. Plusieurs pièces fugitives ont pu vous faire juger de ses talents poétiques. Il avait un petit nombre d'idées et un genre fort borné ; mais il y était vif et agréable. Il ne fallait pas le tirer de la peinture des petits-maîtres et des petites-maîtresses ; mais aussi il y excellait. Ces peintures sont à la vérité aussi factices que les mœurs qu'elles représentent, et c'est encore une grande question de savoir si M. de Crébillon fils a peint ses petits-maîtres d'après nature, ou si nos jeunes gens n'ont pas plutôt pris leurs manières impertinentes et ridicules dans ces livres, en se faisant les singes de ces héros. Mais il en est des peintres de cette espèce comme du pinceau faux et maniéré de Boucher. En condamnant le genre, on est encore obligé d'accorder quelque mérite à l'artiste. M. Desmahis doit avoir laissé plusieurs pièces fugitives, à moins que la dévotion, qui l'a gagné pendant sa maladie, ne l'ait engagé à jeter au feu ses péchés de jeunesse. Il avait toujours le projet de faire des comédies; je ne crois pas qu'il y eût réussi. Sans avoir de plan ni de sujet, il faisait des bouts de scènes et prétendait trouver à la fin un moyen de coudre tout cela ensemble pour en former une pièce. C'est là la marche d'un homme qui a le talent des vers, mais sans génie et sans invention. D'ailleurs on voit par la petite comédie de *l'Impertinent* que M. Desmahis avait le talent des vers satiriques, et il s'en faut bien que les vers comiques soient du même genre. Térence et Molière sont aussi loin de la satire que nos poëtes sont loin d'eux. M. Desmahis avait une santé misérable. Après une maladie dont il fut assailli à l'entrée de l'hiver, il tomba dans un état de phthisie qui vient de le mettre au tombeau.

— *Relation de la maladie, confession, et mort, de M. de Voltaire*, petite brochure in-12 [1]. Cet homme illustre a fait l'année dernière une relation de la maladie, confession, et mort, de frère Berthier, jésuite, auteur du *Journal de Trévoux*. C'était une petite brochure bien gaie et bien folle. Aussi c'est ici un rendu qu'on attribue à La Beaumelle. Vous y trouverez quelques traits plaisants; mais tout est lourd et maussade comme il convient à un homme qui ne sait rendre qu'en imitant servilement les plaisanteries de son adversaire. On dit ce même La Beaumelle auteur d'une *Lettre du czar Pierre à M. de Voltaire* [2], qui contient quelques remarques triviales avec beaucoup d'injures grossières. M. de Voltaire a honoré depuis un an de ses plaisanteries beaucoup de nos particuliers qui voudraient bien le lui

---

1. Par Joseph Sélis, sous le pseudonyme de Joseph Dubois.
2. Quérard (*Bibliographie voltairienne*, n° 909) attribue à La Beaumelle ce pamphlet (in-12, 39 p.) sorti des presses de Dalles, à Toulouse; mais M. Maurice Angliviel n'en fait pas mention dans la notice jointe à la *Vie de Maupertuis*, par La Beaumelle, qu'il a publiée pour la première fois en 1856 (in-12).

rendre ; mais ce n'est pas chose aisée, et, malheureusement pour eux, les rieurs sont toujours restés de son côté. Il s'occupe actuellement à faire des Mémoires en faveur d'un horloger du pays de Gex, dont le fils a été assassiné par un curé de village de ce pays. Quel plaisir pour M. de Voltaire de poursuivre un prêtre criminellement ! Mais jusqu'à présent le prêtre a esquivé les poursuites. Son crédit a même si fort effrayé le pauvre horloger qu'il a demandé en grâce à M. de Voltaire de laisser là cette affaire : « Monsieur, lui a-t-il dit, vous me ferez assassiner moi-même. — Tant mieux, mon ami, lui a répondu M. de Voltaire, c'est ce que je demande; vous verrez alors comme je les poursuivrai. »

15 mars 1761.

Le succès de la comédie du *Père de famille* s'est soutenu jusqu'à la clôture du théâtre. Il est arrivé à cette pièce ce qui arrive à tout ce qui sort du genre ordinaire. Le public, d'abord étonné de la nouveauté, ne s'y fait que peu à peu, et rend justice au génie par degrés. Cependant les droits de la vérité sur les hommes, même d'un goût corrompu, sont si forts que je suis convaincu que *le Père de famille* aurait tourné toutes les têtes si les comédiens avaient pu mettre autant de vérité dans leur jeu que l'auteur en a mis dans son drame.

M. Diderot, en composant *le Père de famille*, a voulu faire revivre parmi nous la comédie térentienne dont les mœurs sont si vraies et si touchantes. Ce projet est digne d'un philosophe nourri de la lecture des anciens. Ces divins auteurs, tant loués par des gens qui ne les ont jamais lus, et tant déprisés par d'autres qui ne les connaissent pas davantage, resteront nos maîtres aussi longtemps qu'il y aura du goût sur la terre. Mais je ne pourrais que répéter ce que M. Diderot a dit sur ce genre de pièces dans son *Traité de la poésie dramatique*. Je me bornerai donc à quelques observations générales sur la comédie du *Père de famille*. Après avoir bien réfléchi, je trouve le rôle du commandeur tranchant avec le reste. Ce rôle en lui-même est conçu avec beaucoup d'esprit, il est original et vrai, il est très-propre à ce genre de pièce. Mais puisqu'il est du ressort de la comédie térentienne, et qu'il est d'ailleurs dans la nature, comment peut-il être déplacé dans le *Père de famille?* C'est que le sujet est trop grave; les devoirs dont il traite sont trop importants, les situations trop pathétiques. Il faut dans tout tableau unité de couleur. Tout ce qui tranche trop nuit à l'effet général. Chaque scène intéressante a une infinité de circonstances piquantes; mais il n'est point permis au peintre de les employer sans distinction. Ce qui rend le père soucieux donnera de l'humeur à un homme comme le commandeur; mais le souci du père touchera, l'humeur du commandeur fera rire, et ces deux effets rapprochés l'un de l'autre se nuiront entre eux. Il aurait donc fallu rendre l'humeur de cet oncle plus grave, lui donner des expressions plus élevées; le personnage eût été moins original, mais l'effet de la pièce plus touchant et plus pathétique. Dans toute autre pièce qui n'aurait pas un personnage aussi important que le père de famille, cette observation n'aurait pas lieu, et le commandeur serait un personnage excellent. Au troisième acte, où le commandeur déploie toute sa noirceur pour accabler Germeuil, celui-ci se défend avec beaucoup de noblesse, il confond lui-même le commandeur en lui rendant sa lettre de cachet. « Je ne m'en étais emparé, lui dit-il, que pour en empêcher l'usage. » Cette scène a encore fait beaucoup d'effet; mais peut-être la justification entière de Germeuil, en finissant l'intérêt avec le troisième acte, nuit à celui des deux suivants. Si Germeuil avait pu rester soupçonné jusqu'à la fin de la pièce, et que sa justification eût précédé immédiatement le dénoûment, elle aurait fait un grand effet, ce me semble, et l'intérêt de la pièce eût été soutenu jusqu'à la fin. Un des grands mérites de cette pièce, c'est d'être écrite supérieurement; mais celui qui me touche davantage est la vérité des caractères. Cette qualité est en tout temps la plus rare dans les ouvrages de l'art; mais elle est plus que jamais précieuse aujourd'hui que nous avons le goût porté à l'exagération, au gigantesque et au faux. Trois ou quatre ouvrages comme *le Père de famille* pourraient ramener au vrai. Les hommes sont dans cette comédie, non comme ils sont de convention dans nos pièces, mais comme ils sont dans la nature, et comme les anciens ont su les peindre d'après elle. Rien d'exagéré, rien de cette perfection froide qui déplaît tant aux gens d'un vrai goût. Le père de famille est bon, vigilant, ferme; mais ce n'est pas qu'il n'ait quelquefois une petite pente à la faiblesse. Le commandeur est dur, tracassier, contrariant, méchant même, mais ce n'est pas que la raison n'ait aucun droit sur lui. Saint-Albin est un jeune homme très-bien né, généreux, sensible, capable de tout ce qui est bien; mais ce n'est pas que la passion ne lui donne pendant quelques instants les apparences d'un mauvais sujet et d'un enfant ingrat. Voilà la nature. *Exemplar vitæ morumque.* Nos critiques, qui ne savent que mesurer tout ce qu'ils voient sur quelques modèles qu'ils ont dans la tête, n'ont pas manqué de citer comme un défaut ce que je remarque ici comme une qualité précieuse. Il leur faut du gigantesque. Quand un caractère est bon, il faut qu'il le soit toujours et uniformément. Quand il est méchant, ils veulent qu'il le soit dans tous les instants. Ils ne connaissent point les nuances qui résultent des mélanges de qualités opposées, du contraste des situations avec les caractères, et de mille modifications qui donnent lieu au peintre et au poëte de déployer leur génie et d'être sublime. Ceux qui se sont formé le goût sur les beaux modèles de l'antiquité, ou qui ne l'ont point corrompu par des modèles factices, sont seuls en état de sentir le prix de ces choses. Au reste, je ne sais si M. Diderot a voulu donner cette vérité précise aux personnages de sa pièce; mais qu'il y ait songé ou non, qu'il l'ait fait d'instinct ou de réflexion, il aura toujours fait une chose précieuse pour ceux dont le suffrage mérite d'être recherché.

— M. l'abbé du Resnel vient de mourir, et laisse une place vacante à l'Académie française. Celle de M. le maréchal de Belle-Isle a été donnée à M. l'abbé Trublet. Ce choix n'a point honoré l'Académie; il sera célébré par plus d'une épigramme. Voici en attendant des triolets qu'on a renouvelés à cette occasion :

>   Grâce à monsieur l'abbé Trublet,
>   Vous revoilà, messieurs, quarante,
>   Et l'on vous donne du sifflet,
>   Grâce à monsieur l'abbé Trublet.
>   Par le décès du grand Fouquet
>   Vous n'étiez plus que neuf et trente;
>   Grâce à monsieur l'abbé Trublet,
>   Vous revoilà, messieurs, quarante.

AVRIL

1er avril 1761.

TRÈS-HUMBLES REMONTRANCES

AU PARTERRE DE LA COMÉDIE-FRANÇAISE POUR L'OUVERTURE DU THÉATRE.

On vous dit tous les jours, messieurs, que vous êtes les juges du génie, les arbitres du goût et du talent. La célèbre Clairon, la séduisante Dangeville, et ce Préville si charmant, n'enchantent le public que pour s'attirer vos suffrages. Corneille, Racine, et Voltaire, n'ont été à l'immortalité qu'à l'aide de vos applaudissements. Je suis bien éloigné de chercher les titres que vous pouvez avoir à une si grande autorité; il suffit que vous l'exerciez pour que je la respecte. On n'est pas en possession d'un si beau droit sans l'avoir une fois mérité. Mais qu'il me soit permis de vous observer qu'il est important à la nation que vous conserviez les titres qui vous ont acquis un empire si redoutable sur le bel art du théâtre. Vos lumières ne sauraient s'éteindre, votre goût ne saurait se corrompre sans avoir des influences fâcheuses sur les travaux de nos poëtes, sur les talents de nos acteurs. Cette considération vous portera sans doute à écouter des remontrances qui ne sont pas à négliger. On vous dit des faveurs tout le long de l'année, permettez à la Vérité de vous parler à son tour.

On dit que vous aviez autrefois parmi vous tout ce qu'il y avait de bons esprits dans la nation; qu'alors vous aviez un instinct si prompt et si sûr, un tact si juste et si vif pour saisir le beau et le vrai, pour rejeter le mauvais et le faux, que vos arrêts en ont acquis une espèce d'infaillibilité. Si par hasard votre corps n'était plus composé de cette élite des meilleurs esprits; si ces lumières et cette finesse de goût avaient disparu parmi vous, au moment où la philosophie a fait le plus de progrès en France, il faudrait pour votre honneur et pour la gloire de la nation vous défier un peu de vos décisions, et moins présumer de votre crédit, afin de vous épargner de la confusion. Je ne disconviens point que je ne vous aie vu quelquefois porter en un clin d'œil des jugements frappants et sûrs; mais afin d'être vrai, il faut avouer aussi que ces moments sont rares, et que votre goût se perd et se corrompt tous les jours davantage. Je pardonne l'effet passager des cabales; je vous pardonne encore, lorsqu'un auteur vous présente une pièce d'un genre nouveau, de ne savoir qu'en faire, d'hésiter et de rester incertains s'il mérite d'être applaudi ou s'il faut siffler. Tout cela est dans la règle. Racine fut vaincu autrefois par Pradon, et *le Misanthrope* tomba à la première représentation. Mais ce que je ne saurais pardonner, c'est ce goût faux qui se glisse parmi vous, qui vous fait prodiguer de grands applaudissements aux choses les plus déplacées, et qui vous en fait rejeter d'autres très-belles. Vous ne vous occupez plus de la convenance, vous n'avez plus aucune idée de la bienséance, des mœurs, des caractères, des peuples, etc. Qu'un poëte fasse dire à son personnage les choses les plus absurdes et les plus déplacées, il est sûr d'être applaudi pourvu qu'il finisse son couplet par quelques lieux communs, ou par quelques maximes à tour épigrammatique. Cette fureur des maximes vous tient depuis très-longtemps. Beaucoup de gens d'esprit avaient espéré qu'elle ne vous empêcherait pas de sentir les traits de génie et de rendre justice aux véritables beautés. Pour moi, j'ai toujours craint que ce faux goût ne vous rendît bientôt faux juges, comme cela est arrivé. Aujourd'hui, lorsqu'un acteur débite une maxime, vous n'examinez plus si elle est conforme à son caractère, à sa situation, à ses intérêts. Il n'y a cependant de bonne maxime au théâtre que celle que la passion et la force des situations amènent; et vous, au lieu de demander si une maxime est bien placée dans la bouche de celui qui la dit, vous cherchez à savoir à quel point va sa justesse philosophique. Le père de Caliste, après avoir condamné sa fille à mourir, donne encore un instant à la tendresse paternelle, il interroge Caliste sur l'honneur, sur la vie...

Dis-moi : de tous les biens dispensés par le sort,
Quel bien préfères-tu?

CALISTE.

L'honneur.

SCIOTTO.

Sans lui?

CALISTE.

La mort.

Vous avez applaudi cet endroit, et vous avez bien fait. Mais, après tout, cela est commun. Le père continuait. — « Et la vie? » demandait-il à sa fille. « La vie, » répondait Caliste,

> Est un présent qu'on ne peut regretter;
> Sans l'espoir de mourir, qui voudrait l'accepter?

Permettez-moi, messieurs, de vous observer que cela est beau, beaucoup plus beau que le premier mot. Celui-ci est du catéchisme que tous les enfants bien nés apprennent par cœur; mais le dernier appartient à Caliste. Il ne fallait pas rejeter cette maxime parce qu'elle n'est pas généralement vraie; il fallait l'applaudir beaucoup plus que la première parce que toute infortunée qui se trouvera dans la position de la malheureuse Caliste doit penser et parler ainsi. Je suis tout à fait fâché pour votre honneur que vous ayez hué cet endroit, et que vous ayez obligé l'auteur de le supprimer.

Lorsque *le Fils naturel* parut, je me souviens qu'une dame de beaucoup d'esprit y trouva de dangereuses maximes sur l'égalité des conditions. Clairville apprend la passion de sa sœur pour Dorval; il voit celui-ci extrêmement agité. Il ne conçoit rien à ses inquiétudes. « Auriez-vous craint, lui demande-t-il, que ma sœur, instruite des circonstances de votre naissance?... — Clairville, vous m'offensez, répond le bâtard. Je porte une âme trop haute pour concevoir de pareilles craintes. Si Constance était capable de ce préjugé, j'ose le dire, elle ne serait pas digne de moi. » Malgré le respect que je porte aux dames et à leurs décisions, souffrez, messieurs, que je vous observe qu'un bâtard qui a de l'honneur et de la fierté dans l'âme ne peut ni penser ni parler autrement. Il est vrai que depuis un temps vous ne voulez plus que les sentiments de l'auteur dans les discours de ses personnages. Dans tout ce qu'on vous présente, vous cherchez des allusions et des applications secrètes. Il en résulte le double inconvénient que les poëtes médiocres mettent avec succès leur plat bavardage à la place des discours de leurs héros qu'ils n'ont pas le talent de faire parler, et que les hommes de génie qui nous font l'honneur de travailler pour notre amusement et pour notre instruction sont exposés à toutes sortes d'injustices de votre part. Le philosophe Diderot n'a jamais rien écrit sur l'égalité des conditions, et l'on voit bien que vous supposez à vos maîtres d'aussi pauvres têtes que les vôtres, puisque vous les croyez occupés de petites idées d'une métaphysique chimérique qui a pu occuper quelque Rémond de Saint-Mard ou quelque Trublet, mais qui n'a jamais rempli le loisir d'un bon esprit. Vous ne concevez point de vues plus profondes que les vôtres, et, d'après vos sublimes conceptions, vous avez décidé que vos philosophes avaient des opinions contraires à toute subordination, à toute distinction de rang. En conséquence vous avez jugé que la fable de la comédie du *Père de famille* n'était tissue que pour appuyer cette doctrine de l'égalité. Il est cependant évident que le mariage de Saint-Albin et de Sophie ne se ferait jamais si la naissance de Sophie ne répondait pas au sort qu'on lui destine. Vous avez accusé le jeune auteur de *Caliste* d'impiété parce qu'il fait dire à cette infortunée au moment de ses grandes agitations :

Je rougis pour le ciel des transports qu'il m'inspire.

Et il a été obligé de changer ce beau vers contre ce vers froid et mauvais :

Je rougis des transports que le malheur m'inspire.

En vérité, messieurs, si quelqu'un avait à rougir, c'était vous. Pour peu que vous continuiez, vous aurez bientôt le goût le plus faux, le plus mesquin, le plus pitoyable, qui ait jamais existé sur la terre. Vous jouez incessamment sur le mot. Bientôt vos acteurs auront un dictionnaire limité. Tout ce qui n'en sera pas ne pourra se dire sur la scène à cause des applications que vous avez le talent de faire sur-le-champ à quelque idée indécente. Les choses les plus honnêtes réveilleront dans vos têtes des idées déshonnêtes, et cela prouvera au moins que votre cœur est aussi corrompu que votre esprit. Lorsque le père de famille interroge la jeune Sophie sur sa vie et sa conduite, en présence de la bonne Mme Hébert, le discours ne tombe pas plutôt sur Sergy que celle-ci se presse de rendre un témoignage naturel et vrai à l'innocence des deux jeunes personnes, en interrompant le père de famille et lui disant : « Ah ! monsieur, c'est le garçon le plus honnête. » Cela vous a fait rire, messieurs, et les comédiens ont supprimé ce mot parce que l'image du réduit de l'innocente Sophie et de son honnête hôtesse vous a réveillé l'image d'un mauvais lieu que quelques-uns d'entre vous connaissent apparemment mieux que les asiles de la vertu malheureuse.

Voilà, messieurs, quelques observations que je me suis permises sur le goût qui domine parmi vous. Vous pouvez vous flatter de n'avoir plus bientôt ni acteurs, ni poëtes, si vous persistez à les applaudir avec ce discernement. Il est tout à fait propre à éteindre le génie et le talent, et à encourager la médiocrité. J'ai relevé vos égarements les plus grossiers. Je vous accorderai volontiers toute l'année, messieurs, pour vous en corriger, et si mon zèle pour votre gloire peut vous plaire, je vous indiquerai alors sans flatterie toute la distance qui vous séparera encore de ce peuple d'Athènes auquel vous aimez si fort à ressembler.

Ce discours étant un peu différent pour le ton et pour la forme de ceux qu'on est en usage d'adresser au parterre, j'ai jugé qu'il était inutile de le proposer aux comédiens pour modèle de leur discours de rentrée. Ayant réfléchi d'ailleurs sur l'inutilité des remontrances de toutes les espèces, j'ai pensé que celles-ci feraient tout autant d'effet dans mon portefeuille que si elles étaient publiques. Le parterre est cependant d'assez bonne composition sur les compliments qu'on lui adresse. A la dernière clôture, les comédiens, dans leur discours, rappelant la comédie des *Philosophes*, se sont reprochés d'avoir profané leur théâtre par une satire. Ils ont ajouté que si quelque chose pouvait les absoudre, c'étaient les applaudissements que le parterre avait accordés à l'auteur et à la pièce, et le parterre n'a pas manqué d'applaudir à cette tournure qui jette sur lui tout le blâme et tout le ridicule de cette sottise.

— Le nouveau volume des *Mélanges* de M. de Voltaire est enfin publié. Il y a une certaine lettre de M. Eratou, traducteur de l'*Ecclésiaste* et du *Cantique des cantiques*, à M. Clocpitre, aumônier de S. A. S. M. le Landgrave, qui a eu bien de la peine à passer, et quand vous l'aurez lue vous n'en serez pas étonné. Si quelqu'un de nos philosophes était curieux d'avoir des mandements et des réquisitoires sur le corps, il n'aurait qu'à parler de l'*Ecclésiaste*, du *Cantique*, et du prophète Ézéchiel, comme M. le conseiller Eratou en a écrit à M. l'aumônier Clocpitre. Au reste, l'*Appel aux nations sur les théâtres de Paris et de Londres* ne se trouve point dans ce volume. Cela fait une petite brochure à part. Dans cet appel on a cité un endroit tiré des sermons du R. P. Codret. L'obscénité inouïe de ce passage a engagé à rechercher les sermons du R. P. Codret, dont il était tiré, et il s'est trouvé que ces sermons n'ont jamais existé. Le fait est que M. le duc de La Vallière, fort curieux de vieux livres, a trouvé le passage en question dans un vieux bouquin intitulé *Sermones Codri*, et l'a communiqué à M. de Voltaire comme le passage d'un sermon. Il fallait se souvenir que *sermo* en latin ne signifie pas *sermon*, mais conte; et, comme conte, l'endroit rapporté dans l'*Appel aux nations* n'a plus rien d'extraordinaire. Quelque barbarie et quelque grossièreté de goût qu'on veuille supposer, il serait fort singulier qu'un pareil conte se fût trouvé dans un sermon prononcé en chaire pour l'édification des fidèles[1].

— On trouve ici depuis quelque temps l'*Esprit du chevalier Folard*, un volume in-8° joliment imprimé. Le titre porte *Leipsick, de main de maître*. On sait que quelques libraires étrangers caractérisent ainsi les ouvrages du roi de Prusse, et l'on a prétendu que cet extrait de Folard venait de ce monarque[2]. Mais il est plus naturel d'imaginer que quelque com-

---

[1]. Le duc de La Vallière reconnut lui-même son erreur dans une lettre datée du 9 avril 1761, et Voltaire le remercia par une réponse classée dans l'édition de Kehl parmi les Mélanges et par M. Beuchot dans la Correspondance. Le passage incriminé était tiré des *Orationes, epistolæ, silvæ, etc.*, d'Urseus Codrus, publiées par Ph. Beroalde, Boloniæ (Bologne), 1502, in-folio. Brunet observe que les passages obscènes figurent dans toutes les éditions anciennes.

[2]. Il ne figure pas dans les Œuvres complètes de Frédéric, mais les trois éditions qu'on en connaît n'ont pas été désavouées par celui qu'elles désignaient.

pilateur a voulu gagner de l'argent en attribuant son ouvrage au plus grand homme de guerre du siècle.

— On a imprimé à Genève un *Essai sur la tactique de l'infanterie*, en 2 volumes in-4°. Il me paraît que cet ouvrage se fait estimer. Il est, à ce qu'on assure, de M. Pictet, qui sert en France dans un régiment suisse.

— Autre ouvrage estimé du même genre : *Journal du camp de Compiègne de 1739, augmenté des épreuves des mines faites en présence du roi par MM. de Turmel et Antoniazzi, capitaines mineurs*, rédigé et publié par le sieur Le Rouge, ingénieur géographe du roi. Volume in-8° avec des planches.

— M. l'abbé Laugier, ex-jésuite, vient de publier les quatrième et cinquième volumes de son *Histoire de la République de Venise*. Cet ouvrage n'a point de réputation. Un *Essai sur l'architecture*, par le même auteur, en a beaucoup.

— *Code de musique pratique* par M. Rameau, volume in-4°. Malgré les extases répétées de tous nos journalistes sur cet ouvrage qu'aucun d'eux n'entend et qu'aucun d'eux n'a lu, je parie que le *Code de musique* n'apprendra la musique pas plus aux aveugles, comme il promet, qu'à ceux qui ont des yeux. M. Rameau rabâche sur quelques idées théoriques ; mais quand on écrirait cinquante ans de suite sur le principe sonore et sur le fondement historique, on n'aurait encore fait aucun morceau de musique qui soit digne du suffrage des nations. L'air le plus mince de Hasse et de Galuppi vaut mieux que ce bavardage. M. Rameau attaque avec beaucoup de fiel quelques articles de musique insérés dans l'*Encyclopédie*, par M. Rousseau et par M. d'Alembert.

— *Recueil de poésies fugitives*, par M. Feutry, brochure in-8°. Personne ne lit ces rapsodies.

— M. l'abbé Seguy, homme fort obscur, laisse par sa mort une nouvelle place vacante à l'Académie française. La mortalité s'est mise dans l'ordre ecclésiastique de l'Académie. La place de M. l'abbé du Resnel vient d'être donnée à M. Saurin, auteur de quelques tragédies, d'un petit roman appelé *Mirza et Fatmé* qui a fait du bruit il y a sept ou huit ans, et de la petite comédie des *Mœurs du temps*, qui a eu un si grand succès cet hiver. M. Saurin a fait de très-jolies pièces fugitives qu'on trouve éparses dans les portefeuilles de Paris.

— *Daïra*, histoire orientale, deux volumes in-12. Ce roman est de M. de La Popelinière, fermier général, homme très-célèbre à Paris. D'abord il n'en existait que vingt-cinq exemplaires d'une édition in-4°. Bientôt il y en a eu plus qu'on n'en désirait. Malgré tous les éloges bassement prodigués à ce roman par nos vils journalistes, il a été jugé unanimement plat et ennuyeux. M. de La Popelinière est pourtant un homme d'esprit; mais cela ne suffit pas pour se faire lire, et l'on voit qu'il n'en a pas assez pour résister à la démangeaison de se faire imprimer. On dit qu'il projette aussi de publier ses comédies, qu'il a fait jouer depuis quelques années pendant la belle saison en son château de Passy.

— L'Académie royale de musique a fait l'ouverture de son théâtre par *Hercule mourant*, tragédie de M. Marmontel que M. Dauvergne a mise en musique[1]; et le poëme et la musique ne valent pas la peine qu'on en parle. M. Marmontel devrait renoncer à tout ouvrage dramatique; ce n'est pas son genre. En revanche, M. Favart et son bras droit, M. l'abbé de Voisenon, ont mis sur le théâtre de la Comédie-Italienne, avec le plus grand succès, le conte de M. Marmontel intitulé *Soliman second*.

— L'*Ami des hommes* a fait faire l'*Ami des femmes,* et depuis peu nous avons l'*Ami des filles*[2]. Personne ne lit ces platitudes.

— *Corps d'observation de la Société d'Agriculture, de Commerce, et des Arts*, établie par les états de Bretagne, années 1757 et 1758. Un volume in-8°. Ce recueil est fort estimé.

— Les *OEuvres de M****[3] contiennent en un gros volume quelques imitations et quelques traductions de l'italien de Goldoni, entre autres *la Suivante généreuse*, qu'on a donnée il y a quelque temps sans succès sur le théâtre de la Comédie-Française. Les Italiens ont donné en dernier lieu, avec succès, *les Caquets*, autre pièce imitée de Goldoni. C'est ce que nous ap-

1. Représentée le 3 avril 1761.
2. L'*Ami des femmes*, par Boudier de Villemert, avait paru en 1758. Il en existe au moins six éditions sous des rubriques différentes. L'*Ami des filles*, par Graillard de Graville, a paru également de 1761 à 1766 sous les rubriques de Paris, Liége et Dunkerque.
3. Les *OEuvres de M****, *traduites de l'italien* (par Sablier), contiennent *la Suivante généreuse*, *la Domestique généreuse*, imitation de la pièce précédente, et *les Mécontents*.

pellerions une jolie parade. Elle est gaie et elle n'a aucune prétention, et cela l'a fait réussir au delà de son mérite. Les deux premiers actes sont de Mme Riccoboni, et le dernier, de son mari.

— *Romans traduits de l'anglais*[1]. Vous en trouverez trois tirés de sujets connus, dans un volume joliment imprimé. Bon pour ceux qui ont du temps à perdre.

15 avril 1761.

S'il est permis de juger, par la rareté, de la difficulté d'un talent, il faut mettre un haut prix à celui de l'histoire; car rien n'a été moins commun chez toutes les nations et dans tous les siècles qu'un grand historien. La France surtout est restée plus arriérée en ce genre que dans les autres. Sans compter les anciens, l'Italie moderne a produit quelques historiens de la première classe; de nos jours, David Hume s'est acquis une grande gloire en Angleterre par son Histoire : la France n'a pu nommer personne depuis M. de Thou. Il serait aisé d'indiquer les causes de cette disette. La même raison peut-être qui nous a procuré des faiseurs de mémoires si agréables nous empêche d'avoir des historiens d'un talent supérieur. Il faut être philosophe grave et profond, avoir une grande connaissance des hommes et des affaires, savoir donner de la force, de la chaleur et du poids à son discours, quand on veut écrire l'histoire avec quelque succès. On doit bien regretter que l'illustre président de Montesquieu n'ait jamais daigné s'essayer en ce genre, ou que le hasard nous ait privés de ses productions; car on prétend qu'il s'est longtemps occupé d'une *Histoire de Louis XI*, que la distraction ou un malentendu a fait jeter au feu. M. l'abbé Coyer, de qui nous avons plusieurs petits ouvrages de morale et de politique, vient de publier son coup d'essai historique. Son *Histoire de Jean Sobieski*[2], roi de Pologne, a eu une sorte de succès; quelques traits hardis et imprudents qui s'y sont fait remarquer ont ajouté à sa célé-

---

1. (De Lyttleton et de Mme Belm, par Mme d'Arconville.) Amsterdam, 1761, in-12.
2. 1761, 3 volumes in-12.

brité en attirant de la disgrâce à l'auteur et à son censeur. M. l'abbé Coyer a été, je crois, exilé, et son censeur a été mis pour quelque temps à la Bastille. Ce n'est pas mon affaire d'examiner jusqu'à quel point un auteur peut se rendre coupable par des allusions indiscrètes, et s'il ne vaudrait pas mieux les mépriser que les punir; mais le critique ne peut les pardonner que lorsqu'elles tombent sur de grands objets, qu'elles sont naturelles et justes, et qu'elles conduisent le lecteur à quelque vérité importante; elles sont très-blâmables lorsqu'elles sont frivoles et qu'elles tombent plutôt sur de grands personnages que sur de grandes choses. Je n'imputerai point à M. l'abbé Coyer des intentions dont on pourrait lui faire un crime; mais je le blâme d'avoir parsemé son Histoire de petits détails très-mesquins, que des gens moins favorablement disposés ont appelés des allusions. A quoi sert-il, par exemple, de dire que « Jean n'avait pas le talent de s'amuser des historiettes de cour, ni de ce jargon élégant qui se joue sur des riens en laissant l'âme vide »? Cet éloge est faible et plat, et même faux; car on peut être un grand roi et s'amuser parfois de babioles; et, pour avoir les mœurs plus austères, on n'est pas un plus grand homme pour cela.

En général, il faut rendre la justice à M. l'abbé Coyer que ses écrits sont l'ouvrage d'un parfaitement honnête homme; ils ont toujours conservé le caractère estimable d'une bonne philosophie, d'une noble liberté, de l'amour enfin de la justice, de la vérité, de la tolérance, de l'humanité. On ne trouvera aucun écrivain qui ait plus invariablement de meilleurs principes et un meilleur but, et c'est un assez grand mérite dans un siècle où tant de lâches mercenaires ont vendu leur plume à la faveur, et arrangent leurs idées selon le vent qui souffle; mais la vérité oblige aussi de dire que des principes sains et des intentions pures ne tiennent pas lieu de talent et de génie, et que M. l'abbé Coyer n'a aucune des qualités nécessaires à un historien; son style manque de force, de nerf, de sang et de substance; il est presque toujours sans dignité, et, ce qui pis est, il tend toujours à toutes ces qualités, et fait par là mieux remarquer sa pauvreté. Voici quelques exemples pris au hasard : « Louis XIV, dit-il, avait offert à Sobieski de grands établissements dans ses États; le bâton de maréchal de France, si la gloire des armes le tentait encore, ou le titre de duc, s'il ne goûtait plus qu'une végétation tranquille et honorable. » Une végétation ! quel mot pour un héros ! En parlant de la maladie du roi Michel : « Un ulcère, dit-il, dans les reins, du sang au lieu d'urine, des convulsions d'estomac, des vomissements continuels, ne lui laissaient qu'un souffle de vie qui ne lui permettait pas de donner audience. » Cette description manque de noblesse ; on peut parler ainsi dans la conversation journalière ; mais il faut un autre style pour l'histoire. Souvent celui de M. l'abbé Coyer n'est pas français. En parlant des prérogatives des nonces du pape en Pologne, qu'ils ont conservées jusqu'en 1728, il dit : « Le siècle dernier n'était pas encore le temps de perdre. » Le défaut de goût et la fureur des antithèses se montrent partout. Il dit de la reine Louise de Gonzague, femme de Casimir, que « c'était une femme d'un esprit mâle, plus faite pour porter la couronne que pour en admirer les diamants ». En parlant de l'amour que Jean Sobieski avait pour sa femme, il dit que « le roi, qui lui ouvrait son cœur et son cabinet, lui fermait son trésor ». Il dit encore à ce sujet : « Le roi l'aimait avec passion ; une autre épouse eut pourtant la préférence : la république. » C'est là du bel esprit d'un cordelier. La république de Pologne est l'épouse du roi de Pologne, comme la paroisse est l'épouse de M. le curé. En parlant de la situation fâcheuse de l'armée polonaise, « du pain, dit-il, donné par la disette, c'est tout ce qui restait ». Il me semble que la disette ôte le pain, et ne le donne pas. « Il y avait de beaux meubles dans le palais des empereurs, mais il n'y avait point d'argent ; » petite antithèse fausse. Il est tout simple qu'il y ait de beaux meubles dans le palais d'un souverain, et l'état des finances d'un empire n'a rien de commun avec l'ameublement du prince. En peignant la fuite de l'empereur Léopold de Vienne, lors du siége : « On coucha, dit-il, la première nuit dans un bois où l'impératrice, dans une grossesse avancée, apprit qu'on pouvait reposer sur de la paille à côté de la terreur. »

Mais c'est assez s'arrêter au style. La fureur des maximes et des réflexions ne contribue pas moins à déparer l'*Histoire de Jean Sobieski*. Malgré leur nombre prodigieux, vous n'en trouverez pas une qui soit neuve ou profonde, et qui vaille la peine d'être retenue. Il y en a beaucoup de plates. Il dit que « la république écarta de son trône le fils du czar, à cause de sa religion, quoiqu'il promît de l'abjurer. Abjuration trompeuse, ajoute-t-il, puisqu'il n'y pensa plus après avoir manqué la couronne ». Vous verrez que lorsque Auguste se fit catholique, après la mort de Sobieski, ce fut par conviction. Quelquefois les maximes de M. l'abbé Coyer sont fausses. Il dit dans un endroit : « En fait d'avarice, il faut bien distinguer un roi qui est le maître de toutes les finances publiques, d'un autre à qui l'État n'assigne qu'une somme modique. Le premier, puisant à volonté, ne doit pas connaître l'avarice ; le second est obligé d'épargner. » Je ne sais ce que doit faire le second ; mais, pour le premier, il est certainement obligé à l'épargne ; plus il puise à volonté, plus il doit être économe ; il ne peut être prodigue qu'aux dépens de ses peuples. Qu'un particulier dissipe son patrimoine, c'est une chose fâcheuse pour sa famille, mais indifférente à la chose publique ; mais un roi prodigue est le dissipateur des richesses de la nation, et c'est une affaire un peu plus sérieuse. Mais où le défaut de talent est le plus sensible, c'est dans la narration, où l'on ne voit ni dignité ni intelligence. A tout moment l'historien vous donne de faux détails, vous tend de faux fils qui préparent à toute autre chose qu'à l'événement auquel ils aboutissent : rien n'est plus contraire à la marche de l'histoire. Il ne s'agit pas de dire que votre héros est grand ; il faut le montrer tel. M. l'abbé Coyer décrit avec beaucoup de soin la campagne de Sobieski contre les Turcs, sur le Niester. Il ne manque pas d'accabler son héros d'éloges ; mais si l'exposition qu'il fait de cette campagne est exacte, Sobieski était un étourdi de la première classe, qui, ayant formé un projet absurde, n'en évite les malheurs que par un coup de hasard. Il fallait donc ou nous montrer Sobieski plus sensé dans sa conduite, ou ne le point louer de s'être tiré d'affaire par un hasard unique. « Lorsqu'il passa le Niester, dit l'auteur, pour arrêter deux grandes armées, toute l'Europe l'accusa de témérité, et le crut perdu. Les héros se jugent mieux entre eux. Le grand Condé l'admira, et le félicita par lettres. » On peut dire ici à l'historien : Si votre récit est exact, le grand Condé pouvait bien féliciter Sobieski par lettres de ce que sa fortune l'avait tiré d'un si mauvais pas ; mais il ne pouvait certainement pas l'admirer, et toute l'Europe avait raison de regarder Sobieski comme un fou qui se perdait. Ce même défaut est répété dans les petites choses comme dans les grandes. Il dit dans un endroit que Sobieski avait besoin d'un ambassadeur du premier mérite, et puis il lui fait envoyer un imbécile, Radziwil, plus occupé de la pierre philosophale que des affaires de son roi, et qui ne fait que des sottises pendant tout le temps de sa négociation. Il ne fallait donc pas dire que le roi avait besoin d'un négociateur supérieur, sans quoi on trouvera le roi plus imbécile que le ministre d'avoir pu faire un si mauvais choix pour une affaire si importante. Vous trouverez à tout moment, dans l'*Histoire de Jean Sobieski*, de ces sortes de paralogismes, et cela prouve que le jugement n'est pas la partie la moins essentielle à un historien.

— M. l'ancien évêque de Limoges[1], précepteur de feu M. le duc de Bourgogne, a pris séance à l'Académie française le 9 avril. Il a beaucoup pleuré en rappelant la mort de ce prince, et les sanglots n'ont fini qu'avec son discours. M. l'abbé Batteux a fait le même jour son discours d'entrée, et M. le duc de Nivernois a répondu, comme directeur de l'Académie, aux deux nouveaux académiciens ; il a été fort applaudi. Le 13 avril, l'Académie a reçu M. l'abbé Trublet et M. Saurin. Le discours de l'archidiacre Trublet était long et plat comme l'épée de Charlemagne ; celui de M. Saurin, un peu trop long, mais écrit avec pureté et avec noblesse. Vous y trouverez quelques morceaux assez fermes, et que vous lirez avec plaisir. C'est encore M. le duc de Nivernois qui a répondu à tous les deux, et il a été extrêmement applaudi. Son style est un peu trop rempli d'antithèses, et en cela il ne me plaît point ; mais, au milieu de ces antithèses, vous trouvez des pensées fines et délicates, et la grâce avec laquelle M. de Nivernois prononce ses discours ajoute infiniment à leur valeur. Personne ne connaît mieux que lui l'art des transitions. Après ces discours, M. d'Alembert a lu un morceau intitulé *Apologie de l'étude* ; ce morceau n'a point du tout réussi. On a dit qu'il est triste et burlesque : burlesque par son ton, et par conséquent extrêmement déplacé à une séance académique, où l'on ne doit pas s'attendre à des arlequinades ; triste pour le fond, parce que M. d'Alembert s'ef-

---

1. De Coetlosquet, élu en remplacement de Sallier.

force de nous montrer l'homme toujours malheureux, toujours luttant contre les misères de la vie, ou contre l'ennui, pis que ces misères. Nos philosophes ont un grand goût pour la misanthropie. Maupertuis écrivait sur le bonheur d'une manière à faire pleurer [1]. Rousseau veut toujours nous faire frémir sur les maux de la vie civile. La philosophie de M. d'Alembert n'est guère plus gaie; mais cela prouve seulement qu'on peut être philosophe, et fort mécontent de son état: on n'a qu'à être travaillé par la vanité ou par d'autres passions tristes. Mais s'il y a quelques hommes malheureusement constitués, il ne faut pas vouloir comprendre tout le genre humain sous la malédiction. Il est aisé de faire, sans exagération, un tableau effrayant des maux auxquels la vie de l'homme est sans cesse exposée; mais n'oublions pas de compter dans la balance le simple plaisir d'exister et l'espérance. Malgré l'expérience du passé, nous nous attendons toujours à quelque chose de mieux pour le temps qui nous reste à vivre, et cette confiance contre-balance souvent tous les maux dont nous sommes assaillis, émousse les traits du malheur, et guérit les plaies les plus profondes. A la réception de M. l'évêque de Limoges et de M. l'abbé Batteux, M. Watelet lut un chant de sa traduction de *la Jérusalem délivrée*.

— Nous avons, depuis huit jours, l'ouvrage de Jean-Jacques Rousseau sur l'Éducation, en quatre gros volumes [2]. Ce livre n'a pas tardé à faire grand bruit. On dit que le Parlement va poursuivre l'auteur pour la profession de foi qu'il y a insérée. L'intolérance et la bigoterie ne manqueront pas une si belle occasion de tourmenter un écrivain célèbre, et vraisemblablement M. Rousseau sera obligé de quitter la France. Ce hardi et éloquent auteur à paradoxes a publié, en Hollande, un traité *Du Contrat social*, qu'on ne trouve point en ce pays-ci, et qu'on dit cent fois plus hardi encore que l'ouvrage sur l'Éducation. Il faut lire celui-ci avec soin avant d'oser vous en parler.

---

1. C'est sans doute de l'*Essai de philosophie morale* de Maupertuis que Grimm veut parler ici. (T.)
2. *Émile, ou de l'Éducation.*

RELATION PRÉCISE DE LA MORT DE M. LE COMTE DE BONNEVAL[1]

ARRIVÉE A CONSTANTINOPLE LE 23 MARS 1747,

ET DE L'ENTRETIEN QU'IL A EU PENDANT SA MALADIE AVEC M. DE PEYSSONNEL,

SECRÉTAIRE DE L'AMBASSADEUR DE FRANCE A CONSTANTINOPLE.

J'ai visité deux fois par jour le comte de Bonneval pendant sa maladie. Il avait pensé s'empoisonner l'année dernière avec de l'esprit de vitriol. Il fut attaqué, dans le mois de janvier, d'une espèce de rhume dont il prétendait se guérir par l'usage du miel. Il en prit une quantité prodigieuse détrempée dans de l'eau chaude. Son rhume devint une goutte remontée, accompagnée d'évanouissements qui avaient l'air d'accidents d'apoplexie. Il aggrava ces accidents par l'usage de l'huile d'amandes douces, dont il prit aussi diverses doses, suivant sa tête et son caprice, et contre l'avis des médecins. Enfin il tomba dans un assoupissement presque continuel, et il est mort dans la léthargie le 23 mars dernier.

Comme il protestait depuis longtemps qu'il n'avait jamais cessé d'être chrétien, et qu'un religieux charitable, en qui il avait eu de la confiance dans les dernières années de sa vie, guettait le moment de pouvoir l'amener, à la fin de ses jours, à quelque acte décisif pour son salut, je fus chargé par une personne respectable de l'y disposer, la chose n'étant praticable qu'autant qu'il consentirait à admettre le religieux en question. C'est la veille de Saint-Joseph, au soir, que j'allai chez le comte, dans le dessein de sonder, du moins en général, sa situation d'esprit et de cœur. Dans sa léthargie, quand on voulait l'éveiller, on lui citait mon nom bien haut; il rappelait ses esprits, me demandait des nouvelles, parlait politique et se

---

1. Plusieurs biographes disent le 22. Bonneval était né en 1675; on connaît la vie aventureuse de cet homme extraordinaire. On a publié de prétendus *Mémoires du comte de Bonneval;* la meilleure édition est celle qu'a publiée Guyot-Desherbiers, Paris, 1806, 2 volumes in-8°. L'éditeur a eu le tort d'accepter comme authentiques des mémoires visiblement apocryphes, dont Bonneval avait eu connaissance et qu'il raillait dans une lettre à son frère (26 septembre 1741). Ni l'édition de Guyot-Desherbiers, ni les *Mémoires sur le comte de Bonneval* par le prince de Ligne (extraits de ses *Mélanges* par A.-A. Barbier, 1817, in-8°) ne renferment le récit de M. de Peyssonel. Sainte-Beuve a consacré à Bonneval et à sa femme un piquant article (*Causeries du lundi*, t. V).

rendormait. Je le trouvai un peu plus libre ce jour-là. Quand il fut éveillé : « Eh bien, me dit-il, il ne s'agit pas de laisser repasser le Var aux Autrichiens ; il faut les massacrer sans pitié, et ne pas s'amuser à faire des prisonniers ; car le pain est cher en Provence. Dans une autre occasion, on pourrait dire qu'il faut faire un pont à l'ennemi qui fuit ; mais ici cet ennemi va tomber sur Gênes ; il faut lui couper les jarrets tout au moins... » Il me tint d'autres propos de cette nature, qui supposaient que ses esprits étaient encore dans la vigueur. La situation des Génois et le singulier de leur aventure amena des propos de morale sur les décrets de la Providence et la combinaison adorable des causes secondes : « Ce mortier à bombes, voyez quel effet il a produit ! Une pierre changée de place à Paris peut occasionner des effets prodigieux à Ispahan et à Constantinople. — Oui, dit le comte, on voit le doigt de Dieu partout. — Que savez-vous, lui dis-je, si Dieu, qui fait tant de miracles, n'en réserve pas quelqu'un pour vous ? » Et je lui serrai la main. Il ne répondit pas à ce serrement de main, et se contenta de me fixer. La conversation tomba, je ne sais comment, sur le médecin Belet. « Celui-là, dit le comte, a bien éprouvé la Providence. Qui lui aurait dit d'avoir besoin du comte de Bonneval ? — Vous avez en lui un bon ami, lui dis-je. Il prierait bien Dieu pour vous, s'il avait connaissance de votre état, et il serait bien content de faire partie des causes secondes employées pour votre bien essentiel. » Ceci devenait un peu plus clair. « Je vous avoue, dit-il, que le docteur Belet a raison de m'aimer ; car je lui ai fait du bien. Que venait-il faire dans ce pays, établi comme il était à Paris ? Enfin, je l'ai vu dans la détresse, et je l'ai secouru. « Prenez, lui dis-je ; ceci ne vaut « pas le plaisir que j'éprouve en votre charmante conversation. » — Eh bien ! lui dis-je alors, soyez persuadé qu'il est reconnaissant, et qu'il voudrait de tout son cœur payer vos secours temporels par les biens spirituels que vous méritez, et que nous vous souhaitons tous également. » Je lui serrai une seconde fois la main, et il me la serra aussi. « Écoutez, dit-il, je ne me suis jamais tant ouvert à vous que je vais faire. L'Espagne m'avait promis tant de mille pistoles, la cour de Naples tant, la cour de Rome une pension de tant de scudis, etc.; que sont devenues ces promesses ? Je ne les prisais que comme un moyen de sortir de l'état où je suis ; après tout, je n'ai pas le cœur de mourir martyr. — Il n'est plus question de tout cela, lui dis-je ; ces trésors sont à présent dans votre cœur, et se réduisent à l'usage des précieux moments qui vous restent. Perdez de vue les promesses des hommes ; tout est gagné si vous ne vous manquez pas à vous-même. » Et là-dessus j'entamai l'ode de Malherbe qu'il récita avec moi, et avec plus de vivacité que moi :

> N'espérons plus, mon âme, aux promesses du monde ;
> Son éclat est un verre, et sa faveur une onde
> Que toujours quelque vent empêche de calmer.
> Quittons les vanités, lassons-nous de les suivre :
>   C'est Dieu qui nous fait vivre,
>   C'est Dieu qu'il faut aimer.

A la seconde strophe, il éleva les bras, appuyant sur tous les vers.

Nous n'allâmes pas plus loin, parce qu'il se jeta sur l'éloge de Malherbe, et de là sur celui de Rousseau, louant le sublime de sa poésie dans la *Paraphrase des Psaumes*. « J'aime bien entre autres ce vers-ci, ajouta-t-il :

> Que ma cendre se mêle à celle de mes pères.

— Rien de plus à propos », lui dis-je. Il tomba ensuite sur ce qu'avait de contradictoire l'élévation de ce génie avec la petitesse de ses démêlés avec Voltaire. « Tel est l'homme, dit-il, un mélange de grandeur et de petitesse ; » et se rappelant, à ce propos, la chanson faite sur *le Temple du Goût*, il se livra à son imagination et se mit à chanter :

> Voltaire devenu maçon,
>   Fait un temple de sa façon,
> De nouvelle structure, etc.

La conversation commença ensuite à languir, et finit par l'assoupissement dans lequel le comte tomba bientôt après.

Voilà presque mot à mot le récit de cette singulière entrevue, dont j'allai rendre le détail sur-le-champ à la personne qui m'avait donné cette commission. Je pris la liberté de lui dire que, puisqu'elle se proposait de rendre le lendemain visite au comte, il me paraissait que le plus court était que le religieux en question coupât sa barbe, prît l'habit laïque, et lui fît cortége ; que dans la conversation qu'elle aurait avec le malade, tête à tête, elle lui rappelât celle que j'avais eue avec lui, et surtout la circonstance du martyre, et lui dît que l'Église, dans la situation où il se trouvait, se contentait de son repentir, et que le religieux qui était à sa suite était prêt à l'absoudre, et suffisamment autorisé pour cela. La personne en question n'eut pas le courage d'exécuter ce plan, ou du moins trouva à propos de le différer après sa première visite. Elle la rendit au malade le jour de Saint-Joseph, vers le midi, et le religieux, qui était en sentinelle dans ma chambre, prêt à tout déguisement, en attendant l'issue de cette visite, en perdit le dîner, et, qui est plus, sans aucun fruit ; car la réponse fut que la chambre du malade avait été si remplie de monde, et le malade lui-même si obsédé de ses gens, qu'il n'avait pas été possible de lui faire aucune insinuation. Depuis lors, l'assoupissement augmenta de jour en jour, excepté un peu d'intervalle qu'il y eut le 21 mars. Le 23, à midi, l'on me fit dire qu'il avait entièrement perdu connaissance ; je compris ce que cela voulait dire. Soliman-Bey, son fils adoptif, Milanais apostat, qui devait être et a été son héritier, était bien aise de satisfaire aux bienséances envers les Turcs, en appelant l'iman ou curé turc du quartier pour remplir les cérémonies usitées parmi les musulmans envers les mourants ; et c'est après ce préalable qu'il expira vers les dix heures du soir. Le lendemain, Soliman-Bey fut revêtu du cafetan, en qualité de combarigi-bacchi, ou chef de bombardiers, et le cadavre du pauvre comte fut exposé pendant plusieurs heures à la mosquée de Thopana, et de là enterré au cimetière des Turcs, auprès du Teké de Péra, où son héritier lui a fait ériger le monument dont je joins ici le dessin avec la traduction de son épitaphe.

TRADUCTION DE L'ÉPITAPHE DU COMTE DE BONNEVAL.

Bonneval Ahmet-Pacha, que tout le monde connaît,
Abandonna sa patrie pour embrasser la foi mahométane ;

Il acquit, à la vérité, un renom parmi les siens ;
Mais, en venant chez les musulmans, il y gagna la gloire et l'éternité.
Ce fut un sage du siècle, qui en avait éprouvé la grandeur et la bassesse,
Et qui, connaissant le bien et le mal, distingua la beauté de la laideur.
Pleinement persuadé de la caducité des choses de ce monde,
Il épia l'heureux moment de passer à l'éternité ;
Et but le calice la nuit d'un vendredi qui se rencontra
La nuit de la naissance du plus glorieux des prophètes.
Ce fut l'heureux temps qu'il choisit pour se rendre à la miséricorde,
Et passa, sans hésiter, de cette vie en l'autre.

Le poëte ajoute :

J'ai rencontré dans l'heureux vers suivant et cette époque et ma prière :
Que le paradis soit la retraite de Bonneval Ahmet-Pacha,
Le 12 de la lune de beb-evel 1160.

Nota. La prière renfermée dans le vers ci-dessus est composée de lettres, lesquelles, considérées comme des nombres et additionnées, rendent l'année 1160.

Qu'on récite, pour l'amour de Dieu, l'exorde de l'Alcoran pour l'âme d'Ahmet-Pacha, chef des bombardiers.

PROCÈS-VERBAL DRESSÉ PAR M. DE LA CONDAMINE[1].

Le vendredi-saint, 13 avril 1759, à six heures du matin, je me suis rendu à l'adresse que m'avait indiquée M. le baron de Gleichen, envoyé de Bareith, qui avait obtenu d'être admis comme témoin aux opérations des convulsionnaires, qu'ils appellent l'*œuvre de Dieu*. Le jeune avocat qui devait l'introduire, me prenant pour le baron, qu'il ne connaissait pas, me recommanda beaucoup de gravité et de circonspection, et m'avertit en chemin que M. de La Condamine, que je ne pouvais connaître, avait fait de vains efforts pour être admis à la même assemblée où nous allions, parce qu'en une autre occasion il n'avait point paru traiter la chose assez sérieusement, ni per-

1. Voir la lettre du 15 mars 1760, page 208.

suadé que ce qu'il voyait surpassait les forces de la nature. J'assurai mon conducteur que cet exemple me servirait de leçon, et que je me comporterais d'une façon très-édifiante.

A six heures et demie nous arrivâmes chez sœur Françoise, doyenne des convulsionnaires, qui paraît avoir cinquante-cinq ans; il y a vingt-sept ans qu'elle est sujette aux convulsions, et qu'elle reçoit ce qu'on nomme des secours. Elle a déjà été crucifiée deux fois[1], et nommément le vendredi-saint 1758, et le jour de l'Exaltation de la Sainte Croix. Elle est logée fort pauvrement, dans une chambre meublée de bergame et de chaises de paille, au second étage sur le derrière d'une fort vilaine maison, dans un quartier des plus fréquentés de Paris. J'y trouvai une vingtaine de personnes rassemblées, dont neuf femmes de tout âge, mises décemment, les unes comme de petites bourgeoises, les autres comme des ouvrières, y compris la maîtresse de la chambre et une jeune prosélyte de vingt-deux ans, qu'on nomme sœur Marie, qui devait jouer un des principaux rôles dans la scène sanglante qui se préparait. Celle-ci paraissait fort triste et inquiète; elle était assise dans un coin de la chambre. Les autres spectateurs étaient des hommes de tout âge et de tout état, entre autres un grand ecclésiastique qui a la vue basse et qui portait des lunettes concaves (le P. Guidi, actuellement de l'Oratoire). Je reconnus quelques physionomies que j'avais vues dans la même maison au mois d'octobre dernier, à une pareille assemblée, où les épreuves dont je fus alors témoin n'approchaient pas de ce que j'allais voir. Du reste, il n'y avait qui que ce fût que je connusse, hors M. de Mérinville, conseiller au Parlement. Il entra encore deux ou trois personnes depuis moi, entre autres deux chevaliers de Saint-Louis, qu'on me dit être M. le marquis de Latour-du-Pin, brigadier des armées du roi, et M. de Janson, officier des mousquetaires. Nous étions en tout vingt-quatre dans la chambre. Plusieurs avaient un livre d'heures à la main, et récitaient des psaumes. Quelques-uns, en entrant, s'étaient mis à genoux et avaient fait leurs prières[2].

---

1. On m'avait dit qu'elle avait été crucifiée vingt et une fois; cela était faux; depuis j'ai été mieux renseigné. (*Note de La Condamine.*)

2. On m'a fait aussi remarquer un homme à genoux, fondant en larmes, qu'on m'a dit être M. de La Font de Saint-Yenne. (*Note de La Condamine.*)

Mon conducteur me présenta au prêtre directeur[1]. Je le reconnus pour le même qui présidait, il y a six mois, à l'assemblée où je fus admis dans ce même lieu. Il me reconnut aussi et parut surpris. Il s'approcha de mon guide, et lui parla à l'oreille. J'ai su depuis qu'il lui avait demandé si c'était là l'étranger pour lequel il avait sollicité une place. Mon conducteur s'excusa en l'assurant qu'il ne me connaissait point, et qu'il avait cru que j'étais cet étranger. Je ne fis pas semblant de m'apercevoir que tout le monde avait les yeux sur moi ; tout se calma ; je ne reçus que des politesses, et l'on eut même pour moi des attentions marquées.

Premières épreuves de sœur Françoise.

Françoise était à genoux au milieu de la chambre, avec un gros et long sarrau de toile de coutil qui descendait plus bas que ses pieds, dans une espèce d'extase, baisant souvent un petit crucifix qui avait, dit-on, touché aux reliques du bienheureux Pâris. Le directeur, d'une part, et un séculier de l'autre, la frappaient sur la poitrine, sur les côtés et sur le dos, en tournant autour d'elle, avec un faisceau d'assez grosses chaînes de fer, qui pouvaient peser huit à dix livres. Ensuite on lui appuya les extrémités de deux grosses bûches, l'une sur la poitrine, l'autre entre les épaules, et on la frappa une soixantaine de fois à grands coups avec les bûches, alternativement par devant et par derrière. Elle se coucha sur le dos par terre ; le directeur lui marcha sur le front, en passant plusieurs fois d'un côté à l'autre : il posait le plat de la semelle, et jamais le talon. Tout cela s'appelle des *secours* ; ils varient suivant le besoin et la demande de la convulsionnaire, et on ne les lui donne qu'à sa réquisition.

Alors je pris un crayon, et je commençai à écrire ce que je voyais. On m'apporta une plume et de l'encre, et j'écrivis ce qui suit, à mesure que les choses se passaient.

---

1. Ce directeur se nomme Cottu, fils d'un fripier des halles ; il était Père de l'Oratoire, et a régenté au Mans ; il est sorti de cette congrégation depuis deux mois. Il y a deux ans qu'il est directeur de Françoise, et qu'il lui donne des secours. (*Note de La Condamine.*)

Crucifiement de Françoise.

A sept heures, Françoise s'étend sur une croix de bois de deux pouces d'épais, et d'environ six pieds et demi de long, posée à plate terre ; on l'attache à la croix avec des lisières à la ceinture, au-dessous des genoux et vers la cheville du pied ; on lui lave la main gauche avec un petit linge trempé dans de l'eau qu'on dit être de saint Pâris. J'observe que les cicatrices de ses mains, qui m'avaient paru récentes au mois d'octobre dernier, sont aujourd'hui bien fermées. On essuie la main gauche après l'avoir humectée et touchée avec une petite croix de saint Pâris, et le directeur enfonce, en quatre ou cinq coups de marteau, un clou de fer carré de deux pouces et demi de long, au milieu de la paume de la main, entre les deux os du métacarpe qui répondent aux phalanges du troisième et quatrième doigt. Le clou entre de plusieurs lignes dans le bois, ce que j'ai vérifié depuis en sondant la profondeur du trou.

Après un intervalle de deux minutes, le même prêtre cloue de la même manière la main droite, qu'on mouille ensuite avec la même eau.

Françoise paraît souffrir beaucoup, surtout de la main droite, mais sans faire un soupir ni aucun gémissement ; mais elle s'agite, et la douleur est peinte sur son visage. On lui passe plusieurs livres et une petite planche sous le bras pour le lui soutenir à différents endroits, et aussi la tête : on lui met un manchon sous le dos. Cependant tous les initiés à ces mystères prétendent que ces malheureuses victimes ne souffrent point, et qu'elles sont soulagées par les tourments qu'elles endurent.

On travaille longtemps à déclouer le marchepied de la croix pour le rapprocher, afin que les pieds puissent l'atteindre et y porter à plat.

A sept heures et demie on cloue les deux pieds de Françoise sur le marchepied rapproché, avec des clous carrés de plus de trois pouces de long. Ce marchepied est soutenu par des consoles ; il ne coule point de sang des blessures faites aux mains, mais seulement d'un des pieds, et en petite quantité. Les clous bouchent les plaies.

A sept heures trois quarts, on soulève la tête de la croix à trois ou quatre pieds de hauteur; quatre personnes la soutiennent ainsi pendant quelque temps; on la baisse ensuite, et on appuie le haut de la croix sur le siége d'une chaise, le pied de la croix restant à terre.

A sept heures quarante-cinq minutes, on élève la tête de la croix plus haut, en l'appuyant contre le mur à la hauteur de quatre pieds ou quatre pieds et demi au plus.

La jeune sœur Marie entre en convulsion. Je séparerai les articles qui la regardent.

A huit heures un quart, on retourne la croix de Françoise de haut en bas, et on l'incline en appuyant le pied de la croix contre la muraille, de la hauteur de trois pieds seulement, la tête de la croix posant sur le plancher[1]. En cet état, on lit à haute voix la passion de l'évangile selon saint Jean, au lieu des psaumes qu'on avait récités jusqu'alors. Cette situation a duré un quart d'heure.

A huit heures et demie, on couche la croix à plat, on délie les sangles et les bandes des lisières dont le corps de Françoise était serré dans la précédente situation, apparemment pour que le poids de son corps ne portât pas sur les clous des bras; on lui soutient la tête et le dos avec des livres. Tous ces changements se font à mesure qu'elle les demande. On lui ceint le front d'une chaîne de fil de fer fort délié qui a des pointes, ce qui fait l'effet d'une couronne d'épines. Je la vois parler avec action. On m'a dit qu'elle déclamait en langage figuré sur les maux dont l'Église est affligée et sur les dispositions des spectateurs, dont plusieurs fermaient, disait-elle, les yeux à la lumière, et dont les autres ne les ouvraient qu'à demi.

A huit heures trois quarts, elle fait relever sa croix, la tête appuyée contre le mur, à peu près de quatre pieds ou quatre pieds et demi. En cet état, on présente à sa poitrine douze épées nues; on les appuie au-dessus de sa ceinture, toutes à la même hauteur; j'en vois plusieurs plier, entre autres celle de M. de Latour-du-Pin, qui m'en fait tâter la pointe très-aiguë. Je n'ai

---

1. Les mesures servent à reconnaître la quantité dont la croix était inclinée, sa longueur étant connue. Lorsque la tête de la croix fut en bas pendant un quart d'heure, le pied n'était qu'à trois pieds de haut contre la muraille. On m'avait dit qu'on poserait la croix debout, la tête en bas. (*Note de La Condamine.*)

pas voulu être un de ceux qui présentaient les épées. Françoise a dit à l'un d'eux, de qui je tiens ce fait : « Mais laissez donc, vous allez trop fort. Ne voyez-vous pas bien que je n'ai pas de main? » Ordinairement, quand on fait cette épreuve, la patiente place elle-même la pointe de l'épée, la tient entre la main, et peut soutenir une partie de l'effort, ce qu'elle ne pouvait, ayant la main attachée. On ouvre la robe de Françoise sur sa poitrine; outre sa robe de coutil fort plissée et son casaquin intérieur, que je n'ai point manié, il y avait un mouchoir en plusieurs doubles sur le creux de l'estomac. Je tâte plus bas, j'y trouve une espèce de chaîne de fil de fer comme sa couronne, qu'on dit être un instrument de pénitence. Je ne puis m'assurer qu'il n'y ait au-dessous aucune garniture; on venait de lui ôter, par ses poches, une ceinture large de trois doigts, d'un tissu fort serré de crin en partie, semblable à une sangle de crocheteur, autre instrument, dit-on, de mortification. Cette sangle est assez souple, mais épaisse; je ne sais s'il n'y avait rien au dedans, ou si le tissu seul de crin ne suffit pas pour faire plier une lame. Pendant que je me suis éloigné de Françoise, on m'a dit qu'elle avait appelé le directeur, en lui disant : « Père Timothée, je souffre, je n'en puis plus; frottez-moi la main. » Il a promené son doigt doucement et lentement autour du clou de la main droite.

Depuis neuf heures un quart jusqu'à dix heures, pendant près de trois quarts d'heure, j'ai presque perdu de vue Françoise, portant toute mon attention à Marie; mais j'achèverai de suite le récit de ce qui regarde Françoise.

A neuf heures vingt minutes, elle fait reposer sa croix à plate terre.

A neuf heures quarante minutes, elle la fait relever contre le mur, le pied en avant, à quatre pieds de distance.

A dix heures, on couche Françoise attachée à sa croix, on lui ôte les clous des mains, on les arrache avec une tenaille; la douleur lui fait grincer les dents; elle tressaille sans jeter de cri. Les clous dont on s'était servi jusqu'ici pour cette opération étaient très-aigus, ronds, lisses et déliés. Aujourd'hui, pour la première fois, c'étaient des clous carrés ordinaires. J'en demande un que je conserve. Les mains, surtout la droite, saignent beaucoup; on les lave avec de l'eau pure. Elle embrasse Marie, sa prosélyte, qui venait d'être détachée de la croix, où elle a resté moins d'une demi-heure.

A dix heures douze minutes, on élève la croix de Françoise, dont les pieds étaient encore cloués ; on l'appuie contre la muraille, plus haut qu'elle ne l'avait encore été, et presque debout. J'ai déjà dit que les bras étaient détachés. Les pieds portaient à plat sur le marchepied. On me donne à examiner une lame de couteau ou de poignard tranchante des deux côtés, qu'on emmanche dans un bâton long de deux à trois pieds, ce qui forme une petite lance destinée à faire à la patiente une blessure au côté, par laquelle le directeur m'a dit qu'elle perdait quelquefois deux pintes de sang. On découd sa chemise, et on lui découvre la chair du côté gauche, vers la quatrième côte ; elle montre du doigt où il faut faire la plaie ; elle frotte l'endroit découvert avec la petite croix du bienheureux Pâris, présente elle-même la pointe de la lance en tâtonnant en plusieurs endroits (il est dix heures vingt-cinq minutes). Le prêtre enfonce un peu la pointe de la lance, que Françoise gouverne et tient empoignée ; elle dit *Amen*, le prêtre retire la lance. Je juge, par la marque du sang, qu'elle est entrée de deux lignes et demie, près de trois lignes. La plaie est moins longue que celle d'une saignée ; il en sort peu de sang, au lieu de trois pintes.

A vingt-sept minutes, Françoise demande à boire ; on lui donne du vinaigre avec des cendres, qu'elle avale après bien des signes de croix.

A trente-cinq minutes, on la recouche avec sa croix : il y avait plus de trois heures et demie qu'elle y avait été attachée. On a beaucoup de peine à arracher les clous des pieds avec une tenaille ; nous sommes deux à aider le prêtre. M. de Latour-du-Pin demande un de ces clous ; il entrait dans le bois de plus de cinq lignes. Françoise éprouve les mêmes symptômes de douleur que lorsqu'on lui a décloué les mains.

Je reviens à ce qui regarde la sœur Marie.

Épreuves de la sœur Marie.

Pendant que le directeur, qu'on appelle le P. Timothée, cloue les mains de Françoise, il regarde la sœur Marie, qui est assise dans un coin de la chambre. Il lui fait signe de la tête, elle pleure. Deux femmes à ses côtés l'encouragent. Le prêtre s'approche d'elle et la conforte, à ce qu'on me dit, par des passages de l'Écriture. Elle s'agenouille, se met en prières, et passe ensuite dans un cabinet prendre une robe semblable à celle de sœur Françoise. Elle rentre dans la chambre. Vers les huit heures, elle paraît tomber en convulsion ; elle s'étend sur le carreau ; on lui marche sur le ventre et sur le front, en passant d'un côté à l'autre. Elle s'agenouille ; on lui donne quelques coups de bûche dans l'estomac et dans le dos ; elle s'étend et paraît sans connaissance.

A huit heures quarante minutes cet état dure encore ; elle a sur la bouche une petite croix du bienheureux Pâris. On dit dans la chambre qu'elle restera dans cet état jusqu'à dimanche, à trois heures du matin. C'est, à ce que j'ai su depuis, qu'on craignit en ce moment qu'elle n'eût pas le courage de se faire crucifier.

Crucifiement de sœur Marie.

A neuf heures, le prêtre paraît exhorter sœur Marie, qui a été déjà crucifiée une fois, et qui s'en souvient. Les cicatrices sont bien fermées et à peine apparentes. On la couche sur la croix, elle dit qu'elle a peur ; on voit qu'elle retient ses larmes : elle souffre cependant avec courage qu'on lui cloue les mains. Au second clou des pieds et au second coup de marteau, elle dit : « Assez. » On n'enfonce pas le clou plus avant. Les clous bouchent la blessure ; on ne voit point de sang couler [1].

A neuf heures vingt-cinq minutes on incline sa croix, en l'appuyant contre le mur à la hauteur de quatre pieds. En cet état, on lui présente un livre ; elle lit la passion de saint Jean en français à haute voix, et paraît avoir repris courage. A neuf heures quarante-cinq minutes, sa voix s'affaiblit, ses yeux s'éteignent, elle pâlit, elle dit : « Je me meurs, ôtez-moi vite. » Tout

---

1. Cette Marie ou Maria a vingt-deux ans, et est sujette à des vapeurs hystériques ; elle est fille d'un perruquier. (*Note de La Condamine.*)

le monde paraît effrayé. Elle se fait ôter les clous des pieds, le sang coule: on l'étend à terre, et on ôte les clous de ses mains. On dit qu'elle a la colique, on l'emmène hors de la chambre. Elle était restée attachée à la croix environ vingt-cinq minutes. J'ai remarqué qu'on ne l'avait point liée à la croix par le corps, comme Françoise, apparemment parce que cette précaution était inutile pour Marie, dont la croix ne devait point être retournée de haut en bas.

A neuf heures cinquante-quatre minutes, Marie rentre; on lui bassine les pieds et les mains avec de l'eau miraculeuse du bienheureux Pâris. Elle rit, et paraît beaucoup plus contente de ce secours que des coups de marteau.

A dix heures, elle va trouver Françoise, à qui l'on ôte en ce moment les clous des mains. Françoise l'embrasse et Marie la caresse.

On m'a assuré que la plupart de ces pauvres créatures gagnaient leur vie du travail de leurs mains, que de pareils exercices doivent beaucoup retarder, et ne recevaient que le salaire des ouvrages auxquels on les employait; mais il n'est pas douteux que plusieurs de ceux qui les regardent comme des saintes ne pourvoient à leurs besoins.

On m'a dit aussi que Françoise avait environ 2,000 livres de rente. Elle a fait, il y a deux ou trois ans, un voyage au Mans avec le P. Cottu; elle y a passé une année, et fondé ou entretenu une petite colonie de convulsionnaires.

Il est digne de remarque qu'il n'y ait que des femmes et des filles qui se soumettent à cette cruelle opération. Ceux qui croient voir dans tout cela l'œuvre de Dieu donnent, pour preuve du miracle, que les victimes ne souffrent point, et qu'au contraire les tourments leur sont agréables : ce serait en effet un grand prodige; mais comme je les ai vues donner des marques de la plus vive douleur, la seule merveille dont je puisse rendre témoignage, c'est de la constance et du courage que le fanatisme peut inspirer.

Il faut se souvenir, en lisant cette relation, que l'auteur entend difficilement, et qu'il a les yeux beaucoup meilleurs que les oreilles.

MIRACLES DU JOUR DE LA SAINT-JEAN, 1759,

PAR M. DU DOYER DE GASTEL.

Lorsque la sœur Françoise change de robe, Dieu fait toujours un miracle nouveau. Il y a deux ans qu'elle avait ordonné qu'on coupât sur elle sa robe avec des rasoirs; dans plusieurs endroits, le rasoir coupa la robe, la chemise et la peau; dans d'autres, il coupa seulement la robe et la chemise; dans quelques-uns la robe seule; dans d'autres enfin, quelques efforts qu'on fît, la robe ne put être entamée. Cette année, elle a dit en convulsion que Dieu ordonnait qu'on brûlât, le jour de Saint-Jean, sa robe sur son corps, avec des flambeaux de paille dont elle serait entourée.

Telles furent, un jour du mois de juin 1759, les paroles du P. Timothée, et l'assurance prophétique avec laquelle il les prononça enflamma ma curiosité en raison de la grandeur du prodige. Je désirai que M. de La Condamine fût témoin de ce phénomène. Je priai, avec toutes les instances possibles, le P. Timothée de m'accorder cette grâce. Sans doute on redoutait les yeux d'un pareil observateur, car on persista longtemps dans un refus opiniâtre; cependant on se rendit... Nous arrivons à quatre heures et demie du soir chez... rue... Après plusieurs détours obscurs, nous entrons dans une chambre assez grande, au rez-de-chaussée; l'assemblée était composée d'environ trente personnes. Deux chevaliers de Saint-Louis, M. le comte d'Autray et M. le comte de F***; M. Sibille, directeur des fermes; deux médecins, M. Dubourg et M. Boutigny-Despréaux, voilà les seuls témoins qui puissent être cités. Les autres étaient presque tous des frères et des sœurs appliqués sans relâche au pénible et généreux emploi de secouriste.

Après plusieurs secours vulgaires, tels que le serrement des reins avec la sangle et les bêches [1], la pression de la poitrine

NOTE POUR LES PROFANES.

1. La sœur est à genoux, appuyée; deux bêches, dont le fer n'est point tranchant, pressent fortement les reins de la sœur, tandis que, par un effort contraire, plusieurs personnes la tirent à eux des deux côtés, avec une sangle large et épaisse dont elle est ceinte.

par les pieds¹, les coups de poing bien assénés, les baguettes², le biscuit³, et quelques autres béatilles semblables, enfin on vint aux armes.

Représentez-vous la sœur Françoise droite, le dos appliqué à la muraille. Cinq épées sont présentées à ceux des assistants qui veulent la secourir; j'en offre une à M. de La Condamine et une à M. Despréaux : tous deux la refusent modestement. Le P. Timothée, deux autres personnes, M. Dubourg et moi, nous nous mettons en devoir de donner à la pauvre sœur les secours qu'elle demandera. Elle prend elle-même, l'une après l'autre, les pointes de nos épées, les place à différents points de sa poitrine sur une ligne horizontale, à la hauteur du sternum et des dernières côtes. Elle ordonne de commencer doucement, et d'enfoncer peu à peu : on obéit; je viens enfin, par gradation, jusqu'à enfoncer de toute ma force. Convaincu que la foi, la résistance des côtes et les sages précautions de la sœur Françoise la munissent contre les accidents mortels, je veux seulement connaître jusqu'à quel degré elle est invulnérable. J'appuie donc la poignée de mon épée contre ma poitrine pour pousser avec plus de vigueur; la sœur grince les dents, pousse et retire la lèvre inférieure avec précipitation, gémit, se plaint à chaque instant que j'appuie un peu plus; elle fait des contorsions horribles, et toujours sa main retient avec effort mon épée. « Assez », cria-t-elle enfin, quand elle ne put plus endurer; et les épées étant retirées : « Il y a des *étranges* » (c'est-à-dire des étrangers), dit-elle avec émotion et d'un ton de reproche. Sans doute à la manière vigoureuse dont j'avais poussé mon épée, elle avait jugé qu'il y avait quelque faux frère. On l'assura qu'il n'y avait aucun étranger. Le Saint-Esprit ne révéla pas à la sœur que j'étais le traître, et nous nous préparâmes à un nouvel exercice.

NOTES POUR LES PROFANES.

1. La sœur est dans la même situation; un secouriste assis lui presse la poitrine de ses pieds.

2. Les baguettes sont deux grosses bûches, dont on lui donne par devant et par derrière trente-trois coups, parce qu'il y a trente-trois ans, depuis *la fermeture du cimetière* jusqu'en 1764, que Dieu doit opérer de grandes choses.

3. Le biscuit est un marteau d'enclume, pesant quinze à dix-huit livres. Debout, appuyée contre la muraille, les bras tirés fortement, la sœur reçoit sur la poitrine cinq douzaines de coups de cet instrument.

Cet exercice consiste, non pas à appuyer, comme dans le précédent, la pointe de l'épée, mais à pointer, comme en portant une botte, dans les endroits que la sœur désigne. On commence faiblement, et on augmente par degrés. Je poussai d'assez bonne grâce. J'aperçus encore des contorsions et des grimaces toutes les fois que la pointe de mon épée se faisait sentir. Je voulus éviter le sternum et pointer plus bas; mais la crainte de me trahir me retint. Ce secours ayant été suffisamment administré pour les besoins de la sœur, elle dit : *Amen*. Nous nous arrêtâmes, elle s'accroupit, et fut aussitôt dérobée aux yeux des spectateurs par un essaim officieux de sœurs qui formaient un rempart autour d'elle et lui rendaient des soins. Je ne la perdis point de vue; je la vis glisser sa main par sa poche, sous sa robe, fouiller quelque temps sur son estomac et sur sa poitrine, comme le fait celui qui en retire quelque chose de haut en bas. M. de La Condamine, qui était près de moi et qui voit mieux qu'il n'entend, me tira par la main, et me demanda à l'oreille si je n'avais pas vu la sœur promener, faire monter, et descendre sa main sous sa robe. Je fus charmé de trouver les yeux d'un bon témoin d'accord avec les miens. Enfin Françoise se relève pleine d'un nouveau courage. Les autres sœurs eurent alors la complaisance de délier sa robe et son corset; leur galanterie alla même jusqu'à écarter la chemise. J'eus le bonheur de voir, pour la première fois de ma vie, le sein de sœur Françoise, ou plutôt la place qu'occuperait sa gorge si elle en avait. Sa chemise était en plusieurs endroits teinte de sang; mais je n'aperçus aucune goutte, ni aucune blessure saignante sur la peau. La piqûre de mon épée, qui avait percé la garniture, avait sans doute suffi pour tirer quelque goutte de sang, mais non pour faire une plaie, puisque la pointe, posée par elle-même, portait sur une côte. Quoi qu'il en soit, je fis alors cette réflexion : puisque la bienséance n'empêche pas de découvrir le sein d'une fille de cinquante-huit ans et horriblement laide, après que les secours de l'épée ont été administrés, ne pourrait-on pas le découvrir auparavant et le laisser nu tandis qu'on le perce? De plus, le P. Timothée m'a dit plusieurs fois que la sœur ne quittait jamais son cilice ou corset de pénitence; cependant, je n'aperçois pas ce corset intérieur, je vois la peau nue. Qu'est-ce donc que ce cilice? Serait-ce un plastron destiné à parer ou à affaiblir les coups, et qu'on avait fait disparaître avant de la visiter? Ajoutez à cela que, conversant avec le P. Timothée et M. l'abbé Guidi, je leur avais avoué le matin même, en présence d'un jeune secouriste, nommé le frère Daniel, qui n'est autre chose que M. Guidi de V..., neveu de MM. Fontaine ; je leur avais avoué, dis-je, que je doutais de la bonne foi de la sœur Françoise; que, lorsqu'on m'avait invité à toucher son sein, j'avais senti sous la chemise un corps épais et dur qu'on disait être un cilice, mais que je n'avais jamais senti la peau; et, le jour même de cette conversation, on me recommande d'arriver une demi-heure après ces trois messieurs, *de peur* (me dit le P. Timothée) d'effaroucher la sœur Françoise par la vue de M. de La Condamine, qui devait m'accompagner! J'obéis, et nous n'arrivons, M. de La Condamine et moi, que lorsque la sœur est entrée en convulsion ; et ce jour même on découvre sa poitrine pour la première fois, on viole la décence qu'on n'avait jamais violée! Puis-je douter que la demi-heure de délai n'eût été employée à préparer la sœur à ce nouvel examen? Tout cela mérite quelque attention. Au reste, rendons justice à la modestie de la sœur Françoise, elle parut gémir de la triste violence que lui faisaient les sœurs en nous montrant son sein ; et rendons justice à tous les assistants, dont personne ne le regarda d'un œil profane.

Les cinq épées ne devaient point encore se reposer ; elles devaient rendre aux joues de Françoise le même service qu'elles avaient rendu à la poitrine. On devait d'abord enfoncer, ensuite pointer ; tel est toujours l'ordre de la marche. Je m'offre avec zèle, mais je suis humilié en voyant mon offre rejetée. Dieu avait ordonné que les sœurs auraient seules le privilége d'enfoncer les épées dans les joues; elles obéissent, mais elles procèdent avec si peu de foi et de courage qu'en vérité cela me parut un jeu d'enfant. La peau se prêtait et pliait, mais elle n'était point percée... En ce moment, le spectacle change : sœur Manon, qui pour lors était en état de mort, ressuscite tout à coup, et devient elle-même une des secouristes, mais pour quelques moments seulement. Le secours administré, elle retombe en état de mort de la meilleure grâce du monde. Pour nous consoler de n'avoir point enfoncé les épées dans les joues, on nous invite à les pointer. Je me présente, ainsi que quatre autres. Je n'osai ou je ne pus prendre sur moi de pointer plus fortement que les sœurs; malgré la légèreté de nos coups, sœur Françoise avait le visage d'une personne qui souffre, et qui retient ses larmes. Elle disait souvent d'un ton lamentable : « Pas si fort, plus doucement... Prenez donc garde, vous allez me blesser. » Il sortit assez de sang des piqûres. On lui lava le visage avec de l'eau, dans laquelle, dit-on, est infusée de la terre du bienheureux diacre; on l'essuya plusieurs fois avec un linge trempé dans cette même eau qui paraît styptique; au bout de quelque temps il ne parut plus de sang.

Enfin, le moment arrive où *la robe de la sœur doit être brûlée avec des flambeaux de paille dont elle sera environnée.* Ce sont là les termes de la prédiction écrite de la main du P. Timothée, et M. de La Condamine en est dépositaire. Le P. Timothée annonce à la sœur qu'il est temps de se mettre en prières; elle se prosterne le visage contre terre; elle se relève, refuse la brûlure, veut remettre la partie à la Saint-Laurent. C'était là sans doute une suggestion du malin qui voulait nous priver de cet édifiant spectacle; je tremblais que le P. Timothée ne cédât à la faiblesse de la sœur, d'autant plus qu'il m'avait dit le matin que le miracle pourrait bien manquer. Cependant on prêche sœur Françoise, on lui remontre qu'elle doit obéir à Dieu; elle se remet de nouveau en prières, elle se relève, et, moitié de gré, moitié de force, on la fait résoudre; mais Dieu, qui avait promis de préserver du feu son corps, n'avait pas promis de préserver la maison. La chambre était planchéiée; on crut donc devoir prendre des précautions. On délibéra si on mettrait la sœur dans la cheminée; on la traîne par les pieds dans la chambre voisine; on revient dans la première; on ôte les chenets et les pincettes de la cheminée; plusieurs grandes pierres plates sont posées sur le plancher. La sœur Françoise se met en prières; elle s'étend sur le dos; une des pierres lui sert de lit; on approche d'elle un brandon de paille; j'en allume moi-même un autre que je place sous les reins. Je m'imaginais qu'aussi tranquille que saint Laurent, dans l'extase d'une sainte volupté, elle laisserait brûler sa robe, ou que, telle que les enfants dans la fournaise, elle chanterait un cantique au milieu des flammes sans en ressentir l'atteinte. Je me trompais. Sans doute les péchés de quelques assistants arrêtèrent le prodige. Je vois la sœur s'agiter avec le trouble d'une personne faible qui craint le feu. Tantôt elle se dérobe à la flamme qui la gagne; tantôt elle l'étouffe en se roulant sur la paille allumée. Le succès de cette manœuvre la rassure. Sa robe est entamée par le feu; un frère pusillanime jette de l'eau dessus; le feu s'éteint. M. le directeur des fermes crie au miracle; le feu se rallume encore, la robe s'enflamme suivant l'ordre de Dieu. Encore un moment, et toute la prédiction du P. Timothée était accomplie; mais la sœur pousse des cris plaintifs et véhéments. Un frère de peu de foi jette encore une grande quantité d'eau, la flamme s'éteint encore une seconde fois, et la fumée nous étouffe. Mais M. Dubourg, s'approchant de Françoise, lui dit : « Ma chère sœur, nous nous attendions que vous nous édifieriez davantage. » En vain le P. Timothée et M. l'abbé Guidi lui représentent que Dieu avait expressément ordonné « que sa robe fût entièrement brûlée sur elle »; elle est sourde à tous les avis et à tous les reproches. On la relève, on la déshabille, on lui essaye une robe neuve. En dépit de la prédiction, la flamme n'avait pas consumé la vieille robe, et les bords du jupon étaient endommagés. C'est ainsi que finit la scène du 24 juin, qui n'eut rien de la gravité imposante de quelques autres précédentes. La sœur frémissait, grinçait les dents, se plaignait, se tordait les bras, faisait des signes de croix, balbutiait des mots inintelligibles. Le P. Timothée priait saint Pâris, saint Soanen, sainte Gabrielle Moler, le saint Prophète, etc., etc. Les frères et les sœurs récitaient des psaumes français; M. le directeur des fermes frappait des mains, levait les yeux au ciel; les chevaliers de Saint-Louis restèrent indifférents; les médecins examinaient sérieusement et se faisaient des signes en affectant de paraître étonnés; M. de La Condamine, quelquefois bâillait tout haut, ou plaisantait tout bas; pour moi, je sortis médiocrement édifié et un peu surpris que Dieu n'eût pas accordé à la sœur Françoise le don d'incombustibilité.

— Voici deux faits arrivés en 1760, qui méritent d'être placés à la suite des miracles de 1759.

M. Le Paige, avocat au Parlement, a donné un bon nombre de coups de bûche à sa femme, deux ou trois jours avant qu'elle accouchât. Elle ne mourut pas sur-le-champ, mais bien huit jours après son accouchement. Le P. Cottu dit : « Elle accoucha fort heureusement, cela ne lui fit point de mal ; il est vrai qu'elle mourut huit jours après, etc. »

La sœur Françoise vient de finir sa carrière. M. de Grandelas, médecin, était à côté de sœur Françoise au moment de sa mort. Elle s'écria : « Dieu soit loué ; tout finit ; voici enfin la grande convulsion. » Le P. Cottu, qui était à l'autre bord de son lit, persuadé qu'elle recouvrerait la santé et qu'elle guérirait subitement, comme cela était souvent arrivé, si on appliquait quelques coups de bûche, courut à une bûche, et se disposait à soulager la moribonde, lorsque le médecin l'arrêta en lui criant : « Eh ! monsieur, qu'allez-vous faire ? — La soulager et la guérir. — Comment ! la guérir ? — Oui, monsieur, comme cela s'est déjà pratiqué, et avec succès. — Nous ne connaissons pas cette pratique dans la Faculté, et il n'en sera rien, s'il vous plaît. — Il n'en sera rien, puisque vous m'en empêchez ; mais, monsieur, songez-y bien ; c'est vous qui la tuez, et vous répondrez de sa mort devant Dieu. » Elle mourut un quart d'heure après, et le P. Cottu prétend que c'est faute de quelques coups de bûche qu'elle n'a pas reçus, et qui l'auraient infailliblement guérie.

MAI

1er mai 1761.

Vous connaissez l'*Histoire des projets et des revers du sage Memnon*, un des plus jolis entre les mille jolis ouvrages de M. de Voltaire. Memnon forma un jour le plan aisé d'être parfaitement sage, et par conséquent parfaitement heureux, et par une suite de son plan il rentra chez lui le soir, volé, borgne et bafoué. Son historien a oublié de nous apprendre le reste de son histoire : c'est que Memnon, sans argent, sans maîtresse, sans amis, et un œil de moins, se fit faiseur de projets pour les autres, remarquant un peu tard que ceux qui conseillaient la sagesse aux autres avaient plus beau jeu et se mettaient du moins à l'abri des risques de l'exécution. A parler vrai, ce rôle n'est pas le moins absurde qu'un homme d'esprit puisse jouer, et rien n'est plus désagréable au vrai philosophe que d'entendre soutenir à grands frais des projets chimériques qui ont tous les avantages du monde, excepté celui de la possibilité. L'abbé de Saint-Pierre nous a laissé de longs et nombreux écrits de cette espèce. Il a passé la plus grande partie de sa vie à former des projets pour la prospérité du genre humain, et il faut convenir que la bonhomie, la candeur, la simplicité, qui lui étaient naturelles, donnent à ses ouvrages un caractère original qui fait oublier ou pardonner ce qu'ils ont de chimérique et de fatigant. Cependant, comme il n'y a que le vrai qui soit durable, ses écrits ont passé en même temps que lui; et il ne reste que le souvenir de ses principales chimères dont la plus brillante est celle d'une paix perpétuelle entre toutes les puissances de l'Europe. Il y a quelques années qu'on conseilla à M. Rousseau de se faire le rédacteur des ouvrages de l'abbé de Saint-Pierre. C'était un très-mauvais conseil. Le métier de faiseur d'analyses est en lui-même fort plat; mais c'est bien pis lorsqu'on se met à analyser des projets, car c'est dépouiller la chimère de ce que l'inventeur peut y mettre d'original, et qui seul peut la faire pardonner. M. Rousseau, en faisant l'extrait du *Projet de paix perpétuelle*, a senti l'ingratitude de ce travail, et a renoncé à l'analyse des autres ouvrages de l'abbé de Saint-Pierre. La même raison aurait dû l'empêcher de publier le raccourci du *Projet de paix perpétuelle*. En effet, ce projet est devenu sous sa plume plus absurde qu'il n'est dans l'ouvrage de son auteur. Nulle vue profonde, nulle notion de politique, nulle idée qui puisse du moins faire rêver sur la chimère d'une manière agréable et touchante. Il est vrai que M. Rousseau était l'homme le moins propre à être l'interprète de l'abbé de Saint-Pierre. Celui-ci, philosophe doux et débonnaire, est animé par une bienveillance générale qui se fait sentir à chaque pays et qui s'étend sur tout le genre humain. L'autre, misanthrope austère, ne rend jamais justice à ce qui est bien que pour décrier ce qui est mal. On dirait qu'il a pris à tâche de rendre aux hommes leur existence odieuse, et qu'il ne leur montre jamais la raison et le bonheur que pour les avertir qu'ils en sont à mille lieues et qu'ils n'en approcheront jamais. Aux yeux du sage, l'abbé de Saint-Pierre et Jean-Jacques Rousseau sont deux fous logés à l'une et l'autre extrémité des petites-maisons; mais j'aime mieux la folie du premier; elle n'a rien d'attristant, et le fiel me déplaît en tout.

Je n'abuserai point de votre temps en démontrant l'absurdité et l'impossibilité du *Projet de paix perpétuelle.* Les plus simples réflexions sur la nature humaine suffisent pour en faire voir la chimère. M. de Voltaire, avec deux pages de plaisanteries, a renversé tout l'édifice. Il manque au *Rescrit de l'empereur de la Chine,* qui est de lui, un article essentiel, c'est d'insister sur l'extrême vraisemblance que les dix-neuf puissances qui doivent composer la diète europaine, ou européenne, ou européane, seront toujours du même avis sur tous les différends qui s'élèveront, ou que lorsqu'il y en aura dix d'un avis on verra les neuf autres se soumettre sans aucune difficulté. L'exemple du corps germanique, que M. Rousseau cite, est frappant, depuis quatre ans surtout. On sait avec quelle unanimité les résolutions sont prises à la diète de Ratisbonne, et avec quelle vigueur elles sont exécutées. Il est vrai que cette diète n'a encore pu décider s'il faut regarder le roi de Prusse comme l'infracteur de la paix publique, ou bien comme le défenseur et le soutien des libertés de la patrie; mais, en attendant, elle lui fait toujours la guerre, et si les troupes de l'évêque de Salzbourg, combinées avec celles de tant d'évêques et de moines et renforcées de toute l'armée wurtembergeoise, n'ont encore pu triompher du génie prussien, il faut croire que la ligue de l'armée européenne ou européane irait bien plus vigoureusement en besogne. A la moindre apparence de contestation et de mutinerie, cette armée volerait d'un bout de l'Europe à l'autre pour mettre le holà; et d'ailleurs, quels sujets de querelles pourrait-il y avoir entre dix-neuf puissances qui seraient toutes convenues d'oublier le passé et de vivre en paix?

S'il est vrai que Henri IV se soit occupé du projet de la monarchie universelle, et que son ministre Sully ait eu dans la tête celui d'une paix perpétuelle, ne faisons pas à ces deux grands hommes l'injure de croire qu'ils aient conçu ces projets d'une manière aussi puérile que le bonhomme Saint-Pierre et son rédacteur Jean-Jacques Rousseau. Sans doute que le duc de Sully n'a entrevu la possibilité d'une paix perpétuelle que dans l'établissement d'une balance en Europe qui, en posant l'équilibre entre toutes ces puissances sur des fondements solides, prévînt les sujets de guerre ou rendît du moins la guerre difficile et passagère, et l'état de paix permanent. Il faut croire aussi que Henri IV, par son projet de la monarchie universelle, n'a pas entendu la possibilité de faire la conquête de l'Europe, mais qu'il a conçu simplement cette influence prépondérante que la France, par sa position, par ses ressources, par le génie de ses peuples, doit avoir dans toutes les affaires de l'Europe, et qui, jointe à la modération, du moment que le roi de France renoncerait au projet de faire des conquêtes, deviendrait, sous la conduite d'un ministre habile, l'équivalent d'une monarchie universelle. Ces idées cessent d'être chimériques; elles ne supposent que les lumières et la volonté d'un homme de génie, et de telles suppositions doivent être permises à un roi comme Henri IV. Je dis plus : après le dernier traité d'Aix-la-Chapelle, on pouvait même se flatter d'en voir la réalité. Le paisible ministère du cardinal de Fleury et la modération de Louis XV en 1748 avaient rassuré l'Europe sur cet esprit de conquérir qui l'avait tant de fois alarmée sous le règne de Louis XIV. L'établissement de la maison de Bourbon sur le trône d'Espagne avait éteint toutes les querelles entre les deux monarchies. La France, liée avec la couronne de Suède et le roi de Prusse par un traité défensif et mieux encore par les liens des mêmes intérêts, était en état de s'opposer à toute entreprise contraire au repos de l'Europe. Par cette alliance, elle contenait au midi la maison d'Autriche, et au nord la Russie. Il ne s'agissait peut-être que d'agrandir la maison de Prusse du côté du nord, afin que tout roi de Prusse pût, par sa propre consistance, ce que nous avons vu faire de nos jours à Frédéric par la seule force de son génie. Cette même situation des affaires mettait la maison d'Autriche dans l'impossibilité de troubler l'équilibre en Italie, et il ne restait à la France que le soin de protéger le commerce de ses peuples par une marine formidable contre les entreprises des Anglais. Si nous avons vu disparaître ce système au moment où tout paraissait concourir à le rendre solide et irrévocable, si une guerre, d'autant plus cruelle qu'elle ne doit son origine qu'à la jalousie et à l'inquiétude qui se sont mises sans sujet entre les parties belligérantes, a succédé à une paix dont tout devait garantir la durée, il faudra, je crois, que la diète européenne ou européane voie ce que deviendra le système de l'Europe au congrès d'Augsbourg, avant que de prendre en considération sérieuse les projets de l'abbé de Saint-Pierre et de son truchement, Jean-Jacques Rousseau.

Au reste, les philosophes qui font profession d'aimer le genre humain ne manqueront pas de faire opposition à la diète européane contre l'établissement de la paix perpétuelle. Ils feront observer à l'assemblée que cette paix, exécutée suivant l'évangile de Jean-Jacques Rousseau, mettrait les peuples sous le glaive du despotisme le plus illimité et les plongerait dans un esclavage inouï. Il est vrai que la même loi qui défendrait aux dix-neuf puissances de se faire la guerre entre elles leur ordonnerait aussi à chacune en particulier de ne faire aucune injustice à ses sujets, et de cette manière on aurait pourvu à tout.

— Tout le monde sait l'histoire de M. de Sallo, conseiller au Parlement. Il fut arrêté, une nuit d'hiver, par un voleur qui lui demanda la bourse en tremblant et en mourant de peur. M. de Sallo le fit suivre, et découvrit que le voleur était un honnête et pauvre ouvrier que la dernière misère de sa famille dans une saison rigoureuse avait porté à ce coup de désespoir. Il le sauva du supplice et de l'extrémité où il se trouvait, non-seulement en le secourant, mais encore en lui procurant les moyens de subsister par son travail.

Un certain M. l'abbé Richard, dont je n'ai jamais entendu parler, a imaginé de faire de ce sujet une pièce intitulée *l'Humanité, ou le Tableau de l'indigence*, triste drame, par un aveugle tartare [1]. D'abord je ne sais pourquoi l'auteur se fait aveugle et tartare. Il n'a pas assez de génie ni pour l'une ni

1. Grimm tranche ici une question d'histoire littéraire depuis longtemps contestée. *L'Humanité*, insérée par Rey dans sa prétendue *Collection des œuvres de Diderot* publiée à Amsterdam en 1773, et rejetée d'ailleurs par tous ses autres éditeurs, a servi de prétexte aux adversaires du philosophe, depuis Palissot jusqu'à M. de Loménie, pour battre en brèche son système dramatique. Lessing, et plus récemment M. K. Rosenkrantz, s'en sont préoccupés, sans s'apercevoir que ce drame, imprimé quatre ans après *le Fils naturel*, en était une véritable parodie. Quérard (sans doute sur la foi d'une annonce de libraire, car le titre ne porte point le nom ou l'initiale de l'auteur), avait attribué *l'Humanité* à Randon, auteur de *Zamir* (1761, in-8°), autre tragédie; M. Paul Lacroix, dans le catalogue Soleinne, les avait données toutes deux à Randon de Boisset, supposition que rien n'est venu

pour l'autre de ces qualités. Ce que je sais, c'est que l'émotion momentanée qu'on éprouve en lisant sa pièce ne vient que de la force des situations, que l'auteur a toutes gâtées, et par la conduite de son drame, et par les discours de ses personnages, qui ne disent jamais ce que la vérité et la force du tableau exigent. L'auteur fait de son indigent un homme de condition qui est tombé dans la misère par une de ces raisons qu'il coûte si peu aux poëtes d'imaginer. L'histoire, au contraire, nous dit que le voleur était un pauvre ouvrier. Ce changement seul suffit pour prouver combien l'auteur est dépourvu de génie et de goût, et combien il était peu capable de traiter le sujet qu'il avait choisi.

— *Lettres siamoises, ou le Siamois en Europe*, brochure de 150 pages environ [1]. Depuis les *Lettres persanes* de l'immortel président de Montesquieu, il n'y a point de nation en Asie ni en Amérique dont nous n'ayons fait voyager quelques individus en France pour leur faire tracer un tableau de nos mœurs. Ainsi le seigneur siamois ou mexicain est ordinairement un pauvre diable qui, relégué dans un quatrième, a besoin de quelques écus pour ne pas mourir de faim. Dans le choix, je vous conseille de faire l'aumône au seigneur siamois, sans vous exposer à lire le recueil de ses platitudes.

— *Mémoire sur la vie de M. de Pibrac, avec les pièces justificatives, ses lettres amoureuses et ses quatrains*, volume in-8° de 300 pages assez ennuyeux d'ailleurs [2]. On y prouve entre autres que M. de Pibrac n'a pas été l'amant de la reine mère, comme c'était le bruit et l'opinion du temps. Ce galant homme écrivit dans le temps une apologie de la Saint-Barthélemy pour faire sa cour au roi Charles IX. Voilà une assez grande tache dans la vie d'un honnête homme.

— *Journal historique de la campagne de Dantzick en 1734* par M***, ancien officier du régiment de Blaisois [3]. Ces sortes de livres sont toujours lus avec plaisir.

---

confirmer. Il est bon de remarquer que *Zamir* et *l'Humanité* sont omises par les trois bibliographes dramatiques du xviii° siècle, Léris, La Porte, et Mouhy, et que l'abbé Richard, dénoncé par Grimm, est également inconnu.

1. (Par Joseph Landon.) S. l., 1751, in-12.
2. (Écrits par Lespine et Grainville et publiés par l'abbé P.-J. Sepher.) Amsterdam, 1758 et 1761, in-12.
3. (Par A.-G. Meusnier de Querlon.) Amsterdam et Paris, 1761, in-8°.

— M. l'abbé Delille, qui a chanté le bras artificiel inventé par Laurent, a fait imprimer une *Épître sur l'utilité de la retraite pour les gens de lettres*. Cette épître a concouru pour le prix de l'Académie française, et l'Académie, en couronnant l'ouvrage de M. Marmontel, a déclaré qu'elle regrettait de n'avoir pas eu encore un prix à donner à M. l'abbé Delille, et un autre à M. Thomas, auteur de l'*Épître au peuple*.

— M. Desboulmiers a publié une *Épître à un jeune prince*. Mais c'est un pauvre poëte et un pauvre moraliste.

— Un ancien garde-du corps. M. de Campigneulles, bel esprit fort obscur, vient de donner une *Suite de Candide*, roman de M. de Voltaire[1]; mais cette erreur n'a pu durer longtemps. L'auteur de la copie imite bien son original dans la facilité de transporter ses personnages d'un bout de l'univers à l'autre et dans la multiplicité des catastrophes, mais il manque de chaleur et de verve, qualités plus indispensables dans les folies et les farces que dans aucun autre genre. On pardonne à l'imagination ses extravagances quand elles sont involontaires et qu'on voit l'auteur pour ainsi dire entraîné malgré lui par une tête égarée. Il y a beaucoup de chaleur et de verve dans *Candide*; voilà pourquoi il a tant réussi.

— Ce même M. de Campigneulles avait commencé autrefois un *Journal des dames* qui n'a pas trouvé d'acheteurs. Un des plus célèbres beaux-esprits du *Mercure de France*, M. de La Louptière, vient d'entreprendre de nouveau l'exécution de ce projet. Je plains de tout mon cœur les dames qui feront M. de La Louptière le dépositaire de leurs productions ou le directeur de leurs amusements, et qui voudront entrer au temple du Goût ou de Mémoire sous sa conduite[2].

— M. Barbeu-Dubourg, docteur de la Faculté de médecine de Paris, vient aussi de commencer un hebdomadaire sous le titre de *Gazette d'Épidaure*, ou pour parler plus populairement, *Gazette de médecine*[3]. Voilà donc encore deux nouveaux journaux à ajouter aux cent soixante et treize qui, suivant

---

1. *Seconde partie de Candide.* S. l., 1761, in-12. Réimprimée à la suite de quelques éditions du roman de Voltaire.
2. Le *Journal des dames* a vécu jusqu'en 1778, et forme environ 50 volumes. M. Hatin en a parlé avec quelques détails au tome III de son *Histoire de la presse*.
3. La collection (1761-1764) forme 4 volumes in-8º.

M. de Voltaire, paraissent et disparaissent tous les mois sur notre hémisphère. Ce fléau s'étend de plus en plus. Il n'existe encore que quelques feuilles de cette *Gazette d'Épidaure*, et l'on y trouve déjà plusieurs satires contre M. Tronchin, en conséquence du précepte généralement adopté par tout faiseur de feuilles : Si tu veux que tes feuilles soient vendues, il faut attaquer et insulter les hommes célèbres. On sait que M. le comte d'Argenson voulut un jour interdire cette pratique à M. l'abbé Desfontaines, que celui-ci répondit : « Mais, monseigneur, il faut bien que je vive ! » et que le ministre répliqua : « Je n'en vois pas la nécessité. » Mais cet usage est trop essentiel pour qu'un loyal journaliste puisse y renoncer, et c'est ce qui m'a empêché d'écrire à M. Dubourg, faiseur de la *Gazette d'Épidaure*, la lettre suivante :

« Monsieur, je connais un peu le docteur Tronchin. C'est un homme d'un grand sens, de beaucoup de jugement, et à qui j'ai remarqué une grande sagacité dans l'esprit. Avec ces qualités, il a passé trente ou quarante ans dans l'étude et dans la pratique de la médecine, à laquelle il s'est consacré sous la conduite d'un nommé Boerhaave, lequel en faisait quelque cas, et duquel on faisait aussi quelque cas en Europe, bien qu'il n'ait jamais été de la Faculté de médecine de Paris. Je vous serai, monsieur, très-obligé de me dire comment le docteur Tronchin, avec ces dispositions secondées par une culture de quarante ans, a pu rester un si grand âne en médecine, et par quels moyens, vous qui êtes son contraire en tout, qui ne voudriez ni de ses talents, ni de ses connaissances, vous avez pu devenir un si grand homme ? »

— *Plantation et Culture du mûrier*. Brochure in-4°, utile par son objet[1]. Mais je pense toujours qu'il vaut mieux cultiver la terre que d'écrire sur la culture.

— J'en dis autant du *Patriote artésien*[2], qui a pour objet la perfection des arts, du commerce et de l'agriculture de la province d'Artois. L'auteur est un ancien officier de cavalerie et, la manie d'écrire à part, on ne peut qu'estimer un homme qui,

---

1. Au Mans, 1760, in-4°, pl. Le catalogue Huzard ne fait pas connaître le nom de l'auteur.
2. (Par Bellepierre de Neuve-Église.) Paris, 1761, in-8°.

après avoir servi sa patrie par son épée, emploie dans un âge plus avancé un loisir honnête à des objets utiles.

— Il paraît depuis peu une *Histoire des troubles des Cévennes ou de la guerre des Camisards* sous le règne de Louis XIV, tirée des manuscrits secrets et authentiques. Trois volumes in-12[1]. On dit que la plus grande partie de cet ouvrage est encore composée sur des pièces soustraites au dépôt de la guerre. Il faut verser des larmes de sang quand on voit le tableau de ces horreurs, et des cruautés que les hommes exercent contre les hommes pour des opinions.

— On a fait ici une superbe édition du *Décaméron*, de Boccace, en cinq volumes in-8°, ornée de 116 planches. En même temps on a fait une très-belle édition de la traduction française du *Décaméron* pour ceux qui n'entendent pas l'italien. L'exemplaire, soit italien, soit français, coûte cent livres; mais c'est un livre magnifique[2].

— *Dictionnaire du citoyen, ou Abrégé historique, théorique et pratique du commerce.* Deux volumes in-8°. Compilation commode.

— *La Mort de l'amiral Byng,* mauvais poëme d'un versificateur ignoré.

— *L'Ami des arts, ou Lettre critique d'un vieux comédien*[3]. Le vieux comédien ou l'ami des arts, la plupart du temps, ne sait ce qu'il dit ou dit des choses fort communes.

— Un autre poëte obscur a fait imprimer une tragédie intitulée *Progné et Philomèle*[4]. Tout cela n'est lu de personne.

— M. Astruc, qui passe pour un des meilleurs médecins de la Faculté de Paris quant à la théorie, vient de publier un *Traité sur les maladies des femmes*[5]. Ce traité est écrit en français.

— Depuis quelque temps c'est la mode de faire des gravures

---

1. Rédigé par Court de Gébelin, d'après les manuscrits d'Antoine Court, son père.

2. Les deux éditions parurent à la date de 1757. Le *Guide* de M. Cohen, revu par M. Ch. Mehl, leur a consacré une longue note.

3. Genève, 1760, in-12.

4. (Par M. de La Vollière.) Lunéville et Paris, 1761, in-12. Voir la note du numéro 2027 du catalogue Soleinne.

5. Paris, 1761 et 1778, 7 vol. in-12.

satiriques, ou de graver même des satires, et de substituer le burin à l'impression. Le P. Élisée, carme déchaussé, s'étant fait dans ces dernières années une grande réputation par ses sermons, on a gravé contre lui une satire fort insipide intitulée *Saint Chrysostome ressuscité.* A l'occasion de la mort de M. le duc de Bourgogne, on a gravé une petite estampe représentant un grand chemin au bout duquel on voit les clochers de Saint-Denis. Les deux côtés du chemin sont bordés : l'un, par les médecins, ayant le premier médecin à leur tête ; l'autre, par les chirurgiens, ayant à leur tête le premier chirurgien, et pour inscription on lit : *Le grand chemin de Saint-Denis.*

— Par une des absurdités et des inconséquences dont ce monde est rempli, ceux qui nous représentent les chefs-d'œuvre des Corneille, des Racine et des Molière, sont excommuniés. Cette barbarie est particulière à la France, car, en Italie, les comédiens, qui jouent souvent des farces bien indécentes, sont bien reçus aux autels de l'église. Mlle Clairon a voulu réclamer contre cette injustice gothique. Il est bien étonnant que cette actrice célèbre, qui aurait eu dans cette occasion tous les gens de lettres à son service, se soit adressée à un imbécile d'avocat. Celui-ci a fait un mémoire qui a pour titre : *Libertés de la France contre le pouvoir arbitraire de l'excommunication*, ouvrage (de M. Huerne de La Mothe, avocat, mais) *dont on est spécialement redevable aux sentiments généreux et supérieurs de Mlle Clairon*[1]. Ce mémoire est si cruellement fait et si mal écrit qu'il n'est pas possible d'en soutenir la lecture. En attendant la levée de l'excommunication, l'auteur a été rayé du tableau des avocats, et le Parlement a fait brûler son ouvrage. Ce n'est pas, dit-on, pour la cause qu'il défend, mais à cause de la manière dont il l'a défendue. Cette procédure ne hâtera pas l'abolition de l'usage barbare dont Mlle Clairon se plaint, et nous osons nous flatter qu'on comptera encore longtemps, parmi les nobles libertés de l'Église gallicane, le droit de proscrire ceux dont les talents font tous les jours l'admiration et l'enchantement de tout ce qu'il y a d'éclairé et de distingué dans la nation.

---

1. Amsterdam, 1761, in-8°. Un autre avocat, Pierre Leridant, avait collaboré à cet ouvrage.

15 mai 1761.

Ceux qui ont intérêt de soutenir la forme actuelle de l'administration des finances n'ont pas voulu laisser la *Théorie de l'impôt* sans réponse. Ils ont chargé M. Pesselier, employé dans quelque partie subalterne des fermes, de proposer des doutes contre cet ouvrage[1]. Un tel adversaire n'a pas dû effrayer M. le marquis de Mirabeau. Autrefois, M. Pesselier faisait des fables et des dialogues des morts dont il n'est point resté de souvenirs; employé depuis par les fermiers généraux, il a consacré sa plume et ses talents à la défense de leur cause. C'est lui qui a fourni à l'*Encyclopédie* les articles *Fermes* et *Financier*, et à qui les éditeurs de ce grand ouvrage sont redevables des justes reproches qu'ils ont essuyés à cet égard. On est étonné avec raison de trouver dans l'*Encyclopédie* une réfutation en forme des principes de l'immortel Montesquieu sur l'administration des finances, et quelle réfutation encore! Car enfin si M. Pesselier avait opposé des choses fortes et profondes aux idées de l'auteur de l'*Esprit des lois*, il faudrait bien oublier quels sont les acteurs dans cette querelle, et rendre justice à qui il appartient. Avoir combattu par de petites idées plates et triviales les grandes vues d'un homme de génie, c'est un tort qu'il ne faut pas reprocher à M. Pesselier, chacun fait comme il peut, mais qu'on ne saurait pardonner aux éditeurs de l'*Encyclopédie*. En vain se sont-ils offerts d'imprimer dans leur ouvrage la réfutation des articles de M. Pesselier, si quelqu'un jugeait à propos de l'entreprendre. Cette déclaration prouve seulement qu'ils ont agi dans cette occasion contre leur propre conscience. L'*Encyclopédie* n'est point faite pour y débattre des questions, ou pour y présenter au public des plaidoyers pour et contre; et son but étant encore moins d'éclairer la nation que de transmettre aux étrangers et à la postérité un tableau fidèle de l'état de la raison, des sciences et des arts en France au milieu du XVIIIe siècle, il n'est point permis d'y insérer, sur une matière grave, des principes qui n'ont été avoués d'aucun bon esprit de notre temps.

Quoi qu'il en soit, M. Pesselier a fait de ces deux articles la

---

[1] Paris, 1761, in-4° et in-12.

principale réponse à l'ouvrage de la *Théorie de l'impôt*. J'ai eu l'occasion de vous faire remarquer ce défaut de netteté et de lumière dans les vues de M. de Mirabeau, et ce louche qui, répandu dans tout son ouvrage, le rend presque inutile. On ne fera point ce reproche à son adversaire ; il a les idées aussi claires que plates, et l'esprit le moins exercé sera en état de prononcer sur le mérite de ses *Doutes*. Dans tout cela, de quoi s'agissait-il ? il fallait examiner la grande question de l'impôt territorial, savoir si M. de Mirabeau a raison de vouloir réduire toute la contribution à ce seul article ; si un impôt léger, assis avec discernement sur la consommation journalière d'un peuple laborieux et riche, n'est pas préférable à d'autres manières d'imposer ; savoir ensuite si les idées de M. de Mirabeau sur la liberté entière du commerce sont justes ; s'il convient en effet d'ouvrir les ports du royaume aux étrangers sans restriction, et de rendre leur condition en tout égale à celle des régnicoles ; savoir encore s'il est vrai qu'il vaut mieux vendre aux étrangers les matières premières que de les leur vendre fabriquées ; savoir enfin s'il n'est pas très-convenable de constater l'authenticité de tout acte public ou particulier par la formalité du timbre, du contrôle, du sceau, et de faire de cette formalité une branche de revenu pour l'État, en y attachant un léger droit qui ne gêne personne. Voilà d'assez grandes questions qu'on pouvait débattre avec M. de Mirabeau, et sur lesquelles il était aisé peut-être de l'embarrasser beaucoup. Son adversaire touche en effet toutes ces questions, mais au lieu de les résoudre ou de les discuter du moins, il dit à M. de Mirabeau : « Eh ! monsieur, êtes-vous bien sûr d'avoir raison ? avez-vous bien réfléchi s'il n'y a pas d'inconvénient à votre projet ? » Ou bien : « Ah ! monsieur, ce n'est ni vous ni moi qui pouvons rien statuer là-dessus ; c'est au gouvernement et au public à prononcer. » Ou bien : « Il existe sans doute de ces abus que vous attaquez ; mais le ministre travaille actuellement à y remédier. » D'autres fois, M. Pesselier emploie le cri de guerre des sots et de nos graves pédants à tête étroite qui s'imaginent d'être des hommes d'État à mesure qu'ils trouvent des inconvénients à tout. Ainsi, dès que vous proposez un changement, on vous parle de la secousse toujours inévitable et souvent dangereuse de la plus heureuse révolution. M. de Mirabeau parle de la liberté du commerce et de l'agriculture. A cela, M. Pesselier s'écrie : « Ah ! ce mot de liberté, si familier aujourd'hui, est bien dangereux. Il nous est venu d'Angleterre, et peut-être n'est-ce pas là un des moindres torts que nous aient fait nos voisins. N'a-t-on pas prévu les suites dangereuses que la liberté d'écrire pouvait avoir pour nous? A-t-on assez comparé le génie des peuples et la forme des gouvernements? » ... Mais j'oublie qu'il ne faut pas vous ennuyer par un recueil de platitudes. Vous en avez vu assez pour juger que M. Pesselier n'aurait jamais dû proposer ses *Doutes contre la théorie de l'impôt* en public, et qu'il a abusé de la dangereuse liberté du commerce en vendant six francs un ouvrage qui, par sa valeur intrinsèque, ne vaut pas six sols, et qui, par sa forme extérieure, n'aurait jamais dû coûter au delà de trente-six ou quarante sols.

Ce qui doit achever de brouiller M. Pesselier avec les honnêtes gens, ce sont les plates et viles flatteries dont son livre est rempli. Pour prouver combien l'agriculture est protégée aujourd'hui, il cite les marques de considération qu'on accorde à ceux dont les observations et les écrits se sont portés sur cet objet. Comme s'il était question d'honorer l'oisif qui bavarde sur la culture, ou bien de soulager du fardeau des impôts le laboureur qui cultive son champ! Dans plusieurs endroits, il a la bassesse de reprocher à M. de Mirabeau d'avoir pris le gouvernement à partie, d'attaquer les droits les plus essentiels de la souveraineté, accusation infâme qui met dans le cas de ne pouvoir répondre sans danger et sans se rendre odieux, et qui fermerait à jamais la bouche aux meilleurs citoyens sur tous les objets d'une administration sage et heureuse. Tous ceux qui ont écrit sur l'agriculture parmi nous se sont soulevés contre la taille arbitraire. Au lieu donc de les honorer, le gouvernement doit les punir ; car c'est lui qu'on prend à partie, puisque c'est lui qui ordonne, autorise et soutient cet impôt, et la manière cruelle de le percevoir. Pour moi, je vois deux sortes de gens à récompenser dans l'État : les flatteurs, par la fleur de lis sur l'omoplate, et les frondeurs, par tous les encouragements possibles. Quelque humeur et quelque bile qu'ils mettent dans leurs remontrances, ils ne peuvent jamais faire que du bien à un gouvernement éclairé ; les premiers sont des empoisonneurs publics et la peste d'un État.

Terminons cet article par quelques réflexions générales.

L'auteur des *Doutes* observe que la facilité continuelle d'une fraude considérable doit nécessairement entraîner une régie très-sévère et des opérations extrêmement vives. L'homme d'État, au contraire, dira que la facilité continuelle d'une fraude considérable doit entraîner la suppression totale de l'impôt comme contraire à la justice, à l'humanité, et au vrai bien de l'État. C'est une erreur de croire qu'on remédie à la fraude par la sévérité des punitions. Il y a dans tous les hommes une notion secrète du juste et de l'injuste qui règle leur conduite en dépit des lois. L'habileté et le devoir du législateur consistent à consulter dans toutes ses opérations le cri et les droits de la nature. Il ne faut pas croire que vous puissiez jamais persuader à un habitant des bords de la mer qu'il commet un crime en ramassant pour son usage du sel marin qui ne lui coûte rien, et cela parce que la loi lui ordonne d'acheter des fermiers généraux le sel dont il a besoin. Cette ferme du sel est donc contraire au droit naturel, et, comme la fraude en est facile, si vous comptez la prévenir par la sévérité des punitions, par les supplices même, vous aurez à vous reprocher d'ajouter à votre première injustice celle d'une tyrannie odieuse, sans remédier au mal. Ce n'est pas tout que la loi me dise que telle chose est mal, il faut qu'elle me le persuade, et que ma conscience soit là-dessus d'accord avec elle, sans quoi je la mépriserai et m'exposerai à toutes les suites de son injuste caprice. L'expérience doit convaincre que cette observation ne souffre presque point d'exception.

Quelque léger que soit un impôt, la manière de le percevoir est quelquefois si odieuse que cette seule considération doit déterminer un bon gouvernement à le supprimer. Que celui qui va vendre ses denrées à la ville soit arrêté aux portes ou bien au marché pour payer à l'État un certain droit, personne ne se plaindra de cette police. Le vendeur supporte volontiers l'embarras d'une visite dont les frais tombent sur le consommateur, qui ne songe pas à s'en plaindre de son côté parce qu'il les ajoute presque sans le savoir au prix de la marchandise. Mais qu'un commis entre dans les maisons des particuliers, qu'il y fasse des visites, qu'il y exerce une sorte d'inquisition, cette forme est affligeante et ne servira qu'à donner à un peuple un esprit de servitude, de crainte et de fraude tour à tour excité et abattu par la férocité fiscale. La maison du dernier des citoyens, comme celle du premier ministre de l'État, doit être aux yeux du gouvernement un asile sacré et inviolable.

On a attaché un droit à l'insinuation des actes, et cette imposition est peut-être de l'espèce de celles qu'il faut préférer aux autres. M. Pesselier la défend contre M. de Mirabeau, parce que l'origine de cette formalité remonte jusqu'aux Romains, qu'on n'accusera point, dit-il, d'avoir cherché sur cet article à multiplier dans la société les contraintes et les embarras. Cette bêtise ne mériterait pas d'être relevée si plusieurs de nos meilleurs écrivains n'étaient tombés dans une erreur toute voisine. On confond les grandes vertus et les grandes actions des Romains avec la constitution de leur État. Les premières seront un objet éternel d'étonnement et d'admiration; celle-ci restera toujours aux yeux du philosophe un édifice informe. C'est que la constitution de Rome ainsi que de nos États modernes ne s'est point formée d'après les conseils et les lumières des plus sages de la nation, mais qu'elle a été le résultat d'un grand nombre de révolutions et d'une infinité de combinaisons forcées. La tyrannie ingénieuse et démesurée des patriciens, l'amour de la liberté dans le peuple, que l'oppression faisait dégénérer en licence effrénée, l'ambition enfin des particuliers, qui profitaient des temps orageux pour se rendre puissants, tout cela mettait périodiquement l'État à deux doigts de sa perte, et lorsque les maux étaient à leur comble il fallait prendre, non le parti le plus sage, mais celui qu'on pouvait pour contenter à peu près tout le monde. On guérissait une plaie souvent en en ouvrant une plus grande à côté; on remédiait à un abus en en autorisant un autre. Les plus beaux jours de Rome furent le fruit de la vertu et de la modération de ses citoyens, mais la constitution de la République resta vicieuse, et, lorsque les temps de la corruption arrivèrent, chacun trouvait dans la constitution et dans les lois de quoi opprimer l'État et aggraver les maux de la patrie. Lorsqu'après ses premières révolutions ce peuple voulut avoir des lois, il fut obligé de les envoyer chercher en Grèce, comme nous autres peuples gothiques avons été obligés d'adopter les siennes. La jurisprudence romaine est la science la plus captieuse et la plus fertile en artifices et en chicane. On sait que la science des formules était très-difficile et très-cachée. C'était pendant très-longtemps le secret des familles patriciennes, qui tenaient par ce moyen les plébéiens comme en tutelle et sous leur pouvoir. Dans toute affaire, le plébéien avait recours à son patron, qui était toujours de famille patricienne. Celui-ci lui donnait une formule pour son procès, et cette formule était une chose si importante qu'un seul mot oublié ou transposé pouvait faire perdre la cause la plus évidemment juste. Par ce moyen, dont le ressort n'a été développé par aucun de nos écrivains politiques, le peuple était absolument dans la dépendance des patriciens, que les prêts d'argent achevaient de rendre les maîtres. On peut juger par là que l'avocat Hortensius était un homme d'une autre importance que M. Pesselier. Mais on doit sentir aussi que la politique du patriciat romain consistait à hérisser la jurisprudence de difficultés, de formalités, d'obscurités, auxquelles on attachait plus d'importance à mesure qu'elles étaient plus frivoles. La différence des Romains à nous à cet égard c'est que, chez eux, la chicane était le ressort d'une politique grande et profonde, et que, chez nous, elle ne sert qu'à livrer le grand et le petit, le pauvre et le riche, à la rapacité de quelque vil fripon de praticien. Tout est grand chez les Romains; tout est assez petit chez nous. Je ne crois pas que M. de Montesquieu ait développé aucune de ces réflexions dans son livre sur les causes de la grandeur et de la décadence de Rome. Cet ouvrage est, si je m'en souviens bien, la plus faible de ses productions.

Les sots trouvent tout impossible; ils croient même avoir fait preuve d'esprit à proportion qu'ils ont multiplié les dangers et les inconvénients de tous les projets qu'on propose. L'homme d'esprit écoute volontiers tout, et s'il ne fait pas un cas extrême des spéculations des auteurs, il ne leur en sait pas non plus mauvais gré. Le pis-aller, dit-il, c'est que tout cela ne soit bon à rien. Quelquefois, mais trop rarement, l'homme de génie paraît, et sans rien proposer conçoit et exécute à la fois. Alors l'homme l'esprit dit : « Je savais bien que tout était possible au génie ; voyez, messieurs, si vous en ferez votre profit. » Le sot répond : « Mais les circonstances, les temps, les lieux, mais ceci, mais cela » ; ce qui prouve à peu près qu'il est difficile que l'esprit vienne aux gens qui n'en ont point. Ce qu'il y a de vraiment fâcheux, c'est que les lumières d'un siècle et d'une nation soient absolument perdues pour l'autre. Depuis qu'il est question d'inoculation parmi nous, les sots français ont répété exactement tous les raisonnements que les sots anglais firent contre cette pratique dans le commencement de son établissement en Angleterre, et il faudra à l'inoculation au moins autant de temps pour s'établir en France sans contradiction qu'il lui en a fallu à Londres. Tout le monde connaît et admire l'administration des finances du roi de Prusse. Rien de plus simple et de plus sensé. Cela n'empêche pas M. Pesselier d'écrire à l'article *Fermes* de l'*Encyclopédie* cinquante absurdités contre les idées de régie de M. de Montesquieu. Fontenelle avait raison de dire que les sottises des pères étaient perdues pour les enfants.

La seule chose sensée que M. Pesselier ait dite, c'est ce qui se trouve à la fin de ses *Doutes*, sur les invectives de M. de Mirabeau contre les financiers. Il est constant que des injures ne sont pas des raisons, et que les arguments de M. de Mirabeau contre l'administration actuelle des finances n'auraient rien perdu de leur force s'il eût traité avec plus de ménagements les gens que le gouvernement y emploie. Il y a dans cette classe d'hommes des gens d'un mérite distingué; en petit nombre à la vérité, mais c'est que le mérite est rare partout. Au reste, tout état toléré et autorisé par la loi a droit à des égards dans l'ordre civil, et doit être du moins à l'abri de l'insulte. C'est une fort mauvaise politique que de souffrir l'avilissement d'aucun état de la société. Le Père de famille [1] a raison de dire, à l'égard des domestiques : « Nous sommes bien étranges, nous en faisons de malhonnêtes gens, et lorsque nous les trouvons tels nous avons l'injustice de nous en plaindre. » Aussi, partout où les mœurs sont simples et pures, vous trouverez à l'état de domestique sa sorte d'honneur comme aux autres conditions. Aucune ne doit être déshonnête. En effet, l'intégrité, la patience, l'attachement, la fidélité d'un honnête domestique, sont aussi des vertus, et, si vous ne pouvez vous en passer, il est absurde de décrier le malheureux qui est obligé d'embrasser cet état. Tout valet en condition est plus sûrement à sa place

---

1. De Diderot.

que tel de ses maîtres qui fait l'entendu et qui n'en est pas mieux à la sienne.

— M. le prince Louis de Rohan, coadjuteur de l'évêché de Strasbourg, vient d'être nommé, par l'Académie française, pour remplir la place vacante par la mort de M. l'abbé Seguy.

— M. Gravelot, un de nos bons dessinateurs, a fait une suite d'estampes pour le roman de *la Nouvelle Héloïse*; mais comme le poëte n'a pas été heureux en situations, le peintre n'a pu être heureux en tableaux [1].

— Le procès des jésuites sur les lettres de change de leur P. de La Valette, de la Martinique, a occasionné un grand nombre de mémoires et de brochures de toutes espèces que le public a lus avec une extrême avidité. L'histoire du prétendu procès des héritiers d'Ambroise Guys, contre la Société, a fini d'une manière tragique. On a découvert que les jansénistes avaient donné ou promis de l'argent à un certain M. de La Solle, qui faisait jadis de mauvais romans, dont le plus connu s'appelait *Versorand*, pour fabriquer un arrêt du conseil d'État portant condamnation de la Société. En conséquence de cette découverte, M. de La Solle a été condamné aux galères; mais, ayant été instruit du sort qui l'attendait, il s'est coupé les veines et a prévenu sa punition par une mort volontaire.

— Un nouveau supplément de M. de Turbilly à son *Mémoire sur les défrichements* traite de la manière de placer les gazons pour qu'ils sèchent aisément, de la façon d'écobuer ou de peler les terrains en friches dans lesquels on rencontre de fortes productions sauvages entremêlées d'autres moins considérables, des précautions à prendre quand on fait brûler un défrichement situé dans le voisinage d'un bois ou de quelque endroit combustible, et des attentions qu'il faut lorsqu'on se sert de la sonde et de l'écobue.

---

1. Ces douze estampes, gravées par Choffard, Flipart, Longueil, Lemire, etc., figurent dans l'édition originale, Amsterdam, 1761, 6 parties en 4 vol. in-12. Rousseau avait rédigé pour Gravelot un projet des dessins qu'il désirait, et que l'on trouve à la suite de diverses éditions de la *Nouvelle Héloïse*. Le manuscrit autographe faisait partie de la correspondance de d'Anville (frère de Gravelot), vendue en 1803 à la suite des livres de M. de Manne par le libraire François.

JUIN

1ᵉʳ juin 1761.

Vous connaissez l'histoire de Térée, fils de Mars et roi de Thrace. Il avait épousé Progné, fille de Pandion, roi d'Athènes, dont il eut un fils nommé Itys. Bientôt épris d'une nouvelle passion pour Philomèle, sœur de Progné, il attira cette princesse dans ses piéges, et, ne pouvant la toucher, il lui coupa la langue et l'enferma. Philomèle peignit sur une toile le tableau de ses malheurs et de la cruauté de Térée, et envoya cette toile à sa sœur. Progné, instruite par ce moyen du sort de Philomèle, vint à la tête d'une troupe de femmes le jour de la fête des orgies, et délivra sa sœur de la prison. Ensuite, pour se venger d'un époux barbare par une barbarie plus atroce, elle lui fit un festin de son propre fils, et, lorsqu'il en eut bien mangé, elle lui en apporta encore la tête. Térée, s'étant mis en devoir de poursuivre sa femme et de la tuer, fut métamorphosé en épervier, Progné en hirondelle, et Philomèle en rossignol. Leur père Pandion en conçut un chagrin si violent qu'il en mourut. Voilà la fable de Térée, qu'on peut lire, entre autres, dans les *Métamorphoses* d'Ovide. Elle se ressent de son antiquité par le tissu simple et grossier de quelques faits atroces, tels que la passion doit en produire dans les hommes qui n'ont été modifiés ni par l'éducation ni par la police. L'horrible genre de vengeance de donner à un père ses enfants à manger se trouve plus d'une fois dans la mythologie, et principalement dans l'histoire d'Atrée et de Thyeste.

M. Lemierre a cru le sujet de Térée propre à être traité sur la scène française. Ce jeune poëte avait traité, il y a deux ou trois ans, celui d'*Hypermnestre* avec beaucoup de succès. Une marche simple, théâtrale et intéressante, attira à *Hypermnestre* des suffrages qu'elle ne pouvait mériter par son style, qui est plat, dur et faible, ni pour les caractères des héros de la pièce, qui sont bien éloignés du goût et de la grande manière des anciens. On pouvait faire alors grand cas de la simplicité de conduite dans le coup d'essai d'un jeune homme, et espérer que l'étude des anciens et du théâtre grec lui donnerait ce grand goût dans les caractères, si rare parmi nous, et le coloris du style, deux parties essentielles à un poëte dramatique. M. Lemierre vient de détruire ces espérances par sa tragédie de *Térée*[1]. Les dispositions favorables du parterre n'ont pu garantir cette pièce de sa chute, et, si elle a tous les défauts de la tragédie d'*Hypermnestre*, elle n'a en revanche aucune de ses beautés, ce qui fait en deux mots une pièce absurde et détestable. M. Lemierre n'a fait aucun progrès du côté du style; tous les caractères de *Térée* sont pitoyables : l'intrigue et la conduite en sont si absurdes qu'on peut s'assurer avec quelque certitude que l'auteur ne recueillera de sa vie de lauriers dans la carrière du théâtre.

Le premier acte de *Térée* se passe, suivant l'usage de nos poëtes, en exposition : il est absolument inutile à la pièce et au sujet. On est sur les bords de la mer. Progné parle, à sa confidente de son époux qu'elle attend du retour de ses exploits, de Pandion son père, de Philomèle sa sœur, que Térée doit ramener pour l'unir à Agathyrse, prince de je ne sais quelle contrée de la Grèce. Agathyrse paraît; il parle longtemps à Progné de sa passion pour Philomèle. Comme elle ne revient point et qu'on n'a pas de nouvelles du roi, Agathyrse veut aller courir les mers pour recouvrer sa maîtresse. Après un long et ennuyeux bavardage, on vient annoncer le retour de Térée dont on découvre les vaisseaux de loin, ce qui rompt le projet du prince et finit le premier acte.

Térée, débarqué, commence le second avec son confident. Il l'instruit de sa passion pour Philomèle, de la captivité où il tient cette princesse, et du projet qu'il a de la faire passer pour morte, afin d'éviter les soupçons et les reproches de Progné. Le confident est un honnête homme. Il se met à prêcher son maître. Il lui rappelle tous les lieux communs sur le danger de se livrer à sa passion, sur ce qu'il est beau de se vaincre, sur l'exemple qu'un roi doit à ses sujets, etc., et, quoiqu'il n'y ait dans tout cela pas une seule idée qui n'ait été rebattue mille fois, le parterre, qui a un grand faible pour les maximes, a eu la bonté d'applaudir le sermon du pauvre confident de toutes ses forces.

---

1. Représentée à la Comédie-Française le 25 mai 1761.

Ce succès, auquel le bonhomme ne devait guère s'attendre, le détermine sans doute à revenir à la charge dans un autre acte. Mais alors le parterre, aussi ennuyé de sa morale que Térée, s'est mis à le siffler, et cela prouve que la règle *rien de trop* souffre peu d'exceptions. Le rôle de ce confident a été au reste regardé comme le plus beau de la pièce, et par cette esquisse vous pouvez juger de la beauté et de la force des autres. Quoi qu'il en soit, dès le commencement, Térée, rétif aux remontrances du bonhomme, le prie de se taire lorsqu'il a cessé de parler, et le renvoie dans sa chambre à l'arrivée de Progné et d'Agathyrse. Progné reproche à son époux le peu d'empressement qu'il a de la voir. Térée affecte une grande tristesse, et lui apprend la mort de Philomèle. Grand désespoir de Progné, et d'Agathyrse, qui perd une maîtresse adorée. Térée les quitte pour ordonner les funérailles de Philomèle. Un je ne sais quoi empêche Agathyrse d'ajouter une foi entière au récit de Térée. Tandis qu'il bavarde, on apporte à Progné la fameuse toile de sa sœur, et, aidée par la sagacité d'Agathyrse, elle lit dans les images de ce tissu l'histoire des malheurs et de la captivité de Philomèle, des cruautés et de la perfidie de Térée. Les projets de délivrer sa sœur finissent l'acte.

Au troisième, les deux sœurs paraissent en bacchantes. Le théâtre représente une espèce de temple. Philomèle, délivrée, conte ses malheurs avec une prolixité qui fait voir du moins que Térée n'a pas touché à sa langue. Progné veut la mettre en sûreté auprès de ces autels même où son perfide époux a fait ériger un monument pour célébrer les funérailles de Philomèle. « Où allez-vous? lui crie celle-ci. Savez-vous que ce monument renferme les cendres de notre père? » Pandion a été trahi et massacré par Térée pendant le voyage; on ne sait pas trop pourquoi, si ce n'est pour le plaisir d'avoir commis un crime de plus. M. Lemierre a cru qu'il ne pouvait entasser trop d'horreurs dans une pièce de cette espèce, et que sa tragédie nous inspirerait de la terreur à proportion que son tyran se souillerait de plus de forfaits. Voilà où l'on voit précisément la pauvreté de tête. Rien n'est si aisé que de multiplier les faits, de faire tuer père, mère, sœurs, frères et enfants; cela ne coûte rien sur le théâtre. Mais le génie consiste à tirer d'un seul fait, et dans la tragédie ordinairement d'un fait historique, toutes les circonstances et toutes les situations de sa pièce. Quoi qu'il en soit, cette nouvelle de la mort de son père affligerait sensiblement Progné si elle en avait le temps ; mais, comme il arrive toujours dans la multiplication arbitraire des faits que les uns nuisent à l'effet des autres, il faut revenir à Philomèle, et la cacher parce que Térée va paraître. Térée reproche à sa femme l'habit et les attirails de Bacchus, lorsqu'elle devrait avoir un vêtement bien différent pour les funérailles de Philomèle. Progné répond que sa sœur n'est pas morte. Le tyran affecte de la joie à cette nouvelle, et il lui demande de qui elle la tient. « Suffit! je le sais, dit Progné, mais mon père a succombé sous les traits d'un perfide. — De qui? — De toi. » Alors Progné lui dit bien des injures, et Térée fait le méchant de son côté : elle lui montre sa sœur, et Agathyrse paraît en même temps à la tête de ses troupes, ce qui embarrasse Térée un moment, quoiqu'il ait sur la scène autant de monde à lui que son ennemi. Ainsi il laisse emmener Philomèle ; mais elle n'est pas sitôt partie avec son amant que le courage revient à Térée. Il court après eux avec une fureur incroyable, et son départ termine l'acte.

Le quatrième se passe tout entier en injures. Térée a vaincu son rival ; il a arraché Philomèle du milieu des autels. Elle est de nouveau sous sa puissance. C'est ici que le confident place un nouveau sermon qui a également impatienté et son maître et le parterre. Agathyrse paraît dans les fers devant son ennemi, et ils se disent des injures atroces. Après cela on amène Philomèle : autre débordement d'injures. Progné, qui paraît, se joint à sa sœur pour accabler d'invectives son abominable époux. Térée soutient tous ces assauts avec assez d'indifférence. On apprend à la fin que le fils de Térée et de Progné vient d'être enlevé par des gens du parti d'Agathyrse, qui l'ont embarqué avec eux. Cette nouvelle fait cesser les injures : tout le monde s'en va chacun de son côté, et l'acte finit.

Au cinquième, l'on apprend la délivrance du fils de Progné. Malgré un long récit, je ne sais pas trop comment cela s'est passé, parce que le parterre, ennuyé, faisait déjà plus de bruit que les acteurs. Cependant Progné, qui jusqu'à présent a été assez bonne personne, quoique un peu vive en paroles, fait tout à coup ses réflexions : « Si mon fils grandit, dit-elle, il est à craindre qu'il ne soit tout aussi mauvais sujet que son père ; si, au contraire, il devient bon sujet, les forfaits de son père le rendront très-malheureux; ainsi, tout considéré, le plus court est de le tuer à présent qu'il n'est encore ni malheureux ni coupable. » En conséquence de cette résolution, elle rentre et laisse sa confidente avec Philomèle, qui arrive par un autre côté afin que le théâtre ne reste pas vide. Bientôt elle revient un peu effarouchée du coup qu'elle vient de faire. Térée revient aussi. On le prie de regarder dans la coulisse. Il y voit son fils sanglant et massacré. Cela le rend furieux. Il veut punir sa femme, qui le prévient et se tue elle-même. Cependant Philomèle, au désespoir de la mort de sa sœur et de tout ce qu'elle voit, veut se tuer aussi avec un poignard dont elle a eu la précaution de se munir. Agathyrse, qui se trouve là, escamote le poignard à Philomèle au moment où elle a le bras levé, et l'enfonce dans le sein de Térée lorsqu'il s'y attend le moins. De cette façon tout le monde étant mort, Philomèle et Agathyrse restent seuls, et disent que tout cela est bien fâcheux, mais qu'il faut prendre patience.

Je n'ajouterai rien à cette ébauche. Elle suffira pour vous convaincre qu'il ne faut rien attendre de M. Lemierre, et qu'il ne saurait mieux faire pour le repos de sa conscience et pour la nôtre que de s'en tenir à cet essai, sans tenter de nouveaux succès dans la carrière dramatique. J'observerai seulement que, s'il se trouvait parmi nous un assez grand génie pour traiter de pareils sujets avec la touche de Sophocle et d'Euripide, il faudrait qu'il se pénétrât profondément de toutes les idées de l'ancienne mythologie, afin de conserver à ses personnages ce caractère de simplicité et de religion, cette énergie de vertu et de crime, qui transportent le spectateur dans les premiers âges connus du genre humain. Le parterre reçoit ordinairement avec acclamation ces tirades farcies de petites idées façonnées à la moderne; mais rien n'est plus absurde dans la bouche des personnages de l'ancienne Grèce, ni plus insupportable aux gens d'un vrai goût. Nos plus grands maîtres cependant sont tombés dans ce défaut. Racine, tout rempli de la lecture des livres des Hébreux, nous a montré des Juifs dans *Athalie*, et ce mérite est à mes yeux un des plus précieux de ce chef-d'œuvre; mais les anciens Grecs et Romains sont encore à paraître sur notre scène, quoique tous les grands sujets de ces peuples aient été traités. Nos petits critiques, et, d'après eux, quelques femmes dont ils ont les oreilles, vous diront avec emphase que jamais homme n'a su faire parler les Romains comme Corneille. Pierre Corneille était un grand génie. Il se forma le goût dans la littérature espagnole et dans les livres de chevalerie; c'était la mode du temps. Ses héros, ses héroïnes, ont tous la galanterie, les mœurs, l'élévation et la forfanterie des paladins et de leurs dames de beauté; mais je veux mourir s'il y a dans toutes ses pièces une seule idée vraiment romaine. C'est une belle scène que celle où Auguste consulte ses amis s'il faut garder ou déposer l'empire; mais ceux qui ont remarqué que les plus grandes affaires ainsi que les plus petites ne se traitent point en vertu de quelques principes généraux ou de quelques lieux communs, mais qu'on tire d'une foule de circonstances qui y sont intimement liées les motifs et le choix d'un parti plutôt que d'un autre, ceux-là, dis-je, imagineront aisément une autre manière de faire cette scène, et ceux qui, par la lecture des épîtres de Cicéron, auront appris quelle était la manière des Romains de traiter les affaires, et quel était le ton des grands personnages de Rome, n'auront point de peine à croire que la belle scène de *Cinna*, représentée à Rome, aurait paru au peuple romain bien ridicule et bien absurde.

— M. le marquis de Baye, maréchal des camps et armées du roi, a fait imprimer un précis de la fameuse campagne du maréchal de Créquy en 1677[1]. Cette campagne est regardée par les gens du métier comme un chef-d'œuvre: mais le précis de M. de Baye n'en rend pas le mérite sensible. Il est surtout étrange qu'on ait imaginé de donner ce précis sans plan ni carte, tandis que dans ces matières c'est moins le discours que des plans exacts de chaque mouvement qui peuvent satisfaire ceux qui cherchent à s'instruire. M. de Baye a dédié son précis au roi Stanislas de Pologne, à qui il est attaché.

— *Histoire du cardinal de Granvelle, archevêque de Besançon, vice-roi de Naples, ministre de l'empereur Charles-Quint, et de Philippe, second roi d'Espagne*[2]. Granvelle se trouva employé dans toutes les affaires de son temps, et l'on sait que

1. Paris et Lunéville, 1761, in-12.
2. (Par Courchetet d'Esnans.) Paris, 1761, in-12.

son siècle était un temps de grands événements. Son historien, que je ne connais point, prétend avoir travaillé sur des manuscrits. Quoi qu'il en soit, il n'a fait que compiler l'histoire du temps du cardinal de Granvelle quand il fallait écrire l'histoire de son ministère.

— M. Crevier, qui a si mal continué l'*Histoire romaine* de Rollin, vient de donner en sept gros volumes l'histoire de l'Université de Paris, depuis son origine jusqu'en 1600. Si vous avez le courage de parcourir cet insipide recueil d'impertinences humaines, vous saurez en quelle année fut fondée la Sorbonne, en quelle année Abélard fut martyr de l'amour, en quelle année on assomma Pierre Ramus, et vous resterez surtout convaincu de la vérité du mot sentencieux de M. Gille, qui prétend, dans je ne sais quelle parade, qu'il y a plus de sots dans ce monde que partout ailleurs.

— M. Savérien vient de donner le second volume de l'*Histoire des philosophes modernes*, avec leurs portraits gravés en manière de crayon par M. François. Ce volume contient la vie des philosophes moralistes et publicistes. Les premiers sont Montaigne, Charron, La Rochefoucauld, La Bruyère, Wollaston et Shaftesbury; les seconds, Grotius, Puffendorf, Cumberland et Duguet. Il faudrait être philosophe consommé pour faire l'histoire de tant de philosophes avec une certaine supériorité. Ce n'est pas le cas de M. Savérien. Son mérite ne peut consister que dans un travail fidèle et exact. Pour M. François, à la place des portraits de presque tous les philosophes étrangers, il a préféré nous donner des sujets allégoriques à leurs ouvrages. Mais le public, peu curieux des morceaux de génie de M. François, comptait qu'on se donnerait les peines nécessaires pour avoir les portraits de tous ceux qui doivent entrer dans ce recueil. C'était là le but de l'ouvrage, et non de nous faire payer les froides allégories de M. François.

— M. l'abbé Aubert, auteur des *Petites Affiches de Paris*, où vous lisez assez souvent, à côté d'une maison à louer ou d'une garde-robe à vendre, des arrêts fort indiscrets sur les ouvrages nouveaux; ce M. l'abbé Aubert, quoique critique fort impertinent, vient de donner une nouvelle édition de ses *Fables*, considérablement augmentée. Vous y en trouverez de fort jolies, et dans celles qui ne sont pas bonnes il y a toujours quelques jolis morceaux. Cela est bien loin du génie, de la grâce et de la naïveté de La Fontaine ; mais il est vrai aussi que M. l'abbé Aubert est très-supérieur à tous ses confrères les fabulistes d'aujourd'hui. Partant il est condamné à partager son temps entre l'apologue et les affiches de maisons et d'inventaires, sans faire bassement sa cour à une cabale en insultant les meilleurs esprits de la nation.

15 juin 1761.

Ce que j'ai dit en dernier lieu sur les *Doutes* de M. Pesselier peut servir d'introduction à la lecture d'un ouvrage qui a paru depuis sous le titre de l'*Ami de la Paix*[1]. Cet Ami de la paix, que je n'ai pas l'honneur de connaître, est sans contredit le plus impertinent raisonneur que l'on puisse lire. Je n'abuserai point de votre loisir pour relever ici un tas de bêtises qui vous choqueront à chaque page si vous voulez perdre votre temps à parcourir cette brochure. Que faire d'un homme qui oppose M. Domat à M. de Montesquieu, et aux noms célèbres des meilleurs esprits de notre siècle les noms obscurs de quelques commis de bureaux qu'il voudrait faire regarder comme de grands hommes d'État? On peut dire de lui ce que M. de Montesquieu disait du rapporteur de M. de Cinq-Mars : « Quand la servitude elle-même viendrait sur la terre, elle ne parlerait pas autrement », et vous lui trouverez le naturel de ces chiens esclaves et lâches qui, à force de bassesses, se promettant la protection de leur maître, insultent insolemment les passants devant lesquels ils ramperaient s'ils ne se croyaient pas soutenus. D'ailleurs ici l'insolence et la bêtise marchent d'un pas égal. Au jugement que M. de Voltaire porte du chancelier Le Tellier dans son histoire, l'Ami de la paix oppose ce que le panégyriste de ce ministre a dit dans son oraison funèbre, et nous assure de la meilleure foi du monde qu'il faut croire le panégyriste préférablement à l'historien. Il a le bonheur de louer M. de Colbert précisément sur les choses sur lesquelles il fallait le blâmer, entre autres sur ce qu'il s'est toujours opposé à toutes les inventions qui font qu'un seul homme tient lieu de plusieurs, et qui

---

1. (Par Rivière, commis de ministère.) Amsterdam et Paris, 1761, in-12.

leur ôtent les moyens de travailler et de vivre, et sur ce que, dans l'établissement des manufactures, il s'est attaché principalement à celles qui occupaient un plus grand nombre d'ouvriers de l'un et l'autre sexe. Comme si une population abondante pouvait être à charge à un gouvernement heureux et sage, et qu'il eût à pourvoir à l'occupation et à la subsistance de chacun de ses sujets! Le plat panégyriste de M. Colbert est dans le cas des paysans du *Médecin malgré lui*. Il ne sait pas que depuis un temps nous avons changé tout cela, et qu'il n'y a point d'hommes d'État qui ne sache aujourd'hui que plus une machine épargne de bras et abrége le travail des hommes, plus elle est avantageuse. Il y a bien des choses importantes sur lesquelles les gens les plus bornés en savent plus long aujourd'hui que M. Colbert n'en savait de son temps.

Laissons donc l'Ami de la paix déraisonner en paix, et disons simplement en passant un mot sur l'intolérance.

Il est assez indifférent qu'un écrivain obscur et plat se soulève contre les progrès de la raison et qu'il conseille au gouvernement de poursuivre à feu et à sang ceux qui, sans autre caractère que celui de citoyen, osent écrire sur des matières qui intéressent le bonheur des peuples, et regardent de plus près les principes d'une administration sage et heureuse. Mais, il ne faut pas se le dissimuler, quoique le gouvernement soit doux et bien éloigné de sévir, il n'en est pas moins vrai qu'on regarde en général la liberté d'écrire comme dangereuse, et ceux qui en usent, comme de mauvais citoyens. De très-grands personnages sont dans cette opinion. Il serait important, pour eux-mêmes plus qu'ils ne pensent, de les faire revenir d'une erreur aussi nuisible à leur gloire qu'à la splendeur et à l'intérêt de l'État. Ils verraient que si l'État a des ennemis, ce sont ceux qui dénoncent la liberté d'écrire et de penser, et que celui qui redoute si fort la discussion de certaines questions, la sévérité de la critique, l'âcreté même de la satire, avoue, sans le vouloir, que sa cause est mauvaise, et que ses intérêts sont contraires à ceux du souverain, de l'État et de la nation. Offrons, s'il se peut, quelques réflexions sensées sur une matière aussi grave, et que j'ai déjà touchée en vous parlant de la *Théorie de l'impôt*, de M. de Mirabeau.

Depuis que le monde existe, les ennemis de la raison ont

toujours dénoncé les philosophes comme perturbateurs de la chose publique. Il est cependant de fait que jamais la philosophie n'a causé de révolution subite; car pour celles qui se préparent et s'opèrent lentement et imperceptiblement, quelle est la puissance dans le ciel ou sur la terre qui puisse les arrêter? L'influence que la philosophie peut avoir dans ces révolutions secrètes, si elle n'est pas avantageuse, comme j'en suis convaincu, est du moins indifférente, car puisque les mœurs d'un peuple ne sauraient être stables, il faut bien qu'elles passent par un certain cercle de modifications, et qu'importe que ce cercle tourne à droite ou à gauche? Tout ce que j'y vois, c'est que l'homme d'État doit connaître l'esprit de son siècle, et s'y plier. Un siècle grossier et stupide se gouverne par d'autres moyens qu'un siècle éclairé, et un peuple qui commence à penser et à raisonner ne se mène plus comme un troupeau de bétail. Mais que vous importe la façon de mener, à vous, chefs du troupeau, et avez-vous peur de perdre le droit de mener? En tout cas, ce serait bien par votre faute, car dans tous les temps, polis ou sauvages, ignorants ou éclairés, j'ai toujours vu les hommes se laisser mener le plus facilement du monde; et, s'il y a quelque différence à cet égard, elle est en faveur des siècles de philosophie. Ce n'est pas l'esprit de révolution qui les caractérise. Si la philosophie a des inconvénients, ils consistent dans la flexibilité, dans la docilité, dans l'apathie que la culture communique aux esprits, et qui menacent d'une langueur prochaine un pays qui, dans des temps turbulents, par ses agitations mêmes, a fait preuve de la vigueur et de la bonté de sa constitution.

Il n'est pas étonnant qu'on se soulève contre les progrès de la philosophie; tant de gens ont intérêt à la décrier! Tous ceux qui veulent dominer dans l'État doivent la haïr et la craindre. Ce qui étonne, c'est que le gouvernement soit tenté de faire cause commune avec ses véritables ennemis, contre la philosophie qu'une saine politique devrait lui apprendre à encourager de toutes ses forces. La véritable philosophie n'a jamais rien entrepris contre le pouvoir légitime; elle enseigne, au contraire, à en supporter même les abus. Mais, supposé que la hardiesse de raisonner soit poussée à l'excès; qu'on s'élève avec force contre les vices de l'administration, et que, malgré tous les cris, le gouvernement ne veuille rien changer à sa conduite, j'ai toujours vu que les choses allaient à son gré, malgré tous les raisonnements du monde, et cela par un ressort extrêmement simple, qui est celui du pouvoir. Il est évident que celui qui a la force en main est le plus fort; il n'en est pas de même de tous ces ambitieux qui veulent dominer dans l'État, et qui pour mieux résister se sont réunis en différents corps, tous ennemis les uns des autres. Ceux-là, comme ils ont fondé leur empire sur l'imbécillité et l'aveuglement des peuples, et qu'ils l'ont étendu dans les siècles d'ignorance, même aux dépens du pouvoir légitime, ils ont raison de redouter les progrès de la philosophie. Quelle cruelle science que celle qui ne renverse pas les idoles, mais qui apprend aux peuples à passer devant sans les regarder! Aussi n'y a-t-il aucun de ces corps qui n'ait fait de sa cause une affaire d'État, et qui ne crie que l'État est perdu parce que les fondements de leurs futiles et injustes prétentions commencent à s'écrouler; tandis que dans tous les temps ces corps ont été les seuls et véritables ennemis du gouvernement à qui ils voudraient faire épouser leur querelle, et qui doit se souvenir que ce n'est pas leur faute s'il subsiste encore.

C'est l'ambition seule qui a ébranlé et quelquefois bouleversé les empires, tantôt l'ambition d'un seul, mais plus fréquemment celle des corps. Cette dernière, étant toujours active et réfléchie, doit l'emporter tôt ou tard sur l'inconséquence des hommes, qui, toujours divisés d'intérêts et de volonté, n'emploient guère leurs forces qu'à leur propre dommage et au service de leur ennemi commun. L'ambition d'un seul exige de grands talents, et voilà pourquoi ses succès sont si rares et surtout si peu durables, parce que les grands talents ne s'associent guère avec le flegme et la patience qu'il faut pour fonder une domination permanente. J'avoue que tout moyen est employé par les ambitieux, et que la philosophie pourrait, comme autre chose, leur servir d'instrument pour parvenir à leurs fins. Ainsi, si M. de Mirabeau pouvait être soupçonné de vouloir se faire un parti dans l'État, pour s'élever et dominer aux dépens de l'autorité établie, le gouvernement aurait sans doute raison de prendre garde à lui. Mais on sait de reste que ce n'est pas là le but des philosophes; que, quoi qu'en disent leurs ennemis de mauvaise foi, ils n'ambitionnent guère que la gloire de l'esprit et de ses talents, qu'ils ont la sottise d'en faire parade, souvent même aux dépens de la vérité et de leur sûreté, mais que cet abus même n'intéresse en aucune manière le pouvoir légitime, et que sans nul danger pour le gouvernement, lorsqu'ils sont seuls et épars, ils sont trop partagés d'opinions et de vanité pour se réunir jamais en corps qui puisse avoir unité d'esprit et de vues. Le corps des philosophes ne portera jamais d'uniforme. C'est une vérité confirmée par la réflexion et par l'expérience, et il est à remarquer que de tous les instruments dont l'ambition peut se servir, la philosophie est le plus mauvais. Elle apprend aux peuples à mettre à chaque chose sa valeur réelle. Comment se flatter d'échauffer et d'émouvoir pour de faux intérêts des esprits accoutumés par un long exercice à la raison et à la réflexion? Le préjugé et l'erreur sont plus sûrs de leur effet. Vous trouverez toujours les hommes disposés à se laisser égorger pour les soutenir; la vérité a des partisans moins chauds : aussi l'ambition ne s'est jamais adressée à la philosophie pour fonder la domination, et l'expérience de tous les siècles confirme que plus une opinion est absurde, plus elle est efficace pour opérer des révolutions.

Ce que je viens de dire peut servir de réponse à ces esprits aussi étroits que droits qui reprochent aux philosophes d'écrire sans mission et de dire leur avis sur des sujets graves sans en être priés. S'il fallait interdire à quelqu'un la liberté d'écrire, à cause du danger qui en résulte pour l'autorité, ce serait précisément à ces corps qui prétendent en avoir le droit et la mission, et qui en ont toujours abusé pour se faire un parti, et pour se rendre redoutables à ceux à qui ils doivent obéissance. Le philosophe, au contraire, quelque liberté qu'il mette dans ses écrits, ne cherchant que la réputation d'esprit, ne peut jamais faire ombrage au gouvernement. Ce qu'il dit de faux, le gouvernement le néglige sans lui faire des excuses; et s'il y a quelque chose de bon et d'utile dans ses écrits, le gouvernement en profite sans crainte de partager son crédit ou de perdre de son autorité en cédant à des remontrances. Mais, dit-on encore, quel temps ils choisissent pour attaquer les vices de l'administration? Des temps de malheur et de crise où l'on ne peut rien tenter pour la guérison de tant de maux, de sorte qu'on ne fait qu'affliger inutilement les peuples par le tableau de leur misère.

A cela M. de Mirabeau a d'abord très-bien répondu que le moment de la maladie était précisément celui des remèdes. Ensuite il faut considérer que sur trois cents taillables il n'y en a pas un qui ait lu la *Théorie de l'impôt,* et que si le taillable se révolte, ce n'est certainement pas par une suite de ses réflexions sur la théorie et sur la science d'imposer, mais lorsque, par la multiplicité et l'énormité des impôts, il se voit dans l'impuissance absolue d'y satisfaire; alors il perd patience et courage, sans savoir s'il existe un livre de M. de Mirabeau sur la théorie de l'impôt. Je conviens que, dans des temps factieux, un écrit publié à propos peut faire un grand effet pour ou contre le gouvernement; mais, nous l'avons déjà observé, il y a une grande différence entre les gens de parti, qui voudraient tout sacrifier à leur faction, et qu'il faut contenir, et les philosophes, qui font consister leur liberté à se moquer des factions et à rendre tous les partis ridicules; en quoi ils rendent au gouvernement le service le plus essentiel qu'il puisse recevoir, et dont il a déjà recueilli les fruits, car si notre âge n'est pas rempli de bonheur et de gloire, il faut convenir du moins que jamais temps n'a été moins factieux que celui-ci, et malgré tout ce que certains corps ont tenté pour augmenter leur crédit, et pour s'attacher les peuples, grâce aux progrès de la raison ils n'ont point réussi à nous faire regarder leur cause comme la nôtre. Après cela, il y aurait de quoi s'étonner si le gouvernement méconnaissait assez ses intérêts pour se laisser étourdir par les gens de parti, et pour partager leur haine contre la philosophie.

Si ces réflexions, que le bon sens et la droiture trouveront sans réplique, tombaient par hasard entre les mains d'un homme d'État qui fût de l'opinion opposée, il serait forcé ou de revenir de son erreur, ou de s'avouer le plus inconséquent des hommes. « Cessez, lui dirait-on, d'admirer tous ces grands hommes dont les ouvrages ont mérité le suffrage des nations et ont consacré à jamais leur gloire. Si la liberté de penser et d'écrire est pernicieuse, tous les hommes d'un nom immortel ont combattu les préjugés et les erreurs de leur siècle; depuis Platon jusqu'à Montesquieu, ils sont tous coupables. Quelle est votre inconséquence! vous mettez tout le lustre du siècle précédent dans la gloire des lettres, et aujourd'hui vous voulez proscrire les philosophes. C'est Molière, Corneille, Racine, La

Fontaine qu'il fallait proscrire. En les honorant comme vous avez fait, il était aisé de prévoir que le goût des lettres deviendrait général, et qu'au siècle de génie succéderait nécessairement un siècle de philosophie. Blâmez donc et détestez tout ce que les hommes ont écrit de vrai, de beau, de glorieux et de consolant pour le genre humain, ou cessez de contester aux philosophes de votre temps le droit de penser et d'écrire. » Mais tels sont le malheur de la condition humaine et la force du préjugé que la plupart de ceux qui ont en horreur les juges infâmes de Socrate, et les imbéciles qui condamnèrent Galilée, croiraient faire une action de justice et de prudence en livrant au feu le philosophe Diderot !

Un riche fermier avait de nombreux troupeaux de bétail. Quelques taureaux généreux et altiers en faisaient la beauté et la gloire. Ces taureaux étaient en fort petit nombre; mais ils n'étaient pas aussi aisés à mener que le reste du bétail, et leur cri fier et impétueux réveillait souvent le maître quand il songeait à s'endormir. « Mutilez vos taureaux, lui dirent ses valets, et nous y gagnerons tous du repos. » Le fermier mutila ses taureaux et ne fut plus qu'un gardeur de bœufs. Depuis ce moment il dormit tranquillement, et après avoir dormi longtemps il se réveilla et se trouva sans embarras et sans troupeau.

— Je comptais joindre à cette feuille une lettre de M. le duc de La Vallière et la réponse de M. de Voltaire au sujet du passage du prétendu R. P. Codret, inséré sur la foi du premier dans l'*Appel aux nations,* dont j'ai eu l'honneur de vous rendre compte. Mais la lettre et la réponse viennent d'être imprimées. Vous trouverez dans la dernière des choses utiles et agréables, comme dans tout ce qui nous vient de M. de Voltaire. Cette fois-ci il est consolant ; mais qu'il veuille nous consoler ou nous affliger sur notre sort, il est toujours séduisant. Je vais transcrire ici le sentiment d'un homme de beaucoup d'esprit (M. le comte de Thiard) [1] parce que je le trouve juste et vrai, et que je ne dirais pas si bien :

« J'ai été content de la réponse de M. de Voltaire parce qu'elle est de lui. J'aime à croire que mon siècle est le plus

---

1. Claude de Thiard, comte de Bissy, traducteur des *Nuits* d'Young, membre de l'Académie française, né en 1721, mort en 1810.

éclairé, que mon gouvernement est le meilleur, et que mon temps est le plus heureux; mais celui qui voudrait disputer sur quelques-uns de ces objets pourrait encore trouver de quoi former une brochure. Lorsque Rome perdit sa liberté, que le sang de ses sénateurs inonda ses murailles, elle avait vu naître Cicéron, Virgile, Horace. Ce temps de lumière fut-il le plus heureux? je ne le crois pas. Convenons qu'en fait de bonheur tous les temps sont à peu près égaux. On s'accoutume trop aisément à juger de la situation des peuples par les révolutions qui arrivent aux grands. Le maréchal d'Ancre a éte assassiné, sa femme a été brûlée. Voilà deux vilaines façons de se défaire des importuns; mais cet événement ne change rien au sort de dix-huit millions d'âmes que la France nourrit. Pour combiner les temps heureux d'un État, il faut voir celui où le peuple chargé de moins d'impôts subsiste avec le plus d'aisance; où il vit tranquillement au sein d'une famille qu'il ne craint point d'augmenter; où, pour former des armées de trois cent mille hommes, ces hommes ne sont point à la fleur de leur âge arrachés des bras de leurs mères; où le monarque enfin peut se passer de quatre cents millions de revenu. Voilà, je crois, des combinaisons qui peuvent balancer l'avantage d'avoir une société plus aimable et plus éclairée, des draps plus fins et des palais plus somptueux. Je serais certainement très-affligé si, par une puissance magique, on me transportait vis-à-vis de mon trisaïeul, et que, dans son vilain château, je fusse obligé d'entendre son ignarde et gothique conversation: mais je n'oserais décider si cet homme, dans son temps, n'était pas plus heureux que je ne le suis aujourd'hui environné d'arts, d'or, de noblesse et des rayons de l'*Encyclopédie*. Je suis un pauvre raisonneur; mais au malheur de ne rien établir je joins celui de trouver que les autres n'établissent rien. La sagesse et la philosophie sont des caméléons qui changent de couleur sous la plume des différents écrivains. L'un vous dit que l'humanité éclairée jouit de tout, et doit être la plus heureuse. L'autre vous assure que la découverte des arts n'a fait qu'augmenter nos misères en multipliant nos besoins. Les gens d'esprit, en appuyant sur les contraires, ont également raison. Cela me dégoûte, et fait que j'aime mieux l'*Hymne aux tétons* de M. Borde que tous vos systèmes de sagesse, de bonheur et de philosophie, etc. »

— La *Conversation de M. l'intendant des menus plaisirs du roi avec M. l'abbé Grizel* est aussi imprimée, mais comme l'on n'en a tiré que trente exemplaires, j'ai pris le parti de la joindre à ces feuilles en manuscrit. Ce morceau serait excellent s'il était un peu plus châtié. Une réponse de M. de Voltaire à son nouveau confrère, l'abbé Trublet, a fait grande fortune. Vous verrez par la lettre de M. Formey comment M. de Voltaire tient parole à l'archidiacre Trublet de ne plus faire mention de lui.

— Parmi les critiques qui ont paru contre *la Nouvelle Héloïse*, la meilleure est intitulée *Prédiction tirée d'un vieux manuscrit en style prophétique*[1]. Elle est de M. Borde, de Lyon. Elle n'est pas assez serrée ni assez gaie. Une autre critique en forme de comédie, sous le titre *Osaureus*, qui est l'anagramme du nom de M. Rousseau, est détestable et n'a eu aucun succès[2].

— Il a paru une *Épître sur les charmes de l'étude*, qui attaque celle que M. Marmontel a fait imprimer sous le même titre, et qui a été couronnée par l'Académie française.

— La lettre à Mlle Clairon au sujet d'un ouvrage écrit pour la défense du théâtre est d'un bavard qu'on ne peut lire après l'abbé Grizel[3].

— Les *Avis secrets de la Société de Jésus, en latin et en français*, sont une des principales brochures qui aient paru à

---

1. S. l. n. d., in-12, 21 p. Mercier a attribué à Voltaire cette satire en style biblique contre Rousseau, que Servan a réimprimée en 1783 à la suite de ses *Réflexions sur les Confessions*. On la trouve tout au long sous le nom de Grimm dans *Paris, Versailles et les provinces*, de Dugast de Bois-Saint-Just, tome Ier, pages 187 et suivantes, et sans attribution positive dans le *Dernier volume des Œuvres de Voltaire*, Paris, Plon, 1862, in-8°.

La parodie de la langue des livres saints, dont Grimm tira un si heureux parti dans le *Petit Prophète de Boemischbroda*, et qui fit depuis, au siècle dernier, tout le sel de plus d'une facétie, est sans doute la cause de cette attribution, inconnue aux bibliographes. La *Prédiction* n'est pas d'ailleurs indigne de Grimm par l'ironie, le bon sens et l'âpreté, mais il est certain qu'il n'a jamais répondu aux calomnies de Rousseau.

2. *Osaureus, ou le Nouvel Abélard*, comédie nouvelle en deux actes et en prose, traduite d'un manuscrit allemand d'Isaac Rabener (composée par A.-C. Cailleau), Paris, 1761, in-12.

3. C'est-à-dire après la *Conversation de M. l'intendant des menus et de l'abbé Grizel*, par Voltaire. Grimm veut probablement parler ici des *Lettres historiques et critiques adressées à Mlle Clairon, dans lesquelles on prouve que les spectacles sont contraires à la religion catholique*. (Par le P. Joly, capucin.) Avignon (Paris), 1762, in-12, bien que la date de cette réponse nous inspire quelque doute sur notre supposition.

l'occasion du procès que les pères jésuites viennent de perdre. *La France au Parlement* est une pièce en vers sur le même sujet, qui a été supprimée.

— *Zamir*, tragédie bourgeoise en trois actes et en vers de dix syllabes. Voilà le titre d'une mauvaise pièce qui n'a point réussi à la lecture, premier tort, et qui a fait déraisonner un de nos journalistes sur le genre que le pauvre homme croit manquer d'intérêt. Tort à partager entre le mauvais auteur et le mauvais critique.

— *Observations sur la conduite du ministre de Portugal dans l'affaire des jésuites*, traduites de l'italien. Cette brochure est en faveur de la Société, qui ferait mieux de garder le silence comme elle a fait fort sagement jusqu'à présent.

— On se lasse de tout. La méthode d'extraire des passages tronqués des plus célèbres ouvrages de nos écrivains modernes, dans le charitable dessein de leur faire dire ce qu'ils n'ont pas dit, et de les rendre odieux, commence à ennuyer le public. Ainsi la *Petite Encyclopédie, ou Dictionnaire des Philosophes*[1], nouvellement publié sur ce plan, n'a été lu ni vendu, malgré la force de l'esprit de parti.

— M. Formey a attaqué M. de Voltaire dans un mauvais livre qui s'appelle *Laïs philosophe*. Celui-ci vient de le payer par la lettre suivante qui n'est pas encore imprimée[2]. Elle est bien plus plaisante qu'elle ne paraît au premier coup d'œil. Ce même M. Formey vient d'écrire l'*Anti-Sans-souci*. On pourrait observer à cet honnête homme qu'il n'est pas honnête de plaider la cause de qui que ce soit, contre son roi et son bienfaiteur, et si celle de Dieu exige des exceptions, il faut avant tout renoncer à la protection et aux pensions du philosophe de Sans-Souci. Mais faisons plutôt remarquer à l'intolérant ami de la paix que le philosophe de Sans-Souci ne punit point l'audace et l'ingratitude de son sujet et de son pensionnaire, que le pauvre M. Formey est toujours secrétaire de l'Académie de Berlin, et que tous les grands et bons rois en ont toujours agi ainsi.

1. (Par A.-J. de Chaumeix.) Barbier indique par erreur 1771 comme date de publication.
2. Elle l'a été depuis dans toutes les éditions de Voltaire.

JUILLET

1ᵉʳ juillet 1761.

Le but de tous les beaux-arts est d'imiter la nature, mais chacun y tend par des moyens différents. Le mensonge de l'art tantôt s'étudie à approcher de la nature le plus qu'il est possible, et son triomphe serait complet s'il pouvait réussir à vous faire confondre l'imitation et le modèle; tantôt il produit de certains effets, il excite en vous de certains sentiments par des moyens extrêmement détournés et fugitifs dont l'action sur notre âme est absolument cachée. Mais quoique la théorie des arts soit très-obscure, on établirait aisément entre eux une échelle de gradation dont les deux extrémités seraient occupées par la sculpture et par la musique. Le sculpteur ment moins que le peintre, le peintre moins que le poëte; le musicien est celui de tous qui ment le plus, et il est à remarquer qu'à mesure que le mensonge d'un art s'éloigne de la nature et qu'il devient vague et hypothétique, ses effets acquièrent de la force et du pouvoir sur notre âme. Il est aisé au statuaire de nous toucher et de nous étonner, au peintre de nous émouvoir, au poëte de nous embraser et de mettre notre âme en désordre, au musicien de porter ce désordre jusqu'à la frénésie et jusqu'au délire. Cette gradation, comme je crois l'avoir observé ailleurs, vient précisément des moyens que chacun des artistes emploie. Plus ils sont vagues, plus ils agissent fortement sur l'imagination; ils la rendent, pour ainsi dire, complice de tous les effets. C'est un chatouillement continuel et universel qui répand la volupté la plus exquise sur tous les points d'un corps sensible; un contact fort et décidé ne fait pas la même impression.

Voilà pourquoi l'empire de la musique est le plus puissant, quoique le moins connu. Nous ignorerons vraisemblablement toujours quel rapport il y a entre le son d'une telle corde et le sentiment de tristesse ou de joie qu'il inspire. Nous n'expliquerons pas non plus sitôt comment l'homme de génie, se saisissant de sa lyre dans l'accès d'un divin enthousiasme, produit des chants analogues au sentiment qui le domine, et quelle liaison il peut y avoir entre le but qu'il se propose et les modulations qu'il enfante. Il serait encore plus difficile de dire comment il réussit à vous rappeler certains effets physiques, non en voulant imiter grossièrement, à l'exemple de nos musiciens de France, le bruit des orages et des ouragans, le murmure des eaux, etc., mais ce qui vous étonne quelquefois dans les ouvrages des grands hommes d'Italie et d'Allemagne, en excitant en vous par un certain caractère de chant, l'idée de certains phénomènes délicats et rares, quoiqu'il vous soit impossible de trouver aucun rapport sensible entre ces deux effets, et que l'auteur n'ait pu se proposer positivement de les produire, ni se promettre d'y réussir, car, pour le dire en passant, dans les arts tout est bonheur, et la poétique de tous les artistes se réduit à deux mots : « Aie du génie. » Avec toute la foule de préceptes que nos esprits exacts et froids ont accumulés, vous ferez faire quelques morceaux passables à des gens médiocres, mais vous ne produirez rien de grand ni de sublime. Ainsi quand M. d'Alembert dit qu'un musicien qui veut faire un morceau de musique instrumentale doit se proposer la peinture de quelque chose, il rabaisse l'homme de génie au vil métier d'un artisan à qui je recommanderai sans doute de ne point couper mon étoffe sans savoir ce qu'il en veut faire et sans en déterminer les proportions et la mesure. Mais lorsque, ô divin Pergolèse, lorsque, ô sublime Saxon, tu as senti les approches du génie et de ses transports, une seule idée aussi froide, si tu étais capable de la concevoir, aurait suffi pour les éteindre. Tes ouvrages, enfants du génie, portent son auguste caractère, et si je suis digne de t'entendre, je saurai bien sentir quel est le dieu qui t'agitait, quel est le sentiment dont ton âme était remplie. Cette gradation entre les arts et leurs effets fait du sculpteur un homme étonnant et du musicien un dieu, et, à en suivre la progression, le peintre et le poëte sont des demi-dieux qui tiennent encore de la nature humaine qu'ils ont ennoblie par un caractère divin. La poétique de ces différents artistes, ainsi que le sort de leurs ouvrages, suit la même gradation. Tout est prononcé et stable dans les préceptes et dans le goût de la sculpture; tout est indéterminé et vague dans les préceptes et dans le goût de la musique, et la peinture et la poésie tiennent encore le milieu entre ces deux extrêmes. Aussi les statuaires de l'ancienne Grèce ayant atteint le sublime de leur art, il ne reste à nos sculpteurs modernes que la gloire de les imiter, et l'on est censé parfait à proportion qu'on a approché de l'antique. Il n'en est pas de même de la musique. Nous ne connaissons celle des anciens que par les traces que l'histoire nous a conservées de ses effets prodigieux, et qui n'ont rien d'étonnant pour ceux qui sentent le prix des ouvrages de l'Italie moderne. Le musicien suit donc la nature et son instinct, mais l'art ne lui a pas laissé de modèle subsistant. Par cette même loi, la musique s'est toujours perfectionnée plus tard que les autres arts, et son siècle a moins de durée que celui de la peinture et de la poésie. Le siècle de la sculpture, en revanche, est le plus durable; le vrai et grand goût se perd difficilement dans cet art, mais il est très-difficile de le conserver longtemps en musique. Chez les Romains il n'a duré que depuis le règne d'Auguste jusqu'à la fin de celui de Néron. Dans l'Italie moderne, il a commencé il y a environ quarante ans, et il se perd déjà. En revanche, depuis le rétablissement des arts, le grand goût de la sculpture s'est toujours conservé dans quelque coin de l'Europe. Nous n'avons plus de Michel-Ange, mais au défaut de son génie ses successeurs ont conservé son esprit, et si les peintres de l'école française ne sont pas en grande recommandation en Europe, les noms de Bouchardon et de Pigalle ne sont pas sans réputation ni sans estime.

Ces idées pourraient conduire à une théorie générale de tous les beaux-arts, qui serait l'ouvrage d'un esprit lumineux et profond ; plus utile certainement que tous les recueils de préceptes, il nous indiquerait le génie de chaque art et ses limites. Un des sculpteurs de notre Académie, et qui n'est pas inconnu, M. Falconet, a fait imprimer des réflexions sur la sculpture, qui sont destinées à paraître dans l'*Encyclopédie* si elle peut s'achever quelque jour. Vous les lirez avec plaisir. L'auteur n'a cependant ni l'enthousiasme de son art, ni des vues bien profondes, ni abondance d'idées; quelques observations fines font le mérite de sa brochure. Il discute, dans la première partie de ses réflexions, s'il est plus difficile d'être peintre que d'être sculpteur. Question inutile. J'aimerais autant qu'on examinât s'il y a plus de mérite à être brun qu'à être blond ; car vous voyez bien que ce que vous regardez comme des difficultés constitue précisément ce qu'on appelle le talent ou l'aptitude à une chose, et cette aptitude, on l'a ou on ne l'a point. Les enfants d'Apollon naissent tous signés; ils ne peuvent se méprendre sur leur vocation, mais il n'y a point de rang parmi eux. Qu'ils animent le marbre ou la toile, qu'ils parlent le langage des dieux ou qu'ils le chantent, ils sont tous légitimes. Le plus sublime des poëtes ne ferait pas une figure de plâtre tant soit peu supportable; le plus grand des statuaires ne ferait pas une chanson médiocre. Le talent fait tout. Ce que M. Falconet dit sur les bas-reliefs est plus juste et plus à lui. Il exige qu'on en fasse des tableaux. Il veut qu'on y observe la perspective et ses différents plans, la dégradation des lumières, toute la magie du clair-obscur. Soit; mais observons qu'il faudra toujours une grande simplicité de composition dans ces sortes d'ouvrages. Je ne crois pas qu'on doive se flatter de produire par un bas-relief les effets et les illusions d'un tableau; il ne faut pas que les arts empiètent sur leurs limites réciproques. Ce qu'il faut admirer dans les bas-reliefs antiques, c'est le caractère des figures joint à une extrême simplicité; elle est de l'essence du bas-relief. En admettant plusieurs plans, vous aurez bientôt la confusion.

On demanda l'autre jour à Pigalle, le premier de nos sculpteurs après Bouchardon, ce qu'il fallait pour se connaître en sculpture. Il répondit : « Tout le monde s'y connaît, excepté les amateurs; » mot excellent qui devrait être gravé en lettres d'or sur nos académies et sur nos salles de spectacle. Il y a deux manières d'être inepte à sentir la beauté d'un ouvrage de génie. Un peuple peut être assez grossier pour se refuser à toutes les impressions de l'art, ou bien il peut avoir porté le raffinement du goût à l'excès; alors c'est un peuple de prétendus connaisseurs qui ne regarde plus un ouvrage que pour en juger. Il ne se laisse plus toucher. Il oppose au génie des raisonnements et des règles, et s'il a du penchant à être présomptueux, il établit ses pitoyables conventions comme une loi universelle hors de laquelle il n'y a ni beauté ni génie. Lorsque un peuple est arrivé à cette période d'abus, les arts sont perdus chez lui, au lieu que rien ne s'oppose à leurs progrès chez un peuple ignorant et grossier : le faux goût et la prétention de connaisseur sont pour les arts le fléau le plus redoutable.

Celui qui voudrait écrire sur la théorie des arts remarquerait, sans doute, comme une loi fondamentale, qu'il faut dans toutes les imitations un peu de poésie qui vous fasse distinguer le mensonge de l'art d'avec la chose même. Celui qui imiterait avec une telle exactitude qu'on ne pût plus distinguer l'imitation de la réalité n'aurait rien fait qui vaille. Voilà pourquoi un tableau de Teniers vous attache et vous charme, quoique son sujet soit souvent si peu intéressant que si la scène s'offrait réellement à vos yeux, vous ne daigneriez pas y faire attention. C'est que le peintre a jeté un peu de poésie sur son sujet et sur toutes les figures qui le composent. On ne fait aucun cas de l'exactitude de l'imitation, parce que l'imagination n'y a rien à faire. Vous avez vu de ces tableaux qui imitent des planches de bois à s'y tromper. Le peintre y attache ordinairement des cordons dans lesquels il passe des feuilles de papier, des cartes à jouer, des almanachs, d'autres meubles nécessaires à un bureau. Tout cela est peint avec une telle vérité que celui qui ne serait pas prévenu irait volontiers prendre le papier ou les cartes avec la main. D'où vient qu'un homme de goût ne peut s'écrier d'admiration à une illusion si parfaite? Il en faut chercher la raison dans le défaut d'imagination et de poésie sans laquelle les ouvrages de l'art ne sauraient ni toucher ni intéresser. C'est elle qui distingue l'imitateur de la nature du copiste. Rien ne se gagne plus vite que l'enthousiasme, et l'artiste qui en a senti les atteintes est bien sûr de les faire éprouver à ceux qui regarderont son ouvrage.

— M. de Voltaire propose de faire une belle édition in-4° des œuvres de Pierre Corneille, enrichie de ses observations et ornée d'estampes. Elle sera dédiée à l'Académie française, et les profits qu'on en retirera serviront à faire un sort à la famille de Corneille, dont M. de Voltaire a pris soin. La souscription sera, je crois, de quarante livres. On fait inscrire son nom ici chez des libraires nommés pour cela; mais on ne payera la somme convenue que lorsqu'on aura reçu l'ouvrage complet. Le roi a souscrit pour deux cents exemplaires. Toute la cour s'empresse à suivre son exemple, et l'on doit compter sur un grand nombre de souscriptions.

— *Considérations sur la guerre présente d'Allemagne*[1].

---

1. (Par Israël Nauduit.) Londres (Paris), 1760, in-12.

Écrit anglais traduit sur la cinquième édition. Je ne sais si cet écrit vient réellement d'Angleterre; mais, de quelque pays qu'il vienne, il est sûrement d'un pauvre raisonneur politique, et ceux qui ont pu se payer de ses raisonnements sont de pauvres gens.

— *L'Inoculation du bon sens*[1] est une petite feuille insipide dans le goût de celles de M. l'abbé Coyer. On a dit que l'auteur avait oublié de se faire inoculer lui-même.

— *Le Chef-d'œuvre en politique, ou Projets pour la campagne de 1761*[2]. C'est une autre platitude à peu près de la même force.

— *Remontrances au Parlement*[3], avec des notes et des figures. C'est une satire bien mauvaise contre les jésuites.

— *Les Eaux de Passy, ou les Coquettes à la mode*[4], petite comédie en un acte qui n'a pas été jouée et que personne n'a lue.

— *Le Savetier et le Financier*[5], comédie en deux actes. C'est un petit opéra-comique fort plat qui n'a pas été joué.

— *Les Aventures de Périphas, descendant de Cécrops*, par M. Puget de Saint-Pierre. C'est un roman dans le goût grec, en deux parties. Tout cela n'est lu de personne.

— *Manuel de l'homme du monde, ou Connaissance générale des principaux états de la société et de toutes les matières qui font le sujet des conversations ordinaires*[6]. Nouvelle compilation par ordre alphabétique, en un gros volume de six cents pages. Si vous voulez apprendre des adresses et des enseignes, et savoir ce que c'est qu'un jubilé, ou le franc salé, vous pourrez consulter le *Manuel de l'homme du monde*; mais je ne vous conseille pas d'y lire l'article *Philosophie* ou d'autres de cette espèce.

— Mme de Puisieux, auteur de plusieurs ouvrages de morale, fort médiocres, vient de publier des *Réflexions et Avis sur les*

1. (Par J.-N. Sélis.) Londres, 1761, in-12.
2. Inconnu aux bibliographes.
3. Même remarque.
4. Par de Vert, selon Mouhy, qui ajoute que cette pièce a été représentée au Temple en 1761, et par Naquet, selon M. Paul Lacroix, d'après le catalogue La Vallière. Elle a été imprimée en 1761, in-8°.
5. La Haye, 1761, in-8°. L'auteur est inconnu.
6. (Par P.-A. Alletz.) Paris, 1761, in-8°.

défauts et les ridicules à la mode[1]. Cela ne vaut pas mieux que ses autres productions. Voilà un assez grand nombre de mauvais livres depuis trois mois. Et les bons? Nos auteurs ont, je crois, désappris à en faire. Depuis la fin de l'hiver dernier il n'en a pas paru un qui soit digne de vous occuper un quart d'heure.

— *L'Esprit des langues*[2] est une nouvelle méthode pour apprendre les langues mortes, et cette méthode de M. de Montizon, maître de pension, n'aura pas plus de succès que tant d'autres qu'on nous a données, et qu'on renouvelle de temps en temps.

15 juillet 1761.

Oreste, tragédie de M. de Voltaire, parut sur la scène française il y a environ onze ans. Cette pièce tomba à la première représentation. Le public était alors fort mal disposé pour le premier homme de la nation. La tragédie de *Sémiramis* avait été condamnée, et n'avait eu que peu de succès. La chute de *Nanine* avait précédé celle d'*Oreste*. Il est bon d'observer que ces deux pièces, alors si mal reçues, sont celles qu'on joue aujourd'hui le plus souvent et avec le plus d'applaudissements. Quant à *Oreste*, on reprochait à M. de Voltaire de n'avoir traité ce sujet ainsi que celui de *Catilina*, qu'il n'avait pas encore présenté au public, que pour lutter contre M. de Crébillon dont l'*Électre* avait une grande réputation et dont le *Catilina* avait eu un succès passager, mais très-brillant. Les ennemis de M. de Voltaire eurent beau jeu alors de le noircir. On disait les plus beaux lieux communs sur l'envie et la jalousie dont il était dévoré. Jusqu'à présent on avait cru que rien n'était plus noble et plus avantageux pour les arts que le désir de vaincre son rival à force de talent et d'effort. Mais ce désir dans M. de Voltaire était regardé comme un crime odieux par des gens qui souvent, dans une carrière obscure et méprisable, ne se font nul scrupule d'éloigner leurs concurrents par toutes sortes de moyens bas et infâmes. Ainsi *Oreste* fut sifflé. Dans le cinquième

---

1. Paris, 1761, in-8°.
2. Paris, 1761, in-8°.

acte, on entendait du fond du tombeau d'Agamemnon les cris de Clytemnestre expirante, implorant en vain la pitié de son fils; et ces cris, au milieu d'une foule de jeunes gens dont le théâtre était alors embarrassé, firent faire de grands éclats de rire au parterre. Un Athénien qui se serait trouvé là pour la première fois aurait conçu une assez mauvaise opinion de ce peuple. L'auteur fut obligé de supprimer toute cette action du cinquième acte, de la mettre en récit, de gâter plusieurs beaux endroits de sa pièce; et à la faveur de ces changements elle eut huit ou dix représentations assez faibles. Cette catastrophe causa un grand déplaisir à M. de Voltaire. Elle lui fit former le projet de quitter la France, ce qu'il exécuta encore la même année. Il alla s'établir à Berlin, où trois ou quatre Français n'ont pu jouir paisiblement des bienfaits et de l'amitié d'un grand roi et d'un philosophe aimable. Cette époque a été celle des succès de M. de Voltaire dans sa patrie. Il n'avait pas sitôt quitté Paris que tous ses ouvrages étaient redevenus excellents, et depuis dix ans il a reçu des applaudissements que sa présence et son séjour parmi nous auraient sans doute considérablement diminués; car pour obtenir justice de vos contemporains, il n'y a rien de plus sûr que d'être mort, ou de vivre à deux cents lieues des témoins de votre talent et de votre gloire.

La tragédie d'*Oreste* vient d'être remise au théâtre. On l'a jouée deux fois avec de grands applaudissements. Mlle Clairon ayant obtenu un congé pour donner le reste de la saison au rétablissement de sa santé, il a fallu se borner à ces deux représentations. Mais vraisemblablement cette pièce, sifflée il y a onze ans, sera reprise cet hiver avec le plus grand succès. On l'avait annoncée avec de grands changements, mais la marche de la pièce et l'ordre des scènes sont les mêmes, et à l'exception de quelques beaux vers que M. de Voltaire a ajoutés par-ci par-là, on n'a pu remarquer aucun changement essentiel. Le cinquième acte a été rétabli en partie comme il avait été à la première représentation, en conservant néanmoins les deux récits que l'auteur avait substitués ensuite à l'action. Ainsi l'on a proprement fondu ensemble les deux cinquièmes actes anciens pour en faire un seul.

Cette tragédie étant imprimée depuis longtemps, je ne m'occuperai point à vous la détailler scène par scène, et je me bornerai simplement à quelques observations que je soumets à vos lumières.

Il faut savoir gré à M. de Voltaire d'avoir traité le sujet d'Électre ou d'Oreste dans toute la simplicité de la tragédie grecque. Électre ne doit avoir qu'une idée; elle doit en être uniquement occupée : c'est la vengeance de la mort d'Agamemnon. Un poëte qui ne se sent pas assez de génie pour nous remplir d'effroi par cette horrible entreprise, et qui cherche à compliquer son sujet, est à coup sûr indigne de notre attention. Il ne fallait donc pas reprocher à M. de Voltaire d'avoir travaillé le sujet d'Électre après M. de Crébillon. Il fallait convenir au contraire que ce dernier ne l'avait point du tout traité. Sa tragédie d'*Électre* est, à parler net et vrai, un ouvrage barbare dans lequel il y a quelques beautés. Tout homme de goût sera obligé de souscrire à cet arrêt. Eh! qui pourrait souffrir une Électre amoureuse du fils d'Égisthe et un Oreste amoureux de la fille du tyran, et les entendre parler d'amour quand il est question du plus horrible sacrifice; et les voir balancer entre leur ridicule passion et la volonté des dieux, et la vengeance qu'elle leur demande? J'aimerais autant voir dans un tableau Oreste avec une perruque en bourse, et Électre faisant des nœuds; je m'y ferais, je crois, plutôt. Ceux qui n'ont pas assez de goût pour sentir le mérite de Sophocle et d'Euripide doivent renoncer à traiter leurs sujets, et si d'ailleurs ils se croient quelque talent, ils n'ont qu'à essayer de petits sujets d'invention à la moderne, sans prêter leurs discours faux et maniérés aux grands personnages de l'antiquité que les tragiques d'Athènes ont su faire parler avec tant de sublimité et de génie.

Mais si l'*Oreste* de M. de Voltaire gagne à être comparé avec l'*Électre* de M. de Crébillon, il n'en sera pas de même lorsqu'on le mettra en parallèle avec l'*Électre* de Sophocle, avec celle d'Euripide, et avec les *Coéphores* d'Eschyle. On trouve alors que la pièce du poëte français manque de cette force tragique dans les discours et de ce pathétique de situation qui, indépendamment de la simplicité de la marche et du charme des mœurs antiques, rendent les tragédies grecques si sublimes et si touchantes. Le défaut d'action jette du froid dans la pièce de M. de Voltaire ; Électre et Oreste sont, à la vérité, toujours occupés de leur vengeance, mais dans le fait ils n'agissent point, et l'on est arrivé au commencement du cinquième acte sans qu'Oreste ait rien entrepris. Vers la fin de cet acte, on apprend qu'il a agi, mais c'est par un hasard auquel ni lui ni sa sœur n'ont contribué en rien. Au contraire, ils ont fait dans le cours de la pièce tout ce qu'ils ont pu pour se perdre et pour rendre leur vengeance inutile, comme cela serait infailliblement arrivé dans le cours des choses. Car Oreste est arrêté à la fin du quatrième acte par Égisthe qui, s'il avait le sens commun, le ferait massacrer tout de suite ; mais il est établi que les tyrans de nos tragédies se conduiront singulièrement, et comme dit l'auteur d'une parodie à leur sujet :

Je n'en ai jamais vu qui ne fût un peu bête.

Aussi Oreste se tire de ce danger, et s'il est en état de consommer sa vengeance, ce n'est que parce qu'il coûte peu au poëte d'opérer des révolutions qui, dans le fond, sont impossibles. Ce défaut rend les deux premiers actes froids et en ôte l'intérêt, et cela est d'autant plus impardonnable que le jour de la pièce est mieux choisi que dans l'*Électre* des tragiques anciens. Le poëte français suppose que c'est l'anniversaire du meurtre d'Agamemnon et le jour des noces horribles de Clytemnestre et d'Égisthe qu'on va célébrer par des sacrifices. Un tel jour devait ajouter une nouvelle force à la douleur d'Électre, aux remords de sa mère, si elle en est susceptible ; et si Oreste arrive en même temps pour venger la mort de son père, ce jour sera le plus terrible et le plus effrayant qu'un poëte puisse choisir. On s'étonne avec raison que cette circonstance ne produise pas son effet dans la pièce de M. de Voltaire. Ce n'est pas le sujet qui a manqué au poëte, c'est le poëte qui a manqué au sujet. La situation du troisième acte est belle. Oreste ayant tué le fils d'Égisthe, en apporte les cendres à son père à qui il persuade que ce sont les cendres d'Oreste. C'est une belle scène que celle où Électre, accablée de la nouvelle de la mort de son frère, tient entre ses mains cette urne fatale, tandis que son frère n'ose se découvrir à elle. Le poëte a imaginé très-heureusement un oracle qui défend à Oreste de se découvrir à Électre, et qui le punit de sa désobéissance en le rendant malgré lui le meurtrier de sa mère. Cet enchaînement est tout à fait dans le goût antique. J'aime encore cette scène entre Égisthe et Oreste en présence de Clytemnestre. Le tyran, convaincu de la mort d'Oreste, demande qu'on lui rende cette urne. « Laissez-moi, dit-il, cette cendre; » et Oreste, en nous rappelant quelle cendre contient cette urne, répond par ce mot équivoque et terrible : « Elle est à vous, seigneur! » Ce mot énergique, pour le dire en passant, valait bien mieux que le vers froid que M. de Voltaire lui a substitué depuis :

J'accepte vos présents, ces cendres sont à vous.

Mais en rendant justice à la beauté de ces détails, il faut pourtant convenir que la situation même est contraire à la raison et à la vérité, toujours respectées par les anciens, et si fort négligées par nos modernes. Car si Oreste avait choisi ce moment pour immoler Égisthe aux mânes de son père; s'il ne s'était servi de cette feinte que pour arriver jusqu'au tyran, et qu'il eût été difficile de l'approcher autrement, alors sa conduite eût été naturelle et sensée. Mais point du tout, il s'expose à la vue de son ennemi et à tous les dangers qui en résultent, non pour exécuter ses projets de vengeance, mais pour avoir le plaisir de remettre au tyran les cendres de son propre fils en lui persuadant que ce sont celles d'Oreste. Cette conduite est absurde, elle fait reconnaître Oreste de ses ennemis, et s'il n'est pas perdu, c'est que le poëte en a ordonné autrement.

Il en est de même de la reconnaissance d'Oreste et d'Électre au quatrième acte. J'ai déjà observé que l'oracle qui défend au frère de se découvrir à la sœur est bien imaginé, mais tout le reste est hors du sujet, fait à la main, et par conséquent sans effet. Électre, qui ne doit s'occuper que du sacrifice que lui demande l'ombre de son père depuis tant d'années, tourne tout à coup sa vengeance sur Oreste, qu'elle regarde comme le meurtrier de son frère. Elle vient pour le poignarder auprès du tombeau d'Agamemnon; mais si vous armez la main d'Électre d'un poignard, elle l'enfoncera dans le cœur d'Égisthe et peut-être dans celui de sa mère, et ne commencera pas sa vengeance par le meurtre d'un inconnu et d'un étranger qui prétend avoir tué son frère. Ce poignard d'ailleurs ne peut faire d'effet que sur les enfants, et ce n'est pas pour eux qu'il faut faire des tragédies. Les gens sensés prévoient bien que le poëte le fera tomber des mains d'Électre lorsqu'il le faut ; et depuis qu'on fait des tragédies, les poëtes devraient bien avoir appris que ces dangers qu'un seul mot peut finir n'alarmeront jamais personne, parce que nous sommes très-convaincus que le poëte ne manquera pas de faire dire ce mot à temps, comme en effet il n'y manque jamais.

En général, un homme de génie en traitant des sujets anciens ne doit être content de lui que lorsqu'il peut se promettre que sa pièce aurait réussi devant le peuple même dont il a emprunté la fable. C'est alors qu'il peut être sûr d'avoir fait un ouvrage digne de son siècle et digne de la postérité. Sans cette certitude, ses succès seront passagers et mal assurés. Quelle que soit la diversité du goût, si nous avions un théâtre et des acteurs dont le jeu fût conforme à la nature et à la vérité, la tragédie de Sophocle, représentée aujourd'hui, produirait parmi nous les mêmes effets qu'elle eut autrefois à Athènes. Pourquoi donc affaiblir la force des caractères ? J'aime l'*Électre* de Sophocle. Clytemnestre est immolée par Oreste aux mânes d'Agamemnon. Cet horrible sacrifice s'accomplit derrière le théâtre, tandis qu'Électre est sur la scène ; et lorsqu'elle entend les cris plaintifs de sa mère : « Ah ! mon fils, aie quelque pitié de celle qui t'a mis au monde », elle crie à Oreste : « Frappe, redouble s'il est possible ; ah ! la cruelle, a-t-elle eu pitié du fils et du père? » Voilà la vérité et la nature, qui ne peuvent choquer qu'un peuple dont le goût est efféminé, et auquel l'homme de génie ne doit pas se plier : car sans compter que l'énergie des mœurs antiques exige cette férocité que vous remarquerez dans tout peuple dont la police n'est pas plus avancée que ne l'était celle des Grecs au temps des Atrides, il est certain que le caractère d'Électre ne sera plus théâtral, mais deviendra absurde si vous voulez lui ôter cette énergie et la modifier par l'amour d'une fille pour sa mère. C'est précisément ce dernier sentiment qui doit armer Oreste et Électre contre Clytemnestre. Plus les passions sont douces et fortes, plus elles deviennent terribles et cruelles lorsqu'elles sont déçues. Un fils forcé à haïr sa mère la hait bien plus fortement que si la nature n'avait pas mis de lien entre eux. Égisthe n'est que le second ennemi d'Électre. Après tout, il n'a tué que son ennemi et son rival. Mais une épouse barbare qui a pu faire tomber dans ses embûches son époux et son roi, une mère dénaturée qui a pu sacrifier les enfants de son premier lit à la fureur du meurtrier de leur père, voilà la victime qu'il faudra à la fureur d'Électre et d'Oreste, et si vous n'osez représenter les enfants d'Agamemnon avec cette force de caractère, il ne faut pas entreprendre de nous les montrer. L'accord et l'harmonie sont nécessaires en toutes choses, et surtout dans les ouvrages de l'art, parce que la nature, leur modèle, ne s'en écarte jamais. En conséquence de cette règle, il est absurde de nous montrer une princesse qui pendant des années entières n'est occupée que d'un seul projet, celui de venger la mort de son père, de nous la montrer, dis-je, au moment d'une vengeance tant désirée, indécise sur le choix de la victime. Puisque le temps, auquel rien ne résiste, n'a pu affaiblir dans Électre le désir de se venger, comment éprouvera-t-elle la pitié envers une mère dont la conduite lui paraît détestable et atroce? Une âme forte répand sa force également sur tous ses sentiments, et une Électre consumée par le désir de la vengeance, et cédant toutefois aux impressions de la pitié, est un monstre qui n'existe pas dans la nature.

Remarquons en finissant que dans l'*Électre* de Sophocle, qui est un chef-d'œuvre de génie et de sublimité, le poëte a montré un grand sens en supposant Égisthe absent pendant la pièce. Il ne revient qu'à la dernière scène, lorsque Clytemnestre est immolée et qu'il ne peut échapper à son sort. Sophocle a senti la difficulté de donner à Égisthe un rôle qui ne fût pas absurde, et M. de Voltaire nous l'a prouvé. Aucun de nos poëtes n'a osé comme Euripide nous montrer Électre mariée par ordre d'Égisthe à un vieillard pauvre et vertueux. Cela est bien antique.

— On a traduit du latin de Nicolas Valori la vie de Laurent de Médicis, surnommé le Grand et le Père des lettres[1]. L'histoire de la maison de Médicis serait un des morceaux les plus intéressants à écrire pour un historien d'un grand talent. De tous les princes de cette maison, même des mauvais, chacun a eu quelque chose d'original et de marqué dans le caractère, et

---

1. (Traduite par l'abbé Goujet.) Paris, 1761, in-12.

c'est ce qu'il faut pour rendre un ouvrage de ce genre curieux et intéressant. Ce serait d'ailleurs l'histoire des arts et des lettres depuis leur rétablissement en Europe.

— *La Raison du temps, ou la Folie raisonnée*, par le baron de Fernunstberg[1], Allemand francisé, est une espèce de roman moral, et dans son genre un chef-d'œuvre de platitude et d'insipidité.

— *Honni soit qui mal y pense, ou Histoire des filles célèbres du XVIIIe siècle*, en deux parties. Autre roman détestable[2].

— *Les Folies du temps, ou Apothéose de M. Laurent, inventeur posthume du bras artificiel*, mauvaise satire dans laquelle on conteste à M. Laurent le droit d'auteur de cette invention, qui a fait tant de bruit l'année dernière.

— *La Wasprie, ou l'Ami Wasp revu et corrigé.* Ce sont deux volumes d'injures contre Fréron, par M. Le Brun, qui a joué un rôle dans l'histoire de Mlle Corneille.

— *L'Ane littéraire*[3] est un titre qu'on prétend que M. Fréron aurait dû prendre pour son journal. Celui qui le portera désormais sera employé à relever les bévues et les âneries de l'auteur de *l'Année littéraire*. Il faut avoir bien du temps à perdre, et se regarder comme le dernier des hommes pour se consacrer à un genre d'occupation aussi vil et aussi méprisable.

— Le mémoire pour Mlle Alliot contre le nommé La Ralde, soi-disant tuteur de Basile-Amable de Beauveau, mérite attention à cause du cas singulier qui y est plaidé, et de la manière dont l'avocat l'a traité. Cet avocat s'appelle Loyseau de Mauléon, et son mémoire a fait grand bruit.

— *L'Homme vrai*[4] est l'insipide brochure d'un soi-disant vieillard qui combat la manie de vanter les siècles passés aux dépens de celui ou l'on vit.

— *Dessins de harnais pour les bourreliers*, inventés par Baudouin, avec quarante planches, ouvrage excellent pour les selliers et bourreliers. On sait que les Français surpassent en ce

---

1. (Pseudonyme du chevalier de Méray.) Amsterdam (Paris), 1761, 2 vol. in-12.
2. (Par Desboulmiers.) Ce livre, plus réservé que son titre ne le pourrait faire croire, a eu au moins dix éditions au siècle dernier.
3. *L'Ane littéraire* (Paris, 1761, in-12) est également de Le Brun.
4. (Par Graillard de Graville.) Amsterdam et Paris, 1761, in-12.

genre de luxe et de modes toutes les nations de l'Europe. Aucune n'approche de la fertilité de leur imagination, ni de la légèreté et de la grâce de leur exécution, ni de la finesse de leur goût.

VERS D'UNE FEMME

SUR L'OPÉRA D'*Hercule mourant*, DE MARMONTEL.

Qu'on critique tant qu'on voudra
L'auteur du nouvel opéra;
Pour moi j'aime sa politesse
Lorsque, sur la fin de la pièce,
Obligeamment il fait brûler
Un fagot pour nous réchauffer.

VERS DE M. DE VOLTAIRE

POUR LE PORTRAIT DE M. L'ABBÉ DU RESNEL.

DESSINÉ PAR M. DE CARMONTELLE.

Avec sa mine il fit pourtant des vers,
Il fut prêtre, mais philosophe,
Philosophe pour lui, se cachant des pervers :
Que ne fus-je de cette étoffe!

M. Diderot a mis pour inscription au même portrait : *Le voilà tout de son long.*

— *La reine de Golconde*[1] est de M. l'abbé de Boufflers. Il paraît par ce conte, que vous trouverez sans doute très-joli, que M. l'abbé de Boufflers a plus de vocation pour le métier de bel esprit que pour celui de prélat.

---

1. Grimm adressait une copie de ce conte à ses correspondants avant qu'il ne fût imprimé.

AOUT

1er août 1761.

M. de Saint-Foix est l'auteur de quelques comédies dont deux surtout, *l'Oracle* et *les Grâces,* ont eu beaucoup de succès dans leur temps. La première de ces pièces, où il y a beaucoup plus d'esprit que de naïveté, est restée au théâtre avec une réputation qu'elle doit principalement à Mlle Gaussin, dont les talents et la beauté étaient dans tout leur éclat lorsque *l'Oracle* fut joué pour la première fois. M. de Saint-Foix est le premier qui ait osé porter la féerie sur la scène française. Cet auteur n'a d'ailleurs aucun talent pour le théâtre, et le choix seul de son genre le prouve. Il ne faut ni imagination ni génie pour y réussir. Un tour d'esprit, une antithèse tant soit peu ingénieuse, quelques madrigaux alambiqués, peuvent tenir lieu de sentiment et de vérité: car dans un genre qui est hors de nature on peut à la rigueur se passer de naturel. Un oracle supposé, une loi bizarre établie par le poëte, à laquelle il soumet le sort de ses personnages, et qu'il faut ensuite remplir ou violer à son gré, un coup de baguette enfin, qui change tout du noir en blanc ou du blanc en noir, voilà les moyens puérils et pitoyables sur lesquels on fonde les résolutions, les catastrophes et l'intérêt des pièces de féerie : spectacle bon pour amuser les enfants, s'il est vrai qu'il faut traiter les enfants en enfants, mais d'ailleurs en tout point indigne d'une nation éclairée et sensée. Aussi peut-on remarquer que ce genre n'a pris faveur chez aucune nation de l'Europe, et s'il a eu quelque vogue en France, ce n'est que sur un théâtre dont le bon sens et le génie ont été également exclus jusqu'à présent. Quant au théâtre de la Comédie-Française, on y a bien souffert quelques bagatelles de cette espèce; les grâces et la figure de l'actrice leur ont même attiré des applaudissements; mais il ne faut pas croire que le public leur accorde une grande estime, et, pour peu qu'on essayât de donner des pendants à *Zénéide* et à *l'Oracle,* on verrait bientôt disparaître l'indulgence qu'on a eue pour ces deux pièces.

Je pense que pour juger d'un genre on pourrait établir en

principe que tout genre où un homme médiocre peut obtenir quelque succès n'est pas trop bon en lui-même, et ne mérite pas les encouragements du public. En revanche, tout genre où la médiocrité ne pourrait se supporter serait jugé excellent : c'est la carrière du génie, et les arts ne sauraient que gagner à cette sévérité ; car à tout prendre, il vaut mieux n'avoir aucun artiste que d'en avoir une foule de médiocres. Ce principe s'accorde aussi avec la nature des choses. Le genre de la comédie de Plaute et de Molière est regardé généralement comme supérieur, jamais un homme médiocre n'y sera supportable. La comédie térentienne, si précieuse pour un peuple qui pense et qui sent, exige une si grande simplicité, une si grande vérité de discours et de mœurs, que, sans un naturel et un goût exquis, dons plus rares, peut-être, que la verve et la saillie comique, vous serez froid et plat. Par cette même raison, il ne faudrait pas faire grand cas de notre tragédie : car combien de poëtes médiocres dont les ouvrages de cette espèce ont eu de la vogue et s'attirent encore des applaudissements ! Quelques vers pompeux, des situations outrées, une déclamation emphatique et forcée y font le même effet qu'on ne peut produire ailleurs qu'à force de génie et de cervelle. Il n'en serait pas de même de la tragédie bourgeoise et domestique ; il n'y a qu'un homme sublime qui puisse se promettre des succès dans ce genre ; la médiocrité y serait détestable et voilà la raison secrète pour laquelle nos poëtes craignent si fort que ce genre ne prenne faveur parmi nous. L'homme de génie qui s'en emparerait ferait par une seule production plus de mal à la tragédie établie que la cognée de l'Aristarque le plus redoutable, et cinquante pièces que nous avons la bonté d'applaudir encore ne pourraient jamais reparaître après la première représentation d'une tragédie domestique. L'exemple de M. Saint-Foix ajoute une nouvelle force à ces réflexions. Il a voulu s'essayer dans le genre de la comédie de Molière, et l'on ne saurait être, avec plus d'effort, plus mauvais que lui. Ainsi le créateur du genre de la féerie sur la scène française n'a pu tenter celui de Molière sans être absolument sifflé. Si vous daignez lire sa comédie intitulée *la Colonie*, vous connaîtrez une farce pitoyable, sans esprit, sans gaieté, sans sel, et, ce qui achèvera de vous convaincre de l'ineptie du poëte, vous verrez qu'il n'a pu imaginer des situations qu'à la faveur du roman le plus impertinent et le plus absurde.

Cette pièce, sifflée il y a environ dix ans, vient d'être remise au théâtre avec le prologue qui est à la tête et deux autres petites pièces de M. de Saint-Foix. La première intitulée, *le Rival supposé*, a été jouée, je crois, anciennement, et est imprimée depuis longtemps. C'est une espèce de comédie héroïque, fort plate, sans caractère et sans vraisemblance. La seconde est nouvelle, et porte pour titre *le Financier*[1]. C'est de celle-ci dont il faut vous donner une idée. Toutes les trois sont à peu près tombées le même jour. On peut assurer, du moins, qu'elles n'auront pas trois représentations ensemble, à moins qu'on ne les sépare et qu'on ne leur en procure quelques-unes à l'aide de la compagnie de quelque bonne pièce.

Le financier est un fermier général établi dans un magnifique château près de Paris. Un marquis petit-maître brise sa chaise en passant près de son avenue, et M. d'Alcimon, c'est le nom du financier, accourt avec un empressement extrême, et oblige le marquis de passer la nuit dans son château et d'y attendre que sa chaise soit raccommodée. Le marquis accepte; il a avec lui le chevalier, qui est un homme du monde, philosophe un peu austère. Presque en même temps le carrosse public passe sur la même route. Il verse auprès du château d'Alcimon. Un vieillard qui était dans le coche se blesse assez considérablement. D'Alcimon ne fait pas un pas pour le secourir. Il ne consent même qu'avec beaucoup de répugnance, sur les représentations du chevalier, à recueillir ce pauvre homme dans son château, où il ne daigne pas seulement lui rendre une visite. C'est le marquis et le chevalier qui commencent la pièce. Celui-ci est fort choqué de la dureté du financier de n'avoir voulu donner aucun secours à un homme ignoré et obscur qui en avait tant besoin, tandis qu'il prodiguait ses soins autour d'un homme de la cour qui n'en avait que faire. Le marquis, sans prendre le parti d'Alcimon, reproche au chevalier un peu trop d'humeur et d'avoir repris d'Alcimon trop durement sur sa conduite. Le financier arrive; le chevalier ne veut pas se trouver avec lui de peur de recommencer. D'Alcimon avoue au marquis

1. Cette triple représentation eut lieu le 20 juillet 1761.

de son côté qu'il est fort choqué des manières dures et brusques de son chevalier. On voit que le marquis se moque assez de tous les deux. En attendant, que devient ce vieillard secouru et recueilli presque malgré le maître du château? Il a passé une assez bonne nuit et il se porte beaucoup mieux. Il a avec lui sa fille, qui est comme de raison un chef-d'œuvre de beauté, de grâce et de vertu. Elle se montre, un placet à la main, et elle s'adresse au chevalier. Son père est employé dans les fermes en province. Des voleurs, entrés de nuit dans sa maison, lui ont emporté deux mille écus. Il ne veut pas que nos seigneurs les fermiers généraux perdent cette somme. Il vient à Paris pour les prier de lui laisser son emploi et de lui accorder quelque délai pour trouver à remplacer les deux mille écus qu'on lui a volés. Le chevalier prie le marquis de s'intéresser auprès du financier pour qu'on accorde au vieillard ce qu'il demande, et le marquis se charge de présenter le placet. Il le présente en effet à d'Alcimon, mais il l'appuie si faiblement que celui-ci ne marque nulle envie de consentir à la supplique du vieillard, et le chevalier qui les écoute pendant leur entretien est peu content de la conduite du marquis, quoiqu'il ne soit pas étonné de la dureté du financier. Vous trouverez assez singulier qu'un homme d'honneur comme le chevalier, qui a des principes si étroits et si sévères, se mette à écouter ses amis derrière eux. Mais M. de Saint-Foix n'a pas eu cette délicatesse. Au contraire, son chevalier aime si fort à guetter les entretiens des autres, qu'il assiste encore de la même façon à une entrevue du marquis et de la fille du vieillard. Le projet du marquis est de payer les deux mille écus pour le père, mais à condition que la fille reconnaisse le bienfait par de certaines complaisances. Cette proposition la remplit d'indignation et d'horreur. Elle se retire, et le chevalier se montre. Tout aussi indigné qu'elle, il fait mettre au marquis l'épée à la main, parce qu'il a osé insulter une personne qu'il lui avait adressée. Combat absurde et sans vraisemblance, qui jette sur le chevalier le ridicule d'un vengeur d'injures à tort et à travers, au lieu de lui conserver le caractère de vertu et d'honneur. Vous pensez bien que le financier accourt pour les séparer. Il apprend le sujet de la querelle, et le chevalier le force, pour ainsi dire, d'écouter la fille du malheureux vieillard. Elle avait reparu presque en même temps que d'Alcimon. A mesure qu'elle conte toutes les circonstances de sa position, le financier devient attentif. Bref, il reconnaît sa sœur et sa famille, et, à la fin du récit, il ne peut plus douter que le vieillard qu'il a reçu de si mauvaise grâce et qu'il n'a pas daigné voir ne soit son père. Ce vieillard paraît pour remercier le maître du château de ses bontés, mais il retrouve dans d'Alcimon son fils, et avec lui la fin de son infortune.

On croirait d'abord qu'une fable si laborieusement imaginée produirait du moins quelques situations pathétiques. Car enfin un père dans la misère, recueilli par son fils opulent comme un malheureux sans aveu, voilà certainement une chose forte qui ne peut manquer d'effet au théâtre; mais chez M. de Saint-Foix cela ne produit que des scènes triviales et plates, des lieux communs sans force et sans couleur. D'ailleurs vous jugez combien il est difficile de donner de la vraisemblance à ce tissu romanesque. Un fils qui oublie jusqu'à l'existence de son père et de sa famille! un père employé dans les fermes et qui ne sait pas qu'il a un fils fermier général, et qui n'imagine pas dans son malheur d'avoir recours à son fils! Aussi toute la scène qui devait toucher est employée à donner quelque vraisemblance à cet absurde roman, et il n'y a rien de plus insipide au monde que le récit de la jeune personne, qui la fait reconnaître par le financier pour sa sœur, et la manière dont d'Alcimon se justifie de l'abandon où il a laissé sa famille. Il faut pour cela qu'il ait été persécuté par un ennemi puissant qui lui fait perdre sa place et qui la lui fait rendre ensuite, et cinquante autres platitudes qui font bâiller le spectateur sans lui rendre la chose vraisemblable. Si la pièce en valait la peine, on pourrait demander à M. de Saint-Foix pourquoi il l'a intitulée *le Financier*, et si c'est de l'essence d'un fermier général de ne pas connaître son père et de le recevoir comme un chien, quand il tombe par aventure du coche à la porte de son fils? Il est évident que la pièce devrait s'appeler *l'École des riches, ou la Dureté punie*; mais, de la façon dont elle est bâtie, il n'y aurait de puni que celui qui serait obligé de la voir jouer.

— Il faut rendre justice et reconnaissance à qui elles sont dues. Les lettres sur M. de Fontenelle, que M. l'abbé Trublet a fait imprimer successivement dans le *Mercure*, et qu'il a publiées depuis sous le titre de *Mémoires pour servir à l'histoire de la vie et des ouvrages* de cet homme célèbre, sont pour moi un des livres les plus précieux qui de nos jours soient sortis de la presse. Ombre de Rabelais, et toi, divin Molière, je vous en demande pardon, mais vos saillies sublimes m'ont, je crois, moins réjoui, moins fait rire dans ma vie, que l'attention laborieuse de l'archidiacre de Saint-Malo à nous conter toutes les minuties de son héros avec la plus scrupuleuse exactitude, toujours amalgamée avec le talent de dire finement. Vous lirez dans sa compilation des pages entières où chaque phrase est toujours rectifiée par la suivante, ce qui fait qu'au bout de vingt rectifications il ne reste ordinairement rien du tout de tout le discours. Et puis, tout ce que lui a dit monsieur un tel et un tel, et la religion avec laquelle tout est pesé et limité dans ses récits... Je conseille à tout homme triste, ou gai, de faire son *vade-mecum* du *Fontenelliana*. Quant à moi, que l'archidiacre Trublet a tant de fois fait rire jusqu'aux larmes, je ne mourrai pas content que je n'aie fait faire à mes dépens son portrait entre deux parenthèses, ou entre deux virgules, signes que la déesse de la faconde a institués, ainsi que le caractère italique, tout exprès pour faire briller dans tout son jour la subtilité de l'abbé Trublet, à force de distinctions fines. On voit que M. de Voltaire a voulu persifler son Trublet dans sa lettre de M. Formey, que vous connaissez. Mais quoique l'imitation charge ordinairement, ici elle est bien au-dessous de son original. Lisez, pour vous en convaincre, la dissertation de l'abbé Trublet sur le mardi et le mercredi de Mme de Lambert : elle tient trois ou quatre pages dont il n'y a pas une syllabe à perdre. Enfin, vous qui ne craignez pas d'étouffer de rire, lisez votre *Fontenelliana* si vous voulez faire de bon sang. Comme tout a son côté philosophique, j'ai quelquefois médité sur les malheurs dont la réputation des grands hommes était menacée à leur insu. Il n'y a point de grand homme, me suis-je dit, que l'archidiacre de Saint-Malo ne parvînt à rendre petit et ridicule, en le choisissant pour le héros de ses compilations. Heureusement les grands génies n'ont pas le talent de dire finement, et comme c'est là la qualité favorite de l'abbé Trublet, il faut espérer qu'il ne sera jamais assez sensible à leur mérite pour les compiler *ex professo*. Il se contentera de les citer par ci par là avec des éloges mesurés et même avec une critique adroite et fine. L'abbé Trublet serait un excellent personnage dans un roman, si nous en savions faire dans le goût anglais. Mme Geoffrin, qu'il a citée dans son *Fontenelliana*, ainsi que beaucoup d'autres gens qui n'y avaient que faire, a dit sur lui un mot très-plaisant et qu'il aurait bien dû compiler. On disait un jour devant elle qu'il fallait pourtant convenir que l'abbé Trublet avait de l'esprit. « Oui, répondit-elle, c'est une bête frottée d'esprit, on lui en a mis partout. »

— *Oraison funèbre de Marie-Amélie de Saxe, reine d'Espagne*, prononcée par M. l'évêque de Senlis[1]. Le peu de talent de nos prédicateurs et le goût de la philosophie ont entièrement dégoûté le public, depuis quelque temps, des sermons et des oraisons funèbres. Il n'y a guère que quelques gens de collège et de communauté qui s'en occupent encore.

— Parlez-moi du *Parfumeur royal, ou Traité des parfums*, un volume in-12, nouvelle édition d'un ouvrage qui en aura bientôt d'autres[2]. C'est un livre classique pour une nation qui a poussé la science de la propreté du corps à un si haut degré de raffinement et de perfection.

— *Les Vieux Garçons*, comédie en prose et en trois actes, par M. de Vilori[3]. C'est une pièce triviale et froide qui n'a pu être jouée.

— *L'Agronomie et l'Industrie, ou les Principes de l'agriculture, du commerce et des arts, réduits en pratique*, par une société d'agriculteurs, de commerçants et d'artistes. On vient de publier le prospectus de cet ouvrage, dont il doit paraître six volumes tous les ans[4]. Chaque volume sera partagé en deux parties, et il paraîtra une partie chaque mois. C'est, comme vous voyez, un nouveau journal qui coûtera dix-huit livres par an.

— M. Le Beau de Schosne a fait imprimer une *Lettre à M. de Crébillon, de l'Académie française, sur les spectacles de Paris, dans laquelle il est parlé du projet de réunion de l'Opéra-Comique à la Comédie-Italienne*[5]. C'est un plat et insipide bavardage qui ne peut intéresser personne.

---

1. (Armand de Roquelaure.) Paris, 1761, in-4°.
2. La première est de 1699.
3. Paris, 1761, in-12.
4. Il en a paru sept de 1761 à 1763.
5. Paris, 1761, in-8°.

— *Épître sur la consomption et sur les vapeurs*[1]. C'est un morceau en vers dont il est impossible de soutenir la lecture.

— *Les Amours de Myrtil*[2]. C'est un petit roman dans le goût grec, sans imagination, sans style et d'un froid à glacer. Jamais disette n'a été pareille à celle que nous éprouvons depuis quatre mois dans tous les genres de littérature. Ce roman est d'une belle impression, et orné de jolies estampes.

— La Francessina, autrement dit la signora Piccinelli, après avoir chanté à Vienne aux fêtes du mariage de l'archiduc, est venue à Paris, et s'est engagée à la Comédie-Italienne, où elle joue et chante. Sa voix est agréable, et elle paraît sortir d'une bonne école; mais son séjour à Paris ne peut manquer de lui être préjudiciable. Elle y désapprendra, ou du moins elle n'y fera point de progrès dans son art, et, à son âge, il ne faut que perdre quelques années pour rester toute sa vie dans la médiocrité.

15 août 1761.

Je n'ai encore pu trouver le moment de vous parler d'un excellent ouvrage que M. Noverre a publié l'année dernière sous le titre de *Lettres sur la Danse et sur les Ballets*[3]. Cet ouvrage, écrit avec feu, est rempli d'idées et de vues, et en tout point supérieur au petit *Traité de la Danse*, par M. de Cahusac, qui parut en 1754 avec une sorte de succès. M. Noverre, avant d'écrire sur son art, nous a montré la possibilité de la plupart de ses idées par la composition de plusieurs ballets charmants qui ont reçu de grands applaudissements à Paris, à Londres, à Lyon, à Marseille. On peut dire que la France a fait une perte en cédant cet habile artiste à M. le duc de Wurtemberg, qui n'aurait pas à se plaindre de l'histoire si elle pouvait se borner à dire de lui qu'il a eu Noverre et Fornelli à ses gages. Voici quelques idées sur la danse, que vous pourrez ajouter à celles de M. Noverre; elles serviront à s'éclaircir mutuellement.

1. (Par Saint-Péravy.) Londres et Paris, 1761, in-8°.
2. Constantinople, 1761, in-8°. Titre dessiné et gravé par Legrand, et six très-jolies figures de Gravelot gravées par Legrand. La *Bibliographie* de M. Gay dit qu'il en existe des exemplaires imprimés en encre rose. L'auteur est inconnu.
3. Lyon, 1760, in-8°. Réimprimées en 1783 et en 1803 avec augmentations.

La danse est de tous les arts celui qui a fait le moins de progrès parmi nous. On danse sur tous les théâtres de l'Europe, et l'on est encore à savoir quel usage il faut faire de cet art dans nos spectacles. Tous nos ballets se ressemblent, et se réduisent à une mécanique bien plate. Une troupe de figurants et de figurantes paraissent sur la scène pour faire plusieurs figures, former plusieurs groupes, et cette danse générale est coupée par les entrées des plus habiles danseurs et danseuses, qui dansent, tantôt seuls, tantôt deux, trois, quatre, etc. Leur art se borne à nous montrer diverses attitudes, mêlées de pas, d'entrechats, de pirouettes, de gargouillades et d'autres tours de l'école dansante, et pour donner une sorte de liaison à tout cela le musicien est obligé de faire des chaconnes, des gavottes, des passe-pieds, des rigodons, et de plier son génie en cent manières indignes de lui. Voilà le patron général de tous les ballets, et malgré le pompeux étalage que vous lisez dans nos programmes et qui vous dérobe leur rebutante uniformité, toute leur diversité consiste à voir les mêmes danseurs habillés tantôt en prêtres, tantôt en pâtres, tantôt en guerriers, tantôt en diables. Imaginez un poëme en musique dont le poëme n'eût aucun sujet, et où l'on se serait borné simplement à donner un caractère général aux chanteurs et à les habiller en héros ou en paysans. Les chœurs, habillés suivant les conventions, viendraient chanter des fugues à plusieurs parties, à un ou plusieurs sujets artistement travaillés suivant toutes les règles de l'école. Les chanteurs habiles solfieraient seuls des tours de chant, des passages, en un mot tous les *solfeggi* de l'école sans sujet et sans paroles. N'auriez-vous pas là un spectacle bien intéressant? Voilà précisément où nous en sommes par rapport à la danse. Il faut sans doute qu'un habile danseur sache faire des entrechats, des gargouillades, des pirouettes, et tous les pas de l'école; mais ce n'est point du tout pour en faire parade dans les ballets, encore moins pour nous fatiguer par une suite de tous ces tours. S'il est bien placé et qu'il ait du goût, il ne trouvera que très-rarement l'occasion d'employer à propos un de ces pas de l'école. De même Cafarelli et tous les grands chanteurs d'Italie ont passé plusieurs années de leur vie dans les conservatoires à apprendre les tours les plus difficiles et les plus recherchés de leur art; mais vous voyez avec quel goût et quelle réserve ils s'en servent sur les théâtres, et combien l'art est subordonné chez eux à l'expression de la nature. L'école ne doit servir au chanteur que pour donner de la flexibilité et de la souplesse à son gosier ; le danseur y doit chercher les mêmes qualités pour ses jambes et pour son corps. Mais quand on sort de l'apprentissage, on est encore loin de la perfection que donnent le goût du vrai et l'étude de la nature.

Nous n'avons pas pensé qu'il fallait aux danseurs un poëte comme aux acteurs des autres spectacles ; et comme ils ne parlent point on n'a pas songé à faire des pièces pour eux. Voilà pourquoi la danse est restée parmi les modernes dans cet état de médiocrité et de barbarie où nous la voyons, tandis qu'elle a été portée à un si haut degré de perfection chez les anciens. Il ne suffit pas d'avoir des Baron et des Lecouvreur, il faut encore des Corneille et des Racine pour les faire parler. Le métier du maître des ballets et celui du poëte sont très-différents. L'un exécute ce que l'autre a imaginé. Quelque supériorité que M. Noverre ait dans le sien, et quoiqu'il ait fait plusieurs ballets agréables, il serait injuste d'exiger de lui les talents du poëte, et il suffit de dire à sa louange que s'il avait été secondé par un homme de génie il nous aurait montré des effets dont nous n'avons nulle idée. Le poëme dansé est susceptible de tous les caractères, la tragédie et la comédie seraient également de son ressort ; toutes les parties d'un drame bien ordonné, l'exposition, l'intrigue, et le dénoûment, sont également indispensables dans ce genre d'imitation, et quoique le poëte n'ait pas de discours à écrire, il ne lui faudrait pas moins de génie qu'à Corneille ou à Molière pour faire des pièces dignes de son siècle et de la postérité. Vous jugez que le caractère des drames en danse consisterait dans beaucoup d'action et de mouvement, et s'il était difficile d'y représenter Auguste délibérant avec ses confidents sur son projet d'abdiquer l'empire, en revanche la passion et la jalousie du généreux Orosmane et tous ses égarements et ses touchants retours s'y peindraient sous les traits les plus grands et les plus pathétiques. Quand je dispense l'auteur du drame à danser d'écrire ses discours, je pense pourtant qu'il faudrait qu'il en écrivît souvent les plus essentiels et les plus sublimes pour l'instruction du danseur et du musicien.

Lorsque le poëme est fait, il faut qu'il soit mis en musique, et l'on peut dire du musicien ce que j'ai dit du poëte, que son ouvrage le mettrait à côté des plus grands maîtres s'il avait servi à l'interprétation d'un grand poëme. Cette musique ne serait pas, comme vous pensez bien, un recueil de menuets, de rigodons et de contredanses, mais, dans la tragédie, une suite de tableaux les plus touchants, les plus pathétiques, les plus terribles, dont le poëte aurait indiqué le sujet et que le danseur serait chargé d'animer; et dans la comédie, suivant les mêmes indications du poëte, une suite de saillies les plus originales et les plus heureuses; chaque morceau y serait un chef-d'œuvre de grâce et de finesse.

Le poëme fait et mis en musique doit être remis au maître de ballets, mais il faudra que M. Noverre ait auparavant changé tout le caractère de nos ballets et la routine de nos danseurs, s'il compte nous montrer l'exécution d'une pièce à danser. L'expérience nous a prouvé qu'un drame chanté d'un bout à l'autre serait insupportable. Dix morceaux de génie exécutés l'un après l'autre, sans intervalle, fatigueraient l'oreille la mieux exercée. Notre esprit ne supporte une si grande contention que dans les travaux sérieux. Il faut donc que les airs d'un drame en musique soient coupés par le récitatif, et comme il serait également barbare de faire tantôt chanter, tantôt parler les mêmes acteurs, il faut que le récitatif soit noté, déclamation musicale dont le passage au chant n'a rien de brusque, lorsque le moment de la passion est venu. Toute cette marche est conforme à la nature. Nous chantons, en effet, lorsque la passion nous anime; tous nos accents, toutes nos inflexions prennent un caractère conforme au sentiment qui nous agite, et voilà, pour le dire en passant, ce qui rend l'opéra français insupportable; le caractère du récitatif et celui de l'air étant les mêmes, il n'y a personne qui pût tenir à sa fatigante monotonie, si l'on n'avait imaginé de l'interrompre par des ballets et des danses. La distinction du récitatif et de l'air serait aussi essentielle au drame en danse qu'à celui en musique : c'est-à-dire qu'il serait insoutenable qu'on y dansât toujours, et que la plupart du temps il ne faudrait que marcher. Le moment de la passion serait celui de la danse, parce qu'en effet la passion altère tous les mouvements, et leur donne un caractère qui ne peut convenir à une situation tranquille. La simple marche dans un drame à danser serait cadencée et plus marquée que notre marche naturelle, par la même raison qui veut que le récitatif du drame en musique ne soit pas simplement parlé, mais qu'il soit une déclamation notée. Il y aurait trop loin de la marche ordinaire à la danse; l'accord et l'unité ne sont nulle part plus indispensables que dans le genre qu'on choisit pour imiter la nature, et rien ne prouve autant la barbarie du goût que d'en confondre et mêler deux ensemble.

Voilà la base sur laquelle doivent porter tous les changements que M. Noverre propose. Donnez-lui un poëte, et il aura bientôt créé un genre de ballet absolument nouveau; car quoique la distinction de la marche et de la danse, que je crois essentielle à ces sortes de drames, ne soit pas dans son livre, je suis bien persuadé qu'elle se trouverait dans ses ballets. Le génie n'a pas besoin de poétique ni de règles; il trouve d'inspiration les moyens d'arracher notre admiration et nos suffrages. Je ne crois pas qu'il fût aussi aisé à M. Noverre de triompher des préjugés des danseurs, qui mettent le sublime de leur métier dans les entrechats, les aplombs, les difficultés de l'école. Il aurait plutôt créé un art nouveau qu'il ne réussirait à discréditer un usage barbare, et il faudrait sans doute toute la protection et toute l'autorité d'un grand prince pour donner à la danse le degré de perfection dont elle est susceptible, et pour en faire un spectacle digne d'une nation éclairée. Celui des enfants de Nicolini fixé depuis longtemps à la cour de Brunswick a pu donner l'idée d'une pièce en danse. Quoique cet habile directeur ne se fût pas élevé au-dessus du genre de la Comédie-Italienne, le poëme, la musique, la décoration, et l'exécution la mieux entendue, faisaient de ses pantomimes un spectacle charmant dont l'ivresse et l'enthousiasme se répandaient sur tous les spectateurs. Jugez quel empire aurait sur nous celui qui nous montrerait Andromaque en pleurs, Mérope prête à immoler son fils, Alceste faisant à son époux le sacrifice de sa vie! Dans les arts comme dans les autres choses de la vie, il faut plaindre les hommes d'exécuter avec tant de nonchalance et de médiocrité ce qu'ils conçoivent d'une manière si sublime.

— Le théâtre de la Comédie-Française est celui de la nation. C'est à lui qu'elle doit la plus grande partie de sa réputation dans les arts et dans les lettres, et sa gloire consacrée chez toutes les nations de l'Europe. Un peuple qui peut assister tous les jours à la représentation des pièces du sublime Molière, du grand Corneille, de Racine, de Voltaire, n'a pas à se plaindre de son lot. Il m'arrive peu de vous entretenir des autres théâtres de Paris, quoique les nouveautés se succèdent sans cesse avec une rapidité qui suffit pour déposer contre leur mérite. Mais les révolutions qui s'y préparent et s'y opèrent insensiblement méritent d'être remarquées. Deux misérables bouffons, transportés il y a environ huit ans des tréteaux d'Italie sur le théâtre de l'Opéra de Paris, ont pensé ruiner de fond en comble ce spectacle si dénué de goût et de génie. Il a fallu chasser les bouffons; mais le coup est porté, et l'opéra français n'a encore pu s'en relever. Nos jeunes musiciens ont imité tant bien que mal cette musique comique et bouffonne dans laquelle les Italiens, de même que dans les autres genres, ont produit tant de chefs-d'œuvres; et quoique ces essais ne fussent rien moins que merveilleux, les auteurs ont eu de grands succès sur les théâtres de l'Opéra-Comique et de la Comédie-Italienne. Ces succès ont produit deux bons effets : l'un, de chasser presque entièrement de l'Opéra-Comique le vaudeville, autrefois si cher à la nation et également contraire aux goûts et aux mœurs; le second, de nous dégoûter de plus en plus de la lourde monotonie de l'opéra français. Nous avons vu les directeurs de ce spectacle épuiser successivement leur répertoire, et les ouvrages qui avaient le plus de réputation ont reparu sans aucun succès, et personne n'a encore imaginé d'attribuer ces chutes multipliées à leur véritable cause. On ne l'a point cherchée dans la révolution arrivée dans le goût, qui nous a montré cette musique telle qu'elle est, lourde, plate et insipide; mais on a mis sur le compte des pauvres acteurs de l'Académie royale ce qui de tout temps a été le crime du musicien. La différence est que notre ignorance nous faisait admirer autrefois des platitudes et des égarements qui commencent à nous paraître impardonnables. Cette révolution a été singulièrement hâtée par M. Duni, Italien, ci-devant maître de la chapelle de l'infant don Philippe. Ce musicien a mis plusieurs pièces françaises en musique. *Le Peintre amoureux de son modèle* et *l'Ile des fous* sont deux ouvrages qui n'auraient pas peut-être une grande vogue en Italie, mais dans lesquels les musiciens français peuvent apprendre ce que c'est que de mettre des paroles en musique, art absolument ignoré en France malgré le grand nombre d'opéras dont le magasin de l'Académie royale fourmille, et qu'il faudrait d'abord jeter au feu si l'on voulait représenter des drames en musique sur le théâtre de l'Opéra. Les deux pièces de M. Duni, quoique mal exécutées de la part des acteurs et de l'orchestre, ont eu un grand succès; mais peu de gens sont encore en état de sentir en quoi consiste précisément leur mérite pour ce pays-ci. Un des moindres mérites de M. Duni, c'est que, quoique étranger et parlant fort mal français, il ne lui arrive jamais de violer dans sa musique la prosodie française, que tous nos musiciens du pays, depuis le grand Rameau jusqu'au petit Boismortier, ont si impitoyablement estropiée dans leurs ouvrages.

Une des plus jolies pièces de ce genre, c'est *le Jardinier et son Seigneur*, tirée de la fable de La Fontaine, que tout le monde connaît. Cette pièce vient de paraître. Elle a été jouée à l'Opéra-Comique dans le temps qu'on jouait *le Père de famille* à la Comédie-Française[1]. La musique en est de M. Philidor, plus célèbre dans le jeu des échecs que par ses ouvrages de musique. Ce compositeur manque d'idées et de goût. Mais comme nos oreilles ne sont pas assez exercées pour sentir ce défaut, et qu'il a d'ailleurs assez de feu, le public a toujours fait un accueil favorable à ses productions. Pour moi, je suis plus content du poëte que du musicien; M. Sedaine, ancien maître maçon et auteur de plusieurs jolis ouvrages de poésie, a du naturel, de la facilité, de la gaieté et de l'originalité. Avec ces qualités, il n'est pas difficile de réussir dans le genre comique. J'avoue naturellement que je préfère sa petite comédie du *Jardinier et son Seigneur* a beaucoup de nos tragédies modernes qui ont eu du succès à la Comédie-Française. L'auteur a non-seulement rempli le but moral de la fable de La Fontaine, qui vous apprend qu'il vaut mieux souffrir un petit mal et prendre patience que d'y remédier par la protection des grands. Le seigneur, avec son train de valets et sa meute de chiens courants, fait dans un instant plus de mal aux potagers de maître Simon, jardinier, que le lièvre dont il vient de le délivrer n'en aurait fait dans vingt ans. Mais M. Sedaine a associé à cette

---

1. La première représentation est du 18 février 1761.

moralité une autre idée bien plaisante et bien originale. Maître Simon est en habit de dimanche; rien ne lui manque que sa perruque. Il attend dans cette parure le seigneur avec une vanité et une fatuité qui insultent à tout le village. Au moment qu'on lui apporte sa perruque, sa femme, plus sensée que lui et moins engouée de l'arrivée de monseigneur, le met en colère. Voilà la perruque qui tombe par terre et maître Simon qui marche dessus, et le perruquier de la reprendre pour l'accommoder de nouveau. Or, de toute la pièce, maître Simon ne peut plus joindre sa perruque. Monseigneur arrive, ne prend pas trop de garde au maître jardinier, caresse sa fille, parle à tout le monde, excepté au bonhomme Simon. Celui-ci attribue tous ses malheurs à ce qu'il n'a pas sa perruque. « Il ne m'a, dit-il, jamais vu sans perruque... il est piqué de me voir sans perruque. » Enfin personne ne sort que maître Simon ne lui recommande de lui envoyer sa perruque; et le seigneur met le comble à sa douleur en lui disant à la fin, sans l'avoir salué : « Ah! vous voilà; mettez votre bonnet, bonhomme. » Tous les détails de cette petite comédie sont charmants; le rôle du perruquier et la reconnaissance qui se fait entre lui et les deux filles de l'Opéra sont d'une grande gaieté; mais la perruque l'emporte. On en rit d'abord comme d'une saillie naturelle et plaisante, et lorsqu'on est arrivé à la fin de la pièce, on s'aperçoit qu'elle roule tout entière sur cette perruque; car maître Simon la retrouve précisément au moment que le seigneur est parti, c'est-à-dire lorsqu'il n'en a plus besoin. Combien de gens qui, dans toute leur vie, n'ont pu joindre leur perruque! Voilà comme j'aime qu'on prêche la morale, en nous faisant rire, et non en faisant bâiller. Si M. Sedaine avait écrit sa pièce avec autant de soin qu'elle est heureusement conçue, il en aurait fait un des plus jolis ouvrages de notre temps.

SEPTEMBRE

1ᵉʳ septembre 1761.

Les arts ont tous une origine commune, et l'histoire de leurs commencements se ressemble parfaitement. On avait taillé la pierre depuis bien longtemps lorsque quelqu'un s'avisa de faire une statue. Les couleurs servirent sans doute à la parure des anciens peuples longtemps avant qu'on eut imaginé de faire des tableaux. Ainsi la danse et le chant étaient la démonstration naïve et simple de la joie et de l'allégresse; mais on n'en avait pas encore fait des genres d'imitation. Le poëte fut le premier qui chanta les grandes actions des héros, dont la simplicité antique eut bientôt fait des dieux. Alors la poésie et la musique paraissaient inséparables. L'homme inspiré chantait, et les peuples répétaient ses poëmes en chantant. C'est ainsi que *l'Iliade* se chantait dans toutes les villes de la Grèce, de même que le Tasse est chanté aujourd'hui par les gondoliers de Venise, et par le peuple des autres villes d'Italie. Lorsqu'on imagina de faire parler les héros sur la scène, et qu'on eut inventé la poésie dramatique, on lui conserva l'accompagnement de la musique : car on ne peut douter que la tragédie grecque ne fût notée et chantée. Ainsi la musique devint un genre d'imitation et un moyen d'exprimer les différentes passions dont le poëte exposait le tableau aux peuples. Vous voyez que la chanson et la musique sont d'une origine différente. Il n'y a point de peuple qui n'ait ses chansons; il y en a peu qui aient leur musique. Le son des instruments servit aussi à la danse; mais on dansa longtemps avant d'imaginer, d'imiter la nature, d'exprimer les passions par les pas, les attitudes et les gestes, et s'il n'y a point de peuple qui n'ait ses danses, il y en a en revanche excessivement peu qui aient des ballets. Aujourd'hui surtout, ce genre d'imitation a été négligé par tous les peuples de l'Europe, et, excepté les pantomimes d'Angleterre et quelques ballets de ce genre qui nous viennent d'Italie, et dont on nous en a donné quelques-uns de très-jolis sur le théâtre de la Comédie-Italienne, nous n'avons pas cherché à éprouver l'impression et le pouvoir de la danse lorsqu'elle est employée par l'homme de génie à l'imitation de la nature et des choses de la vie.

Vous connaissez l'histoire de la danse et de ses terribles effets chez les anciens. Il n'est point étonnant que, sur des théâtres immenses où tout un peuple s'assemblait pour se livrer avec toutes ses impressions au pouvoir et au génie du poëte, le drame dansé ait eu de grands avantages sur le drame parlé. Les inflexions du discours ordinaire, l'impression de la passion sur le visage de l'acteur, toutes les nuances fines de son jeu, disparaissaient dans ces vastes lieux où il était question de se montrer à un peuple entier, de se faire entendre de quatre-vingt mille personnes. Les masques, les porte-voix, les mouvements forts et décidés, étaient indispensables, et ces derniers devaient faire d'autant plus d'effet que l'imagination du spectateur éloigné, ébranlée par un geste, devenait bientôt aussi fougueuse et aussi indomptable que celle du poëte qui l'avait excitée. On ne peut se flatter de produire ces grands effets dans nos petites salles étroites et fermées, et devant une assemblée de deux ou trois mille personnes. Les grandes masses y seraient choquantes et les grands effets disparaissent avec elles; tout y devient détail, et l'acteur qui a le plus de finesses et de nuances dans son jeu est celui qui a le plus de mérite. Ainsi notre drame à danser doit être d'un autre caractère que celui des anciens. Notre danse et notre marche cadencée doivent être plus près de la démarche naturelle et du geste ordinaire. L'imagination est moins ébranlée, mais l'esprit se satisfait davantage. Soyez placé près de l'homme éloquent qui parle au peuple, vous entendrez son discours avec une tranquille satisfaction; mais éloignez-vous-en assez pour ne plus entendre qu'à demi, pour être obligé de suppléer par le geste de l'orateur à la partie de son discours que la distance vous dérobe, et bientôt votre imagination sortira de son assiette, et bientôt elle partagera l'ivresse et l'enthousiasme de l'orateur, plus fortement que si rien de son discours ne vous était échappé. Il ne faut donc pas s'étonner que les spectacles, chez les anciens, aient produit des effets auxquels les nôtres ne sauraient atteindre. Il faut chercher au contraire quel est le caractère général, quels sont les genres qui conviennent le mieux à nos théâtres, afin de cueillir des lauriers dont les grands hommes de l'antiquité n'ont pu se couronner. En vain leurs imitateurs serviles voudraient-ils établir un préjugé contre la tragédie domestique, de ce que ce drame a été inconnu aux anciens. Il ne convenait guère d'exposer les malheurs des particuliers devant une nation assemblée, qui exigeait des sujets plus importants et plus graves. Le jeu des acteurs, dans les immenses lieux de leur scène, ne pouvait d'ailleurs approcher de l'extrême simplicité et vérité que ce genre exige, et que nous pouvons donner dans un degré éminent à nos spectacles dans des lieux étroits et fermés, quoique nous n'ayons pas encore trop songé à nous prévaloir de cet avantage. Mais quel spectacle plus intéressant pourrait-on offrir à nos petites assemblées que celui des événements domestiques dont les malheurs et les catastrophes nous causent des impressions d'autant plus fortes que notre condition est moins éloignée de celle des personnes qu'on nous montre! Cette réflexion peut vous faire juger combien il est absurde d'avoir introduit sur nos petits théâtres des dieux et des héros, représentés le plus souvent par des acteurs dont la taille défectueuse vous choquerait dans le rôle du plus petit bourgeois. De tels personnages ne pouvaient paraître avec avantage et avec vraisemblance que lorsque la grandeur du lieu et l'éloignement du spectateur permettaient de produire une forte illusion par le jeu des masques, qui pouvaient en effet montrer une nature au-dessus de la nôtre. Tout a ses convenances et ses bornes; et le véritable génie ne franchit jamais celles que le bon sens lui a prescrites.

Dans ce que j'ai dit sur la danse, j'ai supposé qu'elle fût regardée comme un genre d'imitation à part. Le comble du mauvais goût et de la barbarie, c'est de mêler deux genres d'imitation ensemble. Prenez la plus belle statue de Michel-Ange, faites la peindre par Raphaël ou par Annibal Carrache, et vous aurez employé le génie de deux hommes sublimes à produire un ouvrage barbare. D'où peut venir cette barbarie? car enfin cet Hercule Farnèse, cette Vénus de Médicis, auxquels le statuaire a imprimé le caractère de son divin génie, seront bien plus près de la vérité et de l'expression lorsqu'un grand peintre les aura animés par la magie des couleurs; et cependant, le goût condamne cette association. Il défend au pinceau de donner le feu et la vie à cet œil que le marbre ne peut animer; il range parmi les ouvrages gothiques ces tableaux dont les figures du premier plan seraient exécutées en ronde-bosse ou en bas-relief, tandis que celles des plans reculés seraient projetées sur la toile; quelque illusion qu'un tel ouvrage puisse produire, le goût le méprise parce que le mélange de deux genres d'imitation lui paraît horrible. Nous avons déjà remarqué que l'unité, si nécessaire dans le sujet, dans le lieu, dans le moment qu'on choisit pour les ouvrages de l'art, n'est nulle part si essentielle que dans le choix de l'hypothèse par laquelle on se propose d'imiter la nature. Et pour revenir à la poésie dramatique, si vos personnages doivent réciter en vers ou en prose, il est absurde de les faire chanter par intervalles; si au contraire votre hypothèse les fait chanter, ils ne doivent jamais s'approcher assez du discours ordinaire pour parler comme nous; leur récitatif et leur dialogue doivent être notés, et s'approcher du chant dont les accents se feront entendre dans tous les moments passionnés. Le comble du mauvais goût serait de mêler deux imitations tout à fait disparates, comme l'imitation par le chant avec l'imitation par la danse, et vous voyez ce qu'il faut penser de ce spectacle gothique de l'opéra français, qui compte parmi ses avantages d'avoir réuni le chant et la danse. Si les Italiens ont la mauvaise habitude de faire danser des ballets dans les entr'actes de leur opéra, c'est un abus qu'on peut du moins réformer sans toucher au fond ni à la forme de ce spectacle; au lieu qu'en France la danse est devenue la seule ressource de l'opéra. Les principaux personnages sont obligés à tout moment de faire place aux ballets que le poëte amène à tout propos, et comme il peut : ballets qui n'imitent rien, n'expriment rien, et ne servent qu'à montrer les tours d'école de nos meilleurs danseurs, sans idée et sans esprit. Il s'agit bien dans un ballet de danser la chaconne, le passepied, le rigaudon. M. Noverre dit que la composition des ballets de certains opéras le ferait mourir, que les passe-pieds et les menuets le tuent. Tout homme de génie et de goût en sera assommé. Et que peut-on dire d'un musicien dont les morceaux de génie consistent en chaconnes et en menuets, et qui appelle un opéra son recueil de rigaudons et de gavottes?

— M. Baux, médecin de Marseille, vient de publier un

Parallèle de la petite vérole naturelle avec l'artificielle ou inoculée, avec un *Traité intermédiaire de la petite vérole fausse, volante ou adultérine* [1]; et le *Parallèle* et le *Traité intermédiaire* sont bien mal écrits. Mais dans ces sortes de livres il ne s'agit pas de style. L'auteur se déclare pour l'inoculation, qui depuis longtemps n'a plus besoin d'autorité pour être adoptée par tous les gens sensés ; mais aussi il y aura encore longtemps des sots qui cuiront de se faire une réputation en la combattant, et qui y réussiront auprès d'autres sots, dont le nombre n'est pas médiocre.

— Le P. de Neuville, jésuite, a prononcé le 10 avril dernier, l'oraison funèbre de M. le maréchal de Belle-Isle dans l'église des Invalides, et cette oraison funèbre vient d'être imprimée [2]. Un style concis, serré et haché, ce qu'on appelle de l'esprit dans l'expression, et beaucoup d'antithèses, constituent la manière du P. de Neuville, un des plus célèbres prédicateurs de notre temps. Cette manière a été de tout temps celle des siècles de décadence. L'écrivain qui la possède n'est pas plat, mais aussi il n'est pas bon, et s'il trouve des imitateurs, il contribue considérablement à la perte du goût. Tout ouvrage de moine est trop méprisé aujourd'hui pour que le P. de Neuville ait à craindre d'être dans ce cas-là. Grâce à M. de Voltaire, à M. de Montesquieu, à M. Diderot, à M. de Buffon et à Jean-Jacques Rousseau, le jésuite Neuville, et le berger Fontenelle, et le peseur de riens Marivaux, et le comique confrère Trublet, ont tous paru sans danger pour le goût. Quant aux oraisons funèbres, elles me paraissent toutes d'une si grande mesquinerie et d'une si grande insipidité que je crois que leur manière est encore à trouver. L'éloge qu'on y fait de celui qui en est l'objet n'a rien de personnel que le nom. Ce sont des portraits, des réflexions et des peintures générales qui regardent tantôt les princes, si le défunt a été roi; tantôt les ministres, si le défunt a été dans le ministère ; tantôt les généraux d'armée, si le défunt en a commandé. Eh! que m'importent quelques pensées fines ou jolies, ou même grandes, que je trouverai éparpillées dans ce recueil insipide, et qui me ramèneront toujours aux talents

---

1. Avignon, 1761, in-12.
2. Paris, 1761, in-4°.

ou aux prétentions de l'orateur, quand je veux être entretenu de la vie de celui qui vient de la quitter, du néant des choses humaines, et de tous les grands objets que les peuples de la terre ont voulu se rappeler par la solennité des cérémonies lugubres? Le malheur des sermons, dit M. de Voltaire quelque part, c'est que ce sont des déclamations dans lesquelles on dit souvent le pour et le contre. C'est encore le malheur des oraisons funèbres. Nos prédicateurs et nos panégyristes ont réponse à tout. Le défunt a-t-il été heureux, c'est que Dieu comble de bénédictions ceux qu'il aime; si au contraire il a été malheureux, c'est que l'adversité est la marque la plus sûre de la faveur du ciel. Mais le méchant est parfois malheureux? Alors cette faveur est un juste châtiment de ses crimes; et si au contraire il est heureux, comme cela arrive aussi quelquefois, il est d'autant plus sûr d'aller à tous les diables dans l'autre monde. De cette façon, quoi qu'il arrive, le prédicateur a toujours raison; et cela est bien plus essentiel que le bonheur ou le malheur du genre humain. Ainsi notre jésuite dit, page 8, que le désir de la gloire est un reste précieux de notre grandeur primitive échappé au naufrage des dons du Dieu créateur, et, page 9, il souhaite que le désir de la gloire soit l'unique faiblesse que Dieu ait à reprocher à sa patrie. Mais si c'est un reste précieux des dons du Créateur, ce ne peut être un faible à reprocher ou à pardonner; cependant il faut que ce soit l'un et l'autre, afin que le sermonneur ait toujours raison. Seulement il eût été plus adroit de ne pas rapprocher si fort le pour et le contre dans cette occasion-ci. Il dit aussi que le désir de la gloire, quand il ne fait pas les grands saints, fait les grands hommes, et du grand homme au grand saint, ajoute-t-il, le passage est si faible! Cette réflexion est si comique qu'on serait tenté de croire que le point admiratif y a été placé par plaisanterie. Le bon P. de Neuville n'a pas considéré que la gloire éternelle, que recherchent les saints, et la gloire de ce monde, que désirent les héros, sont deux gloires très-différentes. Malgré la facilité du passage, je doute que nous voyions jamais des auréoles sur la tête d'Achille, ou sur celle d'Alexandre, qu'on a pourtant surnommé le Grand, ou sur celle de César, qui n'était pas un homme sans talent, ou sur celle de Marc-Aurèle, qui avait aussi quelques vertus, ou sur celle de Julien, qui ne laissait pas que d'être un assez grand homme, malgré les calomnies des chrétiens, ou sur celle de Maurice de Saxe, qui, en gagnant des batailles, jurait quelquefois de bon cœur comme un païen, ou sur celle de Frédéric, roi de Prusse, qui, avec une assez belle tête sur ses épaules, ne montre aucun goût pour cette coiffure, ou sur celle de son frère Henri, grand faiseur de grandes choses, dit-on, avec de petits moyens, suivant l'épidémie de la famille, ou sur celle de son beau-frère Ferdinand de Brunswick, qui se défend de son mieux dans les bruyères de Westphalie, ou sur celle de son petit neveu, qui compte bien hériter du duché de Brunswick et d'un peu de réputation avant d'hériter du royaume des cieux. Je crois que saint François, chef de tous les moines mendiants, et saint Denis, patron de la France, qui, lorsqu'on lui eut fait sauter la tête, la ramassa et la porta tranquillement sous son bras de Paris à Saint-Denis, sa paroisse ; et saint Antoine de Padoue, qui résista au diable habillé en cochon, et saint Malagrida, martyr, qui pourrit dans un cul de basse-fosse pour avoir voulu corriger avec un coutelet trop petit Sa Majesté très-fidèle le roi de Portugal, seraient tous extrêmement étonnés de se trouver en compagnie avec aucun des personnages ci-dessus mentionnés, et dont malheureusement aucun n'a voulu aller à la messe, ce qui ne leur laisse pour toute ressource que la chaudière du diable.

Le P. de Neuville prétend aussi que la religion seule peut allumer, dans les âmes nobles et sublimes, le feu qui forme les héros défenseurs de la patrie ; et il ne manque pas à cette occasion de tomber, suivant l'usage du jour, sur la philosophie qui s'applique aujourd'hui scandaleusement à amortir et à éteindre un feu si pur dans le sein de la France ; car il est du su de tout le monde que la philosophie nous a fait perdre plus d'une bataille dans le cours de cette guerre, et quoique les Anglais ne soient pas mal imbus de cette maudite science, il est à présumer que leurs succès n'ont rien de commun avec elle, parce que molinistes et jansénistes, les jésuites et le Parlement, le P. de Neuville, de la compagnie se disant de Jésus, et maître Joly de Fleury, avocat général du roi au Parlement, sont tous d'accord sur les ravages occasionnés de nos jours parmi nous par le fléau de la philosophie.

— Je reviens à la perruque de maître Simon, dans la pièce

du *Jardinier et son Seigneur*. Cette perruque donne bien plus à penser à un homme de tête que tous les lieux communs de nos orateurs funèbres. J'observe donc à M. Sedaine qu'il en aurait pu tirer encore un meilleur parti. Lorsque les gens du village et les syndics de la communauté viennent demander à maître Simon sa protection avant l'arrivée du seigneur, maître Simon fait l'insolent, et leur dit sèchement : « C'est bien pour vous autres qu'il vient! » Or il arrive que le seigneur ne regarde seulement pas maître Simon, qui s'était si fort vanté de son amitié, et qu'il fait beaucoup d'accueil à la communauté qui vient le haranguer. Le jardinier attribue toute sa disgrâce à l'absence de sa perruque. J'aurais donc voulu que le perruquier, pour tirer parti de la solennité du jour, eût loué la perruque de maître Simon au syndic qui vient haranguer monseigneur. Au bout du compte, cette harangue est l'affaire d'un quart d'heure, et le jardinier mettra sa perruque tout aussi bien après qu'avant. Voilà comment aurait raisonné le perruquier. Mais cette aventure aurait mis le comble à la perplexité de maître Simon, car il aurait reconnu sa perruque sur la tête du syndic, sans en être absolument sûr : « Mais c'est elle-même... Mais non, cela n'est pas possible, j'attends la mienne à l'instant... Oh! c'est elle certainement... » Cet embarras de maître Simon, joint à celui du harangueur, à qui la mémoire manque au beau milieu de sa harangue, et à qui maître Jacques ne peut la faire revenir, quoiqu'il souffle de toutes ses forces, aurait rendu tout le tableau encore plus plaisant, quoiqu'il le soit déjà infiniment.

— M. de Burigny, de l'Académie royale des inscriptions et belles-lettres, vient de publier la *Vie*[1] de M. Bossuet, évêque de Meaux, prélat que ses talents et ses démêlés avec l'illustre Fénelon, archevêque de Cambrai, ont rendu également célèbre. Nous avons un grand nombre d'ouvrages philologiques de M. de Burigny, dans lesquels il ne faut chercher ni la chaleur ni les agréments du style. Leur mérite consiste dans l'exactitude des recherches, et quelquefois dans une sage critique, capable de vous faire distinguer la vérité à travers mille obscurités dont elle est toujours entourée. Ce mérite, autrefois très-commun parmi les gens de lettres, est d'autant plus à priser aujourd'hui

---

1. Bruxelles et Paris, 1761, in-12.

qu'il devient tous les jours plus rare en France, et qu'il est à craindre que nous n'ayons bientôt plus aucun homme réellement savant. La foule d'abrégés, de dictionnaires et de journaux hâtera cette décadence. Grâce à leur énorme publicité, déjà toutes nos femmes ont une teinture de toutes les sciences; mais, en revanche, nos gens de lettres ne sont guère plus profonds qu'elles dans la plupart des points de la littérature. Il n'y a plus dix personnes en France qui sachent le grec comme il faut; il y en a excessivement peu qui aient fait une étude profonde du latin. Insensiblement le goût se perd avec la belle littérature et avec l'étude des humanités. Souvenons-nous toujours que le siècle qui a vu naître en Italie les grands poëtes, les grands peintres, les grands hommes dans tous les genres, était aussi celui des grands littérateurs, et que le goût des grandes choses et l'étude des anciens sont inséparables.

— M. de Bellecour, acteur de la Comédie-Française, vient d'essayer du métier d'auteur. Il a fait jouer par ses camarades une petite pièce en un acte et en prose, intitulée *les Fausses Apparences*[1]. Ce titre ne promettait guère qu'une intrigue commune, et une situation épuisée depuis longtemps par les grands maîtres et les auteurs médiocres. Deux amants qui se brouillent sur de fausses apparences d'infidélité ne peuvent intéresser, parce qu'il n'y a entre eux aucun sujet réel de brouillerie, et qu'un seul mot peut finir la jalousie que de fausses apparences leur ont inspirée. Et lorsque l'auteur n'a nulle force comique, comme malheureusement c'est le cas de M. de Bellecour, il fait de ce sujet une pièce froide et insipide. Il est malheureux aussi pour M. de Bellecour qu'un de ses anciens confrères, nommé Molière, ait fait deux scènes de brouilleries d'amants, l'une dans *le Dépit amoureux*, l'autre dans le *Tartuffe*; et l'on n'avait assurément pas besoin des *Fausses Apparences* de M. de Bellecour pour sentir le mérite et le génie de son confrère. M. de Marivaux avait aussi épluché cette situation dans plusieurs de ses pièces avec toute la finesse qui caractérise ses ouvrages. Ainsi M. de Bellecour s'est malheureusement laissé prévenir de tous les côtés, et le parterre, malgré toute sa bonne volonté, n'a pu s'empêcher de reconnaître que sa pièce ressemblait à tout,

1. Représentée le 17 août 1761.

et était absolument dénuée d'intérêt. Suivant l'usage, il a donné aux deux amants un Crispin et une soubrette qui remplissent la scène quand les amants n'y sont point. Tous les propos des maîtres et des valets sont si rebattus qu'on sait d'avance tout ce qu'ils vont dire. Un oncle qui n'a pas le sens commun, et qui se mêle des affaires de cœur de sa nièce, achève de rendre la pièce fastidieuse au dernier degré. Pour comble de malheur, on ne peut pas dire que M. de Bellecour ferait mieux de suivre la carrière de comédien sans songer à celle d'auteur. Il est à la vérité d'une belle figure, mais elle manque de noblesse et de grâce au théâtre, et pour les rôles d'amoureux, de petit-maître et autres de cette espèce, il n'est pas possible de s'en passer. Aussi Grandval, autrefois si charmant dans ces rôles, mais dont la jeunesse et les agréments sont depuis longtemps sur leur déclin, n'est-il pas remplacé. On dit toujours au public qu'il faut être indulgent; mais, dans les arts et dans les ouvrages et les talents qui en dépendent, je pense que trop de sévérité vaudrait encore mieux que trop d'indulgence, et que cette dernière ne contribue pas peu à la perte du goût. Vous commencez par tolérer un acteur médiocre sur le premier théâtre de la nation, vous lui savez gré des efforts qu'il fait pour être moins mauvais; bientôt vous vous accoutumez vous-même à ses défauts; alors ce qui vous avait singulièrement choqué ne vous fait plus de peine, et dans les moments où un mauvais acteur se ressemble un peu moins qu'à l'ordinaire, vous avez la bonté de l'applaudir tout aussi fortement que ceux qui ont le plus de talent et d'étude. Cela vous accoutume à la médiocrité, et dégoûte les vrais talents. Comment un Raphaël, un Rubens, seraient-ils flattés de votre hommage si vous savez vous extasier vis-à-vis d'une bergère de Watteau ou de Boucher? Le zèle est une bonne chose, à laquelle cependant on ne croit guère; mais dans les arts, il faut surtout du talent; et avec du zèle tout seul il faut se faire artisan et non artiste.

— *Le Despotisme,* épître[1] à M. de Voltaire par un auteur dramatique. C'est une épître assez insipide sur le métier de poëte dramatique. On ne sait pas trop pourquoi l'auteur l'a intitulée *le Despotisme,* si ce n'est qu'il conseille à M. de Vol-

---

1. Inconnue aux bibliographes.

taire que, pourvu d'argent et de gloire à souhait, « il ne rompe point en visière des nourrissons qui, d'un vol indiscret, veulent entrer dans sa carrière ». Mais cette construction prouve que ce nourrisson-ci ne sait pas encore parler français, ce qu'il faut apprendre avant que d'occuper la presse.

— Les arrêts que le Parlement vient de rendre en faveur de la compagnie des soi-disants jésuites, ne ralentira pas le zèle de leurs amis les jansénistes à nous remettre sous les yeux tous les accidents que cette sainte Société a éprouvés depuis son origine. On a commencé par l'impression d'un gros volume, qui porte pour titre : *Mémoires pour servir à l'histoire générale des jésuites, ou Extraits de l'histoire universelle de M. de Thou, dans lesquels on voit à quels excès cette société s'est portée dès sa naissance; combien elle a alarmé tous les ordres de l'Église et de l'État, ses attentats dans tous les royaumes où elle s'est répandue*, etc.[1] Je trouve ces sortes de livres dans le moment présent d'une grande utilité pour la Société même. Elle peut y voir la récapitulation de tous les mauvais pas dont elle a eu le bonheur de se tirer depuis qu'elle existe, et dont il y en a quelques-uns de fort glissants. Ce tableau peut lui donner le courage nécessaire pour supporter avec fermeté les nouvelles épreuves auxquelles la sagesse éternelle juge à propos d'exposer les bons Pères en ce siècle, la lie des siècles, par le ministère du Parlement de Paris.

— Vous avez lu dans quelques gazettes ce qui est arrivé en Italie à un couvent de capucins, de perdre ses barbes en une nuit par la malice d'un de leurs frères. Cette aventure a paru assez plaisante à je ne sais quel barbouilleur de papier pour en faire une historiette qu'il a ornée de plusieurs circonstances de son invention. On ne peut rien lire de plus plat que ce conte, qui a pour titre : *les Capucins sans barbe*[2].

VERS DE M. DE SAINT-LAMBERT

A Mme LA MARQUISE DE CLERMONT-D'AMBOISE, AU NOM DE Mlle QUINAULT
POUR LA PRIER A DINER.

Les dieux soupèrent chez Baucis;
Belle Clermont, à leur exemple

---

[1]. (Par l'abbé Ch. Coudrette.) Paris, 1761, in-12.
[2]. S. l. n. d., in-12. L'auteur est inconnu.

Venez dîner dans mon taudis,
Et ce taudis devient un temple.
Pour faire quatre ou cinq heureux
Il ne vous en coûtera guère.
Venez jouir une heure ou deux
Du désir qu'on a de vous plaire.

15 septembre 1761.

L'Académie royale de peinture et de sculpture expose, comme vous le savez, tous les deux ans les ouvrages des maîtres dans un salon du Louvre. Le salon s'ouvre le jour de la fête du roi, et reste ouvert pendant un mois ou six semaines. Peu d'expositions ont eu autant de succès que celle de l'année présente. Il ne s'agit pas ici de vous répéter de fades détails dont tous nos journaux regorgeront pendant quelques mois, mais de vous donner une idée exacte du travail de nos artistes; et, pour m'acquitter de ce devoir, je cède la plume à celui qui, pouvant dire comme le Corrége : *Ed anch' io son pittore*, sait aussi mieux que personne mettre un prix équitable aux productions de ses confrères. M. Diderot, qui est à mon gré le plus fort coloriste que nous ayons parmi les gens de lettres, m'a adressé, sur le Salon, les observations suivantes : car vous savez qu'il faut toujours qu'il parle à quelqu'un. M. l'abbé Galiani, Napolitain dont il est question dans cette feuille, est un homme qui a beaucoup de génie, de connaissance et d'originalité dans les idées. Sa place de secrétaire de l'ambassade du roi de Naples fait que nous le possédons depuis deux ans en France[1].

— Un militaire vient de publier ses *Réflexions sur les systèmes des nouveaux philosophes*[2]. Si ce militaire ne fait pas mieux la guerre aux ennemis du roi qu'aux philosophes, il est à craindre qu'il ne soit jamais maréchal de France. « A voir, dit-il de ses antagonistes, tout ce qu'ils écrivent contre la religion, on croirait entendre cette Cassandre qui s'empressait de dire la bonne aventure à tous les Troyens, et que personne ne voulait écouter. » Ce pauvre diable (car il est aussi de la famille) ne

---

1. Le salon de 1761, publié pour la première fois dans le supplément de l'édition Belin, fait partie des éditions Brière et Garnier frères.
2. (Par Fr. Le Prévost d'Exmes.) Francfort, 1761, in-12.

sait pas que les Troyens se sont trouvés fort mal de n'avoir pas écouté Cassandre, et que c'est une impiété devant Dieu et la Sorbonne que de comparer les philosophes à des gens qui disent la vérité.

— Nous avons de La Grange-Chancel, auteur de plusieurs tragédies, des odes connues sous le nom de *Philippiques*, qu'il composa dans le temps de la Régence, contre Philippe duc d'Orléans, régent du royaume. Ces odes n'ont jamais été imprimées, à ce que je crois; mais elles se trouvent dans le portefeuille de tous les curieux. A leur imitation, on vient d'imprimer des *Jésuitiques*[1] contre les bons Pères auxquels le Parlement ne veut plus permettre de porter le nom de jésuites. L'auteur ignoré des *Jésuitiques* les hait bien aussi cordialement que La Grange détestait M. le Régent; mais il s'en faut bien qu'il ait la verve de l'auteur des *Philippiques*. Aussi les *Jésuitiques* ne sont qu'un recueil d'injures et de platitudes que personne n'a voulu regarder, quoiqu'on ait fait à l'auteur l'honneur de les supprimer.

— On a imprimé depuis peu le conte de *la Reine de Golconde*[2]. C'est une des jolies bagatelles que nous ayons eues depuis longtemps. Si M. de Voltaire l'avait faite, je crois qu'il n'en serait pas trop fâché. Du moins il n'y a, dans les contes de M. Marmontel, aucun qui à mon gré vaille celui de *la Reine de Golconde*. Je n'aime pas le préambule qu'on y a mis. L'auteur y dit qu'il a composé ce conte pour charmer la solitude et l'ennui de sa retraite, et cela gâte un des plus jolis traits de la fin du conte, où il dit : « Le lecteur aura peut-être cru que c'est à lui que je parlais, etc. » Si vous voulez voir un chef-d'œuvre de bêtise et d'impertinence, il faut lire ce conte tel qu'il a été inséré dans le dernier *Mercure*. L'auteur de ce journal a voulu rendre le conte de la reine de Golconde décent; mais décent à pouvoir être lu pour l'édification des séminaires où il a été composé, et des couvents de religieuses. Les changements auxquels ce projet l'a obligé à chaque ligne sont, pour la platitude et la bêtise, une chose unique en son genre.

---

1. (Par Dulaurens.) Rome (Paris), 1761, in-12. Nouvelle édition augmentée, Rome (Hollande), 1761, in-12.
2. Golconde, 1761, in-12. Nombreuses réimpressions.

— On a traduit un ancien roman anglais, intitulé *les Aventures de Roderic Random*, en trois volumes[1]. Je suis tenté de croire que le traducteur est de son métier crocheteur dans quelque carrefour de Paris; car on ne peut rien lire de moins français, de plus bas, de plus mauvais que cette traduction. On a mis sur le titre que ce roman était de Fielding. Cela est faux. Il est de Smolett, qui a fait celui de *Peregrin Pickle*, et en dernier lieu une *Histoire d'Angleterre* qui a eu quelque succès à Londres. Mais il s'en faut bien que Smolett ait la touche et le génie de Fielding, ni même de notre Le Sage. Je ne puis guère mettre Smolett qu'au niveau de notre poëte Vadé, qui est mort il y a quelques années. Le talent de ces gens-là consiste dans l'exactitude avec laquelle ils rapportent les propos et les quolibets du bas peuple; mais pour acquérir ce talent, on n'a qu'à fréquenter les ports, les halles, et autres lieux où la populace a coutume de s'assembler. Si vous ne savez donner à vos personnages, même les plus bas, une teinte de poésie, vous êtes un pauvre homme, et vos tableaux n'intéresseront guère. Le goût est plus nécessaire dans ce genre que dans aucun autre. Sur tous ces points, vous serez bien peu content de *Roderic Random*.

LETTRE DE M. LE FÈVRE

JEUNE BÉNÉDICTIN

A M. MARTIN, CURÉ DE DEUIL, A TROIS LIEUES DE PARIS.

De l'abbaye de Saint-Thiéry, près Reims, ce 21 août 1761.

Du haut d'un coteau champenois
Où mes errantes destinées,
Sans avoir consulté mon choix,
M'ont fixé pour quelques années,
Salut, honneur, santé, bon vin,
Au saint du joli presbytère
D'où l'on peut voir dans le lointain
Marly, Versailles, Saint-Germain,
Et ce Paris, que je révère.

---

1. Ce roman, qui est bien de Smolett comme le dit Grimm, a été néanmoins réimprimé dans une édition des *OEuvres complètes* de Fielding, Paris, 1798, 23 vol. in-18. La traduction dont il s'agit ici est de Hernandez et de Puisieux.

Dans l'habitacle solitaire
Où je vis en vrai pèlerin,
N'imaginant pouvoir mieux faire,
Je pense à vous soir et matin,
Enviant votre sort prospère,
Tandis qu'en proie au noir chagrin
Je vais souvent, pour me distraire,
Autour d'un gothique lutrin
M'acquitter de dévote affaire,
En braillant quelque mot latin,
Et que parfois je n'entends guère.
Puis, retiré dans mon manoir,
Éloigné de la compagnie
De nos moines vêtus de noir,
L'ennuyeuse théologie
Met mon esprit au désespoir
Et mon bon sens à l'agonie
Par l'éternelle litanie
Des raisons qu'elle fait pleuvoir;
Au lieu que vous, à la Chevrette,
Au sein du goût et des beaux-arts,
Dont ici grande est la disette,
Vous portez vos savants regards
Dessus les pages immortelles
Des Voltaire, des Fontenelles,
Dont vous connaissez bien le prix,
En puisant la délicatesse
Dans le goût et la politesse
D'une dame dont la justesse
Sait apprécier les écrits
Dont nos modernes beaux-esprits
Font tous les jours gémir la presse.
Mais où m'emporte mon ivresse?

« Permettez, monsieur, que je me remette au ton uniforme de la presse, et excusez, s'il vous plaît, dans nous autres provinciaux, le peu de talent que nous avons pour parler le langage des dieux. Je finirai donc par vous demander tout uniment comment vous vous portez, et si vous pensez quelquefois à nous, en vous informant par le P. Charlemagne, etc. »

— Mlle Camouche, jeune actrice de vingt ans environ, vient de mourir. Elle avait débuté, il y a trois ans, dans les grands rôles tragiques. Sa figure était belle au théâtre; mais ses talents, à mon gré, médiocres. Le travail et l'étude en auraient peut-être fait une bonne actrice avec le temps, si on ne l'avait obligée, par une bizarrerie bien absurde, de jouer les rôles de mères ridicules, ou de vieilles filles, qu'on nomme rôles de caractères. Mlle de La Motte, qui jouait ces rôles au grand contentement du public, avait été forcée à la retraite contre toute équité et contre l'avis du public, qu'il faudrait au moins consulter dans ses amusements. Je vous laisse à juger combien Mlle Gaussin avait beau jeu de faire, à l'âge de cinquante ans, l'enfant vis-à-vis d'une mère qui n'en avait pas vingt. Mlle Camouche a été fort regrettée de ses camarades à cause de ses qualités sociales. Ils lui ont fait célébrer à la paroisse de Saint-Sulpice un service auquel ils ont assisté en corps, après y avoir invité tous les gens de leur connaissance par des billets imprimés. M. l'intendant des Menus et son Grizel peuvent placer cette circonstance parmi les contradictions de ce siècle. Il n'y a pas six mois qu'on a cassé l'avocat de ces excommuniés, mais on trouve bon qu'ils fassent les honneurs d'un service solennel pour le repos de l'âme de leur camarade.

OCTOBRE

1er octobre 1761.

M. le comte de Lauraguais ne s'est pas fait jusqu'à présent une réputation digne de sa naissance et de son nom. A peine entré dans le monde, il a quitté le métier des armes auquel son rang l'appelait. Un jeune homme de qualité aurait grand tort de s'imaginer qu'il ne doit point de retour à la société, tandis qu'elle lui a accordé toutes sortes de distinctions. Si un particulier peut se refuser au métier des armes et aux affaires publiques, c'est qu'il ne tient de la société ni titre ni fortune, ni d'autres encouragements, et que, n'étant pas recherché, il est en quelque façon autorisé à suivre son goût pour la vie privée. Il n'en est pas de même d'un homme de haut rang. Quoi qu'il en soit, M. le comte de Lauraguais a quitté son régiment après l'affaire de Crevelt, et s'est affiché dans Paris pour chimiste et pour poëte. Palissot ne l'avait pas oublié dans sa comédie des *Philosophes*; mais la crainte des coups de bâton lui a fait retrancher de la représentation un portrait de M. de Lauraguais, qui courait alors tout Paris et qui finissait par ces mots :

> Il préfère à l'honneur de servir la patrie
> D'être le colporteur de la philosophie.

Comme chimiste, M. de Lauraguais s'est fait recevoir à l'Académie des sciences, où il a présenté, en effet, quelques mémoires estimés. Mais la notoriété publique les attribue à M. Roux, docteur en médecine très-habile, élève de M. Rouelle, le premier chimiste du royaume. M. de Lauraguais a aussi entrepris de faire de la porcelaine, et, en effet, M. de Montamy, premier maître d'hôtel de M. le duc d'Orléans, qui, au bout de vingt ans de recherches, était parvenu à faire une pâte excellente et à qui il ne manquait que la couverte pour faire une porcelaine égale au vieux Japon, avait cédé tous ses secrets à M. de Lauraguais dans l'espérance qu'il aiderait de sa fortune M. Roux à perfectionner ces découvertes. Bien entendu que toute la gloire en resterait à M. le comte de Lauraguais. On ne peut rien de plus honnête de la part de M. de Montamy. Mais jusqu'à présent cette découverte n'est pas plus avancée qu'elle ne l'était, et tous les gens sages doivent regretter que M. de Montamy n'ait pu y sacrifier assez d'argent pour mettre lui-même la dernière main à son ouvrage, avec le secours de quelques bons esprits comme M. Roux.

En attendant la porcelaine, M. de Lauraguais a cru devoir nous montrer son génie pour la poésie. Il a fait imprimer une *Électre*[1] qu'il croit très-supérieure, non-seulement à celles de M. de Voltaire et de Crébillon, mais aussi à celles de Sophocle et d'Euripide. Il me dit un jour de très-bonne foi en me montrant son manuscrit : « Enfin, en voilà une », ne voulant pas dire une Électre, mais une tragédie, et m'assurant que, depuis Sophocle jusqu'à Voltaire, on n'avait fait que de vains efforts, et que son essai était le seul heureux. De telles extravagances

---

1. Cette tragédie n'est point intitulée *Électre*, mais *Clytemnestre*, Paris, 1761, in-8°.

sont difficiles à croire, même quand on les a entendues; le lendemain, on croit l'avoir rêvé. Au reste, cette tragédie unique n'a pas ajouté à la considération de l'auteur. Tout le monde l'a trouvée telle qu'elle est, plate et insipide. On n'y a pas même voulu voir quelques vers bien faits qui y sont pourtant, et qu'on prétend appartenir à M. Colardeau et à un autre jeune poëte que sa mauvaise fortune a attaché à M. le comte de Lauraguais[1]. L'épître dédicatoire à M. de Voltaire est une amphigourie qui n'a pas le sens commun.

— Il vient de paraître un *Traité de l'Amitié* assez joliment imprimé[2]. On l'attribue à une femme, et même à une femme de la cour, qu'on ne nomme point. Quel que soit l'auteur de ce petit traité, il a eu tort d'écrire froidement et sèchement sur un sujet qui demande tant d'onction et de chaleur. Son épître dédicatoire ne consiste qu'en dix lignes ; mais vous aurez de la peine à croire que celui qui l'a faite puisse bien écrire sur l'amitié, et la lecture du traité achèvera de vous convaincre de cette impossibilité. L'auteur traite de toutes les amitiés possibles, mais il oublie un chapitre sur l'amitié des méchants. C'est peut-être le seul qui eût fourni à un écrivain de tête l'occasion de dire des choses neuves.

— Il paraît une lettre de M. de Voltaire, adressée à M. l'abbé d'Olivet, chancelier de l'Académie française, au sujet de la nouvelle édition des œuvres du grand Corneille, que l'héritier de son génie dramatique prépare au profit de l'héritière de son nom. On nomme dans cette lettre tous ceux qui se sont empressés à souscrire pour cette entreprise. Parmi les princes d'Allemagne, on compte l'électeur palatin et Mme la duchesse de Saxe-Gotha. Tout ce que M. de Voltaire écrit est toujours agréable. Il vous séduit même lorsqu'il ne vous persuade pas. Il prétend avoir trouvé le germe de Pyrrhus et d'Andromaque dans une des mauvaises pièces du grand Corneille intitulée *Pertharite*. Je n'en crois pas un mot, et toutes les preuves que M. de Voltaire en apporte me paraissent sans force. Racine puisait dans les anciens, dont il habillait les sentiments un peu à la fran-

---

1. Malfilâtre.
2. (Par Mme Thiroux d'Arconville.) Amsterdam et Paris, 1761, in-12. Réimprimé avec le *Traité des Passions* du même auteur sous le titre d'*Œuvres morales* de M. Diderot, 1770, in-12.

çaise, avec beaucoup de goût et d'élégance, mais leur ôtant aussi souvent cette beauté simple et mâle qui fait le caractère du génie. C'est un beau défaut d'être toujours élégant, mais c'en est un pourtant. Le génie de Racine ne pouvait être inspiré par celui du grand Corneille : tous les deux grands, ils n'ont nulle analogie, nulle ressemblance entre eux.

— Des colporteurs de Paris ont imaginé de rassembler dans un gros volume des lettres, fragments et pièces fugitives de M. de Voltaire, et de les publier comme le dix-neuvième volume de l'édition de Genève, à laquelle ils l'ont fait ressembler par le caractère et par le format. On n'a observé aucun choix, aucun ordre dans cette rapsodie; mais enfin elle contient plusieurs morceaux curieux et agréables de M. de Voltaire, et elle a été vendue. On le trouvera souvent en contradiction avec lui-même; c'est ce qui se verrait encore plus souvent si l'on publiait toutes les lettres qu'il écrit à droite et à gauche. C'est là la condition sous laquelle il lui a été permis d'avoir tous les talents. Il faut pour cela une âme prête à s'ébranler, à se livrer à toutes les impressions, et, avec une telle âme, on se contredit souvent.

NOVEMBRE

1er novembre 1761.

Le gouvernement a fait publier un *Mémoire historique sur la négociation de la France et de l'Angleterre depuis le 26 mars 1761 jusqu'au 20 septembre de la même année, avec les pièces justificatives* [1].

— M. de Fénelon, capitaine de cavalerie, vient de publier une tragédie intitulée *Alexandre* [2]. La manie des militaires pour

---

1. Paris, Imprimerie royale, 1761, in-8° et in-12. Rédigé sous les yeux du duc de Choiseul avec un avant-propos par J.-F. de Bastide.
2. Selon Mouhy, cette tragédie, représentée à Tours en 1753, sur un théâtre de société, fut corrigée par l'auteur, qui la fit imprimer seulement en 1763. Elle a échappé aux recherches de Quérard.

les occupations littéraires est un des inconvénients attachés au progrès de la littérature; mais elle prouve encore moins l'honneur qu'on accorde aux lettres que le relâchement de la discipline. M. de Fénelon paraît s'être proposé en tout l'exemple de M. le comte de Lauraguais pour modèle. Comme lui, il a quitté le service. Comme lui, il a fait imprimer une mauvaise pièce. Dieu préserve tout honnête homme de perdre son temps à lire les productions de génie de MM. de Lauraguais et de Fénelon. Pour moi, je sais ce qu'il en coûte. Observons à ce dernier que, quand on est capitaine de cavalerie en 1761 on a quelque chose de mieux à faire que de mauvais vers, et que lorsque l'on porte le nom de Fénelon on est bien à plaindre de produire des ouvrages médiocres. Quand ils sont mauvais, il y a de quoi se pendre.

— Un autre ouvrage qui s'est fait remarquer par son extrême bêtise, c'est l'*Éloge historique de M. le duc de Bourgogne,* par M. Le Franc de Pompignan[1]. Il serait difficile d'entasser en si peu de pages tant de lieux communs et de platitudes avec plus d'emphase et de prétention. C'est assurément la plus terrible injure qu'on pût faire à la nation, à la famille royale, et au jeune prince qui, par deux ans de souffrances continuelles, a mérité l'intérêt de tous les Français. Que ne serait-on pas en droit de penser en Europe de la superstition et de la barbarie de la France si l'on en jugeait par ce chef-d'œuvre historique? Heureusement il jure trop avec l'esprit du gouvernement et les lumières de la nation pour pouvoir jamais produire d'autre mépris que celui qu'on aura pour l'auteur. Son ouvrage est fait pour avoir un grand succès en Styrie, en Carinthie, en Carniole, et même dans l'Autriche intérieure : un prince qui, pour tout au monde, n'aurait pas fait le signe de la croix avec la main gauche ne peut manquer d'y paraître un héros et un prodige. Au défaut de punition que le gouvernement doit à M. Le Franc d'avoir déshonoré M. le duc de Bourgogne autant qu'il était en lui, les plaisants et les faiseurs d'épigrammes se chargeraient, je crois, volontiers de la correction de l'auteur, si le respect qu'on doit aux princes ne couvrait pas ici leur indigne historien, dont l'orgueil et l'hypocrisie sont encore moins révol-

---

1. Paris, Imprimerie royale, 1761, in-8°.

tants que la platitude et l'excès de bêtise; ce qui prouve que même les sots ne peuvent se passer de sens commun. On a dit que M. Le Franc serait revêtu de la charge d'historiographe des enfants de France, depuis leur naissance jusqu'au moment où on les mettrait en culottes. Personne, en effet, ne paraît plus digne que lui de recueillir tous les importants détails des trois premières années d'un prince, et de les transmettre à la postérité. Vous trouverez à la suite de cette feuille un petit correctif[1] que le charitable auteur des *Quand*, du *Pauvre Diable*, et d'autres petites gentillesses de l'année dernière, a adressé à M. Le Franc de Pompignan. Nous espérons que son zèle pour la conversion de ce pécheur ne s'en tiendra pas là, et qu'il ne se laissera pas rebuter par l'endurcissement dudit pécheur dans le crime.

— On a dit du bien du panégyrique de Saint-Louis, prononcé cette année devant l'Académie française par M. l'abbé de Beauvais. On a remarqué comme deux singularités une apologie du théâtre et un éloge de la philosophie; mais je ne sais si ces endroits n'ont pas été changés à l'impression.

— M. Dupuy-Demportes a entrepris la publication d'un ouvrage intitulé *le Gentilhomme cultivateur, ou Cours complet d'agriculture*[2], traduit de l'anglais, de M. Hales, et de tous les auteurs qui ont le mieux écrit sur cet art. Cet ouvrage sera enrichi de figures, et aura huit volumes in-4°, ou bien seize in-12, dont il en paraît deux, et dont on promet la suite promptement[3]. Tous les esprits sont tournés actuellement du côté de l'agriculture. Ainsi tout ouvrage qui en traite est sûr d'être bien reçu.

— Il faut ajouter à la liste des militaires écrivains M. le comte de F., ancien militaire, et qui n'est pas le moins impertinent écrivain du siècle. Il a fait une brochure sous le titre de *l'Ami de l'État, ou Réflexions politiques pour l'intérêt général et particulier de la France*[4], qui serait à plaindre si elle n'avait pas des amis plus éclairés qu'un plat et sot écrivain comme lui.

---

1. Le « correctif » annoncé n'est pas joint au manuscrit; mais il sera facile de le retrouver dans les Œuvres de Voltaire, qui ne ménagea pas plus l'*Éloge du Dauphin* que le Discours de Le Franc à l'Académie française.
2. Paris, 1761, in-8°.
3. L'ouvrage fut terminé en 1764.
4. (Par le comte des Forges.) Trévoux. 1761, in-12.

Le seul trait de jugement qu'il ait donné, c'est de ne pas imprimer son nom tout du long.

— On vient de publier à Lyon une nouvelle traduction de *l'Essai sur l'homme*, par l'immortel Pope[1]. On dit qu'elle a été faite avec plus d'exactitude que celle que nous avons, et sur des éditions plus correctes. On a tâché aussi de prouver en tout l'orthodoxie de ce poëme, qui a été vivement contestée par les sots, comme cela se pratique à l'égard de tout ouvrage qui a quelque mérite et quelque réputation. C'est un pauvre métier que celui de l'apologiste d'un ouvrage de génie, qui n'a ordinairement besoin du secours de personne pour se défendre.

15 novembre 1761.

M. d'Alembert vient de publier ses *Opuscules mathématiques, ou Mémoires sur différents sujets de géométrie, de mécanique, d'optique, d'astronomie,* en deux volumes in-4°. Il y a dans ce recueil un mémoire sur les avantages ou désavantages de l'inoculation, dont il faut parler. La plupart des autres traitent de matières trop abstraites. Il ne serait pourtant pas impossible de réduire le Mémoire sur le calcul des probabilités à la langue ordinaire de la raison, s'il était du ressort de notre travail. Ce calcul, dont l'application a tant d'importance et d'étendue, est proprement la science physico-mathématique de la vie. M. d'Alembert a rempli son Mémoire de beaucoup d'observations fines. Il y relève avec beaucoup de subtilité plusieurs défauts dans les principes reçus et dans les règles communes de ce calcul; et il paraît que c'est en quoi consiste particulièrement le talent de ce géomètre. Mais dans ses ouvrages mathématiques qui sont à ma portée, ainsi que dans ses morceaux de philosophie et de littérature, il manque, ce me semble, presque toujours de grandes vues, d'idées lumineuses et profondes, et ne sait, en général, envisager un objet en grand.

Je vais hasarder ici quelques observations à l'occasion de ce Mémoire sur le calcul des probabilités[2]. Je crois que ces obser-

---

1. (Traduit par l'abbé Millet.) Lyon, 1761, in-12.
2. Diderot a également examiné les propositions de d'Alembert. Cet article, que M. Assézat considérait comme destiné à l'année 1761 de la *Correspondance litté-*

vations n'auraient pas dû échapper à M. d'Alembert, et qu'en y réfléchissant il aurait traité cette matière d'une manière plus digne d'un grand géomètre; au lieu que son Mémoire, tel qu'il est, paraît l'ouvrage d'un écolier.

L'analyse des probabilités peut être considérée ou comme une science abstraite, ou comme une science physico-mathématique.

Sous le premier aspect, les problèmes doivent se résoudre dans la tête du géomètre comme ils se résoudraient dans l'entendement divin. Une durée qui n'a point de fin tend à chaque instant à donner une valeur infinie aux quantités finies les plus petites. Les résultats ne doivent jamais étonner. Comme la combinaison s'exécute sans cela, il n'y a rien qu'elle ne puisse amener. Le temps équivaut à tout. Supposez à l'atome de matière le plus petit une dureté absolue. Placez cet atome sur un bloc de marbre gros comme la terre. Animez-le du degré de pesanteur le plus petit. Je dis qu'avec ce faible effort et le temps il parviendra au centre du globe. Avec le temps tout ce qui est possible dans la nature est. Et cela prouve, pour le dire en passant, que ceux des anciens philosophes qui, en supposant la matière éternelle et douée du mouvement, croyaient pouvoir se passer d'un être intelligent pour la formation de l'univers, soutenaient une doctrine beaucoup plus profonde que la plupart de nos grands docteurs ne sont en état d'entendre.

Sous le second aspect, la science des probabilités est restreinte à de petits moyens, à l'expérience d'un instant, à un être qui passe comme l'éclair, et qui rapporte tout à sa durée.

Dans toutes les opérations, si vous ne distinguez pas clairement ces deux aspects, vos procédés ne vous donneront jamais des produits satisfaisants. Aussi toute la science mathématique est pleine de ces faussetés que M. d'Alembert reproche à l'analyse des probabilités. *J'ai démontré* veut dire, la plupart du temps, je suis parti d'une proposition que je ne saurais prouver, et j'en ai tiré des conclusions conformes au sens commun, mais qui, hors de la spéculation, ne sont guère d'aucun usage; et cela démontre à peu près que l'orgueil des géomètres, sur la prétendue

---

raire, ne figure pas dans le manuscrit de Gotha; mais M. Brière, qui en possède l'autographe, l'a fait insérer au tome IX des œuvres du philosophe.

évidence de leur science, n'est pas plus sensé que les autres prétentions de l'homme. Car d'où naissent les incommensurables, l'impossibilité des rectifications et des quadratures? C'est la fable de Dédale. L'homme a fait le labyrinthe, et s'y est perdu ensuite.

Dans le problème des deux joueurs à croix ou pile, dont la solution révolte l'esprit au premier coup d'œil, toute l'absurdité est dans les noms des joueurs. Au lieu de Pierre et de Jacques, dites : Oromate et Arimane jouent sans cesse. Alors la mise infinie sera juste, et le jeu égal ; car qu'est-ce qu'un jeu égal? Celui où il y a à parier un contre un à chaque coup, et où par conséquent une suite de coups ininterrompue tend sans cesse à rendre le nombre des coups perdus égal au nombre des coups gagnés.

Lorsque vous dites A et B jouent, vous instituez A et B jouant pendant toute l'éternité. C'est un état permanent ; votre solution est éternelle. Et quand vous dites : Pierre et Jacques jouent, vous la restreignez à un instant. L'expression *jouent* est indéfinie dans le premier cas; dans le second, au contraire, elle est indéterminée. Or, en confondant ces deux cas, vous confondez aussi leurs résultats, qui n'ont rien de commun. La question était physico-mathématique, et votre solution est abstraite. Ou bien la question supposait des êtres infinis, et votre solution s'applique à des êtres finis. D'où il s'en est suivi qu'on a fait entrer en calcul une multitude de jeux qui ne pouvaient avoir lieu, un avantage imaginaire, une durée chimérique, etc. D'un côté on a supposé des hommes, et de l'autre un jeu sans interruption, et une vie sans fin.

Pour demeurer dans la physico-mathématique, et accorder la demande avec la réponse, voici comment il fallait proposer le problème :

Pierre et Jacques, deux hommes, s'engagent à jouer toute leur vie, à tel jeu, et sous telles conditions. Quelles doivent être leurs mises?

Alors il faut trouver, par le calcul, l'expression moyenne de la durée du coup; et cette opération exige beaucoup de considérations; jeune, on joue plus vite que vieux; le matin, plus vite que sur la fin du jour ; ceci est un travail ; on ne peut guère jouer que le temps qu'on travaillerait. Tout défalqué, temps donné au repos et au besoin de la vie, temps pris par les distractions et les maladies, etc., le reste du jour qu'on emploie ou à un travail ou à un jeu continu sera peu de chose.

Ensuite il faut avoir la durée probable de la vie du plus âgé; car, pour jouer, il faut qu'ils vivent tous les deux. Il faut aussi qu'ils aient chacun la plus grande somme qu'il soit possible de perdre au jeu convenu. Encore ne sais-je pas si, dans la condition de jouer toute la vie, l'expression du temps ne restera pas nécessairement une quantité variable. Car à chaque coup perdu ou gagné il faudra recommencer le calcul, et alors d'autres valeurs de la durée d'un coup, du jeu, de la vie, des mises.

Ces réflexions me font soupçonner que le problème des deux joueurs, regardé comme physico-mathématique, et certainement mal résolu par M. d'Alembert, n'est peut-être susceptible d'aucune solution satisfaisante, et que, quoi qu'on fasse, la question rentrera toujours par quelque côté dans la classe des abstractions.

Je soupçonne aussi cette expression *jouent*, dont on fait peut-être un état permanent dans la solution et un état permanent dans l'application, d'être en partie la cause de toutes ces différences que M. d'Alembert établit entre les coups successifs et les coups mêlés (il appelle *mêlés* ceux qui n'arrivent pas un grand nombre de fois de suite). Or on n'a pas sitôt étendu la durée du jeu à l'infini que cette différence disparaît, et elle diminue à mesure que le nombre des coups joués s'accroît.

M. d'Alembert dit que, dans le nombre des cas, celui où pile arrive toujours, et croix, jamais, s'y trouve comme un autre. Je réponds : Oui, comme un autre coup qu'il faut spécifier pareillement. Or pour amener un coup spécifié entre une infinité d'autres coups possibles il faut une infinité de jets, une durée infinie, et les joueurs ne peuvent plus être des hommes.

M. d'Alembert dit que si l'on prétend que croix arrive après un certain nombre de coups, au moins ce nombre est indéterminé, et, quelque somme qu'on assigne à l'enjeu de Pierre, elle sera contestable. Cela est vrai, mais M. d'Alembert n'en a pas vu la raison. C'est qu'il n'y a et ne peut y avoir aucun jeu où des causes physiques n'introduisent une inégalité secrète qui échappe au calculateur, et qu'il ne saurait apprécier. On croit, en jouant avec un dé à six faces, jouer un jeu à six chances égales, et on se trompe. Il faudrait pour cela que le centre de gravité fût rigoureusement au centre de la masse : ce qui est souvent impossible dans un tel instant, ou bien ce qui peut être possible dans un instant, et cesser de l'être dans l'instant suivant. Un seul dé donne au moins six chances inégales. De là cette distinction que l'expérience marque entre un cas et un autre, sans qu'on en puisse donner aucune raison plausible. On a beau remuer le cornet, les dés ne s'y meuvent point, ni sur la table de trictrac, comme s'ils étaient parfaits. La cause physique a son effet. De là les cartes routées, les coups routés, et tant d'observations fines des joueurs de profession. Or l'effet des causes physiques non-seulement existe toujours, mais change perpétuellement. Tantôt elles tendent à amener un même événement plusieurs fois de suite, tantôt un autre événement, mais aussi plusieurs fois de suite, etc.

Si un homme sensé ne donne pas 78,125 livres pour le billet d'une loterie qui serait composée d'un lot unique de 10 millions et de cent vingt-sept mauvais billets, où il y aurait par conséquent cent vingt-sept à parier contre un que son billet ne vaudra rien, c'est qu'il y a des jeux qui ne sont point faits pour les hommes. Il y a aussi des hommes qui ne sont points faits pour le jeu. Les rois ne risquent rien, et ceux qui jouent contre eux risquent tout. En revanche les hommes qui jouissent d'une grande fortune peuvent la perdre contre un malheureux qui n'a qu'un écu dans sa poche.

M. d'Alembert dit que quand la probabilité d'un événement est fort petite, il faut la traiter comme nulle. Cette proposition, avancée généralement comme elle l'est, est fausse et contraire à la pratique constante des joueurs et des commerçants. Ceux qui font fortune au jeu et dans les affaires n'ont d'autre supériorité sur les autres que de discerner une petite probabilité, et de l'ôter à leurs concurrents. A la longue, ceux qui négligent les petits avantages se ruinent. C'est qu'il n'y a point de petit avantage quand il se réitère ; c'est qu'il n'y a probabilité si petite qui n'ait son effet avec le temps ; c'est que, dans tout jeu, peut-être faudrait-il s'assujettir à un certain nombre de coups, et augmenter les mises suivant une certaine loi. Il faut que cette dernière observation ne soit pas sans fondement, puisque bien des joueurs ne jouent point contre un homme qui n'a qu'un coup à jouer, et que d'autres augmentent leurs mises à mesure qu'ils perdent.

Notre géomètre ajoute qu'à croix ou pile, qu'à pair ou non, qu'aux dés, les coups qui ont précédé font quelque chose au coup qui va suivre. Si je juge cette proposition sans aucun égard à quelque cause physique secrète qui détermine un événement à avoir lieu plutôt qu'un autre, je n'y trouve pas de sens.

Finissons ces observations par l'exemple d'une sorte d'hommes qui ne sont pas trop rares. Ce sont des gens sages qui échouent toujours, et des fous qui réussissent constamment. Pour l'honneur de la justice universelle, il faut souhaiter que les premiers meurent promptement, et que les derniers vivent longtemps, afin que la chance de ce mauvais jeu qu'on appelle la vie, et qu'on nous a fait jouer malgré nous, change par les derniers, et qu'on puisse supposer qu'elle n'ait pas eu le temps de changer pour les autres. Si un homme ivre se promène longtemps sur le bord d'un précipice, il faut qu'il y tombe.

Concluons de tout ceci que la règle générale selon laquelle on détermine le rapport des probabilités n'est pas exacte, et vraisemblablement ne saurait l'être ; qu'une théorie satisfaisante des probabilités suppose la solution de plusieurs questions peut-être insolubles, et qu'il en est la plupart du temps de la science du géomètre comme des autres connaissances de l'homme, où le pédant vain et orgueilleux dit sans cesse : *J'ai démontré, j'ai approfondi, j'ai découvert,* d'où le bon esprit dit aux pédants : « Messieurs, je veux mourir si nous y comprenons quelque chose : vous, pas plus que moi, et moi pas plus que vous. » Tout est enchaîné, est nécessaire dans ce monde. Il n'y a point de philosophie qui puisse attaquer ce principe avec quelque vraisemblance ; mais la sottise du géomètre, du physicien, du moraliste, de l'historien, du politique, de l'homme savant, consiste à attribuer un effet, et souvent plusieurs effets, à une seule cause ; tandis que, dans la nature des choses, il faut plusieurs causes pour produire un seul effet, et qu'entre une infinité de causes différentes il ne s'en trouve pas une dont le concours, grand ou petit, ne soit indispensablement nécessaire à l'existence de l'effet tel qu'il est.

— M. de Voltaire vient de finir une nouvelle tragédie qui aura pour titre *Cassandre* ou *Olympie*[1]. Toutes les lettres de

---

1. *Olympie* ne fut représentée que le 17 mars 1764, et fut jouée dix fois. Une

Genève s'accordent à dire que cette pièce a été faite en six jours, et que l'auteur l'appelle son ouvrage de six jours. M. de Voltaire a voulu imiter son Créateur, qui, comme on sait, ne mit pas plus de temps à la production du monde. On peut supposer que tous les deux avaient leur plan tout conçu avant de mettre la main à l'œuvre. Mais quand le créateur des Délices eût mis autant de semaines qu'il a employé de jours à son ouvrage, il y aurait encore de quoi s'étonner, car tous ceux qui ont vu son ouvrage de six jours prétendent que c'est son chef-d'œuvre dramatique. Sans doute que nous le verrons bientôt au théâtre, et que nous pourrons joindre nos hommages à l'acclamation publique.

— Un certain M. de Campigneulles, accusé d'avoir fait une mauvaise suite de *Candide*, vient de compiler à Lyon plusieurs pièces fugitives de M. de Voltaire, de M. Desmahis, et de quelques autres auteurs, avec deux histoires de Sadi, célèbre poëte persan, un volume in-8°. Fréron emprunta, il y a quelque temps, le nom de Sadi pour donner un précis de sa vie, qui était une satire assez plate et assez grossière contre M. de Voltaire. M. de Campigneulles a conservé cette allégorie, et donne un autre précis de la vie de Sadi qui tend à justifier M. de Voltaire. Ni Fréron ni son adversaire ne sont dignes de prononcer ni le nom de Sadi ni celui de Voltaire.

— Voici des vers qui courent depuis quelques jours sur une souris prise dans une bibliothèque :

> Souris de trop bon goût, souris trop téméraire,
> Un subtil trébuchet de vous m'a fait raison.
> Coquine, vous rongez un tome de Voltaire,
> Tandis que vous avez les feuilles de Fréron.

— On a imprimé la *Lettre de Charles Gouju à ses frères*. Il faut que ce soit quelque janséniste qui ait pris cette peine-là, car on a supprimé dans cette édition l'article des convulsions.

— On a aussi imprimé deux lettres de M. de Voltaire à l'Électeur palatin, au sujet de la grossesse de l'Électrice, avec

intéressante notice lui a été consacrée par M. L. Moland au tome VI des *Œuvres complètes* de Voltaire, édition Garnier frères.

une ancienneé pître connue, au roi de Prusse qui sortait de maladie.

— *Secret du gouvernement jésuitique, ou Abrégé des constitutions de la Société de Jésus*[1]. Volume de deux cents pages à ajouter à toutes les brochures sur les affaires du temps.

— La sentence du P. Malagrida en français et en portugais, et quelques feuilles relatives à la fin de ce fameux jésuite, ont fort occupé le public depuis quelques jours. Les jansénistes ont crié à l'horreur, à l'impiété, au plus cruel scandale, et peu s'en faut qu'ils n'aient trouvé l'Inquisition un tribunal adorable depuis qu'elle a fait brûler un jésuite. Les amis de ces derniers ont dit de leur côté que rien ne prouvait mieux l'innocence du P. Malagrida et de son ordre que la procédure qu'on avait formée contre eux, et la manière dont elle a été conduite à sa fin. Tous ont parlé sans connaître ni les lois et les constitutions du Portugal, ni l'esprit et le caractère de la nation. Des lettres particulières de Lisbonne disent que pendant l'exécution de ce malheureux jésuite tout le peuple était à genoux, bien convaincu qu'on verrait un archange descendre du ciel pour recueillir l'âme de ce bienheureux martyr. Un homme qui se serait avisé de lâcher en ce moment un pigeon blanc en l'air aurait peut-être occasionné une révolution à renverser le trône du royaume. Nos bavards, qui raisonnent sur tout et ne réfléchissent sur rien, ne savent pas ce que c'est que la superstition et le préjugé; mais ceux qui connaissent leur force cesseront de s'étonner que le gouvernement de Portugal ait pu faire couper le col aux plus grands seigneurs du royaume sans que personne ait trouvé à redire, et qu'il lui ait fallu l'autorité d'un tribunal réputé sacré dans l'esprit du peuple pour punir un misérable jésuite. Tout est rempli de ces contradictions dans le monde, et le despotisme le plus cruel, lorsqu'il est fondé sur l'aveuglement des peuples, est précisément celui qui est exposé aux plus grands dangers : ce qui devrait bien guérir les ministres de la folie de vouloir fonder la soumission des peuples sur leur abrutissement.

— *Les Impostures innocentes, ou les Opuscules de M****[2].

---

1. (Par J.-L. Jolivet, médecin.) S. l. 1761, in-12.
2. (Par Meusnier de Querlon.) Magdebourg, 1761, in-12.

Sous ce titre on a rassemblé plusieurs contes ou petits romans qui avaient déjà paru séparément sans aucune espèce de succès. Vous y trouverez donc la *Courtisane de Smyrne*, les *Hommes de Prométhée*, et d'autres chefs-d'œuvre de cette espèce, dont je n'ai jamais connu l'auteur. Les *Impostures* ne seront plus innocentes si elles vous font perdre du temps.

— Un autre auteur anonyme a donné un petit ouvrage moral intitulé *les Rêves d'Aristobule, philosophe grec, suivi d'un abrégé de la vie de Formose, philosophe français*[1]. Si une honnête médiocrité pouvait mériter des éloges, notre pauvre moraliste en serait très-digne. Mais quand on n'a ni imagination, ni idées, ni style, ni sel, ni élévation, il ne faut écrire ni sur la morale ni sur autre chose. On voit que c'est Memnon, le sage Memnon, et d'autres ouvrages de M. de Voltaire de ce genre, qui ont produit la *Vie de Formose* et les *Rêves d'Aristobule*. Il arrive tous les jours qu'un grand homme engendre de sots enfants. Le grand Memnon ne doit pas être content de son fils Formose.

— Il y a plus de quinze ans qu'un compilateur imagina de rassembler plusieurs morceaux de littérature et d'histoire, curieux ou recherchés, sous le titre de *Recueil A*. Cette idée était très-bonne, et ce premier recueil très-bien composé. Depuis, on a poussé ces rapsodies jusqu'à la lettre R, mais avec si peu de goût et de soin qu'on n'en saurait supporter l'ennui et la fatigue. C'est bien dommage que les compilateurs aient si peu de goût, et qu'ils ne cherchent qu'à tromper le public : car il se perd tous les jours de fort jolies choses, qu'on pourrait conserver en les rassemblant avec quelque discernement.

— Il paraît depuis peu une *Lettre au comte de Bute à l'occasion de la retraite de M. Pitt, et sur ce qui peut en résulter par rapport à la paix*[2]. Cette traduction vient du bureau des affaires étrangères. Dans un pays où la liberté de la presse est comptée parmi les avantages de la constitution, des écrits pour ou contre ne signifient rien du tout. Il s'agit de savoir si celui-ci, qu'on attribue à M. Fox, est d'un homme d'État, d'un bon politique,

---

1. (Par P.-Ch. Lévesque.) Paris, 1761, in-12. Réimprimé au tome XXXI des *Voyages imaginaires*.
2. (Par J.-E. Genet.) Londres, 1761, in-12.

ou du moins d'un homme de parti assez chaud et assez éloquent pour entraîner la multitude dans ses opinions.

— M. Marmontel vient de donner une nouvelle édition fort augmentée de ses *Contes moraux*. Vous y trouverez trois contes nouveaux. Celui qui a pour titre *le Connaisseur* est assez joli ; mais *le Bon mari* et *l'École des pères* m'ont paru fort plats. C'est qu'il faut du sentiment, du goût, de la délicatesse, plus que tout autre chose pour ce genre, et que M. Marmontel n'en a absolument point. Ce défaut de goût et de délicatesse entraîne aussi celui de vérité : car il n'y a que le sentiment qui ne donne jamais à faux.

— Vous avez lu à la suite de ces feuilles quelques-unes des meilleures fables du poëte Sadi. Le poëte Bret a essayé de mettre ces mêmes fables en vers. Vous les trouverez dans le dernier *Journal étranger*, et vous aimerez mieux la prose que cette périphrase rimée. M. Diderot s'est aussi amusé à prendre l'idée de quelques fables de Sadi, et à la tourner en français à sa mode. La fable qui se trouve à la fin du *Journal étranger* est de lui[1]. Mais en voici une autre qui n'est pas imprimée, et qui vaut mieux.

---

1. Cette fable manque dans les poésies recueillies au tome IX de l'édition Garnier frères : nous la reproduisons ici avec la note des éditeurs du *Journal étranger* (novembre 1761).

« La fable suivante, dont l'idée est prise de Sadi, n'est pas écrite par M Bret ; elle nous a été communiquée par un homme de lettres infiniment supérieur à ces bagatelles. »

>Le fils d'Osmin dit un jour à son père :
>« Un insolent parle mal de ma mère,
>Et j'ai juré que j'en aurais raison
>   Par le fer ou par le poison. »
>« Ce mal qu'on dit, reprit Osmin, écoute,
>   Tu l'ignores ; moi, je m'en doute.
>   Cependant ton ressentiment
>   Ne me déplaît aucunement.
>   Il est d'un fils, mais considère
>Que si, foulant aux pieds la loi
>De ton pays, de ton Dieu, de ton roi,
>Pour un mot indiscret, tu vas dans ta colère
>Oublier en tout point la bonne instruction
>Que tu reçus de moi ; mon fils, ton action
>   Déposera bien plus contre ton père. »
>Ce discours à Bagdad passa pour inspiré
>   Par la douceur, par la sagesse.
>Beaucoup de gens ici le croiront suggéré
>   Par la crainte et par la bassesse.

Une nuit que sur ma paupière
Le sommeil refusait de verser ses pavots,
J'entendis une voix qui m'était familière
Crier sous ma fenêtre : « Atrox est dans la bière.
Abandonne tes yeux aux douceurs du repos;
Les siens sont pour jamais fermés à la lumière. »
Dieu soit loué de tout, mais que m'importe, ami,
    Que des piéges d'un ennemi
    La bonté du ciel me délivre?
Lorsque dans mon foyer son courroux laisse vivre,
Hélas ! depuis cinq fois trois lustres et demi
    Celui dont la sourde malice
    Nuit et jour me remplit d'effroi ;
Celui qui, pour me perdre, en m'attirant à soi
A toute heure, en tout lieu, m'offre avec artifice
Les poisons de l'erreur dans la coupe du vice,
De tous mes ennemis le seul à craindre : moi.

DÉCEMBRE

1er décembre 1761.

On vient de nous envoyer de Hollande un gros livre intitulé *de la Nature*[1]. Cet ouvrage, tout à fait métaphysique et enrichi d'un grand nombre de connaissances physiques et d'histoire naturelle, ne devait pas s'attendre au bruit qu'il a fait à Paris. Mais l'ignorance ou l'envie de nuire l'ayant d'abord attribué à M. Helvétius et ensuite à M. Diderot, le livre a été supprimé. En conséquence toutes les femmes ont voulu le lire, et les colporteurs l'ont vendu bien cher. Je dis qu'il faut être bien imbécile ou bien méchant pour ne pas voir au premier coup d'œil que cet ouvrage n'est point fait à Paris ni en France. On l'at-

---

1. (Par J.-B.-R. Robinet.) Amsterdam, 1761, in-8°. Il est assez curieux que Grimm, qui connaissait Robinet et qui l'appelle son ami (voir page 70), attribue l'un de ses ouvrages à J.-L. Castillon. C'est d'ailleurs avec celui-ci que Robinet a publié à Bouillon le *Recueil de pièces nouvelles et intéressantes*, et le *Recueil philosophique*.

tribue assez généralement à présent à un professeur d'Utrecht, nommé M. Castillon. Il est certainement d'un homme de lettres et d'un bon esprit; mais aucun livre n'était moins fait pour être sur la toilette de nos femmes de Paris. Nos philosophes, lorsqu'ils sont au-dessus de la portée des ignorants, dédommagent du moins par le coloris et la poésie du style, qui ont tant de pouvoir sur les têtes parisiennes; mais il est difficile qu'un philosophe étranger ait cette qualité avec un goût assez exquis pour séduire. Vous qui aimez à réfléchir, vous lirez le livre de *la Nature* avec plaisir. Toutes ces méditations métaphysiques ont un attrait secret, quoique à la fin de ses pensées on ne soit pas plus avancé qu'au commencement, et qu'on ne trouve pour toute conclusion que zéro est égal à zéro. M. Castillon, à qui nous laissons cet ouvrage jusqu'à nouvel ordre, établit pour principes généraux que la somme du bien et celle du mal sont égales à l'univers; que la loi de la génération est la même dans l'homme, dans les animaux, dans les plantes, dans les minéraux fossiles, etc. L'établissement de ces deux principes occupe la première et la seconde partie de cet ouvrage; la troisième est consacrée à l'instinct moral, et la quatrième, à la physique des esprits. Je reviendrai à ces objets si l'auteur m'inspire quelques idées que je puisse ne point regarder comme absolument indignes de votre attention. Puisque l'on a voulu donner cet ouvrage à M. Helvétius et à M. Diderot, je dirai que l'auteur de *la Nature* a une tournure et des idées plus philosophiques que le premier, mais qu'il n'a ni le génie, ni la profondeur, ni le tour de tête de l'autre. La qualité rare et peut-être unique de M. Diderot, comme philosophe, consiste à apercevoir des rapports entre les sujets les plus éloignés, et à les rapprocher ainsi dans un clin d'œil. J'avoue que ce talent peut quelquefois mener à l'erreur comme à la découverte de la vérité; mais, jusque dans ses égarements, il est en droit d'étonner et de séduire.

— Un autre ouvrage, intitulé *le Voyageur philosophe*, en deux volumes in-12, est aussi venu de Hollande; mais il n'a fait aucune sensation quoiqu'il parle de tout, ou peut-être même parce qu'il parle de tout, et d'une manière commune. Il y a d'ailleurs longtemps que les allégories ne sont plus supportables.

— Il faut compter de voir encore pendant quelque temps du philosophe ou philosophique dans toutes nos productions. Ce terme gagne même nos mauvais romans. On vient d'en imprimer un sous le titre : *la Paysanne philosophe, ou Mémoires de Mme la comtesse ****, en quatre parties[1]. Personne ne lit ces platitudes.

— M. l'abbé Irailh vient de publier en quatre volumes les *Querelles littéraires, ou Mémoires pour servir à l'histoire des révolutions de la république des lettres, depuis Homère jusqu'à nos jours.* Vous jugez bien que les querelles de nos jours sont plus détaillées que les querelles des siècles passés. Cela se lit avec assez de plaisir, si l'on en peut prendre à ce qui dégrade les lettres et l'esprit humain d'une manière assez humiliante. C'est envisager la nature humaine du vilain côté, malheureusement aussi vrai et peut-être plus commun que le beau.

— *Discours sur l'origine et les effets de ce désir si général et si ancien de transmettre son nom à la postérité*[2]. Ce discours doit être suivi de plusieurs autres sur de pareils objets également insipides. On peut beaucoup louer les sentiments honnêtes de l'auteur, pourvu qu'on soit dispensé de le lire.

— *Le Diable cosmopolite*[3] est une mauvaise satire en vers marotiques contre plusieurs auteurs vivants.

— On a fait ici une édition in-12 des *Institutions politiques* de M. le baron de Bielfeld.

— On a publié, il y a quelques années, en Angleterre un superbe ouvrage sur les ruines de Palmyre, et un autre sur les ruines de Balbek. En France, *les Plus Beaux Monuments de la Grèce*, par M. Le Roi, ont eu un grand succès. Sur ce même plan, un pensionnaire du roi à Rome vient de publier *les Plus Beaux Monuments de Rome ancienne*[4]. Vous trouverez dans ce superbe recueil, qui fait beaucoup d'honneur aux arts, cent vingt planches originales.

— Un autre grand ouvrage qu'on vient de publier, c'est les *OEuvres anatomiques* de M. Duverney, professeur en médecine

1. (Par Marie-Anne de Roumier, dame Robert.) Amsterdam (Paris), 1762, 4 parties in-12.
2. (Par Joachim Cerutti.) La Haye, 1761, in-8°.
3. (Par le P. Joly, capucin.) S. l. 1761, in-8°.
4. (Par J. Barbault.) Rome, Bouchard, 1761, grand in-folio.

et de l'Académie royale des sciences. Deux volumes in-4° enrichis de trente planches.

— On vient d'annoncer dans les papiers publics que le premier volume des planches de l'*Encyclopédie* sera délivré dans le courant du mois de janvier prochain. Mais comme le mot d'*Encyclopédie* est devenu encore plus odieux que celui de philosophie, on n'a osé le prononcer, et l'on a promis simplement le premier volume des planches sur les arts, métiers, et manufactures. Le fait est que ce sont là les véritables planches de l'*Encyclopédie*.

— M. de Saint-Marc, que je n'ai pas l'honneur de connaître, vient de faire paraître un *Abrégé chronologique de l'histoire générale d'Italie, depuis la chute de l'empire romain en Occident, arrivée en 476, jusqu'au traité de paix d'Aix-la-Chapelle en 1748*[1]. Je pense des abrégés chronologiques ce que j'ai souvent dit des journaux et des dictionnaires. Les uns sont la perte de l'histoire, comme les autres le sont des lettres. Mais il faut bien retourner à la barbarie et à l'ignorance d'où nous nous étions tirés. Cette révolution est aussi nécessaire que celle qui amène les beaux siècles de littérature.

— *Idylles nouvelles*[2]. C'est le titre d'un recueil de mauvais vers publié par un jeune homme. Il ne faut pas confondre ces idylles avec celles de M. Gessner de Zurich, qui sont des chefs-d'œuvre, et dont la traduction va paraître incessamment.

— *Le Vrai Philosophe, ou l'Usage de la Philosophie relativement à la société civile, à la vertu et à la vérité; avec l'histoire, l'exposition exacte et la réfutation du pyrrhonisme ancien et moderne.* Volume de plus de quatre cents pages. Le vrai philosophe est un pauvre philosophe.

— Un nommé M. Devillers a publié deux volumes de *Journées physiques*, dans le goût des *Mondes* de Fontenelle. Cela est plat et insipide. Les ouvrages qui ont eu de la célébrité sont toujours imités par des singes, sans succès.

— M. l'abbé Delille a fait imprimer une épître sur les ressources qu'offre la culture des arts et des lettres. Ce jeune homme fait bien les vers; mais cela ne suffit pas aujourd'hui.

---

1. Paris, 1761, in-8°.
2. (Par le P. Béraud-Belcastel.) S. l., 1761, in-8°

Il n'y a à présent que les poëtes d'un génie décidé qui puissent se promettre du succès.

— *Alphabet pour les enfants sur quarante cartes à jouer, extrait des meilleures méthodes pour apprendre à lire aisément et en peu de temps, même par manière de jeu.* Cet alphabet présente d'abord les voyelles et les consonnes en différents caractères ; ensuite les voyelles liées ensemble, les voyelles composées, les consonnes liées ensemble avec leur valeur, les voyelles accentuées, les abréviations et leurs signes, les ponctuations, les chiffres romains et arabes, et enfin les syllabes de plusieurs voyelles. On a ajouté le *Benedicite* en latin et en français. En ce genre, il n'y a que l'expérience qui puisse constater la bonté d'une méthode.

— Vous avez pu voir dans quelques volumes du *Journal étranger*, qui est le seul qui mérite quelque attention depuis qu'il est entre les mains de M. l'abbé Arnaud et de M. Suard, des morceaux de poésie erse, traduits d'abord à Londres en anglais et enfin dans le *Journal étranger* de l'anglais en français. La langue erse est la langue des anciens Écossais, qui, je crois, se conserve encore dans les montagnes d'Écosse avec les mœurs simples et antiques dont les montagnards de cette contrée ont hérité de leurs ancêtres. Ces mœurs sont belles et touchantes comme celles de tous les anciens peuples, et le caractère des mœurs donne celui de la poésie. La guerre, la chasse, la vie champêtre, l'amour, la mort, une nature sauvage et rustique, voilà chez tous les peuples les premiers et les plus touchants objets de la poésie. Aussi tous les monuments de poésie qui nous restent des anciens peuples ont un caractère commun; vous le trouverez dans la poésie des Grecs, des Scandinaves, et des Erses ou Écossais. Ce qu'il y a de singulier dans les monuments de ces derniers, c'est qu'on n'y découvre aucune trace de religion, quoique la plupart de ces morceaux poétiques soient des chants funèbres. Le traducteur anglais de ces poésies erses vient de publier à Londres un poëme épique tout entier, intitulé *Fingal*. Ce poëme se conservait dans les montagnes d'Écosse par tradition, de même que *l'Iliade* chez les Grecs. Pisistrate fit rassembler le poëme d'Homère à Athènes, et notre Anglais a pris le même soin du poëme de *Fingal*, dont le caractère, du moins, sera très-précieux aux critiques et aux gens de goût, quel que puisse être son mérite d'ailleurs. En attendant que le poëme de *Fingal* nous arrive de Londres, M. Suard se propose de traduire le recueil entier des poésies erses. Voici la première chanson de ce recueil. La traduction est de M. Diderot[1].

PREMIÈRE CHANSON ERSE.

Shilric et Vinvela.

1.

« Celui que j'aime est le fils de la montagne. Il poursuit le chevreuil léger. La corde de son arc a résonné dans l'air, et ses lévriers sont haletants autour de lui... Soit que tu reposes à la fontaine du rocher, ou sur les bords du ruisseau de la montagne; lorsque le vent courbe la cime des bruyères, et que le nuage passe au-dessus de ta tête, que ne puis-je approcher de toi sans être aperçue, que ne puis-je voir celui que j'aime du sommet de la colline?... Que tu me parus beau, la première fois que je te vis! C'était sous le vieux chêne de Branno. Tu revenais de la chasse. Tu étais grand. Tu étais plus beau que tous tes amis.

« — Quelle est la voix que j'entends? Cette voix est douce comme le vent frais dans les ardeurs de l'été... Je ne suis point assis à l'ombre des bruyères dont le vent agite et courbe la cime. Je n'entends point le bruit de la fontaine du rocher. Loin de Vinvela, loin de toi, je suis les guerriers de Fingal. Mes chiens ne m'attendent plus. Je ne marche plus dans la montagne. Je ne te vois plus du sommet de la colline, portant tes pas légers le long des bords du ruisseau de la plaine, brillante comme l'arc-en-ciel, belle comme l'astre de la nuit, lorsqu'elle peint son image sur les flots de la mer du midi.

« — O Shilric, tu t'es en allé, et je reste seule dans la montagne. Le chevreuil se promène sur son sommet. Il y paît l'herbe sans crainte. Le bruit du vent, le bruit de la feuille, ne l'alarment plus. Le chasseur est absent. Il s'en est allé bien loin.

---

1. Dans sa lettre du 12 octobre 1761 à Mlle Volland, Diderot lui promet les traductions de ces chansons, et, dans celle du 25 octobre suivant, il lui annonce qu'il les a prêtées à Saint-Lambert, dont l'amie, Mme d'Houdetot, ne rend rien. « Grimm, ajoute-t-il, a le morceau que j'ai traduit. » C'est celui-ci; il est inédit.

Il est à présent dans le champ de la mort et des tombeaux. Étrangers! fils des mers! épargnez mon Shilric.

« — S'il faut que je périsse dans le champ de la mort, Vinvela, n'oublie pas de m'élever un tombeau. Amasse des pierres noires. Amasse de la terre sur ces pierres. Ce monument de tes mains me rappellera aux temps à venir. Lorsque le chasseur s'arrêtera près de ce monument, pour y prendre son repos à midi, il dira : Quelque guerrier repose en cet endroit, et mon nom revivra dans son éloge... O Vinvela, souviens-toi de moi lorsque la terre me couvrira.

« — Oui, oui, je me souviendrai de toi... Ah! mon Shilric périra; il est sûr qu'il périra... Shilric, que ferai-je, que deviendrai-je, lorsque tu te seras en allé pour toujours?... J'irai à travers ces montagnes, à midi. J'irai dans le silence de cette plaine. Là je verrai l'endroit où tu te reposais au retour de la chasse... Il est sûr que mon Shilric périra. »

15 décembre 1761.

Peu de personnages ont plus occupé nos écrivains depuis quelques années que la reine Christine de Suède. Ce qu'on a écrit d'elle, et dans sa patrie, et en Allemagne, et en France, va à des volumes considérables. Vous connaissez l'Essai que M. d'Alembert a publié sur cette princesse dans ses *Mélanges de philosophie et de littérature*. Le public n'a point reconnu à cet auteur de talent pour l'histoire. On a remarqué surtout que la foule de réflexions, souvent assez triviales, dont cet Essai est farci, n'était point du tout le résultat des faits historiques; qu'au contraire les faits ne paraissaient rapportés que pour amener les réflexions, manière d'écrire l'histoire également fatigante et vicieuse, puisqu'en trahissant à tout moment la prétention de l'historien qui ne devrait jamais être aperçue, elle compromet encore sa bonne foi en vous faisant douter si les faits n'ont pas été arrangés plutôt sur les réflexions que les réflexions sur les faits. Depuis M. d'Alembert, un certain M. Lacombe a publié des lettres de la reine Christine, et il vient d'ajouter à ce recueil un volume sous le titre de *Lettres secrètes*[1].

---

1. Voir page 162. L'auteur ou l'éditeur (*adhuc sub judice lis est*) des *Lettres*

Ce dernier volume est dédié au roi de Prusse. Les deux pages que M. Lacombe adresse à ce monarque prouvent qu'il n'est qu'un faiseur de phrases, bien éloigné du vrai talent d'écrire. S'il était vrai cependant, comme quelques gens le prétendent, que M. Lacombe eût composé la plus grande partie des lettres qu'il donne sous le nom de la reine Christine, je ne pourrais lui refuser un très-grand talent, car la plupart des lettres de son dernier recueil au moins ont un air de vérité très-difficile à contrefaire, et je me persuaderai difficilement qu'un homme qui ne sait pas mieux parler au héros du siècle que M. Lacombe soit en état de bien faire parler qui que ce soit. Tout ce que je puis accorder à ceux qui ne veulent pas croire à l'authenticité de ces lettres, c'est que l'éditeur les ait falsifiées par-ci par-là; mais le fond m'en paraît absolument original et pur; plus instructif aussi pour connaître le caractère de cette reine célèbre que tout ce que nos historiens en ont écrit depuis quelques années. Quelques notes historiques, que M. Lacombe a faites pour faciliter l'intelligence de ces lettres, prouveront aussi à ceux qui ont le tact de ces choses qu'il n'a point composé les lettres.

Un autre M. Lacombe, qui n'est point l'éditeur de ces lettres, vient de publier presque en même temps une *Histoire de la reine Christine*[1], en un volume in-12 de près de quatre cents pages. Ce M. Lacombe est, je crois, le même qui a déjà fait un ouvrage sur les beaux-arts et une *Histoire de Russie*, qui ne vous préviendront pas en sa faveur; et l'*Histoire de la reine de Suède* ne vous fera pas changer d'avis sur son compte. Il serait bien à désirer que nos auteurs, avant de prendre la plume, voulussent assez étudier leur langue pour savoir écrire en français. Je ne reproche pas seulement à M. Lacombe de mauvaises phrases qui ne signifient rien. Il dit que Christine, à peine sortie de l'enfance, réunissait aux grâces délicates de son sexe la mâle vigueur du génie et toutes les qualités d'une âme forte et sublime. Il dit dans un autre endroit que son esprit, exercé de bonne heure par des études profondes et difficiles, se jouait en

---

choisies et des *Lettres secrètes de Christine* est François Lacombe, mort commissaire de police à Montpellier en 1795; l'auteur de l'*Histoire de la reine Christine* est Jacques Lacombe, avocat, beau-père de Grétry.

1. Stockholm et Paris, 1762, in-12. Traduite en allemand et en danois.

quelque sorte des affaires. Et vous trouverez des pages entières de ces mauvaises phrases, déclamatoires, vides de sens et de goût, et si éloignées de la véritable manière d'écrire l'histoire. Mais M. Lacombe ne sait pas écrire en français dans le sens strict du terme. Christine ayant fait des réjouissances publiques à Hambourg, à l'occasion de l'élévation de Clément IX au pontificat, son historien dit que cela déplut si fort à la populace que la reine s'attendait à une émotion. Il est vrai qu'il y eut une émeute à Hambourg à cette occasion, et qu'on ne saurait penser sans émotion à l'influence que tant de livres écrits d'un style barbare auront nécessairement sur la pureté de la langue.

On ne peut reprocher à notre historien de nous dédommager de ses solécismes et de son mauvais style par ce sens profond, par cette gravité, par ce jugement ferme et sûr, qui conviennent si bien à la dignité de l'histoire. Rien n'est plus cruel que d'entendre parler platement des héros et des grands hommes. M. Lacombe, pour notre malheur, est obligé de parler du grand Gustave-Adolphe; une bonne en parlerait mieux à ses enfants qu'elle voudrait amuser par des contes. Pour nous attendrir sur le sort de ce grand roi, il nous dit qu'en quittant la Suède pour se mettre à la tête de ses armées en Allemagne il n'envisagea que trop le malheur qui l'attendait, puisqu'il mit ordre à tout comme s'il ne devait plus revenir. Les larmes de Christine encore enfant, au départ de son père, parurent aussi, suivant M. Lacombe, d'un mauvais augure qui signifiait que le roi serait tué dans cette guerre. Tout est à peu près de cette force. L'auteur, voulant soutenir contre les détracteurs du beau sexe que les femmes sont très en état de régner, cite l'exemple de l'impératrice Élisabeth de Russie à côté de celui d'Élisabeth d'Angleterre. Ces deux Élisabeth doivent être bien étonnées de se trouver ensemble sur la même ligne. Ailleurs il est fort surpris des éloges que Christine donne à Filicaja, et du cas qu'elle fait de ses poésies, qui sont, dit-il, peu connues. Il ne sait pas que les Italiens regardent Filicaja comme leur Horace. Mais où l'incapacité de M. Lacombe se montre davantage, c'est lorsqu'il approche du terme de l'abdication de Christine. C'est là le grand chapitre de son histoire où il fallait développer l'origine et la naissance de ce projet extraordinaire, et tous les ressorts qui ont contribué à son exécution. Il faut voir comment M. Lacombe traite ce grand sujet, sans nous avoir préparés, sans nous avoir rien dit sur ce qui a pu faire naître dans la reine cette étrange résolution.

Mais disons un mot de Christine, et laissons là son historien. Cette reine sera toujours regardée comme une femme extraordinaire; mais elle ne pourra jamais prétendre à la réputation que donnent l'héroïsme et les talents sublimes. Une reine qui ne sait pas régner n'obtient pas les suffrages du philosophe; une souveraine qui descend du trône peut paraître singulière, mais ne se fera jamais admirer. Le grand Condé, pour les talents et les exploits duquel la reine Christine se montrait si passionnée, disait : « Si j'étais souverain de mon lit, je ne me lèverais jamais. » Il faut bien qu'il y ait dans la grandeur souveraine un attrait qui captive les hommes, et qui fixe leur admiration puisque les usurpateurs, même les plus décidés, malgré leurs injustices, se font estimer. Le tyran seul est en exécration. Celui qui quitte sa couronne passe pour un sot, ou bien se ressent de la caducité de l'âge et de la faiblesse de sa tête. Celui qui se fait chasser du trône est un maladroit et un imbécile. Celui qui joint à la souveraineté des vertus et des talents est l'idole des nations et les délices du genre humain. Cromwell sera toujours regardé comme un grand homme; son fils, très-honnête homme, et sur ce point très-supérieur à son père, sera toujours regardé comme un pauvre sujet. Jacques II sera toujours méprisé. Tous ceux qui ont abdiqué ont eu le temps de s'en repentir. Ne voit-on pas avec pitié la fille du grand Gustave compromise, exposée à toutes sortes d'humiliations dans une vie errante, et y a-t-il quelque chose de plus abject que de s'abaisser à intriguer pour se faire élire en Pologne et pour engager l'empereur à conquérir la Poméranie en sa faveur, après avoir quitté librement la couronne de Suède? Christine, avec beaucoup d'esprit, avait une bien mauvaise tête, comme cela est assez ordinaire lorsque les grandes qualités de l'âme ne tempèrent point cette effervescence que donne l'esprit. Elle n'avait prévu aucune des suites qui résulteraient pour elle de son abdication; elle se porte à cet acte avec une impatience extrême, et à peine est-il consommé qu'on voit ses regrets et son repentir. Rien ne le prouve comme la lettre qu'elle écrivit immédiatement après sa retraite à l'Académie française. L'indiscrétion et l'imprudence étaient ses défauts favoris; elle se plaisait à en montrer. Sa lettre à la reine de France Anne d'Autriche est un chef-d'œuvre d'imprudence et d'indiscrétion. Celle qu'elle écrivit, après la fin tragique de son écuyer Monaldeschi, au cardinal Mazarin, peut le disputer à l'autre. Elle en écrivit une pareille d'office en 1649 aux juges de Charles Ier d'Angleterre, où elle les traite comme les derniers scélérats ; ce qui ne l'empêche pas d'écrire ensuite à Cromwell une lettre remplie d'adulations, où elle l'appelle son frère, et où elle se fait valoir d'avoir été la première souveraine de l'Europe qui l'ait reconnu. L'extrême violence de son caractère la portait à toutes ces démarches hasardées. Christine, née dans une condition privée, eût été une femme célèbre. La souplesse, qualité nécessaire à celui qui a toujours affaire à des égaux, et dont les rois n'ont pas occasion de faire usage, aurait ôté à Christine ce qu'il y avait d'altier et de dur en elle, et qu'assise sur son trône elle ne sut pas allier avec un grand courage capable de supporter les travaux et les ennuis de la royauté. Elle se vante souvent de la gloire et de l'éclat de son règne ; mais cette gloire était l'ouvrage du grand Gustave. Ce monarque avait formé de grands hommes dans tous les genres, cette foule d'hommes d'État et de grands capitaines qui étonnèrent l'Europe. Un grand roi est l'âme de sa nation. Il l'échauffe, il porte dans tous les cœurs l'enthousiasme et l'amour de la gloire. Alors les talents se déploient, et le génie se montre de toutes parts. Cette impression forte et profonde agit encore quelque temps, lorsque l'âme et le moteur de tous ces grands effets ont disparu. Que penser d'une femme qui a pu quitter le trône d'une nation couverte de gloire, fertile en grands hommes, et qui avait Oxenstiern pour ministre ? Le changement de religion, qui n'est pas un des moindres coups de tête de Christine, m'a fait penser que dans l'état où sont les choses aujourd'hui, les princes protestants devraient faire entre eux une pragmatique qu'ils auraient soin de faire reconnaître à la pacification prochaine, par toute l'Europe, et suivant laquelle tout souverain d'un pays protestant serait déchu de ses droits de souveraineté en se faisant catholique. L'esprit envahisseur de l'Église romaine rend cette loi tout à fait nécessaire pour garantir catholiques et protestants du joug de la superstition. Mais peut-être la religion chrétienne ne durera plus assez longtemps pour rendre cette précaution utile.

— La révolution qui a commencé à se faire sentir dans la musique depuis que deux mauvais bouffons d'Italie, transportés sur le théâtre de l'Opéra de Paris, ont porté un coup si sensible à l'ennuyeux plain-chant appelé musique française, cette révolution a été considérablement accélérée par deux pièces qui ont eu un succès prodigieux à la foire de Saint-Laurent, sur le théâtre de l'Opéra-Comique.

Le Maréchal[1], dont les paroles sont de M. Quétant, a été mis en musique par M. Philidor, plus célèbre jusqu'à présent comme joueur d'échecs que comme compositeur. Le succès du *Maréchal* donnera de la consistance à la réputation musicale de M. Philidor. Il faut convenir qu'il y a une distance immense entre l'opéra du *Maréchal* et les autres ouvrages de cet auteur. On savait déjà qu'il ne manquait point de feu; mais dans *le Maréchal* vous trouverez plus d'unité et de goût dans la distribution générale et dans la succession des airs, et, surtout, M. Philidor a fait des progrès sensibles dans l'art de manier la parole, art parfaitement ignoré de nos musiciens français, et dont un compositeur italien établi à Paris depuis quelques années, M. Duni, leur a montré les premiers éléments dans ses ouvrages. Ainsi M. Philidor ne se doute pas, peut-être, de l'obligation qu'il a au *Peintre amoureux de son modèle* et à *l'Ile des fous*. Un bon modèle fait plus d'effet que tous les livres de préceptes. Cependant nos gens sont assez sots pour se croire plus obligés à ceux qui les régentent qu'à ceux qui fournissent de bons modèles. Chaque air, dans *le Maréchal*, est ce qu'il doit être; c'est un grand point de ne pas se tromper sur le caractère général d'un air. Il n'y a pas dix ans qu'aucun de nos musiciens ne savait encore ce que c'était que le caractère d'un air, bien loin d'en sentir les convenances. La musique de M. Philidor n'a pas encore la légèreté et la grâce de celle de M. Duni; mais elle a de la vérité, de la chaleur et même de la finesse. L'air où le Maréchal dicte le mémoire au cocher du château est un chef-d'œuvre. Je ne parle pas du reste. On ne peut entrer en détail sur ces pièces qu'avec ceux qui ont pu les voir et les entendre au théâtre. On peut reprocher à M. Philidor de prodiguer toujours trop aisément les grands effets de l'harmonie que les grands maîtres

---

1. Représenté pour la première fois le 22 août 1761.

savent si bien réserver pour les occasions importantes. Ce défaut, je le sais, n'en est pas un pour le public de Paris qui aime le bruit et qui n'a pas encore le goût assez exercé pour saisir la finesse et la vérité d'une idée musicale et de sa déclamation ; mais il est certain que tout compositeur qui a beaucoup d'idées aura rarement recours aux effets de l'harmonie, et que tous ces grands airs d'orchestre qu'on remarque dans certains ouvrages ne servent qu'à déguiser la pauvreté du génie de l'auteur. Au reste il ne faut pas croire que l'auteur du poëme du *Maréchal* soit un homme sans mérite. Sa pièce est un tableau vrai et naïf de la soirée d'une boutique de maréchal. On y trouve une grande variété d'incidents qui ont fourni des airs et des situations au musicien ; et c'est là le véritable art d'un poëte qui veut être chanté. On ne peut reprocher à M. Quétant que cette foule de vaudevilles par lesquels il interrompt à tout moment la marche de ses scènes, et qui sont aussi choquants pour le goût que pour le bon sens. Heureusement il n'y aurait qu'à supprimer ou à changer en discours ordinaire ce reste détestable de l'ancien opéra-comique.

La pièce qui a partagé avec *le Maréchal* le plus brillant succès qu'on ait vu depuis longtemps sur nos théâtres est intitulée *On ne s'avise jamais de tout* [1]. Cette pièce, qui est de M. Sedaine, est charmante ; mais en la lisant il est impossible de sentir l'effet qu'elle fait au théâtre. Cet homme a bien du talent ; c'est le seul poëte qui depuis soixante ans rappelle la comédie de Molière. *Le Jardinier et son Seigneur* a une tournure encore plus originale que la pièce *On ne s'avise jamais de tout*. Toutes les deux sont charmantes. C'est dommage que M. Sedaine n'ait pas un peu plus de facilité dans le style. Il est souvent dur et raboteux. Ses vers surtout sont faits de manière à faire mal à l'oreille quand on les lit. Tout cela disparaît au théâtre par la magie du jeu et de la musique, et par l'esprit, la verve, la vérité, et la naïveté, qui sont dans la chose. Encore une fois on ne peut avoir une idée de ses pièces par la lecture, et M. Sedaine est un homme dont je fais un cas infini. L'auteur de la musique de *On ne s'avise jamais de tout* s'appelle M. Monsigny. Il a des chants agréables, la tournure presque française ;

---

1. Représenté pour la première fois le 14 septembre 1761.

il n'a pas la vigueur de Philidor, mais il plaît. Si ce compositeur avait été quelque temps à l'école en Italie, il aurait fait des choses charmantes; il ne manque pas d'idées agréables, mais il ne sait pas les écrire avec le goût et la finesse qu'on apprend dans ces écoles. Il écrase souvent un chant simple par de mauvais accompagnements; en lui ôtant la moitié de ses notes, on lui rendrait un grand service. Son trio *Pauvre petite charité* peut être regardé comme son chef-d'œuvre.

Le maître à eux tous, comme je crois l'avoir déjà remarqué, c'est M. Duni. Il a donné sur le théâtre de la Comédie-Italienne une pièce intitulée *Mazet*, qui est ce qu'on a jamais fait de plus fin, de plus délicat, de plus spirituel sur des paroles françaises. Le public n'est pas encore assez avancé pour sentir le mérite de ce compositeur; aussi lui préfère-t-il les deux autres, et cela est aussi sensé que de placer des écoliers à côté d'un maître. La pièce de *Mazet* est d'ailleurs plate. M. Anseaume, qui en est l'auteur, ne sait pas faire des pièces; mais il a de la facilité et du naturel dans le style. La pièce est mauvaise; mais les paroles des airs sont bien faites. La musique de ces trois ouvrages est gravée.

Au reste, en lisant ceci, il faut se souvenir que notre musique est encore au berceau, et que je ne prétends pas comparer nos essais aux chefs-d'œuvre des grands hommes d'Italie. Nous aurons d'ailleurs toujours un grand avantage du côté de la langue. J'observe aussi qu'aussi longtemps qu'on conservera l'usage barbare de parler les scènes et de chanter les airs, nous n'aurons que des bigarrures contraires au goût, et nos compositeurs resteront médiocres. C'est en écrivant supérieurement le récitatif qu'on apprend à faire des airs sublimes.

— Nous sommes inondés de brochures sur l'affaire des jésuites, et plus le terme de la débrouiller approche, plus il faut croire que le nombre des écrits pour et contre augmentera. Les révérends pères n'ont opposé aux nombreux écrits de leurs ennemis que trois brochures. La première a pour titre : *Observations sur l'institut de la Société des jésuites*. Elle passe pour être du P. de Neuville. La seconde, qui est d'un P. Lombard, jésuite de province, n'est pas si modérée; elle est intitulée *Réponse à un libelle intitulé « Idée générale des vices principaux de l'institut des jésuites »*. La troisième a pour titre : *les*

Jésuites convaincus par leurs propres ouvrages d'être toujours les mêmes. Vous voyez que ce titre a un double sens, et les ennemis de la Société ne manqueront pas d'en relever l'équivoque. Cette brochure contient la remontrance des jésuites de France en 1611, les accusations portées contre eux par les quatre ministres de l'église protestante de Charenton, avec la réponse du cardinal de Richelieu à ces accusations. Vous lirez ce dernier morceau avec surprise. Ce n'est pas un ministre qui parle, c'est un moine fanatique.

Les écrits contre la Société sont en plus grand nombre et de toutes sortes de couleurs. On a d'abord imprimé les deux discours que M. l'abbé de Chauvelin a tenus au Parlement le 17 avril et le 8 juillet dernier, avec le compte rendu des constitutions des jésuites par les gens du roi, et les assertions soutenues et enseignées par les jésuites en tout temps, extraites de leurs auteurs et présentées au roi par M. le premier président, le 4 septembre dernier. Ensuite il y a un *Portrait des jésuites* en deux volumes, où ils ne sont pas ménagés. *Juste Idée que l'on doit se former des jésuites, et leur Vrai Caractère*; autre recueil d'accusations graves. *Mémoire sur un projet au sujet des jésuites*; c'est un projet de réforme. *Avis aux évêques assemblés à Paris au sujet des jésuites*; cet avis n'est pas d'un ami de la Société. *Nicolas Ier, jésuite et roi du Paraguay*; c'est une mauvaise et plate satire. Enfin l'*Apocalypse d'un jésuite, ou relation véritable d'un voyage merveilleux du R. P. Berthier à Lisbonne* est une mauvaise imitation de *la Maladie, Confession et Mort* de ce jésuite, qui parut il y a deux ans, et qui est restée à M. de Voltaire. Son copiste, qui est plat et lourd comme le P. Berthier lui-même, y rend compte de l'exécution du P. Malagrida et des affaires des jésuites en France. Les jansénistes ne sont plus bons plaisants comme du temps de Blaise Pascal, et les jésuites ne se piquent pas d'éloquence dans leurs apologies. L'écrit du P. de Neuville est plat quoiqu'il ne manque pas de logique. Il défend toujours l'institut de la Société, parce qu'on risquerait d'en anéantir absolument l'esprit si l'on touchait aux points qui déplaisent au Parlement. C'est comme si le gouvernement interdisait le port d'armes à une classe de citoyens, et que ceux-ci répondissent : « Mais vous voyez bien que nous ne pouvons plus nous battre, si vous nous ôtez les armes. » Le gouvernement dirait à cela que c'est précisément ce qu'il cherche. Il y a aussi dans l'écrit du P. de Neuville un parallèle entre le roi de France et le général des jésuites, qui est bien ridicule, sans compter quelques expressions qui ne seront pas du goût du Parlement. Le P. Griffet a fait imprimer en Bretagne une apologie de son ordre. Ce morceau passe pour le meilleur d'entre ceux des jésuites. Mais il paraît déjà une réplique à ces apologies, et il faut croire que les jansénistes ne s'endormiront point. Je passe sous silence une foule d'autres brochures sur cet objet. On a publié ces jours-ci les *Constitutions des jésuites en latin et en français*, avec les déclarations, le tout traduit et imprimé sur la fameuse édition de Prague; ces constitutions font trois volumes in-12.

— *Gabrielle d'Estrées à Henri IV* est une nouvelle héroïde dédiée à M. de Voltaire par M. Blin de Sainmore, qui en a déjà fait quelques autres. Ces bagatelles auraient fait autrefois de la réputation à un jeune homme; mais aujourd'hui on veut du génie et du caractère dans tout, et les talents faibles et médiocres aspirent vainement à une place au temple de la gloire.

— *L'Anti-Anglais*, par M. de Montbron. On attaque dans cette mauvaise brochure ceux d'entre nos auteurs qui ont rendu justice au génie et au mérite des Anglais. M. de Voltaire est à la tête de ces gens-là. On pourrait mettre M. de Montbron à la tête des plats et mauvais écrivains de France s'il n'y en avait pas une foule d'autres qui se disputent cette place éminente.

— M. Thomas, professeur au collège de Beauvais, a fait imprimer l'*Éloge de Duguay-Trouin*, qui a remporté le prix de l'Académie française. C'est pour la troisième fois que M. Thomas est couronné comme orateur par cette Académie. Vous en avez vu l'éloge du maréchal de Saxe et celui du chancelier Daguesseau. Celui du célèbre Duguay-Trouin, qui ne saurait être loué plus à propos que dans un temps où la marine française est détruite, a eu beaucoup de succès dans le public. Quant à moi, je suis bien éloigné de penser que ce soient là de bons modèles d'éloquence. M. Thomas a sans doute une sorte de talent; mais c'est celui d'un rhéteur, d'un phrasier; cette éloquence déclamatoire du collège qui peut plaire aux enfants, à la bonne heure, mais qui me déplaît souverainement. Je ne conçois point comment une nation qui a un Voltaire peut faire attention à des productions de ce genre, et je conviens volontiers qu'une page de cet écrivain si vrai, si facile, si naturellement éloquent, si judicieux, si séduisant même dans ses écarts, a pour moi toutes les beautés de M. Thomas et des pareils faiseurs de phrases. La seule ligne que je voudrais avoir faite de l'*Éloge de Duguay-Trouin*, c'est que toute nation est capable de grandes choses sous un grand prince, parce que cela est vrai, et dit d'une manière naturelle ; mais le reste a l'air d'une amplification de rhétorique, telle qu'on nous en a fait faire pour nous gâter le goût quand nous étions au collège. L'affectation de l'esprit philosophique rend ces thèmes encore plus déplaisants. « La nature, dit M. Thomas, qui destinait Duguay-Trouin à faire de grandes choses, lui accorda la faveur de naître sans aïeux. » Voilà ce que les écoliers appellent hardi ; mais cela n'est hardi que pour les enfants. Tacite et Montesquieu ne connaissent pas ces hardiesses-là. Qui ne sait que la noblesse est un avantage réel dans la société ? Il est chimérique, soit ; mais les hommes vivent-ils d'autres choses que de chimères, et ces chimères n'ont-elles pas des effets très-réels, malgré les plus beaux raisonnements du monde ? Si un professeur de rhétorique ne croit pas qu'un homme à seize quartiers ait aucun avantage sur lui, du moins il est absurde et plat de dire que c'est une faveur de la fortune que d'être sans naissance. Je ne suis pas plus content du style que des maximes de M. Thomas. Il dit en parlant de la guerre pour la succession d'Espagne : « Pardonne, ô ma patrie, si je rappelle ici le souvenir d'une guerre qui t'a coûté tant de larmes : ton sang, répandu en Allemagne, en Italie, en Flandre, etc. » J'ai ouï dire qu'on répandait son sang pour la patrie ; mais je ne savais pas que la patrie répandît du sang. Si ces exemples étaient les seuls, je serais assez juste pour ne les pas relever. Je conclus que vous préférerez la lecture des *Mémoires* de Duguay-Trouin, quoique mal écrits, à l'éloge de M. Thomas, quoique honoré du suffrage du public et de l'Académie française.

FIN DU TOME QUATRIÈME.

TABLE

DU TOME QUATRIÈME

1758

Pages.

Juin. — Nouvelles observations sur la question des toiles peintes. — Éditions complètes des OEuvres de Fontenelle et de Montesquieu. — *Mémoires* de l'abbé Arnaud. — Élection de La Curne de Sainte-Palaye, à l'Académie française, en remplacement de Boissy. — *Réflexions diverses*, par le chevalier de Bruix. — Vers de Voltaire sur une énigme proposée par la duchesse d'Orléans. — Cinquième et sixième volumes de l'*Histoire de France*, de l'abbé Velly. — Projets de souscription pour une nouvelle édition du *Dictionnaire* de Moréri et d'une traduction du Théâtre Italien. — *Questions sur la tolérance*. — *Encyclopédie portative*. — De la morale d'Épicure à propos d'un livre de l'abbé Batteux sur ce sujet. — Mort de Mlle de Lussan et de Goguet. — *Recherches sur les finances de France*, par Forbonnais. — Spectacles pantomimes de Servandoni. — Nouvelle édition de l'*Histoire universelle*, de Diodore de Sicile, traduite par l'abbé Terrasson. — *Mémoire sur la manière de rassembler, etc., les curiosités d'histoire naturelle*, par le chevalier Turgot. — *Histoire de la Louisiane*, par de Page du Pratz. — Chanson dans le goût de la romance, paroles de Diderot, musique de Grimm.................................. 1

Juillet. — *Voyage d'Italie*, par Cochin; l'*Assemblée de Cythère (il Congresso di Citera)*, par Algarotti, traduit par Mlle Menon, articles de Diderot. — Brochures relatives à la question des toiles peintes. — *Les Pensées errantes*, par Mme de Benouville. — Table de l'*Histoire ecclésiastique*, de Fleury. — *OEuvres diverses* de l'abbé Oliva. — *Traité du chanvre*, par Marcandier. — *Lettres sur la goutte*, par Loubet............ 15

Aout. — *La Nouvelle École des femmes*, comédie par Moissy. — Traduction par l'abbé Prévost de *Charles Grandisson*, par Richardson. — Imitation en vers français d'un sonnet de Zappi. — *Histoire et commerce des Antilles anglaises*, par Butel-Dumont. — Second volume de l'*Histoire du Bas-Empire*, de Le Beau. — *Histoire d'Hercule le Thébain*, par le comte de Caylus. — *Génie de Montesquieu*, par Alex. Deleyre. — *La Règle des devoirs que la nature inspire à tous les hommes*, par l'abbé de Bonnaire. — *Fables* de Phèdre, traduites par l'abbé de Maupas. — *Description historique de la tenue du conclave*, par P.-A. Alletz. — *OEuvres posthumes* de

Vadé. — *Traité sur les prises maritimes*, par le chevalier d'Abreu. — *Ruines des plus beaux monuments de la Grèce*, par Le Roy. — *Guide du voyageur*. — *Des hommes tels qu'ils sont et doivent être*, par Blondel. — *Mémoires du duc de Rohan sur la guerre de la Valteline*. — Réception de La Curne de Sainte-Palaye à l'Académie française. — Souscription proposée par Le Bas et Cochin pour les gravures des ports de France, peints par Joseph Vernet. — Tome second de la *Topographie de l'univers*, par l'abbé Expilly. — *Ruines de Balbek*, par Le Roy. — Quatrième volume de l'*Ami des hommes*. — *Dictionnaire des dictionnaires*. — *Le Père désabusé*, comédie, par Seroux. — *Dictionnaire militaire portatif*, par La Chesnaye-des-Bois. — *De l'Esprit*, par Helvétius; chanson sur la censure de ce livre. 23

Septembre. — Première représentation d'*Hypermnestre*, tragédie par Lemierre. — Vers sur le roi de Prusse attribués à d'Alembert. — Vers sur la mort de Mme de ***. — Mort de Bouguer. — *Parallèle de la conduite du roi de France avec celle du roi d'Angleterre*. — Épître à Mme la marquise de P***, par Margency. — *Éléments de tactique*, par Le Blond. — *Plan, coupe, élévation et profil du théâtre de Metz*. — *Vie de Sixte-Quint*, par Grégorio Leti. — *Dictionnaire portatif des conciles*. — *Histoire du Japon*, par Kæmpfer. — *L'Ami des femmes*, par Boudier de Villemer. — *Le Partisan des femmes*, par La Rivière. — *L'Oie enlevée*, poëme. 31

Octobre. — Examen d'*Hypermnestre*. — Mort de Mlle Silvia, actrice du Théâtre-Italien. — *Apologie de Louis XIV et de son conseil sur la révocation de l'Édit de Nantes*, par l'abbé de Caveirac. — *Hypermnestre vue et jugée par un Suisse*. — *L'Ami des muses*, par Boudier de Villemer. — *La Noblesse telle qu'elle doit être*, par La Hausse — *Conseil d'un vieil auteur à un jeune*, par A.-H. Sabatier. — *La Journée de Crevelt*, poëme, par l'abbé Desjardins. — *L'Observateur littéraire*, par l'abbé de La Porte. 37

Novembre. — *Les Noms changés*, comédie, par Brunet. — *Le Rival favorable*, opéra, paroles du même, musique de Dauvergne. — *Voltaire pénitent*. — *Delphinie*, roman. — *L'univers perdu et reconquis par l'amour*, par de Carné. — *L'Art de peindre à l'esprit*, par D. Sensaric. — *Le Censeur impartial*, par Dreux du Radier. — Publication du *Père de famille*, par Diderot. — Réponse de milord Maréchal à Mme de *** (d'Épinay), à l'occasion de la mort du maréchal Keith, son frère. — *Oraison funèbre du comte de Gisors*, par le P. Charles, jésuite. — *Essai sur l'éducation militaire*. — *Journal du siége de Breslau*. — *Histoire des navigations aux terres Australes*, par le président de Brosses. — *Hypermnestre à Lyncée*, par Lévêque. — *Système de la splendeur des empires*. — Suite de l'*Histoire des Huns*, etc., par de Guignes. — *Histoire des Grecs et de ceux qui corrigent la fortune*, par Ange Goudar. — *Histoire naturelle de l'Orénoque*. — *Essai sur l'amélioration des terres*, par Patullo. — Chaire de Saint-Roch sculptée par Challe. — *Poésies philosophiques*, par Gouges de Cessières. — *Mémoire sur le charbon minéral*, par de Tilly. 43

Décembre. — Polémique entre d'Alembert et J.-J. Rousseau, à propos de l'article *Genève* dans l'*Encyclopédie*. — Défense de Diderot, accusé d'avoir plagié Goldoni dans le *Père de famille*. — *Débats du Parlement d'Angle-*

terre, par Ange Goudar. — Traduction de *la Secchia rapita* de Tassoni, par Cédors. — *Histoire de la république de Venise*, par l'abbé Laugier. — *Observations sur la noblesse et le tiers état*, par Mme Belot. — *Préjugés légitimes contre l'Encyclopédie*, par Abraham Chaumeix. — Mort de Mme de Graffigny. — *Mémoire sur l'ancienne chevalerie*, par La Curne de Sainte-Palaye. — *Avantages du mariage*, par Desforges, chanoine d'Étampes . . . 52

1759

JANVIER. — *L'Épreuve imprudente*, comédie, par Mauger. — *L'Ile déserte*, comédie, par Collet. — *Considérations sur le commerce*, par Clicquot de Blervache. — Chanson de Séguier, avocat général au Parlement, et réponse à cette chanson. — *Le Nouveau Spectateur*, par de Bastide. — *Recueil de différentes pièces de littérature*, par le prince de Grimberghen. — *Délassements du cœur et de l'esprit*, par le comte de Sainte-Maure. — *Mémoire pour servir à l'histoire générale des finances*, par d'Éon de Beaumont. — *Histoire de Jules César*, par de Bury. — *Entretiens aux champs Élysées entre Charles Ier et l'amiral Byng*. — *Lettre du prince de Prusse mourant au roi, son frère*. — *Aventures de Victoire de Ponty*, par de Bastide. — *Histoire de la campagne du prince de Soubise*, par Chevrier. — Bref du pape Benoît XIV concernant les jésuites. — *Dictionnaire raisonné et universel des animaux*, par La Chesnaye des Bois. — Sur David Hume et ses ouvrages. — Lettre de Frédéric II au maréchal de Saxe. 60

FÉVRIER. — Réponses diverses à la lettre de J.-J. Rousseau sur les spectacles. — Mémoire de La Condamine sur l'inoculation. — *Histoire de l'Irlande*, par l'abbé Mac-Geoghequan. — *Institutions abrégées de géographie*, par Maclot. — Nouvelle édition des *Madrigaux*, de La Sablière. — Lettre de Bastide à J.-J. Rousseau. — *La Simiade ou l'histoire d'un singe*. — Poëme de Sauvigny sur la religion révélée. — *La Physique des arbres*, par Duhamel du Monceau. — *Armide à Renaud*, héroïde, par Colardeau. — *Tableau de Paris pour l'année 1759*. — Réponses aux attaques de Goudar contre la nouvelle charrue à semer. — Attaques dirigées contre l'*Esprit* d'Helvétius et l'*Encyclopédie*. — *Annales typographiques*. — *Itinéraire de l'Arabie déserte*, par Plaisted et Éliot. — Lettre sur le septième volume de l'*Encyclopédie*. — *État militaire de la France pour l'année 1759*. — Réponses de deux comédiens, Laval et Villaret, à J.-J. Rousseau. — *Le Bouclier d'honneur appendu au tombeau du brave Crillon*, par le P. Bening, jésuite. — Chanson de Tannevot contre l'*Esprit*. — Brochure sur la noblesse commerçante. — *Le Véritable Mentor*, par le marquis de Caraccioli. — Débuts de Mlle Camouche à la Comédie-Française. — *Abrégé chronologique de l'histoire d'Espagne*, par Désormeaux. 75

MARS. — *Candide*. — *Titus*, tragédie, par de Belloy. — Mort de Louis de La Virotte, médecin. — *Mémoires* de M. de Bordeaux. — *Satire sur les hommes*, par Robbé de Beauveset. — *L'Ile taciturne et l'Ile enjouée*, par La Dixmerie.

— *Nouvel Essai sur les grands événements par les petites causes*, par Richer. — *Reflexions sur les moyens qui conduisent aux grandes fortunes*, par l'abbé Guyot. — *Les Plaisirs de l'imagination*, traduits de l'anglais d'Akenside, par d'Holbach. — *Les Femmes de mérite, histoire française*, par Yon. — Lettre de Grimm à M. le marquis de ***. — Épître de M. de Martange au comte de Bruhl 85

AVRIL. — Révocation du privilége accordé à l'*Encyclopédie*. — Traduction en italien des *Lettres d'une Péruvienne*. — *Abrégé de l'art des accouchements*, par Mme Le Boursier du Coudray. — *Soins pour la propreté de la bouche*. — *L'Incrédulité convaincue par les prophéties*, par Le Franc de Pompignan, évêque du Puy. — *Voyage dans les espaces*. — *Invention d'une manufacture de vers et fabrique au petit métier*. — Débuts de Mlle Rosalie à la Comédie-Française. — *Mémoires des principaux événements arrivés dans l'île de Corse depuis 1738 jusqu'en 1741*, par Faustin. — Tome premier de l'*Histoire naturelle du Sénégal*, par Adanson. — Examen de la lettre de Rousseau à d'Alembert sur les spectacles. — *Moyens de conserver la santé aux équipages des vaisseaux*, par Duhamel du Monceau. — *Traité sur la nature et la culture de la vigne*, par Bidet, revu par Duhamel du Monceau. — *Chronologie historique et militaire*, par Pinard. — Lettre du duc de Noya-Carafa à Buffon sur la tourmaline. — *Journal des opérations de Soubise pendant la campagne de 1758*. — *Le Livre d'airain, histoire indienne*, par La Dixmerie. — Lettres de Desprez de Boissy pour et contre les spectacles 96

MAI. — *Vues politiques sur le commerce*, par Goyon. — *Ecole d'agriculture*, par Duhamel du Monceau. — *Questions relatives à l'agriculture et à la nature des plantes*, par Thiphaigne. — *Moyen de population par la suppression des milices*. — *Jumonville*, poëme, par Thomas. — Publication de la tragédie d'*Hypermnestre*. — Brochures contre les jésuites. — *Mémoire pour Abraham Chaumeix contre les prétendus philosophes Diderot et d'Alembert*. — Lauraguais fait supprimer de la scène du Théâtre-Français les banquettes des spectateurs. — Retraite de Sarrasin, de Mlles de La Motte et Lavoy. — Vers contre Bernis attribués à Turgot ou au comte de Tressan. — *Lettre au P. Berthier sur le matérialisme*, par l'abbé Coyer 104

JUIN. — *La Suivante généreuse*, comédie imitée de Goldoni. — Lettre de La Condamine à Grimm sur les convulsionnaires. — Représentation de *Venceslas* de Rotrou, retouché par Marmontel. — Ode de Voltaire sur la mort de la margrave de Bareith. — Vers sur *Candide*; sur Carvalho et Silhouette. — Observations sur *la Suivante généreuse*. — *Observations sur la liberté du commerce des grains*, par Chamousset. — *Les Abus de la saignée*, par Boyer. — *Philomèle à Progné*, héroïde, par Dorat. — *Épître à l'amitié*, par Guymond de La Touche 113

JUILLET. — *Socrate*, tragédie, par Voltaire. — *Lettre sur la comédie*, par Gresset. — *Briséis*, tragédie par Poinsinet de Sivry. — *Mélanges de littérature anglaise*, par Mme Belot. — Vers de Mme du Bocage à Clairaut. — Projet d'une nouvelle édition des *Exercices de l'infanterie française* de Baudouin, gravés par Fessard. — *La Science des postes militaires*, par Le Courbe. — *Le Télescope, conte moral tiré de l'Esprit*. — *L'Élève de Minerve ou Té-*

lémaque travesti, par Junquières. — *Bigarrures philosophiques*, par Tiphaigne. — *Journal de commerce*. — *Lettre d'un banquier à son correspondant de province*, par Forbonnais................. 120

Août. — Suite des remarques sur *la Mort de Socrate*, par Voltaire. — Septième volume de l'*Histoire naturelle* de Buffon et Daubenton. — Prospectus des portraits de philosophes modernes, gravés par François, inventeur d'un procédé de gravure dans la manière du crayon, avec un texte par Savérien. — *Discours sur une nouvelle manière d'enseigner la géographie*, par Luneau de Boisjermain. — *Conte bavard*. — *L'Esprit de M. de Voltaire* (par Claude Villaret). — *L'Oracle des nouveaux philosophes* (par l'abbé Guyon). — *L'Heureux Citoyen*, par Guillard de Beaurieu........ 128

Septembre. — Suite des remarques sur le *Discours sur les animaux* de Buffon. — Élection de Le Franc de Pompignan à l'Académie française en remplacement de Maupertuis. — Mort de Melot, garde des manuscrits de la bibliothèque du roi, et de l'abbé Velly. — Thomas remporte le prix proposé par l'Académie française pour l'éloge du maréchal de Saxe. — *Mémoire sur les Chinois*, par de Guignes. — *Blaise le savetier*, opéra comique, paroles de Sedaine, musique de Philidor. — *Abrégé de l'histoire universelle de de Thou*, par Rémond de Sainte-Albine. — *Principes mathématiques de la philosophie de Newton*, par Mme du Châtelet. — *Système nouveau par lequel on peut devenir savant sans maître, sans étude et sans peine*, par Leroux. — *Julie, fille d'Auguste, à Ovide*, héroïde par Dorat. — *Les Épithètes françaises rangées sous leurs substantifs*, par le P. Daire . 136

Octobre. — *Mélézinde*, comédie, par Le Beau de Schosne. — *Lettres sur l'éducation par rapport aux langues*, par l'abbé Simon. — *Dissertations chimiques* de M. Pott, traduites par de Machy. — Nouvelles éditions de *l'Oracle des nouveaux philosophes*. — *Science de la musique vocale*, par Morel de Lescer. — *Traité de la nature de l'âme*, par l'abbé Roche. — *Lettres intéressantes pour les médecins de profession*, par le P. Rome d'Ardène. — Souscription proposée par Brisson pour son *Ornithologie*. — *Essai sur l'administration des terres*, attribué à Quesnay. — *Satire en vers sur la corruption du goût et du style*, par d'Aquin de Chateau-Lyon. — Mort de Vincent de Gournay. — Brochures pour et contre les réformes financières de Silhouette; fragment d'une lettre et vers de Voltaire à cette occasion. — La Condamine publie à Genève un fragment de son second mémoire sur l'inoculation. — Brochures pour et contre les jésuites. — *La Capitale des Gaules*, par Fougeret de Montbron. — *L'Anti-Babylone*. — *De l'origine et des productions de l'imprimerie primitive en taille de bois*, par Fournier. — *Paméla*, de Goldoni, traduite par Bonnel du Valguier. — *César au Sénat romain avant de passer le Rubicon*, par Ximenès. — *Abrégé chronologique des grands fiefs de la couronne de France*, par Brunet. — *Tablettes historiques et anecdotiques des rois de France*. — *Traité des indulgences du jubilé*, par l'abbé Collet. — *OEuvres physiques et minéralogiques* de Lehmann, traduites par d'Holbach. — Mort de Duport-Dutertre et de Boulanger. — *Lettres critiques aux Arcades de Rome*, par le P. Bettinelli. — *Lettre d'un subdélégué à un intendant de province*. — *Les Fables* de Gay et *l'Éventail*, traduits par Mme de Kéralio...... 144

Pages.

NOVEMBRE. — Recueil de poésies publiées à Genève. — Édit d'expulsion des jésuites du Portugal. — *Précis de l'Ecclésiaste et du Cantique des cantiques* en vers, par Voltaire. — Observations sur une remarque de Hume touchant le goût des lettres et l'extension de l'imprimerie. — Vers de Voltaire à Mme de Chauvelin. — Épigramme sur Silhouette. — *Namir*, tragédie par le marquis de Thibouville. — Mort de La Thorillière. — *Lettres* de la marquise de Villars. — *L'Europe vivante et mourante*, par l'abbé Destrées. — *De la Saisie des bâtiments neutres*, par Hubner. — *La Berlue*, par Poinsinet de Sivry 151

DÉCEMBRE. — Nouvelle édition des *Mélanges* de d'Alembert. — Compliment de Mme de La Malmaison à La Condamine et réponse de celui-ci. — Mort de La Grange-Chancel et de Cahusac. — *Mémoires pour servir à l'histoire du XVIIe siècle*, par Meusnier de Querlon. — *Les Voyageurs modernes*, traduits par de Puisieux. — *Lettres choisies de Christine, reine de Suède*. — *État actuel de la musique de la chambre du roi et des spectacles de Paris*. — *Réflexions sur la milice*, par Bourgelat. — *Tableau du siècle*, par Nolivos de Saint-Cyr. — *Testament politique de l'amiral Byng*. — *L.-H. Dancourt Arlequin de Berlin à Jean-Jacques Rousseau, citoyen de Genève*. — Observations sur quelques auteurs d'histoire naturelle par Bonnet, de Genève; catalogue des principaux ouvrages sur cette science par Daubenton. — Nouvelle traduction du *Pastor fido* de Guarini. — *La Femme qui a raison*, comédie, et la *Relation de la maladie, de la confession, de la mort et de l'apparition du jésuite Berthier*, par Voltaire 158

1760

JANVIER. — Réflexions sur un passage de Hume touchant les sentiments inspirés par la tragédie et sur le charme des esquisses. — Les découpures du genevois Huber. — *Histoire d'Angleterre*, de Smolett, traduite par Targe. — *Lettres historiques pour servir de suite à l'histoire des révolutions de la Grande-Bretagne*. — *Discours sur la conduite du gouvernement de la Grande-Bretagne à l'égard des nations neutres pendant la présente guerre*. — *Mémoire sur l'utilité des histoires particulières des provinces*, par l'abbé Baudeau. — *Recueil de pièces nouvelles et intéressantes*. — *L'Ame ou le Système des matérialistes soumis aux seules lumières de la raison*. — *La Philosophie du moment*. — *Essai de politique et de morale calculées*, par Hugues dit d'Hancarville. — *Mémoires* de Charles Perrault. — Quatrième volume des *Essais* de l'abbé Trublet. — Seconde partie de la *Capitale des Gaules* 174

FÉVRIER. — *Zulica*, tragédie par Dorat. — Disgrâce et emprisonnement de Marmontel pour une parodie de *Cinna* dont il ne veut point nommer l'auteur; texte de cette parodie. — Sonnet de Dotti à Mme la procuratrice Mocenigo habillée en moine (texte et traduction). — *Oraison funèbre du roi et de la reine d'Espagne*, par l'évêque de Vence. — *Curiosités historiques*. 180

Mars. — *Spartacus*, tragédie par Saurin. — Lettre et couplets d'un nain polonais à Mlle de Nevers sur son mariage avec le duc de Cossé. — *Les Paladins*, opéra, paroles de Monticour, musique de Rameau. — *Lettre sur plusieurs maladies des yeux causées par l'usage du blanc et du rouge*, par Deshaïs-Gendron. — Article de Diderot sur *l'Art de peindre* de Watelet. — Conversation avec M. de La Barre et journée du vendredi saint 1760, par du Doyer de Gastel. — Tomes troisième et quatrième de *l'Histoire du Bas-Empire*, par Le Beau. — Tomes septième et huitième de *l'Histoire moderne des Chinois, etc.*, par l'abbé de Marsy et de *l'Histoire de France* de Velly, continuée par Villaret. — *Anecdotes morales sur la fatuité*, par Thorel de Campigneulles. — *L'Origine des apozèmes*, par Mme d'Épinay ou Mme d'Houdetot. 188

Avril. — *OEuvres du philosophe de Sans-Souci.* — *Justification de quelques articles de l'Encyclopédie*, par l'abbé Leclerc de Montlinot. — *Examen des critiques de l'Esprit*, par Ch.-Georges Le Roy. — Théâtre complet de Fagan. — Mort de Guymond de La Touche. — *L'Esprit de Jésus-Christ sur la tolérance*, par J.-G. de La Broue. — *Le Monde moral*, par l'abbé Prévost. — *Histoire de la ville de Cherbourg*, par Mme Rétau du Fresne. — *Histoire des révolutions de l'empire de Russie*, par Lacombe. — Lettres du maréchal de Belle-Isle au maréchal de Contades. — *Traité sur les toiles peintes*, par Quérelles. — État des planches destinées à *l'Encyclopédie* et certificat, signé de Nollet, Morand et Deparcieux, attestant que ces planches ne sont point copiées sur celles de Réaumur. — Examen (inédit) du *Spartacus* de Saurin, par Diderot. — Vers de Saurin aux mousquetaires lors de la première représentation de *Spartacus*. — *Oraison funèbre de l'infant de Parme*, par Mathias Poncet de La Rivière. — *Du culte des dieux fétiches*, par le président de Brosses. — *Amusement physique sur le système newtonien*, par le P. Desmarais. — *Histoire de Rasselas, prince d'Abyssinie*, par Johnson, traduit par Mme Belot. — *Les Sauvages de l'Europe*, par Le Suire et Louvel. — *Le Voyage d'Alcimédon*. — *Phantasiologie*, par le marquis de Feuquières. — *Abrégé chronologique de l'histoire de la Société de Jésus*, par l'abbé Tailhié. — *Le Patriotisme* par l'abbé Desjardins. — *Journal historique des campagnes du capitaine Thurot*. — *État ou Tableau de la ville de Paris*, par de Jèze. — *Observations sur un ouvrage intitulé* Vindiciæ typographicæ, etc., par Fournier. 220

Mai. — Madrigaux par Saint-Lambert. — *Génie de la littérature italienne*, journal. — *L'Inoculation nécessaire*. — *La Logique de l'esprit et du cœur*. — *Tableau de la nature*, par l'abbé Desnoyers. — *Pensées et Réflexions morales sur divers sujets*, par Mme Thiroux d'Arconville. — *Lettres pour servir de suite à l'Ami des hommes*. — *Traité de l'histoire universelle*, etc., gravures par Le Maire, texte par l'abbé Aubert. — *Description du Parnasse français*, par Titon du Tillet. — Discours de réception de Le Franc de Pompignan à l'Académie française ; pamphlets qu'il provoque. 233

Juin. — *Les Philosophes*, comédie par Palissot. — *Fables* de La Fontaine, illustrées par Oudry. — *Fables* de Ganeau, nouvelle édition. — Édition in-12 de *l'Art de peindre* de Watelet. — *Introduction à la connaissance des plantes*, par Gauthier. — *Histoire des dauphins de Viennois d'Auvergne et de France*, par Lequien de La Neufville. — Mort de l'abbé Le Beuf, de

Winslow et de M. de Sylvestre. — *Les Prodiges de 1760*, par Paul Barrett. — *Le Moniteur français*, journal, par Moreau. — *Le Monde comme il est*, journal, par de Bastide. — *Anecdotes galantes*, par Joseph Hacot. — *Caton à César, Annibal à Flaminius*, héroïdes, par La Harpe. — *Relation du voyage de F. Garassise en Portugal*, par Voltaire. — *Lettre civile et honnête à l'auteur malhonnête de la critique de l'histoire universelle*, par le même. — *Voltaire apostat.* — *Les Sept Quand*, par le marquis de Mirabeau. — *Lettre d'un ancien officier de la reine à tous les Français sur les spectacles*, par Trébuchet. — *Panégyrique de Mathieu Reinhardt, maître cordonnier*, par Frédéric II. — *Le Café ou l'Écossaise*, par Voltaire. — *Histoire de la maison de Stuart*, de Hume, traduite par l'abbé Prévost. — *Discours sur Salluste*, par Gordon. — Tome premier de l'*Histoire des philosophes modernes*, par Savérien. — Nouvelle édition des *Héroïdes*, de Dorat. — *Recueil de lettres pour servir à l'éclaircissement du règne de Louis XIV.* — *Les Saisons* de Thomson, traduites par Mme Bontemps . . 238

JUILLET. — Réflexions sur l'architecture des monuments publics à propos de la construction de la place de Reims; article de Diderot. — Publication des *Philosophes*. — *Vision de Charles Palissot*, par Morellet. — Lettre de Voltaire à Palissot (4 juin 1760). — Nouvelles réflexions sur *l'Écossaise*. — *L'Art de conduire et de régler les pendules*, par Berthoud. — *Henriette*, roman.. 249

AOUT. — De la dissertation de Hume sur le goût. — Critique de Piron sur les *Philosophes*. — Mort de Vauréal et de Mirabaud, de l'Académie française. — Nouvelle édition de la traduction d'Horace par l'abbé Batteux. — *La Prière universelle*, de Pope, traduite par Le Franc de Pompignan, avec notes par Morellet. — *Conseils de lanternes*. — *Le Petit Philosophe*, parodie de Poinsinet, musique de Davesnes. — Poésies de Sedaine. — Fables par Grozelier. — Supplément à *l'Oracle des nouveaux philosophes*. — *Ornithologie*, par Brisson. — Fin des observations sur la dissertation de Hume sur le goût. — Vers sur un portrait à l'ombre par Colardeau. — Lettre de J.-J. Rousseau à Palissot. — Publication par Palissot de sa correspondance avec Voltaire. — *Discours sur la satire des philosophes*, par l'abbé Coyer. — *Le Parfait Aide de camp*. — *Addition à l'essai sur les probabilités de la durée de la vie humaine*, par Deparcieux. — Procès intenté par Saint-Foix aux auteurs du *Journal chrétien*. — Représentation de *l'Écossaise*.. 265

SEPTEMBRE. — *Réflexions sur la poésie*, lues par d'Alembert à l'Académie française. — *La Vraie Philosophie et Épître à un ami dans sa retraite*, par Dorat. — *Tant mieux pour elle*, conte plaisant. — Analyse de *Tancrède*, tragédie de Voltaire. — *La Science du gouvernement*, par de Réal. — *Mon odyssée, ou Journal de mon retour de Saintonge*, par Robbé de Beauveset. — *Le Magasin des adolescents*, par Mme Le Prince de Beaumont. — Couplets de Saurin. — Lettre de Frédéric II au marquis d'Argens. 277

OCTOBRE. — Examen de *Tancrède*. — *Recueil de facéties parisiennes pour les six premiers mois de 1760*. — L'abbé Coyer et son discours sur la satire des philosophes. — *Héroïde du disciple de Socrate aux Athéniens*, par du

TABLE. 515

Pages.

Doyer de Gastel. — *Acte du parlement d'Angleterre connu sous le nom de l'Acte de navigation, passé en 1760.* — *Élixir de la morale indienne.* — *Lettres de M****, par le marquis de Béthisy. — *Les Céramiques, ou Aventures de Nicias et d'Antiope,* par Galtier de Saint-Symphorien. — *Mémoires de milady B****, par Mlle de La Guesnerie. — *Mémoires politiques et littéraires de notre temps, ou Recueil de lettres françaises trouvées par les Hanovriens lors de la bataille de Minden.* — *Les Philosophes de bois,* parodie attribuée à Poinsinet de Sivry ou à Bertin. — La Grange fait représenter et ▮▮▮▮ *l'Écossaise* mise en vers. — *Le Sentiment d'un inconnu sur* ▮▮▮▮ *nouveaux philosophes.* — Lettre du marquis de Mirabeau à L▮▮▮ Pompignan. — Billet de la princesse de Robecq à Mlle Clairon et réponse de celle-ci.. 292

Novembre. — *Histoire de l'empire de Russie sous Pierre le Grand,* par Voltaire. — *Lucrèce,* romance par Saint-Péravy. — Mort de Godin, de l'Académie des sciences. — Publication prochaine des planches de *l'Encyclopédie.* — *Histoire de Pierre Terrail dit le chevalier Bayard,* par Berville. — Vingt-troisième volume des *Hommes illustres de France,* par l'abbé Pérau. — *Notice de l'ancienne Gaule,* par d'Anville. — *Traité sur les principes de l'art d'écrire,* par d'Autreppe. — *Lettres sur l'art d'écrire,* par Vallain. — *Traité du maintien du corps,* par Chevalier de Londeau. — *Mémoires sur le blé noir,* par Gonfreville. — Publication de *Titus,* tragédie par de Belloy. 308

Décembre. — *Caliste,* tragédie par Colardeau. — *Épître à M. Laurent à l'occasion du bras artificiel qu'il a inventé,* par l'abbé Delille. — Prix d'expression fondé par le comte de Caylus à l'Académie de peinture. — *Le Prince de Noisy,* opéra, paroles de Barbeau de La Bruyère, musique de Rebel et Francœur. — Adoption de Mlle Corneille par Voltaire. — *Bouquet d'un fils à sa mère,* par Boufflers. — *Les Folies, ou Poésies diverses* de M*** (J. Fleury). — *Essai sur la déclamation tragique,* par Dorat. — *Les embellissements de l'église Saint-Roch,* article de Diderot. — *L'Union de la religion, de la morale et de la politique,* de Warburton, traduite par Silhouette. — *Histoire de la santé,* par Mackensie, traduite de l'anglais. — *Histoire générale des conjurations,* de Duport-Dutertre, continuée par Désormeaux. 318

1761

Janvier. — *Apologue de l'arbre de la Religion et de celui de l'Autorité,* à propos d'un passage de Mirabeau, l'Ami des hommes. — *Pygmalion,* comédie, par Poinsinet de Sivry. — *Les Mœurs du temps,* comédie, par Sauriu. — *Campagnes de M. le maréchal de Noailles.* — *Contes moraux,* par Marmontel. — *Appel à toutes les nations de l'Europe,* par Voltaire. — *De l'Homme et de la reproduction des différents animaux,* par C.-J. Panckouke. 334

TABLE.

Pages.

FÉVRIER. — *La Nouvelle Héloïse.* — *Lettres sur la Nouvelle Héloïse, ou Aloïsia de J.-J. Rousseau,* publiées par Ximenès sur un brouillon de Voltaire. — *Mémoires pour servir à l'histoire de la vie et des ouvrages de M. Langlet du Fresnoy,* par J.-B. Michault. — *Mémoire sur la pratique du semoir,* par Turbilly. — Quatrième volume de l'*Histoire d'Angleterre*, de Smolett, traduite par Targe. — *La Fortification perpendiculaire*, par le marquis de Montalembert. — *Traité de la défense intérieure et extérieure des redoutes,* par de Touzac. — *OEuvres* de Daguesseau, publiées par l'abbé André. — Élection à l'Académie française de M. de ███████et, évêque de Limoges, et de l'abbé Batteux, en remplacement ███████llier et de l'abbé Saint-Cyr. — Réception, par Buffon, de Wa█████ La Condamine; épigramme de ce dernier sur lui-même et sur l'Académie. — Épigramme et mot plaisant de Piron sur l'abbé Le Blanc. — Dissertation de Diodati sur l'excellence de la langue italienne et réponse de Voltaire. . . 342

MARS. — Représentation à la Comédie-Française du *Père de famille*, de Diderot. — Mort de Desmahis. — *Histoire de la maladie, confession et mort de M. de Voltaire* (par Joseph Sélis). — Repartie de Voltaire à un horloger du pays de Gex. — Examen du *Père de famille*. — Triolet sur l'Académie française. 353

AVRIL. — Très-humbles remontrances au parterre de la Comédie-Française pour l'ouverture du théâtre. — Nouveau volume des *Mélanges* de Voltaire. — *L'Esprit du chevalier Folard*. — *Essai sur la tactique de l'infanterie*, par Pictet. — *Journal du camp de Compiègne de 1739*, par Le Rouge. — Tomes quatrième et cinquième de l'*Histoire de Venise*, de l'abbé Laugier. — *Code de musique pratique*, par Rameau. — *Poésies*, par Feutry. — Mort de l'abbé Séguy, de l'Académie française. — Élection de Saurin en remplacement de l'abbé du Resnel. — *Daïra, histoire orientale*, par La Popelinière. — *Hercule mourant*, opéra, paroles de Marmontel, musique de Dauvergne. — *Soliman second*, opéra-comique, paroles de Voisenon, musique de Favart. — *L'Ami des filles*, par Boudier de Villemert. — *Corps d'observations de la Société d'agriculture, etc., établie par les États de Bretagne*. — *OEuvres* de M***, traduites de l'italien par Sablier. — *Romans traduits de l'anglais*. — *Histoire de Jean Sobieski*, par l'abbé Coyer. — Réception à l'Académie française de Coetlosquet, de l'abbé Batteux, de l'abbé Trublet et de Saurin. — Publication de l'*Émile*, de Rousseau. — Relation précise de la mort du comte de Bonneval par M. de Peyssonnel. — Procès-verbal dressé par La Condamine de la séance des convulsionnaires du 13 avril 1759; miracles du jour de la Saint-Jean, 1759, par du Doyer de Gastel. 361

MAI. — *Projet de paix perpétuelle*, de l'abbé de Saint-Pierre, rédigé par Rousseau. — *L'Humanité, ou le Tableau de l'indigence*, triste drame par un aveugle tartare (l'abbé Richard). — *Lettres financières, ou le Siamois en Europe*. — *Mémoires sur la vie de M. de Pibrac*. — *Journal historique de la campagne de Dantzick en 1734* (par Meusnier de Querlon). — Prix décerné par l'Académie à Marmontel. — *Épître à un jeune prince*, par Desboulmiers. — *Suite de Candide*, par Campigneulles. — *Journal des dames*. — *Gazette d'Épidaure*, par Barbeu-Dubourg. — *Plantation et Cul-*

ture du mûrier. — *Le Patriote artésien*, par Bellepierre de Neuve-Église.
— *Histoire des troubles des Cévennes*, par Court de Gébelin. — *Le Décaméron* traduit et illustré. — *Dictionnaire du citoyen.* — *La Mort de l'amiral Byng*, poëme. — *L'Ami des arts, ou Lettres critiques d'un vieux comédien.* — *Progné et Philomèle*, tragédie, par La Vollière. — *Traité sur les maladies des femmes*, par Astruc. — Estampes satiriques. — Brochures sur l'excommunication des comédiens. — Réfutation par Pesselier de la *Théorie de l'impôt*, de Mirabeau. — Élection à l'Académie du prince de Rohan, en remplacement de l'abbé Séguy. — Estampes de Gravelot pour la *Nouvelle Héloïse.* — Suicide du romancier de La Solle. — Supplément au *Mémoire sur les défrichements*, de Turbilly. 394

Juin. — *Térée*, tragédie, par Lemierre. — *Campagne du maréchal de Créquy en 1677*, par le marquis de Baye. — *Histoire du cardinal de Granvelle*, par Courchetet d'Esnans. — *Histoire de l'Université*, par Crevier. — Deuxième volume de l'*Histoire des philosophes modernes*, de Savérien. — *Fables* de l'abbé Aubert. — Réflexions sur la paix à propos d'une brochure sur ce sujet par Rivière, commis aux finances. — Lettre du comte de Thiard à Grimm. — *Conversation de M. l'intendant des menus plaisirs du roi avec M. l'abbé Grisel*, par Voltaire. — *Prédiction tirée d'un vieux manuscrit.* — *Osaureus.* — Épître sur les charmes de l'étude (contre celle de Marmontel). — *Lettres historiques et critiques adressées à Mlle Clairon*, par le P. Joly, capucin. — *Avis secrets de la Société de Jésus en latin et en français.* — *La France au Parlement.* — *Zamir*, tragédie bourgeoise, par l'abbé Richard. — *Observations sur la conduite du ministre de Portugal dans l'affaire des jésuites.* — *Petite Encyclopédie ou Dictionnaire des philosophes*, par Chaumeix. — Lettre de Voltaire à Formey. 412

Juillet. — Réflexions sur les beaux-arts à propos de l'article de Falconet sur la sculpture dans l'*Encyclopédie*. — Prospectus de l'édition de Corneille publiée par Voltaire. — *Considérations sur la guerre présente d'Allemagne*, par Israël Mauduit. — *L'Inoculation du bon sens*, par J.-N. Sélis. — *Le Chef-d'œuvre en politique.* — Remontrances au Parlement. — *Les Eaux de Passy, où les Coquettes à la mode*, comédie. — *Le Savetier et le Financier*, opéra-comique. — *Les Aventures de Périphas, descendant de Cécrops*, par Puget de Saint-Pierre. — *Manuel de l'homme du monde*, par P.-A. Alletz. — *Réflexions et avis sur les défauts et les ridicules à la mode*, par Mme de Puisieux. — *L'Esprit des langues*, par Montizon. — Reprise d'*Oreste*, tragédie de Voltaire. — *Vie de Laurent de Médicis*, traduite de N. Valori par l'abbé Goujet. — *La Raison des temps, ou la Folie raisonnée*, par le chevalier de Méray. — *Honni soit qui mal y pense, ou Histoire des filles célèbres du* XVIIIe *siècle*, par Desboulmiers. — *Les Folies du temps, ou Apothéose de M. Laurent, inventeur posthume du bras artificiel.* — *La Wasprie*, par Le Brun. — *L'Ane littéraire*, par le même. — Mémoire de Loyseau de Mauléon pour Mlle Alliot contre M. La Ralde. — *L'Homme vrai*, par Gaillard de Graville. — *Dessins de harnais pour les bourreliers*, inventés par Baudouin. — Vers d'une femme sur l'opéra d'*Hercule mourant*. — Quatrain de Voltaire et inscription de Diderot pour le portrait de l'abbé du Resnel, dessiné par Carmontelle. — *La Reine de Golconde*, conte, par Boufflers. 429

Aout. — *La Colonie, le Rival supposé et le Financier*, comédies de Saint-Foix, représentées le même soir à la Comédie-Française. — *Mémoires pour servir à l'histoire de la vie et des ouvrages de Fontenelle*, par l'abbé Trublet. — *Oraison funèbre de Marie-Amélie de Saxe, reine d'Espagne*, par Armand de Roquelaure, évêque de Senlis. — *Le Parfumeur royal.* — *Les Vieux garçons*, comédie, par Vilori. — *L'Agronomie et l'industrie.* — *Lettre à M. de Crébillon sur les spectacles de Paris*, par Le Beau de Schosne. — *Épître sur la consomption et les vapeurs*, par Saint-Péravy. — *Les Amours de Myrtil*, roman. — Débuts de la signora Piccinelli à la Comédie-Italienne. — Observations sur la danse et les ballets à propos du livre de Noverre sur ce sujet. — *Le Jardinier et son Seigneur*, opéra-comique, paroles de Sedaine, musique de Philidor. 444

Septembre. — Suite des observations sur la danse. — *Parallèle de la petite vérole naturelle avec l'artificielle*, par Baux. — *Oraison funèbre du maréchal de Belle-Isle*, par le P. de Neuville. — *Vie de Bossuet*, par Burigny. — *Les Fausses Apparences*, comédie, par Bellecour. — *Le Despotisme, épître à M. de Voltaire*, par un auteur dramatique. — *Mémoires pour servir à l'histoire générale des jésuites*, par l'abbé Coudrette. — *Les Capucins sans barbe*, conte. — Vers de Saint-Lambert à Mme la marquise de Clermont d'Amboise au nom de Mlle Quinault. — *Ouverture du Salon.* — *Réflexions sur les systèmes des nouveaux philosophes*, par Le Prévost d'Exmes. — *Les Jésuitiques*, par Dulaurens. — Publication de *la Reine de Golconde*. — *Aventures de Frédéric Randon*, roman, par Smolett. — Épître du P. Le Fèvre, bénédictin, à M. Martin, curé de Deuil. — Mort de Mlle Camouche; service funèbre célébré à Saint-Sulpice par les soins de ses camarades. 459

Octobre. — *Clytemnestre*, tragédie, par Lauraguais. — Lettre de Voltaire à l'abbé d'Olivet. — Mélanges de Voltaire vendus comme le tome dix-neuvième de la collection publiée par les frères Cramer. 474

Novembre. — *Mémoire historique sur la négociation de la France et de l'Angleterre, depuis le 26 mars 1761 jusqu'au 20 septembre de la même année.* — *Alexandre*, tragédie, par Fénelon, capitaine de cavalerie. — *Éloge historique du duc de Bourgogne*, par Le Franc de Pompignan. — *Panégyrique de saint Louis*, par l'abbé de Beauvais. — *Le Gentilhomme cultivateur*, traduit de Hales par Dupuy-Demportes. — *L'Ami de l'État*, par le comte de Forges. — Traduction par l'abbé Millet de l'*Essai sur l'homme*, de Pope. — Observations sur le calcul des probabilités à propos du Mémoire de d'Alembert sur ce sujet. — Voltaire achève sa tragédie d'*Olympie*. — Recueil publié à Lyon par Campigneulles. — Quatrain à une souris. — Publication de la *Lettre de Charles Gouju à ses frères* et de diverses épîtres de Voltaire. — *Secret du gouvernement jésuitique*, par Jolivet. — Émotion causée par le supplice du P. Malagrida. — *Les Impostures innocentes, ou les Opuscules de M**** (Meusnier de Querlon). — *Les Rêves d'Aristobule*, par Lévesque. — Suite des *Recueils A, B, C*, etc. — *Lettres au comte de Bute*, par J.-G. Genet. — Nouvelle édition des *Contes moraux* de Marmontel. — Fable de Sadi mise en vers par Diderot (inédite). 477

Décembre. — *De la Nature*, par J.-B.-R. Robinet. — *Le Voyageur philosophe.* — *La Paysanne philosophe*, roman, par Marie-Anne de Roumier, dame Robert. — *Querelles littéraires*, par l'abbé Irailh. — *Discours sur l'origine et les effets de ce désir si général et si ancien de transmettre son nom à la postérité*, par J. Cérutti. — *Le Diable cosmopolite*, par le P. Joly, capucin. — Nouvelle édition des *Institutions politiques*, du baron de Bielfied. — *Les Plus Beaux Monuments de Rome ancienne*, par Barbault. — *OEuvres anatomiques* de Duverney. — Annonce du premier volume des planches de *l'Encyclopédie*. — *Abrégé de l'Histoire générale d'Italie*, par Saint-Marc. — *Idylles nouvelles*, par le P. Béraud-Belcastel. — *Le Vrai philosophe*. — *Journées physiques*, par Devillers. — Épître de l'abbé Delille sur la culture des lettres et des arts. — Alphabet pour les enfants sur quarante cartes à jouer. — Chanson erse, traduite par Diderot (inédite). — Sur Christine de Suède, à propos de l'histoire de son règne par Lacombe. — *Le Maréchal*, opéra-comique, paroles de Quétant, musique de Philidor. — *Mazet*, opéra-comique, paroles d'Anseaume, musique de Duni. — Brochures pour et contre les jésuites. — *Gabrielle d'Estrées à Henri IV*, héroïde, par Blin de Sainmore. — *L'Anti-Anglais*, par de Montbron. — *Éloge de Duguay-Trouin*, par Thomas.................. 490

FIN DE LA TABLE DU TOME QUATRIÈME.

PARIS. — Impr. J. CLAYE. — A. QUANTIN et Cⁱᵉ, rue Saint-Benoît.

www.ingramcontent.com/pod-product-compliance
Lightning Source LLC
Chambersburg PA
CBHW051353230426
43669CB00011B/1622